博士论文
出版项目

# 汉语方言疑问范畴比较研究

A Comparative Study on Interrogative Category in Chinese Dialects

李 曌 著

中国社会科学出版社

图书在版编目（CIP）数据

汉语方言疑问范畴比较研究／李墅著. —北京：中国社会科学出版社，2023.1

ISBN 978-7-5227-0774-7

Ⅰ.①汉…　Ⅱ.①李…　Ⅲ.①汉语方言—方言研究　Ⅳ.①H17

中国版本图书馆 CIP 数据核字（2022）第 142635 号

| 出　版　人 | 赵剑英 |
|---|---|
| 责任编辑 | 张　林 |
| 特约编辑 | 王文琴 |
| 责任校对 | 高　婷 |
| 责任印制 | 戴　宽 |

| 出　　　版 | 中国社会科学出版社 |
|---|---|
| 社　　　址 | 北京鼓楼西大街甲 158 号 |
| 邮　　　编 | 100720 |
| 网　　　址 | http://www.csspw.cn |
| 发　行　部 | 010-84083685 |
| 门　市　部 | 010-84029450 |
| 经　　　销 | 新华书店及其他书店 |

| 印　　　刷 | 北京君升印刷有限公司 |
|---|---|
| 装　　　订 | 廊坊市广阳区广增装订厂 |
| 版　　　次 | 2023 年 1 月第 1 版 |
| 印　　　次 | 2023 年 1 月第 1 次印刷 |

| 开　　　本 | 710×1000　1/16 |
|---|---|
| 印　　　张 | 43 |
| 字　　　数 | 623 千字 |
| 定　　　价 | 238.00 元 |

凡购买中国社会科学出版社图书，如有质量问题请与本社营销中心联系调换
电话：010-84083683
版权所有　侵权必究

# 出 版 说 明

为进一步加大对哲学社会科学领域青年人才扶持力度,促进优秀青年学者更快更好成长,国家社科基金2019年起设立博士论文出版项目,重点资助学术基础扎实、具有创新意识和发展潜力的青年学者。每年评选一次。2020年经组织申报、专家评审、社会公示,评选出第二批博士论文项目。按照"统一标识、统一封面、统一版式、统一标准"的总体要求,现予出版,以飨读者。

全国哲学社会科学工作办公室

2021年

# 摘　　要

　　本书是汉语疑问范畴的跨方言比较研究。在跨方言比较过程中，充分利用丰富的汉语方言语法资料，运用"两个三角"语法理论，对汉语方言的是非问句、选择问句、正反问句和特指问句进行专题考察，全面展现汉语疑问句的方言特征，系统分析方言与方言之间、方言与普通话之间的共性与差异，深入探究差异间的形成原因与共性间的内在规律，客观梳理各类疑问句的地理分布及方言使用情况。主要包含六部分内容。

　　1. 疑问范畴概说。具体包括：（1）分析疑问范畴的内涵，明确其"语法·语义范畴"的性质。（2）立足于现代汉语普通话，梳理表达疑问的形式手段：疑问语调、疑问词语和句法结构，区分疑问句的结构类型、语义类型，构建疑问范畴的"普"角体系。

　　2. 汉语方言是非问句的对比考察。具体包括：（1）根据疑问手段的不同，将方言里的是非问句分为语调型是非问和语气词是非问。（2）分类描写是非问句的句式结构、语义特征和语用表现。（3）梳理不同是非问句的地理分布。（4）归纳两类是非问句的使用情况，探析不同方言间的使用频率、限制条件等。

　　3. 汉语方言选择问句的对比考察。具体包括：（1）综观构成选择问句的连接方式：连接词、语气词和语调，共时梳理其方言特征，历时探究连接词和语气词的演变过程。（2）根据连接方式的不同，将方言里的选择问句分为连接词选择问、语气词选择问、语调式选择问、混合式选择问和意合式选择问，分类梳理选择问句的结构形式和地理分布。（3）整体考察选择问句的语义关系和删略规则。（4）归纳五类选择问句的使用情况，探析不同方言间的类型选择、使用规律等。

4. 汉语方言正反问句的对比考察。具体包括：（1）根据疑问手段的不同，将方言里的正反问句分为正反式正反问、简省式正反问、紧缩式正反问、是非式正反问和副状式正反问。（2）分类描写正反问句的句式结构、语义特征、语用表现、特殊用法等，分析紧缩式正反问和是非式正反问的形成机制、演变过程及发展趋势。（3）梳理不同正反问句的地理分布。（4）归纳五类正反问句的使用情况，探析不同方言间的类型组配、使用共性等。

5. 汉语方言特指问句的对比考察。具体包括：（1）根据结构形式的不同，将方言里的特指问句分为疑代式特指问和简省式特指问。（2）在疑代式特指问句中，既共时描写疑问代词的方言特征，又历时探究其形成与发展，并在此基础上，分析疑代式特指问的结构形式，梳理疑问代词的地理分布。（3）在简省式特指问句中，既分类描写句末疑问语气词的语音形式，又整体考察问句的语义特征，探究不同方言间的内在联系。

6. 方言疑问范畴的对比考察。在前五部分的基础上，综合分析是非问句、选择问句、正反问句、特指问句在官话方言与非官话方言之间、方言与普通话之间的共性与差异，立体呈现汉语方言的疑问系统。

**关键词**：汉语方言；疑问范畴；疑问句；跨方言比较

# Abstract

This book conducts a multi-perspective cross-dialect comparative study of Chinese interrogative sentences based on the comprehensive integration of existing research results. In the process of cross-dialect comparison, a special investigation on the yes-no questions, alternative questions, positive and negative questions and wh-questions in Chinese dialects has been conducted in both macro and micro aspects by making full use of the rich Chinese dialect corpus, resorting to the "Two-Triangles" grammar theory. The commonalities and differences between dialects and dialects, dialects and mandarin are summarized, reasons and the internal laws behind the formation are also explored. Besides, we also investigate the geographical distribution of various interrogative sentences and the use of dialects.

This book includes six main chapters.

**1. General introduction to interrogative category.** This chapter (1) analyzes the connotation of interrogative category and explicate its nature as "syntactic and semantic category"; and (2) analyzes the three forms of interrogative expressions: interrogative intonation, interrogative words and syntactic structure, distinguishes the syntax and semantic types of interrogative sentences and constructs the interrogative system of Chinese mandarin to set the comparative basis for "mandarin-dialect" and "dialect-dialect".

**2. Comparative investigation of yes-no questions in Chinese dialect.** This chapter (1) divides the yes-no questions in dialects into intonation yes-no questions and modal particle yes-no questions in accordance with the different interrogative means; (2) describes the syntax, semantic features and pragmatic expression of all kinds of yes-no questions; (3) teases out the geographical distribution of various yes-no questions; and (4) summarizes the dialect use of various yes-no questions, and analyzes their using frequency and restrictive conditions among different dialects based on dialect data.

**3. Comparative investigation of alternative questions in Chinese dialect.** This chapter (1) makes a comprehensive survey of the three connection modes of alternative questions: connectives, modal particles and intonation, teases out the dialect characteristics of the three connection modes, and explores the evolution process of connectives and modal particles; (2) divides the alternative questions in dialects into connective alternative questions, modal particle alternative questions, intonation alternative questions, mixed alternative questions and parataxis alternative questions according to the different ways of connection, and describes the syntax and geographical distribution of various alternative questions; (3) investigates the semantic relationship and deletion rules of alternative questions; (4) summarizes the dialect use of various alternative questions, and analyzes their type selection and using laws among different dialects based on dialect data.

**4. Comparative investigation of positive and negative questions in Chinese dialect.** This chapter (1) divides the positive and negative questions in dialects into common positive and negative questions, simplified positive and negative questions, condensed positive and negative questions, yes-no positive and negative questions and adverbial positive and negative questions according to the different interrogative means; (2) describes the syntax and semantic characteristics, pragmatic performance and special usage of various positive and negative questions, and analyzes the formation mechanism, evolution process and development trend of condensed positive and negative questions and yes-no questions; (3) teases out the geographical distribution of various positive and negative questions; (4) summarizes the dialect use of various positive and negative questions, and analyzes their type combination and using generality among different dialects based on dialect data.

**5. Comparative investigation of wh-questions in Chinese dialect.** This chapter (1) divides the wh-questions into interrogative pronoun wh-questions and simplified wh-questions according to different syntax forms; (2) describes all kinds of interrogative pronouns in the dialect from synchronic perspective, explores the formation and development of all kinds of interrogative pronouns from diachronic perspective to interrogative pronoun wh-questions, analyzes the syntax characteristics of interrogative pronoun wh-questions according to the different semantic types of interrogative pronouns, and teases out the geographical distribution of various wh-questions combined with dialect data; (3) describes the syntax form of interrogative sentences according to the phonetic form of interrogative modal particles at the end of sentences, and investigates their semantic characteristics to explore the internal relationship of simplified wh-questions between different dialects.

**6. Comparative investigation of interrogative category.** On the basis of the first five chapters and starting from the different types of interrogative sentences, this chapter comprehensively analyzes the overall commonalities and differences of yes-no questions, alternative questions, positive and negative questions and wh-questions between mandarin and non-mandarin dialects and between dialects and Putonghua, and presents the overall interrogative system of Chinese dialects.

**Key Words:** Chinese dialects; interrogative category; interrogative sentences; cross-dialect comparison

# 目　　录

**第一章　绪论** ……………………………………………………（1）
　第一节　选题背景 ………………………………………………（1）
　　一　关于汉语方言语法研究 …………………………………（1）
　　二　关于汉语方言疑问研究 …………………………………（3）
　第二节　研究意义 ………………………………………………（5）
　第三节　研究现状 ………………………………………………（8）
　　一　古代汉语疑问研究 ………………………………………（8）
　　二　共同语的疑问研究 ………………………………………（24）
　　三　汉语方言疑问研究 ………………………………………（45）
　第四节　研究目标 ………………………………………………（71）
　第五节　研究内容 ………………………………………………（71）
　第六节　研究方法 ………………………………………………（73）
　　一　关于"两个三角" …………………………………………（74）
　　二　关于"句管控" ……………………………………………（76）
　第七节　相关说明 ………………………………………………（77）
　　一　语料来源 …………………………………………………（77）
　　二　术语使用 …………………………………………………（77）
　　三　体例说明 …………………………………………………（78）

**第二章　疑问范畴概说** …………………………………………（80）
　第一节　疑问范畴的内涵 ………………………………………（80）

一　疑问范畴的界定 …………………………………………（80）
　　二　疑问范畴的性质 …………………………………………（84）
　第二节　疑问范畴的形式 ………………………………………（86）
　　一　判定标准 …………………………………………………（86）
　　二　形式类型 …………………………………………………（87）
　第三节　疑问句的类型 …………………………………………（103）
　　一　结构类型 …………………………………………………（104）
　　二　语义类型 …………………………………………………（122）

**第三章　汉语方言的是非问** ……………………………………（133）
　第一节　语调型是非问 …………………………………………（134）
　　一　升调是非问 ………………………………………………（134）
　　二　低平调是非问 ……………………………………………（147）
　　三　降调是非问 ………………………………………………（154）
　　四　地理分布 …………………………………………………（155）
　第二节　语气词是非问 …………………………………………（156）
　　一　"吗"类是非问 ……………………………………………（157）
　　二　"吧"类是非问 ……………………………………………（167）
　　三　地理分布 …………………………………………………（180）
　第三节　是非问的方言使用 ……………………………………（181）
　　一　语调型是非问的方言使用 ………………………………（181）
　　二　语气词是非问的方言使用 ………………………………（186）

**第四章　汉语方言的选择问** ……………………………………（194）
　第一节　选择问的连接方式 ……………………………………（195）
　　一　连接方式的类型 …………………………………………（195）
　　二　连接词 ……………………………………………………（196）
　　三　语气词 ……………………………………………………（201）
　　四　语调 ………………………………………………………（213）

第二节　连接词选择问 …………………………… (214)
　　一　句式结构 ………………………………… (214)
　　二　地理分布 ………………………………… (234)
第三节　语气词选择问 …………………………… (234)
　　一　句式结构 ………………………………… (235)
　　二　地理分布 ………………………………… (240)
第四节　混合式选择问 …………………………… (241)
　　一　句式结构 ………………………………… (241)
　　二　地理分布 ………………………………… (245)
第五节　意合式选择问 …………………………… (246)
　　一　句式结构 ………………………………… (247)
　　二　地理分布 ………………………………… (251)
第六节　选择问的语义关系 ……………………… (253)
　　一　对立关系 ………………………………… (253)
　　二　差异关系 ………………………………… (258)
　　三　相容关系 ………………………………… (259)
第七节　选择问的删略规则 ……………………… (260)
第八节　选择问的方言使用 ……………………… (265)

## 第五章　汉语方言的正反问 …………………… (272)
第一节　正反式正反问 …………………………… (273)
　　一　否定副词的类型 ………………………… (273)
　　二　句式结构 ………………………………… (279)
　　三　语义特征 ………………………………… (284)
　　四　语用表现 ………………………………… (287)
　　五　特殊用法 ………………………………… (289)
　　六　地理分布 ………………………………… (304)
第二节　简省式正反问 …………………………… (311)
　　一　句式结构 ………………………………… (312)

二　语义特征 …………………………………（321）
　　三　特殊用法 …………………………………（327）
　　四　地理分布 …………………………………（333）
　第三节　紧缩式正反问 ……………………………（335）
　　一　句式结构 …………………………………（335）
　　二　语用表现 …………………………………（339）
　　三　形成机制 …………………………………（341）
　　四　地理分布 …………………………………（348）
　第四节　是非式正反问 ……………………………（351）
　　一　句式性质 …………………………………（351）
　　二　语义特征 …………………………………（357）
　　三　语用表现 …………………………………（359）
　　四　地理分布 …………………………………（362）
　　五　演变轨迹 …………………………………（366）
　第五节　副状式正反问 ……………………………（370）
　　一　疑问副词的类型 …………………………（371）
　　二　句式结构 …………………………………（377）
　　三　语义特征 …………………………………（385）
　　四　特殊用法 …………………………………（395）
　　五　地理分布 …………………………………（412）
　第六节　正反问的方言使用 ………………………（414）

# 第六章　汉语方言的特指问 ……………………………（435）
　第一节　疑代式特指问 ……………………………（435）
　　一　疑问代词的类型 …………………………（436）
　　二　句式结构 …………………………………（502）
　　三　地理分布 …………………………………（532）
　第二节　简省式特指问 ……………………………（539）
　　一　句式结构 …………………………………（540）

二　语义特征 …………………………………………………（545）

**第七章　方言疑问范畴的对比考察** ………………………………（551）
　第一节　官话与非官话的对比 ……………………………………（551）
　　一　是非问对比 ……………………………………………（551）
　　二　选择问对比 ……………………………………………（554）
　　三　正反问对比 ……………………………………………（562）
　　四　特指问对比 ……………………………………………（571）
　第二节　方言与共同语的对比 ……………………………………（575）
　　一　是非问对比 ……………………………………………（576）
　　二　选择问对比 ……………………………………………（580）
　　三　正反问对比 ……………………………………………（582）
　　四　特指问对比 ……………………………………………（587）

**第八章　结语** ……………………………………………………（591）
　第一节　基本认识 …………………………………………………（591）
　　一　关于方言的是非问 ……………………………………（591）
　　二　关于方言的选择问 ……………………………………（592）
　　三　关于方言的正反问 ……………………………………（594）
　　四　关于方言的特指问 ……………………………………（596）
　　五　关于疑问句的联系 ……………………………………（598）
　第二节　几点思考 …………………………………………………（599）
　　一　研究内容 ………………………………………………（599）
　　二　研究方法 ………………………………………………（601）

**参考文献** …………………………………………………………（603）

**索　引** ……………………………………………………………（661）

**后　记** ……………………………………………………………（663）

# Contents

1 **Introduction** ································································· (1)
  1.1  Background ······························································ (1)
    1.1.1  Studies on grammar of Chinese dialects ················ (1)
    1.1.2  Studies on nterrogative sentences in Chinese
           dialects ······················································· (3)
  1.2  Research significance ················································ (5)
  1.3  Literarure review ······················································ (8)
    1.3.1  Studies on interrogates in ancient Chinese ············· (8)
    1.3.2  Studies on interrogates in Mandarin Chinese ········ (24)
    1.3.3  Studies on interrogates in Chinese dialects ············ (45)
  1.4  Research objective ·················································· (71)
  1.5  Research issues ······················································· (71)
  1.6  Methodologies ························································ (73)
    1.6.1  On the "Two-Triangles" theory ·························· (74)
    1.6.2  On the "Clausal Government" theory ·················· (76)
  1.7  Instructions ···························································· (77)
    1.7.1  Corpus ························································ (77)
    1.7.2  Relevant terms ·············································· (77)
    1.7.3  Guide to the styles ········································· (78)

## 2. General introduction to interrogative category ……… (80)
- 2.1 Connotation ……… (80)
  - 2.1.1 Definition of interrogative category ……… (80)
  - 2.1.2 Nature of interrogative category ……… (84)
- 2.2 Form ……… (86)
  - 2.2.1 Standard of criterion ……… (86)
  - 2.2.2 Forms ……… (87)
- 2.3 Types of interrogative sentences ……… (103)
  - 2.3.1 Syntactic types ……… (104)
  - 2.3.2 Stemantic types ……… (122)

## 3 Yes-no questions in Chinese dialects ……… (133)
- 3.1 Intonation yes-no questions ……… (134)
  - 3.1.1 Rising tone yes-no questions ……… (134)
  - 3.1.2 Flat tone yes-no questions ……… (147)
  - 3.1.3 Falling tone yes-no questions ……… (154)
  - 3.1.4 Geographical distribution ……… (155)
- 3.2 Modal particle yes-no questions ……… (156)
  - 3.2.1 "*ma*" type yes-no questions ……… (157)
  - 3.2.2 "*ba*" type yes-no questions ……… (167)
  - 3.2.3 Geographical distribution ……… (180)
- 3.3 Usage of yes-no questions in dialect ……… (181)
  - 3.3.1 Use of intonation yes-no questions in dialect ……… (181)
  - 3.3.2 Use of modal particle yes-no questions in dialect ……… (186)

## 4. Alternative questions in Chinese dialects ……… (194)
- 4.1 Connection modes of alternative questions ……… (195)
  - 4.1.1 Types of connection modes ……… (195)

  4.1.2 Connectives ·················································· (196)
  4.1.3 Modal particles ············································· (201)
  4.1.4 Intonation ···················································· (213)
 4.2 Connective alternative questions ······························ (214)
  4.2.1 Syntax ························································ (214)
  4.2.2 Geographical distribution ································ (234)
 4.3 Modal particle alternative questions ·························· (234)
  4.3.1 Syntax ························································ (235)
  4.3.2 Geographical distribution ································ (240)
 4.4 Mixed alternative questions ···································· (241)
  4.4.1 Syntax ························································ (241)
  4.4.2 Geographical distribution ································ (245)
 4.5 Parataxis alternative questions ································· (246)
  4.5.1 Syntax ························································ (247)
  4.5.2 Geographical distribution ································ (251)
 4.6 Semantic relationship of alternative questions ············ (253)
  4.6.1 Opposite ······················································ (253)
  4.6.2 Discrepant ···················································· (258)
  4.6.3 Compatible ··················································· (259)
 4.7 Deletion rules of alternative questions ······················ (260)
 4.8 Usage of alternative questions in dialect ··················· (265)

## 5. Positive and negative questions in Chinese dialects ·········· (272)

 5.1 Common positive and negative questions ···················· (273)
  5.1.1 Types of negative adverbs ································ (273)
  5.1.2 Syntax ························································ (279)
  5.1.3 Semantic characteristics ··································· (284)
  5.1.4 Pragmatic performance ···································· (287)
  5.1.5 Special usage ················································ (289)

5.1.6 Geographical distribution ……………………… (304)
5.2 Simplified positive and negative questions ……………… (311)
　5.2.1 Syntax ……………………………………………… (312)
　5.2.2 Semantic characteristics ……………………… (321)
　5.2.3 Special usage ………………………………… (327)
　5.2.4 Geographical distribution ……………………… (333)
5.3 Condensed positive and negative questions ……………… (335)
　5.3.1 Syntax ……………………………………………… (335)
　5.3.2 Pragmatic performance ……………………… (339)
　5.3.3 Formation mechanism ……………………… (341)
　5.3.4 Geographical distribution ……………………… (348)
5.4 Yes-no positive and negative questions ……………… (351)
　5.4.1 Syntax ……………………………………………… (351)
　5.4.2 Semantic characteristics ……………………… (357)
　5.4.3 Pragmatic performance ……………………… (359)
　5.4.4 Geographical distribution ……………………… (362)
　5.4.5 Evolution process ……………………………… (366)
5.5 Adverbial positive and negative questions ……………… (370)
　5.5.1 Types of interrogative adverbs ……………… (371)
　5.5.2 Syntax ……………………………………………… (377)
　5.5.3 Semantic characteristics ……………………… (385)
　5.5.4 Special usage ………………………………… (395)
　5.5.5 Geographical distribution ……………………… (412)
5.6 Usage of positive and negative questions in dialect …… (414)

# 6. Wh-questions in Chinese dialects ……………………… (435)
6.1 Interrogative pronoun wh-questions ……………… (435)
　6.1.1 Types of interrogative pronouns ……………… (436)
　6.1.2 Syntax ……………………………………………… (502)

|   |   |   |
|---|---|---|
| 6.1.3 | Geographical distribution | (532) |
| 6.2 | Simplified wh-questions | (539) |
| 6.2.1 | Syntax | (540) |
| 6.2.2 | Semantic characteristics | (545) |

## 7. Comparative investigation of interrogative category (551)

|   |   |   |
|---|---|---|
| 7.1 | Comparison between mandarin and non-mandarin dialects | (551) |
| 7.1.1 | Comparison of yes-no questions | (551) |
| 7.1.2 | Comparison of alternative questions | (554) |
| 7.1.3 | Comparison of positive and negative questions | (562) |
| 7.1.4 | Comparison of wh-questions | (571) |
| 7.2 | Comparison between dialects and Putonghua | (575) |
| 7.2.1 | Comparison of yes-no questions | (576) |
| 7.2.2 | Comparison of alternative questions | (580) |
| 7.2.3 | Comparison of positive and negative questions | (582) |
| 7.2.4 | Comparison of wh-questions | (587) |

## 8. Conclusion (591)

|   |   |   |
|---|---|---|
| 8.1 | Basic understanding | (591) |
| 8.1.1 | On the yes-no questions | (591) |
| 8.1.2 | On the alternative questions | (592) |
| 8.1.3 | On the positive and negative questions | (594) |
| 8.1.4 | On the wh-questions | (596) |
| 8.1.5 | On the relations among different types of interrogative sentences | (598) |
| 8.2 | Specification | (599) |
| 8.2.1 | Research issues | (599) |
| 8.2.2 | Methodologies | (601) |

**References** ……………………………………………………（603）

**Index** ……………………………………………………………（661）

**Postscript** ………………………………………………………（663）

# 第 一 章
# 绪　　论

## 第一节　选题背景

本书的选题是汉语方言疑问范畴比较研究，是立足于共时层面的跨方言对比研究。选题主要基于以下两个方面。

### 一　关于汉语方言语法研究

20世纪80年代以来，汉语方言的研究取得了突出进展，语音、词汇、语法等方面的研究成果不断涌现。尤其是在方言语法方面，随着现当代语言学界对汉语方言研究的日益重视，方言语法的研究已逐渐成为学者们关注的热点问题之一，大批学者致力于方言语法事实的调查，尝试跨方言的比较研究，促使方言语法研究不断升温、持续发展，"以强劲的势头迈进一个由冷转热、由点及面、由浅入深的新阶段"[①]。

汉语方言语法的研究实际上就是探究汉语方言中丰富多样的语法现象，这些语法现象不仅是汉语语法事实必不可少的重要组成部

---

[①] 李小凡：《当前方言语法研究需要什么样的理论框架》，《语文研究》2003年第2期。

分，更是构建汉语语法体系不可缺少的宝贵材料。对方言语法现象的描写、对方言语法特征的揭示不仅是方言语法研究的首要任务，更是汉语语法研究亟待解决的重要课题。就方言语法研究的现状来看，当前的研究主要见于微观辨察和宏观描写两个方面。就微观辨察来看，主要是在共同语语法研究的基础上，选取语法研究中的热点问题，通过描写与解释相结合的方法探究各热点问题的方言特征。詹伯慧先生指出，"对方言语法现象进行单项专题研究是方言语法系统研究不可或缺的基础，要全面、系统揭示一个方言的语法面貌，没有众多单项研究成果的支撑是不可能实现的"[①]。就宏观描写来看，主要是在方言调查的基础上，全面描写单点方言的语法系统，力求展现单点方言语法系统的整体面貌。随着学界对方言事实的广泛了解和深入挖掘，上述研究方向已无法满足汉语方言语法研究的需要。这就要求我们跳出传统研究的范式，转变研究思路，寻求新的研究角度。

以单点方言描写和单项专题考察为基础的多点方言比较和多角度全面考察，是符合方言语法研究实际的新思路。"多点"比较研究是一种横向与纵向相结合的跨方言对比考察，是在朱德熙先生的"'标准语语法—方言语法—历史语法'三结合"[②]理论和邢福义先生的"两个三角"[③]理论指导下，以掌握丰富的方言语料为基础，以探索汉语方言的语法特征与普遍规律为目的，对方言事实进行的深入挖掘与分析。比较是"科学研究的最基本的方法"[④]。就方言语法研究而言，比较是推动汉语方言语法研究向纵深化发展的重要途

---

[①] 詹伯慧：《汉语方言语法研究的回顾与前瞻》，《语言教学与研究》2004年第2期。
[②] 朱德熙：《从历史和方言看状态形容词的名词化》，《方言》1993年第2期。
[③] 邢福义：《现代汉语语法研究的两个"三角"》，《云梦学刊》1990年第1期。
[④] 汪国胜：《谈谈方言语法研究》，《华中师范大学学报》（人文社会科学版）2014年第5期。

径,"汉语方言语法研究的核心是比较"①。在描写基础上的比较研究可以有效"探讨现在的语法特点是如何形成的、体现了什么规律,从而寻求解释方言现状的途径"②。这样的比较研究应是多方面的,既包括方言与普通话、A 方言与 B 方言、汉语方言与民族语的比较研究,又包括方言与古代、近代汉语的比较研究。简言之,汉语方言语法的比较研究就是"将平面差异的横向比较和古今演变的纵向比较有机地结合起来"③。只有通过这样多角度、多方面的考察,才能进一步揭示方言事实中隐含的内在差异和深层规律,从而深化对汉语方言语法以及汉语语法的认识。就目前方言语法研究的发展趋势来看,随着单点方言语料的不断丰富,共同语语法和历史语法研究成果的日渐增多,比较视域下的汉语方言语法研究应是方言语法新的研究趋势。

## 二 关于汉语方言疑问研究

随着汉语方言语法研究的逐步深入,疑问作为语法研究的热点问题,得到了学者们的重视与关注,相关成果集中于描写单点方言疑问句的结构形式、语义内涵、语用特征等。然而,基于单点方言描写的跨方言比较研究仍较为薄弱,比较的范围与视野较为有限。针对这一问题,我们认为可以从两个方面深化对汉语方言疑问句的研究:其一,立足于现代汉语方言疑问句,将研究视野由单点方言描写拓展至以单点方言描写为基础的跨方言比较研究,通过多角度的专题考察,系统分析不同方言间的共性与差异;其二,立足于不同方言间的共性与差异,将研究视野由跨方言的比较研究拓展至方言与共同语、方言与古代汉语、汉语方言与民族语言的比较研究,

---

① 詹伯慧:《汉语方言语法研究的回顾与前瞻》,《语言教学与研究》2004 年第 2 期。
② 李如龙:《汉语方言学》,高等教育出版社 2007 年第 2 版,第 229 页。
③ 邢向东:《论加强汉语方言语法的历时比较研究》,《陕西师范大学学报》(哲学社会科学版) 2002 年第 5 期。

通过多维度的立体考察，深入探究方言特征的内在规律与形成原因。简言之，就是将汉语方言疑问句的研究放置于多角度、多维度的综合比较视域下。这首先需要明确一个相对定值。李宇明先生指出，"不同语言（或方言）间的表达手段具有较大的差异性，语义范畴虽然也存在社团差异，但相对语言表达手段来说，其一致性要大得多"[①]。因此，我们可以将语义范畴看作这个相对定值，考察其在不同方言里表达手段的异同。汪国胜先生也曾指出，方言语法的研究"既可以从具体的现象或事实出发，也可以着眼于一些重要的语法、语义范畴，比如体貌、否定、可能、处置、被动、致使、比较、疑问、祈使、指代、数量等，考察这些范畴在方言中的具体表达形式"[②]。

综合以上分析可知，从语义范畴着手的方言语法研究是展现方言语法整体面貌和细节特征的重要方式。而对某一语义范畴的跨方言比较研究，就是要遵循"从意义入手到形式"[③]的研究路径，以语义范畴为切入点，考察不同方言间表达手段的共性与差异，探析方言语法现象的深层特征与内在规律。李宇明先生将这种"从意义入手到形式"的研究路径看作"从内到外"[④]的研究，并认为这种研究路径更适用于不同语言或方言间的对比研究。具体到汉语方言疑问句的研究上，我们认为，从疑问这一语义范畴出发，系统考察不同方言间表达疑问的各类形式手段，通过多角度的跨方言比较，乃至多维度的综合比较，全面描写汉语疑问句的方言特征，系统分析方言与方言之间、方言与普通话之间的共性与差异，深入探究差异间的形成原因与共性间的内在规律，应是系统考察疑问这一热点问题的有效方式。

---

① 李宇明：《汉语量范畴研究》，华中师范大学出版社 2000 年版，第 25 页。
② 汪国胜：《谈谈方言语法研究》，《华中师范大学学报》（人文社会科学版）2014 年第 5 期。
③ 李宇明：《汉语量范畴研究》，华中师范大学出版社 2000 年版，第 25 页。
④ 李宇明：《汉语量范畴研究》，华中师范大学出版社 2000 年版，第 25 页。

## 第二节　研究意义

　　汉语疑问范畴的跨方言比较研究，是以掌握丰富的单点方言语料为基础进行的多点方言比较研究。这主要包括两个方面的内容：一是对方言疑问句的特征进行"多角考察"[①]；二是对各类特征进行"多边比较"[②]。基于此，本书的研究意义如下。

　　第一，深入挖掘汉语疑问句的方言特征。

　　吕叔湘先生曾强调，"要认识汉语的特点，就要跟非汉语比较；要认识现代汉语的特点，就要跟古代汉语比较；要认识普通话的特点，就要跟方言比较"[③]。依据吕先生所提出的研究思路，要想探究汉语方言的语法特征就需要将普通话与方言比较、方言与方言比较、方言与古代汉语、近代汉语比较。只有通过这样的"多边"对比考察，才能"拨开云雾"，使方言的诸多特征显露出来。尤其是那些隐藏于深层的特征，往往需要通过对比才能变得清晰。

　　通过丰富的单点方言语料，我们了解到，疑问作为方言语法研究的热点问题，具有鲜明的方言特色和地域特征。这主要包括两点：一方面，表面不同的方言现象之间可能隐藏着深层次的共性规律；另一方面，表面相同的方言现象之间也可能并不存在实际联系。而就既有研究来看，对各类语法现象的系统考察相对分散，对不同方言间语法特征的对比分析也需进一步完善。针对这一现实情况，对各类方言事实进行全面描写和深入探析将有助于深化对汉语方言疑问句的整体认识。

---

[①] 汪国胜：《谈谈方言语法研究》，《华中师范大学学报》（人文社会科学版）2014年第5期。

[②] 汪国胜：《谈谈方言语法研究》，《华中师范大学学报》（人文社会科学版）2014年第5期。

[③] 吕叔湘：《通过对比研究语法》，《语言教学与研究》1992年第2期。

本书以单点方言描写和单项专题考察为基础，对汉语方言疑问句进行多点方言比较和多角度整体探查。通过多角度的综合考察，细致描绘方言疑问句的语形、语义和语用特征，全面展现方言疑问句的真实面貌，深入挖掘汉语疑问句的方言特征。

第二，积极探索方言语法研究的新思路。

李如龙先生强调，"开展汉语方言的全方位的比较研究不但是建立科学的汉语方言学的根本，也是建设汉语语言学理论的必由之路"①。疑问是汉语方言语法系统的重要组成部分。对汉语疑问句的跨方言比较研究，既是对方言语法系统的个案辨察，也是对方言语法研究思路的实践性探索。

汉语方言的语法现象丰富、多样，看似杂乱无章，实则关系密切。我们认为，要想全面、准确地把握方言语法的特征，需要进行两项工作，一是甄别现象，二是厘清关系。甄别现象，就是在描写的基础上将各类方言语法现象进行分类，这既是对语法现象的系统整合，也是对语法现象的初步分拣。厘清关系，就是在描写的基础上对各类语法现象进行再次分拣，这既是对语法现象内在关系的考察，也是对语法现象共性特征的提炼。上述两项工作是我们进行汉语方言语法研究的必要程序。而建立在描写基础上的跨方言比较研究，不仅有助于整体把握方言语法现象的概貌，还有助于在总览的基础上探究语法现象的共性与差异。

本书以汉语疑问句的方言特征为研究主体，在对其进行系统描写的基础上，甄别分拣，厘清关系，追根溯源。通过系统的类型比较，明确不同方言间的共性特征与内在联系，辨别不同方言间的个性差异与隐藏关系，积极探索方言语法研究的新思路。

第三，深化对汉语语法整体面貌的认识。

汉语方言语法是汉语语法体系的重要组成部分。汪国胜先生指

---

① 李如龙：《论汉语方言比较研究（上）——世纪之交谈汉语方言学》，《语文研究》2000 年第 2 期。

出:"就现代汉语来说,通常所说的汉语语法,实际是指共同语(普通话)语法,并不涵盖方言。严格说来,汉语语法应该基于'整体汉语',反映方言事实,……要建立严格意义上的汉语语法的科学体系,需要方言语法研究的参与和支持。"① 可见,对汉语方言语法的研究可以助力汉语语法的研究,为整个汉语语法体系的构建贡献力量。

疑问既是方言语法的研究对象,又是共同语语法、历史语法的研究对象。总体上看,疑问在不同的研究维度中呈现出"同中有异"的特征。产生这种特征的主要原因在于语言是在不断发展的。在这一动态进程中,语言的各要素体现出发展的不平衡性。就语法系统来看,现代汉语的许多语法现象是对古代汉语、近代汉语各类语法现象的继承与发展。有的语法现象发展较快,就会逐渐失去其本来面貌而以全新的形式展现;有的语法现象发展较慢,就仍会保留或部分保留其本来面貌。这种发展的不平衡性在方言语法中表现得尤为突出。正是这种发展的不平衡性,使得不同方言里的语法特征呈现诸多差异,而这也为共同语语法研究和历史语法研究提供了重要的素材与线索。具体而言,其一,"汉语各方言在语法细节上经常显示一些特征,可以帮助阐释民族共同语的有关语法现象"②;其二,"古代的一些语法现象,常常保留在现代的方言当中,因此,通过对方言的考察,就可以帮助梳理语法现象历史演变的脉络"③。可见,比较视域下的方言语法研究,不仅为共同语语法和历史语法的研究提供了崭新的视角和重要的线索,也为构建"整体汉语"的语法体系架起了一座沟通的桥梁。

---

① 汪国胜:《谈谈方言语法研究》,《华中师范大学学报》(人文社会科学版)2014年第5期。
② 袁家骅等:《汉语方言概要》(第二版),语文出版社2001年第2版,第321页。
③ 汪国胜:《谈谈方言语法研究》,《华中师范大学学报》(人文社会科学版)2014年第5期。

本书以方言语法研究为突破点，将疑问句放置于整个汉语方言、整个现代汉语，乃至整个汉语系统之中。通过内外结合、纵横贯通的"多边比较"（A方言—B方言、方言—普通话、方言—古汉语），全景式呈现汉语疑问句的总体特征，深化对汉语语法整体面貌的认识。

## 第三节 研究现状

本节主要从古代汉语、汉语共同语、汉语方言三方面对疑问句的研究现状进行梳理，整合主要研究成果，把握研究动态，为跨方言比较探寻新的研究路径。

### 一 古代汉语疑问研究

（一）初步发展阶段

自1898年第一部系统完整的汉语语法专著《马氏文通》出版至20世纪60年代，是古代汉语疑问研究的初步发展阶段。在这一阶段，有关疑问的研究以通论性或综述性的研究为主，以疑问词作为研究重点，多是对疑问词演变过程的历时探究，并在此基础上兼顾考察疑问句的语义内涵，但对疑问句结构形式的研究尚不多见。

在《马氏文通》诞生之前，学者们对疑问句和疑问词的研究多散见于笔记、注疏、字典、辞书等各类古籍之中，尚未形成体系。《马氏文通》[1]专门设立了"询问代字"和"传疑助字"两节分别对疑问代词和疑问语气词进行论述。在"询问代字"一节，主要讨论了"谁、孰、何、奚、胡、曷、恶、安、焉"九个疑问代词的语义及句法功能，并首次指出疑问代词作宾语必定前置于动词的句法

---

[1] 马建忠：《马氏文通》，商务印书馆1983年版，第71—77、361—375页。

规律。在"传疑助字"一节,举例讨论了"乎、哉、耶、欤、夫、诸"六个传疑助字的用法。这些研究成果是最早从语法角度对疑问句和疑问词的系统论述。

《马氏文通》出版之后,一批古代汉语语法著作在其影响下相继出现,其中不乏对疑问句和疑问词的论述,但这些研究基本都是粗线条的概说。20世纪40年代起,学者们逐渐开始对疑问句和疑问词展开较为细致而深入的研究。吕叔湘先生的《中国文法要略》①(1942)是这一时期的重要作品之一。书中有关古汉语疑问的研究主要表现在两个方面,其一,关于疑问句的研究。吕先生将疑问语气概括为询问、反诘和测度三类,将疑问句分为特指问句和是非问句两大类,把抉择问句(即选择问句)看作是非问句的一种特殊形式,从形式、意义、用法三方面对各类疑问句进行了分析。吕先生同时关注了古汉语里的"VP未"问句和"VP无"问句,认为这类正反问句在形式上与是非问句相似,句末否定词"未"相当于白话里的"没有","无"则是语气词"么"和"吗"的前身。其二,关于疑问词的研究。吕先生分别讨论了疑问代词、疑问语气词的类型与用法。此外,吕先生还针对疑问句提出了诸如疑问点、疑问程度、疑与问的区别与联系等一系列颇有价值的研究课题,为之后学者们的研究拓宽了研究思路。

王力先生的《汉语史稿》②(1958)根据语义功能和音韵形式将上古汉语疑问代词分为指人、指物、指处所三系,根据具体用途将上古汉语疑问语气词"乎、哉、欤、耶(邪)"分为纯粹传疑、纯粹反诘、要求证实三类,并在此基础上详细梳理了疑问代词和疑问语气词自上古汉语到现代汉语的历时演变情况。同一时期,从历史发展的角度对疑问范畴进行专题考察的还有太田辰夫的《中国语历

---

① 吕叔湘:《中国文法要略》,商务印书馆2014年版,第392—420页。
② 王力:《汉语史稿》,中华书局2015年第3版,第279—288、434—444页。

史文法》①（1958），书中主要描写了疑问代词、疑问语气词以及疑问句自唐代到明清时期的发展特征。

在初步发展阶段，专书研究、断代研究尚不多见。丁声树先生于1948年发表《论诗经中的"何""曷""胡"》②一文，对疑问代词"何、曷、胡"在《诗经》中的不同用法进行了讨论，通过对大量用例进行分析后指出，"何"表示"何物、何事、何地"，"曷"表示"何时"，"胡"表示"何故"。

（二）深入发展阶段

自20世纪80年代起，古汉语疑问研究进入迅速发展时期。这主要包括两个阶段：第一阶段是20世纪80年代至90年代末；第二阶段是21世纪初至今。

第一阶段：20世纪80年代至90年代末。

20世纪80年代至90年代末，古汉语疑问研究逐渐向系统化、精细化发展，研究成果以专著、专题论文等形式相继出现，在数量上和质量上均实现了飞跃。总体上看，本时期的研究主要体现在两个方面，一是在大量占有古汉语资料的基础上尝试对各类语法现象进行详细的描写；二是在描写的基础上尝试进行合理的解释，力求实现共时描写与历时考察相结合，词汇研究与句法研究相结合的研究目的。具体而言，这一时期古汉语疑问研究主要在以下四个方面取得了重要进展。

第一，疑问句历时发展的研究。

这一时期，探究疑问句发展历史的专题论文较为突出，以正反问句和选择问句的研究更为常见。

---

① ［日］太田辰夫：《中国语历史文法》，蒋绍愚、徐昌华译，北京大学出版社1987年版，第368—373页。

② 丁声树：《论〈诗经〉中的"何""曷""胡"》，载国立中央研究院历史语言研究所集刊编辑委员会编《历史语言研究所集刊（第10本）》，商务印书馆1948年版，第349—370页。

梅祖麟《现代汉语选择问句法的来源》[1] 讨论了5世纪至12世纪汉语选择问句的形式特征与发展过程，认为现代选择问句成形于5世纪，而"是……还是"类现代选择问句式产生于12世纪。

王海棻《古代汉语反复问句源流初探》[2] 论述了商代至宋代正反问句的主要形式及其演变过程，文中使用的语料不但来源于不同时期的经典著作，更有甲骨文卜辞、秦墓竹简等，为之后的研究开辟了新的研究思路。

祝敏彻《汉语选择问、正反问的历史发展》[3] 从句式结构着手对上古汉语和近代汉语里的选择问句、正反问句进行了对比考察，通过分析不同历史时期的文献资料主要得出三点结论：其一，上古汉语里选择问句用得多而正反问句用得极少，但在近代汉语里正反问句大量增多，而选择问句则较少使用；其二，上古汉语里正反问句的结构简单，而在近代汉语里正反问句的结构则表现出复杂多变的特征；其三，上古汉语里正反问句和选择问句区分明确，没有交叉，但在近代汉语里二者存在一定的交叉现象。

刘子瑜《汉语反复问句的历史发展》[4] 选取先秦至明清时期的代表性文献作为研究材料，在归纳描写和定量分析的基础上，动态考察了正反问句的发展过程，并在此基础上对其演变的历史轮廓进行了整体勾勒。

此外，还有李思明《正反选择问句中否定词发展初探》（1984）、赵新《论"V - neg"式反复问句的分化演变》（1994）、宋金兰《论反复问句 A 不 A 产生的年代》（1996）等专题论文，均对正反问句的历史来源、演变过程等问题进行了详细论述。李崇兴

---

[1] 梅祖麟：《现代汉语选择问句法的来源》，《中研院历史语言研究所集刊》1978年第49本。

[2] 王海棻：《古代汉语反复问句源流初探》，《语文教学通讯》1981年第8期。

[3] 祝敏彻：《汉语选择问、正反问的历史发展》，《语言研究》1995年第2期。

[4] 刘子瑜：《汉语反复问句的历史发展》，载郭锡良编《古汉语语法论集》，语文出版社1998年版，第566—567页。

《选择问记号"还是"的来历》(1990)以选择问句的历史发展为基础,专门考察了连接词"还是"的来源与发展。

在语法专著方面,涉及疑问句历时演变的有王海棻的《古汉语疑问词语》(1987)和杨伯峻、何乐士的《古汉语语法及其发展》(1992)等。王海棻《古汉语疑问词语》[①]以疑问词语为切入点,根据语义特征将单音节词、双音节词、短语、固定格式等各种形式的疑问词语分为十五类,并在此基础上根据疑问词语的语法功能构拟出不同的疑问句式,通过文献资料分别对其进行描写。杨伯峻、何乐士《古代汉语语法及其发展》[②]根据疑问功能的不同将疑问句分为询问句、反诘句、测度句三类;根据提问方式的不同,将询问句分为特指问、是非问、选择问、反复问、比较问五类。作者以丰富的古汉语资料为文献基础,分析各类问句的不同用法及特征。

第二,疑问词语的研究。

这一时期,对疑问词语的研究主要体现在疑问代词、疑问语气词、疑问副词三个方面。

关于疑问代词的研究,学者不但延续了之前对其历史来源、演变过程的探究,还逐渐开始关注经典著作或某一历史时期里疑问代词的特征,推动了疑问代词专书研究和断代研究的发展。具体来看,主要存在两个方面的特征。首先,这一时期出现了多篇关于专书研究的专题论文。例如,孙锡信《〈祖堂集〉中的疑问代词》(1983)、李思明《〈水浒全传〉中的疑问代词》(1986)、黎时斌《从十三经的语言材料看古代汉语疑问代词的意义》(1986)、王海棻《〈公羊传〉〈谷梁传〉疑问词语的比较研究》(1987)、何乐士《〈左传〉中的"何"字》(1988)、高育花《〈论衡〉中的疑问代词》(1998)、卢烈红《〈古尊宿语要〉代词助词研究》(1998)等。其

---

① 王海棻:《古汉语疑问词语》,浙江教育出版社1987年版。
② 杨伯峻、何乐士:《古汉语语法及其发展》,语文出版社1992年版,第858—889页。

次，不少学者开始将目光聚焦于某一历史时期，着重探讨该时期疑问代词的特征及演变过程。就上古汉语的疑问代词进行考察的有王海棻的《先秦疑问代词"谁"与"孰"的比较》（1982），该文对先秦时期疑问代词"谁、孰"的用法进行了对比分析并对其使用数量进行了统计①。由于中古汉语的疑问代词不但保留了上古汉语的特点，而且在此基础上又产生了新的形式和用法，因此，对这一时期疑问代词的研究既有对新形式、新用法的分析也有对其来源的探究，形成了多篇专题论文。比如：太田辰夫《中古（魏晋南北朝）汉语的特殊疑问形式》（1987），志村良治、杨荣祥《论中古汉语疑问词"底"》（1988），俞理明《汉魏六朝的疑问代词"那"及其他》（1989），朱庆之《试论汉魏六朝佛典里的特殊疑问词》（1990），蔡镜浩《也谈汉魏六朝的疑问代词"所"》（1992）等。

关于疑问语气词的研究，主要体现在两个方面。一是对先秦时期的疑问语气词进行综合考察。比如：郭锡良的《先秦语气词新探（一）》（1988）和《先秦语气词新探（二）》（1989）、刘晓南的《先秦语气词的历时多义现象》（1991）、朱承平的《先秦汉语句尾语气词的组合及组合层次》（1998）等专题论文，对疑问语气词"乎""与（欤）""邪"的用法进行了系统分析。二是结合句法结构对"吗、呢、麽"等疑问语气词进行语源探究。比如：江蓝生《疑问语气词"呢"的来源》（1986）、孙锡信《语气词"呢""哩"考源补述》（1992）分别考察了疑问语气词"呢"的来源，以及"呢"与非疑问语气词"哩"的同源问题。赵新《论"V－neg"式反复问句的分化演变》②认为，疑问语气词"麽"是汉语史上第一个专用于是非问的疑问语气词，到清代中叶"VP 麽"问句在形式和用法上已与现代汉语的"VP 吗"问句一致。吴福祥《从"VP－

---

① 王海棻：《先秦疑问代词"谁"与"孰"的比较》，《中国语文》1982 年第 1 期。

② 赵新：《论"V－neg"式反复问句的分化演变》，《湖北教育学院学报》1994 年第 1 期。

Neg"式反复问句的分化谈语气词"麼"的产生》① 将虚词研究与句式研究相结合，考察了语气词"麼"的产生过程以及正反问句"VP + Neg"的分化过程。文中通过分析大量的文献资料得出，"VP + Neg"问句末尾的否定词经历了由实义否定词"不（否）"到"无"再到语气词"麼"的虚化过程，该问句在汉魏六朝到唐宋时期逐渐分化为正反问句和是非问句。钟兆华《论疑问语气词"吗"的形成与发展》② 从音韵学的角度考察了语气词"吗"的产生过程。上述研究成果推动了古汉语疑问语气词研究的纵深化发展。

关于疑问副词的研究，在这一时期也有了初步发展。吕叔湘先生在《中国文法要略》（1942）中将位于句中的"可、岂"等词称作"句中的疑问语气词"③，"可"用于白话文，"岂、宁"等用于文言文，但是书中未对这些词的用法作更为详尽的解释。朱德熙先生在《汉语方言里的两种反复问句》④ 一文中通过对苏州、昆明、合肥三地方言里的正反问句进行比较得出，这些方言里的疑问副词"阿、格、克"很可能同出一源，在明清白话小说里写作"可"，"可VP"问句大量出现在明清时代的白话小说里。袁宾《说疑问副词"还"》⑤ 对敦煌变文以及宋、元、明白话著作里的疑问副词"还"及带"还"的疑问句进行了考察，认为唐、五代、宋主要使用疑问副词"还"，明、清主要使用疑问副词"可"。江蓝生《疑问副词"可"探源》⑥ 通过分析指出，"可"具有表反诘（可$_1$）和表推度询问（可$_2$）两种用法，"可$_1$"出现于东汉时期，"可$_2$"出现于唐代。文中通过与先秦汉魏六朝时期的疑问副词"岂、宁"比较，

---

① 吴福祥：《从"VP – Neg"式反复问句的分化谈语气词"麼"的产生》，《中国语文》1997年第1期。
② 钟兆华：《论疑问语气词"吗"的形成与发展》，《语文研究》1997年第1期。
③ 吕叔湘：《中国文法要略》，商务印书馆2014年版，第402页。
④ 朱德熙：《汉语方言里的两种反复问句》，《中国语文》1985年第1期。
⑤ 袁宾：《说疑问副词"还"》，《语文研究》1989年第2期。
⑥ 江蓝生：《疑问副词"可"探源》，《古汉语研究》1990年第3期。

揭示了"可$_2$"的形成过程;结合方言事实,进一步探讨了疑问副词"敢、克、格、阿"的来源。

除上述专题论文以外,在古汉语语法专著中也对疑问词语进行了系统而全面的描述。在中古汉语语法专著中,柳士镇《魏晋南北朝历史语法》[①] 对魏晋南北朝时期疑问代词的演变情况进行了分析,考察了由先秦时期遗留下来的疑问代词"谁、何"在魏晋南北朝时期的用法,并在此基础上探讨了"阿谁、何等、那、所"等新兴疑问代词的用法及意义。董志翘、蔡镜浩《中古虚词语法例释》[②] 全面分析了中古汉语疑问代词的意义及用法,并对一些疑问代词产生的新义、新用法进行了溯源式探讨。志村良治《中国中世语法史研究》[③] 从语言事实出发,将中古汉语语法与语音、词汇相联系,在第二部分"专论"中专门对中古疑问词"底"和"甚麼"进行了考证。在近代汉语语法专著中,吕叔湘《近代汉语指代词》[④] 从形式与来源、疑问用法、虚指和任指用法等方面对近代汉语疑问代词进行了全面考察。刘坚、江蓝生、白维国、曹广顺《近代汉语虚词研究》[⑤] 对疑问语气词"呢(哩)"、疑问副词"颇、可(岂、宁、敢)、还(为)、莫"的来源和发展进行了系统分析。此外,孙锡信《汉语历史语法要略》(1992),向熹《简明汉语史》(1993),蒋绍愚《近代汉语研究概况》(1994),俞光中、植田均《近代汉语语法研究》(1999)等专著,也从多角度探讨了近代汉语疑问词语的用法及来源。

第三,专书疑问句的研究。

---

[①] 柳士镇:《魏晋南北朝历史语法》,南京大学出版社1992年版,第178—193、299—309页。

[②] 董志翘、蔡镜浩:《中古虚词语法例释》,吉林教育出版社1994年版。

[③] [日]志村良治:《中国中世语法史研究》,江蓝生、白维国译,中华书局1995年版,第144—158页。

[④] 吕叔湘:《近代汉语指代词》,学林出版社1985版。

[⑤] 刘坚等:《近代汉语虚词研究》,语文出版社1992年版,第166—182、234—265页。

随着汉语语法史研究的进一步深入，专书研究有了较大的突破，专书语法研究自20世纪80年代后期起迅速发展起来。"疑问"作为重要的语法研究对象，一直是古汉语专书语法研究中不可忽视的重要问题。

这一时期，一些研究专书疑问句的专题论文得以发表，研究内容由通论性、综述性向专题性发展。在研究对象上，学者着眼于不同时期的经典著作，打破了先前以疑问代词、疑问语气词研究为主的局面，开始更多地关注文献中各类疑问句的不同特征。具体而言，专书疑问句研究主要包括两个方面的内容。一是选取某一著作对其疑问句进行整体考察。主要论文有：李索《〈诗经〉问句初探》（1987）、关键《〈世说新语〉的疑问句》（1987）、高照夫《〈论语〉的问句》（1991）、钟明立、陈炀斌《从〈世说新语〉看六朝口语疑问句和疑问词的特点》（1993）、廖序东《〈天问〉的疑问词和疑问句》（1993）和《〈天问〉的疑问词和疑问句（续）》（1993）、许仰民《论〈金瓶梅词话〉的疑问句及疑问词》（1997）、段业辉《〈世说新语〉疑问句分析》（1998）、肖奚强《对〈红楼梦〉中一般疑问句系统的考察》（1999）、祝敏彻《〈国语〉、〈国策〉中的疑问句》（1999）等。二是选取某一类疑问句式对其特征进行专门探讨，以正反问句和选择问句的研究为主。关于正反问句的专书研究主要有：崔山佳《杜诗中也有"VP不VP"句式》（1985）、伍华《论〈祖堂集〉中以"不、否、无、摩"收尾的问句》（1987）、罗福腾《蒲松龄〈聊斋俚曲集〉中的反复问句》（1996）和《〈醒世姻缘传〉的反复问句》（1996）、刘勋宁《〈祖堂集〉反复问句的一项考察》（1998）等。关于选择问句的专书研究主要有：李思明《〈水浒全传〉中的选择问句》（1982）和《从变文、元杂剧、〈水浒传〉、〈红楼梦〉看选择问句的发展》（1983）、刘子瑜《敦煌变文中的选择疑问句式》（1994）、刘镜芙《〈金瓶梅词话〉中的选择问句》（1994）、阚绪良《〈五灯会元〉里的"是"字选择问句》（1995）、刁晏斌《〈景德传灯录〉的选择问句》（1997）等。关于反问句的专书研究主要有：王笑湘《〈论语〉反问句分析》（1985）、苏炳社《试谈〈左传〉中的反诘问句》（1986）、李思明《〈水浒全传〉的反问句》（1989）、宋晓蓉《〈论语〉特指式反问句初探》（1996）等。

此外，随着出土文献研究的逐渐兴起，甲骨文语法研究得到了显著发展，句子类型、句式结构成为其重要的研究对象之一。例如，张玉金《殷墟甲骨文句类问题研究》[1]根据语气的不同，将殷墟甲骨文中的单句分为疑问句、陈述句、感叹句、祈使句四类，通过分析发现，疑问句是甲骨文中的常见句类。冯春田《秦墓竹简选择问句分析》[2]根据结构特征，将秦简里的选择问句分为一般复句式选择问句和紧缩式选择问句两类，从形式特征、使用频率等方面对两类问句进行了分析。高一勇《秦简"法律答问"问句类别》[3]专门考察了秦简中用于"法律答问"的各类问句。

除上述专题论文外，在专书语法研究的著作中，"疑问句"开始作为单独的章节出现，成为语法专著的重点考察对象之一。比如：吴福祥的《敦煌变文语法研究》[4]是较早出版的系统性专书语法著作，书中以《敦煌变文集》为语言材料，对疑问代词和反复问句设置专门的章节进行考察。在"反复问句"一章，作者不仅分析了"VP + Neg"问句、"VP 不 VP"问句和"可 VP"问句的使用情况，还进一步梳理了汉语正反问句的发展过程。

第四，断代疑问句的研究。

这一时期的断代疑问句研究仍处于起步阶段。与专书疑问句研究相比，断代疑问句的研究成果仍数量有限。在专题论文方面，有

---

[1] 张玉金：《殷墟甲骨文句类问题研究》，《古汉语研究》1997年第4期。
[2] 冯春田：《秦墓竹简选择问句分析》，《语文研究》1987年第1期。
[3] 高一勇：《秦简"法律答问"问句类别》，《古汉语研究》1993年第1期。
[4] 吴福祥：《敦煌变文语法研究》，岳麓书社1996年版，第56—105、475—492页。

徐正考的《唐五代选择疑问句系统初探》①《元明汉语选择问句系统述析》② 和《清代汉语选择疑问句系统》③，作者分别将唐五代、元明时期以及清代的选择问系统分为简式和繁式两个子系统，以不同时期的典型文献著作为语言材料，对其选择问句的主要特征进行了细致描写。吴慧颖《"VP₁ 也 VP₂" 和 "VP₁ 也怎的"——关于近代汉语中的两种选择问句》④ 以元明清小说为语言材料，结合现代汉语方言现状，对 "VP₁ 也 VP₂" 和 "VP₁ 也怎的" 这两种特殊的选择问句式进行了综合考察。在专著方面，柳士镇的《魏晋南北朝历史语法》⑤ 是一部断代历史语法专著，全书共分为上、中、下三编，对疑问代词、疑问语气词以及疑问句的类型均有论述。作者指出，与上古汉语相比，魏晋南北朝时期的疑问句主要有两个方面的变化，一是出现了一些不用疑问词语而是借助语境、语调表达疑问的疑问句；二是出现了一些新兴的疑问代词、选择连词，以及询问度量的词语。该书对中古汉语语法研究具有重要的学术价值。俞光中、植田均的《近代汉语语法研究》⑥ 以近代汉语中的古白话作品为语言材料，专列"疑问句"一章，将疑问句分为是非问句、选择问句、提选式问句、正反问句四类。作者指出，提选式问句最初可能是由后项省略某个疑问代词而形成的，这种已使用千年的稳定句式在古白话里极为多见，但是否属于特指问句，仍有待确定。

---

① 徐正考：《唐五代选择疑问句系统初探》，《吉林大学社会科学学报》1988 年第 2 期。

② 徐正考：《元明汉语选择问句系统述析》，载郝长海编《心路历程——吉林大学文学院纪念校庆五十周年论文集》，吉林大学出版社 1996 年版，第 466—474 页。

③ 徐正考：《清代汉语选择疑问句系统》，《吉林大学社会科学学报》1996 年第 5 期。

④ 吴慧颖：《"VP₁ 也 VP₂" 和 "VP₁ 也怎的"——关于近代汉语中的两种选择问句》，《古汉语研究》1990 年第 2 期。

⑤ 柳士镇：《魏晋南北朝历史语法》，南京大学出版社 1992 年版，第 299 页。

⑥ 俞光中、［日］植田均：《近代汉语语法研究》，学林出版社 1999 年版，第 95—127 页。

第二阶段：21 世纪初至今。

21 世纪初至今，古汉语疑问研究进入深入发展时期。这一阶段，专书语法研究和断代语法研究逐渐成熟，成为学者关注的热点问题。这些对具体语法材料的收集、整理和分析是进一步探究其内在联系与发展规律的必要基础。

第一，专书疑问句的研究。

这一时期的专书语法研究涉及上古、中古及近代汉语。而对于专书疑问句的研究也不再局限于对某类问句的专题考察，而是将研究范围拓展至整个疑问系统，既关注到了各类问句的形义特征，也在形式描写的基础上对部分疑问词语的用法和意义进行了归总与分析。

在语法专著方面，就中古汉语语法研究来看，何亚南《〈三国志〉和裴注句法专题研究》[1] 以选择问句和正反问句为研究对象，全面分析了两类问句的表现形式、出现频率、发展趋势及来源等，详细阐述了这一时期选择问句与正反问句的主要特征。通过分析发现，《三国志》和裴注中的选择问句应是从上古向近代发展的过渡形式。就近代汉语语法研究来看，由刘坚、江蓝生主编，河南大学出版社出版的"汉语史专书语法研究丛书"，对晚唐五代至清代 10 个时代断面的汉语特征进行了系统的静态描写，为近代汉语历史面貌的呈现提供了真实、生动的资料。其中，冯春田《〈聊斋俚曲〉语法研究》（2003），吴福祥《敦煌变文 12 种语法研究》（2004）和《〈朱子语类辑略〉语法研究》（2004），刁晏斌《〈三朝北盟会编〉语法研究》（2007），高育花《元刊〈全相平话五种〉语法研究》（2007），曹广顺、梁银峰、龙国富《〈祖堂集〉语法研究》（2011）等专著，分别对专书中出现的特指问句、是非问句、选择问句、正反问句进行了详细考察，全面展现了不同历史时期汉语疑问系统的

---

[1] 何亚南：《〈三国志〉和裴注句法专题研究》，南京师范大学出版社 2001 年版，第 192—237 页。

整体特征。张美兰《〈祖堂集〉语法研究》① 对《祖堂集》里带有疑问代词的特指问句、"NP+疑问语气词"式特指问句、疑问焦点在句首的特指问句、转移话题式特指问句、提示式话题问句、设问句、正反问句、选择问句等多种问句类型进行了全面分析，并在此基础上探究各类问句的来源与演变。此外，涉及专书疑问句研究的还有唐韵《〈元曲选〉语法问题研究》（2002）、李泰洙《〈老乞大〉四种版本语言研究》（2003）、许仰民《〈金瓶梅词话〉语法研究》（2006）、王树瑛《〈朱子语类〉问句系统研究》（2012）等。

在专题论文和学位论文方面，相关研究成果在数量上大幅增加。专题论文有曹小云《〈论衡〉疑问句式研究》（2000）、陈志朋《〈论语〉疑问句考察》（2000）、傅惠钧《〈儿女英雄传〉选择问句研究》（2000）、冯凌宇《〈论衡〉中的特指式反问句》（2001）和《〈论衡〉中的特指式询问句》（2002）、俞理明《〈太平经〉中非状语地位的否定词"不"和反复问句》（2001）、曹瑞芳《〈论语〉疑问句的类型》（2002）、李炎《〈醒世姻缘传〉正反疑问句研究》（2003）、温静《〈搜神记〉的疑问句》（2006）、王敏红《〈太平经〉疑问句研究》（2007）、郭爱涛《〈儒林外传〉是非疑问句和选择疑问句研究》（2011）和《〈儒林外史〉特指疑问句研究》（2012）等。博士学位论文有苏恩希《〈西游记〉句法研究》（2001）、高列过《东汉佛经被动句疑问句研究》（2003）、叶建军《〈祖堂集〉疑问句研究》（2008）、陈静《〈史记〉问句系统研究》（2009）、李美妍《先秦两汉特指式反问句研究》（2010）、袁卫华《〈五灯会元〉疑问句研究》（2012）、黄娜《南北朝译经疑问句研究》（2013）等。

第二，断代疑问句的研究。

21世纪以来，疑问句、疑问词语的研究成为断代语法研究的重要论题之一，这集中体现在断代语法专著中。比如：冯春田《近代

---

① 张美兰：《〈祖堂集〉语法研究》，商务印书馆2003年版，第124—240页。

汉语语法研究》① 在"句式"一章单列"选择问句式"和"反复问句式"两节,结合上古汉语、中古汉语的问句形式,对唐五代到明清之际的选择问句、反复问句进行了讨论,并进一步探究了两类问句的历史来源。在选择问句的研究中,作者概括了近代汉语选择问句在语气词和关联词选用上的变化,以及选择问句复合化的倾向;在正反问句的研究中,作者详述了"VP+不/否/未/无"问句的结构形式和演变过程。

蒋绍愚、曹广顺《近代汉语语法史研究综述》② 梳理了半个多世纪以来学者们对不同时期选择问句的研究成果,总结了各时期选择问句的发展特点并提出了尚待进一步研究的若干问题,"扩大了研究者的视野,明确了未来研究的主攻方向"③。

刘开骅《中古汉语疑问句研究》④ 是全面而系统的研究中古汉语疑问句的语法专著。作者在书中二、三、四、五章分别讨论了中古汉语是非问句、特指问句、选择问句和正反问句的主要特征,并在此基础上考察其历史来源及演变过程,探寻汉语疑问句演变的历史线索及其发展规律、内在动因与机制等。

傅惠钧《明清汉语疑问句研究》⑤ 以《老乞大》《朴通事》《金瓶梅》《儿女英雄传》为语言材料,多角度考察了明清时期疑问句的整体面貌。在研究内容上,作者将共时研究与历时研究相结合,分析疑问句在不同历史阶段的主要特征,既立足于汉语共同语,通过"普—方"比较深入探究不同句式之间的内在规律,又立足于疑问句内部,将研究视野拓展至问句外部,考察问句形式与上下文、

---

① 冯春田:《近代汉语语法研究》,山东教育出版社2000年版,第693—727页。
② 蒋绍愚、曹广顺:《近代汉语语法史研究综述》,商务印书馆2005年版,第447—481页。
③ 刘锡信:《中古近代汉语语法研究述要》,复旦大学出版社2014年版,第235页。
④ 刘开骅:《中古汉语疑问句研究》,黑龙江人民出版社2008年版。
⑤ 傅惠钧:《明清汉语疑问句研究》,商务印书馆2011年版。

言说者的表达意图等之间的关系，问句与答语之间的关系，问句与篇章之间的关系等。在研究方法上，作者注重运用类型学理论、语法化理论、标记理论等语言学理论来解释明清时期出现的语言现象。

第三，疑问句历时发展的研究。

这一时期，对疑问句发展演变的研究主要在专书研究和断代研究中进行。学者立足于中古或近代汉语里的语言现象，上承上古汉语，溯流追源，在静态描写中兼顾探寻语言现象的动态发展。

除上述专书疑问句研究和断代疑问句研究的专著以外，还有一些探讨疑问句演变轨迹的专题论文。这主要表现为两个方面的内容：第一，考察"VP + Neg"问句末尾否定词的虚化问题。关于中古汉语里"不"的虚化问题，遇笑容、曹广顺《中古汉语中的"VP 不"式疑问句》[①] 以 19 部中古汉译佛经和 6 部本土文献里的"VP 不"问句为研究对象指出，含否定副词、反诘副词的"VP 不"问句，其中的"不"已经有了相当程度的虚化，这两类问句多表现为是非问句的性质。刘开骅《中古汉语 VP - neg 式疑问句句末否定词的虚化问题》[②] 以中古时期的多部中土文献和汉译佛经为研究材料，通过分析发现中古汉语里绝大多数"VP + Neg"问句末尾的否定词都尚未虚化，"VP + Neg"仍具有正反问句的性质。朱冠明《关于"VP 不"式疑问句中"不"的虚化》[③] 结合佛经中的语言事实，认为句末否定词"不"在中古已经虚化为语气词。此外，杨永龙《句尾语气词"吗"的语法化过程》[④] 考察了"吗"的语法化过程，认为"VP 吗"是"VP 无"问句语法化的结果，主要包括"无"的语义

---

[①] 遇笑容、曹广顺：《中古汉语中的"VP 不"式疑问句》，《语言文字学》2003 年第 3 期。

[②] 刘开骅：《中古汉语 VP - Neg 式疑问句句末否定词的虚化问题》，《南京师范大学文学院学报》2006 年第 4 期。

[③] 朱冠明：《关于"VP 不"式疑问句中"不"的虚化》，《汉语学报》2007 年第 4 期。

[④] 杨永龙：《句尾语气词"吗"的语法化过程》，《语言研究》2003 年第 1 期。

泛化和"VP无"问句的主观化两个方面,它们分别与句法功能的扩展和表达功能的扩展有关。第二,探寻"VP + Neg"问句的来源与演变。比如:徐正考、黄娜《"VP – Neg"式反复问句的来源》[①] 对"VP不"问句、"VP否"问句、"VP未"问句和"VP无"问句的来源进行了分析,认为上述四类正反问句在形成过程中均受到语言经济原则的影响。其中,"VP不"问句和"VP否"问句来源于称代;"VP未"问句来源于"VP未VP"问句删除其否定项谓语"VP";"VP无"问句的原型是"有NP无",这一形式来源于"有NP无NP"问句删除其否定项宾语"NP"。此外,还有许培新《〈聊斋俚曲集〉反复问句探源》(2003),傅惠钧《明清汉语正反问的分布及其发展》(2004) 和《关于正反问历史发展的几个问题》(2006),叶建军、刘慧青《"莫(不)VP – Neg?"句末Neg的虚化问题》(2009) 等专题论文,都对正反问句的历时演变进行了专门考察。李书超的博士学位论文《汉语反复问句的历时研究》[②] 分别描写了远古时期、春秋战国时期、秦汉时期、魏晋南北朝时期、隋唐五代、宋元时期、明清时期等各个历史时期正反问句的使用情况。文中指出,最先出现的正反问句应是正反项带语气词、正反项之间带关联词的"VP + Neg + VP"问句,其后是"VP + Neg"问句;"VP + Neg"问句末尾的否定词除"无"虚化为语气词外,"不、未"等否定词均未虚化。

第四,疑问词语的研究。

除上述研究之外,疑问词语的研究仍然是学者关注的热点问题之一。随着专书语法研究、断代语法研究的迅速发展,专书疑问词语研究和断代疑问词语研究也成为这一时期疑问词语研究的主要方向。而在静态描写基础上对疑问词语的历史探源也在同步进行。在

---

[①] 徐正考、黄娜:《"VPNeg"式反复问句的来源》,《汉语史学报》2012年第12辑。

[②] 李书超:《汉语反复问句的历时研究》,博士学位论文,武汉大学,2013年。

上述专书疑问句研究和断代疑问句研究的专著中,都设有专门章节对疑问代词和疑问语气词进行详细分析,文中不再赘述。

此外,还有不少关于疑问代词和疑问语气词研究的专题论文,比如:石毓智、徐杰《汉语史上疑问形式的类型学转变及其机制——焦点标记"是"的产生及其影响》[①]利用类型学理论对疑问代词在句中的语序问题进行了颇有价值的探讨,认为古汉语中疑问代词作宾语前置的现象并不是上古汉语 SOV 特征的残留,而是焦点和附着成分相互作用的结果,即指示代词"是"演变为焦点语法标记之后逐渐取代了旧的语序表达方式。杨永龙《句尾语气词"吗"的语法化过程》(2003)、楚艳芳《"何"的用法及其语法化过程》(2009)、范宁《"何 X"的词汇化研究》(2010)等文章,对疑问语气词或疑问代词的语法化、词汇化过程进行了系统考察。

综合上述分析,20 世纪 80 年代以来,古汉语疑问研究发展迅速。就研究的广度来看,这一时期不但延续了上一发展阶段对疑问词语,尤其是疑问代词、疑问语气词发展演变的研究,而且开始关注疑问句的句式结构、语义特征及用法等问题。就研究的深度来看,随着专书语法研究、断代语法研究的兴起,这一时期的学者对专书疑问句和断代疑问句也有了更深入的考察。

## 二 共同语的疑问研究

(一) 初步发展阶段

自《马氏文通》出版至 20 世纪 70 年代末是汉语共同语疑问句研究的初步发展阶段。

在初步发展阶段,学者们从结构、意义、用法等方面对疑问句进行了分析与论述。就研究成果来看,由于各位学者多将精力倾注于对汉语语法体系的宏观构拟上,因此这一时期疑问句的研究多以

---

[①] 石毓智、徐杰:《汉语史上疑问形式的类型学转变及其机制——焦点标记"是"的产生及其影响》,《中国语文》2001 年第 5 期。

粗线条描写为主。主要研究成果如下。

1898年,《马氏文通》出版,开启汉语语法研究的先河。该书将助字所传达的语气分为传信和传疑两类。传疑助字主要有"乎、哉、耶、舆、夫、诸"六个,存在三种用法,即"一则有疑而用以设问;一则无疑而用以拟议;一则不疑而用以咏叹者"[①],分别对应于疑问句、反问句和感叹句。之后,黎锦熙先生于1924年出版《新著国语文法》[②]一书,在疑问句研究方面以助字为纲,将句类放在"语气——助词细目"一章去讨论,根据疑问语气词的不同用法将疑问句分为表然否的疑问、助抉择或寻求的疑问两类。

20世纪40年代,王力、吕叔湘、高名凯等学者主张通过对现代汉语与古代汉语、汉语与其他语言以及不同方言之间的比较来考察汉语语法的特点。在疑问句研究方面,吕叔湘先生的《中国文法要略》[③](1942)将疑问语气概括为询问、反诘和测度三类;将疑问句分为特指问句和是非问句两类,抉择问句和反复问句为是非问句的特殊形式。书中详细分析了疑问句的结构、特点、用法,提出了疑问点、疑问程度、疑与问的区别和联系等一系列颇有价值的研究课题。王力先生的《中国现代语法》[④](1943)从答语的角度考察疑问句的特征,明晰了问语与答语的关系问题。高名凯先生的《汉语语法论》[⑤](1948)从询问命题、疑惑命题的角度对疑问句进行了分析。上述研究为现代汉语疑问句研究的深入发展做出了贡献。

20世纪50年代,吕叔湘先生在《语法学习》[⑥](1953)中根据使用语气词和回答方式的不同,将疑问句分为特指问、是非问、选择问三类,认为这三类问句既可以都不使用语气词,也可以都使用

---

① 马建忠:《马氏文通》,商务印书馆1983年版,第361页。
② 黎锦熙:《新著国语文法》,商务印书馆1956年第23版,第322—329页。
③ 吕叔湘:《中国文法要略》,商务印书馆2014年版,第392—420页。
④ 王力:《中国现代语法》,商务印书馆2011年版,第169页。
⑤ 高名凯:《汉语语法论》,商务印书馆1986年版,第478—493页。
⑥ 吕叔湘:《语法学习》,复旦大学出版社2006年版,第86—87页。

语气词"啊",但是只有特指问和选择问能使用"呢",而是非问只能使用"吗"。黄伯荣先生《陈述句、疑问句、祈使句、感叹句》[①]认为,向他人提问的句子都属于疑问句,其中包含有疑而问、半信半疑或信多于疑、明知故问或无疑而问;疑问句随着意思的不同而有不同的表达方式,按照其结构特点可以分为是非问、特指问、选择问、正反问四类。文中分别对上述四种问句的结构特点及答语形式进行了分析与比较,并进一步阐明了表猜想和表反诘这两类特殊疑问句的表现形式及具体用法。

20世纪60年代初,丁声树等八位语言学家合著《现代汉语语法讲话》[②],这是一部借鉴美国结构主义语法理论的经典著作,书中依据疑问句的结构特征将其分为特指问、是非问、选择问和反复问四类。

(二) 深入发展阶段

20世纪80年代以来是汉语共同语疑问研究的深入发展阶段。

自20世纪80年代起,疑问句逐渐成为汉语语法学界的重要研究课题。在国外语言学理论的影响下,学者拓宽研究视野,深入分析各类语言现象,各类研究成果不断涌现。这些成果不仅在宏观上系统勾勒了现代汉语疑问句的总体面貌,探讨了问句类型、疑问程度、疑问功能、疑问标记、疑问焦点与答语关系等问题,而且在微观上细致考察了不同类型疑问句的结构、功能、用法等,使现代汉语疑问句的研究更加系统化、多样化、精细化。这里,我们从研究热点出发对这一阶段的研究成果进行总览式梳理。

整体上看,现代汉语共同语的疑问研究主要集中在以下六个方面。

第一,关于疑问句类型的研究。

---

[①] 黄伯荣:《陈述句、疑问句、祈使句、感叹句》,新知识出版社1957年版,第11—30页。

[②] 丁声树等:《现代汉语语法讲话》,商务印书馆1961年版,第203—209页。

疑问句的分类问题一直是现代汉语疑问句研究的核心问题之一。长期以来，语法学界并未形成统一的看法，不同的分类角度和分类标准往往会影响疑问句的分类体系，产生不同的结果。

1. "两分法"。范继淹《是非问句的句式》[①] 从交际功能出发，将是非问句看作选择问句的一种特殊形式，将疑问句分为特指问和选择问两类。吕叔湘《疑问·否定·肯定》[②] 根据疑问句的结构形式及内部派生关系将疑问句分为特指问和是非问两个基本类型，并认为正反问和选择问是由是非问派生而来的。袁毓林《正反问句及相关的类型学参项》提倡"建立一个兼顾历史和方言的汉语疑问句系统"[③]。袁先生首先将疑问句分为特指问句和非特指问句两大类，非特指问句包括是非问句和非是非问句；非是非问句又包括正反问句和非正反问句，其中"肯定命题+吗"问句和吴方言的"阿+命题"问句统称为狭义正反问句；非正反问句包括反复问句和选择问句，其中选择问句又包括并列选择问句和正反选择问句。邵敬敏《现代汉语疑问句研究》[④] 指出，所有的疑问句都是一种选择，可分为是非选择问和特指选择问两大类，其中是非选择问包括是非问和正反问，而特指选择问包括特指问和选择问；在答语上，是非选择问要求进行肯定或否定的回答，而特指选择问则要求进行针对性回答。

2. "三分法"。朱德熙《语法讲义》[⑤] 将疑问句分为是非问句、特指问句和选择问句三类，将正反问句看作选择问句的一种特殊形式。朱先生认为疑问句由陈述句转换而成，如果将陈述句的语调变为疑问语调则形成是非问句；如果在陈述句中代入疑问词语则形成

---

① 范继淹：《是非问句的句式》，《中国语文》1982 年第 4 期。
② 吕叔湘：《疑问·否定·肯定》，《中国语文》1985 年第 5 期。
③ 袁毓林：《正反问句及相关的类型学参项》，《中国语文》1993 年第 2 期。
④ 邵敬敏：《现代汉语疑问句研究》，华东师范大学出版社 1996 年版，第 5—6 页。
⑤ 朱德熙：《语法讲义》，商务印书馆 1982 年版，第 202—203 页。

特指问句；如果将陈述句的谓语部分变换为并列的几项则形成选择问句。陆俭明《由"非疑问形式+呢"造成的疑问句》① 依据结构形式将疑问句分为特指问句、选择问句、是非问句三类，并指出特指问句和选择问句与是非问句主要存在两点不同，一是特指问句和选择问句中都包含疑问形式，而是非问句中不包含疑问形式；二是特指问句和选择问句末尾都能使用语气词"呢"，不能使用语气词"吗"，而是非问句末尾则与其相反。邢福义《汉语语法学》② 根据内部构造和回答方式将疑问句分为是非问句、选择问句和特指问句三类，而选择问句又可分为列项选择问和正反选择问。张伯江《疑问句功能琐议》③ 从疑问域的角度将疑问句分为是非问句、选择问句、特指问句三类，认为这三类疑问句是汉语从古至今一直存在的稳定的疑问系统；是非问句根据语法化的程度又可分为附加问句、反复问句和"吗"问句三类，它们虽然具有判断命题是非的功能，但语法化的结果各不相同。

3. "四分法"。除黄伯荣④将疑问句分为是非问、特指问、选择问、正反问以外，还有不少学者在其著作里也坚持疑问句的"四分法"。比如，刘月华等《实用现代汉语语法》（1983）、邢公畹《现代汉语教程》（1992）、范晓《汉语的句子类型》（1998）等。

以上诸位学者根据不同的分类标准对疑问句的类型进行了划分，构成了各具特色的类型体系。就分类标准来看，目前的研究可以主要从以下几方面进行概括：一是根据疑问句的结构形式，兼顾语义关系及答语特点，如黄伯荣（1957）、丁声树等（1961）、陆俭明（1982）、吕叔湘（1985）、林裕文（1985）、袁毓林（1993）、邵敬

---

① 陆俭明：《由"非疑问形式+呢"造成的疑问句》，《中国语文》1982年第6期。
② 邢福义：《汉语语法学》，东北师范大学出版社1996年版，第124页。
③ 张伯江：《疑问句功能琐议》，《中国语文》1997年第2期。
④ 黄伯荣：《陈述句、疑问句、祈使句、感叹句》，新知识出版社1957年版，第11—20页。

敏（1996）、邢福义（1996）等；二是根据疑问句与陈述句之间的转换关系，如朱德熙（1982）、房玉清（1992）等；三是根据疑问句的功能，如范继淹（1982）、张伯江（1997）等。

第二，关于疑问程度的研究。

疑问程度作为热点问题之一，得到了学者们广泛而深入的探讨，主要研究成果如下。

赵元任先生在《汉语口语语法》[①]中就曾指出，"吗"字是非问句"对于肯定的答案抱有或多或少的怀疑，也就是可能性在50％以下"，而正反问句则是"不偏于哪一边的"。

徐杰、张林林《疑问程度和疑问句式》[②]将疑问程度分为100％、80％、60％、40％四个等级，通过对疑问句式和疑问程度之间对应关系的考察得出：疑问程度越低，其表达形式越灵活，可选用的疑问句式也就越多，而这些句式只能用于表达低程度的疑问；反之，疑问程度越高，其所受限制就越多，可选用的疑问句式也就越少，且这些句式既可用于表达高程度的疑问也可用于表达低程度的疑问。

黄国营《"吗"字句用法初探》[③]运用逻辑学知识将吕叔湘先生提出的三种疑问程度具体化为五个等级，分别是：真的概率为0（无疑而问，说话人并不期待回答）、真的概率为1/4（表示怀疑和猜测，要求证实的问句）、真的概率为1/2（真正的有疑而问，中性询问句）、真的概率为3/4（表示怀疑和猜测，要求证实的问句）、真的概率为1（无疑而问）。

邵敬敏《"吧"字疑问句及其相关句式比较研究》[④]指出，

---

[①] 赵元任：《汉语口语语法》，吕叔湘译，商务印书馆1979年版，第356页。
[②] 徐杰、张林林：《疑问程度和疑问句式》，《江西师范大学学报》（哲学社会科学版）1985年第2期。
[③] 黄国营：《"吗"字句用法初探》，《语言研究》1986年第2期。
[④] 邵敬敏：《"吧"字疑问句及其相关句式比较研究》，载胡明扬主编《第四届国际汉语教育讨论会论文集》，北京语言学院出版社1993年版，第217—226页。

"信"与"疑"此长彼消,此消彼长,疑问句的疑惑程度可划分为五个不同等级,每个等级对应于不同的问句形式,即特指问是强疑问句,信为0,疑为1;"吗"字是非问是高疑问句,信为1/4,疑为3/4;正反问、选择问是中疑问句,信为1/2,疑为1/2;"吧"字是非问是低疑问句,信为3/4,疑为1/4;反诘问是无疑问句,信为1,疑为0。疑问语气词、疑问句中的某些副词、助动词和疑问句所处的上下文语境等要素都会对疑惑程度产生一定的影响。

第三,关于疑问句功能的研究。

20世纪90年代后期,学者们开始运用功能语法的理论探讨疑问句的功能,主要涉及疑问域、疑问标记的使用、疑问功能的变化与迁移、疑问信息等问题。主要研究如下。

陈妹金《求取与给予:疑问句的功能类型研究》[①] 指出,求取与给予是真性问和假性问在功能上的本质区别,真性问是求取信息,而假性问是采用问句的形式给予信息,祈使问、设问、反问、招呼——问候问都属于假性问。文中着重分析了各类假性问的特点与性质,认为反问句与真性问之间的差异应该从疑问手段之外的其他语法手段、语义及语用层面去寻找,而答句的有无与答句的形式是反问句与真性问的重要辨异手段。

张伯江《疑问句功能琐议》[②] 认为,疑问句的疑问域有大有小。具体而言,特指问句的疑问域为一个点,选择问句的疑问域为一个包含析取关系的集合,而广义是非问句的疑问域是整个命题,三种疑问句的不同疑问域反映出不同的期待信息量,在话语交际中表现出强度不等的倾向性功能。

李宇明《疑问标记的复用及标记功能的衰变》[③] 依据分布原则和同类同级补充原则,将疑问语调、疑问语气词、特指疑问词语和

---

① 陈妹金:《求取与给予:疑问句的功能类型研究》,载邵敬敏主编《语法研究与语法应用》,北京语言学院出版社1994年版,第194—204页。
② 张伯江:《疑问句功能琐议》,《中国语文》1997年第2期。
③ 李宇明:《疑问标记的复用及标记功能的衰变》,《中国语文》1997年第2期。

疑问句法结构四类疑问标记分为疑问语调层（上层）、疑问语气层（中层）和疑问语段层（下层）三个层级，并在此基础上详细描写了由疑问标记构成的 17 种基本格式和疑问标记的复用规律。文中指出，疑问标记的复用只会带来疑问信息量的羡余，而疑问标记并不羡余。在某些特殊条件下，当问句里的疑问标记并不负载疑问信息，或不能很好地负载疑问信息时，便会产生疑问标记功能的衰变，主要有功能丧失和功能衰退两种基本类型。文中进一步讨论了功能衰变的语形格式、衰变特点等。

徐盛桓《疑问句探询功能的迁移》[①] 认为，疑问句的功能主要有全疑而问、半疑（猜测）而问和无疑而问三类，分别对应于强发问、弱发问和非问；疑问句的探询功能可以由强发问向弱发问过渡、由"问"向"非问"迁移；当疑问句用于表达陈述性的内容或指令性的内容时，其探询功能就会随之迁移至陈述功能或指令功能。

郭婷婷的博士学位论文《现代汉语疑问句的信息结构与功能类型》[②] 运用传息语法的理论和方法，着重探讨了信息结构对疑问句的形式和功能的影响与制约。文中指出，各类疑问句所承担的功能并不单一，不同类型的疑问句之间可能具有相同的功能，因此，疑问句的类型并不是划分功能的有效标准，而以信息结构作为划分标准则更科学、更有效。

第四，关于疑问句答语的研究。

最初对于疑问句答语的研究多是从疑问焦点的角度出发的。比如：吕叔湘在《疑问·否定·肯定》中指出，"回答问句，一般不用全句，只要针对疑问点，用一个词或短语就够了"[③]。林裕文《谈疑问句》[④] 认为，疑问句表示询问，询问的焦点就是疑问点，答问

---

① 徐盛桓：《疑问句探询功能的迁移》，《中国语文》1999 年第 1 期。
② 郭婷婷：《现代汉语疑问句的信息结构与功能类型》，博士学位论文，武汉大学，2005 年。
③ 吕叔湘：《疑问·否定·肯定》，《中国语文》1985 年第 4 期。
④ 林裕文：《谈疑问句》，《中国语文》1985 年第 2 期。

总是针对疑问点的。特指问的疑问点是疑问代词，需要针对疑问代词回答；选择问的疑问点是选择项中不同的成分，其答问需要在选择项中选择一个；正反问的疑问点是正反并列结构"X 不 X"，如果"X"是动词或形容词，回答"X"或"不 X"，如果"X"是副词或助动词，回答时需要带上后面的动词；是非问是对整个句子的肯定或否定，其答语是对全句的肯定或否定。可见，疑问点与问句的答语之间密切联系，不同问句的疑问点决定了答语的内容、表达方式等。

除从疑问点出发考察答句以外，学者还从语义、语用等角度对其进行了分析。吕明臣《汉语答句的意义》① 从语用角度对答句意义的范围、类型、实现方式等进行了综合考察。作者认为，答句的意义由问句决定，根据能否满足问句的目的这一原则，可将其分为完全型意义的答句和非完全型意义的答句；而完全型意义的答句，根据其内容是否满足问句目的可分为标准完成型、超标准完成型和弱标准完成型，非完成型意义的答句则主要有取消意义、无力意义、回避意义三种情况；答句的意义主要通过直接和间接两种方式实现。朱晓亚《现代汉语句模研究》② 在"三个平面"语法理论的指导下，以语义平面为基础构建问答系统的基本结构模式及语义系统框架。郑汉远《问对结构》③ 从话语分析的角度对问话元和答对元的类型进行了分析，并在此基础上将问对结构分为简单问对和复杂问对，而复杂问对根据问对结构和话轮结构的关系又分为顺接式、包孕式、套接式、兼语式四类。

随着疑问句答语研究的不断深入，对具体疑问类型的答语研究、特定答语类型的研究也逐渐被学者们所重视，发表了多篇专题论文，进一步推动答语研究的精细化与纵深化发展。比如：萧国政对现代

---

① 吕明臣：《汉语答句的意义》，载湖北省社会科学联合会语言学信息交流中心编《语法求索》，华中师范大学出版社 1989 年版，第 292—305 页。

② 朱晓亚：《现代汉语句模研究》，北京大学出版社 2001 年版，第 169—208 页。

③ 郑汉远：《问对结构》，《语言文字应用》2003 年第 3 期。

汉语非特指问句的简答式进行系统考察，形成了多篇专题论文。其中，《现代汉语非特指问简答式的基本类型》[1] 讨论了非特指问句简答式的九类二十多种基本形式，根据答句形式的来源将其分为"选词简答式"和"派词简答式"，根据答句的形式与所传信息的对应关系将其分为基础式和复合式。《现代汉语非特指问对简答式的类型选择》[2] 分析了非特指问句对简答式的句类选择、结构选择及焦点选择等问题，作者认为选择问、反复问只有一个简答式，而是非问则拥有多个简答式，造成这一现象的原因在于不同的问句类型具有不同的焦点数量。《现代汉语非特指问简答式的技巧选择》[3] 根据问句的询问心理和句式要求，将简答式分为顺承式和偏离式两类。作者认为，在言语交际中，由于特定的交际目的，人们常常会偏离问句的要求回答问题，这就形成了期待偏离、形式偏离、指向偏离和信息偏离四种常见的偏离类型，简答式的技巧选择便体现在对这些偏离式的使用上。此外，周小兵的《特指问句的否定式应答》[4] 结合预设、语境等语用因素对特指问的否定式答语进行分析，归纳其所蕴含的特殊含义。尹世超的《说否定性答句》[5] 根据否定的对象，将否定性答句分为疑问焦点否定答句、非疑问焦点否定答句和疑问焦点非疑问焦点双否定答句三类，作者详细分析了这三类答句的结构形式、语义特征及语用表现；《否定性答句否定的隐显与程度》[6] 则着重考察了否定性答句里否定词的隐显和否定程度的强弱区别。

第五，关于疑问语气词的研究。

---

[1] 萧国政：《现代汉语非特指问简答式的基本类型》，《语言学通讯》1992 年第 3—4 期。

[2] 萧国政：《现代汉语非特指问对简答式的类型选择》，《语言学通讯》1993 年第 1—2 期。

[3] 萧国政：《现代汉语非特指问简答式的技巧选择》，《语言学通讯》1993 年第 3—4 期。

[4] 周小兵：《特指问句的否定式应答》，《汉语学习》1996 年第 6 期。

[5] 尹世超：《说否定性答句》，《中国语文》2004 年第 1 期。

[6] 尹世超：《否定性答句否定的隐显与程度》，《汉语学习》2004 年第 3 期。

多年来，疑问语气词一直是学者关注的热点之一。比如：胡明扬《北京话的语气助词和叹词（上）》[1] 和《北京话的语气助词和叹词（下）》[2] 以北京话的口语为研究对象，强调既要注意区分同一语气词在口语里的不同变体及其表达的不同意义，又要注意区分语气词和语调的不同意义，重视语气词自身所表达的语气意义。文中指出，"呢"不具有疑问功能，不是疑问语气词，其主要作用应是提醒对方注意自己说话的内容。这篇文章为新时期语气词的研究展开了新的局面，为之后学者的研究提供了新的思路。陆俭明《关于现代汉语里的疑问语气词》[3] 指出，对疑问语气词的判定不能仅凭语感，而是要看它是否真正负载疑问信息，这就需要运用比较的验证方法从语法形式上来进行区别。陆先生对语气词"啊、呢、吧、吗"逐一进行分析得出，汉语中的疑问语气词有"吗""呢"和半个"吧"。在是非问句中，"吗"是负载疑问信息的疑问语气词；"吧"一般用来表示信疑之间的语气，算是半个疑问语气词；"啊"不负载疑问信息而只是表示口气的语气词。在"非疑问形式+呢"问句中，"呢"是负载疑问信息的疑问语气词。该文不仅注重理论分析，还强调语法形式上的验证方法，文中所得结论为之后的深入研究奠定了基础。

关于"呢"是否属于疑问语气词的问题，一直受到学者的普遍关注，主要存在以下三种观点。

第一种观点认为，"呢"是负载疑问信息的疑问语气词，如果没有呢"，则问句无法成立。持这种观点的除吕叔湘（1942）、朱德熙（1982）、刘月华（1983）、陆俭明（1984）等学者以外，主要还有：康亮芳《从现代汉语疑问句的构成情况看疑问句句末语气词"呢"》[4] 从疑问标记和疑问信息的角度认为"呢"是一个疑问语气

---

[1] 胡明扬：《北京话的语气助词和叹词（上）》，《中国语文》1981 年第 5 期。
[2] 胡明扬：《北京话的语气助词和叹词（下）》，《中国语文》1981 年第 6 期。
[3] 陆俭明：《关于现代汉语里的疑问语气词》，《中国语文》1984 年第 5 期。
[4] 康亮芳：《从现代汉语疑问句的构成情况看疑问句句末语气词"呢"》，《四川师范大学学报》（社会科学版）1998 年第 4 期。

词。史金生《语气词"呢"在疑问句中的功能》[①] 认为,"呢"最基本的语义功能就是表疑惑,在不同的语境中还可具有不同的附加功能。齐沪扬《"呢"的意义分析和历史演变》[②] 对"呢"的历史发展过程和现代汉语中的用法进行了考察,认为表疑问语气是现代汉语语气词"呢"的最基本意义。这主要存在两种情况,一是"呢"用在特指问句、选择问句、正反问句末尾表示疑问语气;二是"呢"用在"非疑问形式+呢"问句末尾表示疑惑,如果将空缺的信息填补出来,那么"呢"就可以表示疑问语气。

第二种观点认为,"呢"不是疑问语气词,在疑问句里不负载疑问信息而主要起提醒对方注意的作用。持这种观点的除胡明扬(1981)以外,主要还有:邵敬敏《语气词"呢"在疑问句中的作用》[③] 认为疑问句的性质决定了语气词的使用,而不是由语气词决定疑问句的性质。因此,非是非问句里的"呢"只是一种形式标记,主要用于提醒对方注意,兼有"深究"的意义;"呢"的有无并不影响疑问信息的表达和疑问句的性质。在"非疑问形式+呢"问句中,"呢"还兼有话题标志的作用。金立鑫的《关于疑问句中的"呢"》同意胡明扬(1981)和邵敬敏(1989)的观点,认为"呢"的语用功能主要是提醒说话人,或强调"根据当时的情况,对比目前所指的对象"[④]。熊仲儒《"呢"在疑问句中的意义》[⑤] 从语义、语用的角度出发,认为"呢"在疑问句中表示确信的意义,"疑问形式+呢"里的"呢"派生出"深究"义,"非疑问形式+呢"中的"呢"则起标记语篇话题的作用。

---

[①] 史金生:《语气词"呢"在疑问句中的功能》,载陆俭明编《面临新世纪挑战的现代汉语语法研究》,山东教育出版社2000年版,第748—756页。
[②] 齐沪扬:《"呢"的意义分析和历史演变》,《上海师范大学学报》(哲学社会科学版)2002年第1期。
[③] 邵敬敏:《语气词"呢"在疑问句中的作用》,《中国语文》1989年第3期。
[④] 金立鑫:《关于疑问句中的"呢"》,《语言教学与研究》1996年第4期。
[⑤] 熊仲儒:《"呢"在疑问句中的意义》,《安徽师范大学学报》(哲学社会科学版)1999年第1期。

第三种观点认为,"呢"在不同类型的疑问句里具有不同的语义功能。比如:叶蓉《关于非是非问句里的"呢"》[①]运用离析法分析得出,"呢"在带疑问词的特指问句或选择问句末尾并不表示疑问语气,而主要用于表示缓和、深究的语气;"呢"在反问句末尾主要用于帮助确认和加强句子本身表达的肯定意义;"呢"在非是非问句的简略式末尾,既可以单独充当句子的提问项,也可以表示具体的意义,甚至有虚词实化的倾向,是具有特殊作用的疑问语气词。

此外,学者们对"啊、吧"等语气词在疑问句里的用法及意义也多有探讨。比如,储诚志《语气词语气意义的分析问题——以"啊"为例》(1994)、尹世超《说语气词"哈"和"哈"字句》(1999)、徐晶凝《语气助词"吧"的情态解释》(2003)、江海燕《语气词"吧"和疑问语气的传达》(2008)、邵敬敏《论语气词"啊"在疑问句中的作用暨方法论的反思》(2012)等。

第六,关于疑问句内部类型的研究。

关于疑问句内部类型的研究主要涉及是非问、正反问、选择问、特指问四类典型问句以及反问句、回声问、附加问等特殊问句类型。

1. 是非问句

根据负载疑问信息的不同手段,是非问句可分为由语调承担疑问信息的语调型是非问和由疑问语气词"吗、吧"承担疑问信息的语气词是非问两类。就目前的研究来看,疑问程度、用法特征、回答方式等都是学者普遍关注的问题。两类问句的研究现状具体如下。

关于语调型是非问句的研究,目前仍较为薄弱,主要有刘月华的《语调是非问句》[②]。文中从结构形式和语义功能两个方面对语调型是非问句的主要特征进行了考察。作者指出,这类问句主要有两种形式,一是用于对刚刚听到的话表达怀疑或惊讶的回声问;二是带有明显主观倾向的接引性问句。其中,第二类问句的询问功能较

---

① 叶蓉:《关于非是非问句里的"呢"》,《中国语文》1994 年第 6 期。
② 刘月华:《语调是非问句》,《语言教学与研究》1988 年第 2 期。

弱，主要用于表达求证。彭小川《关于是非问句的几点思考》① 指出，普通话是非问句表疑问的语调存在上升语调和低平语调两类。其中，上升语调直接附于陈述性短语末尾，所构成的是非问句主要表达诧异、怀疑、反诘的语气；低平语调需要在语气词"啊、啦"的帮助下才能附于陈述性短语末尾，所构成的是非问句主要表达求证语气。

关于语气词是非问句的研究，主要从疑问语气词出发，考察各类语气词是非问句在形式、语义、用法等方面的特征。比如：刘月华的《用"吗"的是非问句和正反问句用法比较》② 将语气词是非问句分为"肯定的陈述句＋吗？"和"否定的陈述句＋吗？"两类。其中，第一类问句主要具有三种语义内涵：一是问话人预先有倾向性的答案，问话的目的是从对方得到答案；二是答案对问话人并不重要，或问话的目的不是求得答案，而是另有目的；三是问话人预先没有倾向性的答案，问话的目的是从对方得到答案。第二类问句则主要用于表达说话人对所述事实真实性的怀疑与惊讶。袁毓林在《正反问句及相关的类型学参项》③ 一文中指出，否定式"吗"问句和带有"就、只、连、是"等强调标记的肯定式"吗"问句都是有标记的问句形式，问话人对所问之事有所推测，因此可以用"对"来回答，而无标记的肯定式"吗"问句并不隐含这一推测，因此不能用"对"来回答。郭锐《"吗"问句的确信度和回答方式》④ 认为，焦点位置、谓语的形式和标记性、语境、背景知识等语用因素决定了"吗"问句的确信度和疑问程度；在回答方式上，中确信度和部分低确信度的"吗"问句不能用"对"回答，高确信度和部分低确信度的"吗"问句可以用"对"回答。邵敬敏《"吧"字疑问

---

① 彭小川：《关于是非问句的几点思考》，《语言教学与研究》2006 年第 6 期。
② 刘月华：《用"吗"的是非问句和正反问句用法比较》，载中国社会科学院语言研究所现代汉语研究室编《句型和动词》，语文出版社 1987 年版，第 117—139 页。
③ 袁毓林：《正反问句及相关的类型学参项》，《中国语文》1993 年第 2 期。
④ 郭锐：《"吗"问句的确信度和回答方式》，《世界汉语教学》2000 年第 2 期。

句及其相关句式比较研究》① 对"吧"字是非问的基本作用、疑惑程度进行了分析,认为这类问句主要表达两种意义:一是发问人对某种判断或行为作出具有一定主观倾向的估测,要求听话人予以证实,或征求对方的意见;二是发问人提出某种祈求性的建议或服务性的建议,希望听话人予以支持。郭婷婷《现代汉语"吗"问句的信息结构与功能类型》(2005)、张小峰《言语交际中判断性"吧"问句的话语功能》(2007)等,分别从信息结构和语用角度考察了"吗"问句和"吧"问句的功能。

此外,程凯《汉语是非疑问句的句法研究》(2002)、邵敬敏《是非问句内部类型的比较以及"疑惑"的细化》(2012)、苏若阳《汉语是非问句的历时发展与类型嬗变》(2018)等,立足于是非问系统,综观其整体特征。

2. 正反问句

关于正反问句的研究,主要集中在形式特征的考察上。比如:邵敬敏《现代汉语正反问句研究》② 全面分析了正反问句的性质、删略变式的类型及其应用价值等问题。文中指出,正反并列结构"X不X"可以在句中充当除状语以外的其他各种成分,但只有在其充当谓语和补语时才能构成正反问句。"VO不VO"作为正反问句的完整常式,主要存在前删略式"V不VO"、后删略式"VO不V"和后删动宾式"VO不"三种变式。在普通话中,"VO不V"和"V不VO"两种句型同时存在,但随着语言的发展与演变,已经出现了"V不VO"压倒"VO不V"的趋势。正反问句的应用价值主要体现在正反问与特指问的混合句式、正反问的反问用法及追问用法三个方面。此外,还分析了"X"为双音节动词"AB"

---

① 邵敬敏:《"吧"字疑问句及其相关句式比较研究》,载《第四届国际汉语教学讨论会论文选》编辑委员会编《第四届国际汉语教育讨论会论文集》,北京语言学院出版社1995年版,第217—226页。

② 邵敬敏:《现代汉语正反问句研究》,载南开大学汉语言文化学院编《汉语言文化研究》第四辑,天津人民出版社1994年版。

时,"AB 不 AB"的缩略情况,以及"是不是"正反问句的特征。该文不但全面、系统地展示了正反问句的整体面貌,同时也提出了一系列值得深入挖掘、思考的问题,为之后的研究拓宽了思路。

黄正德《汉语正反问句的模组语法》(1988),刘道英《"A 不 AB"谓语句与正反问句的比较研究》(2001),郭婷婷《信息结构对"X – neg – X"正反问问标的语法制约》(2009),徐杰、田源《"A 不 AB"与"AB 不 A"两种反复问句的统一处理及相关的句法问题》(2013),田源、徐杰《汉语反复问句生成机制的实例化及相关句法问题》(2014),阎锦婷、王萍、石锋《普通话疑问标记复用的声学实验:以正反疑问句为例》(2014)等文章,运用生成语法、传信语法、类型学、实验语音学等理论方法,对正反问句进行了多角度考察。这些文章注重从细节着手,以小见大,从复杂的语言事实里挖掘线索、发现规律。

袁梦溪、原由理枝《现代汉语"吗"问句与"A 不 A"问句的语义差异》[1] 详细分析了"吗"问句和"A 不 A"问句的语义特征及其对语境的差异性要求,认为"吗"问句既可用于中立性语境也可用于带有倾向性的语境,而"A 不 A"问句只能用于中立性语境。

3. 选择问句

关于选择问句的研究,主要表现在选择问句的形式特点、选择项的关系、连接词的使用等方面。其中,较为全面描写选择问句特征的研究成果主要有:邵敬敏《现代汉语选择问研究》[2] 指出,选择问句在结构形式上主要存在五种基本类型,前后选择项之间在语义上主要存在对立关系、差异关系和相容关系。此外,文中还就相同项的省略规则、变项与疑问点的关系以及选择问句的应用价值等

---

[1] 袁梦溪、[日] 原由理枝:《现代汉语"吗"问句与"A 不 A"问句的语义差异》,《当代语言学》2019 年第 1 期。

[2] 邵敬敏:《现代汉语选择问研究》,《语言教学与研究》1994 年第 2 期。

问题进行了讨论。丁力《现代汉语列项选择问研究》① 一书从语表形式、语里内容、语用价值三个方面对现代汉语中的列项选择问句进行了全面描写。

吴振国《现代汉语选择问句的删除规则》② 就选择问句中同指成分的删略规则进行了专门考察，认为各种选择问句里的同指成分都可以按照一定的规则进行删除，不同格式的删除规则有所不同。阎锦婷、王萍、石锋《普通话选择问句的语调格局》③ 从实验语音学的角度出发，运用起伏度的计算方法分析了选择问句的音高特征，并将其与陈述句的语调特征进行了对比研究。傅玉《现代汉语选择疑问句的形式句法研究》④ 在形式句法理论框架下，通过英汉对比探讨选择问句的句法形式，分析其在析取表达上的特征，并在此基础上论证将正反问句归为选择问句、将是非问句看作独立类型的合理性。

### 4. 特指问句

根据问句的结构特征，特指问句可分为带有疑问代词的特指问句和特指问句的简略形式两类。就目前的研究来看，对于特指问句的研究集中体现在简略形式的考察上。具体研究如下。

陆俭明《由"非疑问形式＋呢"造成的疑问句》⑤ 首先对简略式问句进行了考察，文中指出"非疑问形式（记作'W'）＋呢"问句是非是非问句的一种简略形式，主要存在"NP＋呢"和"VP＋呢"两种类型。这一问句既可与特指问句相对应，也可与选

---

① 丁力：《现代汉语列项选择问研究》，华中师范大学出版社2003年版。
② 吴振国：《现代汉语选择问句的删除规则》，《华中师范大学学报》（哲学社会科学版）1992年第5期。
③ 阎锦婷、王萍、石锋：《普通话选择问句的语调格局》，《语言文字应用》2014年第1期。
④ 傅玉：《现代汉语选择疑问句的形式句法研究》，《外语教学与研究》2020年第4期。
⑤ 陆俭明：《由"非疑问形式＋呢"造成的疑问句》，《中国语文》1982年第6期。

择问句相对应,这种对应关系主要受上下文的制约。当"W+呢"问句用于始发句时,主要询问人或物的所在;当"W+呢"问句不用于始发句时,主要询问除处所以外的其他情况。李宇明《"NP呢?"句式的理解》① 着重考察了由不含疑问词的体词性成分"NP"加"呢"构成的简略式问句。文中指出,先行句和后补句是理解"NP呢?"的两把钥匙;"NP呢?"从句式上看是特指问、选择问的简略形式,但在语义上既可以理解为"呢"问句也可以理解为是非问句,这是由语形和语义的错综性造成的。邵敬敏《"非疑问形式+呢"疑问句研究》② 着重考察了"NP呢"问句和"VP呢"问句对语境的依赖性及其对不同语法意义的制约作用。李大勤《"WP呢?"问句疑问功能的成因试析》③ 从语篇距离、"呢"的功能定性及述位缺项三个方面讨论了形成"WP呢"问句的外在原因和内在因素,认为"呢"虽然不负载疑问语气,却是"WP+呢"问句疑问语气得以形成的一个重要条件。李晟宇的博士学位论文《"呢"字疑问句研究》④ 依据"小句中枢说"和"句管控"理论对"呢"字问句的形式进行了全面考察,认为小句联结是"呢"字简省问句产生的基础。

关于带有疑问代词的特指问句的研究,比如:邵敬敏《"怎么"疑问句的语法意义及功能类型》⑤ 通过考察"怎么"的句法位置得出,"怎么"位于句首询问原因,位于句中则既可询问原因也可询问方式,而"怎么"疑问句的功能类型按照反诘程度由低到高可分为不解型、不满型、催促型、申辩型和驳斥责怪型。

---

① 李宇明:《"NP呢?"句式的理解》,《汉语学习》1989年第3期。
② 邵敬敏:《"非疑问形式+呢"疑问句研究》,载北京大学中文系《语言学论丛》编委会编《语言学论丛》(第19辑),商务印书馆1997年版,第177—192页。
③ 李大勤:《"WP呢?"问句疑问功能的成因试析》,《语言教学与研究》2001年第6期。
④ 李晟宇:《"呢"字疑问句研究》,博士学位论文,华中师范大学,2004年。
⑤ 邵敬敏:《"怎么"疑问句的语法意义及功能类型》,载中国语文杂志社编《语法研究和探索》(七),商务印书馆1997年版,第185—199页。

此外，还有一种同时含有疑问代词和疑问语气词"吗"的特殊问句形式。邢福义先生在《现代汉语的特指性是非问》①一文中将这类既问是非又有特指的疑问句称为"特指性是非问句"，主要存在"有"字式、"想"字式、"能"字式和"V过/了"式四种基本类型。邢先生在文中分别对特指性是非问句的句末语气词、句中疑问代词、问句的二重性及然否形式等问题进行了具体考察。祁峰《从焦点理论看特指性是非问句》②运用焦点理论对特指性是非问句进行了分析，认为这种问句本质上是具有单一疑问形式的是非问句，句中的疑问代词具有不定指性。

5. 特殊疑问句

除上述四类典型疑问句外，学者对反问句、回声问句、附加问句等特殊问句类型也多有关注。具体研究如下。

首先，关于反问句的研究，吕叔湘先生早在《中国文法要略》（1942）中就指出，"反诘和询问是作用的不同，在句子的基本形式上并无分别，……反诘实在是一种否定的方式：反诘句里没有否定词，这句话的用意就在否定；反诘句里有否定词，这句话的用意就在肯定。特指问和是非问都可以用作反诘句，而以是非问的作用最明显"③，"抉择式和反复式是非问句，因为都是两歧的形式，反诘的语气不显，抉择式问句多半肯定后句，反复式问句多半肯定正面"④。由此可见，反问句并不像上述四种问句一样具有特定的结构形式，而是往往借助其他问句的形式体现特殊的表达功能。

就目前的研究来看，学者主要针对反问句的性质、类型、意义及作用等进行了考察，形成了数量颇多的专题论文。这些文章主要包含四个方面的研究内容。第一，探究反问句的性质与特点、类型

---

① 邢福义：《现代汉语的特指性是非问》，《语言教学与研究》1987年第4期。
② 祁峰：《从焦点理论看特指性是非问句》，《语言科学》2014年第5期。
③ 吕叔湘：《中国文法要略》，商务印书馆2014年版，第405页。
④ 吕叔湘：《中国文法要略》，商务印书馆2014年版，第409页。

与范围等。比如：于根元《反问句的性质和作用》（1984）、符达维《不宜扩大反问句的范围》（1989）、刘松汉《反问句新探》（1989）、李宇明《反问句的构成及其理解》（1990）、萧国政《反问句的特点和性质》（1993）、殷树林《反问句的性质特征和定义》（2006）、邵敬敏《疑问句的结构类型与反问句的转化关系研究》（2013）等。第二，探究反问句的句法结构、语义特征、语用功能等。比如：许皓光《试谈反问句语义形成的诸因素》（1985），沈开木《反问语气怎样起否定作用》（1985），常玉钟《试析反问句的语用含义》（1992），郭继懋《反问句的语义和语用特点》（1997）和《反问句的意义和作用》（1999），刘钦荣《反问句的句法、语义、语用分析》（2004），殷树林《现代汉语反问句特有的句法结构》（2007），《论现代汉语反问句的语用价值》（2008）和《现代汉语反问句应答系统考察》（2008），胡德明《否定疑问句形成反问的条件》（2009），《反问特有的句法结构》（2010），《从反问句生成机制看反问句否定语义的来源》（2010）和《反问句的语用价值——诱导性与隐涵性》（2010），李宇凤《反问的回应类型与否定意义》（2010），吕明臣、张玥《反问句的功能和意义》（2012），刘彬、袁毓林《反问句否定意义的形成与识解机制》（2017），黄莹、章礼霞《汉语反问句重音的程序功能及语用推理》（2018）等。第三，探究反问句在言语交际中的功能。比如：李捷《汉语反问句加强"施为用意"浅析》（2006），刘娅琼、陶红印《汉语谈话中否定反问句的事理立场功能及类型》（2011），冉永平、方晓国《语言顺应论视角下反问句的人际语用功能研究》（2016），史芬茹、陈绂《言语行为视角下的现代汉语反问句研究》（2018），于天昱《反问句在话语进程中的作用》（2018），张文贤、乐耀《汉语反问句在会话交际中的信息调节功能分析》（2018）等。第四，探究反问句的特殊类型。比如：倪兰《特指问反问句的语用分析及其修辞意义》（2003），齐沪扬、胡建锋《试论"不是……吗"反问句的疑问用法》（2010），胡承佼《"至于"反问句考察》（2016），董成如《"什么"在反问句中的性质及相关问题》（2017），刘彬、袁毓林《"怎么"类特指反问句否定意义的形成与识解机制》（2019）和《"哪里"类反问句否定意义的形成与识解机制》（2019）等。

此外，系统研究反问句的语法专著主要有冯江鸿《反问句的语用研究》（2004）、殷树林《现代汉语反问句研究》（2009）、胡德明《现代汉语反问句研究》（2010）、刘娅琼《现代汉语会话中的反问句研究——以否定反问句和特指反问句为例》（2014）、于天昱《话语分析视角下的现代汉语反问句研究》（2018）等。其中，殷树林的《现代汉语反问句研究》（2009）和胡德明的《现代汉语反问句研究》（2010）分别对反问句的特征进行了全面考察。前者[①]以句法、语义、语用三方面为纲，分为"总论"和"分论"两部分。在"总论"中，系统分析了现代汉语反问句的句法结构、应答系统、语用价值等问题，并对汉英反问句的异同特征进行对比考察；在"分论"中，全面考察了是非型反问句、特指型反问句、选择型反问句和正反型反问句的主要特征，具体涉及33种反问句。后者[②]分别对反问句的形式特征、产生机制、否定语义的来源及其性质、反问触发语与反问句关联的理据以及反问句的语用含义、语用功能、语用价值等一系列问题进行了细致探究。

其次，关于回声问、附加问、"是不是 VP"问句等特殊问句类型的研究，主要见于专题论文。具体来看，考察回声问的专题论文大体上存在两个方面的内容，一是探究回声问的基本特征，比如：王志《回声问》（1991）、邵敬敏《"回声问"的形式特点和语用特征分析》（1992）等；二是探究回声问在会话交际中的功能，比如：罗桂花、廖美珍《法庭互动中的回声问研究》（2012），邓茜之《人民调解互动回声问的多模态话语特征研究》（2014），张帅、石华卫《中国医患门诊会话中回声问的序列结构研究》（2017），张帅、龚

---

① 殷树林：《现代汉语反问句研究》，黑龙江大学出版社2009年版。
② 胡德明：《现代汉语反问句研究》，安徽人民出版社2010年版。

卫东《医患门诊会话中回声问的语用修辞功能研究》(2018)等。考察附加问的结构形式、语义倾向、语用功能等问题的专题论文主要有邵敬敏《"X 不 X"附加问研究》(1990)和《由"是"构成的三种附加问比较研究》(2008),高华、张惟《汉语附加问句的互动功能研究》(2009),高华《"好不好"附加问的话语情态研究》(2009),闫亚平《现代汉语附加问句的句法形式与语用功能》(2015)等。考察"是不是 VP"问句的专题论文主要有陶炼《"是不是"问句说略》(1998),丁力《从问句系统看"是不是"问句》(1999),邵敬敏、朱彦《"是不是 VP"问句的肯定性倾向及其类型学意义》(2002),李晓琳《"是不是"弱问句:从真问到反问的中间环节》(2013)等。

综合以上分析,20 世纪 80 年代以来,共同语的疑问研究呈多元化发展趋势,学者从现代汉语本体出发,结合语言事实,运用丰富的语言学理论,系统描写各类疑问句的语形、语义、语用特征,积极探索各类特征形成的主要原因,既清晰勾勒了现代汉语疑问系统的整体面貌,又生动呈现了不同疑问句类型的鲜明特色,形成了丰硕的研究成果。

### 三 汉语方言疑问研究

#### (一)初步发展阶段

自赵元任先生的《北京、苏州、常州语助词的研究》(1926)和《现代吴语的研究》(1928)问世到 20 世纪 70 年代末,是汉语方言语法研究的初步发展阶段,也是汉语方言疑问研究的初步发展阶段。

在初步发展阶段,方言语法的研究并未得到普遍重视。关于疑问句的研究多是在对疑问语气词研究时兼顾探寻疑问句的形式与意义。比如:赵元任先生在《现代吴语的研究》一书中,将国语中用于疑问句的语气词"呢、吗、啊、吧"与吴语中 22 个方言点的语气词相对应①，考察了各类语气词在疑问句中的读音、意义与用法，通过例句我们可以初步观察到吴语里各类疑问句的句式特征。

赵先生在《汉语口语语法》②（1968）中分别对北京话的语气词"吗、呢、啊、吧"进行了描写，揭示了"吗"问句、"吧"问句、"啊"问句以及正反问句在形式与意义方面的主要特征。

（二）深入发展阶段

20世纪80年代以来，汉语方言疑问研究进入深入发展阶段。

自20世纪80年代起，汉语方言研究的重点开始从语音、词汇的研究，向语法研究转变。在朱德熙、邢福义等著名学者的倡导下，学者开始积极投身于方言语法的调查研究工作。疑问作为方言语法的主要研究对象之一，得到了学者的广泛关注，相关研究成果相继出现，形成了数量与质量上的双向飞跃。就当前的研究来看，主要涉及三个方面的内容：一是单点方言疑问系统的整体考察；二是单点方言疑问句内部类型的专题考察；三是以单点方言语料为基础的多点方言疑问句对比考察。具体研究如下。

第一，关于疑问系统的整体研究。

近年来，随着方言调查的不断深入，以单点方言为研究对象的方言语法专著、方言志、学位论文、专题论文大量涌现。关于疑问系统的研究，主要通过以下三种形式呈现。

首先，在综合性研究的专著、方言志、学位论文中，设置专门章节，以不同类型的疑问句为研究对象，分列是非问句、选择问句、正反问句、特指问句四小节，着重对单点方言的疑问系统进行描写与分析。在较早的方言志中，虽然对单点方言疑问系统的考察多有涉及，但大体上都是以简单勾勒该方言点疑问系统的基本面貌为主，对各类方言现象作粗线条描写，而对诸多细节问题并未涉及。随着

---

① 赵元任：《现代吴语的研究》，商务印书馆2011年版，第196—211页。
② 赵元任：《汉语口语语法》，吕叔湘译，商务印书馆1979年版，第356—362页。

学者们对方言语法重视程度的不断加深，方言专著和学位论文开始越来越多地关注疑问这一语法问题，以单点方言的疑问系统为研究对象，全面描写其特征，并在此基础上对特殊语法现象进行分析与解释。就方言专著来看，专设"疑问句"章节对疑问系统进行整体考察的专著主要有：贺巍《洛阳方言研究》（1993），林伦伦《澄海方言研究》（1996），钱乃荣《上海话语法》（1997），项梦冰《连城客家话语法研究》（1997），周长楫、欧阳忆耘《厦门方言研究》（1997），李小凡《苏州方言语法研究》（1998），陈泽平《福州方言研究》（1998），徐慧《益阳方言语法研究》（2001），曾毓美《湘潭方言语法研究》（2001），李启群《吉首方言研究》（2002），钱奠香《海南屯昌闽语语法研究》（2002），唐爱华《宿松方言研究》（2005），戴昭铭《天台方言研究》（2006），范慧琴《定襄方言语法研究》（2007），卢小群《湘语语法研究》（2007），兰玉英《泰兴客家方言研究》（2007），易亚新《常德方言语法研究》（2007），王文卿《晋源方言研究》（2007），吴子慧《吴越文化视野中的绍兴方言研究》（2007），林亦、覃凤余《广西南宁白话研究》（2008），孙叶林《邵东方言语法研究》（2009），周政《平利方言调查研究》（2009），胡光斌《遵义方言语法研究》（2010），梁忠东《玉林话研究》（2010），邢向东、蔡文婷《合阳方言调查研究》（2010），兰宾汉《西安方言语法调查研究》（2011），吕俭平《枣庄方言语法研究》（2011），郄远春《成都客家话研究》（2012），赵葵欣《武汉方言语法研究》（2012），邢向东、王兆富《吴堡方言调查研究》（2014），黄晓雪《宿松方言语法研究》（2014），傅雨贤《连平方言研究》（2015），黑维强《绥德方言调查研究》（2016），吴媛《岐山方言调查研究》（2016），黄伯荣《广东阳江方言研究》（2018），李卫峰《山西汾阳方言语法研究》（2019）等。就学位论文来看，单点方言的综合性研究始终是硕博论文的热门选题，而疑问句则是主要的考察对象。以博士学位论文为例，对单点方言疑问系统进行整体描写与分析的博士学位论文主要有：彭兰玉《衡阳方言语法研究》

(2002)、莫超《白龙江流域汉语方言语法研究》(2004)、张桃《宁化客家方言语法研究》(2004)、阮桂君《宁波方言语法研究》(2006)、殷相印《微山方言语法研究》(2006)、邓永红《桂阳土话语法研究》(2007)、盛银花《安陆方言语法研究》(2007)、宗丽《长阳方言语法研究》(2012)、周洪学《湖南安仁方言语法研究》(2012)、侯超《皖北中原官话语法研究》(2013)、盛益民《吴语绍兴柯桥话参考语法》(2014)、张晓静《河北武邑方言语法研究》(2014)、陈秀《湖北仙桃方言研究》(2015)、王芳《安阳方言语法研究》(2015) 等。上述研究成果广泛涉及官话方言和非官话方言，但在研究成果的数量上，非官话方言较之更为突出。

此外，山东、山西、陕西、江苏、湖北、湖南、江西、广西等地还出版了一系列单点方言研究丛书，分别选择各地具有代表性的方言点，从语音、词汇、语法三个方面对各方言点的主要特征进行系统、全面的描写与分析。而在语法方面，疑问句、疑问代词、疑问语气词等问题的研究多有涉及。以湖北省为例。由汪国胜教授主编的"湖北方言研究丛书"选取20个具有代表性的方言点，出版方言专著20部，涉及方言点有咸宁、孝感、浠水、郧县、阳新、五峰、恩施、荆门、钟祥、安陆、宜都、公安、荆州等。该丛书在内容和体例上做了统一的规定，在"语法"章节下设"疑问句"小节，分别对是非问句、正反问句、特指问句和选择问句进行了系统描写，全面展现了各方言点疑问系统的真实面貌。

其次，以单点方言的疑问系统为研究对象，专门考察四类疑问句的方言特征，研究成果主要见于学位论文和专题论文。就学位论文来看，对单点方言疑问系统进行整体描写多出现于近年来的硕士学位论文之中，所考察方言点涉及官话方言与非官话方言。比如：李孝娴《固始方言问句系统考察》(2003)、李会荣《娄烦方言疑问句研究》(2005)、吴青峰《涟源市古塘方言疑问句研究》(2006)、马志红《龙口方言的疑问句研究》(2007)、关彦琦《张北话疑问句研究》(2008)、卢红艳《天门方言疑问句研究》(2009)、张良斌

《恩施方言疑问句研究》(2010)、范艳《习水疑问句研究》(2010)、刘宇亮《贺州"本地话"疑问句研究》(2011)、唐一萍《藤县话疑问句研究》(2013)、张萍《溆浦乡话疑问句研究》(2013)、刘小娟《邵东方言疑问句的调查研究——以〈语法调查研究手册〉为纲》(2014)、高洋《山西兴县方言疑问句研究》(2014)、龙琴《湖南湘阴方言疑问句研究》(2015)、刘洋洋《驻马店方言疑问句研究》(2016)、吕佳《山西芮城方言疑问句研究》(2016)等。就专题论文来看，主要有谢晓安、张淑敏《甘肃临夏方言的疑问句》(1990)，贺巍《获嘉方言的疑问句——兼论反复问句两种句型的关系》(1991)，俞扬《泰州方言的疑问句》(1991)，彭兰玉《衡阳话中的疑问句》(1995)，麦耘《广州话疑问语气系统概说》(1998)，史素芬《山西武乡方言的疑问句》(2000)，王文卿《太原话的疑问句》(2004)，李改祥《山西方言的疑问句》(2005)，李科凤《重庆方言疑问句与普通话的差异》(2005)，彭兰玉《湘乡方言的疑问句初探》(2006)，赵学玲《山东章丘方言的疑问句及疑问语气词》(2007)，高天霞《论甘州方言的疑问句》(2009)，范锐展《南大郭村方言疑问句和疑问语气词研究》(2012)，任永辉《宝鸡方言疑问句初探》(2012)，姚亦登《江苏高邮方言的疑问句》(2012)，汪生宇《腾冲方言中的疑问句》(2014)，叶俐丹《贺州客家话疑问句的四种类型》(2014)，温昌衍《石城（高田）客家话的疑问句和疑问语气词》(2016)等。

最后，以不同方言点的疑问系统为研究对象或以单点方言与普通话的疑问系统为研究对象进行对比考察，这方面的研究成果主要见于专题论文。具体来看，就不同方言点的疑问系统进行对比考察的专题论文主要有：甘于恩《闽方言疑问句比较研究》(2007)、吴青峰《涟源古塘方言与蓝田方言疑问句比较研究》(2007)、吴芳《粤东闽语与福建闽南方言疑问句比较研究》(2013)等。就单点方言与普通话的疑问系统进行对比考察的专题论文主要有：李少丹《漳州话与普通话疑问句的异同》(2001)、李科凤《重庆方言疑问句与普通话的差异》(2005)、陶原珂《广州话和普通话疑问语气范畴比较》(2011) 等。

第二，关于疑问句内部类型的研究。

选取某类疑问句进行专题考察是汉语方言疑问句研究朝纵深化发展的重要途径，也是近年来方言疑问句研究的主要方向之一。

1. 正反问句

近年来，关于方言正反问句的研究多是基于单点方言正反问句特征的多角度分析。这一方面的研究成果多体现于专题论文，研究内容主要表现在四个方面。

首先，就单点方言正反问句的整体特征进行总括式描写。

各位学者从自己家乡的方言或熟悉的方言着手，全面考察其正反问句在类型、结构、语义等方面的特征，形成了数量可观的专题论文，这些研究成果为对比分析不同方言间正反问句的共性与差异提供了重要的文献支撑。比如：康瑞琮《东北方言中的反复问句》(1987)，李延瑞《福州话反复问句的特点》(1987)，施其生《汕头方言的反复问句》(1990)，余霭芹《广东开平方言的中性问句》(1992)，赵葵欣《武汉方言中的两种问句》(1993)，覃远雄《荔浦话里的反复问句及其否定回答》(1994)，方小燕《广州话里的反复问句形式》(1997)，陈泽平《福州话的否定词与反复疑问句》(1998)，王健《睢宁的反复问句》(1999)，李国敏、张林林《九江话里的反复问句》(2000)，闭思明《广西横县平话的反复问句》(2002)，侯兴泉《广东封开南丰话的三种正反问句》(2005)，郭利霞《山阴话的正反问句》(2006)，辛永芬《豫北浚县方言的反复问句》(2007)，施其生《台中方言的中性问句》(2008)，盛银花《湖北安陆方言的两种正反问句》(2011)，萧红、杨欣烨《湖北荆沙方言中的否定词与反复问句》(2014)，卢敏宁《论广西梧州方言正反疑问句》(2016)，鲁冰《河南中牟方言的反复疑问句》(2016)，龙安隆《赣语永新方言的否定词和反复疑问句》(2016) 等。

其次，就正反问句内部的不同问句类型进行个案辨察。

1985 年，朱德熙先生发表论文《汉语方言里的两种反复问句》，开启了汉语方言正反问句研究的新篇章。随着方言语法研究的逐步深入，学者们围绕"VP + Neg + VP"问句、"VP + Neg"问句和"F + VP"问句展开了广泛讨论。其中，以对"F + VP"问句的研究最为常见。

关于"F + VP"问句的研究，主要体现在专题论文中。就其涉及地域来看，集中于安徽、江苏、云南、广东四省；就其涉及方言分区来看，集中于中原官话、江淮官话、西南官话、吴语和客家话。具体来看，考察安徽省中原官话区和江淮官话区方言点的专题论文主要有：焦长华《无为方言反复问句"VP 没有"的表述》（1994），刘祥柏《六安丁集话的反复问形式》（1997），吴晓红、吴芬芳《安徽颍上话的反复问句形式》（2004），胡承佼《枞阳话中的一种特殊问句格式"NP + 各 + VP"研究》（2005），袁从润《安徽芜湖方言中"各吃了"语法化的共时分析》（2006），姜红《安徽霍邱话中的"克 – NP"问句》（2006），胡利华《安徽蒙城方言的"可"字句》（2008），李慧敏《合肥话的"K – VP?"疑问句》（2008），王琴《安徽阜阳方言的"可 VP"反复问句》（2008），杨曼《寿县方言的两类"可"问句》（2011），贡贵训《安徽怀远方言的反复问句》（2013），侯超《皖北中原官话"可"类问句的性质及归属》（2015），袁从润《安徽怀远方言的"可"及相关结构的用法》（2016），唐国栋、胡德明《滁州来安南部方言"FVP"疑问句研究》（2017）等。考察江苏省中原官话区、江淮官话区和吴语区方言点的专题论文主要有：汪平《苏州话里表疑问的"阿、𠵙、啊"》（1984）、王世华《扬州话里两种反复问句共存》（1985）、杨亦鸣《睢宁反复问句的类型》（1989）、刘丹青《苏州方言的发问词与"可 VP"句式》（1991）、王健《睢宁的反复问句》（1999）、季春红《如东话"果 VP"句式的分析》（2002）、丁治民《东台话的疑问副词"个"》（2003）、姚伟嘉《南京方言反复问句使用情况调查》（2008）、张薇《南京方言中的反复问句》（2009）、顾劲松《从涟水南禄话看汉语方言两类反复问句的相对共存》（2010）、汪婷婷《南京方言中反复问句的研究》（2011）、朱琳《泰兴话的 ADV + VP 问句》（2011）、陆夏波《泰兴方言的反复问句初探》（2012）、曹琪、余晓强《泰州方言"个 VP"反复问句分析》（2013）、丁青《泰州方言中正反问的句法语义分析》（2016）、张盛澜《泰州方言中的"个 + X"语法现象考察》（2016）、顾黔《江苏泰兴方言"个 VP"问句研究》（2016）等。考察云南省西南官话区方言点的专题论文主要有：丁崇明、荣晶《云南方言"K – VP"问句来源及其相关问题探讨》（2009），余伟、代彦《罗平方言正反问与是非问的类型学特征》（2016），余伟《罗平方言正反问与是非问的疑问形式及标记功能》（2016）。考察广东省客家话方言点的专题论文主要有：吴碧珊、黄年丰、甘于恩《广东翁源客家话正反问句研究》（2016），黄年丰《龙川客家话的"F – （neg） – VP"型正反问句》（2017）等。此外，还有戚晓杰《威海方言的正反问句式》（1990），贺巍《获嘉方言的疑问句——兼论反复问句两种句型的关系》（1991），徐烈炯、邵敬敏《"阿 V"及其相关疑问句式比较研究》（1999），汪化云、李倩《河南固始方言的"可"字句》（2013），刘春陶《崖城军话疑问句"阿 + VP + 谬"的比较分析》（2018）等专题论文，分别对威海、获嘉、上海、固始、崖城等地的副状式正反问进行了全面分析。

近年来，随着单点方言调查的逐步深入，在对"VP + Neg + VP"问句研究的基础上，脱落否定词的特殊正反问形式也得到了学者们的关注，形成了一系列专题论文。朱德熙先生在《"V – Neg – VO"与"VO – Neg – V"两种反复问句在汉语方言里的分布》[①] 中指出，有些方言经常把"V – Neg – VO"问句继续紧缩成"VVO"的形式，福州、连城（新泉）、绍兴、嵊县都存在这种紧缩问句。就目前的成

---

① 朱德熙：《"V – neg – VO"与"VO – neg – V"两种反复问句在汉语方言里的分布》，《中国语文》1991 年第 5 期。

果来看，相关研究主要体现在两个方面。一是关于问句性质的界定。对于这一问题，主要存在两种观点：有的学者根据脱落否定词之后的问句形式将其称为"重叠问"，如罗福腾《山东方言的反复问句》（1996）、王福堂《绍兴方言中的两种述语重叠式》（2003）、刘丹青《谓词重叠疑问句的语言共性及其解释》（2008）等。刘丹青[①]认为，正反问句脱落否定词之后，正反相叠的形式就已不复存在，新的问句形式在结构上应重新分析为重叠问句；这类问句不仅存在于部分方言中，也存在于藏缅语中。有的学者则根据问句的形成过程认为，"重叠"只是一种表面现象，这类问句实际上是由合音造成的，因此应将其称为"并合式"，如项梦冰《客家话反复问句中的合音现象》（2002）。二是关于问句特征的描写。相关专题论文主要有：项梦冰《连城（新泉）话的反复问句》（1990），谢留文《客家方言的一种反复问句》（1995），寿永明《绍兴方言的反复问句》（1999），闭思明《广西横县平话的反复问句》（2002），郭攀《湖北浠水方言中的叠合式正反问》（2003），王玉梅《泗阳方言里正反问句的几种特殊形式》（2004），许卫东《山东招远话中的 AA 式和 AAB 式正反问句》（2005），欧阳国亮《桂阳方言的重叠式反复问句》（2009），李文浩《江苏淮阴方言的重叠式反复问句》（2009），郭利霞《晋语五台片的重叠式反复问句》（2010），潘登俊《淮阴方言中的"没没VP"》（2011），罗昕如、彭红亮《广西湘语的重叠式反复问句》（2012），蒋协众《湘语邵阳话中的重叠式反复问句及其类型学意义》（2013），胡承玲《湖南东安官话方言的副词重叠式反复问句》（2018），孙鹏程《泗阳方言"AA""AAB"式正反问句考察》（2018）等。此外，莫超、盛银花、周洪学、盛益民、陈秀分别在其博士学位论文《白龙江流域方言语法研究》（2004）、《安陆方言语

---

[①] 刘丹青：《谓词重叠疑问句的语言共性及其解释》，载北京大学汉语语言学研究中心《语言学论丛》编委会编《语言学论丛》（第38辑），商务印书馆2008年版，第144—163页。

法研究》（2007）、《湖南安仁方言语法研究》（2012）、《吴语绍兴柯桥话参考语法》（2014）、《湖北仙桃方言研究》（2015）中对白龙江流域、安陆、安仁、绍兴柯桥以及仙桃各地的"VV（O）"问句进行了特征分析。

此外，邢福义先生于1990年发表《"有没有VP"疑问句式》[①]一文，对"有没有VP"问句的语表形式、语里意义和语用价值进行了多角度考察，并进一步指出常用于东南沿海地区的"有没有VP"问句之所以能够进入普通话，主要是受内因和外因的双重影响。其中，内因主要在于"有没有VP"问句具有特定用途，原有的"是否VP"问句和"VP没有"问句均无法完全替代；外因则主要包括邻类外因和社会外因两个方面。相关论文还有：陈丽冰《宁德方言"有无X"疑问句式》（1996）、邝霞《"有没有"反复问句的定量研究》（2000）、杨秀明《"有没有句"在闽南方言区的结构变异——关于新兴问句"有没有＋VP"产生依据的探析》（2003）和《关于港澳台学生口语中一种常见的句法现象——新兴问句"有没有＋VP"产生依据探析》（2003）、董秀芳《现代汉语中的助动词"有没有"》（2004）、陈海燕《关于"有没有VP"中"有"的副词性探讨》（2004）、马春华《"有没有VP"与"VP没有"的比较研究》（2005）、申云玲《"有没有VP"正反问句答句的对称与不对称》（2006）等。

关于"VP＋Neg"问句的研究，主要是对否定副词"Neg"性质的考察。比如：彭小川、张秀琴的《粤语阳江话是非问句句末的"麽"、"呢"连用》（2008），黄伯荣的《粤语阳江话疑问语气词——兼评阳江话语气词"麽""呢"连用说》（2009），彭小川、张秀琴的《再论粤语阳江话是非问句末的"麽""呢"连用》（2009）和刘伟民的《粤语阳江话的"VP-无?"句式——兼议阳江

---

[①] 邢福义：《"有没有VP"疑问句式》，《华中师范大学学报》（哲学社会科学版）1990年第1期。

话语气词"麽""呢"连用说》(2011),这四篇文章就阳江话中"VP 无"问句末尾的否定词是否已经虚化的问题进行了讨论。其中,彭小川、张秀琴认为阳江话的"VP 无"问句已虚化为由语气词"麽"煞尾的是非问句,而语气词"麽"和"呢"存在连用现象[①];黄伯荣认为"VP 无"问句仍是正反问句,"无"仍是否定词而非语气词[②];刘伟民同意黄伯荣的观点,认为不应将阳江话的"VP 无"问句看作是非问句,"无"并没有丧失否定词的身份[③]。

此外,汪国胜《湖北大冶方言两种特殊的问句》[④] 对大冶方言里的"吧"问句和"吗"问句进行了性质辨析,认为"吧"和"吗"应分别是"不啊"和"冇啊"的合音,这一合音形式尚未彻底虚化为相当于普通话"吧"和"吗"的疑问语气词,它们仍可拆分开来,而"吧"问句和"吗"问句仍表达正反问句的意义。

再次,就某一方言区的正反问句进行区域性考察。

对方言正反问句的区域性考察,实际上就是将研究视野由单点方言拓展至多点方言,对存在一定地域联系的各方言点进行综合分析。

比如:钱乃荣《现代吴语中的是非问和反复问句》[⑤] 根据吴语里正反问句的特征将其归为是非问句,并详细考察了江苏省、上海市和浙江省三地 33 个方言点的是非问句(正反问句)类型,归纳得知吴语里主要存在四种问句类型,即"VP 勿 VP""VP 勿""VP 哦"和"阿 VP"。游汝杰《吴语里的反复问句》[⑥] 将正反问句

---

① 彭小川、张秀琴:《粤语阳江话是非问句句末的"麽"、"呢"连用》,《中国语文》2008 年第 1 期。
② 黄伯荣:《粤语阳江话疑问语气词——兼评阳江话语气词"麽""呢"连用说》,《粤语研究》2009 年第 4、5 期。
③ 刘伟民:《粤语阳江话的"VP-无?"句式——兼议阳江话语气词"麽""呢"连用说》,《中国语文》2011 年第 5 期。
④ 汪国胜:《湖北大冶方言两种特殊的问句》,《方言》2011 年第 1 期。
⑤ 钱乃荣:《当代吴语研究》,上海教育出版社 1992 年版,第 1012—1017 页。
⑥ 游汝杰:《吴语里的反复问句》,《中国语文》1993 年第 2 期。

分为未然体正反问和已然体正反问两类,以上海市、江苏省、浙江省的 12 个方言点以及安徽铜陵、泾县、江西玉山 3 个方言点为研究对象,对其正反问句的类型与特征进行了归总与分析。

罗福腾《山东方言里的反复问句》[①] 利用方言调查的成果对山东境内正反问句的类型及其地域分布进行了全面考察,并根据明末清初用山东方言创作的文学作品进一步探寻了现代山东方言各类正反问句的历史来源。王素平《山东方言"VP – Neg"式反复问句的类型学意义》[②] 以通行于山东腹地的"VP + Neg"问句为研究对象,从共时特征、演变规律和动态变化层次等方面对其进行了多维度分析,并进一步指出"VP + Neg"问句同样使用于河北、河南及以西的地区,这些地区应与山东西部地区共同归于华北方言区。

施其生《闽南方言中性问句的类型及其变化》[③] 系统考察了闽南方言里的"VP + Neg + VP"问句、"VP + Neg"问句和"K + VP"问句[④],涉及方言点有福建的泉州、厦门、漳州,广东的汕头、潮州、饶平、汕尾,海南的海口、海康、文昌以及台湾的台中、宜兰。文中指出,漳州、潮州、汕头、台中、宜兰等地主要使用"VP + Neg"问句和"K + VP"问句,前者是闽南方言的固有形式,后者则是从福建漳州传至潮汕方言的后起形式,在汕头、宜兰还出现了两种问句的混合形式;泉州、厦门、饶平、汕尾、海康、文昌、海口等地主要使用"VP + Neg"问句,同时兼用外来的"VP + Neg +

---

① 罗福腾:《山东方言里的反复问句》,《方言》1996 年第 3 期。
② 王素平:《山东方言"VP – Neg"式反复问句的类型学意义》,《菏泽学院学报》2007 年 1 期。
③ 施其生:《闽南方言中性问句的类型及其变化》,载丁邦新、余霭芹主编《语言变化与汉语方言——李方桂先生纪念论文集》,中央研究院语言研究所筹备处 2000 年版,第 299—318 页。
④ 在《闽南方言中性问句的类型及其变化》(2000)中表示为"K – VP",与前文的"F + VP"属同一类型。

VP"问句。陈曼君《闽台闽南方言的反复问句》[①] 根据方言事实提出,福建漳州多使用"敢 VP"问句,这与同为闽南方言的厦门话和泉州话不同,而漳州方言的"敢 VP"问句还随着赴台的漳州人传入台湾,在这两地,"敢 VP"问句的使用群体正朝低龄化发展。

邵敬敏、王鹏翔《陕北方言的正反是非问句——一个类型学的过渡形式研究》[②] 从类型学的角度分析了陕北晋语中的"VP + Neg"问句,认为陕北晋语里虽然没有"吗"字是非问句,但正反问句"VP + Neg"正处于向是非问句过渡的发展阶段。邢向东在《论陕北晋语沿河方言的反复问句》[③] 中以陕北黄河沿岸的晋语方言点为研究对象,分别考察了"VP(嘞)(也)不""VP 不了""VP 不嘞""VP 了没""VP 来(了/来)没""VP 来没嘞"等形式的正反问句,认为陕北晋语中的"VP + Neg"问句既不是经过省略形成的,也不是是非问句和正反问句之间的过渡类型,问句末尾的"不"和"没"仍然是否定词。

郭校珍《山西晋语的疑问系统及其反复问句》[④] 对山西晋语的正反问句进行了系统考察,认为"VP(+ prt)+ Neg"和"VP + prt + Neg + prt"是晋语区最常见的两种正反问形式,其语义和疑问功能相当于普通话里无标记的"吗"字是非问句,填补了晋语疑问系统中缺失"吗"字真性问句的空白。作者在《山西晋语反复问句的中置成分》一文中将"VP"与否定副词"Neg"之间的成分统称为"中置成分",并对其性质特征进行了详细分析,认为闽语、吴语、山东官话里正反问句的中置成分与晋语的中置成分具有相同的

---

[①] 陈曼君:《闽台闽南方言的反复问句》,《方言》2011 年第 2 期。
[②] 邵敬敏、王鹏翔:《陕北方言的正反是非问句——一个类型学的过渡形式研究》,《方言》2003 年第 1 期。
[③] 邢向东:《论陕北晋语沿河方言的反复问句》,《汉语学报》2005 年第 3 期。
[④] 郭校珍:《山西晋语的疑问系统及其反复问句》,《语文研究》2005 年第 2 期。

性质,"都是体标记或体标记同衍音词的共现(合音)"①。

吕延、杨军《皖西南方言的反复问句》② 考察了皖西南方言里的"VP + Neg"问句、"VP + Neg + VP"问句和"K + VP"问句③。文中指出,三类正反问句在皖西南方言中多并存共用,以"VP + Neg + VP"问句最为常用,而"VP + Neg"问句和"K + VP"问句在地域分布上呈现类型过渡性的特征,从"K + VP"问句向"VP + Neg"问句过渡的第一个接榫区是安庆市和桐城市,第二个接榫区是怀宁县和潜山县。

乔全生、鲁冰《论豫北晋语反复疑问句的过渡性特征》④ 对河南北部20个晋语方言点的"VP + Neg + VP"问句和"VP + Neg"问句进行了特征分析,认为豫北晋语正逐渐向中原官话这一强势方言演变,而产生这种过渡性特征的主要原因在于方言的接触与融合。鲁冰的博士学位论文《河南方言极性问的语言地理类型学研究》⑤ 以河南省235个方言点的极性问为语言材料,从地理类型学和语法化的角度系统描写了河南境内中原官话和晋语的是非问句和正反问句,综合分析了各类疑问句的结构形式、历史来源、演变趋势、地理分布等问题。

最后,就单点方言正反问句的演变过程进行历时梳理。

正反问句的发展演变和历史层次,是纵向研究方言正反问句不可忽视的一个重要问题。就目前的研究来看,学者对于单点方言正

---

① 郭校珍:《山西晋语反复问句的中置成分》,载复旦大学汉语言文字学科《语言研究集刊》编委会编选《语言研究集刊》(第3辑),上海辞书出版社2006年版,第70—81页。

② 吕延、杨军:《皖西南方言的反复问句》,《汉语学报》2014年第4期。

③ 在《皖西南方言的反复问句》(2014)中表示为"K - VP",与前文的"F + VP"属同一类型。

④ 乔全生、鲁冰:《论豫北晋语反复疑问句的过渡性特征》,《山西大学学报》(哲学社会科学版)2016年第6期。

⑤ 鲁冰:《河南方言极性问的语言地理类型学研究》,博士学位论文,山西大学,2017年。

反问句的考察，并不止步于共时层面的描写，而是在此基础上从历史文献着手深入探究各类问句的历史层次及其演变路径、演变动因等。

比如：游汝杰《吴语里的反复问句》[①] 结合历史文献探寻吴语里各类正反问句所属的历史层次，认为"VP + Neg"问句是最古层，"VP + Neg + VP"问句是中间层，"F + VP"问句是最新层。林素娥《19世纪以来吴语反复问句类型的演变》[②] 以19世纪中叶以来的课本、语法著作、《圣经》译本等吴方言文献为研究资料，系统考察了苏州、上海、温州、宁波、台州、金华等地正反问句的类型特征及演变过程。文中指出，一百多年来"VP + Neg"问句始终是吴语中最常用、最基本的正反问句类型，而"VP + Neg + VP"问句则是在官话方言和普通话的影响下逐步兴盛起来的次要类型，两类问句都存在受事宾语前置的强烈倾向，这也是吴语的重要语法特征之一。邵敬敏《上海方言疑问句近百年的历史演变及其特点》[③] 以1986年由上海基督教会编写的《上海土话短语集》和1908年由上海土山湾慈母堂出版的《土话指南》为语言材料，对上海土话的疑问句系统进行了综合分析。

岳立静《山东中西部方言反复问句300年来的演变——以〈醒世姻缘传〉为例》[④] 将《醒世姻缘传》与现代山东中西部方言进行对比分析，从历时角度考察了山东中西部方言正反问句300多年来的演变轨迹及其动因。

---

[①] 游汝杰：《吴语里的反复问句》，《中国语文》1993年第2期。

[②] 林素娥：《19世纪以来吴语反复问句类型的演变》，载复旦大学汉语言文字学科《语言研究集刊》编委会编《语言研究集刊》（第13辑），上海辞书出版社2014年版，第176—190页。

[③] 邵敬敏：《上海方言疑问句近百年的历史演变及其特点》，载林华东编《汉语方言语法新探索》（第四届汉语方言语法国际研讨会论文集），厦门大学出版社2010年版，第182—191页。

[④] 岳立静：《山东中西部方言反复问句300年来的演变——以〈醒世姻缘传〉为例》，《东岳论丛》2006年第3期。

伍巍、陈卫强《一百年来广州话反复问句演变过程初探》① 通过对比历史语料与现实语料发现，一百多年来广州方言的正反问句除"V 唔 V"未发生变化外，其他句式均发生了类型转变，这一转变的开始时间大约为 20 世纪 20 年代；现代广州方言虽然仍使用部分早期句式，如"VO 唔 V"问句和"有 VP（NP）冇"问句，但使用频率极低，只保留在老派用法中，且正逐渐走向消亡。金桂桃《近两百年来广州方言正反问句的发展演变》② 以 19 世纪 20 年代以来的 20 本广州方言文献为研究资料，梳理了广州方言正反问句近 200 年来的演变轨迹及其发展动因。侯兴泉在《广东封开南丰话的三种正反问句》③ 中指出，南丰话里存在"阿 VP""VP 曾"和"阿 VP 曾"三种形式的正反问句，它们分属不同的历史层次，其中，脱落否定副词的"VP 曾"问句处于历史的最底层，"阿 VP"问句是后来由别的方言借入的，而"阿 VP 曾"问句则是上述两种问句的混合，是"阿 VP"问句在本地的创新形式。

施其生《〈汕头话读本〉所见潮州方言中性问句》④ 以 1986 年出版的《汕头话读本》为语料对潮州方言中性问句的固有类型、类型的演变、闽语中性问句的特点、中性问句与是非问句、选择问句的关系等问题进行了系统探讨。文中指出，"肯定助动词 + VP + Neg"是潮州方言的固有结构，也是闽语的主流结构，"VP"与"Neg"中间的"阿"是连词而非语气词，"VP 咩"末尾的语气词"咩"是介于否定词和语气词之间的语言成分；而"VP + Neg + VP"问句在潮州方言中的生成能力有限，应是外来的后起格式。石佩璇

---

① 伍巍、陈卫强：《一百年来广州话反复问句演变过程初探》，《语言研究》2008 年第 3 期。
② 金桂桃：《近两百年来广州方言正反问句的发展演变》，《语言科学》2018 年第 1 期。
③ 侯兴泉：《广东封开南丰话的三种正反问句》，《方言》2005 年第 2 期。
④ 施其生：《〈汕头话读本〉所见潮州方言中性问句》，《方言》2009 年第 2 期。

《早期客家话文献〈客话读本〉的反复问句及其历时演变》[1] 以1936年出版的《客话读本》为语料考察了粤中、粤东客家话正反问句的类型及其演变过程等。通过分析发现,"VP + Neg"问句是当代粤中、粤东客家话正反问句的主流类型,且存在逐渐向是非问句发展的趋势,而"VP + Neg + VP"问句则是后起形式。

2. 是非问句

关于汉语方言是非问句的研究,主要表现为两个方面:一是对疑问语气词的研究,二是对疑问语调的研究。

首先,关于疑问语气词的研究。

目前学界对疑问语气词的研究多散见于综合考察单点方言语气词系统、疑问句系统的专题论文、学位论文及专著中,而单独考察疑问语气词的文献较为有限。其中,专题论文主要有:陈妹金《北京话疑问语气词的分布、功能及成因》(1995),方小燕《广州话里的疑问语气词》(1996),陈泽平《北京话和福州话疑问语气词的对比分析》(2004),朱琳《泰兴话疑问句语气词及其修辞功能》(2004),赵学玲《山东章丘方言的疑问句及疑问语气词》(2007),陈明富、张鹏丽《豫南罗山方言的五类疑问语气词》(2008),蔡华祥《江苏盐城话的疑问语气词》(2008),吴早生《安徽旌德三溪话疑问句尾语气词》(2009),谢润姿《揭阳方言的疑问句末语气词》(2009),范艳《贵州习水方言的疑问语气词》(2010),王曦《甘肃天水方言中的疑问句与疑问词及疑问语气词》(2011),范锐展《南大郭村方言疑问句和疑问语气词研究》(2012),温昌衍《石城(高田)客家话的疑问句和疑问语气词》(2016)等。学位论文主要有:钱成慧《平阳话的疑问语气词》(2000)、皮婕《恩施方言句末疑问语气词研究》(2011)、朱惟书《河南郸城方言的是非问语气词》(2015)、李守凤《岑溪方言疑问语气词研究》(2016)等。上述文

---

[1] 石佩璇:《早期客家话文献〈客话读本〉的反复问句及其历时演变》,《方言》2018年第3期。

献着重对各方言点疑问语气词的语音形式和表义功能进行了综合考察，系统呈现了不同方言里疑问语气词的诸多特征。

其次，关于疑问语调的研究。

疑问语调的研究，除了在整体考察单点方言疑问系统的文献中多有体现，单独就这一问题进行分析的文献并不多见。就目前的研究成果来看，疑问语调的研究集中体现在疑问语调的类型与特征两个方面。具体而言，学者普遍认为，上升语调能够在是非问句末尾表达疑问语气，这在普通话与方言里基本一致。麦耘在《广州话疑问语气系统概说》[①] 中指出，广州话的是非问句存在末尾带有低平语调的现象。彭小川在《广州话是非问句研究》[②] 中明确指出，广州话里既存在由上升语调构成的是非问句，也存在由低平语调构成的是非问句；而由低平语调构成的是非问句，需要在陈述性短语末尾添加语气词"啊、咋、啦、㗎"。此外，余凯《梧州话与广州话的是非问句比较》[③] 从比较的角度对梧州话的是非问句进行了系统考察，认为梧州话里也存在类似于广州话的上升语调和低平语调。郭利霞《山西方言的语调问句》[④] 指出，山西方言存在低平调问句和高升调问句两种类型，两类问句具有不同的语义内涵，即低平语调问句带有肯定性预期，也可作为寒暄用语，而高升语调问句既可带有否定性预期，也可表达反诘语气，还可表达单纯的疑问。苏丽红在《玉林话的是非问句》[⑤] 中也提出，玉林话里的上升语调、低平语调和下降语调都可以构成是非问句，分别表示为"S +（啊/啦/嘎）↗?""S +啊/啦/嘎→?"和"S +啊/嘎↘?"。其中，第一种是

---

① 麦耘：《广州话疑问语气系统概说》，庆祝《方言》创刊 20 周年学术讨论会论文，成都，1998 年 5 月。

② 彭小川：《广州话是非问句研究》，《暨南学报》（哲学社会科学版）2006 年第 5 期。

③ 余凯：《梧州话与广州话的是非问句比较》，《桂林师范高等专科学校学报》2008 年第 4 期。

④ 郭利霞：《山西方言的语调问句》，《语言研究》2014 年第 2 期。

⑤ 苏丽红：《玉林话的是非问句》，《汉语学报》2016 年第 2 期。

非问表怀疑、诧异,第二种是非问表回应性求证,第三种是非问表反诘。

3. 特指问句

关于汉语方言特指问句的研究,以单点方言疑问代词的研究为侧重点,主要考察不同方言点疑问代词的表现形式及其历史来源。

首先,关于单点方言疑问代词的研究。

目前学界对疑问代词的研究多散见于综合考察单点方言代词系统、疑问句系统的专题论文、学位论文及专著中,而单独考察疑问代词的文献较为有限。其中,专题论文主要有:周大璞《天门话的疑问代词》(1959),李崇兴《宜都话的疑问代词》(1989),陈鸿迈《海口方言的指示代词和疑问代词》(1991),项梦冰《连城(新泉)方言的疑问代词》(1993),宋秀令《汾阳方言的指示代词与疑问代词》(1994),林立芳《梅县方言的疑问代词》(1997),周小兵《普通话和广州话的人称疑问代词》(1997),罗海燕《海南黄流方言的疑问代词》(2002),刘晓然《黄冈方言的疑问代词》(2002),梅光泽《宿松话的疑问代词"么"》(2004),鲍红《安庆方言疑问代词体系》(2007),吴子慧《绍兴方言的人称代词和疑问代词》(2007),史丰《石泉方言的疑问代词》(2009),盛益民《绍兴柯桥话疑问代词的非疑问用法》(2010),史秀菊《山西方言的特指疑问句(一)》(2011)和《山西方言的特指疑问句(二)》(2011),葛瑞芳《山西清徐方言的疑问代词》(2013),黑维强、冷永良《陕北绥德方言的疑问代词》(2013),张洋、田云华《哈密方言处所疑问代词"哪达"分析研究》(2014)等。学位论文主要有:高敏《南陵东河话疑问代词研究》(2013)、王姬《甘肃汉语方言疑问代词研究》(2014)、张韦韦《安徽枞阳话疑问代词研究》(2015)等。上述文献着重对单点方言的疑问代词系统进行了专项考察,综合展现了各方言点疑问代词的整体面貌。

此外，由李如龙、张双庆主编的论文集《代词》① 收录多篇描写单点方言代词系统和区域方言代词系统的文章，多位学者分别对苏州、吴江、严州、泾县、泰和、梅县、清流、福州、汕头、屯昌、香港和北部吴语、闽南方言的疑问代词进行了特征描写和词源分析。汪化云在《汉语方言代词论略》② 一书中，单列"疑问代词"一章，通过四节内容分别考察了汉语方言疑问代词的类型和地域分布，疑问代词复杂形式的成因，疑问代词与其他相关词语的关系以及"楚语"的归属问题。这些内容是对方言疑问代词的综合性考察和类型学分析，为探究疑问代词复杂形式之间的内在联系提供了重要的素材和线索。盛益民在《词形构造、语素库藏与语义关联：汉语方言疑问代词编码方式的类型研究》③ 中根据63种汉语方言的样本材料，考察了汉语疑问代词的构词特点、疑问语素库藏、本体成分的语义关联度等问题；在《汉语疑问代词的词化模式与类型特点》④ 中进一步考察了疑问语素的来源方式以及非入库本体意义的具体编码策略，并在此基础上总结了汉语方言疑问代词词化模式的类型特征。这两篇文章就疑问代词的构造方式与形式特征进行了深入探讨。

其次，关于疑问代词演变轨迹及历史来源的研究。

汉语方言里的疑问代词具有多样化的表现形式，不同的形式之间又往往蕴含着一定的联系，这就需要从历时层面对汉语方言疑问代词的演变轨迹、历史来源进行深入探究。就目前的研究来看，这类研究内容多出现于古汉语语法研究的专题论文及专著中。比如，吕叔湘在《近代汉语指代词》⑤ 中着重考察了"谁、什么、怎么、

---

① 李如龙、张双庆：《代词》，暨南大学出版社1999年版。
② 汪化云：《汉语方言代词论略》，巴蜀书社2008年版，第140—199页。
③ 盛益民：《词形构造、语素库藏与语义关联：汉语方言疑问代词编码方式的类型研究》，《常熟理工学院学报》（哲学社会科学版）2019年第1期。
④ 盛益民：《汉语疑问代词的词化模式与类型特点》，《中国语文》2020年第6期。
⑤ 吕叔湘：《近代汉语指代词》，学林出版社1985年版。

几、多少、多（么）"等疑问代词及其变化形式的特征、用法及历史来源，对各疑问代词在方言中的形式也多有涉及。张惠英《汉语方言代词研究》①立足于汉语方言，对吴语、粤语、闽语、客家话中的部分疑问代词进行共时描写、横向对比和历时探源，并进一步考察了疑问代词与处所词、指示词之间的关系；书中重点考察的疑问代词有"几化、何、何物、什么、乜、点"等。

此外，还有专题论文：郭必之《香港粤语疑问代词"点"[tim$^{35}$]的来源》（2003）、楚艳芳《"何"的用法及其语法化》（2009）、金桂桃《近两百年广州话"乜"系疑问形式的发展》（2016）、黄河《西北部吴语事物疑问代词的来源》（2021）等。

4. 选择问句

汉语方言选择问句的研究集中于专题论文中，主要涉及两个方面的内容，一是对单点方言选择问句进行整体考察，二是对选择连词进行专项考察。

在整体考察单点方言选择问句主要特征的专题论文中，论及官话方言点的主要有：宋金兰《甘青汉语选择问句的特点》（1993），张安生《宁夏同心话的选择性问句——兼论西北方言"X吗Y"句式的来历》（2003），张洋《哈密方言选择问句》（2011），李文龙、万晓卉《新疆汉语方言中表选择的"ma"》（2012），李文龙《新疆汉语方言与普通话中选择疑问句对比研究》（2014），黄大祥《甘肃民勤方言的选择性问句——兼论其"X+啊+Y"句式的来源》（2016）等。以上文献分别对甘肃、青海、宁夏、新疆各地的选择问句进行了细致分析，学者们认为上述方言点的选择问句是由语气词"吗"或"啊"连接选择项而构成的，这与普通话里由选择连词连接选择项而构成的选择问句不同。对于"吗"和"啊"的性质，宋金兰（1993），张安生（2003），李文龙、万晓卉（2012），黄大祥（2016）认为，"吗"和"啊"既是疑问语气词又是选择连词，兼具

---

① 张惠英：《汉语方言代词研究》，语文出版社2001年版。

传疑和连接选择项的双重功能。对于这类选择问句的来源，宋金兰[1]认为其具有非单质性，应是汉语和藏缅语的混合形式；而张安生[2]和黄大祥[3]则认为"X 吗 Y"问句和"X 啊 Y"问句是对近代金元系白话选择问句的继承和发展。

论及非官话方言点的主要有：史素芬《山西武乡方言的选择问句》（2002）、林文金《莆仙方言的选择问句》（2003）、马晓琴《陕北方言的选择问句》（2004）、黄海维《早期粤语中的选择问句》（2007）、郭利霞《山西山阴方言"A－A?"式选择问句》（2009）、史秀菊《山西方言的选择问句》（2015）、黄年丰《龙川客家话的选择问句》（2016）等。上述文献主要对晋语、粤语和客家话各方言点的选择问句进行了专题考察。据马晓琴（2004）、郭利霞（2009）、黄年丰（2016）分析，在陕北、山西山阴、广东龙川均存在由语气词连接选择项构成的选择问句。但三个方言点的情况有所不同。在陕北方言[4]中，选择问句的基础形式是"X 么 Y"，在这一形式中可插入多种表达不同语法意义的语气词，从而构成多种变化形式。在山阴方言[5]中，选择问句"A－A?"是单音节形容词正反对举式，各选择项末尾均可添加语气词"PART"，分别构成"A（PART）－A"问句、"A－A（PART）"问句和"A（PART）－A（PART）"问句，山西晋语的其他方言点也存在这三种形式。在龙川方言[6]中，既存在由语气词连接选择项的"X 啊 Y（啊/哩）"问句，也存在由选择连词连接选择项的"（系）X 啡系 Y"问句，还存在混合的"（系）X 啊啡系 Y"问句。

---

[1] 宋金兰：《甘青汉语选择问句的特点》，《民族语文》1993 年第 1 期。
[2] 张安生：《宁夏同心话的选择性问句——兼论西北方言"X 吗 Y"句式的来历》，《方言》2003 年第 1 期。
[3] 黄大祥：《甘肃民勤方言的选择性问句——兼论其"X＋啊＋Y"句式的来源》，《方言》2016 年 1 期。
[4] 马晓琴：《陕北方言的选择问句》，《社会科学家》2004 年第 2 期。
[5] 郭利霞：《山西山阴方言"A－A?"式选择问句》，《方言》2009 年第 4 期。
[6] 黄年丰：《龙川客家话的选择问句》，《名作欣赏》2016 年第 12 期。

重点考察选择连词的专题论文多是对南方方言选择连词的考察，比如：阚绪良《现代粤语选择问词"定"的来源》（1991）、丘宝仪《谈早期粤语选择问句析取连词"嚊"、"嚊系"》（2007）、黄淑芬《漳州方言连词"抑"的功能及其发展》（2010）等。

最后，关于跨方言的比较研究。

20世纪80年代以来，基于方言语法调查的单点方言疑问句研究发展迅速，相关成果围绕疑问句的方言特征进行了系统的宏观描写与立体的微观辨察，清晰地展现了单点方言疑问句的总体特征。相比之下，多点方言疑问句的对比研究较为有限，相关成果主要涉及两个方面的内容。

1. 疑问系统的整体比较研究

较为突出的研究成果有：邵敬敏等学者主编的《汉语方言疑问范畴比较研究》（2010）和郭利霞的《汉语方言疑问句比较研究——以晋陕蒙三地为例》（2015）。《汉语方言疑问范畴比较研究》[①] 是近年来方言疑问范畴研究的标志性成果。该书不仅从微观角度对单点方言的疑问系统及热点问题进行了详细分析，更是在此基础上从宏观角度对不同类型的疑问句进行了跨方言的比较研究。《汉语方言疑问句比较研究——以晋陕蒙三地为例》[②] 以山西、陕北以及内蒙古西部地区的方言为主要研究对象，细致描写了各类疑问句的方言特征，并在此基础上进行了跨区域、跨方言的对比考察。

2. 疑问句的专项比较研究

正反问句的比较研究是疑问句专项比较研究的主要体现，研究内容主要体现在三个方面。

首先，正反问句不同类型的比较研究。朱德熙先生于1985年发表《汉语方言里的两种反复问句》[③] 一文，正式开启方言疑问句的

---

[①] 邵敬敏等：《汉语方言疑问范畴比较研究》，暨南大学出版社2010年版。

[②] 郭利霞：《汉语方言疑问句比较研究——以晋陕蒙三地为例》，南开大学出版社2015年版。

[③] 朱德熙：《汉语方言里的两种反复问句》，《中国语文》1985年第1期。

比较研究。文章指出，汉语方言里的正反问句有"VP + Neg + VP"和"F + VP"两种形式，前者在方言里分布广泛，主要存在于北方官话、大部分西南官话、粤语、闽语以及大部分吴语里；后者的分布则较为有限，主要存在于吴语、西南官话、下江官话的部分方言点中。两类问句相互排斥，不在同一种方言里共存。该文的发表引起了学者的广泛关注，相关研究成果相继涌现，对朱先生的观点进行了一系列的讨论。比如，王世华《扬州话里两种反复问句共存》[①]指出，"VP 不 VP"问句和"可 VP"问句在扬州话里是共存的。施其生《汕头方言的反复问句》[②] 指出，现代汕头方言里的正反问句有"可 VP"型、"VP 不 VP"型、"可 VP"与"VP 不 VP"混合型，各类问句共存的现象在潮汕方言中普遍存在，应是潮汕方言的固有形式。李小凡《也谈"反复问句"》[③] 通过对答问形式、句末语气词及疑问系统整体特征的考察得出，苏州话的"阿 VP"问句应是是非问句，而并非正反问句。刘丹青《苏州方言的发问词与"可 VP"句式》[④] 进一步指出，苏州话里的发问词以"阿"为代表，共有 8 个，是一个特殊的词类，而"可 VP"问句应归属于是非问句。贺巍《获嘉方言的疑问句——兼论反复问句两种句型的关系》[⑤] 认为，获嘉方言里既存在"VP 不 VP"问句也存在"可 VP"问句，使用范围较小的"可 VP"问句是对"VP 不 VP"这一常用问句的简化；此外，据方言语料，"VP + Neg + VP"问句和"F + VP"问句的关系主要存在五种主要类型。

朱德熙先生在进一步比较了汉语方言正反问句的特征之后又发

---

① 王世华：《扬州话里两种反复问句共存》，《中国语文》1985 年第 6 期。
② 施其生：《汕头方言的反复问句》，《中国语文》1990 年第 3 期。
③ 李小凡：《也谈"反复问句"》，载胡盛仓编《语言学和汉语教学》，北京语言学院出版社 1990 版，第 179—188 页。
④ 刘丹青：《苏州方言的发问词与"可 VP"句式》，《中国语文》1991 年第 1 期。
⑤ 贺巍：《获嘉方言的疑问句——兼论反复问句两种句型的关系》，《中国语文》1991 年第 5 期。

表了《"V – Neg – VO"与"VO – Neg – V"两种反复问句在汉语方言里的分布》①一文。文章指出，苏州话和扬州话里的"K + VP"②问句和"VP + Neg + VP"问句应属于不同的历史层次，前者是固有类型，后者是创新类型；汕头话里的两类问句在功能上完全相同，应被看作同一句型的两种自由变体；而"K + VP + Neg + VP"这一混合形式的出现说明两类问句属于不同的历史层次，二者之中必有一种产生的时代较晚。此外，朱先生还对"V + Neg + VO"问句与"VO + Neg + V"问句的方言特征与地域分布进行了考察，认为前者多使用于南方方言，后者多使用于北方方言；并在此基础上整体描绘了"F + VP"问句、"VP + Neg + VP"问句、"VP + Neg"问句以及各种下位形式在方言中的使用情况。上述研究内容将方言正反问句的研究引向了更深的层次和更广的层面。徐杰、张媛媛（2011）重点考察了"F + VP"问句的方言特征。

其次，正反问句的整体比较研究。较为突出的研究成果有：张敏的博士学位论文《汉语方言反复问句的类型学研究：共时分布及历史蕴含》③ 以"V + Neg + VO"问句、"VO + Neg + V"问句、"VP + Neg"问句、"F + VP"问句为研究对象，系统考察了各类正反问句的形式特征、地域分布及历史演变规律等。袁毓林《正反问句及相关的类型学参项》④ 通过不同方言间的比较得出，广义正反问句"VP + Neg + VP""VP + Part"和"F + VP"在方言分布上具有重要的类型比较价值。此外还有：陈卫强《汉语方言反复问研究》（2006），邵敬敏、周娟《汉语方言正反问的类型学比较》（2007），

---

① 朱德熙：《"V – neg – VO"与"VO – neg – V"两种反复问句在汉语方言里的分布》，《中国语文》1991年第5期。

② 在《"V – neg – VO"与"VO – neg – V"两种反复问句在汉语方言里的分布》（1991）中表示为"K – VP"，与前文的"F + VP"属同一类型。

③ 张敏：《汉语方言反复问句的类型学研究：共时分布及历史蕴含》，博士学位论文，北京大学，1990年。

④ 袁毓林：《正反问句及相关的类型学参项》，《中国语文》1993年第2期。

王琴《汉语方言正反问句类型学探讨》(2015)，史秀菊《现代汉语是非问与正反问互补分布的考察》(2017) 等。

最后，正反问句的区域性比较研究。涉及地域及方言分区有：江苏、上海、浙江三地的吴语区，如钱乃荣 (1987)、游汝杰 (1993)；山东的冀鲁官话区、中原官话区和胶辽官话区，如罗福腾 (1996)；福建、广东、海南、台湾等地的闽南方言区，如施其生 (2000)；陕北晋语区，如邵敬敏、王鹏翔 (2003)、邢向东 (2005)；山西晋语区，如郭校珍 (2005)；安徽西南部的江淮官话区和赣语区，如吕延、杨军 (2014)；河南北部晋语区，如乔全生、鲁冰 (2016) 等。

此外，还有一些跨语言比较的文章。比如：陈妹金《汉语与一些汉藏系语言疑问句疑问手段的类型共性》(1993)、吴福祥《南方语言正反问句的来源》(2008)、刘丹青《谓词重叠疑问句的语言共性及其解释》(2008)、东芳《类型学视野下的正反问句研究》(2011)、王琴《"X不X"正反问句类型学探讨——基于少数民族语言的考察》(2015) 等。

通过以上对汉语方言疑问研究现状的梳理，我们发现，当前研究的重心在于单点方言疑问句的研究，这主要包括两个方面，一是对单点方言疑问系统的整体描写，二是对单点方言正反问句的个案考察。相比之下，跨方言的比较研究仍稍显薄弱，比较的深广度有待进一步挖掘。主要存在两点问题。其一，在研究范围上，既有研究多是基于特定区域内的定点比较或基于全国范围内的择点比较，所选方言点较为有限。其二，在研究内容上，既有研究多是基于方言正反问句的特征比较，比较的视野范围较为有限。基于此，我们将语义范畴引入跨方言比较研究，在前人描写材料的基础上，对方言疑问句进行全面、系统的类型研究，挖掘各类语法现象的共性与特殊性，将是一项有意义的工作。

## 第四节 研究目标

本书立足于疑问范畴,对汉语方言的是非问句、选择问句、正反问句和特指问句进行专题考察,全景式展现汉语疑问句的方言特征,系统分析方言与方言之间、方言与普通话之间的共性与差异,深入探究差异间的形成原因与共性间的内在规律,客观梳理各类疑问句的地理分布及方言使用情况,以期深化对汉语语法整体面貌的认识。具体而言,拟达到以下三点目标。

第一,依据方言事实,全面整合汉语方言疑问范畴的现有研究成果,以疑问句类型为纲,各类疑问句的方言特征、地理分布、使用情况为目,于差异中探寻联系,于共性中挖掘规律,探索性构建汉语方言疑问句的类型体系。

第二,以方言疑问句为研究对象,立足于"整体汉语",于宏观格局之中厘清各类疑问句的方言现状,于微观特征之下织密汉语疑问句的关系网络,力求实现普遍与特殊、内部与外部、横向与纵向的有机结合。

第三,以跨方言语法比较为主体视角,将范畴比较与跨方言比较相结合,贯穿"两个三角"的研究思路,抓住意义的共性特征,考察官话方言与非官话方言、方言与普通话在疑问表达上的共性与差异,获取对汉语方言疑问范畴的立体认识。

## 第五节 研究内容

全书共分八章。

第一章:绪论。明确选题背景、研究意义,对古代汉语疑问研究、共同语的疑问研究和汉语方言疑问研究进行梳理和述评,并说明研究目标、研究方法、框架及语料来源等。

第二章：疑问范畴概说。主要包括三个方面的内容。第一，分析疑问范畴的内涵，明确其作为"语法·语义范畴"的性质。第二，立足于汉语共同语，梳理表达疑问的三类形式手段：疑问语调、疑问词语和句法结构。第三，区分疑问句的结构类型、语义类型，构建疑问范畴的"普"角体系，为"普—方"比较、"方—方"比较提供依据。

第三章：汉语方言的是非问。主要包括三个方面的内容。第一，根据疑问手段的不同，将方言里的是非问句分为语调型是非问和语气词是非问，描写各类是非问句的句式结构、语义特征和语用表现。第二，梳理各类是非问句的地理分布。第三，结合方言资料，归纳各类是非问句的方言使用情况，探析不同方言间的使用频率、限制条件等。

第四章：汉语方言的选择问。主要包括四个方面的内容。第一，综观构成选择问句的三种连接方式：连接词、语气词和语调，共时梳理三种连接方式的方言特征，历时探究连接词和语气词的演变过程。第二，根据连接方式的不同，将方言里的选择问句分为连接词选择问、语气词选择问、语调式选择问、混合式选择问和意合式选择问，描写各类选择问句的结构形式和地理分布。第三，整体考察选择问句的语义关系和删略规则。第四，结合方言资料，归纳各类选择问句的方言使用情况，探析不同方言间的类型选择、使用规律等。

第五章：汉语方言的正反问。主要包括四个方面的内容。第一，根据疑问手段的不同，将方言里的正反问句分为正反式正反问、简省式正反问、紧缩式正反问、是非式正反问和副状式正反问。第二，描写各类正反问句的句式结构、语义特征、语用表现、特殊用法等，分析紧缩式正反问和是非式正反问的形成机制、演变过程及发展趋势。第三，梳理各类正反问句的地理分布。第四，结合方言资料，归纳各类正反问句的方言使用情况，探析不同方言间的类型组配、使用共性等。

第六章：汉语方言的特指问。主要包括三个方面的内容。第一，根据结构形式的不同，将方言里的特指问句分为疑代式特指问和简省式特指问。第二，在疑代式特指问句中，既共时描写方言里的各类疑问代词，又历时探究各类疑问代词的形成与发展；依据疑问代词的不同语义类型，分析疑代式特指问句的结构特征；结合方言资料，梳理各类疑问代词的地理分布。第三，在简省式特指问句中，既依据句末疑问语气词的语音形式分类描写问句的结构形式，又整体考察其语义特征，探究不同方言间的内在联系。

第七章：方言疑问范畴的对比考察。在二、三、四、五、六章的基础上，从疑问句的不同类型着手，分别以官话方言与非官话方言、方言与普通话为对比视角，综合分析是非问句、选择问句、正反问句、特指问句在官话方言与非官话方言之间、方言与普通话之间的整体共性和区别性特征，立体呈现汉语方言的疑问系统。

第八章：结语。总结全书的主要内容，并对今后的研究提出思考与认识。

## 第六节　研究方法

本书主要从描写、解释、比较三个层面对汉语方言的疑问范畴进行多角度考察。因此，本书采用的研究方法主要有两点：一是描写与解释相结合，在描写的基础上通过合理解释探究语法现象的成因；二是归纳与比较相结合，在归纳的基础上通过对比考察凸显不同方言间的共性与差异。上述研究方法需要以"两个三角"理论和"句管控"理论为理论基础。

## 一 关于"两个三角"

"两个三角"的理论方法倡导对汉语语法现象进行多方面、多角度的动态研究,主要包括"表—里—值"的"小三角"和"普—方—古"的"大三角"。

首先,关于"表—里—值"小三角。

"小三角"理论是邢福义先生结合汉语语法特点提出的处理形式和意义关系的操作方法,由语表形式、语里意义和语用价值三方面构成。在具体问题的操作上,主要包括"表里印证"和"语值验察"两个方面。

邢福义先生指出,"表里印证"是在表里之间寻找规律性联系,基本做法是"由表及里,由里究表,表里相互印证"[①]。本书以语义范畴为切入点,以汉语疑问范畴的一般理论为指导,考察不同方言中表达疑问范畴的具体形式。在对是非问句、选择问句、正反问句、特指问句进行专题考察时,既要通过不同问句的结构形式探究其所蕴含的语里意义,又要通过不同的语义内涵分析其所对应的结构形式。"小三角"理论是我们对疑问句进行跨方言比较的主要思路。具体而言,"由里究表"就是要全面考察不同方言里表达疑问语气的各种形式手段,分析是非问句、选择问句、正反问句、特指问句的方言特征;"由表及里"就是要通过对语表形式的考察,整合不同结构形式所蕴含的语里意义,梳理形式与意义之间的对应关系。"表里相互印证"就是在描写疑问句的形式特征时,要兼顾探究疑问句的语义内涵;在探究疑问句语义内涵时,也要兼顾描写疑问句的语表形式。只有经过"表里互相印证",才能更清楚地认识和把握方言疑问系统的整体面貌。"研究一个语法事实,首先要研究'表''里'两角,接着,往往还有必要研究'值'角,以便弄清该事实在语言系

---

① 邢福义:《汉语语法学》,东北师范大学出版社1996年版,第443页。

统中特定的语用价值"①。"语值验察"的过程具体表现为"语里同义，语表异形，究其语值"②。结合具体研究，"语值验察"就是探寻各类疑问句在使用时的特殊语用表现，明晰其语用特征，以深化对汉语方言疑问范畴的整体认识。

其次，关于"普—方—古"大三角。

"大三角"理论就是将研究视野拓展至现代汉语普通话、现代汉语方言与古代汉语、近代汉语的对比研究之中，基本做法是以"普"为基角，分别进行"以方证普"和"以古证今"。"以方证普"就是"立足于普通话，考察所研究的对象在方言里是有什么样的表现，以方言印证普通话"③。而"以古证今"就是"立足于今，上看古代近代汉语，考察所研究的对象在古代近代汉语里有什么样的表现，以古证今"④。

在汉语方言疑问范畴的比较研究中，"大三角"理论是在"表—里—值"研究的基础上对方言疑问范畴进行立体化的对比考察。一方面，运用共时描写与历时分析相结合的方法，既从共时层面对是非问句、选择问句、正反问句、特指问句的方言特征进行客观分析，又从历时层面对选择问句里的连接词、语气词，特指问句里的疑问代词进行溯源探究，形成古今融合的研究体系。另一方面，运用横向比较与纵向比较相结合的方法，既通过横向的类型比较，深入探究各类疑问句的共时差异和地域联系，又通过纵向的历史比较，尝试解释共时差异的形成原因和演变规律，形成纵横贯通的研究体系。研究过程具体分为三个步骤：一是以"普—方"比较为研究视角，以共同语为切入点考察方言疑问句的对应形式，梳理方言与普通话的共性特征与个性差异；二是以"方—方"比较为研究视角，通过 A 方言与 B 方言的比较，梳理不同方言事实之间的内在联

---

① 邢福义：《汉语语法学》，第 451 页。
② 邢福义：《汉语语法学》，第 451 页。
③ 邢福义：《汉语语法学》，第 465 页。
④ 邢福义：《汉语语法学》，第 467 页。

系或相同方言事实之间的深层差异,对各类方言事实的地域分布进行总结;三是以"方—古"比较为研究视角,将各类疑问句中所蕴含的方言差异,放置于汉语语法史的历史进程之中,认清方言事实的本质,探寻隐藏于共时差异背后的有关规律。

## 二 关于"句管控"

邢福义先生[①]指出,"句管控"是句法机制对各种语法因素的管控作用,通过比较观察语言事实可以看到,"句管控"决定了普通话与方言、方言与方言的语法差异,更决定了现代汉语语法的整体面貌。由此可见,"句管控"也是进行跨方言比较研究的重要理论方法之一。

就汉语方言疑问范畴的比较研究而言,疑问语气的表达是在句子层面进行的。对疑问句的跨方言比较,需要以"句管控"为主要的研究理论和研究方法。具体看来,"句管控"理论主要运用于两个方面的研究。首先,各种疑问手段只有在接受了"句管控"之后,才能得以落实。例如,在西北方言中,语气词"吗"既可表达疑问语气又可连接前后选择项。当"吗"位于表陈述的短语末尾时,是表达疑问语气的疑问语气词;当"吗"位于前选择项末尾且前后选择项之间基本无语音停顿时,是连接前后选择项的选择连词。其次,各种语义内涵只有在接受了"句管控"之后,才能得以显现。例如,在广州方言中,疑问语气词"嘛"只能用于肯定形式的陈述性短语末尾,而不能用在否定形式的陈述性短语末尾;疑问语气词"咩"既可用于肯定形式的陈述性短语末尾,也可用于否定形式的陈述性短语末尾,但是,在肯定形式的陈述性短语里需要带有"就、只、连"等表示肯定意义的副词。由"嘛"和"咩"构成的是非问句具有不同语义内涵。具体而言,"嘛"字是非问表示因不了解而询问,"咩"字是非问表达诧异、怀疑、反诘等语气。

---

① 邢福义:《说"句管控"》,《方言》2001 年第 2 期。

## 第七节 相关说明

### 一 语料来源

对方言语料尽可能全面地收集与整理是本课题的研究基础。关于方言语料的来源具体有如下几个方面。

1. 参照张振兴、李琦、聂建民辑录的《中国分省区汉语方言文献目录（稿）》[①] 对1985年至2001年有关疑问范畴的研究成果进行初步筛拣。利用知网、读秀等中文数据库对2002年至今的相关研究成果进行补充。

2. 参照方言志、方言词典、方言专著、硕士博士学位论文以及公开发表的期刊论文。

3. 本书所列举的例句均出自公开发表的文献、专著以及CCL语料库（网络版）。

### 二 术语使用

关于疑问句术语的使用。鉴于汉语方言疑问句研究的术语分歧，为行文方便，本书将四类疑问句统一表述为：是非问句、正反问句、选择问句、特指问句。各类疑问句内部的下位类型，统一根据疑问的形式特征命名，具体如下：

1. "是非问"下位问句类型分别表述为"语调型是非问""语气词是非问"。其中，"语调型是非问"的下位类型分别表述为"升调是非问""低平调是非问""降调是非问"；"语气词是非问"的下位类型分别表述为"'吗'类是非问""'吧'类是非问"。

2. "选择问"下位问句类型分别表述为"连接词选择问""语

---

[①] 张振兴等辑录：《中国分省区汉语方言文献目录（稿）》，中国社会科学出版社2014年版。

气词选择问""语调式选择问""混合式选择问""意合式选择问"。

3. "正反问"下位问句类型分别表述为"正反式正反问""简省式正反问""紧缩式正反问""是非式正反问""副状式正反问"。

4. "特指问"下位问句类型分别表述为"疑代式特指问""简省式特指问"。

上述疑问句的详细解释参见第三、第四、第五、第六章内容。

关于方言分区术语的使用。本书所涉及的汉语方言分区用语主要依据《中国语言地图集·汉语方言卷》（第2版）[①]。

### 三 体例说明

本书凡需注音的，一律采用国际音标标注，音标外加方括号"[ ]"，调值一律在音节右上角用数字表示，"□"代表不知本字且不易写出同音汉字。所列举方言词汇均保留原文注音形式。

本书所有例句使用仿宋GB_2312，与方言例句对应的普通话解释均使用六号仿宋GB_2312字体附于例句后，例句出处外加圆括号"( )"附于例句后。例句句首的"*"表示该例句不成立。例句之间的"｜"表示前后为同类例句。例句中的"/"表示两可情况。

本书疑问句及其相关成分的符号表示具体如下[②]：

1. "S"表示陈述性短语；"M"表示语气词；"X"表示双项选择问句的前选择项；"Y"表示双项选择问句的后选择项；"VP"表示谓语部分或谓词性成分；"VO"表示动宾短语；"V"表示光杆动词或形容词；"A"表示单音节动词或形容词；"AB"表示双音节动词或形容词；"NP"表示体词性成分；"Neg"表示否定词，包括否定副词和否定动词；"F"表示疑问副词。

2. "↗"表示上升语调；"→"表示低平语调；"↘"表示下降

---

[①] 中国社会科学院语言研究所、中国社会科学院民族学与人类学研究所、香港城市大学语言资讯科学研究中心编：《中国语言地图集·汉语方言卷》（第2版），商务印书馆2012年版。

[②] 下列符号如需具体说明，将附文中注释。

语调。

3. "S + ↗?"表示升调是非问;"S + →?"表示低平调是非问;"S + ↘?"表示降调是非问;"X + M + Y"表示语气词选择问;"VP + Neg + VP"表示正反式正反问;"VP + Neg"表示简省式正反问;"VP + VP"表示紧缩式正反问;"VP + M"表示是非式正反问;"F + VP"表示副状式正反问;"VP + M"和"NP + M"表示简省式特指问。

# 第二章

# 疑问范畴概说

本章立足于现代汉语普通话，综观疑问范畴的内涵、形式及疑问句类型，以建立疑问范畴的"普"角体系，为"普—方"比较、"方—方"比较提供依据。

## 第一节 疑问范畴的内涵

疑问范畴是一种"语法·语义范畴"，是语气范畴的重要组成部分，主要表达说话人特定的情态意义。这种情态意义在语言中需要特定的形式手段表达出来。而表达疑问范畴的形式手段主要有语调、语气词、句法结构三类。

### 一 疑问范畴的界定

疑问范畴是一种语气范畴。

自1898年《马氏文通》问世以来，汉语语气问题便受到了学者的广泛关注。各位学者依据汉语语气的特征，围绕语气的性质、语气与语气词的关系、语气与口气的关系、语气的表达方式以及语气系统的建立等一系列问题展开了深入的探索与研究。

在汉语语法学创立初期，马建忠、杨树达、黎锦熙等学者在对语气词研究的同时，逐步开始探索汉语语气表达的相关问题。但这一时期，诸位学者的研究重点仍在于语气词，而对语气系统并未展开详细讨论。自20世纪40年代起，王力、吕叔湘、高名凯等学者将研究视野由词语层面拓展至句子层面，并在此基础上，开始逐步探索建立语气系统的方法。关于"语气"问题的分析具体如下。王力先生在《中国现代语法》（1943）"语法成分"一章里的"语气"一节中指出，在大多数情形下，每一句话总带有一定情绪，这种情绪有时由语调表示，但语调所能表示的情绪较为有限，因此，有些虚词可以帮着语调，使各种情绪更加明显；"凡语言对于各种情绪的表示方式叫做语气，表示语气的虚词叫做语气词"[①]。吕叔湘先生在《中国文法要略》（1942）"正反·虚实""传信""传疑"和"行动·情感"等章节，对"语气"问题进行了较为详细的论述。吕先生将"语气"区分为广义和狭义两类，认为广义的"语气"包括"语意"和"语势"，而狭义的"语气"主要指内容相同的语句所表达的不同情态。而语意、语势、语气的表现方式各不相同，具体看来，"语意以加限制词为主，语势以语调为主，而语气则兼用语调与语气词"[②]。高名凯先生在《汉语语法论》[③]（1948）中则主张从命题的角度分析汉语的语气问题，认为应该将具有"否定""命令""询问""传疑""反诘""感叹"等不同语气的句子另立一"型"。

自20世纪70年代末开始，胡明扬、贺阳、孙汝建、齐沪扬等学者分别对现代汉语语气系统的建立提出了不同的认识，这种认识摆脱了西方语法的影响，从而逐渐构建起既不同于印欧语言，也不同于古代汉语、近代汉语的现代汉语语气范畴。主要研究如下。胡明扬根据现代汉语的语言事实，对语气词进行了较为系统的研究，形成了一系列的研究成果，如《北京话的语气助词和叹词（上）》[④]

---

[①] 王力：《中国现代语法》，商务印书馆2011年版，第160页。
[②] 吕叔湘：《中国文法要略》，商务印书馆2014年版，第360页。
[③] 高名凯：《汉语语法论》，商务印书馆1986年版，第429页。
[④] 胡明扬：《北京话的语气助词和叹词（上）》，《中国语文》1981年第5期。

《北京话的语气助词和叹词（下）》①《语气助词的语气意义》②《流水句初探》③《陈述语调和疑问语调的"吧"字句》④ 等。具体看来，主要包括四点内容⑤：1. 语气词是典型的虚词，不能单独使用，对语气词的考察，只能从语气词在具体句子中表现出来的语法意义着手，这一语法意义需要从句子中抽象出来。2. 语气有多种表达手段，语调、语气词、叹词及其他语词都可以表示语气。3. 现代汉语的语气系统由陈述（包括肯定、不肯定、强调、当然）、祈使（包括祈使、命令）、疑问和感叹四种语气组成。4. 语气词在使用中会发生音变，当同一位置出现两个或两个以上的语气词时，要遵循"结构语气词＋辅音语气词＋元音语气词"的排列顺序。贺阳将"语气"定义为"通过语法形式表达的说话人针对句中命题的主观意识"⑥，认为语气是通过语法形式表达的语法意义；根据语气的形式标志和意义特征，汉语的语气系统可分为功能、评判、情感三个语气子系统，而陈述、疑问、祈使、感叹是四种功能语气，主要用于表达说话人使用句子所要达到的某种交际目的。孙汝建主张将"语气"和"口气"区分开来，认为语气（modality）是"说话人根据句子的不同用途所采取的说话方式和态度"⑦，包含陈述、疑问、祈使、感叹四种类型；而口气（tone）是"句中思想感情色彩的种种表达法"⑧，包含肯定与否定、强调与委婉、活泼与迟疑等类型。齐沪扬也认为语气是"通过语法形式表达的说话人针对句子命题的一种主观意识"⑨，其主要具有两个方面的作用，一是表示说话人使

---

① 胡明扬：《北京话的语气助词和叹词（下）》，《中国语文》1981 年第 6 期。
② 胡明扬：《语气助词的语气意义》，《汉语学习》1988 年第 6 期。
③ 胡明扬、顾劲松：《流水句初探》，《语言教学与研究》1989 年第 4 期。
④ 胡明扬：《陈述语调和疑问语调的"吧"字句》，《语文建设》1993 年第 5 期。
⑤ 齐沪扬：《语气词和语气系统》，安徽教育出版社 2002 年版，第 12 页。
⑥ 贺阳：《试论汉语书面语的语气系统》，《中国人民大学学报》1992 年第 5 期。
⑦ 孙汝建：《语气和口气研究》，中国文联出版社 1999 年版，第 9 页。
⑧ 孙汝建：《语气和口气研究》，中国文联出版社 1999 年版，第 9 页。
⑨ 齐沪扬：《语气词和语气系统》，安徽教育出版社 2002 年版，第 1 页。

用句子期望达到的交际目的，二是表示说话人对说话内容蕴含的情感或态度；根据不同的作用，语气系统可分为功能和意志两个子系统，而功能语气系统包含陈述、疑问、祈使、感叹四大类，意志语气系统则包含可能、能愿、允许、料悟四大类①。

通过上文梳理可知，语气是对句中命题的再表述，表述的内容既可以是说话人表达命题的目的，也可以是说话人对命题的态度和评价，还可以是与命题有关的情感，等等。这些表述内容在言语交际中通过语气表达出来，构成不同的语气意义。这些语气意义是说话人对命题对象的认识与感知，不同的语气意义聚合在一起便形成语气范畴。疑问、陈述、祈使、感叹是按照交际功能划分出来的四种语气类型，体现了说话人不同的交际目的和表述意图。因此，疑问范畴是语气范畴的重要组成部分。

疑问范畴又是一种"语法·语义范畴"。

广义的"语义"可以包括词汇意义、语法意义和语用意义，而这里所说的"语义"主要是指语法意义。邵敬敏将语义范畴看作"在句法结构中通过某些词语体现出来的语法意义的概括和集中"②。邵敬敏、赵春利从语法意义的内涵着手，认为"语法意义主要有两类，一是从词类次范畴小类中概括出来的具有范畴性的语义特征；二是从词语或句式的组合中概括出来的范畴化的语义关系……我们应该从语义特征或语义关系对语法形式起决定作用这个特定角度来重新界定语义范畴"③。由学者对"语义范畴"的解释可以看出，"语义范畴"是语法意义的聚合，这些语法意义需要通过语法形式表现出来。

语气是"通过语法形式表达的说话人针对句子命题的一种主观

---

① 齐沪扬：《论现代汉语语气系统的建立》，《汉语学习》2002年第2期。
② 邵敬敏：《"语义语法"说略》，《暨南学报》（人文科学与社会科学版）2004年第1期。
③ 邵敬敏、赵春利：《关于语义范畴的理论思考》，《世界汉语教学》2006年第1期。

意识"①。各种语气的表达需要依附于句子，语气意义是句子意义的重要组成部分，离开了句子，便无所谓语气。表达语气意义的形式手段主要有语调、语气词、句法结构三类，这些形式手段在语法层面作用于句子，将各种语气意义通过不同的显性语法形式表达出来。李宇明在《汉语量范畴研究》中强调，表现语义范畴的语言形式主要有词汇、语法和语用；根据语言表现形式的不同，可以将语义范畴分为"词汇·语义范畴""语法·语义范畴"和"语用·语义范畴"三类②。由此可见，语气范畴应是一种"语法·语义范畴"。作为语气范畴重要组成部分的疑问范畴，也是一种"语法·语义范畴"，不同的疑问语气通过语调、语气词和句法结构等各种显性形式表达出来。

### 二 疑问范畴的性质

作为"语法·语义范畴"，疑问范畴的性质主要体现于疑问语气在句法层面的表现形式。这主要包括两个方面的内容，一是表达疑问语气的形式手段，即疑问范畴的形式；二是疑问手段所表达的语气意义，即疑问范畴的意义。

就疑问范畴的形式来看，疑问形式是疑问语气的载体，各种疑问语气的差异性主要通过不同的形式手段表达出来。表达疑问范畴的形式主要有疑问语调、疑问词语和句法结构三类。疑问语气需要在句子层面表达出来，疑问句便是疑问语气在句子层面的产物，不同的形式手段构成不同的疑问句类型，表达不同的疑问语气意义。因此，特定的形式手段是疑问句成立的必要因素，而其所对应的语气意义则体现出构成疑问句的主要意图。

就疑问范畴的意义来看，同其他语义范畴一样，疑问范畴也是不同意义的聚合体。吕叔湘先生认为，"疑问语气是一个总名。

---

① 齐沪扬：《论现代汉语语气系统的建立》，《汉语学习》2002年第2期。
② 李宇明：《汉语量范畴研究》，华中师范大学出版社2000年版，第1—7页。

'疑'和'问'的范围不完全一致。一方面，有传疑而不发问的句子；另一方面，也有不疑而问的句子。前者是测度，后者是反诘……询问、反诘、测度，总称为疑问语气"①。贺阳（1992）、齐沪扬（2002）都将疑问语气分为询问语气和反诘语气两类。贺阳认为②，询问语气所表示的交际目的是说话人因对某一问题的信息不明，而要求听话人提供这种信息；而反诘语气虽然采取问句形式，但实际上是无疑而问，通常并不要求听话人作出回答，而是表示说话人持有与句子命题相反的看法。由此可见，疑问范畴内部是一个成系统的语义体系。在疑问范畴里，说话人的交际目的主要有三种：一是向对方提出问题并期望对方回答，说话人以获得新信息为主要目的；二是说话人对所提出的问题已有一定见解，这种见解既可倾向于肯定也可倾向于否定，但又无法完全确定，提出问题的目的就在于期望对方予以证实；三是说话人已经有了明确的见解，用疑问语气将其表达出来，只是为了增强表达效果而并不期望对方回答。根据不同的交际目的，各种疑问语气表达的疑惑程度也有所区别，可依次概括为：有疑而问、半信半疑、无疑而问。有疑而问，表示询问语气；半信半疑，表示怀疑和揣测语气；无疑而问，表示反诘语气。

在现代汉语里，疑问范畴是重要的"语法·语义范畴"。无论是共同语还是方言，疑问句都是重要的语言形式，在言语交际里始终充当着重要的角色。就疑问范畴的意义来看，共同语与方言之间，方言与方言之间，具有高度一致性，都是表达对客观世界、客观事物的主观疑惑，体现求答、求证，或反诘的交际目的。就疑问范畴的形式来看，共同语与方言之间，方言与方言之间，既存在共性也存在差异。这些意义与形式上的鲜明特征，为我们由疑问范畴着手考察疑问形式特征的研究路径提供了语言事实的依据。陆俭明先生

---

[1] 吕叔湘：《中国文法要略》，商务印书馆2014年版，第392页。
[2] 贺阳：《试论汉语书面语的语气系统》，《中国人民大学学报》1992年第5期。

强调,"形式和意义要互相渗透、互相验证;语法研究既可以从意义入手,也可以从形式入手,但无论从哪一方面入手,都应力求从另一方去得到验证,即从意义入手,要力求在形式上得到验证;从形式入手,要力求在意义上得到验证,找到意义上的证据"[①]。抓住意义的共性特征,考察共同语与方言、方言与方言在疑问表达上的普遍特征与个性差异,正是对疑问范畴从内到外、从意义到形式的考察。

## 第二节 疑问范畴的形式

### 一 判定标准

各种语气类型都有其各自的形式标志,这些形式标志是区分不同语气的重要依据。疑问范畴作为表达"疑问"的语义范畴,也需要通过特定的形式手段显现出来,这些形式特征同时也是构成疑问句的核心要素。那么,什么样的形式手段才能有效表达疑问范畴、构成疑问句呢?这就涉及区分标准的问题。

要确定区分标准,首先需要明确语法形式与语法意义之间的关系。这可以概括为两个方面。其一,语法形式和语法意义之间是相互依存的关系,语法形式需要承载一定的语法意义,而语法意义则需要通过特定的语法形式才能得以显现。其二,语法形式和语法意义之间并不是一一对应的关系,一种语法意义可以通过多种语法形式显现出来,而一种语法形式也可以承载多种语法意义。由上述关系可知,只有能够区分不同的疑问意义、传达不同的疑问信息、构成不同疑问句类型的形式手段,才是表达疑问范畴的有效手段。这些形式手段是表达疑问意义、负载疑问信息、构成

---

① 陆俭明:《八十年代中国语法研究》,商务印书馆1993年版,第61页。

疑问句的必要条件。当句中存在不止一种形式手段时，并不是所有的形式手段都用于负载疑问信息。这时，就需要遵循一个原则，即某一形式手段对于疑问意义的表达、疑问句的构成是否是不可或缺的，有之，疑问信息得以传递，疑问句成立；缺之，疑问信息无法有效传递，疑问句不成立或疑问意义发生变化。而除此之外的其他疑问手段，虽然可以帮助疑问意义的表达，却并不传递新的疑问信息。李宇明指出，疑问标记复用只会带来疑问信息量的羡余，但疑问标记并不羡余[①]。可见，这些共存的疑问形式并不是全然无用的，其既可以增加疑问信息的强度，也可以用于传递其他的语用信息。

语法形式和语法意义的对应标准，不仅适用于疑问范畴与其他语气范畴之间的区分，也适用于疑问范畴内部不同次类型的区分。齐沪扬在谈到语气的分类标准时指出[②]，对语气系统进行分类，标准就是形式上的限制。这一标准可以分为"必有标准"和"可有标准"两种。"必有标准"，是指所有句子在表现语气时使用的形式标记；"可有标准"，是指一部分句子在表现语气时使用的形式标记。由此可知，表达语气的各种形式标记主要包含两种类型，一类用于区分不同的语气意义，另一类用于区分同一语气意义的不同次类型。就疑问语气范畴来看，能够表达疑问意义的语法形式也应该具有两个方面的特征，一是能够区分疑问语气与其他语气类型，二是能够区分疑问范畴内部不同的意义类型。

## 二 形式类型

疑问范畴是句子层面的情态意义范畴，是疑问语气的集合体；疑问句是疑问意义的形式载体；疑问手段既是疑问句的核心组成部分，又是疑问句成立的必要条件。在现代汉语中，表达疑问范

---

[①] 李宇明：《疑问句的复用及标记功能的衰变》，《中国语文》1997年第2期。
[②] 齐沪扬：《语气词和语气系统》，安徽教育出版社2002年版，第18页。

畴的形式手段主要分为三类，即疑问语调、疑问词语和句法结构。

（一）疑问语调

根据语调的不同表现形式，可以将其分为升调、降调、曲调、平调四类。其中，上升的语调形式是表达疑问语气的主要语调形式，是构成疑问句的一种基本手段，普遍存在于共同语和方言里。此外，低平语调和下降语调有时也能够表达疑问语气。低平语调在共同语与方言均有使用，而下降语调仅使用于少数方言中。本小节主要考察句尾趋升的疑问语调。

邢福义先生在《汉语语法学》中指出，句子语气反映说话人的主观态度和主观情绪，跟特定句调相联系；语气是致句实体，它使小句得以成立①。由此可知，语气是句子必不可少的重要组成部分，是句子得以成立的必要因素。而与语气相对应的语调则是句中的必备要素，使用不同的语调可以向听话人传达各种不同的语气信息。疑问语调及其所表达的疑问语气，是区分疑问句和其他句类的重要手段。吴宗济根据语音实验的结果指出，"疑问句只是在没有任何表示疑问语气的字眼的情况下，句尾调阈方能趋升，而当句中有疑问语气的字眼后，则一切维持平叙原调，只有需要特别强调时句尾方可升高"②。从成句的角度来看，疑问语调虽然是表达疑问信息的必要因素和有效手段，却不是唯一的因素和表现形式。林裕文认为，疑问句除句调以外，还能带有疑问语气词、疑问代词、句法结构等形式标记，因此，句调并不是构成疑问句的主要标志，"尤其在区别疑问句的内部类型时，它所能起的作用就更小了"③。李宇明也指出，疑问语调可存在于一切问句中，"在不含疑问语气词的是非问句

---

① 邢福义：《汉语语法学》，东北师范大学出版社 1996 年版，第 3 页。
② 吴宗济：《普通话语句中的声调变化》，《中国语文》1982 年第 6 期。
③ 林裕文：《谈疑问句》，《中国语文》1985 年第 2 期。

中，疑问语调必用，单独负载疑问信息；在其他问句中可用可不用"①。也就是说，当问句里存在除疑问语调以外的其他疑问手段时，语调便不再是负载疑问信息的形式手段；当问句里没有其他疑问手段时，句尾趋升的语调便具有了负载疑问信息、传达疑问意义的职能。

(二) 疑问词语

这里所说的"疑问词语"是一个总括性的名称，指那些能够负载疑问信息、表达疑问意义的词类。普通话里的疑问词语主要包括疑问语气词和疑问代词两类。方言里的疑问词语，除疑问语气词和疑问代词以外，还存在疑问副词。本小节主要考察普通话里的疑问语气词和疑问代词。

第一，疑问语气词。

通过在句末添加疑问语气词表达疑问语气，是汉语疑问句的重要手段之一。但需要注意的是，并不是所有位于问句末尾的语气词都是疑问语气词。语法学界对疑问语气词的讨论由来已久，主要表现在两个方面。一是疑问语气词的数量问题。不同的学者持有不同的看法。比如，朱德熙认为疑问语气词应是"吗""呢"和"吧"②；陆俭明认为疑问语气词应是"吗""呢"和半个"吧"③；吕叔湘认为疑问语气词应是"吗"和"呢"④；胡明扬认为只有"吗"才是真正的疑问语气词⑤。二是语气词"呢"的性质问题。对于这一问题，吕叔湘（1942）、朱德熙（1982）、刘月华等（1983）、陆俭明（1984）、李宇明（1994）、史金生（2000）、齐沪扬（2002）等学者认为，"呢"是疑问语气词，表达疑问意义；而胡明扬（1981）、邵敬敏（1989）、金立鑫（1996）等学者认为，"呢"不是

---

① 李宇明：《疑问标记的复用及标记功能的衰变》，《中国语文》1997年第2期。
② 朱德熙：《语法讲义》，商务印书馆1982年版，第211页。
③ 陆俭明：《关于现代汉语里的疑问语气词》，《中国语文》1984年第5期。
④ 吕叔湘：《中国文法要略》，商务印书馆2014年版，第400页。
⑤ 胡明扬：《北京话的语气助词和叹词（下）》，《中国语文》1981年第6期。

疑问语气词，不表达疑问意义，其主要表达强调、深究的语气，起到提醒对方注意的作用。

综合各家对疑问语气词的相关研究，我们拟将"吗""呢""吧"作为疑问语气词的主要讨论对象。

"吗"是一个单纯表达疑问意义的语气词，专用于疑问句，在陈述句、感叹句、祈使句里均不能使用。在疑问句里，"吗"既可用于对问题答案全然不知的中性问句，也可用于对问题答案持有怀疑、惊讶态度的倾向性问句。例如：

（1）你知道这件事吗？
（2）你不知道这件事吗？
（3）你只知道这件事吗？

就问句表达的意义来看，例（1）表达说话人对问题的答案无所知晓，例（2）和例（3）表达说话人对问题的答案抱有怀疑、惊讶、诧异的心理态度和主观情绪。就问句的构成要素来看，例（2）和例（3）里的副词"不"和"只"是使问句带有倾向性的标记词语。张伯江认为，当疑问语气词"吗"前的命题中出现"就、只、连、是"或"没、不"等明确表示肯定或否定态度的词语时，整个命题便带有了明显的肯定或否定倾向，针对这样的命题询问，"吗"字问句往往蕴含怀疑的态度[1]。然而，在上述两种问句环境中，无论疑问语气词"吗"处于哪一种问句环境，其都是用于表达疑问语气、构成疑问句的形式手段。

"吧"是表示"测度和拟议的语气，表示将信将疑，可算是介乎直陈和询问二者之间"[2]的语气词，可用于疑问句、陈述句、祈使句中。陆俭明（1984）在讨论语气词"吧"的性质时，举了如下

---

[1] 张伯江：《疑问句功能琐议》，《中国语文》1997年第2期。
[2] 吕叔湘：《中国文法要略》，商务印书馆2014年版，第415页。

例子①：

  （4）有五里地吧？
  （5）有五里地吧。

  陆先生认为，例（4）疑大于信；例（5）信大于疑。邵敬敏则认为，上述两例句都表达"信大于疑"的语气意义，主要区别在于前一句具有询问功能，要求对方表明态度，对问话人心中已有的肯定想法进行验证；后一句没有询问功能，具有"姑且同意或认定"的陈述功能②。
  吕叔湘指出，表达商量或建议的语气时也用语气词"吧"，这时商量的语气"一方面和祈使语气相近，同是和行动有关，另一方面又和测度语气相近，同是定与不定之辞"③。
  由此可见，与疑问语气词"吗"相比，"吧"并不是一个纯粹表达疑问意义的语气词，而是处于信疑之间，表达有所怀疑、不太确定的语气意义。但与"吗"相同的是，"吧"也是构成疑问句的有效手段。例如：

  （6）他回家了↗？
  （7）他回家了吗？
  （8）他回家了吧？

  上述三例分别是使用上升语调、语气词"吗"、语气词"吧"充当疑问手段构成的疑问句。如果将这些形式标记去掉，那么句子

---

  ① 例句转引自邵敬敏《现代汉语疑问句研究》（增订本），商务印书馆2014年版，第54页。
  ② 邵敬敏：《现代汉语疑问句研究》（增订本），商务印书馆2014年版，第54页。
  ③ 吕叔湘：《中国文法要略》，商务印书馆2014年版，第431页。

的疑问信息便不能有效传达,问句也就无法成立。这说明,"吧"与上升语调、语气词"吗"一样,是构成疑问句的必要因素。需要指出的是,"吧"虽然可以在疑问句里独立负载疑问信息,但其表达的疑问意义与"吗"不同。相比之下,"吧"所表达的疑惑程度要低于"吗"所表达的疑惑程度,而"吧"字问句的疑问强度也低于"吗"字问句的疑问强度。因此,在"吧"字问句里,可以出现"大概、也许、恐怕、可能、好像"等表示揣测语气或不确定语气的词语来帮助语气意义的表达。

"呢"是一个可以表达多种语气意义的语气词,主要用于疑问句和陈述句之中。在疑问句中,"呢"既可位于"疑问形式"末尾,构成"疑问形式+呢"的形式;也可位于"非疑问形式"的末尾,构成"非疑问形式+呢"的形式。

在"疑问形式+呢"里,因为"疑问形式"中已经含有其他形式的疑问标记,所以语气词"呢"并不是构成疑问句的必要因素,其使用与否也并不影响问句疑问信息的传达,因此,从成句的角度来看,"疑问形式+呢"里的语气词"呢"是可以灵活使用的羡余成分。李宇明认为,疑问标记的复用"虽然不能增加疑问信息量,但可以增加疑问信息的强度"[1]。由此看来,这类疑问句里的"呢"虽然不是负载疑问信息的成句要素,但能够帮助疑问信息的传达,增加疑问语气的强度。

在"非疑问形式+呢"里,"非疑问形式"既可以是体词性成分(NP),也可以是谓词性成分(VP)。"NP呢?"主要表达两种意义:一是询问人或事物之所在,相当于问"NP在哪儿?";二是询问人或事物之所在以外的其他情况,相当于问"NP怎么样?"[2]。"VP

---

[1] 李宇明:《疑问标记的复用及标记功能的衰变》,《中国语文》1997年第2期。
[2] 邵敬敏:《"非疑问形式+呢"疑问句研究》,载北京大学中文系《语言学论丛》编委会编《语言学论丛》(第19辑),商务印书馆1997年版,第177页。

呢?"主要表达"如果 VP, 那么怎么办呢?"的语法意义①。在"NP 呢?"和"VP 呢?"里,语气词"呢"是成句的必要因素。如果将其删去,则问句无法成立;如果将其换为其他的疑问语气词,则问句意义彻底改变。因此,就成句的角度来看,语气词"呢"是负载疑问信息、构成疑问句的形式手段。

第二,疑问代词。

疑问代词是表达疑问的重要手段之一。在现代汉语共同语里,疑问代词的特征主要表现在询问内容和构造方式两个方面。首先,就询问内容来看,疑问代词可以分为八类:1. 问人;2. 问事物;3. 问地点、处所;4. 问数量;5. 问时间;6. 问程度;7. 问情状、方式;8. 问原因、目的。其次,就构造方式来看,疑问代词可以分为基础形式和复合形式两类,"以'谁、什么、哪、几、多、怎'为基础形式形成互有交叉的配套形式"②。其中,"谁"问人;"什么"问物;"哪"既可问人,也可问物,还可问地点、处所;"几"问数量;"多"可问数量或程度;"怎"则一般以复合形式使用,可问性质、状况、方式、原因等。现将常用的疑问代词表列如下。

表 2—1　　　　　　　　常用疑问代词

| 意义＼形式 | 基础形式 | 复合形式 |
| --- | --- | --- |
| 问人 | 谁<br>哪 | 什么人<br>哪个、哪位、哪些 |
| 问事物 | 什么<br>哪 | 哪些 |

---

① 邵敬敏:《"非疑问形式 + 呢"疑问句研究》,载北京大学中文系《语言学论丛》编委会编《语言学论丛》(第 19 辑),商务印书馆 1997 年版,第 177 页。

② 邢福义:《汉语语法学》,东北师范大学出版社 1996 年版,第 202 页。

续表

| 意义＼形式 | 基础形式 | 复合形式 |
|---|---|---|
| 问地点、处所 | 哪 | 哪儿、哪里<br>什么地方 |
| 问数量 | 几<br>多 | 多少 |
| 问时间 |  | 哪会儿<br>多会儿<br>什么时候<br>几时 |
| 问程度 | 多 | 多么 |
| 问情状、方式 |  | 什么样<br>哪样<br>怎么、怎样、怎么样 |
| 问原因、目的 |  | 为什么<br>怎么 |

### （三）句法结构

特定的句法结构可以用来负载疑问信息、表达疑问意义。这主要包括两种形式：一是正反并列结构；二是选择项并列结构。

第一，正反并列结构。

正反并列结构主要包含"正项"与"反项"两部分，"反项"即是"正项"的否定形式，整个结构可以表示为"X 不/没 X"。其中，"X"是谓词性成分，"不"和"没"是现代汉语普通话里常用的否定副词。这类句法结构的特征主要表现在语表形式、语义内涵、使用情况三个方面，以"X 不 X"为例。

首先，就语表形式来看，"X"可由多种语言成分充当。以动宾短语"VO"为例。"VO 不 VO"是正反并列结构的完整形式，其主要包含三种变化形式①，即前删略式"V 不 VO"、后删略式"VO 不 V"、后删动宾式"VO 不"。例如：

(9) 你吃饭不吃饭？→ 你吃不吃饭？
　　　　　　　　　你吃饭不吃？
　　　　　　　　　你吃饭不？

当"X"为双音节动词或形容词时，也存在上述删略情况。我们将双音节动词或形容词表示为"AB"，"X 不 X"的形式即表示为"AB 不 AB"。与上述"X"为动宾短语的情况相类似，"AB 不 AB"可以存在两种删略形式：一种是前删略式"A 不 AB"；另一种是后删略式"AB 不 A"。以第一种形式最为常用。这种双音节词的删略形式实际上是在句法删略规则的影响下形成的一种灵活的语言表达类型，"是词汇音节的缩略形式"②。例如：

(10) 关心不关心→关不关心
　　　洗澡不洗澡→洗不洗澡
　　　能够不能够→能不能够
　　　应该不应该→应不应该

邵敬敏指出，最容易构成"A 不 AB"的是动宾式动词，以离合词最为常见，以及"可以、能够、愿意"等具有相同或相似语素意义的能愿动词③。此外，还有一些双音节动词、形容词及习惯用语也可构成这种缩略形式，如"眼不眼红""答不答应""漂不漂亮"

---

① 邵敬敏：《现代汉语疑问句研究》（增订本），商务印书馆 2014 年版，第 154—155 页。
② 范继淹：《是非问句的句式》，《中国语文》1982 年第 4 期。
③ 邵敬敏：《现代汉语疑问句研究》（增订本），商务印书馆 2014 年版，第 163—164 页。

等。在上述各例中，具有四音节格式的"A 不 AB"和具有五音节格式的"AB 不 AB"表达相同的语义内涵，但前者较之后者，形式简洁，表达和谐，这种使用上的便利性为缩略形式在口语交际里的发展提供了可能。

对于这类缩略形式的发展趋势，邵敬敏认为，"A 不 AB"式主要见于南方方言，能产性较强，呈现扩大发展的趋势，并逐步向北方方言渗透；"AB 不 A"式无论是在南方方言还是在北方方言都使用得极少，能产性较差，呈现萎缩发展的趋势[①]。

其次，就语义内涵来看，正反并列结构是负载疑问信息的句法结构。在这一结构里，问句的疑问信息通过肯定项与否定项表达出来。根据否定副词的不同，正反并列结构往往具有不同的语义内涵。具体而言，否定副词"不"指向现在和未然，主要用于否定将要进行的动作行为，是对说话人主观意志的否定，因此，由"不"构成的"VO 不 VO"及其删略式主要用于询问将要发生的动作行为，以及人的主观意愿。否定副词"没"指向过去，主要用于否定已经发生或完成、实现了的动作行为，是对已然的客观行为的否定，因此，由"没"构成的"VO 没 VO"及其删略式主要用于询问已经发生的动作行为，以及某种客观情况。

最后，就使用情况来看，在现代汉语里，"V 不 VO"前删略式更为常用。朱德熙先生在《"V－neg－VO"与"VO－neg－V"两种反复问句在汉语方言里的分布》中指出，"V－neg－VO"问句和"VO－neg－V"问句在方言里有不同的分布，前者主要见于南方方言，后者主要见于北方方言[②]。虽然两种删略形式在方言里呈互补分布，但是随着方言之间的相互渗透和共同语的强势影响，"V 不 VO"前删略式呈现长足发展之势，而"VO 不 V"后删略式则呈现

---

[①] 邵敬敏：《现代汉语疑问句研究》（增订本），商务印书馆 2014 年版，第 163—164 页。

[②] 朱德熙：《"V－neg－VO"与"VO－neg－V"两种反复问句在汉语方言里的分布》，《中国语文》1991 年第 5 期。

缓慢乃至萎缩发展的趋势。邵敬敏认为，造成这种使用不平衡性的原因还在于其自身的结构特征。具体来看，在"V不VO"中，"V"与"不V"在语义上同时顺向联系宾语"O"，这符合人们的思维走势；在"VO不V"中，"V"与"不V"中间隔着宾语"O"，人们需要对"不V"的关涉对象进行反搜索才能完整获取疑问信息，这不太符合人们的思维走势[①]。

第二，选择项并列结构。

选择项并列结构是通过列举两个或两个以上的选择项而构成的疑问形式。选择项并列结构的特征主要表现在语表形式和语义内涵两个方面。

首先，就语表形式来看，选择项并列结构主要包括两部分，一是两个或两个以上的选择项，二是连接词"是、还是"[②]。以包含两个选择项（分别表示为"X"和"Y"）的结构形式为例。选择项并列结构主要存在四个方面的形式特征。第一，选择项X和Y既可以是形式简单的体词或谓词，也可以是结构较为复杂的体词性短语或谓词性短语。第二，选择项X和Y一般由连接词"是"和"还是"相连接，但这些连接词并不是必不可少的语言成分，"是"与"还是"既可以同时省略，也可以部分省略。第三，前后选择项末尾均可添加问号，或前选择项末尾添加逗号，后选择项末尾添加问号，以表示停顿。第四，疑问语气词"呢"可在前后选择项灵活使用。由此可见，在选择项并列结构中，除并列至少两个选择项为必备条件以外，连接词、疑问语气词、语音停顿等形式标记都可灵活使用。

根据上述形式特征，选择项并列结构存在多种变化形式。具体来看，主要变化形式如下：

---

[①] 邵敬敏：《现代汉语疑问句研究》（增订本），商务印书馆2014年版，第156页。

[②] 在这里，我们以"是"和"还是"在选择问句中的作用为判定标准，将其统称为"连接词"。下文亦采用相同说法。

A. 是 X（呢）（，/？）还是 Y（呢）？[①]
B. 是 X（呢）（，/？）是 Y（呢）？
C. 还是 X（呢）（，/？）还是 Y（呢）？
D. X（呢）（，/？）是 Y（呢）？
E. X（呢）（，/？）还是 Y（呢）？
F. X（呢）（，/？）Y（呢）？

以下通过举例分别说明各类结构的形式特征。

(11) 儿子把摩托车停在西门家大院门前，带我们来到源自当中，冷冷地问："是先看爷爷呢，还是先看我妈？"（莫言《生死疲劳》）

(12) 是先到南京再转汉口呢？还是一下子就到西安？（萧红《马伯乐》）

(13) 你跟那姓韩的到底怎么个意思？是谈是不谈？（王朔《无人喝彩》）

(14) 这对于我们俩来说，到底是福是祸？（张炜《你在高原》）

(15) 我的心里还是悲还是喜？（郁达夫《春风沉醉的晚上》）

(16) 你们说是不说？｜你们去是不去？（引自丁力，2003）

(17) 他心头一起一落，只是两个老观念："逃避"呢，还是"负责到底"？（茅盾《烟云》）

(18) 怎么？输了赢了？（引自邵敬敏，2014）

例（11）和例（12）对应 A 类结构。例（13）和例（14）对

---

[①] 括号"（）"表示可用可不用，"，/？"表示两项任选一项。下面 B—F 中的表示与此相同。

应 B 类结构，由"是"充当连接词连接前后选择项，选择项一般短小、凝练，可具有相同的语言成分或相同的句法结构。例（15）对应 C 类结构，由"还是"连接前后选择项，这种格式在现代汉语共同语里使用较少，但在部分方言里多有出现。例（16）对应 D 类结构，前选择项多由单音节动词充当，后选择项多由单音节动词的否定形式充当，问句主语多是第二人称，整个格式"包含一种威逼的语气，暗含听话人要是不这样做，就会对听话人怎么样的意思"①。例（17）对应 E 类结构，是类型 A 省略前选择项连接词"是"衍生出的简省形式。例（18）对应 F 类结构，属于无词汇标记的类型。

综合看来，连接词"还是"的位置较为固定，多用于后选择项，而"是"的位置较为灵活，前后选择项均可使用。有的结构类型对选择项的语表形式、语义内涵有严格的限制，如类型 B、类型 D 和类型 F；有的结构类型对选择项的限制较少，如类型 A 和类型 E。

其次，就语义内涵来看，选择项并列结构蕴含发问人特别关注或特别强调的各类语义信息。这些语义信息通过选择项表达出来，以供答问人选择。由此，选择项并列结构的语义特征主要表现在选择结构的语义焦点和选择项的语义关系两个方面。

语义焦点是由特定形式表达出来的说话人特别关注或特别强调的新的语义信息。在选择项并列结构中，选择项是负载语义焦点的形式载体，而连接词"是"和"还是"则是连接选择项、定位语义焦点的形式标记。也就是说，连接词"是"和"还是"后面的语言成分往往是选择项并列结构的语义焦点之所在。这主要包括两种情况：

第一，当选择项 X 和 Y 有相同的语义成分时，语义焦点是 X 和

---

① 丁力：《现代汉语列项选择问研究》，华中师范大学出版社 2003 年第 2 版，第 9 页。

Y 排除相同语义成分之后的不同成分。

第二，当选择项 X 和 Y 没有相同的语义成分时，语义焦点是整个 X 和 Y。

例如：

(19) 他们就这样作践一个老知识分子？一个职称重要，还是一个人重要？（贾平凹《废都》）

(20) 作为一个人种实体，中华民族所呈现出来的特点是古老民族的特点呢？还是一个在各方面都还年轻，在种族上远未成熟的那样一个民族的特点？（林语堂《吾国吾民》）

(21) 真不知道他是怎么想的！是怕群众，还是不屑于同群众理论？（莫言《天堂蒜薹之歌》）

(22) 你这是真话呢，还是闹着玩儿呢？（张恨水《啼笑因缘》）

前两例对应第一种情况。例（19）的选择项分别是"一个职称重要"和"一个人重要"，其语义焦点分别是"职称"和"人"。例（20）的选择项分别是"古老民族的特点"和"一个在各方面都还年轻，在种族上远未成熟的那样一个民族的特点"，其语义焦点分别是"古老民族"和"一个在各方面都还年轻，在种族上远未成熟的那样一个民族"。

后两例对应第二种情况，语义焦点是整个选择项。其中，例（21）的语义焦点是"怕群众"和"不屑于同群众理论"；例（22）的语义焦点是"真话"和"闹着玩儿"。

通过上述分析可知，选择项并列结构的语义焦点主要有三个方面的特征：第一，选择项并列结构的语义焦点由选择项中的相异成分共同承担。第二，语义焦点既可以是词，也可以是短语。各类语言形式在语义上具有"同中有异"的特征，具体而言，它们既属于共同的语义范畴，又蕴含着不同的语义特征。如例（20）的语义焦点"古老民族"和"一个在各方面都还年轻,在种族上远未成熟的那样一个民族",是对不同民族特征的概述,"古老"和"年轻""未成熟"可以看作语义焦点的关键词,它们同属一个语义范畴,但又蕴含着不同的语义特征。第三,当选择项里的语义焦点不属于同一语义范畴时,其仍旧可用于负载疑问信息,构成选择项并列结构,这一功能是由选择项并列结构临时赋予的。邵敬敏认为,构成选择项并列结构的各选择项,在语义上应该是同范畴的事物、性质或行为;然而,有的选择项从表面上看并不具有语义联系,但如果将其放置于选择项并列结构的框架之中,便会被赋予特定的语义联系,这是选择项并列结构对语义的"一种反制约关系"[1]。如例(19)的语义焦点"职称"和"人"分属不同的语义范畴,二者应是不可比的两种事物。但是,当它们作为选择项同时进入选择项并列结构,用以表达说话人特别强调的语义信息时,二者便被赋予了新的语义特征。

选择项X与Y之间总是存在着一定的语义关系。邵敬敏认为,选择项之间主要存在对立关系、差异关系和相容关系[2]。丁力认为,选择项之间主要具有对立关系,这种对立关系包括矛盾关系、反对关系和对义关系[3]。在这里,我们结合两位先生的说法,从对立关系、差异关系、相容关系着手分析选择项X与Y之间的语义关系。

对立关系,就是选择项X与Y在语义上不相容,二者只能取其一,如果X成立,则Y必不成立;如果Y成立,则X必不成立,X与Y是一对矛盾体。具有这一语义关系的选择项并列结构,主要存在三种语表形式:一是选择项X与Y分别选取肯定形式和否定形式

---

[1] 邵敬敏:《现代汉语疑问句研究》(增订本),商务印书馆2014年版,第132页。

[2] 邵敬敏:《现代汉语疑问句研究》(增订本),商务印书馆2014年版,第133—136页。

[3] 丁力:《现代汉语列项选择问研究》,华中师范大学出版社2003年第2版,第74—79页。

构成选择项并列结构；二是选择项 X 与 Y 分别选用反义词语构成选择项并列结构；三是选择项 X 与 Y 通过语序颠倒配置构成选择项并列结构。例如：

（23）万一就此死去，到底是值得还是不值得？（刘斯奋《白门柳》）

（24）关于这个问题，应该由谁来负责？是必然的还是人为的？（沈从文《小砦及其他》）

（25）这是党领导群众呀还是群众领导党？（赵树理《三里湾》）

（26）是武打的艺术片还是艺术的武打片？（莫言《丰乳肥臀》）

例（23）对应第一种形式，选择项"值得"和"不值得"分别是肯定形式和否定形式。例（24）对应第二种形式，选择项"必然的"和"人为的"是一对意义相反的词语。例（25）和例（26）对应第三种形式，都是通过颠倒语序构成具有对立关系的选择项。其中，例（25）的选择项"党领导群众"和"群众领导党"是颠倒主语和宾语；例（26）的选择项"武打的艺术片"和"艺术的武打片"是颠倒定语和中心语。

差异关系，就是选择项 X 与 Y 之间并未形成截然的对立，却存在一定的差异，这种差异可以通过对比表现出来。这样的选择项 X 与 Y 往往属于同一语义范畴的同类事物，却又不是这一语义范畴里的唯一成员。例如：

（27）你是冷血的动物？是青蛙还是毒蛇？（莫言《丰乳肥臀》）

（28）姨家后院那棵枣树结的是长的还是圆的？（萧乾《篱下》）

（29）告诉我，她是仙女还是妖精？（阿来《尘埃落定》）

上述三例中，前后选择项分别是同类事物中的不同小类，如"青蛙"和"毒蛇"都是冷血动物，"长的"和"圆的"都是表示形状，"仙女"和"妖精"都是非人类。它们虽然不是"非此即彼"的对立关系，却存在明显的区别与差异。

相容关系，是指选择项 X 与 Y 之间既没有对立也没有差异，而只是表示两种不同的可能性，一个选择项成立与否并不影响另一个选择项的成立。具体说来，一个选择项成立，则另一个选择项既可能成立也可能不成立；一个选择项不成立，则另一个选择项也既可能成立也可能不成立。例如：

（30）友忠同志，你是愿意带着二立看看西安市去呢，还是帮助他写写材料？（老舍《西望长安》）

（31）大妈问于德利："你们是开会还是义务栽树了？"（王朔《懵然无知》）

## 第三节 疑问句的类型

疑问句是疑问语气在语言里具体化的外在表现形式。在形式上，各种形式手段是构成疑问句的核心要素，不同的疑问手段往往可以构成不同结构类型的疑问句。相反地，也只有在句子层面，各种疑问形式才能实现其表达疑问意义、负载疑问信息的重要职能。在意义上，疑问语气范畴是各种疑问意义的集合体，疑惑程度具有高低之分，疑与问的关系具有有疑而问、半信半疑、无疑而问之分，交际目的具有不知而问、求证而问、明知故问之分。因此，我们既可以根据不同的疑问形式，对疑问句的结构类型进行划分；也可以根据疑惑程度、疑与问的关系、交际目的等因素，对疑问句的语义类型进行划分。

## 一 结构类型

### （一）分类依据

在疑问句的类型上，不同的分类角度和分类标准往往会影响疑问句的分类体系。具体来看，主要有两分法、三分法和四分法。其中，"四分法"是按照疑问句的结构形式将其分为是非问、正反问、选择问和特指问四类。这种分法普遍见于语法论著和语法教材之中，影响最为广泛。"三分法"与"四分法"的分歧主要在于正反问句的归属问题。"三分法"，主要是特指问、是非问和选择问的"三分"，将正反问归为选择问（朱德熙，1982：202；陆俭明1982；邢福义，1996：124）。"两分法"，主要包括特指问和选择问的"两分"（范继淹，1982），特指问和是非问的"两分"（吕叔湘，1985），特指问和非特指问的"两分"（袁毓林，1993）等。此外，邵敬敏认为，所有的疑问句都是一种选择，可分为是非选择问和特指选择问两大类，其中是非选择问包括是非问和正反问，而特指选择问包括特指问和选择问；是非选择问要求进行肯定或否定的回答，特指选择问要求进行针对疑问代词或选择项回答[①]。

概括来说，疑问句在结构形式上的分类依据主要有两个：一是不同的疑问手段；二是不同的回答方式。

就疑问手段而言，疑问句在形式上的相关性与区别性往往由不同的疑问手段体现出来。

从结构形式的相关性来看，首先是陈述句与是非问句的联系。具体而言，陈述句包含表陈述的短语和陈述语气两部分，是非问句包含表陈述的短语和表疑手段两部分。其中，表疑手段主要有

---

[①] 邵敬敏：《现代汉语疑问句研究》，华东师范大学出版社1996年版，第5—6页。

疑问语调和疑问语气词两类。如果将陈述句末尾的陈述语气去掉，添加表达疑问语气的语调或语气词，那么便构成是非问句。可见，陈述句可由添加疑问手段转变成为是非问句。其次是正反问句与选择问句的联系。正反并列结构与选择项并列结构都是通过特定的句式结构来表达疑问，正反并列结构由肯定项和否定项联结构成，说话人希望对方在肯定项与否定项中作出选择；而选择项并列结构是两个或两个以上的选择项由连接词连接构成，说话人希望对方在不同的选择项中作出选择，这两种句法结构从本质上看都是选择结构。而正反并列结构是构成正反问句的形式手段，选择项并列结构是构成选择问句的形式手段，具有相似的疑问形式是正反问句与选择问句相联系的根本依据。

从结构形式的区别性来看，疑问语气词"吗"和"吧"一般只能出现在没有其他形式标志的问句环境中，构成是非问句，而"呢"既可以与疑问代词、正反并列结构、选择项并列结构共现，分别构成特指问句、正反问句和选择问句，也可以出现于非疑问形式的末尾，构成特殊的问句形式。在上述两类句法环境里，"呢"具有不同的身份。当"呢"与疑问代词、正反并列结构、选择项并列结构共现时，"呢"并不负载疑问信息。使用"呢"可以帮助疑问信息的表达，不使用"呢"也不影响疑问信息的表达。当"呢"位于"非疑问形式"末尾时，"呢"负载疑问信息，且不可省略。这说明，"呢"只能作为一部分特指问句的形式标志，而不能充当正反问句、选择问句及带有疑问代词的特指问句的形式标志。而这三类问句的区别主要在于正反并列结构、选择项并列结构、疑问代词的使用上。

就回答方式而言，对疑问句的回答需要依据其所表达的疑问信息来确定。这些疑问信息即为疑问句的疑问点。林裕文指出，疑问句表示询问，而询问的焦点就是疑问点，答问总是针对疑问点的①。各类疑问手段不仅是疑问信息的形式载体,更是疑问点的形式载体。具体而言,在特指问句里,负载疑问信息的是疑问代词,那么其疑问点就是疑问代词。在选择问句里,选择项并列结构"是 X 还是 Y"是负载疑问信息的形式手段,那么选择问句的疑问点便是选择项 X 和 Y 中的不同成分。在正反问句里,正反并列结构"X 不/没 X"既是负载疑问信息的形式手段,也是问句疑问点的所在。在回答方式上,特指问、选择问、正反问需要针对疑问点作出回答,即特指问针对疑问代词回答;选择问针对选择项 X 或 Y 回答;正反问针对"X"或"不/没 X"回答。与上述三类问句相比,是非问句较为特殊,作为疑问手段的疑问语调和疑问语气词虽然负载疑问信息,却不能指明疑问点,所以在是非问句里没有像其他问句那样明确的疑问点,其答问方式往往是针对整个句子作出肯定或否定的回答。此外,是非问句的疑问点可以通过在句中添加重音来凸显,疑问点随重音的位置变化而发生改变。例如:

(32) 老李明天去武汉吗?

如果重音落在"老李",说话人意在询问"是不是老李明天去武汉",那么疑问点便是"老李"。如果重音落在"明天",说话人意在询问"老李是不是明天去武汉",那么疑问点便是"明天"。如果重音落在"武汉",说话人意在询问"老李明天是不是去武汉",那么疑问点便是"去武汉"。根据重音所体现出的疑问点,可以在肯定或否定回答的基础上,对回答内容加以补充。

综合来看,真正能够区分疑问句结构类型的依据应该是具有区别性特征的疑问手段,主要有句尾趋升的疑问语调、疑问语气词、疑问代词、正反并列结构、选择项并列结构五种类型。这些形式

---

① 林裕文:《谈疑问句》,《中国语文》1985 年第 2 期。

手段不但是构成疑问句的必要条件，更是对疑问句内部分类起到决定作用的区别性特征。我们从表达疑问的各类形式手段着手，采用"四分法"，将疑问句分为是非问句、特指问句、正反问句和选择问句四类。各类形式手段与疑问句结构类型的对应关系表现为：

疑问语调 ⎫
疑问语气词"吗""吧" ⎭ 是非问句

疑问语气词"呢" ⎫
疑问代词 ⎭ 特指问句

正反并列结构→正反问句

选择项并列结构→选择问句

（二）是非问句

从语表形式上看，是非问句没有疑问代词、正反并列结构、选择项并列结构等疑问标记，只是在表陈述的短语末尾添加上升语调（表示为"↗"）或语气词"吗""吧"来表达疑问意义。例如：

（33）他在看书。
（34）他在看书↗?
（35）他在看书吗？
（36）他在看书吧？

"他在看书"是主谓短语，当带上陈述语气时便构成用于陈述事实或行为、说明情况的陈述句，如例（33）。如果将例（33）句尾的语调换作上升语调，那么便构成是非问句，如例（34）。例（35）和例（36）则是通过在句尾添加疑问语气词"吗"或"吧"来构成是非问句。

结合上述各例，是非问句根据疑问手段的不同，可分为语调型是非问句和语气词是非问句两类。前者主要利用句尾趋升的语调负载疑问信息，后者则是利用疑问语气词"吗"或"吧"承担疑问信息。其中，语气词是非问句依据疑问语气词的不同又可分为"吗"字是非问和"吧"字是非问。以下分别对各类问句进行分析。

语调型是非问句是由上文、语境等引发的表达说话人怀疑、惊讶等心理情绪和主观态度的问句形式。说话人对所谈论的话题总是持不可思议、无法理解或不以为然的怀疑态度，具有明显的否定倾向，使用语调型是非问的主要目的不是通过询问要求对方作出明确的回答，而是凸显自己的心理情绪和主观态度。因此，邵敬敏将语调型是非问的内涵表述为："因疑生否，用问显示否定性倾向"[①]。语调型是非问句对语境具有较强的依赖性，说话人需要针对先前的事件、行为、言论表达怀疑或惊讶。例如：

（37）喀的一声，又是两条猫在窗外打起架来。"迅儿！<u>你又在那里打猫了？</u>"（老舍《兔和猫》）

（38）世钧看表道："八点五分了。<u>你还不快点？</u>"

翠芝道："我马上就好了，你叫陶妈去叫车子。"

过了一会，世钧在楼下喊道："车子叫来了。<u>你还没好？</u>"（张爱玲《半生缘》）

"吗"字是非问句是由表陈述的短语加上疑问语气词"吗"构成的问句形式，主要包括两种语义类型[②]，一种是表达一般询问的中性问句，表示为"S+吗$_1$"；另一种是表达惊讶、怀疑甚至完全不相信的诧异问句，表示为"S+吗$_2$"。两类问句的语表形式与表义功能

---

① 邵敬敏：《现代汉语疑问句研究》（增订本），商务印书馆2014年版，第30页。

② 彭小川：《关于是非问句的几点思考》，《语言教学与研究》2006年第6期。

均不相同。在"S+吗₁"问句里,"S"只能是肯定形式,不能是否定形式,只能是就事先没有确定答案的命题进行提问,说话人因为不知道答案而发问,并希望对方作出肯定或否定的回答。在"S+吗₂"问句里,"S"既可以是肯定形式,也可以是否定形式;"S"中总是带有"就、只、连、是"或"不、没"等明确表示肯定或否定态度的词语,使命题带有明显的肯定或否定倾向①。这表明,说话人在提出问题之前对"S"所陈述的事实已经心存怀疑、诧异,甚至完全无法相信。例如:

(39) 愣了会儿,连他的良心也点了头:"好,我走!""<u>就这么走吗?</u>"孙侦探冷笑了一下。(老舍《骆驼祥子》)

(40) 佩芳把嘴一撇道:"哼!就凭你?"凤举道:"怎样着?<u>我不配吗?</u>"(张恨水《金粉世家》)

(41) <u>你没注意他这几天夜不归宿吗?</u>(贾平凹《高兴》)

上述三例都是"S+吗₂"问句,表示发问人的诧异、怀疑或完全不相信。例(39)是由表肯定意义的副词"就"构成的肯定形式与疑问语气词"吗"组合,表达发问人怀疑的主观态度。例(40)和例(41)是否定形式与疑问语气词"吗"组合。这类问句与语调型是非问句所表达的语义内涵较为相似,因此,可以将疑问语气词"吗₂"变为上升语调,却不能将"吗₂"变为"吗₁"。

"吧"字是非问句是由陈述性短语加上疑问语气词"吧"构成的问句形式,表示为"S+吧"。"S+吧"问句根据表义功能的不同,可以分为揣测求证问句和建议征询问句。揣测求证问句侧重于揣测而希望予以证实,建议征询问句侧重于提出建议而希望获得认同或支持。因此,在揣测求证问句里,往往可以使用表达猜测、揣度、不肯定语气的词语,如"大概、也许、恐怕、好像"等;在建

---

① 张伯江:《疑问句功能琐议》,《中国语文》1997年第2期。

议征询问句里，则多不可使用这些词语。综合看来，在揣测求证问句里，揣测是手段，求证是目的；而在建议征询问句里，建议是手段，征询是目的。

首先，揣测求证类"吧"字是非问句，例如：

（42）金贞凤："荷珠啊，<u>你大概有意作状元夫人吧？</u>"（老舍《荷珠配》）

（43）世钧看曼桢仿佛有点赶不上的样子，便道："<u>我们走得太快了吧？</u>"（张爱玲《半生缘》）

（44）牛月清坐下来，却拿了镜子照着描眉，说："又喝了农药？<u>那她是肚子饥了渴了吧？</u>"（贾平凹《废都》）

（45）你说，<u>他不会害怕咱们吧？</u>（史铁生《在一个冬天的夜晚》）

邵敬敏认为，当"S"使用第二人称时，问句是就对方的情况而提出的估测性意见[1]，如例（42）；当"S"使用第一人称时，问句是对自身情况的一种估计[2]，如例（43）；当"S"使用第三人称时，问句是对第三者的人、物、事的一种评述[3]，如例（44）和例（45）。我们认为，无论"吧"字是非问使用哪一种人称，都是表达说话人对某种事实情况的主观估测或揣测，蕴含着说话人的心理推断。由于这种心理估测尚未有百分之百的把握，所以需要通过添加语气词"吧"表达一种信与疑之间的语气，从而向对方进一步求证。

其次，建议征询类"吧"字是非问句，例如：

---

[1] 邵敬敏：《现代汉语疑问句研究》（增订本），商务印书馆2014年版，第44页。

[2] 邵敬敏：《现代汉语疑问句研究》（增订本），商务印书馆2014年版，第44页。

[3] 邵敬敏：《现代汉语疑问句研究》（增订本），商务印书馆2014年版，第45页。

（46）"爸爸！"陈淑彦追上来说，"让我跟他去吧？"（霍达《穆斯林的葬礼》）

（47）说了一会，F小姐便对K说："请老太太和我们一块儿用饭吧？"（冰心《冰心全集（第三卷）》）

（48）天灶洗澡时母亲总要在外面敲着门说："天灶，妈帮你搓搓背吧？"（迟子建《清水洗尘》）

（49）"哟！那我去生火去，给你蒸两个馍吧？"（张爱玲《赤地之恋》）

这类问句既可以是建议对方做某事或采取某种行动，并希望征得对方同意，如例（46）和例（47）；也可以是自己希望为对方做某事或采取某种行动，并希望征得对方同意，如例（48）和例（49）。

此外，当肯定式的"X吗""X吧"和否定式的"不X吗"附加于陈述小句、祈使小句或感叹小句后面时，便构成了附加问句。其中，"X"多为"是、对、好、行、成"等谓词。肯定式附加问带有"商量、推测的口气，接近于测度句"[①]；否定式附加问以否定的形式表达对前述事实或情况的强调或肯定。

综合上述分析，是非问句主要有如下类型：

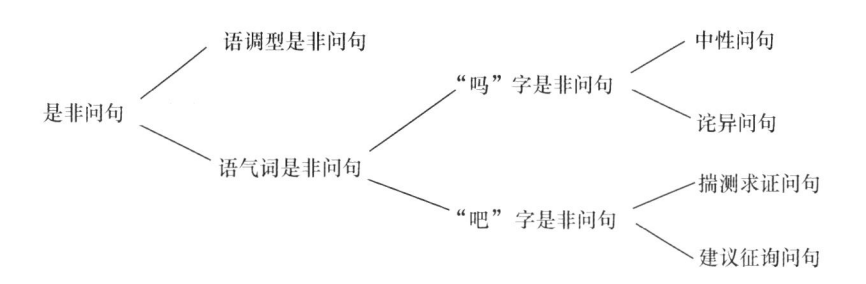

```
                          ┌─ 语调型是非问句              ┌─ 中性问句
                          │                    ┌─"吗"字是非问句
是非问句─┤                              │              └─ 诧异问句
                          │                    │
                          └─ 语气词是非问句─┤
                                                  │              ┌─ 揣测求证问句
                                                  └─"吧"字是非问句
                                                                 └─ 建议征询问句
```

---

[①] 陈昌来：《现代汉语句子》，华东师范大学出版社2000年版，第238页。

### （三）特指问句

特指问句根据句式的组配特征可以分为两类：一类是带有"谁、哪个、什么、哪里、多少、多么、怎么、怎样、怎么样"等疑问代词的特指问句，可称为"疑代式特指问句"；另一类是由非疑问形式加语气词"呢"构成的特殊形式，可称为"简省式特指问句"。这里所说的"非疑问形式"是指疑问形式以外的其他句法结构，这主要包括两类，一是体词或体词性短语，表示为"NP"，二是谓词性短语，表示为"VP"。因此，简省式特指问句根据"非疑问形式"的不同，又可分为"NP＋呢？"和"VP＋呢？"两类。

疑代式特指问句是特指问句的典型形式，由疑问代词负载疑问信息，要求对方针对问句中的疑问代词作出具体回答。这类问句的末尾既可以使用疑问语气词"呢"，也可以不使用。例如：

(50) 他们买了些<u>什么</u>东西？
(51) 他们买了些<u>什么</u>东西呢？

上述两例都以疑问代词"什么"作为疑问手段。疑问语气词"呢"的添加与否并不影响疑问信息的表达，也不会因为添加了"呢"而使问句的疑问信息增加。

简省式特指问句主要有"NP 呢？"和"VP 呢？"两种形式。

"NP 呢？"主要表达两种语义，一是询问人或事物之所在，相当于问"NP 在哪儿？"，其中既包括询问"NP"的静态处所，也包括询问"NP"的动态趋向；二是询问人或事物之所在以外的其他情况，相当于问"NP 怎么样？"[1]。例如：

(52) 李太太：<u>你的皮大氅呢？</u>

---

[1] 邵敬敏：《现代汉语疑问句研究》（增订本），商务印书馆 2014 年版，第 92—93 页。

李石清：在家里，没有穿来。（转引自邵敬敏，2014）

（53）秦仲义：大嫂，<u>哥哥呢？</u>

顾师孟：大概是游行去了！（老舍《秦氏三兄弟》）

例（52）询问"皮大氅在哪儿？"，从答语上看，表达事物的静态处所。例（53）询问"哥哥在哪儿？"，从答语上看，表达人物的动态趋向。

（54）余志芳：你为什么不提意见呢？你对得起国家吗？

陶月明：我给谁提意见呀？（低声）这儿的副经理是资本家，别的资本家现在都不错了，他呀，在整风以后，虽然不敢发威了，可是消极，不负责任！

余志芳：<u>正经理呢？</u>

陶月明：新调过来的，想努力整顿，可是副经理一点也不起劲！我简直不晓得站在哪边儿才好！（老舍《女店员》）

上例的"正经理呢？"意在询问"正经理"的状况，即询问"正经理怎么样？"。与询问处所的"NP呢？"不同的是，询问状况的"NP呢？"只能用于后续句，而询问处所的"NP呢？"既可用于始发句也可用于后续句。当"NP呢？"位于后续句时，究竟是询问处所还是询问状况，要依据上文或语境来具体区分。

"VP呢？"表达的语义通常是："如果VP，那么怎么办呢？"[①]。这类问句往往含有假设意义，因此可以在问句里添加"要是、如果、假如、万一"等表示假设意义的词语。例如：

（55）周繁漪：<u>别人知道了说闲话呢？</u>

---

[①] 邵敬敏：《现代汉语疑问句研究》（增订本），商务印书馆2014年版，第104页。

周冲：那我更不放在心上。（曹禺《雷雨》）

（56）鲁侍萍：孩子，天上在打雷，<u>你要是以后忘了我的话，见了周家的人呢？</u>

鲁四凤：（畏怯地）妈，我不会的，我不会的。（曹禺《雷雨》）

例（55）里，"别人知道了说闲话呢？"相当于"别人要是知道了说闲话，那么怎么办？"。例（56）里，如果将"要是"去掉，问句的意义不会发生改变。

有时，"VP呢？"也可不表示假设含义。这主要存在两种情况。当"VP"由第二人称充当主语，"想、看、说、希望、打算、觉得、以为"等认知动词充当谓语动词时，"VP呢？"询问对方的看法。当"VP"含有"比、对、把、为"等介词构成的介词短语时，"VP呢？"询问甲跟乙的对待关系，如"张老师对你呢？"就是在问"张老师对你怎么样？"[①]。

综合上述分析，特指问句主要有如下类型：

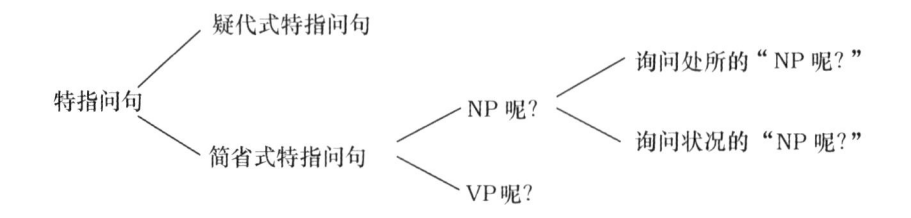

```
                    ┌─ 疑代式特指问句
                    │                              ┌─ 询问处所的"NP呢？"
特指问句 ─┤                    ┌─ NP呢？ ─┤
                    │                    │              └─ 询问状况的"NP呢？"
                    └─ 简省式特指问句 ─┤
                                          └─ VP呢？
```

（四）正反问句

正反问句是由正反并列结构负载疑问信息的疑问句类型。

在前文中，我们分析了正反并列结构的形式特征、语义内涵及使用情况，这里不再赘述。本小节主要将正反并列结构放置于句子层面，考察正反并列结构在不同句法位置的主要特征。

---

① 陈昌来：《现代汉语句子》，华东师范大学出版社2000年版，第243页。

正反并列结构在句中的位置灵活多变，可以充当除状语以外的其他语法成分。但并不是每一个位置上的正反并列结构都能够负载疑问信息、表达疑问意义。这主要包括五种情况。

第一种情况，当"X 不/没 X"充当谓语时，构成正反问句。例如：

（57）大嫂！你赞成不赞成？（张恨水《啼笑因缘》）
（58）那位老洋人向老张一笑，用中国话问："你好不好？"
"好！"老张仿着洋腔说。
"你捐钱不捐？现在。"洋人又问。（老舍《老张的哲学》）
（59）你在战场上害怕不？（林语堂《京华风云》）
（60）那几份小报送来没有送来？（张恨水《金粉世家》）
（61）陈升，大小姐回来没有？（老舍《蛤藻集》）

上述五例中，既有正反并列结构的完整式，也有各种变化形式，它们在句子里充当谓语传达疑问信息，是构成正反问句的核心要件。

第二种情况，当"X 不/没 X"充当补语时，构成正反问句。这时，动补结构的语义中心在补语上，正反并列结构传达的是一种未定的信息。例如：

（62）赵老：我刚才说的对不对？（老舍《龙须沟》）

上述例中的"对不对"充当动词"说"的补语传达疑问信息，构成正反问句。

第三种情况，当"X 不/没 X"充当宾语时，全句既可以是正反问句，又可以是陈述句。

当正反并列结构承载疑问信息时，全句便是正反问句。例如：

（63）让我拜你妈当姐姐，问她愿意不愿意？（林海音《城

南旧事》)

(64) 不知太君夜里<u>做不做梦</u>？（王旭锋《茶人三部曲》）

当正反并列结构不承载疑问信息时，全句是对某一事件或行为的陈述，表达陈述语气，应是陈述句。例如：

(65) 我已经跟姑妈说定了。只是不晓得琴姑娘<u>愿意不愿意</u>。（巴金《春》）
(66) 你倒是会偷工减料。不过这还要问大家<u>答不答应</u>哩。（韩少功《老狼阿毛》）
(67) 一直到天黑了，何太太打了电话回家，问何剑尘<u>回家没有</u>。（张恨水《春明外史》）

第四种情况，当"X 不/没 X"充当主语或定语时，不构成正反问句。原因在于，位于主语或定语位置的正反并列结构往往传达的是一种已知信息，而不能负载疑问这种未知信息，因此，在这类位置上出现的正反并列结构，并不能构成疑问句，而只能构成陈述句。例如：

(68) 其实<u>看不看</u>并不要紧。（老舍《二马》）
(69) <u>参加不参加</u>的问题由你自己决定。（引自邵敬敏，2014）

上述两例中的正反并列结构已经丧失了负载疑问信息的功能，而主要表达对某种客观情况的陈述。

第五种情况，当"X 不 X"附加在陈述小句、祈使小句或感叹小句后面时，构成独立传达疑问信息的附加问句。这是正反问句里的特殊形式，主要具有两个方面的特征：其一，"X 不 X"与前面的小句之间一般要有语气停顿，在书面语上往往用"，"隔开；其二，

"X 不 X"多由"好不好""行不行""是不是""对不对""成不成"等充当。例如：

(70) 我想就算他二十三斤半，<u>好不好</u>？（鲁迅《彷徨》）
(71) 我心里烦得很，请你不要哭，<u>行不行</u>？（张恨水《金粉世家》）
(72) 你常打胜仗，<u>是不是</u>？（老舍《小坡的生日》）
(73) 他们一定是公社的积极分子，<u>对不对</u>？（格非《江南三部曲》）

这类附加问句主要是依据前面所述话题，征求对方的意见或获得对方的证实。

综合来看，正反并列结构只有在句子中充当谓语和补语时，才能确定无疑地传达疑问信息、表达疑问意义，全句才能构成正反问句。而当正反并列结构单独附加于位于小句后面时，则构成带有发问人主观倾向的特殊问句。

(五) 选择问句

选择问句，是由选择项并列结构负载疑问信息构成的疑问句类型。选择项并列结构是构成选择问句的核心要件。在选择问句里，发问人以选择项的形式提供两种或两种以上的情况供对方从中作出选择。与是非问、特指问不同的是，发问人通过选择项并列结构明确划定了问题答案的范围，提供了可供选择的若干可能。

在前文中，我们分析了选择项并列结构的语表形式、语义焦点以及选择项之间的语义关系，这里不再赘述。本小节主要将选择项并列结构放置于选择问句之中，以双项选择问为例，从选择问句的疑问点以及选择项的删除规则两个方面来考察选择问句的主要特征。

首先，选择问句的疑问点蕴含在选择项之中，往往由选择项里不同的语义信息共同承担，我们将这种不同的语义信息称为语义变项。例如①：

(74) 你明天是去<u>北京</u>，还是去<u>上海</u>？
(75) 你是<u>明天</u>去北京，还是<u>后天</u>去北京？
(76) 是<u>你</u>明天去北京，还是<u>她</u>明天去北京？
(77) 你明天是去北京<u>开会</u>，还是去北京<u>见朋友</u>？
(78) 是<u>你明天</u>去北京，还是<u>她后天</u>去北京？
(79) 是<u>你明天</u>去北京，还是<u>她后天</u>去上海？

上述六例中，由下画线"＿＿"标明的便是各选择问句的语义变项。这些变项主要有三个方面的特征。第一，语义变项分别位于前后选择项之中，成对出现。第二，语义变项的性质相同，同属一个语义范畴，如例（74）中的"北京"和"上海"都是处所名词；例（75）中的"明天"和"后天"都是时间名词；例（76）中的"你"和"她"都是人称代词；例（77）中的"开会"和"见朋友"都是表动作、行为的谓词性短语。第三，选择问句里可以存在不止一组语义变项，如例（78）中有两组语义变项，分别是"你"和"她""明天"和"后天"；例（79）中有三组语义变项，分别是"你"和"她""明天"和"后天""去北京"和"去上海"。邵敬敏指出，选择问的"变项越多，差异性也就越大，反之，则差异性就越小"②。但无论问句里有几组变项，其疑问点都只有一个。

其次，当选择项的句法结构相同，且前后选择项具有相同成分时，可以按照一定的规则将前后选择项里的相同成分进行省略。

当相同成分为主语时，疑问点在相同成分之后，一般省略后选择项的主语。如：

---

① 这里所举各例旨在分析选择问句的疑问点，而问句中相同成分的省略现象将在下文详细说明。
② 邵敬敏：《现代汉语疑问句研究》（增订本），商务印书馆2014年版，第144—145页。

（80）你们看电视还是你们去散步？→你们看电视还是去散步？

当相同成分为状语时，疑问点在相同成分之后，一般省略后选择项的状语，但也可不省略。如：

（81）经常来你家还是经常去他家？→经常来你家还是去他家？

当相同成分为谓语动词或动词短语时，疑问点在相同成分之前，可省略前选择项的谓语动词或动词短语，并且需要"在前选择项的主语或状语前加关联词'是'"①，但一般不省略。如：

（82）你吃饭还是他吃饭？→是你还是他吃饭？
（83）慢点开还是快点开？→是慢点还是快点开？

当相同成分为谓语动词时，疑问点在相同成分之后，一般省略后选择项的谓语动词。如：

（84）吃米饭还是吃面条？→吃米饭还是面条？
（85）吃一碗还是吃两碗？→吃一碗还是两碗？

在这种情形下，作为相同成分的谓语动词往往不需要省略，因为它们"作为句子结构和语义的中心，地位特别重要，所以尽管前后项相同，重复一下反而能加强信息"②。

---

① 邵敬敏：《现代汉语疑问句研究》（增订本），商务印书馆2014年版，第138页。
② 邵敬敏：《现代汉语疑问句研究》（增订本），商务印书馆2014年版，第142页。

当相同成分为宾语或补语时，不可省略。如：

（86）你收衣服还是叠衣服？→＊你收衣服还是叠？
　　　　　　　　　　　　　＊你收还是叠衣服？
（87）你走出来还是跑出来？→＊你走还是跑出来？
　　　　　　　　　　　　　＊你走出来还是跑？

通过上述分析可知，在选择问句里，相同成分的省略一般跟相同成分与疑问点的位置有关系，当疑问点位于相同成分之前，多省略前选择项里的相同成分；当疑问点位于相同成分之后，多省略后选择项里的相同成分。邵敬敏认为，制约前省还是后省的一条基本规律是，句法结构具有单向性的特征，这一规律称为"语义单向管辖律"①。

（六）问句套叠

当特指问、正反问、选择问降级为一个结构成分而在另一个句子里充当宾语时，就会出现问句"套叠"的现象。这主要包括两种情况。一种情况是充当宾语的问句虽然仍保留着疑问的形式，却已经失去了疑问的性质和功能，整个句子表现出陈述句的性质。吕叔湘先生在《中国文法要略》中将其称作"间接问句"②。另一种情况是充当宾语的问句仍然表达疑问语气，具有疑问句的性质和功能。吕先生将这类句子仍看作"直接问句"③。本小节，我们主要考察第二种问句类型。为了表述方便，我们沿用学界常用的表示方法，将充当宾语的特指问、选择问、正反问统称为子句，表示为"Q"，而包含Q的句子即为母句，表示为"S"。

---

① 邵敬敏：《现代汉语疑问句研究》（增订本），商务印书馆2014年版，第143页。
② 吕叔湘：《中国文法要略》，商务印书馆2014年版，第402—403页。
③ 吕叔湘：《中国文法要略》，商务印书馆2014年版，第404页。

构成问句套叠形式的关键在于"S"里的动词。邵敬敏认为,能够构成这类问句的动词主要有两类,一类是只能构成直接问句而不能构成间接问句的动词;另一类是既能构成直接问句又能构成间接问句的动词。第一类动词主要有"看、说、猜、想、听、以为、认为、觉得"[①] 等。第二类动词主要有"知道、明白、认得、记得、懂得、了解、调查、研究、讨论、争论、打听"[②] 等。从语义内涵来看,两类动词都表示认知行为,都是一系列心理活动的外在表现,这既可以是内在的思辨性认知活动,也可以是外在的动作性认知活动。从句法环境来看,两类动词主要具有两点特征。其一,"S"多是由第二人称充当主语。其二,由第一类动词构成的"S",句尾只能添加语气词"呢",不能添加"吗",我们将这类问句称为"$S_1$";由第二类动词构成的"S",句尾只能添加语气词"吗"或"吧",不能添加"呢",我们将这类问句称为"$S_2$"。

在"$S_1$"中,子句 Q 是问句的主体,承担着疑问信息的传递,如果将母句中的主语和谓语删去,Q 问句仍然成立。这里的"你 X"具有"提醒对方,引导问句,催促表态"[③] 的语用作用。例如:

(88)你看一月多少钱?(路遥《平凡的世界》)

(89)你认为我应当怎么办?(林语堂《京华风云》)

(90)先生,你觉得这街景有详细描画的必要没有?(沈从文《采蕨小说集》)

在上述三例中,既可以在句末添加语气词"呢",也可以分别将

---

① 邵敬敏:《间接问句及其相关句类比较》,《华东师范大学学报》(哲学社会科学版)1994 年第 5 期。

② 邵敬敏:《间接问句及其相关句类比较》,《华东师范大学学报》(哲学社会科学版)1994 年第 5 期。

③ 邵敬敏:《间接问句及其相关句类比较》,《华东师范大学学报》(哲学社会科学版)1994 年第 5 期。

"你看""你认为""你觉得"删去。在这两种情况下，问句依然成立且语义不发生改变。

由动词"看、说、猜、想、听"构成的"你X"结构还可以与子句Q之间形成明显的语音停顿，在书面语上用","隔开，"你X"后面也可以添加语气词"吧、嘛"等。这说明，"你X"结构具有一定的独立性。

在"S₂"中，母句S与子句Q实际上是由是非问与特指问、选择问、正反问套叠在一起而构成的混合句式。这是一种特殊的是非问句，表达双重疑问信息。例如：

(91) 今天我去果园，你知道一个苹果有多大吗？（刘玉民《骚动之秋》）

(92) 你该了解我为什么这么愿意见到你并与你同在一起了吧？（王火《战争和人》）

上两例中，不能删去"你知道"和"你该了解"，如果删去则问句不成立。这样的问句应理解为：

(91)' 你知道一个苹果有多大吗？＝你知道吗？＋一个苹果有多大呢？

(92)' 你该了解我为什么这么愿意见到你并与你同在一起了吧？＝你该了解了吧？＋我为什么这么愿意见到你并与你同在一起呢？

## 二 语义类型

### (一) 分类依据

"疑问"，包括"疑"和"问"两部分。"疑"即是"疑惑"，"问"即是"询问"。"疑惑"反映人的认知心理，"询问"则是将这种认知心理通过特定的语言形式表达出来。这其中包括思维认知和信息传递两个过程,思维认知是内在的,信息传递是外在的。因此,作为外在表现形式的疑问句应具有双重功能:传达疑惑、提出询问①。这实际上就是疑问句的语义内涵。然而,并不是所有的疑问句都具有这一"双重功能"。这具体表现为三种情况。有的疑问句通过询问的方式传达疑惑,发问人希望获知答案;有的疑问句虽然也是通过询问的方式传达疑惑,但是发问人心中的疑惑并不强烈,对问题的答案已经抱有一定的主观倾向,发问人提问是为了证实心中的答案;还有的疑问句虽然具有问句的形式,却既不传达疑惑,也不提出询问,而是主要用于表达特定的语用意义。根据上述特征,疑问句在语义类型上的分类依据主要有两个,一是不同的疑惑程度;二是不同的交际目的。

就疑惑程度来看,吕叔湘在《中国文法要略》中提出,疑问语气可以分为询问、测度、反诘三类;其中,询问句是有疑而且问;测度句是有疑而不发问,疑问程度介乎信疑之间;反诘句是不疑而故问,它虽然具有疑问的形式但却并不具有疑问的功能②。

邵敬敏认为,"'信'与'疑'是两种互为消长的因素,此长彼消,此消彼长"③,疑惑程度可以分为五个不同等级,每一等级又对应不同的问句形式:

A. 强疑问句:特指问[信为0,疑为1]
B. 高疑问句:"吗"字是非问[信为1/4,疑为3/4]
C. 中疑问句:正反问、选择问[信为1/2,疑为1/2]
D. 低疑问句:"吧"字是非问[信为3/4,疑为1/4]
E. 无疑问句:反诘问[信为1,疑为0]

在疑问句内部,所传达的不确定、有疑问的信息是不同的,这

---

① 邵敬敏:《现代汉语疑问句研究》(增订本),商务印书馆2014年版,第52页。
② 吕叔湘:《中国文法要略》,商务印书馆2014年版,第392页。
③ 邵敬敏:《现代汉语疑问句研究》(增订本),商务印书馆2014年版,第49—51页。

种差异是人们心理认知的外在体现。传疑与传信是一个渐变的连续统，疑问形式、上下文、语境等要素都会对疑问句传疑和传信的程度产生影响。当发问人对问题的答案全然不知时，传达的疑惑信息就多，疑惑程度就高；当发问人对问题的答案基本已知但尚未肯定时，传达的疑惑信息就少，疑惑程度相对较低；当发问人对问题的答案了然于心时，传达的疑惑信息为零，而主要表现为传信的功能。

就交际的目的来看，发问人提出问题主要有三种目的：一是获知答案，二是求得证实，三是表达情感、态度。当发问人对问题答案不知晓时，提出问题便是为了获得答案，这时，发问人对问题答案没有明显的主观倾向；当发问人对问题答案基本知晓但尚不能完全确定时，提出问题便是为了求得证实，这时，发问人对问题的答案有明显的肯定倾向；当发问人心中完全没有疑惑时，提出问题便是为了表达情感、态度。可见，交际的目的与发问人对问题答案的知晓程度有关。

综合以上分析，我们将疑问句的语义类型分为有疑而问、半信半疑、无疑而问三类。以下拟分论之。

(二) 有疑而问

有疑而问，是发问人确实心有疑惑，希望通过提问来解答疑惑，这是一种不知而问。而这里的"不知"是指发问人预先没有倾向性的答案，希望从对方那里获知答案，因此，又可称为"真性问"，是真正表达询问的疑问类型。

从疑问句的结构类型来看，能够用于有疑而问的主要有特指问句、正反问句、选择问句和部分"吗"字是非问句。

特指问通过疑问代词表达疑问，发问人对询问的答案全然不知，因此，这类问句蕴含的疑惑程度最强。正反问通过并列肯定项与否定项表达疑问，发问人预先并不知道问题的答案是肯定项还是否定项，每个选择项被选中的可能性都是一样的，向对方询问以明确答案。选择问与正反问相类似，发问人提出两个或两个以上的选择项供对方选择，至于选择哪一项发问人预先并不知晓。与特指问相比，正反问和选择问所询问的对象都有一个明确的范围,因此,它们蕴含的疑惑程度适中。

"吗"字是非问由表陈述的短语"S"末尾添加疑问语气词"吗"构成。能够表达有疑而问的"吗"字是非问主要具有两个方面的形式特征:第一,"S"只能是肯定形式,不能是否定形式;第二,肯定形式的"S"里不能存在"就、还、是、只、连"等表示强调意义的副词。这类问句即是我们在上文提到的中性问"S + 吗$_1$?"。"S + 吗$_1$?"针对"S"所陈述的信息进行询问,希望对方作出肯定或否定的回答。问话人在提出问题之前对询问的对象已经有一定的了解,但对问题的答案却没有明显的主观倾向,问话的目的是向对方获取答案。它的疑惑程度应该低于特指问,而高于正反问和选择问。例如:

(93) 谁去北京了?
(94) 你去北京吗?
(95) 你去不去北京?
(96) 你是去北京还是去广州?

例(93)意在询问"去北京"的对象,问话人对其无所知,疑惑程度最高。例(94)虽然是对"是否去北京"的询问,但是疑问点不同,所传达的疑惑信息及回答的内容也会不同。

(97) 你去北京吗?——是的,我去。/不是,小丽去。(疑问点在"你"。)
(98) 你去北京吗?——是的,我去。/不是,我不去。(疑问点在"去"。)
(99) 你去北京吗?——是的,我去北京。/不是,我去广州。(疑问点在"北京"。)

例（95）虽然也是询问"是否去北京"，但是其所传达的疑惑信息是一定的，即"去"与"不去"的可能性各占二分之一。例（96）则是"去北京"和"去广州"选择其一。

（三）半信半疑

半信半疑，是发问人对问题的答案已经有了一定的主观倾向，但是尚不能完全确定，希望通过问题的提出来获得对方的证实。主要包括两类。一类是肯定的主观倾向，发问人带有明显的心理期望，使用问句主要是希望对方能够赞同自己的看法、支持自己的意见或答应自己的建议。另一类是否定的主观倾向，发问人对所涉及的话题抱有怀疑、惊讶、诧异的情感或态度，使用问句主要是为了表达发问人无法理解、不可思议的主观心态。第一类表达的是求证性疑惑，第二类表达的是倾否性疑惑。就疑惑程度来看，求证性疑惑应该是表达典型的半信半疑，而倾否性疑惑则是介于半信半疑与无疑而问之间的一种过渡形式。

就疑问句的结构类型来看，能够表达半信半疑的典型结构是"吧"字是非问句。上文已论及，根据表义功能的不同，"吧"字是非问句可以分为揣测求证问句和建议征询问句。邵敬敏认为，"吧"字是非问的疑惑程度在［信3/4，疑1/4］处摆动，"有时疑惑大一点，但决超不过［疑1/2］，这时常用'大概''可能'等表示揣测、不肯定的词语；有时疑惑小一点，但决不少于［疑0］，这时常用'肯定''总是'等词语"①。总之，"吧"字是非问句的疑惑程度在总体上是信大于疑的。

"是不是VP"问句是正反问句里的一种特殊类型，它在某种已知事实或观点的基础上表达一定的肯定性倾向，属于求证性疑惑。从表义功能上看，"是不是VP"问句既可以是揣测求证，也可以是建议征询。但无论是揣测求证还是建议征询，发问人都需要基于某

---

① 邵敬敏：《现代汉语疑问句研究》（增订本），商务印书馆2014年版，第51页。

种已知事实或观点而发出询问，这些已知事实或观点往往可以从上文或语境中显现出来。例如：

（100）"什么路儿？"
"哼，不好意思说！"
瑞宣想了一会，"<u>是不是卖这所房</u>？"
老太太含愧的点了点头，"我想过千遍万遍了，除了卖房，没有别的办法！"（老舍《四世同堂》）
（101）瑞宣按着四爷的计划，先糙糙的在心中造了个预算表，然后才说："……<u>咱们是不是应当去问问她们的娘家人呢</u>？"
"应当问问！"老人点了头。（老舍《四世同堂》）

例（100）中，发问人通过老太太的语气、神态等推测出"是不是卖这所房？"。例（101）中，发问人根据客观情况认为"应当去问问她们的娘家人"，通过"是不是VP"问句来征求对方的同意，这时，句中往往可以有"应该、应当、可以"等词语。

附加问"X不X""X吗/吧"位于非疑问小句"S"后面，是一种带有明显主观倾向的特殊问句形式。在语表形式上，"S"既可以是陈述小句，也可以是祈使小句、感叹小句，以陈述小句居多；"X"则主要由"是、对、行、好、成"等谓词充当。对发问人而言，"S"无论是肯定形式还是否定形式，都表达一种确定的信息，附加问便是在这种确定信息的基础上提出的问题。在表义功能上，发问人根据"S"所表述的内容向对方进行证实，并希望获得对方认同，因此，这类附加问也是一种求证性疑惑。"X不X"与"X吗"所表达的语义相似，但"X不X"表达的语气更加强烈，更能反映问话人希望及时获得证实与认同的迫切心理，"X吗"则相对和缓一些。而由"X吧"所构成的问句则具有更为明显的肯定性倾向。在疑惑程度上，"X吗"和"X不X"的疑惑程度高于"X吧"的疑惑程度。

能够表达倾否性疑惑的问句是语调型是非问和诧异问"S +吗$_2$?"。在语义内涵上,两类问句的发问人对所谈论的话题基本上都持怀疑的态度,这种怀疑倾向于不可思议、无法理解、无法相信,但又没有达到完全否定的程度。

（四）无疑而问

无疑而问,是发问人对问题的答案已经有了明确的看法,提出问题主要是为了表达自己的情感、态度与看法,以实现某种特定的语用价值。与有疑而问的真性问相比,这类问句是一种"假性问",可称为反问句或反诘句。吕叔湘指出,反诘是"一种否定的方式,如果反诘句里没有否定词,这句话的用意就在否定；如果反诘句里有否定词,这句话的用意就在肯定"[1]。

就疑问句的结构类型来看,是非问、正反问、选择问、特指问都有反问的用法。其中,以是非问句的反问用法最为常见,其次是特指问句,而正反问句和选择问句的反问用法最为少见。

在是非问句里,语调型是非问和诧异问"S +吗$_2$?"具有反问用法。

语调型是非问和诧异问"S +吗$_2$?"表达怀疑、诧异、惊讶的心理态度或主观情绪,这种怀疑可进一步发展成为完全否定的主观态度,这时,两类问句具有反诘意义。在这样的问句里,如果同时出现"难道"等表示反诘意义的语气副词或"能、敢、会、肯"等能愿动词,那么问句的反问语气便更加强烈。此外,句重音也是构成反问句的必要条件,而"出现句重音的地方一般也是言语者要否定的地方"[2]。例如：

（102）我上了大街,依然没有发现我爹与黑牛的踪影,难

---

[1] 吕叔湘:《中国文法要略》,商务印书馆2014年版,第405页。
[2] 陈昌来:《从"有疑而问"到"无疑而问"——疑问句语法手段浅探》,《烟台师范学院学报》(哲学社会科学版)1993年第1期。

道他们飞上了月球？……我知道这是幻想，爹如果要骑牛奔月，不可能抛下我。(莫言《生死疲劳》)

（103）难道这些都是我彭德怀挖的？恐怕任何个人也挖不出来。(魏巍《东方》)

（104）当了这么多年领导了，莫非真的还是一点儿政治头脑也没有？(张平《抉择》)

（105）我听说这倒奇怪，难道银行里就只有这么些钱吗？(张恨水《夜深沉》)

（106）我长叹一声道：你们为什么非要赶尽杀绝呢？弄死一个王仁美难道还不够吗？(莫言《蛙》)

（107）毛三叔道："你都是傻瓜，教你去点破人家，自然有个点破的话头，难道还能够这样直桶子说出来吗？……"(张恨水《北雁南飞》)

在特指问句里，疑代式特指问可以在上下文、语境等要素的帮助下表达反诘语气，构成反问句。疑代式特指问是由疑问代词充当疑问点的问句形式，要求被询问人根据疑问代词明确给出问题的答案。就疑问代词的特征来看，除能够明确表达疑问点以外，还有任指、虚指等特殊用法。表示任指或虚指意义的疑问代词，并不承担疑问信息，其所构成的问句也并不表达疑问语气，而更多地表示否定，这样的疑代式特指问句表达反诘语气。例如：

（108）人生在世，谁不喜欢吃喝玩乐？（王火《战争和人》)

（109）王琦瑶猛醒过来，说："我有什么不同意的？是你们自己好的，什么时候问过我。"(王安忆《长恨歌》)

（110）你是不该答应他的！怎么可以这样答应他呢？（王火《战争和人》)

（111）"上哪儿？"

"**哪儿**不可以去？"（老舍《四世同堂》）

上述各例中的疑问代词"谁、什么、怎么、哪儿"表示任指或虚指意义，由其构成的特指问句实际上是反问句。例（108）意为"任何人都喜欢吃喝玩乐"，例（109）意在"我不可能/不会/不必不同意"，例（110）意在"不能这样答应他"，例（111）意在"任何地方都可以去"。这种特指问句的反问用法主要有三个方面的特征：第一，只有在特定的上下文或语境中才能表达反诘意义；第二，问句中总是带有"会、敢、能、可以"等能愿动词、否定词语"不"或判断动词"是"；第三，问句里的句重音会根据表义的需要而发生转移。

在选择问句和正反问句里，二者本质上都是提供选择项以供被询问人选择，每个选择项可被选择的可能性是一样的，发问人在提出问题之前对选择哪一项作为问题的答案并没有任何主观倾向。而反问句的主要用意在于否定，也就是说，问话人在提出问题之前就已经明确知道该肯定哪项否定哪项。可见，两类问句在语义上是相悖的。因此，选择问句和正反问句的反问用法相对较为少见。具体情况表现如下。

首先，表反问的选择问句主要存在两种情况。

第一，肯定其中一项而否定另一项。例如：

（112）是命要紧还是钱要紧？当然是命要紧，你就欠着俺的钱去见阎王爷爷吧。（莫言《檀香刑》）

（113）我怎么说？我还是说还是不说？（沈从文《春》）

根据上下文和语境可以判断，例（112）里说话人意在肯定前项、否定后项，例（113）里说话人意在否定前项、肯定后项。

第二，否定全部选择项。例如①：

(114) 英语考了40分，你是对得起父母还是对得起老师？
(115) 我是做的不对，还是说的不对，还是想的不对？

上两例的选择项之间是相容关系，每个选择项表示一种可能性，这样的选择问句在语境的帮助下可以表达说话人对全部选择项统统否定的心理意图。

其次，在正反问句里，具有反问用法的正反问在语表形式上主要具有两个方面的特征。

第一，当正反问的句首带有"你看、你想、你说"等独立成分时，可以在特定语境下表达反问语气。这时，发问人的真正意图是肯定"肯定项"而否定"否定项"。例如：

(116) 秀珠举起拳头，在玉芬背上轻轻敲了一下，说道："你这小鬼，把话来损我，我不知道吗？凡是一桩事，总要由浅入深，谁也不能生来就会呀。"又对敏之道："五姐，你看这话对不对？（张恨水《金粉世家》）
(117) 你爹可是过了好一阵才从水里钻出来。嘿，他那胸脯可不像我那么大起大落，光咧着嘴乐，手里举着人家那块表……你说他能耐不能耐？"（刘心武《钟鼓楼》）

第二，当正反问中"包含能愿动词、可能补语，或包含副词'还'，或由'有……没有'构成"②时，也可以在特定语境下表达反诘语气。这时，发问人的真正意图是肯定"否定项"而否定"肯

---

① 例句引自陈昌来《从"有疑而问"到"无疑而问"——疑问句语法手段浅探》，《烟台师范学院学报》（哲学社会科学版）1993年第1期。
② 陈昌来：《从"有疑而问"到"无疑而问"——疑问句语法手段浅探》，《烟台师范学院学报》（哲学社会科学版）1993年第1期。

定项"。例如①：

(118) 全世界，全世界<u>找得到这样的政府找不到</u>？
(119) 这价码儿要是传出去，<u>我这穴头还当不当了</u>？

---

① 例句引自邵敬敏《现代汉语疑问句研究》（增订本），商务印书馆2014年版，第239页。

# 第 三 章

# 汉语方言的是非问

是非问句是由表陈述的短语末尾添加疑问语调或疑问语气词而构成的一种疑问句类型。在现代汉语普通话中，是非问句根据不同的疑问手段可以分为语调型是非问和语气词是非问。在现代汉语方言中，是非问句同样具有这两种结构类型。与共同语的是非问句相比，方言里的是非问句主要表现出三个方面的特征：第一，就语调型是非问来看，除了使用上升语调表达疑问语气，还可以在特定语气词的配合下使用低平语调或下降语调。第二，就语气词是非问来看，疑问语气词虽然形式多样、语义丰富，但总整体上仍可区分为"吗"类语气词和"吧"类语气词，分别相当于普通话的"吗"和"吧"，复杂中蕴含着规律性。第三，就是非问的方言使用来看，语调型是非问与语气词是非问虽然是方言里的常用问句类型，但并不是在所有方言里都整齐存在，某一类问句的缺失是方言是非问句的又一显著特征。

根据上述特征，本章拟对语调型是非问和语气词是非问的句式结构、语义特征及语用表现进行考察，并结合现有资料梳理各类问句的地理分布及方言使用情况。①

---

① 鉴于文献资料收集的局限性，部分方言现象还有待进一步发掘，这里仅对收集到的语料进行梳理。

## 第一节　语调型是非问

语调是表达疑问的重要手段之一。在表陈述的短语末尾添加特定的语调即构成语调型是非问句。根据句末语调的不同，汉语方言的语调型是非问主要分为升调是非问、低平调是非问、降调是非问三类。

### 一　升调是非问

升调是非问是句末使用上升语调负载疑问信息的问句形式，表示为"S+↗?"。在多数方言中，升调是非问都是语调型是非问的常用类型。以下从句式结构、语义特征、语用表现三个方面对升调是非问的主要特征进行探讨。

#### （一）句式结构

在多数方言中，升调是非问的句式结构基本相同，主要包含两点特征：首先，"S"既可以是肯定形式，也可以是否定形式；其次，在大多数情况下，问句末尾可以直接使用上升语调煞尾，而无须添加其他语气词。例如：

A组："S"为肯定形式

（1）辽宁铁岭：今儿个去龙首↗?（云微，2014）
（2）安徽北部：你要走↗?（侯超，2013）
（3）河北唐山：这是你的包↗?（习丹丹，2016）
（4）山东章丘：你来了一阵子了↗? 你来了一段时间了?（赵学玲，2007）
（5）陕西北部：今天是二月二↗?（邢向东，2006）
（6）山西山阴：二儿子倒娶过媳妇啦↗? 二儿子已经娶过媳妇了?（郭利霞，2015）

(7) 河南洛阳：就咱俩去↗? （贺巍，1993）

(8) 湖北安陆：嗯硬是要走↗? 你硬是要走? （盛银花，2007）

(9) 湖北天门：作业做起哒↗? 作业做完了? （卢红艳，2009）

(10) 湖南安仁：固时唧三点钟↗? 现在三点钟? （周洪学，2012）

(11) 江西九江：嗯个人是刘老师↗? 那个人是刘老师? （汪化云，2016）

(12) 江西石城：渠爹真个发来脾气↗? 他爹真的发了脾气? （邵敬敏等，2010）

(13) 上海：侬来↗? 你来? （左思民，2008）

(14) 浙江宁波：诺一个人去↗? 你一个人去? （阮桂君，2006）

(15) 江苏高邮：他做得出↗? （姚亦登，2012）

(16) 贵州习水：你还要玩三天↗? （范艳，2010）

(17) 云南昆明：你去过丽江↗? （丁崇明，2005）

(18) 福建福州：伊旦去北京↗? 他今天上北京? （甘于恩，2007）

(19) 福建建瓯：你真让去↗? 你真的要去? （江洁，2015）

(20) 广西贺州：今日无使上班↗? 真箇↗? 今天不用上班? 真的? （刘宇亮，2011）

(21) 广西临桂：来朝口 [no$^{12}$] 老师来↗? 明天你们老师来? （周本良，2005）

(22) 广东广州：呢种人会改↗? 这种人能改? （彭小川，2006）

(23) 广东阳江：你来日回屋↗? 你明天回家? （冼文婷，2016）

B 组："S"为否定形式

(24）辽宁铁岭：你还没听出来↗?（云微，2014）

(25）安徽北部：恁没去↗?（侯超，2013）

(26）河北唐山：上课没迟到↗?（习丹丹，2016）

(27）山东潍坊：你不抽烟↗? 你不抽烟吗?（钱曾怡、罗福腾，1992）

(28）陕西宝鸡：他明个没有空空↗? 他明天没有空闲?（任永辉，2012）

(29）河南安阳：今天没有上课↗?（王芳，2015）

(30）江西石城：今年冇一个上分数线↗? 今年没一个上分数线?（邵敬敏等，2010）

(31）浙江宁波：渠拉和总勿答应↗? 他们都不答应?（阮桂君，2006）

(32）云南昆明：他不是我们的老师↗?（丁崇明，2005）

(33）福建福州：汝共伊只几年都无联系↗? 你和他这几年都没有联系了?（邵敬敏等，2007）

(34）福建建瓯：你未曾饁过咖啡↗? 你没喝过咖啡?（江洁，2015）

在部分方言中，"S"末尾也可添加非疑问意义的语气词或其他成分（表示为"m"），构成"S+m↗?"问句。其中，上升语调仍是构成是非问句必不可少的形式手段，而"m"则主要作为问句的补充要素来表达特定的语气意义或情态意义。以下举例说明。

首先，句末添加语气词，例如：

(35）浙江绍兴柯桥：本书诺喐唯↗? 这本书是你的呀? ｜ 绍兴诺上外弗去唯↗?（盛益民，2017）

(36）陕西合阳：你做下这些饭吃得完呀↗? ｜ 撑十点你的作业做得完呀↗? 到十点你的作业能做完?（邢向东、蔡文婷，2010）

（37）河南开封：下地干活哩↗? ｜不看电视啦↗?（李双剑，2017）

（38）贵州遵义：祝瑞瑞在专区医院上班哇/啊/哪↗? ｜刘琴今天不去办公室啦/呀/哇↗?（叶婧婷，2017）

（39）广西玉林：中山路□[tək⁵]冇识啊↗? 中山路都不知道吗? ｜咁奀只侬□[tək¹]识开车啦↗? 这么小的孩子就会开车啦? ｜啊! 又是半桶水吔嘎↗? 啊! 又是半桶水而已吗?（苏丽红，2016）

上述各例中的语气词均不表达疑问语气。以广西玉林为例。据苏丽红[①]分析，在广西玉林话中，上升语调是构成升调是非问必不可少的成句要素，语气词"啊、啦、嘎"的使用与否并不影响疑问意义的表达以及疑问句的成立。其中，"啦[la³⁵]"是"咧啊"的合音，"嘎[ka³⁵]"是"咯啊"的合音。"咧"主要表示情况有了变化或出现了新情况、新状态等，相当于普通话的语气词"了"；"咯"主要表示情况本来如此、毋庸置疑，相当于普通话的语气词"的"，两个语气词也可用于陈述句末尾。

其次，句末添加"不是"，例如：

（40）河南陕县：半年是他不是↗? 原来是他? ｜颜色不好不是↗?（张邱林，2006）

（41）山西左权：明日走哩不是↗? ｜村里头没几家不是↗?（白云等，2012）

（二）语义特征

就语义特征来看，普通话里的升调是非问主要用于表达问话人怀疑、诧异、惊讶的心理情绪和主观态度，具有单一性。而方言里的升调是非问主要存在三种语义类型：其一，表达一般询问；其二，

---

① 苏丽红：《玉林话的是非问句》，《汉语学报》2016年第2期。

表达揣测性求证；其三，表达诧异、怀疑、惊讶等心理情绪或主观态度。其中，"诧异、怀疑的情绪或态度"还可以进一步引申出"反诘"的意义。具体表现如下：

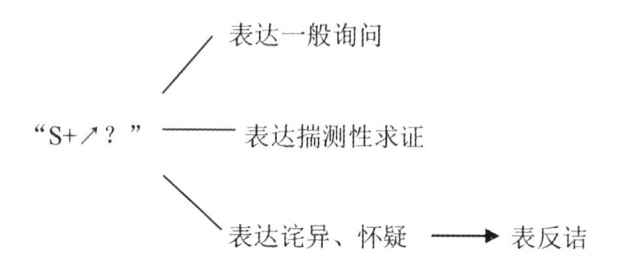

```
                    ┌── 表达一般询问
                    │
    "S+↗?" ─────────┼── 表达揣测性求证
                    │
                    └── 表达诧异、怀疑 ───→ 表反诘
```

第一，表达一般询问。

在方言中，表达一般询问的升调是非问是一种没有主观倾向的中性问句，相当于普通话的"S+吗₁?"和正反问句。这并不是升调是非问的常用语义类型，在方言里的分布较为有限。

以晋语、中原官话、西南官话、客家话里的部分方言点为例。

在山西晋语中，升调是非问可用于表达一般询问，以并州片和吕梁片最为突出。例如①：

（42）山西汾阳：这车能坐下四块人↗? 这车能不能坐下四个人？

（43）山西沁县：荷动咾↗? 拿得动拿不动？

（44）山西和顺：今儿礼拜二↗? 今天是不是礼拜二？

（45）山西平遥：你以后就去北京的哩↗? 你以后是不是去北京？

在答问方式上，因为发问人对问题的答案无所知晓，所以被询

---

① 例句引自郭利霞《汉语方言疑问句比较研究——以晋陕蒙三地为例》，南开大学出版社2015年版，第81页。

问人需要就问题作出明确的回答，而不能简单地用"是、不是"或点头、摇头等态势语作答。譬如，对例（43）需要回答为"我荷动咾，他荷不动。我能拿动，他拿不动"。

在陕西西安的中原官话，湖南吉首、贵州毕节的西南官话，四川泰兴的客家话中，升调是非问也可用于表达一般询问。例如：

（46）陕西西安：张红是西安人↗? 张红是西安人吗？/张红是不是西安人？｜他家的老房漏雨咧↗?｜张大伯把大肥猪卖咧↗?（兰宾汉，2011）

（47）湖南吉首：老五帮屋里打电话了↗? 老五给家里打电话了吗？｜称肉他送你钱了↗? 买肉他给你钱了吗？（李启群，2002）

（48）贵州毕节：你是老张↗? 你是老张吗？｜你家娃儿五岁了↗? 你小孩五岁了吗？（明生荣，2007）

（49）四川泰兴：你记得倒↗? 你记得吗？｜你晓得自家错诶了↗? 你知道自己错了吗？（兰玉英，2007）

在上述使用升调是非问表达一般询问的各方言点中，存在一个共同的特征，即较少存在或基本不存在其他形式的中性是非问句。例如，在山西晋语中，疑问语气词系统的不完善使得这一地区的语气词是非问句较为匮乏，尤其缺少表达一般询问的语气词是非问句，这就需要正反问句或升调是非问句来弥补这类语气词是非问句的缺失。陕西西安的中原官话同样不存在纯粹表达询问的语气词是非问句，而升调是非问句是其表达疑问的重要类型。这一现象在湖南吉首、贵州毕节、四川泰兴等地也多有出现。

第二，表达揣测性求证。

在方言中，表达揣测性求证的升调是非问是一种具有肯定倾向的求证性问句。这类问句蕴含发问人对问题答案的猜测或估计，带有明显的肯定心理倾向，通过提问期望获得对方的认同。具有这一表义功能的升调是非问在官话方言和非官话方言中均有分布。

首先，在官话方言中，这一语义类型主要分布于中原官话、冀鲁官话、西南官话。例如：

（50）河北武邑：A. 猪是你的亲兄弟。（打一动物）B. 象↗？（张晓静，2014）

（51）山东章丘：张大爷，你看的这是孙子↗？（赵学玲，2007）

（53）陕西高陵：你女子出门嫁人了↗？（王咪咪，2008）

（54）安徽北部：甲：俺昨个去街上遛了一整天。乙：所以你今个睡到上午9点多↗？（侯超，2013）

（55）湖北恩施：他喜欢吃面条儿↗？（张良斌，2010）

其次，在非官话方言中，晋语、赣语、湖南乡话均存在这一语义类型。例如：

（56）陕西北部：你参加运动会也↗？｜你没见上张局长↗？（邢向东，2006）

（57）山西汾阳：你吃美啦↗？｜不用我和你走啦↗？（李卫峰，2019）

（58）山西高平：你这会儿身体还可以↗？｜夜来咱吃的扁食↗？（白静茹等，2005）

（59）安徽太湖：外头在落雨↗？｜她又长胖喳↗？（杨求凤，2017）

（60）湖南溆浦：告口［dʑe⁵⁵］这个长青↗？（张萍，2013）

邢向东指出，在陕北晋语中，升调是非问带有发问人肯定的主观倾向，发问人提出问题主要是为了证实自己的猜测，其疑问程度高于后加语气词"吧"的是非问句①。相似地，在湖南溆浦乡话中，升调是非问的主要目的在于向被询问人求证自己刚刚意识的问题或所做的判断和估计②。

在答问方式上，表达求证的升调是非问要求被询问人作出肯定或否定的回答，有时还需要在此之后做出一定解释或说明。以浙江绍兴柯桥话为例。盛益民③认为，柯桥话的语调型是非问是一种引导性问句，发问人对问题的答案已经有了一定程度的预期。因此，在回答方式上，肯定回答一般需要使用表示应答的叹词"□［fie³¹］"，之后还可作进一步的确认；而否定回答既可先使用"弗是［ze³¹］、海家话嗰谁说的"等词语表达对命题的否定，然后再提出事实，也可直接提出事实作为回答。例如④：

（61）A：诺今年毕业↗？B：□［fie³¹］，今年毕业。

（62）A：渠明朝要到杭州去哉↗？他明天要到杭州了？B：弗是，是后日去。不是，是后天。

第三，表达诧异、怀疑。

无论是在普通话中还是在方言中，表达诧异、怀疑的主观态度或心理情绪都是升调是非问的主要语义类型。这类问句的疑惑程度较低，蕴含着发问人明显的否定心理倾向，却又不是完全的否定，因此需要以问句形式将自己心里的疑惑表达出来。具有这种表义功能的升调是非问普遍存在于官话方言和非官话方言中。例如：

---

① 邢向东：《陕北晋语语法比较研究》，商务印书馆2006年版，第261页。

② 张萍：《溆浦乡话疑问句研究》，硕士学位论文，中南大学，2013年，第29页。

③ 盛益民：《吴语绍兴柯桥话参考语法》，博士学位论文，南开大学，2014年，第332页。

④ 例句引自盛益民《吴语绍兴柯桥话参考语法》，博士学位论文，南开大学，2014年，第332页。

（63）辽宁铁岭：你原谅我了↗？| 他不去↗？（云微，2014）

（64）山东淄博王村镇：那个花篮是你买的↗？（毕丽华，2008）

（65）河北武邑：乜么贵，你也敢买↗？这么贵，你也敢买？（张晓静，2014）

（66）山西榆杜：锅上炖的菜耦了↗？锅里炖的菜糊了？| 锅上炖的菜没啦耦了↗？锅里炖的菜没有糊？（李建校，2007）

（67）湖南吉首：你真慌去↗？你真去吗？| 今儿夜头他没回来了↗？今天晚上他不回来了吗？（李启群，2002）

（68）湖南溆浦：□[zɛ²¹³]太多了↗？盐太多了？（张萍，2013）

（69）安徽太湖：思迭去湖北↗？你现在去湖北？| 嗯多人讲话恩都不听到↗？那么多人说话你都没听到？（孙汉康，2016）

（70）江西石城：你唔晓得↗？你不知道？（邵敬敏等，2010）

（71）广西梧州：佢哋会离婚↗？他们会离婚？| 佢冇读到上学↗？他没上大学？（余凯，2008）

（72）广东广州：佢输咗畀个新仔↗？他输给了个新手？| 呢种人会发善心↗？这种人会发善心？（邵敬敏等，2010）

上述各例，既涉及东北官话、冀鲁官话、中原官话、西南官话等官话方言，又涉及晋语、赣语、粤语、客家话等非官话方言。这类升调是非问主要蕴含两种交际目的：一是求证，希望被询问人作出明确的解释。以铁岭方言为例。云微指出，铁岭话的升调是非问主要用于求证发问人质疑的某种情况①。二是表达不可思议、无法相

---

① 云微：《铁岭方言疑问范畴研究》，硕士学位论文，辽宁师范大学，2014年，第9页。

信的心理情绪和主观态度。以广州方言为例。彭小川认为，广州话里的升调是非问主要用于表达发问人对新获悉的某些情况的惊讶或怀疑，问话人往往并不是想询问什么，也不着重在求证什么[1]。

当发问人的诧异、怀疑之情较为强烈时，可以通过添加相应的后续句来进行表达。以上海话为例。邵敬敏认为，上海话的升调是非问主要用于表达强烈的质疑语气，这种语气虽不及反问句那样强烈，但在情感上仍侧重于出乎意料或极端怀疑[2]。在这样的语气氛围下，后续句的出现，可以进一步增强情感的表达。例如[3]：

(73) 侬明早也要去香港↗？我哪能勿晓得？
(74) 侬夜饭吃过勒↗？勿要骗我嚎。

再以福州话和厦门话为例[4]。福州话的升调是非问主要用于表达怀疑、惊讶的语气，其询问的功能较弱，往往无须听话者作出回答。例如，"伊今旦去北京↗？"，其隐含的意思是"我怎么不知道啊"或"怎么走得这么匆忙"等，根据表义的需要，这类问句后面还可添加带有意外意味的后续句，如"只猛快这么快"等。而厦门话的升调是非问所表达的质疑语气更为强烈，发问人往往不必等听者回答就直接加上带有否定意味的后续句。例如，当说话人提出"汝是大学生↗？"的怀疑时，紧跟着就会带上"鬼则会相信汝鬼才相信你"这样的后续句来表达强烈的质疑。

升调是非问还可用于表达反诘语气，肯定形式的句子表达否定

---

[1] 彭小川：《广州话是非问句研究》，《暨南学报》（哲学社会科学版）2006年第5期。

[2] 邵敬敏等：《汉语方言疑问范畴比较研究》，暨南大学出版社2010年版，第32页。

[3] 例句引自邵敬敏等《汉语方言疑问范畴比较研究》，第32页。

[4] 甘于恩：《闽方言疑问句比较研究》，《暨南学报》（哲学社会科学版）2007年第3期。

意义，否定形式的句子表达肯定意义。这一语义特征普遍存在于不同方言里。以湖南永顺的西南官话为例①。

（75）今儿放假他莫都去学校的↗? 今天放假他难道都去学校了吗？
（76）他欢喜穿这件烂衣服↗?
（77）他的钱莫没跟你过起用↗? 他的钱难道没有给你用？
（78）他等下儿莫不转来哒↗? 他等一下难道不回来了？

彭慧指出，永顺方言里的升调是非问可用于表达反问语气，句中常用语气副词"莫"，相当于普通话里的"难道"②。具体表现为两种情况：其一，当"S"为肯定形式，"S+↗?"表达否定意义，如例（75）（76）。其二，当"S"为否定形式，"S+↗?"表达肯定意义，如例（77）（78）。

再以广西玉林的粤语为例。苏丽红指出，玉林话一般使用"……冇是……"加上高升语调构成反问，表达强烈的反诘语气③。例如：

（79）睇你只□［hai³³］相，你冇是扫地佬↗? 看你那熊样，不就是个扫地的？（苏丽红，2016）

（三）语用表现

在言语交际中，升调是非问随着语境的不同可表现出不同的语用特征。这主要概括为三种情况。第一，在交际双方见面打招呼时，

---

① 例句引自彭慧《湖南永顺方言语法研究》，博士学位论文，湖南师范大学，2019年，第101页。
② 彭慧：《湖南永顺方言语法研究》，博士学位论文，湖南师范大学，2019年，第101页。
③ 苏丽红：《玉林话的是非问句》，《汉语学报》2016年第2期。

升调是非问可以作为应酬性、礼节性的寒暄问候语。例如：

(80) 河北武邑：A. 吃饭去↗? B. 吃饭去。（张晓静，2014）

(81) 湖北安陆：嗯你吃了的↗?（盛银花，2007）

(82) 湖北天门：在地上网↗? 在上网?（卢红艳，2009）

例（80）（81）中，交际双方在吃饭的时间相遇，在这种语境下，"吃饭去↗?"和"嗯吃了的↗?"是见面打招呼的客套话，并不表达疑问意义。例（82）中，问话人已经看到对方正在上网，但出于礼貌，以明知故问的方式来跟对方打招呼。

第二，当听话人对问话人所说话语的部分或全部内容产生疑问，或感到惊讶时，听话人往往会使用升调是非问以重复上文话语的方式来表达自身的诧异或疑惑。这类重复性的问句即是"回声问"。而对上文的重复，既可以针对整个句子，也可以针对个别词语，既可以是原文的复述，也可以在原文的基础上有所变动。例如：

(83) 贵州遵义：A. 他没来，你去顶倒嘛。B. 我去顶倒↗?（胡光斌，2010）

(84) 安徽北部：A. 今个不上学? B. 不上学↗?（侯超，2013）

(85) 福建莆仙：A. 果熬诶走城里，汝躲厝里。我后天去莆田，你呆在家里。B. 熬诶↗? 后天?（蔡晨薇，2014）

例（83）中，"我去顶倒?"是上文"你去顶倒嘛"的回声问形式，除了人称替换，语表形式基本相同。例（84）（85）中，"不上学↗?"和"熬诶↗?"通过重复个别词语并添加上升语调构成"S+↗?"问句，所重复的内容即是对上文质疑的内容。

回声问的基本作用是体现听话者的理解焦点。邵敬敏指出，焦点（focus）是"话语内容的重点所在，说话者有自己的表达焦点，而听话者也有自己的理解焦点；说话者的表达焦点往往采用'重音'的形式显示出来，而听话者的理解焦点则可以采用'回声问'的形式显示出来"①。在言语交际中，这类升调是非问的主要功能在于表达疑惑或惊讶的主观情态，其次才是向对方求证，因此，其答问方式往往较为简单，甚至可以用手势、点头、摇头以及面部表情等来作答，或直接不作回答。

为明确表达听话人的心理意图及关注焦点，在回声问后面还可以添加后续句来增加疑问信息的强度，增强主观情态的表达。例如，在河南固始方言里，当升调是非问充当回声问时，为促使言语交际的正常进行，可以在回声问的后面添加后续句来帮助传达疑问信息，以增强其"抗干扰"的能力②：

(86) A. 我明个去赶城，你搁家里。我明天去县城，你待在家里。B. 明个↗？你为啥要明个去呢？

(87) A. 我还要一千块钱。B. 一千块钱？这么多。

上述两例中，"你为啥要明个去呢？"和"这么多。"分别是对"明个？"和"一千块钱？"的补充，使听话者的关注焦点更加清晰，更明确地表达听话者的质疑。

第三，当问话人对某种事实情况已经了解，却难以接受这一事实情况时，升调是非问可用于提出怀疑，表达内心的不满。例如：

(88) 辽宁铁岭：今个上街↗？人多多啊！（云微，2014）

---

① 邵敬敏：《"回声问"的形式特点和语用特征分析》，《华东师范大学学报》1992年第2期。

② 李孝娴：《固始方言问句系统考察》，硕士学位论文，华中师范大学，2003年，第7页。

（89）湖北武汉：小王不在↗？他说好了要来的咧。（赵葵欣，2012）

例（88）中，问话人因为不认同对方坚持要上街的决定，故而提出怀疑，其所表达的真正意图是"今天街上这么多人上什么街呀"。例（89）中，问话人去找小王却发现小王并没有在约定好的时间、地点出现，故而提出怀疑以表达不满的情绪。

通过分析可知，升调是非问由上升语调负载疑问信息，在不同的方言里具有相似的语表形式。升调是非问存在表达一般询问、表达揣测性求证、表达怀疑或诧异以及表达反诘语气四种语义类型。在特定语境中，升调是非问既可作为寒暄问候用语，也可作为回声问，还可作为质疑用语。

## 二　低平调是非问

低平调是非问是句末使用低平语调负载疑问信息的问句形式，表示为"S+→？"。

在现代汉语普通话里，句尾趋升的语调型是非问句是语法学界普遍认同的问句类型。彭小川[1]指出，除上升语调以外，普通话的是非问句还存在由低平语调表达疑问的现象，这种低平语调叠加在语气词"啊[2]、啦"之后，构成"S+啊/啦→？"的问句形式，主要用于表达求证语气。赵元任先生曾经在《汉语口语语法》[3]中提出，语气词"啊"可用于要求证实的问句中，与"吗"字问句相比，"啊"字问句的音高较低，含有"我没听错吧？"的意思。赵先生所提及的这种"啊"字问句正是上述"S+啊/啦→？"问句。

"S+啊/啦→？"问句的特征主要表现在语表形式、表义功能和

---

[1] 彭小川：《关于是非问句的几点思考》，《语言教学与研究》2006年第6期。
[2] "啊"包括其音变形式"呀、哇、哪"。
[3] 赵元任：《汉语口语语法》，吕叔湘译，商务印书馆1979年版，第360页。

语用表现三个方面。

在语表形式上,"S+啊/啦→?"主要表现出两点特征。其一,陈述性短语末尾添加低平语调,低平语调是构成疑问句的必要手段。其二,低平语调不能单独出现于陈述性短语末尾,而需要与"啊、啦"等语气词共同出现,"啊、啦"等语气词是促使疑问句成立的有效手段。彭小川认为,低平调是非问之所以需要添加"啊、啦"等语气词才能成立,是因为是非问句的低平语调与陈述句的陈述语调本身都呈微降的状态,二者的区别特征并不明显,而"啊、啦"等语气词的添加,能够更好地将是非问句与陈述句区分开来①。

在表义功能上,"S+啊/啦→?"主要表达回应性求证的语气,即"言者对现场所闻、所见或感受到的某种情况的再确认或求证"②。其中,低平语调负载疑问信息,问句末尾的"啊、啦"等语气词主要起舒缓语气的作用。与怀疑、诧异的语气相比,求证语气较为和缓,"啊、啦"等语气词的使用与问句的表义需要相吻合,因此,能够帮助求证语气的表达。例如③:

(90) A. 这儿怎么这么热?
B₁. 热↗? 你刚从外头进来罢了。
B₂. 热呀→? 那就开空调吧!

上例中,B₁是"S+↗?"问句,主要表达怀疑、诧异或无法理解的语气,后续句"你刚从外头进来罢了。"表明说话人并未感到热,所以对上文话语提出怀疑。而B₂是"S+呀→?"问句,主要表达说话人的求证语气,后续句"那就开空调吧!"是说话人求证之后

---

① 彭小川:《关于是非问句的几点思考》,《语言教学与研究》2006年第6期。
② 彭小川:《关于是非问句的几点思考》,《语言教学与研究》2006年第6期。
③ 例句引自彭小川《关于是非问句的几点思考》,《语言教学与研究》2006年第6期。

提出的建议。

在语用表现上,"S+啊/啦→?"对语境具有较强依赖性,只有以特定语境作为支撑才能使问句的表义功能得以实现。例如①:

(91)(看见对方在收拾东西。)A₁. 你要走↗?
A₂. 你要走哇→?

在上例中,说话人看到对方正在收拾东西,在这种语境下,使用句式 A₁ 主要表达说话人出乎意料的惊讶,使用句式 A₂ 则主要为了向对方求证其要走的猜测。

在方言中,目前已明确论及低平调是非问句的资料较为有限,但就现有文献来看,晋、陕、蒙三地的晋语区以及广东、广西境内的粤语区都存在低平调是非问句。在上述方言分区,低平调是非问主要具有三个方面的特征。第一,在语表形式上,低平语调是负载疑问信息的疑问手段,多数方言点需要在陈述性短语末尾添加非疑问意义的语气词来帮助问句成立,但在少数方言点也存在不添加语气词而直接以低平语调煞尾的现象。第二,在表义功能上,低平语调是非问主要用于表达求证,说话人根据对方的话语或自己的所见所闻所感经过揣测、估计之后提出疑惑,提出问题的目的是希望得到对方的确认或证实。彭小川认为,"说话人发问都是着眼于对现场所闻、所见或感受到的某种情况的确认或求证,宽泛地说带有一种回应性"②。第三,在具体使用上,低平调是非问对语境具有较强依赖性,既可用于回声问,也可用于非回声问,在非回声问里还可进一步引申为寒暄用语。根据上述特征,以下结合资料,对不同方言点的低平调是非问进行具体分析。

---

① 例句引自彭小川《关于是非问句的几点思考》,《语言教学与研究》2006 年第 6 期。

② 邵敬敏等:《汉语方言疑问范畴比较研究》,暨南大学出版社 2010 年版,第 111 页。

在晋、陕、蒙三地的晋语区，低平调是非问是一种带有肯定心理倾向的求证性问句。就语表形式来看，低平语调是非问主要有两个方面的特征：首先，陈述性短语既可以是肯定形式，也可以是否定形式；其次，问句末尾既可添加非疑问意义的语气词，也可直接用低平语调煞尾。例如①：

(92) 山西和顺：你花老可多钱（哩）→?
(93) 陕西子洲：你夜儿没北京去→?
(94) 内蒙古清水河：你真个不饿→?

在回答方式上，郭利霞指出，无论句子本身是肯定形式还是否定形式，问话人都希望得到肯定的回答，一般也都能得到肯定的回答，这种肯定的答案往往是问话人所期待的答案②。例如③：

(95) 山西山阴：（聊天时看到主人家窗户开着）A. 你那窗户不关→?
B. 各共也不关，一春气也没关。从来都不关，一春天都没关。
(96) 山西五台：（看到自己认识的两个人在聊天）A. 你俩块能认哩→?
B. 能认哩。

在特定语境中，低平调是非问可以作为寒暄问候语使用。例如④：

---

① 例句引自郭利霞《汉语方言疑问句比较研究——以晋陕蒙三地为例》，南开大学出版社2015年版，第73—74页。
② 郭利霞：《山西方言的语调问句》，《语言研究》2014年第2期。
③ 例句引自郭利霞《山西方言的语调问句》，《语言研究》2014年第2期。
④ 例句引自郭利霞《山西方言的语调问句》，《语言研究》2014年第2期。

（97）山西平遥：（遇到认识的年纪比较大的老人）最近精神还可以→？

（98）山西长治：（到别人家里，碰巧人家在吃饭）你正吃的饭来→？

上述两例是低平调是非问作为寒暄问候语的用法。这类问句虽然仍具有问句的语表形式，但在语义上并不表达询问，也不要求对方必须作出回答，而是作为一种礼貌性的问候语在言语交际中使用。

在广东、广西的粤语区，由低平语调构成的是非问句是语调型是非问句的常用形式之一。与上述晋语不同的是，粤语里的低平调是非问大体上都需要在陈述性短语的末尾添加非疑问意义的语气词。

首先以广州方言为例①。广州方言里的低平调是非问可以表示为"S＋啊/咋/啦/㗎→？"。其中，低平语调负载疑问信息，"啊、咋、啦、㗎"表达非疑问的语气意义。语气词"咋［tsa$^{33}$］"表示"仅此而已"，相当于普通话的"才、只"等；"啦［la$^{33}$］"是"喇［lak$^{33}$］"和"啊［a$^{33}$］"的合音，"喇"相当于普通话里表情况发生变化的语气词"了"；"㗎［ka$^{33}$］"是"嘅［kɛ$^{33}$］"和"啊［a$^{33}$］"的合音，"嘅"相当于普通话的"的"；四个语气词的本调都是［33］，但在低平语调的影响下，它们都变读为［21］调。麦耘②指出，在广州方言中，句末字调与语调主要有"后续叠加"和"覆盖叠加"两种关系，当句末单字为非语气词时，疑问语调"后续叠加"在句末字调上；当句末单字为语气词时，疑问语调"覆盖叠加"在句末的语气词上。由此可知，在低平调是非问句中，低平语调与"啊、咋、啦、㗎"字调的关系应该是"覆盖叠加"。反观普通话的低平语调是非问，位于句末的"啊、啦"等语气词本调均念

---

① 彭小川：《广州话是非问句研究》，《暨南学报》（哲学社会科学版）2006 年第 5 期。

② 麦耘：《广州话疑问语气系统概说》，庆祝《方言》创刊 20 周年学术讨论会论文，成都，1998 年 5 月。

轻声，在低平语调的影响下字调趋于低平，这样一来，句末语气词的字调与语调之间也是"覆盖叠加"的关系。

在表义功能上，"S+啊/咋/啦/㗎→?"是对自己的所见所闻进行揣测、估计后的求证，相当于普通话的"S+啊/啦→?"，其既可出现在回声问中，也可出现在非回声问中。例如①：

（99）甲：天气预报话听日有暴雨。天气预报说明天有暴雨。
　　　乙：听日有暴雨啊→? 明天有暴雨呀？
（100）甲：你唔等佢啦→? 你不等他啦？
　　　乙：唔等啦！不等了！

例（99）是求证性的回声问，意在确认甲所说内容。例（100）是甲根据当前的客观情况对乙提出疑惑并希望获得对方的证实。

在广西境内的粤语区，如玉林、藤县、贺州、梧州等地，也存在低平调是非问句。其中，广西玉林、藤县、梧州三地的低平调是非问与广州话的情况较为相似。如表3—1所示：

表3—1　　玉林、藤县、梧州三地的低平调是非问

| 特征<br>方言点 | 语表形式 | 表义功能 | 例句 |
| --- | --- | --- | --- |
| 玉林<br>（苏丽红，2016） | S+啊 [a²¹] →? | 对刚得知或眼前的某种情况的再确认或求证。 | 甲：下午4点钟送来嘞！下午4点钟送来啊！乙：哦！下午4点啊→? |
|  | S+啦 [la³¹] →? | 对眼前事态变化的求证。 | 你吃咗 [ak⁵] 饭啦→? 你吃过饭啦？ |
|  | S+嘎 [ka³¹] →? | 对眼前事实的再确认。 | 对鞋咁贵嘎→? 这双鞋这么贵的啊？ |

---

① 例句引自邵敬敏等《汉语方言疑问范畴比较研究》，暨南大学出版社2010年版，第109页。

续表

| 特征<br>方言点 | 语表形式 | 表义功能 | 例句 |
|---|---|---|---|
| 藤县<br>(唐一萍，2013) | S + 啊/啦/噶→? | 对所见所闻的某种情况进行再确认或求证。 | 自己在宿舍啊→?<br>喫饱啦→? 吃饱了啊?<br>你哋个流量同上网冇一样噶→? 你们的流量和上网的不一样的啊？ |
| 梧州<br>(余凯，2008) | S + 啊/啦→? | 表一般询问。 | 你间铺听日开张啊→? 你的店铺明天开张吗?<br>单官司赢咗啦→? 那场官司赢了吗? |
| | S + 喺→? | 表达说话人的失望或出乎意料。 | 你冇系同我一齐去喺→? 你不是和我一起去的吗? |
| | S + 咋→? | 表示说话人对某种情况不满意。 | 得你一个咋→? 就你一个人吗? |

表3—1 中，玉林、藤县、梧州三地的低平调是非问具有相同的语表形式，即都包含陈述性短语、非疑问意义的语气词和低平语调三部分。在表义功能上，玉林、藤县两地的低平调是非问主要用于表达对所见所闻的求证，这可以看作一种回应性求证，而梧州话里的低平调是非问既可用于表达一般询问，也用于表达失望、出乎意料或不满意的情感态度。

在广西贺州"本地话"中，也存在低平调是非问，但与上述三地不同的是，其问句末尾无须添加语气词就可直接使用低平语调。例如：

(101) 你重是要走→? 我煮开你箇饭咯！你还是要走? 我煮了你的饭了! (刘宇亮，2011)

刘宇亮认为，这类问句的疑问程度较低，通常用来证实自己已经认识到或有把握的事物，是一种回应性求证，要求被询问人对所提问题进行附和或作出更为明确的解释①。

### 三 降调是非问

降调是非问是句末使用下降语调负载疑问信息的问句形式，表示为"S +↘?"。

据现有资料，明确提及这类问句的文献尚不多见，涉及方言点只有湖南衡阳和广西玉林两地。在这里，我们仅就收集到的资料，对降调是非问的方言特征进行粗略分析。

在湖南衡阳方言中，"S +哒（呀）↘?"是由下降语调负载疑问信息的是非问句。据彭兰玉考察，在这类问句里，下降语调和语气词"哒"都是必不可少的成句要素。其中，下降语调是疑问信息的主要负载者，而语气词"哒"，相当于普通话的"了"，是帮助疑问信息传达的补充要素②。有时，问句末尾还可添加语气词"呀"，但"呀"并不是构成疑问句的必要因素。例如：

（102）你打赢哒（呀）↘? | 今日不开会哒（呀）↘?（彭兰玉，2002）

在广西玉林方言中，"S +啊/嘎↘?"也是由下降语调负载疑问信息的是非问句③。就语表形式来看，"S +啊/嘎↘?"问句主要具有三个特征：其一，陈述性短语"S"常用或能够添加"唔充、忧"等语气副词，也可以使用"……冇是……""……冇……冇……"等特定格式；其二，问句末尾必须使用语气词"啊/嘎"；

---

① 刘宇亮：《贺州"本地话"疑问句研究》，硕士学位论文，上海师范大学，2011年，第21页。
② 彭兰玉：《衡阳方言语法研究》，博士学位论文，湖南师范大学，2002年，第98页。
③ 苏丽红：《玉林话的是非问句》，《汉语学报》2016年第2期。

其三，问句末尾需要附加下降语调。就表义功能来看，"S＋啊／嘎↘?"问句主要表达反诘语气，相当于普通话的诧异问句"S＋吗₂?"。例如①：

（103）唔充［m³² tɕʻoŋ⁵⁴］是两三只月啊↘? 难道是两三个月吗?

（104）忧［jau⁵⁴］有容易啊↘? 这还不容易吗?

（105）我冇是讲过分你听嘎↘? 我不是跟你说过的吗?

上述三例中，下降语调是负载疑问信息和反诘语气的形式载体，语气词"啊／嘎"只起舒缓语气的作用，而表反诘的语气副词"唔充""忧"和特定格式"……冇是……"则主要起加强反诘语气的作用。

**四　地理分布**

据现有资料，语调型是非问在官话方言和非官话方言中均有分布，涉及地域广泛。但并不是所有方言中都存在语调型是非问句，具体表现如下。

首先，就官话方言来看，在甘肃境内的兰银官话、中原官话，安徽境内的江淮官话以及四川境内的西南官话中，有部分方言点不存在语调型是非问句。其次，就非官话方言来看，在湖南境内的湘语、江西境内的赣语、江苏境内的吴语、海南境内的闽语、福建境内的客家话以及广西平话、湖南土话中，有部分方言点不存在语调型是非问句。

现有资料里明确提出不存在语调型是非问的方言点如表 3—2 所示。

---

① 例句引自苏丽红《玉林话的是非问句》，《汉语学报》2016 年第 2 期。

表3—2　　　　　　　　无语调型是非问的方言点

| 方言分区 | 方言点 | 无语调型是非问的方言点 |
|---|---|---|
| 官话方言 | 兰银官话 | 甘肃甘州（高天霞，2009） |
| | 中原官话 | 甘肃临夏（谢晓安，1990）、白龙江流域（莫超，2004） |
| | 江淮官话 | 安徽安庆（鲍红，2016） |
| | 西南官话 | 四川自贡（殷润林，2005）、成都（赵明节、杜克华，2017）；贵州遵义（胡光斌，2010） |
| 非官话方言 | 湘语① | 湖南益阳（徐慧，2001）、邵东（孙叶林，2009）、新化（罗昕如，1998） |
| | 赣语 | 江西宜丰（邵宜，2009）、南昌县（塘南）（肖放亮，2006） |
| | 徽语 | 安徽旌德三溪（吴早生，2017） |
| | 吴语 | 江苏苏州（李小凡，1998） |
| | 粤语 | 广西北流（徐荣，2008） |
| | 闽语 | 海南屯昌（钱奠香，2002） |
| | 客家话 | 福建连城（项梦冰，1997）、宁化（张桃，2004） |
| | 平话、土话 | 广西宾阳（覃东生，2007）；湖南桂阳（邓永红，2007） |

# 第二节　语气词是非问

疑问语气词是表达疑问的重要手段之一。不同的疑问语气词可以构成不同的语气词是非问句。在普通话中，语气词是非问主要包括"吗"字是非问和"吧"字是非问两类。在方言中，同样存在语表形式和语义内涵相当的语气词是非问句，可分别统称为"吗"类是非问和"吧"类是非问。

---

① 据卢小群（2007：331）考察，湘语里的语调并不是表达疑问语气的基本手段。

## 一 "吗"类是非问

在普通话中,"吗"字是非问句由表陈述的短语"S"加上疑问语气词"吗"构成,主要包含两种语义类型:一是表达一般询问的中性问句,表示为"S+吗$_1$?";二是表达怀疑、惊讶甚至完全不相信的诧异问句,表示为"S+吗$_2$?"。在方言中,"吗"类是非问也可分为中性问和诧异问两种语义类型。本小节拟从形义特征和语用表现两个方面对方言的"吗"类是非问句进行考察。为行文方便,我们将中性问句统称为"S+M$_1$",其句末疑问语气词统称为"M$_1$";诧异问句统称为"S+M$_2$",其句末疑问语气词统称为"M$_2$"。

（一）形义特征

依据疑问语气词的不同特征,方言里的"吗"类是非问句主要存在两种情况:一是使用同一疑问语气词同时构成中性问句和诧异问句,简称为"M$_1$"与"M$_2$"同音同形;二是使用不同的疑问语气词分别构成中性问句和诧异问句,简称为"M$_1$"与"M$_2$"异音异形。

第一,"M$_1$"与"M$_2$"同音同形。

"M$_1$"与"M$_2$"同音同形是指中性问句"S+M$_1$"与诧异问句"S+M$_2$"所使用的疑问语气词在语音和语形上具有相同的特征。这种情况与普通话的"S+吗$_1$"问句和"S+吗$_2$"问句相类似。例如:

（106）河北定兴:衣裳洗完咧啊?衣服洗完了吗?｜他还没说完呢啊?他还没说完吗?（陈淑静、徐建中,1997）

（107）安徽北部:你去吗?｜就小张来了吗?（侯超,2013）

（108）陕西佳县:他认得你么?｜那还没说完么?（郭利霞,2015）

（109）湖南永州:你要淘汰这个诺基亚了啊?你要淘汰这个诺基亚了吗?｜你就要回学校了啊?你就回学校了吗?（文智芳,2014）

（110）湖南临澧：题目蛮很啵？题目很难吗？｜你还不得讲出去啵？你还不会讲出去吗？（邹飞，2006）

（111）浙江萧山：猪肉啊？猪肉吗？｜恩东西否码色回去啊？你东西不买点回去吗？（叶吉娜、首作帝，2013）

（112）福建永定：今日礼拜日噻？今天是星期天吗？｜佢唔来上课欸噻？他不来上课了吗？（李小华，2014）

上述各例中，前一例句是表一般询问的中性问句，句末疑问语气词相当于普通话的"吗$_1$"；后一例句是表怀疑、惊讶等语气的诧异问句，句末疑问语气词相当于普通话的"吗$_2$"。前一例中的疑问语气词与后一例中的疑问语气词具有相同的语音形式。例如：

安徽北部：吗［maŋ］或［məŋ］（侯超，2013）
湖南永州：啊［a$^{11}$］（文智芳，2014）
湖南临澧：啵［po］（邹飞，2006）
福建永定：噻［mei$^{21}$］（李小华，2014）

上述疑问语气词虽然在语音形式上没有差别，但所表达的语气意义并不单一，不同的语气意义对应于不同形式的陈述性短语。彭小川认为[①]，"S＋吗$_1$"问句和"S＋吗$_2$"问句在语表形式上的差异主要体现在两个方面：首先，"S＋吗$_1$？"的"S"只能是肯定形式，不能是否定形式，而"S＋吗$_2$？"的"S"既可以是肯定形式也可以是否定形式。其次，"S＋吗$_2$？"可以将其末尾的"吗$_2$"去掉，替换为表达怀疑、诧异语气的上升语调，问句依然成立；而"S＋吗$_1$？"却不能进行这样的替换。这两点形式特征同样适用于方言。在例（106）至例（112）中，中性问句的"S"都是不带强调标记的肯定

---

[①] 彭小川：《广州话是非问句研究》，《暨南学报》（哲学社会科学版）2006年第5期。

形式,而诧异问句的"S"既可以是含有"没、不、否、唔、冇"等否定副词的否定形式,也可以是含有"就"等强调标记的肯定形式;如果将中性问句末尾的疑问语气词替换为上升语调,则问句的意义发生变化;如果将诧异问句末尾的疑问语气词替换为上升语调,则问句仍然表达诧异、怀疑的语气。

在"S + $M_2$"问句里,当说话人的怀疑、诧异进一步发展成为全然不信时,"S + $M_2$"问句便转变成为完全表达否定意义的反诘问句,这时,疑问语气词"$M_2$"用于表达反诘语气。以浙江湖州方言、江西宜丰方言和四川成都方言为例。

在湖州方言中,疑问语气词"啊"既可用于表达不知而问,也可用于反问句末尾,表达质问、斥责等语气[①]。

(113)(中性问)寻我有事体啊？找我有事情吗？

(反诘问)像你噶做事体,好得来啊？像你这样做事情,能好吗？(顾怀秋,2012)

在宜丰方言中,用于中性问句的疑问语气词"墨[mæ$^{33}$]",也可用于否定形式的陈述性短语末尾。这时,问句可以表达反诘语气,除表现发问人对事实的失望或意外之外,还带有不满甚至愤怒的主观情态[②]。

(114)(中性问)你昨日上了课墨？你昨天上了课吗？

(反诘问)佢冇开得车积来墨？他没有开车来吗？ (邵宜,2009)

---

[①] 顾怀秋:《湖州方言语气词研究》,硕士学位论文,上海师范大学,2012年,第26页。

[②] 邵宜:《赣方言(宜丰话)疑问范畴比较研究》,载甘于恩编《南方语言学》(第1辑),暨南大学出版社2009年版,第118页。

在成都方言中，由疑问语气词"哇"构成的是非问句既可用于表达不知而问，也可用于表达反诘语气①。

(115)（中性问）你是四川人哇？你是四川人吗？
（反诘问）你不晓得早点儿来排队哇？你不知道早点儿来排队吗？
（张一舟等，2001）

第二，"$M_1$"与"$M_2$"异音异形。

"$M_1$"与"$M_2$"异音异形是指中性问"$S+M_1$"与诧异问"$S+M_2$"所使用的疑问语气词在语音和语形上具有不同的特征。

首先，"$M_1$"与"$M_2$"具有不同的语音形式。例如：

| | $M_1$ | $M_2$ | |
|---|---|---|---|
| 河南驻马店： | 呗［pɛ］ | 吗［mɑŋ］ | （刘洋洋，2016） |
| 湖北襄阳： | 唛［mai］ | 吧［pa］ | （张晶，2016） |
| 湖南常德： | 啵［po］ | 吵［sa］ | （郑庆君，2006） |
| 湖南邵东： | 曼［·man］ | 唵［·an］ | （孙叶林，2009） |
| 湖南隆回： | 么［mɐ³¹］ | 唉［a³¹］ | （丁家勇、罗够华，2006） |
| 湖南武冈： | 吗［mɒ⁴⁴］ | 啊［ɒ⁴⁴］ | （向柠，2006） |
| 江苏盐城： | 呃［·ə］／呢［·nə］ | 嚐［·tā］ | （蔡华祥，2008） |
| 广东广州： | 嘛［ma³³］ | 咩［mɛ⁵⁵］ | （彭小川，2006） |
| 福建宁化： | 吗［maʔ⁵］ | 哈［hɑ⁴⁴］ | （张桃，2004） |

在表义功能及与"S"的组配能力上，异音异形的"$M_1$"与"$M_2$"呈现互补关系。具体而言，"$M_1$"是纯粹表达不知而问的语气词，与其相组配的"S"主要具有两个方面的特征：首先，在语表形式上，只能是肯定形式，不能是否定形式；其次，在语义内涵上，

---

① 张一舟等：《成都方言语法研究》，巴蜀书社2001年版，第342页。

只能是对某一命题的陈述,而不能蕴含主观态度或心理倾向。"$M_2$"是表达怀疑、惊讶、诧异的语气词,与其相组配的"S"也表现出两个方面的特征:首先,在语表形式上,既可以是肯定形式,也可以是否定形式,且肯定形式中需要带有表强调意义的副词;其次,在语义内涵上,发问人对所陈述事实带有明显的否定心理倾向,有时还可以表达反诘语气。例如:

表3—3　　　　　　　"S+$M_1$?"与"S+$M_2$?"例句

| 方言点 \ 例句 | S+$M_1$? | S+$M_2$? |
|---|---|---|
| (116) 湖北新洲<br>(高杜,2016) | 外公明朝去回啵?外公明天回去吗? | 她昨天去看了电影的吵?她昨天去看了电影吗? |
| (117) 湖北天门<br>(卢红艳,2009) | 这事他晓得哒吗?这事他知道了吗? | 只他一个人做对哒啊?只他一个人做对了吗? |
| (118) 湖南新化<br>(邵敬敏等,2010) | 其俚行咖哩喃?他们走了吗? | 个多年哩,你还冇买屋吗?这么多年了,你还没买房子吗? |
| (119) 江苏盐城<br>(蔡华祥,2008) | 你走呃?你走吗?<br>你吃过呢?你吃过了吗? | 他吃过饭了噹?他吃过饭了吗? |
| (120) 广西北流<br>(徐荣,2008) | 你同日去着隆盛嘛?你昨天去了隆盛吗? | 你同日冇吃着荔枝啊?你昨天没吃荔枝吗? |
| (121) 广东广州<br>(彭小川,2006) | 王老师喺屋企嘛?王老师在家吗? | 你冇同佢一齐去咩?你没跟他一起去吗? |
| (122) 广东廉江<br>(林华勇,2007) | 得闲去看电影吗?有空去看电影吗?<br>佢以前中意睇电影咩?她以前喜欢看电影吗? | 你不认识佢么?你不认识他吗?<br>得两毫纸之么?才两毛钱吗? |

在表3—3中,作为"$M_1$"的语气词"啵""吗""喃""呃""呢""嘛""咩"单纯表达疑问,疑惑程度较高,"S"只能是肯定形式而不能是否定形式。作为"$M_2$"的语气词"吵""啊""吗"

"嗒""咩""么"所表达的疑惑程度较低,发问人对所谈论的话题已经有了明确的认识,提出问题主要是为了表达其怀疑、诧异、惊讶的主观态度,同时伴随着不满、讽刺、埋怨、斥责等强烈的负面情绪,"S"既可以是肯定形式也可以是否定形式。

上述例句中的"M₂"还可用于表达反诘语气的是非问句。以湖北新洲方言、湖南新化方言、江苏盐城方言、广东广州方言为例。

在新洲方言中,"啵"字是非问句是没有明显的肯定或否定倾向的中性问句,而"呦"字是非问句则完全偏向于否定,表达说话人明显的否定心理倾向。此外,"呦"字是非问句还可以表达反问语气,如"今朝不是个大晴天呦? 今天天气不好吗?"①。

在新化方言中,"S+喃?"是不带任何语义倾向的中性问句;"S+吗?"属于惊讶性求证问句,其主要目的不在于求证,而是凸显说话人惊奇、意外的情感色彩。疑问语气词"吗"除可以用于这种求证性是非问以外,还可用于反问句末尾,这时,整个句子主要表达"不可能、不相信"的意思,如"你冇去吗? 我分明看着你在尔落。你没去吗? 我分明看见你在那。"②。

在盐城方言中,"S+呃?"与"S+呢?"均是中性问句,不同之处在于,疑问语气词"呃"用于对未然事件发问,而"呢"则用于对已然事件发问。此外,疑问语气词"嗒"也可用于陈述性短语末尾构成是非问句,"S+嗒?"蕴含问话人不敢相信的否定心理倾向,这类问句还具有反问用法,即"嗒"表达反诘语气,如"你不走了嗒?"③。

在广州方言中,疑问语气词"嘛"表示一般询问,"S+嘛?"是中性问句,问话人对不了解的事实情况提出问题,对问题的答案

---

① 高杜:《新洲方言语法研究》,硕士学位论文,南京师范大学,2016年,第66—67页。
② 邵敬敏等:《汉语方言疑问范畴比较研究》,暨南大学出版社2010年版,第46页。
③ 蔡华祥:《江苏盐城话的疑问语气词》,《汉语学报》2008年第1期。

无所知晓；疑问语气词"咩"表示诧异或疑惑，"S + 咩？"是诧异问句，"咩"还可用于表达反诘语气，如"我唔喺话过畀你知咩？我不是告诉过你吗？"[①]。

通过上述分析可知，异音异形的"$M_1$"与"$M_2$"具有明显的区别性特征。与同音同形的"$M_1$"与"$M_2$"相比，这一类别里的"$M_1$"仅可用于中性问句，有时兼具时体限制，与其相组配的"S"只能是肯定形式而不能是否定形式。这些特征是纯粹表达语气意义的疑问语气词所不具有的。因此，我们认为，这一类型里的"$M_1$"并不是真正的疑问语气词，而应属"准疑问语气词"。而相比之下，同音同形的"$M_1$"与"$M_2$"纯粹表达疑问语气，应属真正的疑问语气词。

此外，有的方言中，用于中性问句的"$M_1$"与用于诧异问句的"$M_2$"还可通过改变声调的方式来进行区分。例如，在湖南临湘方言里，用于中性问的疑问语气词读作[$ma^{33}$]，相当于普通话的"吗$_1$"；用于诧异问的疑问语气词读作[$ma^{55}$]，相当于普通话的"吗$_2$"[②]。因谈及这类形式的文献资料有限，在此我们不作具体论述。

（二）语用表现

在普通话里，疑问语气词"吗"根据表义的需要可以分化为"吗$_1$"和"吗$_2$"。在具体使用中，"吗$_1$"和"吗$_2$"各自承担不同的表义功能，且没有其他疑问语气词为其分担，因此，这种互补的语义特征在语用上体现为"一一对应"的关系。在方言里，相当于"吗$_1$"和"吗$_2$"的疑问语气词往往并不具有这种对称性，而主要表现出"一对多"的关系。具体说来，在大多数方言里只存在一个纯粹表询问的"$M_1$"，而在有些方言里则存在不止一个"$M_2$"（分别

---

[①] 彭小川：《广州话是非问句研究》，《暨南学报》（哲学社会科学版）2006年第5期。

[②] 彭小川：《关于是非问句的几点思考》，《语言教学与研究》2006年第6期。

表示为"$M_{2-1}$""$M_{2-2}$""$M_{2-3}$"等)。例如:

表3—4　　　　　疑问语气词"$M_1$"与"$M_2$"的方言示例

| 方言点 \ 疑问语气词 | 吗$_1$ | 吗$_2$ | | |
|---|---|---|---|---|
| | $M_1$ | $M_{2-1}$ | $M_{2-2}$ | $M_{2-3}$ |
| 江西宜丰（邵宜，2009） | 墨 | 墨 | 啊 | |
| 福建永定（李小华，2014） | 嘛 | 嘛 | 啊 | 啦 |
| 四川泰兴（兰玉英，2007） | 哇 | 哇 | 啊 | 哦 |
| 江苏涟水（胡士云，2011） | 吗 | 吗 | 啊 | |
| 浙江平阳（钱成慧，2000） | 啊 | 啊 | 嘎 | |
| 河北武邑（张晓静，2014） | 办/呗 | 啊 | 唡 | |
| 湖南新化（邵敬敏等，2010） | 喃 | 吗 | 偌哩 | |

表3—4所列各方言点中，分别包含一个"$M_1$"和不止一个"$M_2$"。具体包括两种情况。

其一，存在不止一个"$M_2$"，"$M_1$"与部分"$M_2$"同音同形。如上述江西宜丰方言、福建永定方言、四川泰兴方言、江苏涟水方言和浙江平阳方言均存在不止一个"$M_2$"，不同的"$M_2$"具有功能上的差异："$M_{2-1}$"只能用于否定形式的"S"末尾，与"$M_1$"的读音相同，在功能上部分对应于普通话的"吗$_2$"；而"$M_{2-2}$""$M_{2-3}$"既可用于肯定形式的"S"末尾，也可用于否定形式的"S"末尾，是对"$M_{2-1}$"的功能弥补，在功能上基本相当于普通话的"吗$_2$"。

以江西宜丰方言为例①。疑问语气词"墨"既可用于肯定形式的"S"末尾，也可用于否定形式的"S"末尾。当问句为肯定形式

---

① 邵宜：《赣方言（宜丰话）疑问范畴比较研究》，载甘于恩编《南方语言学》（第1辑），暨南大学出版社2009年版，第118—119页。

时,"墨"相当于普通话的"吗$_1$";当问句为否定形式时,"墨"主要表达出乎意料的语气,带有质询、不满的意味,相当于普通话的"吗$_2$"。此外,还存在疑问语气词"啊",其可同时用于肯定形式和否定形式的"S"末尾,多表示出乎意料的语气:在肯定形式末尾,主要表达出乎意料的惊讶或惊喜;在否定形式末尾,主要表达出乎意料的失望。可见,这里的"啊"也承担着普通话"吗$_2$"的表义功能。

其二,存在不止一个"M$_2$",且"M$_1$"与"M$_2$"完全不同。如上述河北武邑方言、湖南新化方言。当某一方言中存在多个疑问语气词"M$_2$"时,其所表达的语气意义及疑惑程度往往存在一定的差异。有的较为纯粹地表达出乎意料的主观情绪,有的希望得到进一步证实,还有的带有不满、愤怒、斥责等强烈的负面情感倾向。

以湖南新化方言为例①。疑问语气词"吗"和"偌哩"虽然都相当于普通话的"吗$_2$",但是所表达的情感、态度却不相同:"S+吗"问句主要表达说话人的惊奇与意外,而"S+偌哩"问句则主要表达说话人的不满、愤怒或责备。

综合来看,普通话的"吗"字是非问句与方言的"吗"类是非问句存在以下三种对应关系。

第一种情况:

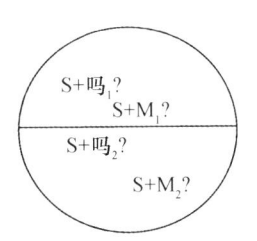

S+吗$_1$?
　　S+M$_1$?
S+吗$_2$?
　　S+M$_2$?

---

① 邵敬敏等:《汉语方言疑问范畴比较研究》,暨南大学出版社 2010 年版,第 46 页。

即"$M_1$"与"$M_2$"同音同形;"$S+M_1?$"相当于普通话的"$S+吗_1?$","$S+M_2?$"相当于普通话的"$S+吗_2?$"。

第二种情况:

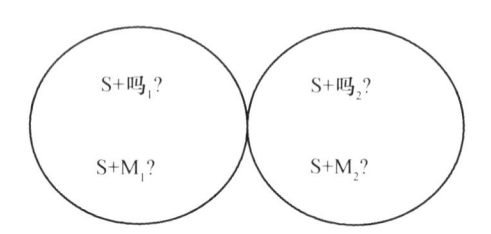

即"$M_1$"与"$M_2$"异音异形;"$S+M_1?$"相当于普通话的"$S+吗_1?$","$S+M_2?$"相当于普通话的"$S+吗_2?$"。

第三种情况:

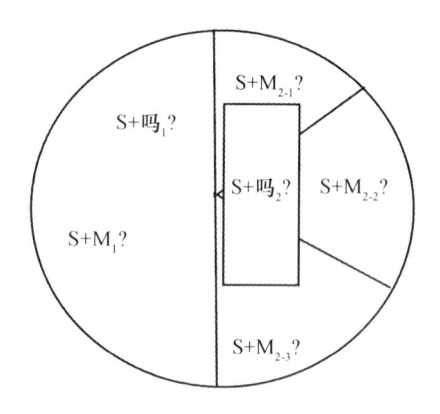

即"$M_1$"相当于普通话的"$吗_1$","$M_{2-1}$""$M_{2-2}$""$M_{2-3}$"等共同相当于普通话的"$吗_2$";"$S+M_1?$"相当于普通话的"$S+吗_1?$","$S+M_{2-1}?$""$S+M_{2-2}?$""$S+M_{2-3}?$"共同相当于普通话的"$S+吗_2?$"。

## 二 "吧"类是非问

在普通话中,"吧"字是非问句由表陈述的短语"S"加上疑问语气词"吧"构成,主要包含揣测求证和建议征询①两种表义功能,分别构成揣测求证问句和建议征询问句。在方言中,"吧"类是非问句也可以分为揣测求证问和建议征询问两种语义类型。本小节我们主要从形义特征和语用表现两个方面对方言的"吧"类是非问句进行考察。为行文方便,我们将方言里相当于普通话"吧"的疑问语气词统称为"吧"类语气词。

(一) 形义特征

与普通话相比,方言里的"吧"类是非问句在语表形式和语义内涵上主要表现出三个方面的特征:第一,方言里的"吧"类语气词多表现为一形一义的特征。具体说来,普通话的揣测求证问句与建议征询问句使用同一个疑问语气词"吧",分别构成具有不同语义内涵的两类问句;而方言的揣测求证问句与建议征询问句多使用不同的疑问语气词,各司其职,语义单纯。第二,方言里能够用于揣测求证问句和建议征询问句的"吧"类语气词往往不止一个,这一现象在揣测求证问句中尤为突出。不同的"吧"类语气词主要在疑惑程度、时态选择两个方面存在差异,其语义内涵的丰富性与普通话不同。第三,方言的"吧"类语气词可以用于表达普通话"是吗/是吧""好吗/好吧""对吗/对吧""行吗/行吧"等附加问的意义。下面结合上述三点特征进行具体分析。

第一,一形多义与一形一义。

---

① 就语义内涵来看,揣测求证有广义和狭义之分。广义的揣测求证,既包括说话人对某种行为或事件进行揣测、估计的求证,也包括说话人对已获知的某种事实或行为的求证,还包括说话人对某种看法或意见的征询或求证。而狭义的揣测求证,是指说话人将对某种事实情况的主观估测通过问句形式表达出来,以向对方进一步求证。在这里,我们主要讨论广义的揣测求证。建议征询,是说话人将自己根据某种事实情况得出的自认为可行的建议通过问句形式表达出来,以征得对方的同意或支持。

在普通话里,"吧"主要表达一种信、疑之间的语气。与专门用于疑问句末尾且单纯表疑问语气的语气词"吗"相比,"吧"只能算是一个兼职的疑问语气词,它不但可以用于疑问句末尾,也可用于陈述句和祈使句末尾。"吧"用于疑问句末尾,主要表达不太肯定、信中存疑的怀疑语气;"吧"用于陈述句或祈使句末尾,则主要为了降低句子"信"的程度,削弱肯定语气,使句子语气趋于和缓。因此,疑问语气词"吧"所表达的疑惑程度往往低于"吗",而"吧"字是非问句的疑问强度也往往低于"吗"字是非问句。在"吧"字是非问句内部,疑问语气词"吧"可同时用于揣测求证问句和建议征询问句末尾,但所表达的语气意义具有不同的侧重:揣测求证问句以要求听话者予以证实或征求对方意见为主要目的,因而用于揣测求证问句的"吧"主要表达一种"欲定而未定的口吻"[①];建议征询问句以征求对方的支持为主要目的,因而用于建议征询问句的"吧"主要表达商量、试探的语气。这也就是说,普通话的疑问语气词"吧"在揣测求证问句和建议征询问句中具有一形多义的特征。

在方言里,揣测求证问句和建议征询问句多使用不同的疑问语气词,各语气词分工明确。例如:

表3—5　　　揣测求证问句与建议征询问句的方言例句

| 方言点＼问句类型 | 揣测求证问句 | 建议征询问句 |
| --- | --- | --- |
| (123) 河北武邑<br>(张晓静,2014) | 你不是本地人嗳?你不是本地人吧? | 现在开始啊?现在开始吧? |
| (124) 河南驻马店<br>(刘洋洋,2016) | 他快出来唻嚛［pɔ］?他快出来了吧? | 等会儿你给恁奶叫衣裳洗洗吧［pa］?等会儿,你把你奶奶的衣服洗洗吧? |
| (125) 山东枣庄<br>(吕俭平,2011) | 他上年没上您这来哈?他去年没您这里吧? | 天纵么冷,路纵么远,咱白去了包?天这么冷,路这么远,咱们不去了吧? |

---

① 邵敬敏:《现代汉语疑问句研究》(增订本),商务印书馆2014年版,第44页。

续表

| 方言点 \ 问句类型 | 揣测求证问句 | 建议征询问句 |
| --- | --- | --- |
| (126) 山东临淄<br>(史冠新, 2006) | 太阳出来了啊吧？太阳出来了吧？ | 天这么冷，咱不去了吧？天这么冷，我们不去了吧？ |
| (127) 湖北武汉<br>(吴翩翩, 2009) | 你们有见过我爱人吧 [·pa]？你们没有见过我爱人吧？<br>先炒菜再煮饭啵 [·pə]？先炒菜再煮饭吧？ | 我们下午去爬山咧 [le¹]？我们下午去爬山吧？ |
| (128) 湖北安陆<br>(盛银花, 2007) | 他也暗才回来，可能吃了的吧 [pA⁵¹]？他这么晚才回来，可能吃过了吧？<br>乜件衣裳乜贵，只怕有得人买哦 [o³¹]？这件衣服这么贵，恐怕没有人买吧？<br>嗯老儿身体还扎实唦 [æ⁴⁴]？你父亲身体还扎实吧？ | 我跟他商量了以后再给嗯答嗬 [xo⁵¹]？我跟他商量了以后再给你答复吧？ |
| (129) 湖南岳阳<br>(杨彤, 2015) | 你的屋已经卖落哒吧₁？你的房子已经卖掉了吧？ | 我等下子有事，可以先会去吧₂？我等会儿有事，可以先会去吗？<br>明日一路去看大爹啵？明天一起去看爷爷吧？ |
| (130) 湖南永州<br>(文智芳, 2014) | 你已经出咖了吧/着嘞？你已经出门了吧？ | 我们去爬山去欤？我们去爬山吧？ |
| (131) 重庆<br>(李科凤, 2005) | 我帮你选的衣服还行啥？我给你挑选的衣服还可以吧？ | 你把这本书带回去哈？你把这本书带回去吧？ |
| (132) 福建连城<br>(项梦冰, 1997) | 借来个钱□ [hiaʔ⁵]？借来的钱吧？ | 夜晡食番薯□ [haʔ⁵]？晚上吃白薯吧？ |
| (133) 广东广州<br>(邵敬敏等, 2010) | 我话过佢实唔中意咧 [lɛ¹³]？我说过他肯定不喜欢吧？<br>呢次展销会佢哋会嚟参展哗 [kwa³³]？这次的展销会他们会来参展吧？ | 我哋等多几日咧 [lɛ²¹]？咱们多等几天吧？ |

续表

| 问句类型<br>方言点 | 揣测求证问句 | 建议征询问句 |
|---|---|---|
| (134) 广西梧州<br>(余凯, 2008) | 我煮好食咧 [lɛ¹³]？我煮得好吃吧？<br>听日冇会落雨哇 [wa⁵⁵]？明天不会下雨吧？ | 爬上去睇睇啰 [lɔ³³]？爬上去看看吧？ |
| (135) 广西玉林<br>(苏丽红, 2016) | 咁久重冇到□ [tɔ³³]，冇会是塞车咧哗 [wa³²]？这么久还没到，不会是堵车了吧？ | 明日一起去探探佢呀 [ja³²]？明天我们一块儿去看他吧？<br>我要10件嘅捞消毒水，你帮我整过来啊舍 [a⁵⁴ ɕɛ³³]？我要10箱那种消毒水，你给我弄过来吧？ |

表3—5里的例句中，用于揣测求证问句和建议征询问句的疑问语气词均不相同。用于揣测求证问句的疑问语气词侧重于表达揣测、估计的语气，而用于建议征询问句的疑问语气词侧重于表达商量、探询的语气。由此可见，普通话里"吧"的语义内涵，在方言里往往需要不同的疑问语气词共同承担，而一个疑问语气词主要负载一种语气意义。

第二，疑惑程度与时态选择。

在方言中，"吧"类疑问语气词在疑惑程度与时态选择上存在更为细致的划分。

首先，用于揣测求证问句的疑问语气词往往不止一个，不同的疑问语气词在表义侧重点上存在差异。具体说来，有的疑问语气词侧重于表达揣测语气，而有的疑问语气词则侧重于表达求证语气；有的疑问语气词用于对主观感知和愿望的揣测，而有的疑问语气词则用于对客观事实的揣测；有的疑问语气词揣测意味较强，而有的疑问语气词揣测意味较弱。这些差异主要来源于"吧"类疑问语气词的不同疑惑程度，虽然总体上都具有信多疑少的特征，但不同疑问语气词之间仍然存在一定的差异。这种现象在官话方言和非官话方言中均有体现。例如①：

| | 疑：低 | 中 | 高 |
|---|---|---|---|
| | 信：高 | 中 | 低 |
| 青海西宁：<br>（王双成，2017） | 吵 | | 吧 |
| 河北曲周：<br>（崔素丽，2012） | 班 | 啵 | 翁[uŋ³³] |
| 湖北武汉：<br>（吴翩翩，2009） | 吧 | | 啵 |
| 湖北安陆：<br>（盛银花，2007） | 吵、吧 | | 哦 |
| 湖南益阳：<br>（夏俐萍，2017） | 啵[pɑ⁴⁵] | 啊[a²¹]、唉[an⁴⁵] | 啩[pae⁴⁵] |
| 湖南湘阴：<br>（龙琴，2015） | 吵 | | 吧 |
| 江西南昌（塘南）：<br>（肖放亮，2006） | 嘀 | 吵 | 喽 |
| 江西永新：<br>（龙安隆，2013） | 唻 | | 吧 |
| 贵州习水：<br>（范艳，2010） | 嘎 | | 哈 |
| 浙江温岭：<br>（阮咏梅，2012） | 则[tsaʔ] | 嚣[ɕiɔ] | 伐[vɐ] |

上述各方言点均存在两个或两个以上的疑问语气词可用于揣测求证问句。不同的疑问语气词主要表现出两点特征。

其一，不同的疑问语气词所表达的疑惑程度有高低之分。以青海西宁方言、湖南益阳方言及浙江温岭方言为例。

---

① 以下各语气词在疑惑程度上的区别仅是就各方言点内部的比较而言，疑惑强弱之分仅就揣测求证问句内部的相对比较而言。

在西宁方言中，语气词"吧、哨"都可用于构成揣测求证问句，但是二者所表达的期望值及疑惑程度具有强弱差异。具体而言，"哨"所表达的期望值较强，对问题答案的把握较大，疑惑的程度较低；而"吧"所表达的期望值较弱，对问题答案的把握不大，疑惑的程度较高①。

在益阳方言中，语气词"哗、啊、哎、啵"都可用于构成揣测求证问句，四个语气词在疑惑程度上的差异表现为"哗"＞"啊""哎"＞"啵"。其中，"啵"的疑惑程度较低，疑问功能较弱，常用于答案显而易见的是非问句，还可引申为寒暄用语②。

在温岭方言中，语气词"伐、嚣、则"都可用于构成揣测求证问句，三个语气词所表达的疑惑程度也有高低之分，具体表现为"伐"＞"嚣"＞"则"③。

其二，由不同疑问语气词构成的揣测求证问句，在表义功能上具有不同的侧重点。以河南陕县方言、湖北安陆方言、湖南临澧方言及广东广州方言为例。

在陕县话中，"S+吧？"侧重于表达揣测，"S+曼？"侧重于表达求证；前者的肯定程度较低，问句中可添加"约莫儿着（是）、该（是）、只怕（是）"等表示揣测的词语，后者的肯定程度较高，问句不可添加这些词语④。

在安陆话中，"S+哦？"侧重于表达推测、揣度的语气，常带有

---

① 王双成：《西宁方言的疑问句》，载盛益民等编《汉语方言疑问范畴研究》，中西书局 2017 年版，第 106 页。
② 夏俐萍：《湘语益阳方言的疑问范畴》，载盛益民等编《汉语方言疑问范畴研究》，中西书局 2017 年版，第 314—315 页。
③ 阮咏梅：《浙江温岭方言研究》，博士学位论文，苏州大学，2012 年，第 235 页。
④ 张邱林：《陕县方言选择问句里的语气助词"曼"——兼论西北方言选择问句里的"曼"类助词》，《汉语学报》2009 年第 2 期。

"只怕"一类的推测词,如"天上的云头也这么黑,只怕要落雨哦?"①;"S+吵/吧?"侧重于向对方求证,如"今着今天蛮冷吵?看嗯你的脸冻得通红哦。""今着今天要考试,大家哈都到齐了吧?"②。

在临澧话中,"S+吧?"侧重于表达揣测语气,常带有"只巴可能"一类表揣测意义的副词,如"他只巴可能还在屋里家里吧?"③;"S+吵?"侧重于表达求证语气,如"我跟你讲的话你还记得吵?"④。

在广州话中,"S+啩[kwa³³]?"侧重于表达对已经存在或将要发生的未知情况的揣测,其表义重心在揣测而不在求证,如"咁夜喇,冇车啦啩?这么晚了,没车了吧?"⑤;"S+咧[lɛ¹³]?"侧重于对事实不出所料的求证,如"嚄,畀佢闹咗一餐咧?瞧,果真被他骂了一顿吧?"⑥。

其次,在部分方言中,由不同的"吧"类语气词构成的是非问句往往具有不同的时态意义。例如:

(136)河北临城:咱妈妈回来哒?|你去小张家唻?(张国丽,2008)

(137)山西洪洞:这个蛋糕好吃也?这个蛋糕好吃吧?|你夜个到街上去咧?你昨天去上街了吧?(弯淑萍,2003)

---

① 盛银花:《安陆方言语法研究》,博士学位论文,华中师范大学,2007年,第66页。

② 盛银花:《安陆方言语法研究》,博士学位论文,华中师范大学,2007年,第94—95页。

③ 邹飞:《临澧方言语气词研究》,硕士学位论文,华东师范大学,2006年,第21页。

④ 邹飞:《临澧方言语气词研究》,硕士学位论文,华东师范大学,2006年,第20页。

⑤ 邵敬敏等:《汉语方言疑问范畴比较研究》,暨南大学出版社2010年版,第200页。

⑥ 邵敬敏等:《汉语方言疑问范畴比较研究》,暨南大学出版社2010年版,第199页。

(138) 河南安阳：想去北京嘞？｜吃完饭啦么？（王芳，2015）

(139) 安徽旌德三溪：你家明朝去卖稻啊/呗/吧？你明天去卖稻子吧？｜你们上午上街嗲？你们上午上街吧？（吴早生，2009）

(140) 浙江宁波：小顽勿肯睏和［ɦəu］？小孩不肯睡吧？｜小顽勿肯睏啰［ləu］？小孩不肯睡了吧？（阮桂君，2006）

(141) 广西永福：他想辞职嗳？他想辞职吧？｜你的菜已经卖完唻？你的菜已经卖完了吧？（肖万萍，2010）

在例（136）至例（141）中，"｜"前是对现在正在发生或尚未发生的行为或事件的求证，"｜"后是对已经发生或已经完成的行为或事件的求证，两类问句所使用的疑问语气词不同。以山西洪洞方言、河南安阳方言及安徽旌德三溪方言为例。

在洪洞方言中，"也"与"咧"均可构成揣测求证问句，二者的区别在于，"也"是对未然事实或现在事态的揣测，"咧"是对发生了变化的事情或已然事态的揣测[1]。

在安阳方言中，"嘞"字是非问和"么"字是非问都是揣测求证问句，疑问语气词"嘞"与"么"的主要区别在于时态上，即"嘞"主要用于表达进行、持续和未然，而"么"主要表达已然和评判[2]。

在旌德三溪方言中，疑问语气词存在时态意义的区别。具体而言，疑问语气词"啊、吧、呗"用于询问正在发生或将要发生的事情，如果要表达完成的意义则需要在句中添加"仔、底"等完成体标记，如例句（139）"你家明朝去卖稻啊/呗/吧？"，当询问已经发

---

[1] 弯淑萍：《山西洪洞方言语气词研究》，硕士学位论文，天津师范大学，2013年，第21页。

[2] 王芳：《安阳方言语法研究》，博士学位论文，华中师范大学，2015年，第179页。

生的事情时就需要将其变换为"你家昨家<sub>昨天</sub>去卖底<sub>的</sub>稻啊/呗/吧？"；而疑问语气词"喳、嗲"主要用于询问在说话之前就已经完成的事情[①]。

造成这种时态选择差异的主要原因在于，用于已然疑问句的各语气词多是由用于未然疑问句的语气词与表事态发生变化的语气词（相当于普通话的"了$_2$"）或表动作实现的动态助词（相当于普通话的"了$_1$"）拼合而成，相当于普通话的"了吧"。例如，山西洪洞话的"咧"是"了"与"也"的合音形式；旌德三溪话的"喳"和"嗲"是动态助词"仔、底"分别与语气词"啊"的合音形式；宁波话的"啰"是"勒和"的合音形式；永福话的"唻"是语气词"了"与"嗳"的合音形式。

普通话里的疑问语气词"吧"则不存在这种拼合现象，不具有时态选择的差异。例如：

（142）你们大概都是些年青小伙子吧？（叶圣陶《倪焕之》）

（143）明年买更大，更大，更大的吧？（老舍《四世同堂》）

（144）上次拿去的宜兴壶已经分析好了吧？（老舍《二马》）

上述三例中，"吧"字是非问在时态上分别指向现在、未来和过去，疑问语气词"吧"可以分别用于三种时态的问句末尾构成揣测求证问句。在例（144）中，"了"和"吧"同时出现，且并未出现拼合。

第三，表义功能的拓展。

在方言里，"吧"类是非问句可以直接用于表达附加问的意义，相当于普通话里的"S，是吗/是吧？""S，对吗/对吧？""S，行吗/

---

[①] 吴早生：《安徽旌德三溪话疑问句尾语气词》，《方言》2009年第1期。

行吧?""S,好吗/好吧?"等。这时,问句所表达语气意义往往比较强烈。例如:

表3—6　　　　　　　　　　　方言例句

| 方言点 \ 问句类型 | 例句 | 普通话的对应形式 |
|---|---|---|
| (145) 湖北武穴<br>(刘欢,2017) | 渠昨日不得屋哈?他昨天不在家,是吗? | 是吗 |
| (146) 湖南衡东<br>(毛秉生,2006) | 你咯本书借得我看去吧?你这本书借给我看,好吗? | 好吗 |
| (147) 四川成都<br>(张一舟等,2001) | 我们吃点饭再去哈[xa³]?我们吃点饭再去,行吧? | 行吧 |
| | 你天天都要上网嘎[ka³]?你天天都要上网,是这样的吧? | 是这样的吧 |
| (148) 福建厦门<br>(甘于恩,2007) | 汝卜请伊吓[hẽʔ³²]?你想请他,是吗? | 是吗 |
| (149) 福建永定<br>(李小华,2014) | 阿姐过几日会来噱[hɔ⁵]?姐姐过几天会来,是吧? | 是吧、对吧 |
| | 佢旧年过年无转屋下咩[miɔ²¹]?他今年过年没回家,是吧? | 是吧、对吧 |
| | 放学去溪坝洗浴无[mou⁵]? | 好吗 |
| (150) 江西石城<br>(邵敬敏等,2010) | 饭熟来咪[mi⁴³⁵]?饭熟了,是吗? | 是吗 |
| | 天光年初三淮[fai²⁴]?明天年初三,是吧? | 是吧 |
| (151) 广东广州<br>(彭小川,2006) | 噉做唔係几好嗬[hɔ³⁵]?这样做不是太好,对吧? | 对吧 |
| (152) 广西玉林<br>(苏丽红,2016) | 简样咯做有是极好呀[ja³²]?这样做不太好,对吧? | 是吧、对吧 |

上述各例，句末"哈""吧""嘎""吓""嚯""咩""咪""淮""嗬""呀"在疑问语气的表达上并不能完全等同于普通话的疑问语气词"吧"，而更接近于"是吗""好吗""行吧""是吧""对吧"等附加问句，表达出迫切希望获得对方的证实或认同的强烈心理期望。有时，为强化语气，疑问语气词前还存在一定的语音停顿，在书面上往往用逗号隔开。以四川成都话为例①，"我们吃点饭再去哈？"可以转变为"我们吃点饭再去，哈？"；"你天天都要上网嘎？"可以转变为"你天天都要上网，嘎？"。与不带语音停顿的疑问句相比，带有语音停顿的疑问句，所表达的主观情态增强，更能体现说话人希望得到答复的迫切要求。

通过以上对形义选择、疑惑程度、时态选择以及表义功能拓展四个方面的对比考察可知，方言的"吧"类是非问句普遍具有形义多样性的特征，造成这种多样性的主要原因在于其丰富的疑问语气词系统，不同的语气词表达不同的语义内涵，各具特色，各司其职。

(二) 语用表现

在言语交际中，根据交际双方言语表达的需要，方言里的"吧"类是非问具有两个方面的语用特征。

第一，从语用目的来看，揣测求证问句的主要目的在于求得证实，而建议征询问句的主要目的在于获得认同，但在特定语境中二者的原始功能会发生变化。

当揣测求证问句用于询问已经明确的事情时，问句的语用目的便不再是用于求证，而是满足特定的交际需要。这时，其句末语气词所表达的疑问语气已经极其轻微，问句的疑惑程度很低，甚至接近于零。例如：

(153) 河北武邑：看还算干净呗？看还算干净吧？（张晓静，

---

① 张一舟等：《成都方言语法研究》，巴蜀书社2001年版，第345—349页。

2014）

（154）湖南临澧：他是个么的人你还不晓得吧？他是个什么样的人你还不晓得吧？（邹飞，2006）

（155）湖南湘阴：她不属新泉镇吧？那我搞不清，我只晓得小地名喊西林港呐。她那儿不属新泉镇吧？那我弄不清，我只知道小地名叫西林港啊。（龙琴，2015）

（156）浙江龙泉：廿张五十是一千哈？化我担对唠。二十张五十是一千吧？那我拿对了。（李仪，2016）

（157）河南辉县：今个天怪好了昂？今天天气挺好的吧？｜恁闺女、儿都怪成色昂？你的儿女都挺有出息的吧？（穆亚伟，2013）

（158）四川成都：今天是星期天嗦？难怪街上人这么多。（张一舟等，2001）

上述六例所表达的交际目的各不相同。例（153）中的"呗"字句是说话人通过提问希望获得对方的夸赞。例（154）中的"吧"字句是说话人通过问句的形式表达一种肯定的陈述，"吧"的作用在于"使语气更加缓和"[1]。例（155）和例（156）中的"吧"字问句和"哈"字问句则属于自说自话，前半句提出问题，紧接着后半句又自己解释一番，这类问句往往并不需要对方回答。例（157）的"昂"字问句用于对话的开始，表示寒暄，说话人提出问题是为了拉近交际双方的距离以便于对话的顺利进行。例（158）的"嗦"字问句主要表达说话者"恍然大悟"的情状，其"虽有一定求证的功能，但更重要的也许是表达说话者对相关情况的吃惊程度"[2]。

综上可知，在言语交际中，揣测求证问句可以根据交际的需要

---

[1] 邹飞：《临澧方言语气词研究》，硕士学位论文，华东师范大学，2006年，第22页。

[2] 赵明节、杜克华：《成都话的疑问句》，载盛益民等编《汉语方言疑问范畴研究》，中西书局2017年版，第124页。

引申出多种不同的语用功能，这时，问句所表达的疑问程度很低，虽保留疑问形式，却并不发挥疑问作用，这样的疑问形式可以使语气更加委婉、缓和，以便于双方的沟通。

当建议征询问句更多地表达委婉的祈使语气时，问句的疑惑程度降低，说话人通过疑问形式主要向对方传达应该或需要做某事的要求或意愿。这一特殊用法与其疑问语气词的性质相关。具体而言，用于建议征询问句的疑问语气词往往也可用于祈使句末尾，表达祈使语气。语气词的多义性为建议征询问句表义功能的迁移提供了可能。在言语交际中，为满足特定的交际需要，人们常用问句表示一种委婉的命令、建议或请求，与祈使句相比，建议征询问句以问句的形式传达命令或指示，语气更为委婉，对方更易于接受。

第二，多数方言点都存在多个揣测求证类疑问语气词，但基本上都只存在一个建议征询类疑问语气词。存在不止一个疑问语气词的揣测求证问句往往具有更为丰富的语义内涵，反映问话人不同的交际意图。例如：

在表3—7所列方言点中，用于揣测求证问句的疑问语气词在数量上都多于用于建议征询问句的疑问语气词。造成这种差异的主要原因是两种问句所蕴含的主观意识和心理期望不同。具体看来，揣测求证问句所蕴含的主观意识和心理期望较为丰富，随着主观意识和心理期望的不同便会造成问句揣测程度及表义重点的差异，这种差异在方言的揣测求证问句中主要通过不同的疑问语气词表现出来。相比之下，建议征询问句所蕴含的语义内涵则较为单纯，一般都是说话人针对某种事实情况提出建议并希望得到对方的认同，主观意识明确。这类问句的疑问程度有时会比较低，在表达商量语气的同时更多地表达祈使意义，带有明显的肯定心理倾向。这种表义明确性，使得建议征询问句在言语交际中不需要具有各种语气意义的疑问语气词来帮助表达说话人主观意识上的种种差异。

表 3—7　　　　　　　　"M₁" 与 "M₂" 的方言示例①

| 方言点 \ 疑问语气词 | M₁ | | | | M₂ | |
|---|---|---|---|---|---|---|
| | M₁₋₁ | M₁₋₂ | M₁₋₃ | M₁₋₄ | M₂₋₁ | M₂₋₂ |
| 湖北安陆（盛银花，2007） | 吧 [pA⁵¹] | 唦 [ʂæ⁴⁴] | 哦 [o³¹] | | 嗬 [xo⁵¹] | |
| 湖北武汉（吴翩翩，2009） | 吧 [·pa] | 啵 [·pɔ] | | | 咧 [le¹] | |
| 湖南永州（文智芳，2014） | 吧 [ba¹¹] | 着嘞 [tso¹¹lei¹¹] | 噢 [au¹¹] | | 欸 [ei¹¹] | |
| 四川成都（张一舟等，2001） | 嗦 [so²] | 嘛 [ma²] | 嘎 [ka³] | 哈 [xa³] | 哇 [ua¹] | 哈 [xa³] |
| 福建连城（项梦冰，1997） | [hiaʔ⁵] | [aʔ⁵] | | | [haʔ⁵] | |
| 福建永定（李小华，2014） | 嚯 [hɔ⁵] | 啊 [a²¹] | 咩 [miɔ²¹] | | 无 [mou⁵] | |
| 广东广州（彭小川，2006） | 咧 [lɛ¹³] | 啩 [kwa³³] | 嗬 [hɔ³⁵] | | 咧 [lɛ²¹] | |
| 广西岑溪（李守凤，2016） | 啵 [po³³] | 喳 [tsa³³] | | | 啵 [po³³] | |

## 三　地理分布

"吗"类是非问和"吧"类是非问广泛分布于官话方言和非官话方言中，涉及大部分地域。依据现已收集到的资料，"吧"类是非问在方言中的分布最为广泛，各方言点均存在这类问句；而"吗"类是非问在方言中的分布相对有限，并不是所有方言点都存在这类问句。具体来看，"吗"类是非问句的分布主要存在三点特征。

首先，存在"吗"类是非问句的方言点分布于东北地区的东北官话，广东境内的粤语，江西、福建境内的客家话中。在河北境内的冀鲁官话保唐片、石济片，山西境内的中原官话汾河片，

---

① 表格中符号说明："M₁"表示揣测求证类疑问语气词，"M₁₋₁""M₁₋₂""M₁₋₃"等表示不同的疑问语气词；"M₂"表示建议征询类疑问语气词，"M₂₋₁""M₂₋₂"等表示不同的疑问语气词。

湖南境内的西南官话湖广片，四川境内的西南官话川黔片，云南境内的西南官话云南片，江苏境内的江淮官话洪巢片，浙江境内的吴语太湖片，"吗"类是非问句也有小范围的分布。

其次，不存在"吗"类是非问句的方言点主要分布于胶辽官话，中原官话关中片、秦陇片、郑开片，晋语，闽语闽南片，地域上主要涉及山东东部的胶东半岛、陕西大部分地区、山西除南部以外的大部分地区、河北、河南中部、福建南部、广东东部等地。

最后，仅存在诧异问句的方言点主要分布于冀鲁官话、中原官话、西南官话、徽语、吴语、赣语、粤语勾漏片以及平话中，在江淮官话黄孝片、湘语、晋语邯新片中也有小范围分布。地域上主要涉及河北、山东、河南、安徽、湖北、上海、江苏、江西、湖南、贵州、重庆、广西等地。

综合以上三点可以看出，"吗"类是非问句在方言中的分布较为复杂。尤其是在山东、河南、河北、山西、陕西、广西大部分地区，"吗"类是非问句并不是常用的问句形式。在这些地区，或不存在"吗"类是非问句，或仅存在部分"吗"类是非问句。

## 第三节　是非问的方言使用

### 一　语调型是非问的方言使用

在方言中，语调型是非问大体存在两种使用情况：一是单独使用一种语调型是非问，即"一型单用"；二是同时使用两种或两种以上的语调型是非问，即"多型并用"。

#### （一）一型单用

单用一种类型是多数方言点的常见现象。在这些方言点，均以升调是非问为主要形式，但升调是非问的语义类型存在差别。根据现有资料，我们将方言里的"一型单用"归纳如下。

表 3—8　　　　　　　　"一型单用"的方言点①

| 方言点 | | 问句类型 | 语表形式 | 语义类型 |
|---|---|---|---|---|
| 东北官话 | | 辽宁铁岭（云微，2014） | S+↗? | C |
| 北京官话 | | 北京（陈泽平，2004） | S+↗? | C |
| 冀鲁官话 | 河北 | 唐山（习丹丹，2016） | S+（欤）↗? | B |
| | | 武邑（张晓静，2014） | S+↗? | B、C、D |
| | 山东 | 章丘（赵学玲，2007） | S+↗? | B |
| | | 淄博（毕丽华，2005） | S+↗? | C、D |
| 胶辽官话 | 山东 | 潍坊的五莲、诸城、高密等地（钱曾怡、罗福腾，1992） | S+↗? | A、C |
| | | 即墨（赵日新，1991） | S+↗? | D |
| | | 青岛（青岛市史志办公室，1997） | S+↗? | A |
| 中原官话 | 山东 | 济宁（葛四嘉、史秀菊，2017） | S+↗? | B、C |
| | | 巨野（欧士博，2011） | S+↗? | C、D |
| | 安徽北部（侯超，2013） | | S+↗（吧/呗）? | B、C |
| | 河南 | 固始（李孝娴，2003） | S+↗? | C |
| | | 驻马店（刘洋洋，2016） | S+↗? | C |
| | | 洛阳（贺巍，1993） | S+↗? | C |
| | | 陕县（张邱林，2006） | S+（不是）↗? | B |
| | | 开封（李双剑，2017） | S+↗? | |
| | | 郑州（卢甲文，1992） | S+↗? | C |
| | 陕西 | 西安（兰宾汉，2011） | S+↗? | A |
| | | 高陵（王咪咪，2008） | S+↗? | A |
| | | 合阳（邢向东、蔡文婷，2010） | S+呀↗? | C |

---

① 表格中的符号说明："A"表示"一般询问"，"B"表示"揣测性求证"，"C"表示"诧异、怀疑"，"D"表示"反诘"。空缺处为所引文献未明确说明。

续表

| 方言点 | | 问句类型 | 语表形式 | 语义类型 |
|---|---|---|---|---|
| 江淮官话 | 江苏 | 高邮（姚亦登，2012） | S + ↗? | C |
| | | 南通（孙秋香，2014） | S + ↗? | B、C |
| | 江西九江（黄亚芳，2015） | | S + ↗? | B |
| | 湖北 | 安陆（盛银花，2007） | S + ↗? | C |
| | | 新洲（高杜，2016） | S + ↗? | C |
| | | 团风（汪化云，2016） | S + ↗? | A、C |
| 西南官话 | 湖北 | 武汉（赵葵欣，2012） | S + ↗? | C |
| | | 天门（卢红艳，2009） | S + ↗? | B、C |
| | | 恩施（张良斌，2010） | S + ↗? | B |
| | | 郧县（苏俊波，2016） | S + ↗? | |
| | | 宜都（李崇兴，2014） | S + ↗? | |
| | 湖南 | 吉首（李启群，2002） | S + ↗? | A、C |
| | | 永顺（彭慧，2019） | S + ↗? | A、C、D |
| | 贵州 | 习水（范艳，2010） | S + ↗? | C |
| | | 绥阳（姚丽娟，2007） | S + ↗? | D |
| | | 毕节（明生荣，2007） | S + ↗? | A、B |
| | | 遵义（胡光斌，2011） | S +（啊/啦/哇/呀/哪）↗? | B、C |
| | 云南 | 昆明（丁崇明，2005） | S + ↗? | C |
| | | 石屏（李晓静，2016） | S + ↗? | C |
| | | 富源（张微，2017） | S + →?（阴平调 [44]） | |
| 晋语 | 河北 | 张家口（宗守云，2017） | S + ↗? | |
| | | 张北（关彦琦，2008） | S + ↗? | |
| | 河南 | 安阳（王芳，2015） | S + ↗? | B、C |
| | | 获嘉（贺巍，1991） | S + ↗? | C |
| | | 辉县（穆亚伟，2016） | S + ↗? | D |

续表

| 方言点 | | 问句类型 | 语表形式 | 语义类型 |
|---|---|---|---|---|
| 赣语 | | 安徽太湖（杨求凤，2017） | S+↗? | B、C |
| | 湖北 | 通城（刘敏，2012） | S+↗? | C |
| | | 大冶（汪国胜，2011） | S+↗? | C |
| | | 阳新（黄群建，2016） | S+↘? | C |
| | 湖南安仁（周洪学，2012） | | S+↗? | |
| | 江西铅山（胡松柏、林芝雅，2008） | | S+↗? | C |
| 湘语 | 湖南 | 涟源古塘（吴青峰，2006） | S+↗? | C |
| | | 衡阳（彭兰玉，2002） | S+哒（呀）↘? | C |
| 湘语 | | 广西全州（朱海燕，2011） | S+↗? | |
| 吴语 | 上海（邵敬敏等，2010） | | S+↗? | C |
| | 浙江 | 泰顺（张晓丽，2013） | S+↗? | C |
| | | 宁波（阮桂君，2006） | S+↗? | C |
| | | 温州（郑娟曼，2009） | S+（啊）↗? | C |
| | | 萧山（叶吉娜、首作帝，2013） | S+↗? | C |
| | | 绍兴柯桥（盛益民，2014） | S+（嚁）↗? | B |
| 粤语 | | 广东阳江（冼文婷，2016） | S+↗? | |
| 闽语 | 福建 | 福州（陈泽平，2004） | S+↗? | C |
| | | 厦门（邵敬敏等，2010） | S+↗? | C |
| | | 莆仙（蔡晨薇，2014） | S+↗? | C |
| | | 建瓯（江洁，2015） | S+↗? | C |
| | 广东潮州（吴芳，2013） | | S+↗? | |
| 客家话 | 江西石城（邵敬敏等，2010） | | S+↗? | C、D |
| | 四川秦兴（兰玉英，2007） | | S+↗? | A |
| | 广东新丰（陈静娴，2001） | | S+↗? | C |
| | 福建永定（李小华，2014） | | S+↗? | C |
| 平话、土话 | 广西 | 临桂义宁（周本良，2005） | S+↗?（上升幅度非常小，几乎是平调） | |
| | | 全州文桥（唐昌曼，2005） | S+↗? | A |

## (二) 多型并用

少数方言点可以同时使用两种或两种以上的语调型是非问句。就现有资料来看，这种现象主要分布于两块区域，一是晋、陕、蒙三地的晋语区以及山西境内的中原官话汾河片；二是广东、广西境内的粤语区。

首先，在晋语区以及山西境内的中原官话汾河片，语调型是非问句使用得较为普遍，如山西应县、晋城神池、娄烦、平鲁、武乡、高平、榆次、和顺、山阴、大同、定襄、临县、汾阳、太原、长治、陵川、沁县、临汾、阳城、吉县、平遥、洪洞、芮城等地，陕西北部，内蒙古呼和浩特、兴和、五原、武川，以及河南获嘉，河北张北、万全、怀安等地均存在这类问句。在这些地区，以升调是非问为主要的语调型是非问类型，但在部分地区，还存在低平调是非问句，两类问句具有不同的语义内涵。这种现象在山西方言里表现得较为突出。郭利霞指出，山西方言的语调型是非问句包含低平调是非问和升调是非问两种类型。两类问句具有不同的语义内涵。具体来看，低平调是非问是带有肯定性预期的求证问句，还可作为寒暄用语；而升调是非问既可用于表达一般询问，也可用于表达诧异、怀疑的主观情绪，还可用于表达反诘语气①。

其次，在粤语区，广东广州、广西藤县、玉林、岑溪、梧州等地，都具有至少两种语调型是非问。具体使用形式如下。

表3—9　　　　　　　　粤语中的"多型并用"

| 方言点 \ 问句类型 | 语表形式 | 表义功能 |
|---|---|---|
| 广东广州<br>(彭小川，2006) | S + ↗? | 表怀疑、惊讶、诧异 |
|  | S + 啊/咋/啦/㗎→? | 回应性求证 |

---

① 郭利霞：《山西方言的语调问句》，《语言研究》2014年第2期。

续表

| 方言点 \ 问句类型 | 语表形式 | 表义功能 |
|---|---|---|
| 广西梧州<br>(余凯, 2008) | S + ↗? | 表怀疑、惊讶、诧异 |
| | S + 啊/啦→? | 一般询问 |
| | S + 㗎→? | 表失望或出乎意料 |
| | S + 咋→? | 表不满 |
| 广西藤县<br>(唐一萍, 2013) | S + (啊/啦/噶) ↗? | 表怀疑、惊讶、诧异 |
| | S + 啊/啦/噶→? | 回应性求证 |
| 广西岑溪<br>(李守凤, 2016) | S + ↗? | 表怀疑、惊讶、诧异 |
| | S + 啊→? | 表怀疑、惊讶 |
| | S + 吧→? | 揣测性求证 |
| | S + 啦→? | 回应性求证 |
| 广西贺州<br>(刘宇亮, 2011) | S + ↗? | 表怀疑、诧异；表反诘 |
| | S + →? | 回应性求证 |
| 广西玉林<br>(苏丽红, 2016) | S + (啊/啦/嘎) ↗? | 表怀疑、诧异；表反诘 |
| | S + 啊/啦/嘎→? | 回应性求证 |
| | S + 啊/嘎↘? | 表反诘 |

## 二 语气词是非问的方言使用

在方言中，"吗"类是非问和"吧"类是非问使用广泛，具有鲜明的方言特色，尤以"吗"类是非问的特征最为突出。"吗"类是非问在方言使用上主要具有两个方面的特征：首先，在部分方言里，一般较少使用"吗"类是非问或不存在"吗"类是非问。其次，在部分方言里，只存在诧异问，不存在中性问，而中性问的缺失往往需要由其他问句形式进行填补。

根据现有资料，我们将"吗"类是非问句的方言使用情况归纳如下：

表3—10　　　　　　　　方言中"吗"类是非问的使用情况[①]

| 方言点 | 问句类型及特征 |  | $S+M_1$? | $S+M_2$? | 是否有多个$M_2$ | $M_1=M_2$[②] | 填补句型 |
|---|---|---|---|---|---|---|---|
| 东北官话 | 辽宁铁岭 (云薇, 2014) | | + | + | 否 | 否 | |
| 冀鲁官话 | 河北唐山 (习丹丹, 2016) | | + | + | 否 | 是 | |
| | 河北吴桥 (刘娜, 2011) | | + | + | 否 | 否 | |
| | 河北武邑 (张晓静, 2014) | | + | + | 是 | 否 | |
| | 河北定兴 (陈淑静、徐建中, 1997) | | + | + | 否 | 是 | |
| | 河北曲周 (崔素丽, 2012) | | − | − | | | |
| | 山东章丘 (赵学玲, 2007) | | − | + | 否 | | 正反问 |
| | 山东淄博 (毕丽华, 2005) | | − | + | 是 | | 正反问 |
| 胶辽官话 | 山东 | 诸城 (钱曾怡等, 2002) | − | − | | | 语调型是非问 |
| | | 青岛 (青岛市史志办公室, 1997) | − | − | | | 语调型是非问、正反问 |
| 中原官话 | 甘肃临夏 (谢晓安、张淑敏, 1990) | | + | + | 否 | 否 | |
| | 甘肃文县 (莫超, 2004) | | − | − | | | 正反选择问 |
| | 山西芮城 (吕佳, 2016) | | + | ± | | | 语调型是非问 |
| | 陕西合阳 (邢向东、蔡文婷, 2010) | | − | − | 否 | | |
| | 陕西西安 (兰宾汉, 2011) | | − | − | | | 语调型是非问 |
| | 山东微山 (殷相印, 2006) | | + | + | 是 | 否 | |
| | 河南开封 (李双剑, 2017) | | − | − | | | $S+M_1$?: 正反问　$S+M_2$?: 语调型是非问 |
| | 河南浚县 (辛永芬, 2006) | | − | + | 否 | | 正反问 |
| | 河南驻马店 (刘洋洋, 2016) | | + | + | 否 | 否 | |
| | 河南固始 (李孝娴, 2003) | | − | + | 否 | | 正反问 |
| | 河南商城 (高顺全、杨永龙, 2021) | | + | + | 否 | 否 | |
| | 安徽北部 (侯超, 2013) | | + | + | 否 | 是 | |
| | 江苏睢宁 (王健、柳俊, 2017) | | + | + | 否 | 是 | |

　　[①] 表格中符号说明："+"表示方言中存在该类问句;"−"表示方言中不存在该类问句;"±"表示方言中该类问句使用有限。

　　[②] 此列主要记录方言里的$M_1$与$M_2$在中性问句与诧异问句里是否具有相同的语表形式。

续表

| 方言点 | 问句类型及特征 | "吗"类是非问 S+M₁? | S+M₂? | 是否有多个M₂ | M₁=M₂ | 填补句型 |
|---|---|---|---|---|---|---|
| 江淮官话 | 安徽枞阳 (林玉婷, 2017) | - | + | 否 | | 正反问 |
| | 安徽安庆 (鲍红, 2016) | - | + | 否 | | |
| | 湖北安陆 (盛银花, 2007) | - | + | 是 | | 正反问 |
| | 湖北孝感 (王求是, 2014) | - | + | 否 | | 正反问 |
| | 湖北新洲 (高杜, 2016) | + | + | 否 | 否 | |
| | 湖北团风 (汪化云, 2016) | - | - | | | 语调型是非问 |
| | 江苏高邮 (姚亦登, 2012) | + | + | 否 | 否 | |
| | 江苏盐城 (蔡华祥, 2011) | + | + | 否 | 否 | |
| | 江苏南通 (孙秋香, 2014) | - | - | | | S+M₁?: 正反问 S+M₂?: 语调型是非问 |
| 西南官话 | 湖北武汉 (赵葵欣, 2012) | - | + | 否 | | 正反问 |
| | 湖北长阳 (宗丽, 2012) | - | + | 否 | | 正反问 |
| | 湖北天门 (卢红艳, 2009) | + (已然) | + | 否 | 否 | |
| | 湖北恩施 (张良斌, 2010) | - | + | 否 | | 正反问 |
| | 湖北洪湖 (廖俍, 2014) | - | + | 是 | | 正反问 |
| | 湖北仙桃 (陈秀, 2015) | - | + | 否 | | 正反问 |
| | 湖北襄阳 (张晶, 2016) | + | + | 否 | 是 | |
| | 湖南永州 (文智芳, 2014) | + | + | 否 | 是 | |
| | 湖南临澧 (邹飞, 2006) | + | + | 是 | 是 | |
| | 湖南常德 (易亚新, 2007) | - | + | 是 | | |
| | 湖南吉首 (李启群, 2002) | - | - | | | 语调型是非问 |
| | 湖南永顺 (彭慧, 2019) | - | - | | | 语调型是非问 |
| | 四川成都 (张一舟等, 2001) | + | + | 是 | 是 | |
| | 重庆 (李科凤, 2005) | - | + | 是 | | 正反问 |
| | 云南开远 (朱雨, 2015) | + | + | 否 | 否 | |
| | 贵州习水 (范艳, 2010) | - | + | 否 | | 正反问 |
| | 贵州遵义 (胡光斌, 2011) | - | + | 是 | | 正反问 |
| | 广西桂林 (罗凤堂, 2014) | - | + | 否 | | 正反问 |

续表

| 方言点 | 问句类型及特征 | "吗"类是非问 S+M₁? | S+M₂? | 是否有多个M₂ | M₁=M₂ | 填补句型 |
|---|---|---|---|---|---|---|
| 晋语 | 河北张北（关彦琦，2008） | − | − | | | S+M₁?：正反问 S+M₂?：语调型是非问或"敢（是）VP"问句 |
| | 山西汾阳（宋秀令，1994） | − | − | | | |
| | 山西屯留（王芳，2009） | − | − | | | |
| | 山西孝义（田娟娟，2016） | − | − | | | |
| | 山西兴县（高洋，2014） | − | − | | | |
| | 山西忻州（张瑞，2015） | − | − | | | |
| | 山西应县（门秀红，2005） | − | − | | | |
| | 山西榆社（李建校，2007） | − | − | | | |
| | 山西长治（王利，2007） | − | − | | | |
| | 山西晋源（王文卿，2007） | − | − | | | |
| | 山西壶关（白云等，2012） | − | − | | | |
| | 陕北地区（邢向东，2006） | | | | | |
| | 河南安阳（王芳，2015） | − | + | 否 | | 正反问 |
| | 河南辉县（穆亚伟，2016） | − | + | 否 | | 正反问 |
| | 内蒙古凉城（王雪梅，2013） | − | + | 否 | | 正反问 |
| 赣语 | 湖北大冶（汪国胜，2011） | − | + | 是 | | 正反问 |
| | 湖南安仁（周洪学，2012） | − | + | 否 | | 正反问 |
| | 湖南岳阳（杨彤，2015） | − | + | 是 | | 正反问 |
| | 江西南昌县（塘南）（肖放亮，2006） | − | + | 是 | | 正反问 |
| | 江西宜丰（邵敬敏等，2010） | + | + | 是 | 是 | |
| | 江西铅山（胡松柏、林芝雅，2008） | − | + | 是 | | 正反问 |

续表

| 方言点 | 问句类型及特征 | "吗"类是非问 S+M₁? | S+M₂? | 是否有多个 M₂ | M₁=M₂ | 填补句型 |
|---|---|---|---|---|---|---|
| 湘语 | 湖南衡阳 (彭兰玉, 2002) | − | + | 否 | | 正反问 |
| | 湖南湘阴 (龙琴, 2015) | − | + | 是 | | 正反问 |
| | 湖南湘乡 (李雨梅, 2007) | − | + | 否 | | 正反问 |
| | 湖南衡山 (彭泽润, 1999) | − | + | 否 | | 正反问 |
| | 湖南邵东 (孙叶林, 2009) | + | + | 否 | 否 | |
| | 湖南衡东（前山话）(毛秉生, 2006) | + | + | 是 | 是 | |
| | 湖南益阳 (徐慧, 2001) | + | + | 是 | 是 | |
| | 湖南武冈 (向柠, 2006) | + | + | 是 | 否 | |
| | 湖南新化 (邵敬敏等, 2010) | + | + | 是 | 否 | |
| 徽语 | 安徽歙县 (仇立颖, 2017) | − | + | 否 | | 正反问 |
| 闽语 | 福建福州 (陈泽平, 2004) | − | + | 否 | | 正反问 |
| | 福建厦门 (邵敬敏等, 2010) | − | − | | | S+M₁?: 正反问 S+M₂?: 语调型是非问 |
| | 福建泉州 (林华东, 2008) | | | | | |
| | 福建永春 (林永祥, 2005) | | | | | |
| | 福建莆仙 (蔡晨薇, 2014) | − | + | 否 | | 正反问 |
| | 海南屯昌 (钱奠香, 2002) | + | + | 否 | 否 | |
| | 广东潮州 (吴芳, 2013) | − | − | | | S+M₁?: 正反问 S+M₂?: 语调型是非问 |
| | 广东揭阳 (谢润姿, 2009) | + | + | 是 | 否 | |
| 客家话 | 福建永定 (李小华, 2014) | + | + | 是 | 是 | |
| | 福建连城 (项梦冰, 1997) | + | + | 是 | 是 | |
| | 四川泰兴 (兰玉英, 2007) | ± | ± | 是 | 是 | |
| | 江西石城 (邵敬敏等, 2010) | + | + | 否 | 否 | |

续表

| 方言点 | | 问句类型及特征 "吗"类是非问 S+M₁? | S+M₂? | 是否有多个M₂ | M₁=M₂ | 填补句型 |
|---|---|---|---|---|---|---|
| 吴语 | 江苏苏州（李小凡，1998） | − | + | 否 | | 正反问 |
| | 浙江萧山（叶吉娜、首作帝，2013） | + | + | 是 | 是 | |
| | 浙江平湖（施玲丽，2013） | + | + | 否 | 否 | |
| | 浙江湖州（顾怀秋，2012） | + | + | 是 | 是 | |
| | 浙江宁波（阮桂君，2006） | − | + | 是 | | 正反问 |
| | 浙江龙泉（李仪，2016） | + | + | 是 | 是 | |
| | 上海（邵敬敏等，2010） | − | + | 是 | | 正反问 |
| 粤语 | 广东广州（邵敬敏等，2010） | + | + | 否 | 否 | |
| | 广东廉江（林华勇，2007） | + | + | 否 | 否 | |
| | 广东台山、开平、新会、恩平（甘于恩，2002） | + | + | 否 | 是 | |
| | 广西梧州（余凯，2008） | − | + | 否 | | 正反问 |
| | 广西藤县（唐一萍，2013） | − | + | 是 | | 正反问 |
| | 广西岑溪（李守凤，2016） | − | + | 是 | | 正反问 |
| | 广西贺州（刘宇亮，2011） | − | + | 是 | | 正反问 |
| | 广西玉林（苏丽红，2016） | + | − | | | 语调型是非问 |
| | 广西北流（徐荣，2008） | + | + | 是 | 否 | |
| 平话 | 广西宾阳（覃东生，2017） | − | + | 否 | | 正反问 |

通过表3—10的梳理可知，"吗"类是非问的方言使用大致存在两点特征。

第一，中性问与诧异问的方言使用存在不平衡性。这主要表现在两个方面。首先，就使用类型来看，有的方言点"S+M₁?"与"S+M₂?"同时存在，有的方言点仅存在"S+M₂?"，但仅存在"S+M₁?"的方言点较为少见。其次，在使用"S+M₂?"的部分方言中，存在不止一个疑问语气词"M₂"，且多与疑问语气词"M₁"相区别。总体上看，方言里的诧异问比中性问更发达。

第二，在部分方言中，由于"吗"类是非问句的部分缺失或完全缺失，"S + M$_1$?"与"S + M$_2$?"所具有的语义功能需要由其他类型的疑问句进行填补，以形成功能整饬的疑问系统。综合看来，多数方言点都使用正反问句弥补缺失的"S + M$_1$"问句，使用语调型是非问句，尤其是升调是非问句，弥补缺失的"S + M$_2$"问句。以下选取部分方言点进行说明。

在甘肃白龙江流域的汉语方言中，只存在特指问句、正反问句和选择问句三种问句类型，普通话的是非问句在该流域都要用正反选择问来表达。例如①：

    普通话：      甘肃文县城关话：
    你是学生吗？     你是学生吗不是？
    你去吗？       你去呢吗不萨？
    孩子不爱玩游戏吗？  娃娃不爱玩游戏吗爱玩？
    你说的不是这个人吧？ 你说的不是载个人吗就是的？

在山西、陕西境内的晋语里，基本不存在"吗"类是非问句。据郭校珍考察，山西晋语里没有相当于普通话"吗"的语气词，而只有相当于普通话"吧"的语气词"哇"②。这也就是说，山西晋语里既不存在中性是非问句，也不存在诧异是非问句，而一般由正反问代替中性是非问，由升调是非问或"敢（是）VP"问句代替诧异是非问。同样地，与山西相毗邻的陕北晋语区也不存在"吗"类是非问句。在这一地区，多使用"是不是 VP"问句和升调是非问句共同弥补"吗"类是非问句的缺失③。

在山东、河南境内的官话方言和部分晋语里，"吗"类是非问句

---

① 例句引自莫超《白龙江流域汉语方言语法研究》，博士学位论文，南京师范大学，2004年，第94页。
② 郭校珍：《山西晋语的疑问系统及其反复问句》，《语文研究》2005年第2期。
③ 邢向东：《论陕北晋语沿河方言的反复问句》，《汉语学报》2005年第3期。

也不发达。以河南方言为例,在河南洛阳、开封、郑州等地,基本上不存在"吗"类是非问句,这些地区一般使用正反问代替中性是非问,使用升调是非问代替诧异是非问。而在河南浚县、辉县、安阳、固始等地,"吗"类是非问句仅存在反问的用法。

此外,在安徽境内的江淮官话区、徽语区,湖北境内的西南官话区、江淮官话区、赣语区,湖南境内的湘语区、赣语区,江西境内的赣语区,以及广西境内的西南官话区、粤语区、平话区,也较少使用中性是非问,其表义功能多由正反问承担。

# 第 四 章

# 汉语方言的选择问

　　选择问句是由选择项并列结构负载疑问信息的一种疑问句类型。在现代汉语普通话中，选择问句主要有三点特征：第一，选择项并列结构是构成选择问句的核心要件；在选择项并列结构中，至少存在两个选择项，不同选择项之间一般需要由特定的连接词相连接。第二，选择项之间存在对立、差异、相容三种语义关系。第三，当各选择项中存在相同语义成分时，往往可以按照一定的规则进行删略。在现代汉语方言中，选择问句在结构形式、语义关系及删略规则上与共同语相类似，主要区别在于选择问句的连接方式上。根据连接方式的不同，可将选择问句分为连接词选择问、语气词选择问、语调式选择问[①]、混合式选择问和意合式选择问。在这五类选择问句中，连接词选择问和语气词选择问是方言选择问句的主要类型，以连接词选择问最为常用。

　　根据上述特征，本章拟分别考察汉语方言选择问句的连接方式、句式结构、语义关系及删略规则等问题，结合现有资料梳理各类问句的地理分布及方言使用情况。[②]

---

　　① 就现有文献来看，论及这类问句的方言语料较为有限，故本章不作详细考察。
　　② 鉴于文献资料收集的局限性，部分方言现象还有待进一步发掘，这里仅对已收集到的语料进行梳理。

## 第一节　选择问的连接方式

### 一　连接方式的类型

选择问的连接方式，就是连接不同选择项的形式手段，主要表现为词汇手段和语音手段两类。这些手段的主要作用在于连接选择项，显示疑问焦点，构成选择项并列结构。根据各类手段的不同功能，可将其分为基本方式和辅助方式两类。结合第二章的分析，普通话的选择问句主要存在两种连接方式，一种是使用连接词[①]"是、还是"，另一种是使用疑问语气词"呢"和语音停顿。在语法性质上，连接词"是、还是"以及疑问语气词"呢"是词汇手段，语音停顿是语音手段。在连接功能上，选接词"是、还是"是构成选择项并列结构的基本方式，虽然可以省略，但在多数情况下需要使用；疑问语气词"呢"和语音停顿则是可用可不用的辅助方式。

在方言中，构成选择问句的基本方式包含连接词、语气词、语调三类。从语法性质上看，连接词、语气词属于词汇手段，特定语调属于语音手段。作为词汇手段，连接词和语气词在选择问句中的位置不同。具体而言，连接词具有前置性，位于选择项之前；而语气词具有后置性，位于选择项之后。刘丹青认为，"'还是'之类连词具有前置性，即附着在某一成分之前，只要加入停顿就能显示。有些方言用后置性连词（国内语法书中通常称为助动词），如上海话'侬吃饭嗒，面？'。近代汉语和陕北晋语等西部方言的'反复问'也常加'助词'，如'你吃也不？'，这种'也'一般不能省去，兼有连接选择项的作用，也可归入后置连词"。[②] 作为语音手段，语调

---

[①] 在第二章第二节中，我们将"是、还是"等连接选择项的词语统称为连接词。本章亦采用这一说法。

[②] 刘丹青：《句类及疑问句和祈使句：〈语法调查研究手册〉节选》，《语言科学》2005年第9期。

也可用于连接选择项,但在性质特征上与连接词和语气词存在差异。语调具有后置性,但与语气词不同的是,语调需要对称出现于每个选择项末尾,不同的语调相组配可用于显示选择关系,将其与具有并列结构的陈述句分开。当语流速度较快时,这种语调差异往往不如连接词和语气词那么突出,因此在使用上具有一定局限性。

各类连接方式具有鲜明的方言特征。这些特征是对方言选择问句进行对比考察的基础。因此,我们首先以双项选择问(前选择项表示为"X",后选择项表示为"Y")为例,结合现有资料,对方言里的连接方式进行整体考察,分析上述三种形式手段在不同方言里的具体表现。

## 二 连接词

在方言中,用于选择问句的连接词可以分为"是"和"还是"两大类,其分别相当于普通话里的"是"和"还是"。以下从语表形式与形成过程两个方面进行考察。

首先,就语表形式来看,大部分方言都使用"是"和"还是"作为连接词,但在粤语、闽语、客家话中多有不同。具体而言,在"是"类连接词中,多数方言使用"是",粤语和客家话多使用"系/係"。在"还是"类连接词中,多数方言使用"还是",部分方言也可使用"还",闽语多使用"固是、抑是、野是、抑"等,粤语多使用"定、定系、定是、抑或、咖是"等,客家话多使用"还系、抑系"等。

其次,就形成过程来看,各类连接词在语表形式上的差异古已存在。

关于连接词"是"和"还是"的来源,应首先考察中古汉语里的连接词"为"。梅祖麟指出,"为"字选择问句出现于5世纪,表现为"为……为"的问句形式;当"为"字进一步复词化,便产生了"为是、为复、为当"等双音节复合词,由这些复合词单独使用或成对使用而构成的选择问句自南北朝和唐代起一直使用至南宋时期[1]。李崇兴认为,"为"的连接词用法由其作为判断词的用法引申而来;而"为是"的出现与判断词"是"的大量使用密切相关[2]。而魏晋南北朝时期,由"为"或"为复、为是、为当"充当连接词的选择问句主要存在两点特征:其一,连接词通常配对用于每个分句句首,也可单独用于后一分句句首;其二,多不与语气词组配使用[3]。柳士镇认为,这些特征对现代汉语选择问句的最终形成有重要影响[4]。

何亚南、张爱丽进一步指出,在东汉时期的口语交际中,"是"战胜其他竞争者而成为具有重要地位的判断词;魏晋南北朝时期,判断词"是"开始大量从口语进入书面语;唐代开始,"是"最终成为独一无二的判断词,而"为"也随之逐渐退出历史舞台[5]。蒋绍愚、曹广顺认为,"是"代替连接词"为"进入选择问句始于后汉时期,唐五代开始多见,宋代以后使用普遍[6]。例如[7]:

(1) 和尚借问:"山人所住是雌山,是雄山?"(《祖堂集》卷3)
(2) 沩山曰:"者沙弥,是由主沙弥,无主沙弥?"(《祖堂集》卷18)
(3) 师云:"云居与摩道,是你与摩道?"云:"云居与摩道。"(《祖堂集》卷19)

---

[1] 梅祖麟:《梅祖麟语言学论文集》,商务印书馆2000年版,第3—8页。
[2] 李崇兴:《选择问记号"还是"的来历》,《语言研究》1990年第2期。
[3] 柳士镇:《魏晋南北朝历史语法》,南京大学出版社1992年版,第303—304页。
[4] 柳士镇:《魏晋南北朝历史语法》,南京大学出版社1992年版,第304页。
[5] 何亚南、张爱丽:《中古汉语疑问句中"为"字的词性及来源》,《南京师范大学学报》(社会科学版)2004年第6期。
[6] 蒋绍愚、曹广顺:《近代汉语语法史研究综述》,商务印书馆2005年版,第457页。
[7] 例句转引自蒋绍愚、曹广顺《近代汉语语法史研究综述》,商务印书馆2005年版,第456页。

上述三例中,"是"已不再具有判断意义,而是作为连接词连接各选择项。就其句中位置来看,"是"既可同时出现于各选择项之前,也可单独出现于某一选择项之前。梅祖麟将"是"变为连接词的原因归结为两点。其一,自魏晋南北朝开始,"是"逐渐取代"为"而成为主要的判断词,这种词语的更替同时影响到选择问句里作为连接词的"为",从而促使"是"进一步取代"为",并继承其连接词的功能;其二,5世纪时出现了"是"后带有谓词性词语的句型,这一句型的出现为"是"向连接词的演变创造了条件①。

与此同时,随着"为"的逐渐隐退,"还"自唐五代起也开始作为连接词使用于选择问句之中,随后以"还是"的形式沿用至今②。据梅祖麟考察,"还"作为连接词的用法最早见于南唐的《祖堂集》,而"还是"在南宋时期进入选择问句,最早见于朱熹的《朱子语类》,这是从唐末到南宋选择标记的一大变化③。梅先生还指出,现代汉语里的各类选择问句在《朱子语类》中均已存在。例如④:

(4) 尝有一僧云:好捉倒剥去衣服,寻看他禅,<u>是</u>在左胁下,<u>是</u>在右胁下?(《朱子语类》卷124)

(5) 道之形体……只反诸吾身求之,<u>是</u>实有这个道理,<u>还是</u>无这个道理?(《朱子语类》卷111)

(6) 祭祀之理,<u>还是</u>有其诚则有其神,无其诚则无其神否?(《朱子语类》卷3)

(7) 且如人而今做事,<u>还是</u>做目前事,<u>还是</u>做后面事?(《朱子语类》卷29)

(8) 大钧播物,<u>还是</u>一去便休也,<u>还有</u>去而复来之理?(《朱子语类》卷6)

---

① 梅祖麟:《梅祖麟语言学论文集》,商务印书馆2000年版,第17页。
② 刘坚等:《近代汉语虚词研究》,语文出版社1992年版,第258页。
③ 梅祖麟:《梅祖麟语言学论文集》,商务印书馆2000年版,第13—16页。
④ 例句转引自梅祖麟《梅祖麟语言学论文集》,商务印书馆2000年版,第15页。

此外，还存在单独使用"还"作为连接词的选择问句。例如①：

(9) 天地之心亦灵否？<u>还</u>只是漠然无为？(《朱子语类》卷1)

关于"还是"的形成过程，李崇兴大致概括为："还"表"却"义→"还"起加强语气的作用，用于各种问句→还＋是，用于选择问→"还是"成为一个语词，作为选择问记号②。

通过梳理可见，现代汉语选择问句中普遍使用的"是"和"还是"在宋代就已比较成熟，其中"是"在宋代开始普遍使用，"还是"在南宋时期逐渐取代"还"而成为主要的连接词。在现代汉语方言中，除"是"和"还是"的普遍使用以外，"还"仍存在于部分方言之中，如江苏泰州、湖北天门、浙江宁波、绍兴、湖南邵东、广西平乐等地，主要涉及江淮官话、西南官话、吴语、湘语、客家话等。

此外，粤语中使用的"定"，闽语、客家话中使用的"抑"在古汉语中也多有出现。具体分析如下。

在粤语中，多使用"定"或"定是、定系"等作为连接词，相当于"还是"。据梅祖麟考察，由"定"作为连接词构成的选择问句出现于唐代，之后一直使用于偏南地区，与"是……还是"的分布地区相对立，其分布地域比现在更广③。梅先生转引张相《诗词曲语辞汇释》(1953) 中的四例加以说明④：

(10) 闻汝依山寺，杭州<u>定</u>越州？(杜甫《第五弟丰独在江左》)
(11) 不知西阁意，肯别<u>定</u>留人？(杜甫《不离西阁》)
(12) 要地长随二三友，不知由我<u>定</u>由天？(杨万里《中秋

---

① 例句转引自梅祖麟《梅祖麟语言学论文集》，商务印书馆2000年版，第15页。
② 李崇兴：《选择问记号"还是"的来历》，《语言研究》1990年第2期。
③ 梅祖麟：《梅祖麟语言学论文集》，商务印书馆2000年版，第18页。
④ 例句转引自梅祖麟《梅祖麟语言学论文集》，商务印书馆2000年版，第18页。

前两日别刘彦纯、彭仲庄》)

(13) 余日知安在,南村定北村?(敖陶孙《上郑参政》)

上述四诗句均具有南方背景:例(10)的杜诗写于四川,例(11)的杜诗以"想念在江南的五弟"① 为主题,例(12)诗句的作者杨万里籍贯江西吉水,例(13)诗句的作者敖陶孙籍贯福建福清。

在闽语、客家话中,多使用"抑"或"抑是、抑系"等作为连接词。关于连接词"抑"的来源,学界普遍认为其最早见于先秦时期。李崇兴②指出,连接词"抑"在选择问句里主要起"另开一意"的作用。例如③:

(14) 子禽问于子贡曰:"夫子至于是邦也,必闻其政,求之与,抑与之与?"(《论语·学而》)

南宋时期的《朱子语类》中,除"是"和"还是"的普遍使用以外,"抑"作为连接词也存在其中。例如:

(15) "《关雎》乐而不淫,哀而不伤",是诗人情性如此,抑诗之词意如此?(《朱子语类》卷25)

(16) "天命之谓性",还是极本穷原之性,抑气质之性?(《朱子语类》卷4)

(17) 此气是当初禀得天地底来,便自浩然,抑是后来集义方生?(《朱子语类》卷52)

上述三例中,"抑"不仅能够分别与"是""还是"成对出现于

---

① 梅祖麟:《梅祖麟语言学论文集》,商务印书馆2000年版,第18页。
② 李崇兴:《选择问记号"还是"的来历》,《语言研究》1990年第2期。
③ 例句转引自祝敏彻《汉语选择问、正反问的历史发展》,《语言研究》1995年第2期。

选择问句之中，如例（15）和例（16），还能够与"是"构成"抑+是"的形式，如例（17），"抑+是"相当于"还+是"。

罗耀华、周晨磊通过考察认为，"抑"演变成为真正的选择连词应是在明代，框式结构"抑……抑"的出现是"抑"作为选择连词的标志，如"子之撰，抑南北可通施之于今日耶？抑水陆可兼用否耶？（《纪效新书》）"；而很多学者所认为的《论语》时代就已出现的选择连词"抑"，事实上只是后人以今律古的结晶[①]。作者所举《纪效新书》是明代戚继光在东南沿海平倭战争期间练兵和治军经验的总结。今"抑、抑是"等连接词同样盛行于福建闽语区。至清代，"抑"与另一选择连词"或"相结合并进一步词汇化为"抑或"，这时，"抑"被重新分析为词内成分，"抑或"作为一个整体相当于普通话里的"还是"。今"抑或"作为连接词仍然使用于部分粤语方言点中，如在广州话里，"抑或"是连接选择项的连接词。

此外，使用于福建连城客家话里的连接词"抑还是"，也具有与"抑是、抑或"相类似的形成过程。具体而言，在结构形式上，"抑还是"由"抑"和"还是"并列结合而成；在语义功能上，"抑"与"还是"的语义相同，都以充当选择问的连接词为主要功能；在造句能力上，"抑"和"还是"可以分别作为连接词单独用于选择问句。但在连城话里，"抑还是"只能作为一个整体用于选择问句，基本上不存在分开使用的情况。依据上述特征，我们认为，"抑还是"也是词汇化的标记形式，具有南方方言色彩的"抑"与使用广泛的"还是"功能相同，在长期的组合使用中，已经融合为一个整体。在选择问句中，"抑还是"作为一个语言单位用于连接前后选择项。

## 三 语气词

在部分方言中，位于前选择项 X 末尾的语气词（表示为"M"）

---

[①] 罗耀华、周晨磊：《"抑"的去语法化》，《语言教学与研究》2013年第4期。

也可用于连接选择项,其功能与连接词相当。具有连接功能的语气词"M"主要具有语表形式、句中位置、语法性质三个方面的特征。

首先,就语表形式来看,语气词"M"大体可以分为"吗"类和"啊"类两大类。

"吗"类语气词一般读作"[·ma]、[mu³]、[mA⁰]、[mɑ⁰]"等,记作"吗、么、麽、嘛"等。在西南官话中可读作"[mæ⁵⁵]、[mæ¹²]、[mɒ⁵⁵]、[mai⁵⁵]、[me³³]、[mo³³]"等,记作"唛、嚜、麽、么"等。结合现有资料,"吗"类语气词在各方言点的不同形式如表4—1所示。

表4—1    "吗"类语气词的方言归纳

| 地域与方言归属 | | | 语气词"M" | 具体表现形式 |
|---|---|---|---|---|
| 兰银官话 | 宁夏同心 (张安生,2003) | | 吗 [·ma] | X 吗 Y? |
| | 甘肃 | 兰州 (黄伯荣,1996) | 么 | X 么 Y? |
| | | 民勤 (黄大祥,2016) | 莽 [mɑŋ²¹]① | X 莽 Y? |
| | 新疆 (李文龙,2014) | | 吗 [ma] | X 吗 Y? |
| 中原官话 | 宁夏 | 固原 (高顺斌,2014) 隆德 (杨苏平,2015) | 吗 | X 吗 Y? |
| | 甘肃 | 临夏 (谢晓安、张淑敏,1990) | 么 [mu³] | X 么 Y? |
| | | 天水 (米娜,2012)、镇原 (何艳萍,2010)、白龙江流域,如文县、武都等地 (莫超,2004) | 吗 | X 吗 Y? |
| | | 环县 (谭治琪,2011) | 么 | X 么 Y? |
| | 青海西宁 (宋金兰,1993) | | 吗 [ma] | X 吗 Y? |
| | 山西 | 芮城、永济 (吕佳,2016) | 吗 [mA⁰] | X 吗 Y? |
| | | 河津、临猗 (吕佳,2016) | 么 | X 么 Y? |
| | 陕西 | 宝鸡、扶风、长安、临潼、商县、乾县、高陵 (郭利霞,2015) | 吗 | X 吗 Y? |

---

① 黄大祥(2016)指出,民勤方言里的语气词"莽"是"吗"之转,用法与"吗"基本一致。

续表

| 地域与方言归属 | | | 语气词"M" | 具体表现形式 |
|---|---|---|---|---|
| 中原官话 | 陕西 | 富平（李虹，2003）、铜川（杨银梅，2004）、商州（袁鹏飞，2016）、华县（杜永道，1990） | 么 | X 么 Y？ |
| | | 合阳（邢向东、蔡文婷，2010） | 么 [maɒ⁰] | X 么 Y？ |
| | | 西安（兰宾汉，2011）杨凌、蓝田（郭利霞，2015） | 嘛 | X 嘛 Y？ |
| | 山东巨野（欧士博，2011） | | 么 | X 么 Y？ |
| 西南官话 | 贵州 | 绥阳（姚丽娟，2007） | 唛 [mæ⁵⁵] | X 唛 Y？ |
| | | 习水（范艳，2010） | 麽 [mæ⁵⁵] | X 麽 Y？ |
| | | 遵义（胡光斌，2010） | 嚜 [mæ¹²] | X 嚜 Y？ |
| | 云南 | 石屏（李晓静，2016） | 吗 [mɒ⁵⁵]、嚜 [mai⁵⁵] | X 吗/嚜 Y？ |
| | | 昆明（丁崇明，2005）富源（张微，2017）通海（杨锦，2008）漾濞（马晓梅，2016）沾益（山娅兰，2005）大理（苏倩，2011） | 么 | X 么 Y？ |
| | 四川 | 西充（王春玲，2011） | 么 [mo³³]、嚜 [me³³]① | X 么/嚜 Y？ |
| | | 成都（赵明节、杜克华，2017） | 嘛 | X 嘛 Y？ |
| 晋语 | 陕西 | 吴堡（郭利霞，2015）绥德（黑维强，2016） | 么 | X 么 Y？ |
| | | 延长（郭利霞，2015） | 吗 | X 吗 Y？ |
| 赣语 | 江西永新（龙安隆，2013） | | 么 [mɔ̃⁵³] | X 么 Y？ |
| 客家话 | 四川泰兴（兰玉英，2007） | | 嘛 | X 嘛 Y？ |

"啊"类语气词一般读作 [a]，记作"啊"。在有的方言点，如

---

① 王春玲（2011：202）指出，西充方言里的"X 么 Y"是对古汉语"X 麽 Y"选择问句的直接沿用；"X 嚜 Y"的"嚜"与西北方言"X 吗 Y"的"吗"应是 [ma] 的不同变体。

山东枣庄的中原官话，山西、陕西的晋语，安徽的赣语，浙江的吴语等，也可记作"啊"的变读形式"呀、啦、哪"或记作"也"。结合现有资料，"啊"类语气词在各方言点的不同形式如表4—2所示。

表4—2　　　　　　　　"啊"类语气词的方言归纳

| 地域与方言归属 | | | 语气词"M" | 具体表现形式 |
|---|---|---|---|---|
| 东北官话 | 哈尔滨（金美，2003） | | 啊/哪 | X 啊/哪 Y？ |
| 兰银官话 | 甘肃民勤（黄大祥，2016） | | 啊 [a$^{21}$] | X 啊 Y？ |
| 中原官话 | 山西 | 河津、襄汾（吕佳，2016） | 啊、呀 | X 啊/呀 Y？ |
| | | 临猗、稷山、夏县（吕佳，2016） | 啊 | X 啊 Y？ |
| | | 垣曲、汾西、临汾、古县、蒲县（吕佳，2016） | 呀 | X 呀 Y？ |
| | | 洪洞、万荣（郭利霞，2015） | 也 [iɛ] | X 也 Y？ |
| | 山东枣庄（吕俭平，2011） | | 呀 | X 呀 Y？ |
| | 河南洛阳（贺巍，1993） | | 啊 | X 啊 Y？ |
| 晋语 | 山西 | 娄烦、晋源、兴县、代县、永和（吕佳，2016）、平鲁（郭利霞，2015） | 啊 | X 啊 Y？ |
| | | 临县（吕佳，2016） | 啦 | X 啦 Y？ |
| | | 沁水、神池（吕佳，2016） | 呀 | X 呀 Y？ |
| | | 五台、阳城、代县、黎城（郭利霞，2015） | 也 | X 也 Y？ |
| | 陕西府谷（郭利霞，2015） | | 啊 | X 啊 Y？ |
| | 内蒙古五原、武川、和林格尔、临河、呼和浩特（郭利霞，2015） | | 也 | X 也 Y？ |
| 湘语 | 湖南 | 湘阴（龙琴，2015） | 啊 [a$^{24}$] | X 啊 Y？ |
| | | 涟源古塘（吴青峰，2006）、湘乡（彭兰玉，2006） | 啊 | X 啊 Y？ |
| | | 益阳（徐慧，2001） | 阿 [a$^{45}$] | X 阿 Y？ |
| 赣语 | 安徽太湖弥陀（孙汉康，2016） | | 啊（哪、啦） | X 啊（哪、啦）Y？ |
| | 湖北通城（郭利霞，2015） | | 啊 | X 啊 Y？ |
| | 江西 | 南昌塘南（肖放亮，2006） | 啊 | X 啊 Y？ |
| | | 宜丰（邵敬敏等，2010） | 啊 [æ$^{33}$] | X 啊 Y？ |

续表

| 地域与方言归属 | | | 语气词"M" | 具体表现形式 |
|---|---|---|---|---|
| 吴语 | 浙江 | 温州（游汝杰，1993） | 也 [a]/啊 | X 也/啊 Y？ |
| | | 平阳（钱成慧，2000） | | |
| | | 天台（戴昭铭，1999） | 阿 | X 阿 Y？ |
| 闽语 | 福建罗源（黄涛，2016） | | 啊 | X 啊 Y？ |
| | 福州（梁玉璋，2004） | | | |
| | 广东揭阳（谢润姿，2009） | | 啊 | X 啊 Y？ |
| 客家话 | 江西石城（邵敬敏等，2010） | | 啊 | X 啊 Y？ |
| | 瑞金（刘泽民，2006） | | | |
| | 福建上杭（邱锡凤，2007） | | 啊 | X 啊 Y？ |
| | 广东龙川、梅县、韶关、信宜、河源（黄年丰，2016） | | 啊 | X 啊 Y？ |

此外，江苏苏州[①]、海门[②]以及浙江绍兴柯桥[③]等地使用语气词"勒/嘞"；河南陕县[④]、湖北恩施[⑤]使用语气词"[man$^{55}$]"，陕县记作"曼"[⑥]；河南辉县使用语气词"呀、啲"[⑦]；山西新绛使用语气词"焉"[⑧]。

其次，就句中位置来看，语气词"M"位于选择项 X 和 Y 之间，

---

[①] 李小凡：《苏州方言语法研究》，北京大学出版社1998年版，第127页。
[②] 王洪钟：《海门方言研究》，中华书局2011年版，第339页。
[③] 盛益民：《吴语绍兴柯桥话参考语法》，博士学位论文，南开大学，2014年，第362页。
[④] 张邱林：《陕县方言选择问句里的语气助词"曼"——兼论西北方言选择问句里的"曼"类助词》，《汉语学报》2009年第2期。
[⑤] 张良斌：《恩施方言疑问句研究》，硕士学位论文，安徽大学，2010年，第15页。
[⑥] 张邱林：《陕县方言选择问句里的语气助词"曼"——兼论西北方言选择问句里的"曼"类助词》，《汉语学报》2009年第2期。
[⑦] 穆亚伟：《辉县方言语法研究》，博士学位论文，华中师范大学，2016年，第198页。
[⑧] 黄伯荣：《汉语方言语法类编》，青岛出版社1996年版，第692页。

与形式简洁的 X 项、Y 项构成语流连贯、结构紧凑的"X + M + Y"问句。但实际上,"M"具有后置性,附加于选择项 X 末尾;"X + M"与"Y"连接紧密,一般不存在语音停顿,但可根据语用需要适度增加"M"的音长,"使人从听觉上清楚地感到前后选择项的存在,从而起到提醒答话人进行选择的作用"①。

最后,就语法性质来看,"M"是兼有一定连词功能的疑问语气词,具有表达疑问语气和连接选择项的双重功能。具体分析如下。

独立表达疑问语气是"M"的第一重功能。对于这一功能,需要从历时和共时两个方面进行分析。从历时层面看,充当连接手段的"吗"类语气词和"啊"类语气词分别来源于近代汉语里使用于选择问句的语气词"那""麼"和"也"。"那"和"也"最初都用于是非问句末尾,独立表达疑问语气,随着使用范围的扩大和表义功能的拓展而逐渐出现于选择问句之中。具体来看,语气词"那"自魏晋产生之后到唐宋时期,基本只用于是非问句和反诘问句,自元代到明初,"那"逐渐开始用于选择问句②。语气词"麼"早期的功能是传疑,主要用于是非问句,自元明时期的《老乞大》《朴通事》开始替换"那"用于选择问句③。语气词"也"自先秦两汉起就可用于表疑问、反诘④;唐五代时"也"可用如语气词"耶",自宋元起取代语气词"耶"而用于选择问句⑤。吴慧颖指出,方言里

---

① 吴慧颖:《"VP₁也VP₂"和"VP₁也怎的"——关于近代汉语中的两种选择问句》,《古汉语研究》1990年第2期。
② 曹广顺:《近代汉语助词》,语文出版社1995年版,第169页。
③ 张安生:《宁夏同心话的选择性问句——兼论西北方言"X吗Y"句式的来历》,《方言》2003年第1期。
④ 孙锡信:《近代汉语语气词——汉语语气词的历史考察》,语文出版社1999年版,第9页。
⑤ 孙锡信:《近代汉语语气词——汉语语气词的历史考察》,语文出版社1999年版,第97—98页。

附于前选择项的"呀、啊、哪"等相当于近代汉语里的"也"①。

从共时层面看,在有的方言里,"M"仍是疑问语气词,用于是非问句表达疑问语气。

在使用"吗"类语气词的方言中,"吗"类语气词也可用于表陈述的短语末尾,多构成中性是非问句。这种情况多出现于西北方言和西南官话中。

例如,在宁夏同心话中,疑问语气词"吗"既可用于选择问句也可用于是非问句。就构成方式来看,选择问句"X 吗 Y"实际上是由两个"吗"字是非问句经过合并与紧缩而形成的。在这一过程中,选择项 X 后的疑问语气词"吗"得以保留,而选择项 Y 后的疑问语气词"吗"则处于隐含状态②。例如:

(18)(是非问)你走北京吗?
(选择问)你走北京吗上海?(张安生,2003)

在甘肃民勤方言中,"莽"是仅可用于是非问句和选择问句的专职疑问语气词。其中,"莽"字是非问句是表达有疑而问的中性问句③。例如:

(19)(是非问)你夜来个来的莽?
(选择问)你去哩莽我去哩?(黄大祥,2016)

在贵州习水方言中,"麽"既可用于选择问句也可用于是非问

---

① 吴慧颖:《"VP1 也 VP2"和"VP1 也怎的"——关于近代汉语中的两种选择问句》,《古汉语研究》1990 年第 2 期。
② 张安生:《宁夏同心话的选择性问句——兼论西北方言"X 吗 Y"句式的来历》,《方言》2003 年第 1 期。
③ 黄大祥:《甘肃民勤方言的选择性问句——兼论其"X + 啊 + Y"句式的来源》,《方言》2016 年第 1 期。

句,"麽"在疑问程度上十分接近普通话的"吗"[1]。例如:

(20)(是非问)你昨天来敲过我们家嘞门麽?
(选择问)你真的要哭麽假嘞要哭?(范艳,2010)

在四川西充方言中,"么 [mo$^{33}$]"和"嘿 [me$^{33}$]"主要有两种用法,一是位于表陈述的短语末尾,构成"S+么/嘿"问句;二是位于选择问句的前选择项后边,构成"X 么/嘿 Y"问句[2]。例如:

(21)(是非问)你儿子去广州打工了么? | 这是给我买哩嘿?
(选择问)你吃饭么吃面? | 你吃稀饭嘿吃干饭?(王春玲,2011)

在使用"啊"类语气词的方言中,"啊"类语气词也可用于表陈述的短语末尾,多构成带有一定主观倾向的是非问句。这种情况在官话方言和非官话方言中均有分布,常见于西南官话、江淮官话、吴语、湘语、赣语、客家话等方言中。

例如,在山西神池方言中,"呀"既可用于是非问句也可用于选择问句,"呀"字是非问句是一种求证性问句[3]。例如:

(22)(是非问)你看电视呀?
(选择问)咱们明儿去呀后儿去?(肖建华,2006)

在四川成都方言中,"哇"既可用于是非问句也可用于选择问

---

[1] 范艳:《习水疑问句研究》,硕士学位论文,湖南大学,2010年,第9页。
[2] 王春玲:《西充方言语法研究》,中华书局2011年版,第201页。
[3] 肖建华:《神池方言语法探究》,硕士学位论文,华东师范大学,2006年,第30—32页。

句,"哇"字是非问句既表一般询问也表反诘①。例如:

(23)(是非问)他也是成都来的哇?
(选择问)你究竟走哇不走哦?(张一舟等,2001)

在湘语、赣语、吴语、客家话、闽语中,疑问语气词"啊"既可用于陈述性短语末尾构成表怀疑、惊讶或猜度、求证的是非问句,也可用于选择问句。例如:

(24)湖南涟源古塘:(是非问)落雨哩啊?
(选择问)你要吃苹果啊吃梨子啊?(吴青峰,2006)
(25)江西南昌县(塘南):(是非问)你就想困啊?｜渠话了不来啊?
(选择问)你吃饭啊吃面哦?(肖放亮,2006)
(26)江西石城:(是非问)饭熟来啊?｜你唔怕死啊?
(选择问)买赣州啊南昌个车票?(邵敬敏等,2010)
(27)浙江温州:(是非问)能界要走归啊? 现在要回去吗?
(选择问)你乘车啊打路走哦?(郑娟曼,2009)
(28)广东龙川:(是非问)你去北京啊?｜你去上海啊?
(选择问)你去北京啊上海?(黄年丰,2016)
(29)福建罗源:(是非问)伊饭食嚩乍去啊?｜汝怀去啊?
(选择问)汝食梨啊苹果?(黄涛,2016)

值得注意的是,当"啊"类语气词用于选择问句时,其所蕴含的猜度、求证意义已被削弱,所伴随的惊讶、诧异等主观情绪也已基本不存在,但仍保留有疑问语气词的身份。

总之,无论是在历时层面还是在共时层面,"M"既可用于选择

---

① 张一舟等:《成都方言语法研究》,巴蜀书社2001年版,第341—342页。

问句，也可用于是非问句。"M"是可以独立表达疑问的语气词。

连接选择项是"M"的第二重功能。对于这一功能，主要表现出两点特征。

其一，"M"是构成"X + M + Y"问句必不可少的成句要素，在使用上具有强制性，去掉后会影响选择问句语义的表达，或导致问句不成立。先看前一种情况。

(30) ①家里有彩电、冰箱
②家里有彩电和冰箱。
③家里有彩电和冰箱↗？
④家里有彩电还是冰箱？
⑤家里有彩电吗冰箱？（张安生，2003）

①是含有并列关系的短语形式；在"彩电"和"冰箱"之间添加并列连词"和"，句末添加陈述语气，便构成含有并列短语的陈述句②；在"彩电"和"冰箱"之间添加并列连词"和"，句末添加上升语调，便构成含有并列短语的语调型是非问句③；在"彩电"和"冰箱"之间添加选择连词"还是"，便构成含有选择项并列结构的选择问句④；在"彩电"和"冰箱"之间添加语气词"吗"，也可构成选择问句⑤。这说明，"吗"在构句能力上与"还是"相当，都具有构成选择项并列结构的功能。即：

家里有彩电吗冰箱？ = 家里有彩电还是冰箱？

反之，如果将"吗"字去掉并添加陈述语气，那么该句就由选择问句变为陈述句，即：

家里有彩电吗冰箱？→家里有彩电、冰箱。

再看后一种情况。在某些句式中,"M"是不可或缺的成句要素,如果将其去掉往往会使问句无法成立。例如:

(31) 山西芮城:你比他大吗小? → *你比他大小?
你没去吗去啦? → *你没去去啦?(吕佳,2016)
(32) 云南大理:你醒着么睡着了? → *你醒着睡着了?
运动会上你跑步得了第一么第二?
→ *运动会上你跑步得了第一第二?(苏倩,2011)
(33) 贵州习水:你下班得早嘛晚? → *你下班得早晚?
明天你来喊我嘛我去喊你? → *明天你来喊我我去喊你?
(范艳,2010)
(34) 江西石城:你洗脚啊洗汤? → *你洗脚洗汤?
你老伯过年过城里过啊转龙岗去? → *你老伯过年过城里过转龙岗去?(邵敬敏等,2010)

其二,"M"位于前选择项末尾,与后选择项之间不存在明显的语音停顿。当语速放缓、语音停顿过长时,便构成"X+M,Y"的间断语流形式。这时,"M"不再具有连接功能,而只是附于 X 项后的疑问语气词。这说明,"M"的连接功能是由特定的问句形式所赋予的,具有临时性。

综上所述,"M"应是由疑问语气词发展而来的"准连词",它既能独立表达疑问语气,也能连接选择项。而这种连接功能由"居于问项之间的语法位置和与 Y 项连读的语流形式"[①] 衍生而来。

需要特别指出的是,在有的方言中,前后选择项末尾可同时添加疑问语气词。这主要存在三种情况。

第一,X 项与 Y 项末尾同时出现相同的语气词"M","M"表

---

[①] 张安生:《宁夏同心话的选择性问句——兼论西北方言"X 吗 Y"句式的来历》,《方言》2003 年第 1 期。

达一定的时态意义,且 Y 项末尾的语气词不可省略。这时,"M"在问句中不具有连接功能。这类选择问句应是以直接并列选择项的方式构成的。这种情况主要存在于晋语中。

以山西武乡方言为例①。史素芬指出,"X + M + Y + M"是武乡方言选择问句的基本形式,其中的"M"为"嘞""呀""来"等语气词,而"X + 嘞 + Y + 嘞"问句,用于询问正在进行或惯常发生的情况;"X + 呀 + Y + 呀"问句,用于询问将要发生的情况;"X + 来 + Y + 来"问句,用于询问曾经发生的情况。例如:

(35) 吃米嘞吃面嘞?
吃米呀吃面呀?
吃米来吃面来?(史素芬,2002)

第二,X 项与 Y 项末尾同时出现语气词"M","M"不表达时态意义,且两选择项末尾的语气词均不可省略,两选择项之间可稍作停顿。这时,"M"在问句中不具有连接功能。这类选择问句也应是以直接并列选择项的方式构成的。

以山东临清方言为例②。临清方言的选择问句一般不使用连接词连接选择项,而是常在各选择项末尾添加语气词"啊"构成"X + 啊 + Y + 啊"的形式,且选择项之间可稍作停顿。例如③:

(36) 明天你穿裙子啊穿裤子啊?
(37) 你愿意看喜剧啊看悲剧啊?

第三,X 项与 Y 项末尾同时出现语气词"M","M"不表达时

---

① 史素芬:《山西武乡方言的选择问句》,《语文研究》2002 年第 2 期。
② 刘亚:《临清方言研究》,硕士学位论文,贵州大学,2007 年,第 97 页。
③ 例句转自刘亚《临清方言研究》,硕士学位论文,贵州大学,2007 年,第 97 页。

态意义，且 Y 项末尾的语气词可以省略，两选择项之间一般不存在语音停顿。这时，X 项末尾的"M"在问句中具有连接功能。这种情况在官话方言和非官话方言中均有出现。

以广东龙川客家话为例①。"X 啊 Y"是龙川方言选择问句的常用形式。有时，在 Y 项末尾可以添加语气词"啊"，主要起缓和问句语气的作用，表示为"X 啊 Y 啊"。在这类问句中，X 项末尾的"啊"仍然具有连接功能。"X 啊 Y"与"X 啊 Y 啊"应属同一问句类型，二者的区别主要在于：Y 项后的"啊"只用于表达舒缓语气，而 X 项后的"啊"因其特殊的句法位置而衍生出了连接选择项的功能。

在上述三种情况中，只有第三种情况中的"M"具有连接功能；第一、第二种情况中的"M"均不具有连接功能，这两类问句应属"意合式选择问"②。由此可见，在选择问句中，语气词"M"具有连接功能的前提是"M"可以单独出现于前选择项末尾，且不表达时态意义。

### 四　语调

在部分方言中，选择项之间可以不使用词汇手段，而单纯由语调相连接。

就语调的形式来看，多表现为"扬—抑"的语调模式，即在 X 项末尾读扬升调，在 Y 项末尾以降抑调与之相呼应。这种语调上的鲜明对比，不但能够强化选择关系，还能将选择问句与表陈述的并列短语区分开来。以语调作为连接手段的选择问句主要具有两点特征③：第一，前后选择项一般具有对称的结构形式和相同的语言成分；第二，选择项之间的语音停顿可有可无，前项 X 在读扬升调的同时其末尾音节的时长会略有延宕，以弥补由词汇

---

① 黄年丰：《龙川客家话的选择问句》，《名作欣赏》2016 年第 12 期。
② 关于"意合式选择问"，我们将在本章第五节单独考察。
③ 邵敬敏等：《汉语方言疑问范畴比较研究》，暨南大学出版社 2010 年版，第 86 页。

标记缺省带来的语音不协调。

此外，部分方言点还存在其他类型的语调模式。譬如，陕西神木方言使用"平调+降调"的语调模式[1]；河北武邑方言使用"升调+升调"和"降调+降调"的语调模式[2]；湖南益阳方言使用"升调+本调"的语调模式[3]。

据现有资料，描写这类连接方式的文献较为有限，因此这里不作详细论述，仅对部分方言点的情况举例说明。

(38) 安徽太湖弥陀：恩输哆↗赢哆↘？｜恩吃饭↗吃面↘？（孙汉康，2016）

(39) 山西高平：你去↗，我去↘？｜今儿穿裙子↗，穿裤子↘？（白静茹等，2005）

(40) 江西石城：三秀嗬↗华秀嗬↘过生日哦？｜过屋下斫柴卖↗，过广东打工↘？（邵敬敏等，2010）

## 第二节　连接词选择问

连接词选择问由连接词充当连接手段，是方言中最常用的选择问类型。以下首先考察连接词选择问的句式特征，并结合现有资料，梳理这类问句的地理分布。

### 一　句式结构

在方言中，连接词选择问的句式特征主要表现在三个方面：第

---

[1] 邢向东：《神木方言研究》，中华书局2002年版，第652页。
[2] 张晓静：《河北武邑方言语法研究》，博士学位论文，福建师范大学，2014年，第281页。
[3] 夏俐萍：《湘语益阳方言的疑问范畴》，载盛益民等编《汉语方言疑问范畴研究》，中西书局2017年版，第306页。

一，连接词的组配；第二，语气词①的使用；第三，多项选择问的表达。

(一) 连接词的组配

据上文考察，用于选择问句的连接词主要有"是"和"还是"两大类。结合现有资料，两类连接词在不同方言里存在多种组配形式，各种组配形式具有一定的共性特征。据此，我们首先对现已收集到的资料进行整合、归纳，梳理各方言点在连接词组配上的特征。

表4—3　　　　　　　　　连接词的组配形式

| 地域与方言归属 | | | 连接词 | | 组配形式 | | |
|---|---|---|---|---|---|---|---|
| | | | X项 | Y项 | | | |
| 东北官话 | 黑龙江哈尔滨 (金美, 2003) | | 还是 | 还是 | (还是)② X 还是 Y? | | |
| | 辽宁铁岭 (云微, 2014) | | 是 | 还是 | (是) X 还是 Y? | | |
| | | | | 还 | (是) X 还 Y? | | |
| | | | | 是 | (是) X 是 Y? | | |
| 兰银官话 | 甘肃甘州 (高天霞, 2009) | | | 是 | X 是 Y? | | |
| 冀鲁官话 | 河北武邑 (张晓静, 2014) | | 是 | 还是 | (是) X 还是 Y? | | |
| | | | | 是 | (是) X 是 Y? | | |
| | 天津 (祁淑玲, 2020) | | 是 | 还是 | (是) X 还是 Y? | | |
| | 山东 | 章丘 (赵学玲, 2007) | 是 | 还是 | (是) X 还是 Y? | | |
| | | 淄博 (毕丽华, 2005) | | | | | |
| | | 临淄 (史冠新, 2006) | | 是 | (是) X 是 Y? | | |
| | | 莘县 (王宁宁, 2015) | | | | | |
| | | 宁津 (曹延杰, 2003) | | | | | |
| 胶辽官话 | 山东龙口 (马志红, 2007) | | 是还是 | 还是是 | 是 X 还是 Y? | 还是 X 是 Y? | X 是 Y? |

---

① 这里的"语气词"，在连接词选择问句中不起连接作用、只表语气意义。下文同。

② "（ ）"表示其中的语言成分可用也可不用。下同。

续表

| 地域与方言归属 | | | 连接词 | | 组配形式 | |
|---|---|---|---|---|---|---|
| | | | X 项 | Y 项 | | |
| 中原官话 | 安徽北部（侯超，2013） | | 是 | 还是 | （是）X 还是 Y？ | |
| | | | | 是 | 是 X 是 Y？ | |
| | 河南 | 固始（李孝娴，2003） | 还是 | 还是 | （还是）X 还是 Y？ | |
| | | 洛阳（贺巍，1993） 南阳（樊守媚，2012） | 是 | 还是 | （是）X 还是 Y？ | |
| | | 驻马店（刘洋洋，2016） | 是 | 还是 | 是 X 还是 Y？ | |
| | | | | 是 | 是 X 是 Y？ | 是 X－Y？ |
| | 山东巨野（欧士博，2011） | | 是 | 还是 | （是）X 还是 Y？ | |
| | | | 还是 | 是 | X 是 Y？ | 还是 X 是 Y？ |
| | 山西古县（刘睿玲，2012） | | 是 | 还是 | （是）X 还是 Y？ | |
| | 陕西 | 合阳（邢向东、蔡文婷，2010） | 是 | 还是 | 是 X 还是 Y？ | |
| | | 西安（兰宾汉，2011） | 是 | 还是 | （是）X 还是 Y？ | |
| 江淮官话 | 安徽 | 枞阳（林玉婷，2017） | 是 | 还是 | （是）X 还是 Y？ | |
| | | 安庆（鲍红，2016） | 是 | 还是 | （是）X 还是 Y？ | |
| | 湖北 | 孝感（王求是，2014） 红安（季红霞，2008） 武穴（刘欢，2017） | 是 | 还是 | （是）X 还是 Y？ | |
| | | 新洲（高杜，2016） | 是 | 还是 | （是）X 还是 Y？ | |
| | | | | 是 | 是 X 是 Y？ | |
| | 江苏泰州（陈厚才，2008） | | 是 | 还是 | （是）X 还是 Y？ | |
| | | | | 还 | （是）X 还 Y？ | |

续表

| 地域与方言归属 | | | 连接词 | | 组配形式 | |
|---|---|---|---|---|---|---|
| | | | X 项 | Y 项 | | |
| 西南官话 | 湖北 | 天门（卢红艳，2009） | 是<br>还是 | 还是<br>是 | （是）X 还是 Y？ | |
| | | | | | （是）X 是 Y？ | 是 X-Y？ |
| | | | | | 还是 X 还是/是 Y？ | |
| | | | | 还 | X 还 Y？ | |
| | | 恩施（张良斌，2010） | 是 | 还是 | 是 X 还是 Y？ | |
| | | 武汉（赵葵欣，2012） | | 是 | 是 X 是 Y？ | |
| | | 仙桃（陈秀，2015） | | 还是 | X 还是 Y？ | |
| | 湖南 | 吉首（李启群，2002） | 是 | 还是 | （是）X 还是 Y？ | |
| | | 常德（易亚新，2007） | 是 | 还是 | （是）X 还是 Y？ | |
| | | | | 是 | X 是 Y？ | |
| | | 永顺（彭慧，2019） | 是<br>还是 | 还是<br>是 | 是 X 还是 Y？ | |
| | | | | | 还是 X 还是 Y？ | 是 X 是 Y？ |
| | 四川成都（赵明节、杜克华，2017） | | 是 | 还是 | （是）X 还是 Y？ | |
| | 贵州 | 习水（范艳，2010） | 是<br>还是 | 还是<br>是 | （是）X 还是 Y？ | |
| | | | | | 还是 X 还是 Y？ | 是 X 是 Y？ |
| | | 遵义（胡光斌，2010） | 是<br>还是 | 还是<br>是 | （是）X 还是 Y？ | 是 X 是 Y？ | 是 X-Y？ |
| | | | | | 还是 X 还是 Y？ | 还是 X-Y？ |
| | 广西荔浦（潘大廉，2017） | | 是 | 还是 | （是）X 还是 Y？ | |
| | | | | 是 | 是 X 是 Y？ | 是 X-Y？ |
| 晋语 | 河北 | 张北（关彦琦，2008） | 是 | 还是 | （是）X 还是 Y？ | |
| | | | | 是 | （是）X 是 Y？ | |
| | | 张家口（宗守云，2017） | 是 | 是 | 是 X-Y？ | X 是 Y？ |
| | 河南安阳（王芳，2015） | | 是 | 还是 | （是）X 还是 Y？ | |
| | 山西、陕西（郭利霞，2015） | | 是 | 还是 | （是）X 还是 Y？ | |
| | | | | 是 | （是）X 是 Y？ | 是 X-Y？ |

续表

| 地域与方言归属 | | | 连接词 | | 组配形式 | |
|---|---|---|---|---|---|---|
| | | | X 项 | Y 项 | | |
| 吴语 | | 上海（邵敬敏等，2010） | 是 | 还是 | 是 X 还是 Y？ | |
| | 浙江 | 温州（郑娟曼，2009） | 是 | 还是 | 是 X 还是 Y？ | |
| | | 天台（戴昭铭，2006） | 是 | 还是 | （是）X 还是 Y？ | |
| | | 宁波（阮桂君，2006） | | 还是、还 | X 还是 Y？ | X 还 Y？ |
| | | 绍兴柯桥（盛益民，2014） | 是 | 还是 | （是）X 还是 Y？ | |
| | | | | 还 | （是）X 还 Y？ | 是 X–Y？ |
| 湘语 | 湖南 | 新化、衡阳、湘潭、长沙（卢小群，2007） | 是 | 还是 | （是）X 还是 Y？ | |
| | | 邵东（孙叶林，2009） | | 还是 | X 还是 Y？ | |
| | | | | 还、是 | X 还 Y？ | X 是 Y？ |
| | | 涟源古塘（吴青峰，2006） | 是 | 还是 | （是）X 还是 Y？ | |
| | | | | 是 | （是）X 是 Y？ | |
| | 广西全州（朱海燕，2011） | | | 还是 [ai¹³ zɿ²²] | X 还是 Y？ | |
| 赣语 | | 安徽太湖弥陀（孙汉康，2016）、岳西（储泽祥，2009）、宿松（黄晓雪，2014） | 是 | 还是 | （是）X 还是 Y？ | |
| | 湖北 | 咸宁（王宏佳，2015） | | 还是 | X 还是 Y？ | |
| | | 阳新（黄群建，2016） | 是 | 还是 | （是）X 还是 Y？ | |
| | 江西 | 抚州（付欣晴，2006）、彭泽（汪高文，2019）、东北部（胡松柏，2009） | 是 | 还是 | 是 X 还是 Y？ | |
| 闽语 | 福建 | 福州（邵敬敏等，2010） | 是 | 抑是、固是 | （是）X 抑是/固是 Y？ | |
| | | 建瓯（江洁，2015） | 是 | 故是 | （是）X 故是 Y？ | |
| | | | | 是 | X 是 Y？ | |
| | | 罗源（黄涛，2016） | | 固是 | X 固是 Y？ | |
| | | 厦门（周长楫、欧阳忆耘，1997；邵敬敏等，2010） | 是（要） | 抑是 [aʔ⁴² si¹¹]（要） | 是（要）X 抑是（要）Y？ | |
| | | | （是）要 | 野是 [ia⁵³ si¹¹]（要） | （是）要 X 野是（要）Y？ | |
| | | | | 抑 | X 抑 Y？ | |
| | | 漳州（黄淑芬，2010） | 是 | 抑是 [ah¹²¹⁻²¹ si²²] | （是）X 抑是 Y？ | |
| | | | | 抑 [ah¹²¹] | X 抑 Y？ | |
| | | 莆仙（蔡晨薇，2014） | 嘞 | 哈嘞 [ha²¹ le²¹] | （嘞）X 哈嘞 Y？ | |
| | | | | 哈 | X 哈 Y？ | |

续表

| 地域与方言归属 | | | 连接词 | | 组配形式 | |
|---|---|---|---|---|---|---|
| | | | X项 | Y项 | | |
| 粤语 | 广东 | 广州（邵敬敏等，2010） | （係） | 定（係） | （係）X定Y？ | （係）X定係Y？ |
| | | | | 抑或 | X抑或Y？ | |
| | | 阳江（黄伯荣，2018） | | 乜［mɐt²⁴］、乜系 | X乜/乜系Y？ | |
| | 广西 | 梧州（卢敏宁，2017） | | 定系 | X定系Y？ | |
| | | 北流（徐荣，2008） | 系 | 是系 | （是）X是系Y？ | |
| | | | | 是 | X是Y？ | |
| | | 玉林（钟武媚，2011） | 是 | □［at⁵］是 | （是）X□［at⁵］是Y？ | |
| | | 藤县（唐一萍，2013） | | 是 | X是Y？ | |
| | | 贺州（刘宇亮，2011） | 是 | 是［ʃi²⁴］ | （是）X是Y？ | 是X-Y？ |
| | | | | 定是［tʃin¹³²ʃi²⁴］ 咖是［ka²¹⁴ʃi²⁴］ | （是）X定是/咖是Y？ | |
| | | 贵港（陈曦，2017） | 是 | 定 | （是）X定Y？ | |
| | | | | 之是 | （是）X之是Y？ | |
| 客家话 | | 湖南汝城（曾献飞，2006） | 系 | 还系 | （系）X还系Y？ | |
| | 江西 | 石城（邵敬敏等，2010） | | 还［xai²⁴］ | X还（弱读［fai²⁴]）Y？ | |
| | | | | 还就［xai²⁴ tsʻu⁵³］ | X还就（弱读［fai²⁴ tɕʻiu]）Y？ | |
| | | 南康（刘汉银，2006） | 系 | 抑系［iaʔ⁵he⁵³］ | （系）X抑系Y？ | |
| | | 瑞金（刘泽民，2006） | 系 | 还系 | 系X还系Y？ | |
| | | 四川泰兴（兰玉英，2007） | 系 | 还系 | （系）X还系Y？ | |
| | 广东 | 龙川（黄年丰，2016） | 系 | 啡系 | （系）X啡系Y？ | |
| | | 连平（傅雨贤，2015） | | 还系 | X还系Y？ | |
| | 广西 | 贺州（郝鹏飞，2014） | 系 | 还系/还係 | （系）X还系Y？ | |
| | | 武宣（杨蔚，2015） | | | | |
| | | 融安（杨针，2015） | | | | |
| | | 博白（陈日芳，2012） | | 都系 | X都系Y？ | |
| | | 平乐（袁鑫，2016） | | 还係 | X还系Y？ | |
| | | | | 还 | X还Y？ | |
| | 福建 | 宁化（张桃，2004） | 系 | 抑系 | （系）X抑系Y？ | |
| | | 连城（项梦冰，1997） | | 抑还是 | X抑还是Y？ | |

续表

| 地域与方言归属 | | | 连接词 | | 组配形式 |
|---|---|---|---|---|---|
| | | | X 项 | Y 项 | |
| 平话土话 | 广西 | 永福（肖万萍，2005） | | 还是 | X 还是 Y？ |
| | | | 是 | 是 | （是）X 是 Y？ |
| | | 文桥（唐昌曼，2005） | 是 | 还是 | （是）X 还是 Y？ |
| | 湖南 | 桂阳（邓永红，2007） | | 还是 | X 还是 Y？ |
| | | | | 是 | X 是 Y？ |
| | | 溆浦（张萍，2013） | 是 | 还是 | （是）X 还是 Y？ |

由表4—3可知，"是"类和"还是"类连接词在选择问句中的位置大体存在如下三种情况：第一，"是"类连接词既可分别单独位于X项前或Y项前，也可同时位于X项前和Y项前；第二，"还是"类连接词既可单独位于Y项前，也可同时位于X项前和Y项前；第三，"是"类连接词和"还是"类连接词可成对出于X项前和Y项前。

此外，使用于闽语、粤语、客家话中的"定是、定係""抑是、抑系""还系""固是""定""抑"，以及使用于官话方言和非官话方言中的"还"一般只能用于Y项前。

根据连接词在问句中的不同位置，可以形成七种组配形式：

A. 是 X 还是 Y？①

B. 是 X 是 Y？

C. 还是 X 还是 Y？

D. 还是 X 是 Y？

E. X 还是 Y？②

F. X 是 Y？

---

① 包括"是X定是/固是/抑是Y？""係X定係Y？""係X抑系Y？""係X还系Y？""係X啡系Y？"等句式。

② 包括"X定是/定係/抑是/抑系/抑或/还系/啡系Y？""X还/抑/固Y？"等句式。

G. 是X－Y？

结合现有资料，上述七种组配形式主要存在三个方面的特征。

第一，与普通话相比，方言中连接词的组配形式更为丰富。这主要包括三点：1. A类"是X还是Y？"为基础形式，使用范围最为广泛，几乎在所有使用连接词选择问句的方言点都存在这种组配形式。其中，X项前的"是"类连接词往往可以省略，从而构成E类形式。这与普通话的情况基本相同。2. B类和F类是方言中的常用形式。3. C类、D类和G类多使用于官话方言中，C类在普通话里使用有限，D类和G类在普通话里基本不用。

以D类形式和G类形式为例。

（41）山东龙口：今晚上咱还是吃面条是吃点旁的？｜你还是那么想的是又改喽？（马志红，2007）

（42）山东巨野：能些年过去啦，你还是待见他是又有别嘞对象啦？｜这件白褂子你还是接仔穿是扔唠？（欧士博，2011）

（43）湖北天门：他还是恁倔哩是好些哒啊？｜报纸还是搁在那些啊是搬起走哒么？（卢红艳，2009）

（44）陕西吴堡：今儿早起是吃馍馍吃大米饭？（郭利霞，2015）

（45）浙江绍兴柯桥：渠话啊是造话真话？｜诺是今朝去，明朝去？（盛益民，2014）

（46）广西荔浦：你讲咧事情是真咧假咧？｜他得咧是娃仔妹仔？（潘大廉，2017）

上述例（41）至例（43）是D类组配方式，例（44）至例（46）例是G类组配方式。在这两类组配方式中，连接词除起连接选择项的作用以外，还具有其他的功能。

在D类形式中，位于X项前的"还是"，除起连接功能以外，还可用于表达选择项所述动作或状态的延续性，这种动作或状态在问话人发问前就已经开始或存在了。

在 G 类形式中，位于 X 项前的"是"，根据选择项的不同性质而具有不同的功能。具体而言，在名词性选择项中，如例（45）的"造话、真话"，例（46）的"真咧、假咧"以及"娃仔、妹仔"，"是"既充当谓语，又连接前后选择项、标示选择关系，还强调、凸显疑问焦点，具有三重功能。在谓词性选择项中，如例（44）的"吃馍馍、吃大米饭"，例（45）的"今朝去、明朝去"，"是"既连接前后选择项、标示选择关系，又强调、凸显疑问焦点，具有双重功能。

第二，连接词出现在 X 项前和 Y 项前的频率呈现不对称性，只在 Y 项前使用连接词是多数方言的主要组配形式。例如：

（47）辽宁铁岭：①你去还是她去啊？
②你吃辣的还吃不辣的啊？
③这笔你用是不用？（云微，2014）
（48）湖南邵东：①你担钢笔写还是担元支笔写唉？
②早起煮饭吃是发面吃呃？
③你坐车还行路唉？（孙叶林，2009）
（49）广东广州：①今晚你睇电影定唱 K？
②听日加班呢，定係瞓翻个懒觉呢？
③你去抑或佢去？（邵敬敏等，2010）

上述三例都是单独在 Y 项前使用连接词而构成的选择问句。就同一方言点来看，虽然问句中使用的连接词各不相同，但其都可单独用于连接选择项。

第三，在同一方言点，由于"是"类和"还是"类连接词的灵活使用，有时可构成多种组配形式。以贵州习水、遵义及广西贺州方言为例。

在贵州习水话①中，存在四种组配形式。

（50）①是坐车回家还是坐火车回家？随你选？
②坐公交去还是打车去？
③刚刚儿听你讲话，问哈儿你是习水嘞是赤水嘞？
④你还是在读书还是已经工作了？（范艳，2010）

在贵州遵义话②中，存在五种组配形式。

（51）①你看是你讲好点还是我讲好点？
②这本书你到底要还是不要？
③你说我到底还是当这个官儿好点嘞，不当这个官儿好点嘞？
④你打算还是把娃儿接回来嘞，还是等他就在他外婆那里嘞？
⑤你看是你来喊我嘿，是我去喊你□［iæ¹³］？（胡光斌，2010）

在广西贺州话③中，存在五种组配形式。

（52）①箇次出差是去北京定是去上海咧？
②休息下定是继续行？
③你讲箇是真箇是假箇？
④你讲箇真箇是假箇？
⑤你讲箇是真箇假箇？（刘宇亮，2011）

---

① 范艳：《习水疑问句研究》，硕士学位论文，湖南大学，2010 年，第 29—30 页。
② 胡光斌：《遵义方言语法研究》，巴蜀书社 2010 年版，第 662—664 页。
③ 刘宇亮：《贺州"本地话"疑问句研究》，硕士学位论文，上海师范大学，2011 年，第 41—42 页。

## （二）语气词的使用

在多数方言中，X 项末尾与 Y 项末尾都可添加不具有连接功能的语气词，表达特定的语气意义。这些语气词的特征主要表现在组配形式和语义内涵两个方面。以下我们以双项选择问为例，分别就上述两方面对其进行考察。

首先，就语气词的组配形式来看，方言中主要存在三种情况。

第一，语气词单独出现于 Y 项末尾即句尾。例如：

（53）辽宁铁岭：这礼你随还是不随啊？（云微，2014）

（54）山东淄博王村镇：是你喜欢春天还是他喜欢啊？（毕丽华，2005）

（55）陕西平利：这件事是我给他说还是你给他说呢？（周政，2009）

（56）湖北安陆：是他去邮局，还是嗯去邮局欸？（盛银花，2007）

（57）湖南衡阳：你去还是我去欸/啦？（彭兰玉，2002）

（58）江西抚州：是你去还是渠去噢？｜明朝是上班还是休息哟？（付欣晴，2006）

（59）浙江宁波：今年过年诺值班还我值班啦？｜北京好还是上海好呢？（阮桂君，2006）

（60）福建宁化：佢系着裙子抑系着裤子啊？她是穿裙子还是穿裤子？（张桃，2004）

（61）广西梧州：究竟你想打篮球定系打排球呢？｜睇书，定系睇电影呢？（卢敏宁，2017）

在上述各例句中，前后选择项之间关联紧密，一般不存在语音停顿。

第二，语气词单独出现于 X 项末尾。

当 Y 项前使用"还是"类连接词时，X 项与 Y 项之间多存在语音停顿。例如：

（62）陕西平利：你说这神是相信有呢，还是相信没得？（周政，2009）

（63）上海：侬是吃饭呢，还是吃面？（邵敬敏等，2010）

（64）湖南溆浦：到底是杀鸡呢，还是杀鸭？（张萍，2013）

（65）江西石城：猪肝用来打汤准，还就用来炒菜头？｜过几天会天晴咧，还就落雨？（邵敬敏等，2010）

（66）四川泰兴：你去掌羊子放羊喃，还系去嫽玩？（兰玉英，2007）

（67）浙江宁波：诺对呢，还我对？（阮桂君，2006）

（68）浙江绍兴柯桥：诺明朝到上海去哩，还到杭州去？（盛益民，2014）

当 Y 项前使用"是"类连接词时，X 项与 Y 项之间可以不存在语音停顿。例如：

（69）山东巨野：你还是接仔跑啊是休息会儿？（欧士博，2011）

（70）湖北恩施：你是看电视啊是睡瞌睡？（张良斌，2010）

（71）湖北天门：上网哩是看电视？（卢红艳，2009）

（72）湖南新化：你（是）喜欢以件唻是喜欢尔件？（邵敬敏等，2010）

第三，语气词成对出现于 X 项末尾与 Y 项末尾。
X 项末尾与 Y 项末尾可以使用相同的语气词。例如：

（73）甘肃甘州：你要大的咧是小的咧？（高天霞，2009）

（74）河北武邑：你是待这里俺，还是跟我就伴儿去俺？（张晓静，2014）

（75）山东淄博王村镇：是小宏卖得好啊还是小青卖得好啊？（毕丽华，2005）

（76）河南安阳：瞧动画片嘞还是瞧新闻嘞？（王芳，2015）

（77）湖北武汉：这面是要煮烂些的咧，是要硬筑些的咧？｜你们两个是你去啊，是他去啊？（赵葵欣，2012）

（78）四川泰兴：中晡昼系食饭欸，还系食面欸？（兰玉英，2007）

（79）广东广州：你去呢，定係佢去呢？｜你去啊，定係佢去啊？（邵敬敏等，2010）

（80）广东龙川：你食饭哩啡系食粥哩？（黄年丰，2016）

（81）广西藤县：罗荔枝呢，是罗龙眼呢？（唐一萍，2013）

X项末尾与Y项末尾也可以使用不同的语气词。例如：

（82）山东巨野：你还仔班啊是退休啦？（欧士博，2011）

（83）湖北天门：是红得发紫啊是红得发黑么？｜是明朝去哩还是后日去啊？｜他来哩，还是你去么？（卢红艳，2009）

（84）湖北武汉：你是想帮我咧，是想害我啊？（赵葵欣，2012）

（85）湖南溆浦：是钱多了呢，还是东西便宜了啊？（张萍，2013）

（86）江西石城：你去过上海唯，还就去过杭州哦/吧/咧/啊？｜係渠先动手打你咧，还係你先惹渠哦/吧/咧/啊？（邵敬敏

等，2010）

（87）浙江绍兴柯桥：是阿兴去哩，还是阿旺去噍？（盛益民，2014）

根据上述对语气词组配特征的考察，结合现有资料，我们将各方言点语气词的使用情况梳理如下。

表4—4　　　　　　　　语气词的使用情况①

| 地域与方言归属 | | | 语气词的特征 | |
|---|---|---|---|---|
| | | | 语表形式 | 组配形式 |
| 东北官话 | 辽宁铁岭（云微，2014） | | 啊 | B |
| 兰银官话 | 甘肃甘州（高天霞，2009） | | 咧 | C |
| 中原官话 | 河南 | 固始（李孝娴，2003） | 呢 | A |
| | | | 吤 | B |
| | | 南阳（刘胜利，2009） | 哩 | C |
| | 山东巨野（欧士博，2011） | | 啊 | A、B |
| | | | 啦 | C |
| | 山西芮城（吕佳，2016） | | 咧 | A、B |
| | 陕西 | 合阳（邢向东、蔡文婷，2010） | 哩 | C |
| 冀鲁官话 | 河北武邑（张晓静，2014） | | 俺、嗳、哩 | C |
| | 天津（祁淑玲，2020） | | 啊、呢 | A、B、C |
| | 山东 | 章丘（赵学玲，2007）陵县（刘敏，2011） | 呃 | C |
| | | 淄博（毕丽华，2005） | 啊 | B、C |
| | | 宁津（曹延杰，2003）临淄（史冠新，2006） | 啊 | C |

① 表格中符号说明："A"表示语气词单独用于 X 项末尾；"B"表示语气词单独用于 Y 项末尾；"C"表示语气词同时用于 X 项末尾和 Y 项末尾。

续表

| 地域与方言归属 | | | 语气词的特征 | |
|---|---|---|---|---|
| | | | 语表形式 | 组配形式 |
| 西南官话 | 湖北 | 恩施（张良斌，2010） | 呢、啊 | A |
| | | 天门（卢红艳，2009） | 哩 | A、B、C |
| | | | 啊 | A、B、C |
| | | | 么 | B |
| | | 武汉（赵葵欣，2012） | 咧、啊 | C |
| | | 宜都（李崇兴，2014） | 哩 | B、C |
| | | | 啊 | A、B、C |
| | 贵州习水（范艳，2010） | | 噢 [əu$^{42}$] | B |
| 江淮官话 | 安徽安庆（鲍红，2016） | | 斋、哦 | B |
| | | | 唻 | A、B |
| | 湖北安陆（盛银花，2007） | | 欸 [ε$^{44}$]、耶 [iε$^{44}$] | B |
| 晋语 | 河南安阳（王芳，2015） | | 嘞 | C |
| | 山西榆社（李建校，2007） | | 嘞、呀、哇、哇嘞、呀嘞 | C |
| 吴语 | 上海（邵敬敏等，2010） | | 呢 | A |
| | 浙江 | 宁波（阮桂君，2006） | 呢 | A、B、C |
| | | | 啦 | B |
| | | 绍兴柯桥（盛益民，2014） | 哩 | A |
| | | | 噍 | B |
| 湘语 | 湖南 | 新化（邵敬敏等，2010） | 唻 [·læ]、唵 | A、B、C |
| | | 衡阳（彭兰玉，2002） | 诶 | A、B |
| | | | 啦 | B |
| | | 湘潭（曾毓美，2001） | 啰 | B |
| 赣语 | 安徽宿松（黄晓雪，2014） | | 也 [·æ] | A、C |
| | 湖南岳阳（李冬香，2007） | | 呢 | B |
| | | | 啦 | B |
| | 江西抚州（付欣晴，2006） | | 噢、哟 | B |

续表

| 地域与方言归属 ||| 语气词的特征 ||
|---|---|---|---|---|
| ^ ||| 语表形式 | 组配形式 |
| 粤语 | 广东广州 (邵敬敏等, 2010) || 呢 | C |
| ^ | ^ || 啊 | C |
| ^ | 广西 | 梧州 (卢敏宁, 2017) | 呢 | A、B、C |
| ^ | ^ | 藤县 (唐一萍, 2013) | 呢 | A、B、C |
| ^ | ^ | ^ | 咯 | B |
| ^ | ^ | 贺州 (刘宇亮, 2011) | 呢 | B |
| ^ | ^ | ^ | 咧、啊 | B |
| ^ | ^ | 钦州 (黄昭艳, 2011) | 呢 | B |
| 客家话 | 四川泰兴 (兰玉英, 2007) || 欤 | A、C |
| ^ | ^ || 喃 | A |
| ^ | 江西石城 (邵敬敏等, 2010) || 吧、哦 | B |
| ^ | ^ || 淮 | A |
| ^ | ^ || 咧、啊 | A、B、C |
| ^ | 福建 | 宁化 (张桃, 2004) | 啊 | B |
| ^ | ^ | 连城 (项梦冰, 1997) | $[e^{33}]$、$[ou^{33}]$、$[a^{55}]$、$[a^{3}]$ | B |
| ^ | 广东龙川 (黄年丰, 2016) || 哩 | B、C |
| ^ | ^ || 啊 | B |
| ^ | 广西贺州 (叶俐丹, 2014) || 呢、啊、呐 | B |
| 湖南溆浦乡话 (张萍, 2013) ||| 呢 [læ] | A、B、C |
| ^ ||| 啊 | B |

通过表4—4可知,在多数方言点,都存在至少两个能够用于选择问句的语气词。这些语气词在问句中最常单独用于Y项末尾,同时用于X项末尾与Y项末尾的情况次之,而单独用于X项末尾的情况较为少见。

其次,就语义内涵来看,各类语气词主要表达舒缓、委婉的语气,此外,还表达深究、提醒、强调、犹豫不决等语气意义或不耐烦的心理情绪。

结合表4—4，表达舒缓、委婉语气的有：山西芮城话的"咧"（吕佳，2016：17）；河北武邑话的"唵"（张晓静，2014：220）；河南南阳话的"哩"（刘胜利，2009：58）；河南安阳话的"嘞"（王芳，2015：181）；安徽安庆话的"斋、唻"（鲍红，2016：239—240）；安徽宿松话的"也"（黄晓雪，2014：159）；湖北天门话的"哩、啊、么"（卢红艳，2009：16）；湖南溆浦话的"呢、啊"（张萍，2013：33）；广东广州话的"呢"（邵敬敏等，2010：119）；广西梧州话、藤县话的"呢"（卢敏宁，2017；唐一萍，2013：43）；广东龙川话的"啊"（黄年丰，2016）；广西贺州话的"咧、啊"（刘宇亮，2011：44）等。

表达深究、提醒语气的有：辽宁铁岭话的"啊"（云微，2014：40）；山西芮城话的"咧"（吕佳，2016：17）；湖北天门话的"哩"（卢红艳，2009：16）；广东广州话、广西藤县话的"呢"（邵敬敏等，2010：119；唐一萍，2013：43）；广东龙川话的"哩"（黄年丰，2016）等。

表达强调语气的有：湖南岳阳柏祥话的"呢、啦"（李冬香，2007：223—225）；四川泰兴话的"欤、喃"（兰玉英，2007：285—286）等。

表达猜测、疑虑、犹豫不决的语气的有：浙江宁波话的"呢"（阮桂君，2006：152）；湖南溆浦话的"呢"（张萍，2013：31）。

表达不耐烦的心理情绪的有：辽宁铁岭话的"啊"（云微，2014：40）；河南固始话的"吆"（李孝娴，2003：35）；广东广州话的"啊"（邵敬敏等，2010：119）；广西藤县话的"咯"（唐一萍，2013：42）等。

需要特别指出的是，在晋语的连接词选择问句中，语气词多成对使用于前后选择项末尾，表达特定的时态意义，具有时体标记的性质。例如，在陕北晋语中，"……也……也"表达未然体，"……嘞……嘞"表达惯常体，"……噢……噢"表达已然体，"……来来……来来"表达曾然体[①]。例如：

---

① 王鹏翔：《陕北方言的疑问句》，《延安大学学报》（社会科学版）2002年第3期。

(88）坐汽车去也是坐火车去也？

你会唱嘞是会跳嘞？

中国队赢唥是输唥？

窗子开着嘞是关着嘞？

他喝茶来来是喝酒来来？（王鹏翔，2002）

在山西娄烦方言中，"……焉……也"询问将要发生的事件，"……览……嘞"询问现在存在的事实，"……来……来"询问曾经发生的事件，"……焉……嘞"询问尚未发生的事件，"……览……哩"询问已经发生的动作行为。① 例如：

(89）他来焉是你去也？

你要红的览是要黑的嘞？

你喝茶来是喝酒来？

你当老师焉是当工人嘞？

小王在上海览是到咾北京哩？（李会荣，2005）

（三）多项选择问的表达

以三项选择问为例。在方言中，由连接词构成的三项选择问句，主要存在两种结构形式。

其一，第二、第三选择项前分别使用连接词，第一选择项前可用也可不用连接词。这时，多由"是"类和"还是"类连接词组合连接三个选择项，具体表现为"（是）……是……还是……""（是）……是……是……"和"（是）……还是……还是……"三种形式。例如：

---

① 李会荣：《娄烦方言疑问句研究》，硕士学位论文，华中师范大学，2005年，第19—21页。

A组：第一项前使用连接词

（90）河北武邑：是你弄的唵，是小芬弄的唵，还是小红弄的唵？（张晓静，2014）

（91）河南安阳：小猪儿嘞房的是草盖嘞，还是木头盖嘞，还是砖头盖嘞？（王芳，2015）

（92）湖北安陆：嗯是去苏州，还是去杭州，还是去上海耶？（盛银花，2007）

（93）湖南涟源：今夜里你是做作业啊是看电视啊，还是去打牌？（吴青峰，2006）

（94）福建宁化：你系去南京抑系去北京，抑系去何角？你是去南京还是去北京，还是去别的地方？（张桃，2004）

（95）广西贺州：是要蓝格？定是/咖是红箇？定是/咖是绿箇呢？（刘宇亮，2011）

B组：第一项前不使用连接词

（96）浙江平湖：你到杭州去，还是到南京去，还是到上海去啊/呀？（施玲丽，2013）

（97）福建连城：送人抑还是卖撒佢抑还是自家留起来？把它送人呢，卖了呢，还是自己留着？（项梦冰，1997）

（98）福建宁化：你想读高中抑系考中专抑系出来做事？（张桃，2004）

（99）广东连平：倪想去西安，还系杭州，抑或系青岛？（傅雨贤，2015）

（100）广西藤县，你要甜个，是要咸个，是要辣个？（唐一萍，2013）

（101）广西梧州：你想要苹果，定系香蕉，郑系雪梨？（卢敏宁，2017）

有的方言中，第二项前的连接词也可省略。例如，在安阳话中，第三选择项前需要使用连接词"还是"，而第一、第二选择项前的连接词可用可不用①。再如，在贺州话中，除第一选择项前不使用连接词以外，第二选择项前的连接词也可省略，省略后问句结构显得更加简洁，更符合日常口语的需要②。

其二，第一选择项前可用也可不用连接词；第二选择项前一般不使用连接词，但存在一定语音停顿，书面上可用"、"或","或"？"隔开；第三项前必须使用连接词，以"还是"类连接词为常。例如：

（102）甘肃临夏：阿哥，白马好呢，黑马好，还是红马好？｜阿达，芍药好呢，牡丹好，还是九月菊好？（谢晓安、张淑敏，1990）

（103）河南固始：你要好的？便宜的？还是一般的？（李孝娴，2003）

（104）河南安阳：你喜欢苹果、香蕉还是葡萄？（王芳，2015）

（105）湖南益阳：尔箇点东西是把得泉伢唧啊、萍伢唧啊还是剑伢唧唠？（夏俐萍，2017）

（106）江西石城（高田）：你系7岁、8岁还系9岁？（温昌衍，2016）

（107）浙江绍兴柯桥：诺是吃香蕉，吃苹果，还（是）吃鸭梨？（盛益民，2014）

（108）四川成都：今天中午吃饭哇，吃面哇，还是吃抄手？（张一舟等，2001）

（109）云南富源：是你去么，我去么，还是他去？｜栽麦子么，栽洋芋么，还是种玉麦？（张微，2017）

（110）福建罗源：汝先去连江、福清，固是长乐？（黄涛，2016）

---

① 王芳：《安阳方言语法研究》，博士学位论文，华中师范大学，2015年，第181页。

② 刘宇亮：《贺州"本地话"疑问句研究》，硕士学位论文，上海师范大学，2011年，第43页。

(111) 广东龙川：奈只地方较好啊？广州、惠州啡系深圳？｜你毕业以后想去惠州啊，广州啊，啡系深圳哪？（黄年丰，2016）

(112) 广西藤县：要几多？一百，两百，是三百？（唐一萍，2013）

## 二 地理分布

作为汉语方言选择问句的常用类型，连接词选择问广泛分布于官话方言和非官话方言中，涉及大部分地域。据目前已收集到的资料，具体分布如下。

首先，在官话方言中，连接词选择问分布于东北官话、中原官话、冀鲁官话、胶辽官话、江淮官话、西南官话中，主要涉及地域有东北地区、山东、河北、河南、安徽、湖北、广西等地。而在官话方言里的少数方言点，由于连接词不能单独作为连接手段用于选择问句，因而缺少连接词选择问句。这种现象主要分布于两块区域：一是宁夏、甘肃、新疆境内的兰银官话区及甘肃、青海、陕西、山西境内的中原官话区；二是云南境内的西南官话区及四川、贵州的部分方言点。

其次，在非官话方言中，连接词选择问分布于各方言分区，主要涉及地域有河北、河南、山西、陕西北部、安徽、湖南、江西、上海、江苏、浙江、福建、广东、广西、海南等地。其中，在山西、陕西北部、河北境内的晋语中，连接词选择问并不是常用的问句类型。

该句式所涉及方言点具体参见表4—3，在此不赘。

# 第三节 语气词选择问

语气词选择问由语气词充当连接手段，是部分方言中特有的选择问类型。以下首先考察语气词选择问句的句式特征，然后结合现有资料，梳理这类问句的地理分布。

## 一 句式结构

在方言中，语气词选择问包含前选择项"X"、语气词"M"、后选择项"Y"三部分。这三部分缺一不可，组合构成"X + M + Y"的问句形式。这一问句形式在不同方言里具有一致性。而语气词选择问的句式特征主要表现在两个方面：第一，语气词①的使用；第二，多项选择问的表达。

（一）语气词的使用

在语气词选择问句中，X 项末尾与 Y 项末尾都可使用非连接功能的语气词，表达特定的语气意义。就语气词的组配形式来看，方言中主要存在两种情况。

第一，语气词单独使用于 Y 项末尾。这一语气词既可与具有连接功能的"M"相同，也可不同于"M"。以不同于"M"的情况更为常见。例如：

A 组：语气词单独出现于 Y 项末尾，且与"M"不同

（113）山西芮城：你要红的吗要绿的咧？（吕佳，2016）

（114）陕西高陵：做活的工人干着吗歇着哩？（王咪咪，2008）

（115）安徽太湖弥陀：洗衣裳啊晒衣裳欸？｜真个啊假个勒？（孙汉康，2016）

（116）湖南湘阴：宇伯子读六年级啊初一啰？（龙琴，2015）

（117）贵州习水：去问哈儿他们那儿这种东西卖得贵咹相因［ɕiaŋ⁵⁵ in⁵⁵］便宜嚜？（范艳，2010）

（118）江西宜丰：你坐飞机啊坐火车叻？（邵敬敏等，

---

① 这里的"语气词"，是指在语气词选择问句中，不起连接作用、只表语气意义的各类语气词。下文同。

2010）

（119）浙江绍兴柯桥：诺吃面嘞吃饭噍？（盛益民，2014）

（120）浙江温州：你想吃饭啊想吃面呢？（郑娟曼，2009）

（121）四川西充：你骗了我嘎我骗了你哟？（王春玲，2011）

（122）广东龙川：奈只去接你啊？爸爸啊妈妈哩？（黄年丰，2016）

B组：语气词单独出现于Y项末尾，且与"M"相同

（123）湖南涟源古塘：今日星期四啊星期五啊？（吴青峰，2006）

（124）广东龙川：奈只去接你啊？爸爸啊妈妈啊？（黄年丰，2016）

（125）广东河源：你毕业后想去惠州啊深圳啊？（黄年丰，2016）

第二，语气词成对出现于X项末尾与Y项末尾。X项末尾与Y项末尾的语气词相同，且多具有时态意义。这种现象多分布于北方官话方言及晋语中。

首先，北方官话方言举例如下。

在宁夏同心话中，语气词"哩"可使用于"X吗Y"问句中，与选择标记"吗"共现，整个问句具有非已然态的意义[①]。例如：

（126）你走北京哩吗上海哩？（张安生，2003）

（127）杏子酸着哩吗甜着哩？（张安生，2003）

在甘肃临夏话中，选择问句存在"……呢么 [ȵi³mu³] ……呢

---

① 张安生：《宁夏同心话的选择性问句——兼论西北方言"X吗Y"句式的来历》，《方言》2003年第1期。

[ɲi³]""……了么［lio³mu³］……了［lio³］"和"……么［mu³］……"三种形式。其中，第一形式用于询问尚未发生的事情，第二种形式用于询问已经完成的事情①。例如：

（128）老人们去呢么尕娃们去呢？｜你吃些呢么喝些呢？（谢晓安、张淑敏，1990）

（129）尕王割肉去了么倒黄酒去了？｜兀一千元钱盖了房子了么买了牲口了？（谢晓安、张淑敏，1990）

在山西芮城话中，成对用于选择问句"X吗Y"的语气词"咧、啦、加"具有不同的时态意义："咧"表示正然态，用于询问某种持续状态；"啦"表示已然态，用于询问已经发生的事件；"加"表示将然态，用于询问尚未发生的事件②。例如：

（130）看书着咧吗在兀逛咧？（吕佳，2016）
（131）你输啦吗你赢啦？（吕佳，2016）
（132）你上太原加吗上西安加？（吕佳，2016）

在陕西西安话中，选择问句"X嘛Y"既可表示现在时，也可表示过去时和将来时；当在问句中添加"呀、呢"时，选择问句"X呀/呢嘛Y呀/呢"是对尚未实现的动作或意愿的提问③。例如：

（133）你买菜呀嘛买馍呀？（兰宾汉，2011）

---

① 谢晓安、张淑敏：《甘肃临夏方言的疑问句》，《兰州大学学报》（社会科学版）1990年第3期。
② 吕佳：《山西芮城方言疑问句研究》，硕士学位论文，山西大学，2016年，第17页。
③ 兰宾汉：《西安方言语法调查研究》，中华书局2011年版，第355—356页。

在山东巨野话中，添加语气词"嘞"，主要用于询问已然的客观情况或惯常行为；添加语气词"来"，主要用于询问未然事件[①]。例如：

(134) 外边放炮声鞭炮嘞么打雷嘞？（欧士博，2011）
(135) 下午咱去洗澡来么去理发来？（欧士博，2011）

其次，晋语举例如下。

在陕北晋语中，"叻、哩、也、噢、来、来来"等语气词可以成对使用于选择问句"X 么 Y"中，构成具有不同时态意义的问句形式。例如，"X 叻么 Y 叻"问句询问已经发生的客观情况；"X 哩么 Y 哩"问句、"X 也么 Y 也"问句和"X 来么 Y 来"问句询问将要发生的未然情况等[②]。

关于这类语气词的性质，主要有两点特征：其一，从结构层次上看，这类语气词与具有连接功能的语气词"M"应属不同的结构层次。以宁夏同心话为例[③]。张安生认为，同心话中的"哩"主要具有两个方面的作用：一是附于陈述式语段末尾，具有成句作用，表达陈述语气；二是配合"吗"的使用，构成"X 哩吗 Y 哩"的舒缓语调形式，帮助表达询问语气。这也就是说，"哩"与"吗"应处于不同的结构层面。具体而言，同心话的"X 哩吗 Y 哩"问句实际上是"由'（陈述式：X 哩）+吗'和'（陈述式：Y 哩）+[吗]'两个并列是非问语段连接而成的"[④]。由此可见，"X + M +

---

[①] 欧士博：《巨野方言句法现象考察》，硕士学位论文，山东大学，2011 年，第 45—48 页。
[②] 马晓琴：《陕北方言的选择问句》，《社会科学家》2004 年第 2 期。
[③] 张安生：《宁夏同心话的选择性问句——兼论西北方言"X 吗 Y"句式的来历》，《方言》2003 年第 1 期。
[④] 张安生：《宁夏同心话的选择性问句——兼论西北方言"X 吗 Y"句式的来历》，《方言》2003 年第 1 期。

Y"问句应来源于两个是非问句的合并与紧缩。其二,从表义功能上看,这类语气词一般都蕴含特定的时体意义,兼具体助词和语气词的双重性质。当陈述性短语 X 和 Y 后面成对出现语气词时,其所表达的语气意义和时态意义应附于陈述性短语上,是对陈述性短语所述行为或事件的语气限定和时态限定。

(二) 多项选择问的表达

以三项选择问为例。由语气词构成的三项选择问,其结构形式主要表现为:第一选择项后使用语气词连接一、第二选择项;第三选择项前使用连接词连接二、第三选择项。例如:

(136) 甘肃临夏:你馍吃呢么,面饭吃呢,还是米饭吃些? | 你兰州去呢么,青海去呢,还是先走天水甘谷?(谢晓安、张淑敏,1990)

(137) 甘肃民勤:今个走莽/啊明个走,还是后个走啊? | 瓜要大的莽/啊小的,还是中等的啊?(黄大祥,2016)

(138) 山西芮城:你吃苹果咧吗吃桃咧?还是吃橘子咧? | 炒着吃咧吗你熥着吃?还是烩咧?(吕佳,2016)

(139) 江西石城(高田):你食粥啊食饭还就食酒?(温昌衍,2016)

(140) 安徽太湖弥陀:恩要去长沙啊杭州啊还是上海诶? | 今到来啊明天来啊还是么定? 今天来呢明天来呢还是什么时候?(孙汉康,2016)

(141) 湖南湘阴:你喜欢吃苹果啊梨子啊还是香蕉啰? | 你准备要这件红的啊黄的啊还是蓝的啰?(龙琴,2015)

(142) 江苏苏州:你买葛票是今朝葛勒明朝葛,还是后日葛? | 倷喝可乐勒喝雪碧,还是喝果茶?(李小凡,1998)

通过上述各例可知,由语气词构成的三项选择问需要同时使用连接词和语气词作为连接手段。这两类连接手段在问句中具有不同的特征。具体来看，由语气词连接的第一、第二选择项之间往往衔接紧密，一般不存在明显的语音停顿；而由"还是"类连接词连接的第二、第三选择项之间往往存在明显的语音停顿。据谢晓安、张淑敏考察，在临夏话中，三项选择问的格式为"……呢么，……呢，还是……?"。在这一格式中，前两选择项之间都没有明显的语音停顿，在书面语上也可以不用标点符号隔开，而第二、第三选择项之间往往需要存在较大的停顿，因此从语音上看，这种格式应该是两个语音段，而不是三个语音段①。

## 二 地理分布

据前文分析，充当连接手段的语气词有"吗"和"啊"两类。两类语气词具有不同的方言及地域分布。根据两类语气词的不同分布，语气词选择问句的具体分布如下。

首先，由"吗"类语气词构成的语气词选择问主要分布于两大块区域：一是宁夏、新疆、甘肃、青海、山西、陕西等地，涉及方言主要有兰银官话、中原官话汾河片、秦陇片、陇中片、河州片、关中片以及陕北晋语区等；二是云南、贵州、四川等地，主要涉及西南官话和四川境内的客家话。

其次，由"啊"类语气词构成的语气词选择问主要分布于内蒙古、山西、湖南、安徽、江西、浙江、福建、广东等地，涉及晋语、湘语、赣语、吴语、闽语、客家话等非官话方言。

该句式所涉及方言点分别参见表4—1和表4—2，在此不赘。

---

① 谢晓安、张淑敏：《甘肃临夏方言的疑问句》，《兰州大学学报》（社会科学版）1990年第3期。

## 第四节　混合式选择问

混合式选择问由连接词和语气词共同充当连接手段，是部分方言中特有的选择问类型。以下主要从句式结构和地理分布两个方面考察混合式选择问的方言特征。

### 一　句式结构

在方言中，混合式选择问的句式特征主要表现在两类连接手段的组配方式上。具体来看，方言中主要存在三种组配方式。

第一，语气词和连接词并列用于 X 项与 Y 项之间，表示为"X + M + $C_2$[①] + Y?"。这种混合方式在方言中较为常用。"是"类连接词和"还是"类连接词均可使用于这一结构形式。

首先，语气词与"是"类连接词相组配。例如：

（143）山西芮城：贝贝大吗是佳佳大？（吕佳，2016）

（144）山西五台：这疙瘩儿面软也是硬？（郭利霞，2015）

（145）湖南涟源古塘：你现机在葱啰读初中啊是读高中啊？（吴青峰，2006）

（146）江西南昌塘南：箇块地秧菜啊是秧瓜生哦？（肖放亮，2015）

（147）云南富源：你来我家么是我去你家？（张微，2017）

（148）云南大理：吃凉米线么是卷粉？（苏倩，2011）

其次，语气词与"还是"类连接词相组配。例如：

---

① "$C_2$"表示 Y 项前的连接词。下文同。

（149）安徽太湖弥陀：恩迭去啊还是刊安回来欸？你是现在去还是刚刚回来？（孙汉康，2016）

（150）浙江绍兴柯桥：门朝东开嘞还（是）朝南开？（盛益民，2014）

（151）江西石城（高田）：你食粥啊还就食饭？（温昌衍，2016）

（152）四川西充：你去么/嘿还是我去？（王春玲，2011）

（153）贵州绥阳：坐大巴唛还是打车？（姚丽娟，2007）

（154）贵州遵义：你喜欢吃羊肉粉嘿还是喜欢吃豆花儿面？（胡光斌，2010）

（155）福建福州：汝去啊故是未去？（梁玉璋，2004）

（156）广东龙川：你中意红色啊啡系黄色？（黄年丰，2016）

第二，连接词成对出现于 X 项前和 Y 项前，同时 X 项末尾仍出现语气词"M"，表示为"$C_1$[①] + X + M + $C_2$ + Y？"。这种混合方式在方言中较为常用。成对出现的连接词主要表现为"是……还是""是……是""还是……还是"等形式，以前两种形式最为常见。

首先，语气词与连接词"是……还是"相组配。例如：

（157）湖南湘阴：那明日生是豆他老屋里生啊还是豆湘阴生哩？（龙琴，2015）

（158）湖南涟源古塘：你今日下哈唧是去挖土啊还是去杀草啊？（吴青峰，2006）

（159）浙江绍兴柯桥：渠拨倷嗰是凳嘞还（是）椅子？（盛益民，2014）

（160）四川西充：是你去么/嘿还是我去？（王春玲，2011）

（161）贵州习水：中午你是要吃饭麽还是吃面条？（范艳，

---

[①] "$C_1$"表示 X 项前的连接词。下文同。

2010）

（162）贵州遵义：你脸上是有点肿嘿还是胖了哟？（胡光斌，2010）

（163）广东龙川：礼拜六你系行街啊啡系在屋下睇书啊？（黄年丰，2016）

其次，语气词与连接词"是……是"相组配。例如：

（164）湖北恩施：你是回去［man$^{55}$］是在这里玩啊？（张良斌，2010）

（165）湖南湘阴：你咯咯时节是毕咖哒业啊是下半年实习啰？（龙琴，2015）

（166）湖南涟源古塘：你是今日去啊是明日去啊？（吴青峰，2006）

（167）湖南益阳：你是去阿是不去啰？（徐慧，2001）

（168）四川西充：是你去么/嘿是我去？（王春玲，2011）

（169）贵州遵义：你是在看书嘿是在睡瞌睡哟？（胡光斌，2010）

最后，语气词与连接词"还是……还是"相组配。例如：

（170）贵州遵义：你说还是读中专好点嘿还是读技校好点？｜你看我还是胖了嘿还是瘦啦？（胡光斌，2010）

第三，连接词用于 X 项前，与语气词前后呼应，表示为"$C_1$ + X + M + Y？"。这种混合方式在方言中的使用较为有限。只有"是"类连接词可用于这一结构形式。例如：

（171）安徽太湖弥陀：恩是骑车啊开车？你是骑车呢还是开车？

（孙汉康，2016）

（172）湖北恩施：黑哒是吃饭［man$^{55}$］吃面条儿？（张良斌，2010）

（173）湖南涟源古塘：你是今日去啊明日去？（吴青峰，2006）

（174）浙江绍兴柯桥：渠是今朝去嘞明朝去？（盛益民，2014）

（175）贵州遵义：你是喊我嘿喊哪个？（胡光斌，2010）

（176）云南石屏：是要先去工商局去嘿先回家去？（李晓静，2016）

对比上述三种组配形式，第一、第二种形式与第三种形式的不同之处在于：在第一、第二种形式中，如果将连接词或语气词去掉，不会影响选择问句的成立。而在第三种形式中，如果将具有连接功能的语气词去掉，往往会影响选择问句成立；如果将连接词"是"去掉，虽然不会影响选择问句的成立，但问句的选择关系会不如原型问句突出。

需要特别说明的是，在第一、第二种形式中，作为连接手段的语气词"M"具有特殊的功能。据前文分析，语气词在选择问句中的连接功能主要是由其在问句中的特殊位置所赋予的。我们认为，语气词"M"在选择问句中的连接功能并不是固定不变的，根据是否使用连接词，大体分为两种情况：第一，当选择问句中只使用语气词手段时，其主要功能是连接选择项，而其所表达的疑问语气则会相应地被削弱；第二，当选择问句中同时使用连接词手段时，语气词的连接功能就会相对减弱，而其所表达的疑问语气则会相应地增强。可见，这种连接功能的强弱差异主要与连接词的是否共用有关。就连接方式的性质来看，选接词的基本功能是连接选择项，功能纯粹单一；而语气词的基本功能是表达语气意义，连接选择项的功能是由特殊的句法位置所赋予的。当选择问句中没有连接词时，位于前后选择项之间的语气词在其特殊句法位置的影响下，被赋予新的连接功能，而原有的表达语气意义的功能也会相应地被削弱。但当选择问句中同时使用两种连接手段时，语气词所具有的连接功能就会相对减弱，而其原有的功能也会相应地增强。但是，这种增强是在一定程度上的，其所表达的语气意义仍与本身所具有的语气意义不同。

语气词"M"的这种功能变化可以在 X 项与 Y 项之间存在语音停顿的情况下明确体现出来。以江西石城方言为例。在石城方言中主要存在如下四种形式①：

（177）你洗脚啊洗汤？你洗脚还是洗澡？
（178）今朝星期一还星期二？今天星期一还是星期二？
（179）校长无光坐火车还就飞机去北京？校长明天坐火车还是飞机去北京？
（180）等几工添啊，还/还就情严转去？再等几天呢，还是马上回去？

上述四例中的连接方式如"＿"标记。在例（180）中，当"啊"与"还/还就"共同出现于选择问句时，前后选择之间存在语音停顿，"啊"因具有后置性而位于前选择项末尾。这时，"还/还就"的连接功能强于"啊"，由此，"啊"的连接功能丧失而主要表达语气意义。

## 二 地理分布

混合式选择问是由连接词和语气词同时充当连接手段的特殊问句类型，分布于官话方言和非官话方言的部分方言点中，涉及地域有限。结合现有资料，在官话方言中，存在混合式选择问的方言点如下。

兰银官话：宁夏银川（高葆泰、林涛，1993：57）、隆德（杨苏平，2015：158）。

中原官话：陕西西安（兰宾汉，2011：357）、合阳（邢向东、蔡文婷，2010：326）；山西芮城、临猗、新绛、乡宁、蒲县、河津

---

① 例句引自邵敬敏等《汉语方言疑问范畴比较研究》，暨南大学出版社 2010 年版，第 85—87 页。

（吕佳，2016：39—41）。

西南官话：湖北恩施（张良斌，2010：15）；四川成都（赵明节、杜克华，2017：130）、西充（王春玲，2011：201）；贵州绥阳（姚丽娟，2007：49）、习水（范艳，2010：29）、遵义（胡光斌，2010：661）；云南昆明（丁崇明，2005：210）、富源（张微，2017：20）、漾濞（马晓梅，2016：64）、石屏（李晓静，2016：132）、大理（苏倩，2011：14）。

在非官话方言中，存在混合式选择问的方言点如下。

晋语：山西、陕西、内蒙古（郭利霞，2015：286）；河南辉县（穆亚伟，2016：198）。

赣语：安徽太湖（孙汉康，2016：51）；江西南昌县塘南（肖放亮，2005：43）、宜丰（邵宜，2009）、丰城（陈小荷，2012：177）。

湘语：湖南益阳（徐慧，2001：300）、湘阴（龙琴，2015：22）、涟源古塘（吴青峰，2006：27）。

吴语：浙江绍兴柯桥（盛益民，2014：362）。

闽语：福建福州（梁玉璋，2004）。

客家话：江西石城（邵敬敏等，2010：87）；广东龙川（黄年丰，2016）。

在分布特征上，存在混合式选择问的方言点需要同时存在语气词选择问。具体而言，可区分为两种情况：其一，同时存在连接词选择问、语气词选择问和混合式选择问，这时，连接词选择问和混合式选择问为常用形式。其二，同时存在语气词选择问和混合式选择问，这时，语气词选择问为常用形式，而连接词在问句中一般可有可无，主要起强化选择关系的作用。

## 第五节　意合式选择问

意合式选择问是指不使用连接手段而由选择项直接并列构成的

选择问句，是方言中特有的选择问类型。以下分别对意合式选择问的句式结构和地理分布进行考察。

## 一　句式结构

在方言中，意合式选择问的句式特征主要表现在语气词①的使用上。具体来看，根据是否使用语气词可分为不使用语气词的意合式选择问和使用语气词的意合式选择问。两类问句具有不同的方言特征。

第一，不使用语气词的意合式选择问。

这类问句在官话方言和非官话方言均有分布，常见于官话方言和晋语。

就选择问句的结构形式来看，并列相连的前后选择项之间既可存在一定的语音停顿，也可不存在明显的语音停顿。

首先，选择项之间存在一定的语音停顿。例如：

（181）山西偏关：你要的大的？猴小的？（郭利霞，2015）

（182）内蒙古和林格尔：真儿个走？明儿个走？（郭利霞，2015）

（183）福建福州：去北京，去上海？｜食饭，食粥？（甘于恩，2007）

其次，选择项之间不存在明显的语音停顿。例如：

（184）黑龙江哈尔滨：咱们明儿个上北京上广州？（金美，2003）

（185）山东枣庄：你听戏看电影？｜明儿你去我去？（吕俭平，2011）

---

① 这里的"语气词"，是指在意合式选择问句中，不起连接作用、只表语气意义的各类语气词。下文同。

(186) 山东济宁：恁闺女生的男孩女孩？（葛四嘉、史秀菊，2017）

(187) 山西平遥：坐的看好站的看好？（郭利霞，2015）

(188) 山西山阴：因这做好因那做好？这样做好还是那样做好？（郭利霞，2015）

(189) 陕西榆林：去神木坐汽车方便坐火车方便？（郭利霞，2015）

(190) 皖北：你要啥？桌子椅子？｜买戒指买项链？｜快吃慢吃？（侯超，2013）

(191) 河北张家口：他那媳妇儿丑俊？｜南沙河那块地种玉米种山药？（宗守云，2017）

(192) 河南固始：今个走明个走？｜生得男孩女孩？（李孝娴，2003）

(193) 湖南汝城：你想食饭食粥？（曾献飞，2006）

(194) 湖南新化：马铃薯煮倒呷炒倒呷？（邵敬敏等，2010）

(195) 江西宜丰：你吃啤酒吃白酒？｜相信你相信佢？（邵敬敏等，2010）

(196) 广西荔浦：你吃苹果雪梨？｜夜饭你煮我煮？（潘大廉，2017）

(197) 广西全州文桥：你睇三频道睇四频道？｜食饭食面？（唐曼娟，2005）

(198) 福建罗源：食梨食苹果？（黄涛，2016）

结合上述各例，不使用语气词的意合式选择问主要存在四点特征。其一，在语表形式上，各选择项形式简洁，一般具有相同的音节数量、相同的语言成分以及相同的语法结构。其二，在语法性质上，各选择项既可以是非单音节的名词、动词、形容词，也可以是结构简单的谓词性短语，以动宾短语最为常见，少数方言点还存在选择项为单音节词的情况。其三，在语义内涵上，两选择项既可以是反义关系，如例（191）的"丑俊"，也可以是类义关系。其四，在语用特征上，这类问句常用于日常交谈之中，尤其在熟人之间使用，当选择项之间不存在明显的语音停顿时，往往反映出问话人较快的话语速度，有时蕴含问话人迫切希望获得答案的心理状态，在部分方言点还蕴含不客气的口吻（如江西宜丰①）；当选择项之间存在一定的语音停顿时，其所表达的交际情态则相对舒缓，各选择项末尾还可添加不同的语调，以凸显选择关系。

第二，使用语气词的意合式选择问。

在现已收集到的文献中，描写这类选择问句的资料较为有限，以晋语中的使用最为常见。

就选择问句的结构形式来看，语气词既可成对出现于各选择项末尾，也可单独出现于后选择项末尾。两类形式各具特征。

首先，语气词成对出现于各选择项末尾。有的方言点，选择项末尾的语气词可以表达一定的时态意义。例如：

（199）河南驻马店：你这是做面条唻，馏馍唻？｜夜儿个哪去唻？走舅也去唻，跑往玩去唻？｜文博，蛋糕怎妈买哩哎，怎慧姑买哩哎？（刘洋洋，2016）

（200）河北张北：咱们吃馒头呀，吃米饭呀？（关彦琦，2008）

（201）山西柳林：爱吃荤的嘞爱吃素的嘞？（郭利霞，2015）

（202）内蒙古呼和浩特：要这个也要那个也？｜从包头过来两个小时也四个小时也？（郭利霞，2015）

---

① 邵敬敏等：《汉语方言疑问范畴比较研究》，暨南大学出版社2010年版，第70页。

有的方言点，选择项末尾的语气词并不表达时态意义。例如：

（203）山东章丘：你吃米饭呃吃面条呃？（赵学玲，2007）
（204）安徽宿松：大个好啊，滴滴个好啊？｜中时去啊，夜里去哝？（唐爱华，2005）
（205）湖北天门：这气去啊，过下哒再去啊？（卢红艳，2009）

上述两类选择问句主要存在两点共性特征：其一，无论语气词是否表达时态意义，都必须成对出现，不可省略；其二，前后选择项之间可以存在一定的语音停顿。

其次，语气词单独出现于后选择项末尾。例如：

（206）山西山阴：你看这个布衫衫质量好赖哩？（郭利霞，2015）
（207）山西汾阳：这样儿做好那样儿做好哩？｜你要大的小的哩？（郭利霞，2015）
（208）陕西佳县：你身体歪好哩？｜你这儿东西贵贱哩？（郭利霞，2015）
（209）浙江绍兴柯桥：诺吃荤吃素噍？（盛益民，2014）
（210）湖北武汉：你吓我，有这事？真的假的啊？｜先买车先买房啊？你说哟。（赵葵欣，2012）
（211）湖北新洲：你娜娜爱吃么事苹果？粉的脆的啊？（高杜，2016）
（212）湖北天门：吃饭吃面呐？（卢红艳，2009）
（213）湖南新化：马铃薯煮倒呷炒倒呷唵/唻/唠？（邵敬敏等，2010）

在上述例句中，各选择项形式短小、结构简洁，且多具有相同的语言成分。

另据张晓静考察①，在河北武邑方言中，意合式选择问具有多种表现形式。具体而言，各选择项末尾既可带有语气词也可不带语气词；选择项之间既可存在语音停顿，也可不存在语音停顿。例如②：

（214）你，要醋，要酱油？
（215）你待前边儿待后边儿？
（216）你要醋俺，要酱油俺？
（217）谁给你的俺？恁妗子俺恁舅俺？

张晓静指出，当选择问句不带语气词时，语气短促、直率，选择项都读升调，如"你，要醋↗，要酱油↗？"；当选择问句带有语气词时，语气较为和缓且带有强调意味，选择项都读降调，如"你要醋俺↘，要酱油俺↘？"③。

## 二 地理分布

据现有资料，意合式选择问有限分布于官话方言和非官话方言中，具体涉及方言点如下。

首先，在官话方言中，存在意合式选择问的方言点有：

东北官话：黑龙江哈尔滨（金美，2003）。

中原官话：山东枣庄（吕俭平，2011：204）、济宁（葛四嘉、史秀菊，2017）；河南驻马店（刘洋洋，2016：29）、开封（李双剑，2017）、固始（李孝娴，2003：34）；安徽北部（侯超，2013：180）。

冀鲁官话：河北武邑（张晓静，2014：280）；山东章丘（赵学

---

① 张晓静：《河北武邑方言语法研究》，博士学位论文，福建师范大学，2014年，第280—281页。
② 例句引自张晓静《河北武邑方言语法研究》，博士学位论文，福建师范大学，2014年，第280页。
③ 张晓静：《河北武邑方言语法研究》，博士学位论文，福建师范大学，2014年，第280页。

玲，2007)、陵县（刘敏，2011：38)、商河（张虹，2004：90)、临清（刘亚，2007：97)。

江淮官话：湖北新洲（高杜，2016：67)。

西南官话：湖北武汉（赵葵欣，2012：174)、天门（卢红艳，2009：14)；广西荔浦（潘大廉，2017：133)。

其次，在非官话方言中，存在意合式选择问的方言点有：

晋语：河北张家口（宗守云，2017：163)、张北（关彦琦，2008：8)；山西、陕西、内蒙古（郭利霞，2015：273—274)。

赣语：安徽宿松（唐爱华，2005：251)；江西宜丰（邵敬敏等，2010：70)；湖南洞口（王盼，2019：36)。

湘语：湖南新化（邵敬敏等，2010：53)。

吴语：上海（邵敬敏等，2010：42)；浙江绍兴柯桥（盛益民，2014：362)。

闽语：福建福州（邵敬敏等，2010：105)、罗源（黄涛，2016：195)。

粤语：广西贺州（刘宇亮，2011：41)、蒙山（韦玉丽，2011：513)。

客家话：湖南汝城（曾献飞，2006：186)。

平话、土话：广西永福塘堡（肖万萍，2005：228)、临桂（周本良，2005：269)、全州文桥（唐昌曼，2005：277)；湖南溆浦（张萍，2013：31)。

总体看来，意合式选择问主要存在两个方面的分布特征。其一，在地域上，意合式选择问集中分布于三处，一是山东、河南、安徽境内的中原官话区以及山东境内的冀鲁官话区；二是河北、陕西北部、山西、内蒙古境内的晋语区；三是广西境内的西南官话、粤语及平话区。其二，在类型上，官话方言和非官话方言的多数方言点均以不带语气词的意合式选择问为常用形式，但也存在部分方言点使用带语气词的意合式选择问，如河北武邑，河南驻马店，山东章丘、陵县、商河、临清，安徽宿松，湖北武汉、天门、新洲，湖南新化，浙江绍兴柯桥等地。此外，在陕西北部、山西、内蒙古的晋语区，两种意合式选择问并存，以带语气词的意合式选择问为常用形式。

## 第六节　选择问的语义关系

选择项之间总是存在一定的语义关系。以双项选择问为例，参考邵敬敏先生的研究[①]，我们将选择项 X、Y 之间的语义关系概括为对立关系、差异关系和相容关系三类。在方言中，各类选择问句均具有上述三类语义关系，以连接词选择问、语气词选择问和混合式选择问最为突出，且不同方言间的差异不大。下面举例说明。

### 一　对立关系

对立关系，是指选择项 X 与 Y 在语义上不相容，二者只能取其一；如果 X 成立，则 Y 必不成立；如果 Y 成立，则 X 必不成立。这种语义关系反映在语表形式上主要包含三种情况：一是选择项 X、Y 分别是肯定项和否定项，构成正反并列式；二是选择项 X、Y 是反义词语，构成反义并列式；三是选择项 X、Y 在语序上颠倒配置，构成语序倒置式。此外，还存在一种特殊情况，选择项 X、Y 本身虽然不具有"非此即彼"的对立关系，但是在特定语境中二者会被临时赋予对立关系，构成临时对立式。各类语义关系具体表现如下。

第一，选择项 X 与 Y 分别是肯定形式和否定形式，构成正反并列式。

具有这一语义关系的选择问句也可称为"正反选择问"。就句式结构来看，以连接词选择问和语气词选择问最为常见。以连接词选

---

[①] 邵敬敏：《现代汉语疑问句研究》（增订本），商务印书馆 2014 年版，第 132—136 页。

择问为例①。

  （218）辽宁铁岭：小蒙，你接是不接？｜你吃是不吃？（云微，2014）
  （219）河北武邑：你走俺是不走俺？（张晓静，2014）
  （220）山东巨野：你到底是去还是不去？（欧士博，2011）
  （221）陕西西安：咱走还是不走？｜你到底是明白还是不明白？（兰宾汉，2011）
  （222）湖北武穴：你明日来还是不来？｜你到底买还是不买？（刘欢，2017）
  （223）湖南桂阳：明日你在咖屋嗲是唔在咖屋嗲？｜渠话得快是唔快？（邓永红，2007）
  （224）浙江宁波：诺到底来还勿来？｜诺今么做生活去呢还勿去？（阮桂君，2006）
  （225）福建建瓯：你到底休息是怀休息？｜你镒面是怀镒？｜佢去厝是怀去？（江洁，2015）
  （226）福建连城：好抑还是无好？｜种菜抑还是唔种菜？（项梦冰，1997）
  （227）广东龙川：你究竟来啡系唔来啊？｜你店里有西瓜卖啡系冇西瓜卖？（黄年丰，2016）
  （228）广西藤县：佢写是冇写个？他写还是不写的？｜你去是冇去？（唐一萍，2013）

  由以上各例可知，具有正反关系的连接词选择问，在连接词的组配方式上存在共性特征，即多在否定项前单独使用"是"类或"还是"类连接词，可表示为"X 是/还是 Neg-X"。据考察，"X 是 Neg-X"问句往往蕴含不耐烦、生气、抱怨、威胁、强迫等语气，表达问

---

① 关于语气词选择问的特征将在第七章考察。

话人极为不满的消极心理情绪,一般要求听话人尽快做出回答。

以福建建瓯的闽语、广西藤县的粤语为例。在福建建瓯话中,"X 是怀 X"问句主要用于表达说话人不耐烦的心理特征,所蕴含的语气比一般的正反问句要强烈[1]。在广西藤县话中,"X 是冇 Y"通常带有不耐烦、厌烦、生气、愤怒、威逼等语气,选择项"X"多为不带宾语的单音节词[2]。产生这种语用特征的原因主要在于,"是"类单音节连接词在肯定项与否定项之间不仅具有连接作用,还具有强调、凸显疑问点的作用。与正反问句相比,这类选择问句用连接词将肯定项与否定项隔开,两选择项之间因连接词而形成一定的语音停顿,这样可使供选择的项目更加明确,以催促甚至逼迫对方作出选择。与成对使用连接词的正反选择问相比,在否定项前使用"是"类单音节连接词可以使选择项并列结构更加简洁、凝练,具有更强的韵律感,以突出发问人急切、不耐烦等消极情绪。在这种语用意义下,问句中还可出现"到底、究竟"等副词,而否定项末尾也可添加"呢、啊、啦"等语气词,以进一步提醒或催促对方尽快作出回答。

第二,选择项 X 与 Y 是具有相反语义的词或短语,构成反义并列式。例如:

(229)陕西西安:致一车白菜是卖贵咧,还是卖便宜咧?(兰宾汉,2011)

(230)山西芮城:你穿新鞋吗穿旧鞋?(吕佳,2016)

(231)安徽太湖弥陀:真个啊假个勒?(孙汉康,2016)

(232)湖北武汉:你是想帮我咧,是想害我咧?(赵葵欣,2012)

(233)湖南益阳:他到底是醒阿是发首啰?他到底是蠢还是聪

---

[1] 江洁:《建瓯方言语法专题研究》,硕士学位论文,福建师范大学,2015 年,第 56 页。

[2] 唐一萍:《藤县话疑问句研究》,硕士学位论文,浙江师范大学,2013 年,第 43 页。

明？（徐慧，2001）

（234）四川西充：输了么赢了？（王春玲，2011）
（235）贵州习水：你真的要哭嚒假嘞要哭？（范艳，2010）
（236）福建莆仙：陶要某郎嘞男的哈嘞女的？偷东西的是男的还是女的？（蔡晨薇，2014）
（237）广东广州：我哋要用普通嘅礼仪嚟接待，抑或係用贵宾嘅礼仪嚟接待呢？（邵敬敏等，2010）
（238）广西贺州：阿箱水果是好箇定是烂箇？（刘宇亮，2011）

第三，选择项 X 与 Y 在语序上颠倒配置，构成语序颠倒式。语序颠倒式主要存在两种情况。

一是当选择项是具有先后顺序的短语时，Y 项是对 X 项在顺序上的颠倒。例如：

（239）湖北天门：是吃哒饭再逛哩，还是逛哒再吃饭哩？（卢红艳，2009）
（240）湖南湘潭：到底是先放糖再放醋还是先放醋再放糖？（曾毓美，2001）
（241）福建莆仙：嘞先去邮电局再去伊呵弄，哈嘞先去伊呵弄再去邮电局？是先去邮电局再去他家，还是先去他家再去邮电局？（蔡晨薇，2014）
（242）广西贺州：是喫饱定去做工？定是做开定来喫？（刘宇亮，2011）

上述例句中的"吃哒饭再逛——逛哒再吃饭""先放糖再放醋——先放醋再放糖""先去邮电局再去伊呵弄先去邮电局再去他家——先去伊呵弄再去邮电局先去他家再去邮电局""喫饱定去做工——做开定来喫"，均是通过颠倒顺序构成的前后选择项。

二是当选择项是主谓短语，且谓语动词带有宾语时，X项与Y项通过主语、宾语颠倒位置而构成。例如：

（243）四川西充：你骗了我嘿我骗了你哟？（王春玲，2011）
（244）贵州习水：明天你来喊我麽我去喊你？（范艳，2010）
（245）广东龙川：系你打渠啡系渠打你？是你打他还是他打你？（黄年丰，2016）
（246）广西贺州：到底是你听我讲？定是我听你讲？（刘宇亮，2011）

上述例句中的"你骗了我——我骗了你""你来喊我——我来喊你""你打渠——渠打你""你听我讲——我听你讲"，前后选择项的谓语动词相同，后选择项是通过将前选择项的主语变宾语、宾语变主语而构成的。

第四，选择项X与Y临时被赋予"非此即彼"的矛盾关系，构成临时对立式。

构成这种形式的主要因素在于语境，X项与Y项只有在特殊语境中才能表现出对立关系。例如：

（247）山东巨野：你看看你这身打扮，是个上学嘞么唱戏嘞？（欧士博，2011）
（248）陕西西安：洋柿子西红柿地是先浇水，还是先上粪？（兰宾汉，2011）
（249）湖北武汉：你们两个是你去啊，是他去啊？快说吵，莫推来推去的。（赵葵欣，2012）
（250）湖北天门：你是要钱还是要玩？（卢红艳，2009）
（251）湖南邵东：你担钢笔写还是担元支笔写唉？你用钢笔写还是用铅笔写？（孙叶林，2009）
（252）浙江绍兴柯桥：渠拨倷嗰是凳嘞还（是）椅子？他

给你们的是凳子还是椅子？（盛益民，2014）

（253）广东龙川：你类上课紧都讲话，系听你讲啡系听老师讲？（黄年丰，2016）

（254）广西贺州：混日无睡觉无喫东西，你是要钱定是要命？（刘宇亮，2011）

## 二 差异关系

差异关系，是指选择项 X 与 Y 之间存在一定的差异，这种差异可以通过对比表现出来，却尚未使两个选择项形成截然的对立。这样的选择项 X 与 Y 往往属于同一语义范畴，却又不是这一语义范畴里的唯一成员。例如：

（255）山东龙口：这棵树上的桃子是扁桃还是油桃？（马志红，2007）

（256）山西平遥：这房子是自家的租下的？（郭利霞，2015）

（257）内蒙古包头：你晚上是吃米饭也吃面条也？（郭利霞，2015）

（258）江苏苏州：倷吃食堂勒自家烧？（李小凡，1998）

（259）江西宜丰：你着一件啊着两件吶？（邵敬敏等，2010）

（260）江西石城：肯坐过屋下田，还就去广东打工？愿意在家种田，还就去广东打工？（邵敬敏等，2010）

（261）湖北安陆：是嗯通过邮局寄过来，还是托别个带过来？（盛银花，2007）

（262）四川西充：明天下雨嚜出太阳？（王春玲，2011）

（263）贵州习水：我们还是坐起等嚜还是慢慢儿走倒？（范艳，2010）

（264）福建建瓯：你（是）迦今去故是等刻去？你现在去还是等会儿去？（江洁，2015）

对具有差异关系的选择问句进行回答，一般是或此或彼，有时也会出现非此非彼的情况。例如：

（265）湖北天门：这是辰辰画的还是琮琮画的？
——辰辰画的。/琮琮画的。/我画的。（卢红艳，2009）
（266）广西贺州：是要明日箇票？定是后日箇票？或者是大后日箇票？是要明天的票？还是后天的票？或者是大后天的票？
——明日箇。/后天箇。/今日箇。（刘宇亮，2011）

### 三　相容关系

相容关系，是指选择项 X 与 Y 之间既没有对立也没有差异，而只是表示两种不同的可能性。具体表现为，一个选择项成立，则另一个选择项可能成立也可能不成立；一个选择项不成立，则另一选择项可能成立也可能不成立。也就是说，一个选择项成立与否并不影响另一个选择项的成立。例如：

（267）山西兴县：你要红的也啊还是要绿的也？（高洋，2014）
（268）陕西西安：我是打你咧，还是噘骂你咧？（兰宾汉，2011）
（269）河南驻马店：明儿个谁上汪庄唻，是你去唻，恁妈去唻？（刘洋洋，2016）
（270）湖南涟源古塘：到底是个针眼公太细哩啊还是我只眼珠子差呱哩唻？穿呱半天伽冇穿得进啦。到底是这个针孔太小了还是我的视力变差了？穿了半天针也没穿进去。（吴青峰，2006）
（271）云南富源：富源远么还是曲靖远？（张微，2017）
（272）江西石城：生子个更多啊，还/还就生女个更多？生男孩的多呢，还是生女孩的多？（邵敬敏等，2010）
（273）福建厦门：伊要啉可乐野是要啉矿泉水？他想要喝可乐还是想喝矿泉水？（周长楫、欧阳忆耘，1997）
（274）广东广州：今晚一齐去唱歌跳舞，抑或睇电影？

（邵敬敏等，2010）

（275）广西全州文桥：你是听伊罗还是听我罗呢？（唐昌曼，2005）

对具有相容关系的选择问句进行回答，既可以是"或此或彼"，也可以是"既此又彼"，还可以是"非此非彼"。例如：

（276）山东巨野：你到底是想考清华还是想考同济？
——清华。/同济。/都想考。/上海交大。（欧士博，2011）
（277）广西贺州：是吾婆去定是吾爸去咧？是妈妈去还是爸爸去啊？
——吾婆去。妈妈去。/吾爸去。爸爸去。/大众一气去。大家一起去。/一笛无去，我去！谁都不要去，我去。（刘宇亮，2011）

## 第七节　选择问的删略规则

在普通话中，各选择项既可包含相同成分，也可包含不同成分，甚至有的选择项还可以完全不同。以选择项为动宾短语的双项选择问为例[①]。

（278）洗衣服还是洗被单？
（279）洗衣服还是晒衣服？
（280）洗衣服还是晒被单？

例（278）中，前后选择项的宾语不同，分别是"衣服"和"被

---

① 例句引自邵敬敏《现代汉语疑问句研究》（增订本），商务印书馆2014年版，第137页。

单"；例（279）中，前后选择项所用动词不同，分别是"洗"和"晒"；例（280）中，前后选择项的动宾短语完全不同，分别是"洗衣服"和"晒被单"。据第二章分析，各选择项中不同的语义信息可称为语义变项，如上述例（278）中的"衣服"和"被单"，例（279）中的"洗"和"晒"，例（280）中的"洗衣服"和"晒被单"；相同的语义信息可称为语义常项，如上述例（278）中的"洗"，例（279）中的"衣服"；选择问句的疑问点是由各选择项中不同的语义信息共同构成的，如例（278）中的疑问点是"衣服"和"被单"，例（279）中的疑问点是"洗"和"晒"，例（280）中的疑问点是"洗衣服"和"晒被单"。邵敬敏指出，在选择项的语义常项中，由于词语相同，有的可以省略，有的则要求重复，也有的两可；省略时，有的为前项省略，有的为后项省略，这与句法结构的类型、变项在句法结构中的位置、省略后是否会引起语义误解以及语用上的需要等都有着密切的联系[①]。可见，语义常项的删略是存在一定规则的。

在方言中，选择问句同样普遍存在上述语义常项的删略现象。结合第二章中对普通话选择问句删略规则的考察，这里以双项选择问为例，将方言中的删略规则概括为如下六种情况。

第一，当主语为常项，谓语为变项时，疑问点在谓语，往往省略后选择项的主语。例如：

（281）青海西宁：今晚夕你们做面片哩吗拉拉面咧？（王双成，2017）

（282）湖北武汉：您家的面是加原汤还是加清汤？（赵葵欣，2012）

（283）福建厦门：伊是要读册抑是要做工？他是想读书还是想工作？（邵敬敏等，2010）

---

[①] 邵敬敏：《现代汉语疑问句研究》（增订本），商务印书馆2014年版，第138页。

（284）广东广州：你係礼拜五去，定係礼拜六去？（邵敬敏等，2010）

第二，当状语为常项，谓语为变项时，疑问点在谓语，一般只能省略后选择项的状语，但也可以不省略。例如：

（285）青海西宁：背子上搓吗压呀？在背上搓还是压？（王双成，2017）
（286）山西芮城：你给我捶腿咧吗捶背咧？｜你比他大吗小？（吕佳，2016）

第三，当谓语为常项，主语或状语为变项时，疑问点在主语或状语，方言中主要存在三种删略情况。

一是不省略前项谓语。这种现象在方言中最为常见。例如：

A 组：主语为变项，保留前项谓语
（287）山西兴县：红的好嘞啊是绿的好？（高洋，2014）
（288）陕西西安：到底是小花聪明，还是小丽聪明？（兰宾汉，2011）
（289）广西荔浦：他高点还是你高点？（潘大廉，2017）
B 组：状语为变项，保留前项谓语
（290）山西兴县：你从家勒走也啊是从学校走也？（高洋，2014）
（291）陕西西安：你明儿买保险嘛后儿买保险？（兰宾汉，2011）
（292）广东龙川：你今朝去啊今晚去？（黄年丰，2016）

二是省略前项谓语。这时，谓语部分多是光杆动词或形容词以及结构简单的谓词性短语。例如：

A 组：主语为变项，省略前项谓语

（293）江苏苏州：老师勒还是学生用？（李小凡，1998）

（294）福建罗源：伊其固是汝其书落学校咯？他的书还是你的书落在学校了？（黄涛，2016）

B 组：状语为变项，省略前项谓语

（295）湖南邵东：我过一日还过两日倒去啊？（刘小娟，2014）

（296）云南漾濞：我们在门口么是里面遇？（马晓梅，2016）

例（296）中，前后选择项由介词短语充当状语，状语是变项，谓语是相同项，例句中分别省略前项谓语和后项介词短语的介词。

三是省略后项的谓语或动宾结构里的宾语。例如：

A 组：主语为变项，省略后项谓语

（297）山东淄博王村镇：张宏把他弄下台来地啊还是张青啊？｜老板派你出差的啊是经理派的啊？（毕丽华，2005）

（298）广西宾阳：是北京好游知是上海？是北京好玩还是上海好玩？｜今夏是你煮吃知是我？（覃东生，2017）

B 组：状语为变项，省略后项的谓语或动宾结构里的宾语

（299）安徽太湖弥陀：迭去逛街啊还是一会？现在去逛街啊还是一会？（孙汉康，2016）

（300）河南驻马店：刘子超，今儿晌午搁这儿吃饭也，回家吃也？（刘洋洋，2016）

第四，当谓语动词为常项，宾语或补语为变项时，疑问点在宾语或补语，一般省略后选择项的谓语动词。例如：

A 组：宾语为变项，省略后项谓语动词

（301）山西芮城：你在南楼吗北楼？（吕佳，2016）

（302）安徽宿松：请姚木匠啊，李木匠啊？（唐爱华，2005）

（303）云南漾濞：你要先去大理么还是楚雄？（马晓梅，2016）
（304）广东龙川：渠系读三年级啡系四年级？（黄年丰，2016）
B组：补语为变项，省略后项谓语动词
（305）河南固始：她长得丑还是漂亮？（李孝娴，2003）
（306）江苏苏州：倷起得早勒晏？你起得早还是晚？（李小凡，1998）
（307）浙江绍兴柯桥：诺开得快还是弗快？（盛益民，2014）
（308）云南漾濞：运动会你跑得第一么第二？（马晓梅，2016）

第五，当宾语或补语为常项时，疑问点在常项前，一般不可省略前后选择项的宾语或补语。例如：

（309）山东巨野：你明天是坐车过来还是走着过来？（欧士博，2011）

第六，当选择项中存在定中结构时，根据变项的不同可以分为两类。

第一类是定语为变项，被修饰的中心语为常项时，疑问点在定语，如果定语带有结构助词"的"，一般省略前选择项的中心语；如果定语不带"的"，中心语不能省略；如果定语为数量短语时，既可省略前选择项里的中心语，也可省略后选择项里的中心语。例如：

A组：定语带有结构助词"的"，省略前项的中心语
（310）湖南益阳：尔买哒一件红色的啊绿色的衣服唠？（夏俐萍，2017）
（311）江西石城：红秀哩还就红发哩个衫等人偷走？红秀子还是红发子的衣服被人偷了？（邵敬敏等，2010）
B组：定语不带"的"，不省略中心语
（312）陕西西安：仝明儿穿红裙子嘛穿白裙子？（兰宾汉，

2011）

（313）浙江绍兴柯桥：诺喜欢阿兴本还是阿旺本？你喜欢阿兴那本还是阿旺那本？（盛益民，2014）

C 组：定语为数量短语，省略前项或后项的中心语

（314）江西石城：买四斤还五斤猪肉？（邵敬敏等，2010）

第二类是中心语为变项，定语为常项时，疑问点在前后选择项的中心语，这时不能省略。例如：

（315）贵州遵义：你说的是他家哥噻还是他家弟儿啰？（胡光斌，2010）

## 第八节　选择问的方言使用

据前文考察，选择问句根据连接方式的不同主要包含连接词选择问、语气词选择问、语调式选择问、混合式选择问、意合式选择问五种类型。就选择问句的使用来看，有的方言点主要使用一种选择问句，而有的方言点则可以使用两种或两种以上的选择问句。虽然不同方言在问句类型的选用上存在差异，但这其中仍蕴含着一定的共性联系。本节拟结合现已收集到的文献资料对不同方言点选择问句的使用情况进行梳理。

首先，在官话方言中，选择问的使用情况如表 4—5 所示。

表 4—5　　　　　选择问在官话方言中的使用情况

| 方言点 | 问句类型 | 连接词选择问 | 语气词选择问 | 语调式选择问 | 混合式选择问 | 意合式选择问 |
|---|---|---|---|---|---|---|
| 东北官话 | 黑龙江哈尔滨（金美，2003） | √ | √ |  |  | √ |
|  | 辽宁铁岭（云微，2014） |  | √ |  |  |  |

续表

| 方言点 | | | 问句类型 | 连接词选择问 | 语气词选择问 | 语调式选择问 | 混合式选择问 | 意合式选择问 |
|---|---|---|---|---|---|---|---|---|
| 兰银官话 | 甘肃 | 甘州 (高天霞, 2009) | | √ | | | | |
| | | 民勤 (黄大祥, 2016) | | | √ | | | |
| | 宁夏 | 银川 (高葆泰、林涛, 1993) | | √ | √ | | √ | |
| | | 同心 (张安生, 2003) | | | √ | | | |
| | 新疆（北疆）(李文龙, 2012) | | | | √ | | | |
| 中原官话 | 甘肃 | 白龙江流域 (莫超, 2004) | | | √ | | | |
| | | 临夏 (谢晓安、张淑敏, 1990) | | | √ | | | |
| | | 天水 (王曦, 2011)、镇原 (何艳萍, 2010)、环县 (谭治琪, 2011) | | | √ | | | |
| | 宁夏 | 固原 (高顺斌, 2014) | | | √ | | | |
| | | 隆德 (杨苏平, 2015) | | | √ | | √ | |
| | 青海西宁 (宋金兰, 1993) | | | | √ | | | |
| | 山东 | 枣庄 (吕俭平, 2011) | | √ | √ | | | √ |
| | | 巨野 (欧士博, 2011) | | √ | √ | | | |
| | | 济宁 (葛四嘉、史秀菊, 2017) | | √ | | | | √ |
| | 河南 | 开封 (李双剑, 2017) | | √ | | | | √ |
| | | 固始 (李孝娴, 2003) | | √ | | | | √ |
| | | 驻马店 (刘洋洋, 2016) | | √ | | | | √ |
| | | 洛阳 (贺巍, 1993) | | √ | √ | | | |
| | | 陕县 (张邱林, 2009) | | √ | √ | | | |
| | 陕西 | 宝鸡 (任永辉, 2012) | | √ | √ | | | |
| | | 西安 (兰宾汉, 2011) | | √ | √ | | √ | |
| | | 合阳 (邢向东、蔡文婷, 2010) | | √ | √ | | √ | |
| | | 高陵 (王咪咪, 2008)、富平 (李虹, 2003)、铜川 (杨银梅, 2004) | | | √ | | | |
| | 山西 | 古县 (刘瑞玲, 2012) | | √ | √ | | √ | |
| | | 河津 (袁亚玲, 2015；吕佳, 2016) | | | √ | | √ | |
| | 山西芮城、临猗、新绛、乡宁、蒲县 (吕佳, 2016) | | | √ | | √ | | |
| | 安徽北部 (侯超, 2013) | | | √ | | | | √ |

续表

| 方言点 | | 问句类型 | 连接词选择问 | 语气词选择问 | 语调式选择问 | 混合式选择问 | 意合式选择问 |
|---|---|---|---|---|---|---|---|
| 冀鲁官话 | | 河北武邑（张晓静，2014） | √ | | | | √ |
| | | 天津（祁淑玲，2020） | √ | | | | |
| | 山东 | 章丘（赵学玲，2007） | √ | | | | √ |
| | | 陵县（刘敏，2011） | √ | | | | √ |
| | | 淄博王村镇（毕丽华，2005） | √ | | | | |
| | | 商河（张虹，2004） | | √ | | | √ |
| | | 临清（刘亚，2007） | | √ | | | √ |
| | | 莘县（王宁宁，2016） | √ | | | | |
| | | 宁津（曹延杰，2003） | √ | | | | |
| 胶辽官话 | | 山东龙口（马志红，2007） | √ | | | | |
| 江淮官话 | 安徽枞阳（林玉婷，2017） | | √ | | | | |
| | 湖北 | 安陆（盛银花，2007）、红安（季红霞，2008）、武穴（刘欢，2017）、浠水（郭攀、夏风梅，2016）、孝感（王求是，2014）、团风（汪化云，2016） | √ | | | | |
| | | 新洲（高杜，2016） | √ | | | | √ |
| | 江西九江（汪化云，2016） | | √ | | | | |
| | 江苏泰州（陈厚才，2008） | | √ | | | | |
| 西南官话 | 湖北 | 武汉（赵葵欣，2012） | √ | | | | √ |
| | | 恩施（张良斌，2010） | √ | √ | | √ | |
| | | 天门（卢红艳，2009） | √ | | | | √ |
| | | 仙桃（陈秀，2015）、钟祥（张义，2016）、郧县（苏俊波，2016）、宜都（李崇兴，2014） | √ | | | | |

续表

| 方言点 | | 问句类型 | 连接词选择问 | 语气词选择问 | 语调式选择问 | 混合式选择问 | 意合式选择问 |
|---|---|---|---|---|---|---|---|
| 西南官话 | 湖南 | 吉首（李启群，2002）、常德（易亚新，2007）、永顺（彭慧，2019） | √ | | | | |
| | 四川 | 成都（赵明节、杜克华，2017） | √ | √ | | √ | |
| | | 西充（王春玲，2011） | | √ | | √ | |
| | 贵州 | 绥阳（姚丽娟，2007） | | √ | | √ | |
| | | 习水（范艳，2010） | √ | √ | | √ | |
| | | 遵义（胡光斌，2010） | √ | √ | | | |
| | | 毕节（明生荣，2007） | | √ | | | |
| | 云南 | 昆明（丁崇明，2005）、石屏（李晓静，2016）、大理（苏倩，2011）、富源（张徽，2017）、漾濞（马晓梅，2016） | | √ | | √ | |
| | | 通海（杨锦，2008） | | √ | | | |
| | 广西荔浦（潘大廉，2017） | | √ | | | | √ |

其次，在非官话方言中，选择问的使用情况如表4—6所示。

表4—6　　　　　选择问在非官话方言中的使用情况

| 方言点 | | 问句类型 | 连接词选择问 | 语气词选择问 | 语调式选择问 | 混合式选择问 | 意合式选择问 |
|---|---|---|---|---|---|---|---|
| 晋语 | 河北 | 张家口（宗守云，2017） | √ | | | | √ |
| | | 张北（关彦琦，2008） | √ | | | | √ |
| | 河南 | 安阳（王芳，2015） | √ | | | | |
| | | 获嘉（贺巍，1991） | √ | √ | | | |
| | | 辉县（穆亚伟，2016） | √ | | | √ | |
| | 山西、内蒙古、陕西（郭利霞，2015） | | √ | | | √ | √ |
| 赣语 | 安徽 | 太湖弥陀（孙汉康，2016） | √ | √ | √ | √ | |
| | | 岳西（储泽祥，2009） | √ | | | | |

续表

| 方言点 | 问句类型 | 连接词选择问 | 语气词选择问 | 语调式选择问 | 混合式选择问 | 意合式选择问 |
|---|---|---|---|---|---|---|
| 赣语 | 安徽宿松（唐爱华，2005；黄晓雪，2014） | √ | | | | √ |
| 赣语 | 湖北 通城（邵敬敏等，2010） | | √ | | | |
| 赣语 | 湖北 咸宁（王宏佳，2015） | √ | | | | |
| 赣语 | 湖北 阳新（黄群建，2016） | √ | | | | |
| 赣语 | 江西 南昌塘南（肖放亮，2011） | | √ | | √ | |
| 赣语 | 江西 宜丰（邵宜，2009） | √ | √ | | √ | √ |
| 赣语 | 江西 抚州（付昕晴，2006） | √ | | | | |
| 赣语 | 江西 丰城（陈小荷，2012） | | √ | | √ | |
| 湘语 | 湖南 长沙（鲍厚星等，1999）、湘潭（曾毓美，2001）、衡阳（彭兰玉，2002）、娄底（卢小群，2007）、邵东（孙叶林，2009） | √ | | | | |
| 湘语 | 湖南 益阳（徐慧，2001） | | √ | | √ | |
| 湘语 | 湖南 湘阴（龙琴，2015） | | √ | | √ | |
| 湘语 | 湖南 涟源古塘（吴青峰，2006） | √ | √ | | √ | |
| 湘语 | 湖南 新化（邵敬敏等，2010） | √ | | | | √ |
| 湘语 | 广西全州（朱海燕，2011） | √ | | | | |
| 吴语 | 上海（邵敬敏等，2010） | √ | | | | √ |
| 吴语 | 江苏苏州（李小凡，1998） | √ | √ | | | |
| 吴语 | 浙江 绍兴柯桥（盛益民，2014） | √ | √ | | √ | √ |
| 吴语 | 浙江 温州（郑娟曼，2009） | √ | √ | | | |
| 吴语 | 浙江 天台（戴昭铭，2006） | √ | | | | |
| 吴语 | 浙江 宁波（阮桂君，2006）、平湖（施玲丽，2013）、富阳（盛益民、李旭平，2018） | √ | | | | |
| 闽语 | 福建 福州（甘于恩，2007；梁玉璋，2004） | √ | √ | | √ | √ |
| 闽语 | 福建 罗源（黄涛，2016） | √ | | | | |
| 闽语 | 福建 厦门（周长楫、欧阳忆耘，1997）、漳州（李少丹，2001）、建瓯（江洁，2015）、莆仙（蔡辰薇，2014） | √ | | | | |
| 闽语 | 海南屯昌（钱奠香，2002） | √ | | | | |

续表

| 方言点 | | | 问句类型 | 连接词选择问 | 语气词选择问 | 语调式选择问 | 混合式选择问 | 意合式选择问 |
|---|---|---|---|---|---|---|---|---|
| 粤语 | 广东 | 广州（邵敬敏等，2010） | | √ | | | | |
| | | 阳江（黄伯荣，2018） | | √ | | | | |
| | 广西 | 梧州（卢敏宁，2017）、北流（徐荣，2008）、玉林（钟武媚，2011）、藤县（唐一萍，2013）、贵港（陈曦，2017） | | √ | | | | |
| | | 贺州（刘宇亮，2011） | | √ | | | | √ |
| | | 蒙山（韦玉丽，2011） | | √ | | | | |
| | | 钦州（黄昭艳，2007） | | √ | √ | | | |
| 客家话 | | 湖南汝城（曾献飞，2006） | | | | | | √ |
| | | 四川泰兴（兰玉英，2007） | | √ | √ | | | |
| | 江西 | 石城（邵敬敏等，2010） | | √ | √ | √ | √ | |
| | | 南康（刘汉银，2006） | | √ | | | | |
| | 福建 | 宁化（张桃，2004） | | √ | | | | |
| | | 连城（项梦冰，1997） | | √ | | | | |
| | 广东 | 连平（傅雨贤，2015） | | √ | | | | |
| | | 龙川（黄年丰，2016） | | √ | √ | | √ | |
| | | 梅县、韶关、信宜、河源（黄年丰，2016） | | | √ | | | |
| | 广西 | 贺州（叶俐丹，2014）、武宣（杨蔚，2015）、融安（杨针，2015）、融水（韦炜，2015）、博白（陈日芳，2012）、平乐（袁鑫，2016） | | √ | | | | |
| 平话、土话 | 广西 | 宾阳（覃东生，2017） | | √ | | | | |
| | | 永福塘堡（肖万萍，2005） | | √ | | | | √ |
| | | 临桂（周本良，2005） | | √ | | | | √ |
| | | 全州文桥（唐昌曼，2005） | | √ | | | | √ |
| | | 阳朔（梁福根，2005） | | √ | | | | |
| | 湖南 | 溆浦（张萍，2013） | | √ | | | | √ |
| | | 桂阳（邓永红，2007） | | √ | | | | |

据表4—5和表4—6，选择问句在方言中的使用情况主要存在三个方面的特征：

第一，五种选择问句的使用频率存在差异。使用最多的是连接词选择问，语气词选择问次之，混合式选择问、意合式选择问使用较为有限，语调式选择问由于相关文献缺乏而无从考察。

第二，多数方言点都存在两种或两种以上的选择问句。

就不同方言的使用数量来看，官话方言以两种选择问句并用最为常见；而非官话方言最多可以同时使用四种选择问句，以晋语、吴语、客家话为例。在山西晋语中，可使用连接词选择问、语气词选择问、混合式选择问和意合式选择问四种问句形式；在浙江绍兴柯桥的吴语中，可使用连接词选择问、语气词选择问、混合式选择问和意合式选择问四种问句形式；在江西石城客家话中，可使用连接词选择问、语气词选择问、混合式选择问和语调式选择问四种问句形式。

就不同方言的使用种类来看，主要存在四种组配方式。一是连接词选择问、语气词选择问、混合式选择问和意合式选择问的搭配使用；二是连接词选择问、语气词选择问和混合式选择问的搭配使用；三是连接词选择问和意合式选择问的搭配使用；四是语气词选择问和混合式选择问的搭配使用。其中，以第二种方式最为常见。

第三，作为多数方言点的常用类型，连接词选择问无论是在官话方言还是在非官话方言均可单独使用。而其他四种形式多不能单独使用。其中，语气词选择问仅在宁夏、新疆、青海、甘肃等地的兰银官话区和中原官话区可以单独使用。而混合式选择问、语调式选择问、意合式选择问则基本不可单独使用，需要与连接词选择问或语气词选择问搭配使用。

# 第 五 章

# 汉语方言的正反问

在现代汉语普通话中，正反问句是由正反并列结构负载疑问信息的一种疑问句类型。概括来说，正反问句主要有三点特征：第一，在语表形式上，正反并列结构是构成正反问句的核心要件。第二，在语义内涵上，正反问句是一种不带任何主观倾向的中性问句。第三，在回答方式上，正反问句需要针对正反并列结构，从肯定项和否定项中选择其一进行回答。

在现代汉语方言中，正反问句根据疑问手段的不同可分为正反式正反问、简省式正反问和副状式正反问。其中，正反式正反问以肯定项与否定项并列构成的正反并列结构为疑问手段，简省式正反问以肯定项与否定词并列构成的正反并列结构为疑问手段，这两类问句是共同语和方言的共有类型，普遍使用于不同方言之中，具有诸多方言特征；副状式正反问以疑问副词为疑问手段，是方言特有的问句类型，使用范围有限，带有鲜明的地域特色。此外，部分方言中还存在两类特殊问句，一类是由正反式正反问脱落否定词而形成的"紧缩式正反问"；另一类是结构形式类似于语气词是非问，却表现出正反问性质的"是非式正反问"。

根据上述特征，本章拟从句式结构、语义特征、特殊用法、语用表现等方面分别考察正反式正反问、简省式正反问、紧缩式正反问、是非式正反问和副状式正反问的方言特征，结合现有资料梳理各类问句的地理分布与方言使用情况。①

## 第一节 正反式正反问

正反式正反问（"VP + Neg + VP"）是以正反并列结构为疑问手段的正反问句。其中，正反并列结构包括肯定项"VP"和否定项"Neg + VP"两部分。本节首先从否定副词的类型、句式结构、语义特征、语用表现四个方面对方言里的正反式正反问进行分析，然后专题考察能性述补问句和"有没有"问句的方言特征，最后结合现有资料，梳理正反式正反问的地理分布。

### 一 否定副词的类型

否定副词"Neg"是"VP + Neg + VP"问句的重要组成部分。邢福义先生曾指出："普通话和方言，方言和方言，它们之间的语法差异有一个重要的方面，就是否定形式。"②

在普通话中，能够进入"VP + Neg + VP"问句的否定副词主要有"不"和"没"两个。二者在语义内涵上存在差异："不"主要用于否定将要进行的某种动作行为，包含说话人的主观意愿；"没"主要用于否定已经发生的事实情况或某种变化，是对客观事实的否定。由"不"和"没"构成"VP + Neg + VP"问句，也具有不同的语义内涵："VP 不 VP"问句主要用于询问尚未发生或实现的动作行为以及对方的主观态度；"VP 没 VP"问句主要用于询问已经发生或完成的动作行为以及客观情况。可见，两类问句因否定副词的不同而呈现出语形对应、语义互补的对称问句形式。

---

① 鉴于文献资料收集的局限性，部分方言现象还有待进一步发掘，这里仅对已收集到的语料进行梳理。
② 邢福义：《否定形式和语境对否定度量的规约》，《世界汉语教学》1995年第3期。

在方言中，能够进入"VP + Neg + VP"问句的否定副词也可分为"不"和"没"两类，分别构成"VP 不 VP"类问句和"VP 没 VP"类问句。根据现有资料，多数方言点都存在"不"类否定副词和"没"类否定副词，但就其所构成的正反式正反问来看，有的方言点同时存在"VP 不 VP"类问句和"VP 没 VP"类问句，而有的方言点只存在"VP 不 VP"类问句。

首先，在同时使用"VP 不 VP"类问句和"VP 没 VP"类问句的方言里，依据否定副词的形式特征，我们可以将其分为"形义各异""同形异义""造形异义"三类。

第一类，形义各异的否定副词。

形义各异的否定副词，是指"VP 不 VP"类问句和"VP 没 VP"类问句分别使用不同的否定副词。其中，"VP 不 VP"类问句的否定副词相当于普通话的"不"，"VP 没 VP"类问句的否定副词相当于普通话的"没"。这是方言里的常用类型。

就否定副词的形式来看，"VP 不 VP"类问句里的否定副词可表示为"不""唔"等；"VP 没 VP"类问句里的否定副词可表示为"没""没有""冇""无"等。不同形式的否定副词具有不同的方言及地域分布。

否定副词"不"和"没"的使用范围最为广泛，见于大部分方言区，尤其常见于官话方言区。例如：

（1）黑龙江哈尔滨：你吃饭不吃饭？｜你吃饭没吃饭？（金美，2003）

（2）宁夏同心：上课不上课？｜吃饱没吃饱？（张安生，2003）

（3）河北武邑：你吃饭不吃俺？｜你吃饭没吃饭俺？（张晓静，2014）

（4）山东济南：你去不去？｜你去没去？（钱曾怡、岳立静，2003）

（5）陕西西安：你明儿来不来？｜小红买衣裳咧没买？（兰宾汉，2011）

（6）安徽北部：你回家不回家？｜恁看书没看书？（侯超，2013）

（7）江苏南京：吃不吃饭？｜吃没吃饭？（张薇，2009）

（8）四川成都：你国庆回不回成都哦？｜水烧没烧开？（谢光跃，2013）

（9）贵州遵义：老实告诉我，你喜不喜欢她？｜小李来了，你看没看到他？（胡光斌，2010）

晋语中也可使用"不"和"没"。例如：

（10）山西榆社：张老师来不来嘞？｜毛衣打没打嘞？（李建校，2007）

（11）陕西绥德：他在不在家？｜吃没吃饱？（郭利霞，2015）

否定副词"不"和"冇"多使用于安徽、湖北、湖南等地，主要涉及西南官话、湘语、赣语。此外，"没"类否定副词也可写作"冒""曼"等。例如：

（12）安徽宿松：哥哥去不去？｜哥哥去冇去？（黄晓雪，2014）

（13）湖北武汉：你每天早上读不读英语？｜你昨天下课后打冇打球？（赵葵欣，2012）

（14）湖北红安：明朝儿落不落雨？｜你昨儿看冇看电视？（季红霞，2008）

（15）湖北孝感：你去不去呀？｜昨天你学习冇学习咯？（王求是，2014）

（16）湖南长沙：你去不去衡山？｜他来冇来我屋里？（卢小群，2007）

（17）湖南湘潭：你买不买米？｜三伢子今日子打冇打游戏机？（卢小群，2007）

（18）湖南安仁：你吃不吃酒？你喝不喝酒？｜你开张洗曼洗澡？你刚才洗没洗澡？（周洪学，2012）

福建永定的客家话里使用否定副词"唔"和"无"；江西石城的客家话里使用"唔"和"冇"。例如：

（19）福建永定：搬新屋请唔请客？搬新房请不请客？｜你上昼做事无做事？你上午干没干活？（李小华，2014）

（20）江西石城：贵唔贵？｜熟冇熟？（邵敬敏等，2010）

第二类，同形异义的否定副词。

同形异义的否定副词，是指"VP不VP"类问句和"VP没VP"类问句使用同一个否定副词，这样的否定副词具有双重意义，既相当于普通话的"不"，也相当于普通话的"没"。例如：

（21）浙江绍兴柯桥：明朝春游诺去弗去？明天春游你去不去？｜我上外拨俫嗰猪肉诺吃弗吃？我昨天给你的猪肉你吃没吃？（盛益民，2014）

（23）湖南溆浦：这条鱼新鲜不新鲜？｜你望不望新闻？你看新闻没看呢？（张萍，2013）

（24）广西北海：能冇能够来？能不能来？｜去冇去渠屋企？去没去他家？（陈晓锦、陈滔，2005）

（25）广西北流：你到底上车冇上？你到底上车不上？｜高佬考冇考着上大学？高佬考没考上大学？（徐荣，2008）

第三类，造形异义的否定副词。

造形异义的否定副词，是指"VP 没 VP"类问句的否定副词以"VP 不 VP"类问句的否定副词为构形基础，通过添加具有已然意义的语素而构成。例如：

（26）安徽歙县：今朝开不开会？｜尔去不曾去过杭州？（仇立颖，2017）

（27）湖南桂阳：你喜唔喜欢看戏？｜你去唔曾去过渠咖屋的啊？（邓永红，2007）

（28）福建连城（新泉）：尔知得唔知得？｜盐买唔曾买？（项梦冰，1997）

在上述三例中，"没"类否定副词"不曾"和"唔曾"分别是由否定副词"不"和"唔"添加具有已然意义的"曾"而构成的。

其次，在只使用"VP 不 VP"类问句的方言里，否定副词可表示为"不、勿、弗、否、唔、怀、没"等。存在这种现象的方言主要有：河南境内的中原官话区，湖北、湖南、广西等地的西南官话区；河北、山西、陕西、河南境内的晋语区，上海、浙江、江西等地的吴语区，广东境内的粤语区、客家话区，广西境内的粤语区、客家话区以及平话区，福建、广东、海南的闽语区。以上方言点除使用否定副词"不"以外，还存在如下形式。

上海、浙江、江西等地的吴语区多使用"勿、否①、弗"。例如：

（29）上海：打扫勿打扫？（邵敬敏等，2010）

（30）浙江青田：你个西瓜熟否熟？（游汝杰，1999）

---

① 游汝杰（1999：101）指出，"勿"的声母读作 [v] 或 [ʋ]，"否"的声母读作 [f]。

(31) 江西广丰：尔去弗去上饶唉？你去不去上饶呢？（胡松柏，2009）

福建、广东、海南的闽语区可使用"怀、唔、无"。例如：

(32) 福建福州：看怀看电影？看不看电影？（陈泽平，1998）
(33) 广东汕尾：汝爱去唔去？（施其生，2000）
(34) 海南海口：汝去无去？（施其生，2000）

广东的粤语、客家话区多使用"唔"。例如：

(35) 广东广州：佢哋嚟唔嚟？他们来不来？（邵敬敏等，2010）
(36) 广东河源：明朝你落唔落广州？明天早上你下不下广州？（练春招等，2010）

广西的粤语、客家话、平话区可使用"冇、唔"。例如：

(37) 广西藤县：你识冇识个？（唐一萍，2013）
(38) 广西宾阳：你去冇去学校？你去不去学校？（邱前进，2008）
(39) 广西贺州：佢的字好唔好看？（叶俐丹，2014）
(40) 广西临桂义宁：你参冇参加学习？（周本良，2005）

湖南、贵州、广西等地西南官话区可使用"没"。例如：

(41) 湖南吉首：菜摆到外头会没会臭馊？菜放在外面会不会馊？（李启群，2002）
(42) 贵州东南部：你喜没喜欢兹种颜色？你喜欢不喜欢这种颜

色？（肖亚丽，2008）

（43）广西荔浦：小王唱没唱？小王唱不唱？（覃远雄，1994）

通过上述分析可知，方言里用于正反式正反问的否定副词具有语形各异、分布有别的特征。

## 二 句式结构

"VP + Neg + VP"问句的句式特征主要通过谓词性成分"VP"的不同形式表现出来。这主要包括两个方面。

首先，就语法性质来看，能够进入"VP + Neg + VP"问句的"VP"大体上有六类：

第一类：光杆动词或形容词，既包括单音节动词或形容词，也包括双音节动词或形容词。

第二类：动宾结构。

第三类：含有能愿动词或"是"之类判断动词。

第四类：连谓结构或兼语结构。

第五类：含有介词短语。

第六类：含有可能补语、结果补语、趋向补语、程度补语、情态补语等的动补结构。

其次，就语表形式来看，由各类"VP"构成的"VP + Neg + VP"问句都存在完整式、前省式和后省式三种结构形式。这在不同方言中具有一致性。

以"VP"为动宾短语"VO"为例，"VO + Neg + VO"问句的两种变化形式表示如下：

Ⅰ．V + Neg + VO

Ⅱ．VO + Neg + V

对比于完整式来看，Ⅰ式省略肯定项中的宾语，可称为"前省式"；Ⅱ式省略否定项中的宾语，可称为"后省式"。关于这类问句，上文所举方言例句已多有涉及，这里不再赘述。

由其他形式的"VP"构成的正反式正反问,在句式的变化上也符合上述前省和后省的变化规律。下面举例说明各方言里的具体情况。

第一,谓词性成分"VP"中含有能愿动词。

首先,前省式。

(44)黑龙江哈尔滨:他肯不肯跑?(金美,2003)
(45)湖北安陆:他该不该打嘞?把米验撒得到处是的。(盛银花,2007)
(46)贵州遵义:水会不会少很了?(胡光斌,2010)
(47)广东汕尾:汝敢唔敢问伊?(施其生,2000)

其次,后省式。

(48)山西山阴:你敢杀鸡子不敢?(郭利霞,2015)
(49)陕西合阳:你能弄不能?(邢向东、蔡文婷,2010)
(50)河南安阳:恁同学愿意来不愿意?(王芳,2015)
(51)福建莆仙:伊肯帮忙怀肯?(蔡晨薇,2014)

第二,谓词性成分"VP"中含有"是不是"类形式。

首先,前省式。

(52)上海:报纸侬是勿是已经买来了? (邵敬敏等,2010)
(53)湖北武汉:好大的风啊。窗户是不是开倒在?(邢福义,1995)
(54)广东广州:你系唔系要买呢部车?你是不是要买这辆车?(邵敬敏等,2010)
(55)黔东南:是没是你的书?是不是你的书? (肖亚丽,

2008）

（56）广西宾阳：你是冇是渠哥？（邱前进，2008）

其次，后省式。

（57）河南浚县：他是张老师不是？他是不是张老师？（辛永芬，2007）
（58）河南安阳：他两口儿是搬走啦不儿？（王芳，2015）
（59）陕西延川：你是学生也不是？（邢向东，2005）
（60）福建厦门：汝是大学生怀是？（甘于恩，2007）

第三，谓词性成分"VP"中含有介词短语。
首先，前省式。

（61）山西平遥：你跟不跟兀家去？（郭利霞，2015）
（62）四川西充：他跟不跟你说老实话？（王春玲，2011）
（63）河南中牟：叫不叫电视关住啊？（鲁冰，2017）
（64）湖南安仁：渠对曼对你哇咖固些话？他对没对你说这些话？（周洪学，2012）

其次，后省式。

（65）山西长治：和他一起去不和？（郭利霞，2015）
（66）陕西靖边：你跟他去不去？（郭利霞，2015）
（67）河南中牟：叫电视关住不叫？（鲁冰，2017）
（68）河南安阳：她娘家给她买车不给？｜她娘家给她买车不买？（王芳，2015）

由上述各例可知，含有介词短语的"VP"，其后省式存在两种不同形式，一种是只保留否定项的介词，如例（65）和例（67）；另一种是只保留否定项的谓语动词，如例（66）。而在安阳方言中，以上两种情况都存在。前省式则只存在保留肯定项介词这一种省略形式。

第四，谓词性成分"VP"含有形容词、副词作状语。

首先，前省式。

（69）湖北安陆：昨儿落了雨的，路上好不好走欸？｜我简直口都说干了，嗯待不待听吵？你在不在听呀？（盛银花，2007）

（70）湖北荆沙：老师布置的作文难不难写？（萧红、杨欣烨，2014）

（71）湖南安仁：来咖固多客，多不多煮点饭唧？来了这么多客人，多不多煮点饭？｜要迟到哒，快不快点唧走？要迟到了，快不快点走？（周洪学，2012）

其次，后省式。

（72）河南安阳：饺的好熟不好？饺子好不好熟？（王芳，2015）

第五，谓词性成分"VP"中含有非可能补语①。
首先，"V 不/没 V‑C"，"C"可为结果补语、趋向补语等。例如：

（73）河南中牟：恁说吧，今儿这酒喝不喝完？｜这桌子嘞剩饭拿不拿走？②（鲁冰，2016）

---

① 关于能性述补问句，我们将在下文进行专题考察。
② 鲁冰（2017：39）指出，中牟方言里还存在"VCV 不 C"的形式，如"这桌子上嘞剩饭拿走不拿走？"。

（74）湖南安仁：你走咯时唧关曼关好门？你走的时候关没关好门？（周洪学，2012）

（75）湖北武汉：我送来修的车修有修好？（赵葵欣，2012）

其次，"V 得 C 不 C"，"C"可为程度补语和情态补语。例如：

（76）湖北安陆：她的字写得好不好看嘞？好看就跟学。（盛银花，2007）

（77）四川西充：他每天睡哩迟不迟？（王春玲，2011）

（78）贵州遵义：你们那里干得老火不老火？（胡光斌，2011）

（79）河南中牟：恁老师吵你吵嘞狠不狠？（鲁冰，2017）

第六，谓词性成分"VP"为连谓结构、兼语结构。
首先，前省式。

（80）贵州遵义：他去没去你那里报到啊？｜你请不请他吃饭？（胡光斌，2010）

（81）湖南安仁：你喊曼喊老张来吃饭？你叫没叫老张来吃饭？（周洪学，2012）

其次，后省式。

（82）河南开封：你去看电影不去？（李双剑，2017）

（83）河南浚县：叫恁同学去不叫？叫你同学去不叫？/叫不叫你同学去？（辛永芬，2007）

第七，"VP"为双音节词。

在方言中，由双音节词"VP"构成的正反式正反问，只存在前省式，基本不存在后省式。

（84）山东巨野：你都27啦，打没打算赶紧结婚？（欧士博，2011）

（85）上海：漂勿漂亮？（邵敬敏等，2010）

（86）江西宜丰：个件事话不话讯佢听叨？（邵敬敏等，2010）

（87）福建永定：你子欸认唔认真读书？（李小华，2014）

（88）广东广州：你中唔中意佢？你喜欢她不喜欢？（邵敬敏等2010）

### 三 语义特征

"VP + Neg + VP"问句是表达有疑而问的中性问句。根据否定副词的不同，"VP + Neg + VP"问句具有多种语义类型。这在各方言点基本一致。以下举例说明。

首先，由"不、勿、弗、唔、冇、没、怀"等"不"类否定副词构成的正反式正反问主要表达五种语义内涵。

一是用于询问尚未发生的动作或行为。例如：

（89）河南浚县：厂长去北京不去？（辛永芬，2007）

（90）湖南新化：你下午做唔做暑假作业？（邵敬敏等，2010）

（91）贵州遵义：今天开不开会？（胡光斌，2010）

（92）广西北流：你哋明日考冇考试？你们明天考不考试？（徐荣，2008）

二是用于询问主观意愿或态度。例如：

（93）山东微山：你到底做不做饭？（殷相印，2006）

（94）浙江宁波：诺到底同意勿同意？你到底同意不同意？（阮桂君，2006）

（95）黔东南：你喜欢没喜欢兹种颜色？你喜欢不喜欢这种颜色？（肖亚丽，2008）

（96）广东广州：呢单嘢佢支唔支持啊？这件事他支持不支持？（邵敬敏等，2010）

（97）福建福州：汝去怀去看电影？（陈泽平，1998）

三是用于询问某种关系、属性、主观判断或动作行为发生的可能性。例如：

（98）辽宁铁岭：他说得对不对？（云微，2014）

（99）湖北天门：肉不搁的冰箱里，变不变坏的啊？（卢红艳，2009）

（100）湖南洞口：嗯侪奶奶认冇认滴我是哪个？你奶奶认不认识我是哪个？（王盼，2019）

（101）广西北流：只妹生得好冇好睇？那个女孩长得好不好看？（徐荣，2008）

四是用于询问是否具有某种惯常行为。例如：

（102）湖北武汉：你看电视的时候开不开灯啊？（赵葵欣，2012）

（103）山西平遥：好吃水果不好？（郭利霞，2015）

（104）江西宜丰：你咯店赊不赊账咯？你的店赊不赊账的？（邵宜，2009）

五是用于询问正在进行的动作行为或正在持续的状态。例如：

(105) 山西汾阳：在居舍哩不在哩？｜你家喂的鸡儿哩不喂的哩？（郭利霞，2015）

(106) 湖北武汉：小明是不是在看书在？屋里一点声音都冇得咧。（赵葵欣，2012）

(107) 湖北阳新：渠在不在打牌？他在不在打牌？（黄群建，2016）

其次，由"没、冇、冒、无、不曾、孬"等"没"类否定副词构成的正反式正反问主要表达三种语义内涵。

一是用于询问已经发生或完成的动作行为。例如：

(108) 河南中牟：恁妈去冇去上海？（鲁冰，2016）

(109) 安徽宿松：姐姐叫冇叫你去？（黄晓雪，2014）

(110) 湖南新化：以个消息告冇告诉其俚？这个消息告诉没告诉他们？（邵敬敏等，2010）

(111) 福建永定：佢后背入无入去？他后来进没进去？（李小华，2014）

二是用于询问是否出现某种性质或状态。例如：

(112) 安徽北部：锅来馒头熟没熟？锅里的馒头熟了没有？（侯超，2013）

(113) 湖北天门：那里天气啷样？热冇热起来？（卢红艳，2009）

(114) 甘肃临夏：这个大豆们香着啦没香的？（谢晓安、张淑敏，1990）

(115) 四川成都：今天商场搞活动，上次你买的那个款式便没便宜？（谢光跃，2013）

三是用于询问曾经发生的动作行为。例如：

(116) 山西孝义：你看没啦看过这部电影儿哩？（郭利霞，2015）

(117) 贵州遵义：你考没考虑过这个问题哟？（胡光斌，2010）

综上所述，由"不"类否定副词构成"VP 不 VP"类问句主要用于询问未然的动作或行为、主观判断或意愿以及惯常行为、持续状态等，时间指向现在或未来。而由"没"类否定副词构成的"VP 没 VP"类问句主要用于询问已经发生、完成或曾经发生的动作或行为，以及已经出现的性质或状态，时间指向过去。

### 四 语用表现

在特定语境中，"VP + Neg + VP"问句还可具有特殊的语用意义。据现有资料，方言中主要存在两种情况。

其一，在不经常使用"VP + Neg + VP"问句的方言中，使用"VP + Neg + VP"问句可以加重语气，带有强调的意味，表达发问人急于知道答案的迫切心情。以陕西延川方言为例。

在陕西延川方言中，使用"VP 不 VP"问句可以表达强调[①]。例如：

(118) 陕西延川：你这阵儿睡（也）不睡？| 你晓得兀件事也不晓得？（邢向东，2005）

其二，在不经常使用"VP + Neg + VP"问句的方言中，使用"VP + Neg + VP"问句还可表达追问、逼问、责问等语气，带有不耐

---

① 邢向东：《论陕北晋语沿河方言的反复问句》，《汉语学报》2005 年第 3 期。

烦或威胁的口气以及催促、命令、警告之意。在这种情况下，问句的"询问"功能已经弱化，而多用于表达发问人焦急的心态和厌烦的情绪。以河北张北方言、陕西岐山方言、浙江宁波方言、广西南宁方言为例。

在河北张北方言中，"VP + Neg + VP"问句除具有询问的功能以外，还能表达发问人焦急、生气或不耐烦的主观情绪，并伴随有催促、命令之意。这类问句多使用于长辈对晚辈或关系亲近的同辈之间①。例如：

（119）你到底吃饭不吃？热了好几回啦！（关彦琦，2008）
（120）你吃不吃饭啦？一会儿再干！（关彦琦，2008）

在陕西岐山方言中，当发问人反复提出某种要求而未得到重视或没有得到预期答案时，使用结构简单的"VP + Neg + VP"问句可以使情绪的表达更加强烈，同时伴随有不耐烦或威逼的主观情态，这时，发问人往往口气急促，语速加快②。例如：

（121）栽树不栽树？——栽呀，栽呀，就栽呀。/不。不栽。谁爱栽谁栽去。（韩宝育，2006）

在浙江宁波方言中，"VP + Neg + VP"问句并不常用，如果使用，则主要表达警告和强调③。例如：

---

① 关彦琦：《张北话疑问句研究》，硕士学位论文，河北师范大学，2008年，第19页。
② 韩宝育：《岐山话正反问句时、体与情态意义的表达》，载中国语言学会《中国语言学报》编委会编《中国语言学报》（第12期），商务印书馆2006年版，第246页。
③ 阮桂君：《宁波方言语法研究》，博士学位论文，华中师范大学，2006年，第152页。

(122) 诺到底去勿去？你到底去不去？（阮桂君，2006）

在广西南宁方言中，"VP + Neg + VP"问句只有在表达特殊的语用需要时才会使用，这时，可与情态副词"到底"搭配，表达责备的主观情态[1]。例如：

(123) 半晚喽喽重喺哋唱歌□□［hɐm$^{22}$ hɐm$^{22}$］，到底睡有睡觉啊，你哋？半夜三更还在唱歌，睡不睡觉啊，你们？（林亦、覃凤余，2008）

## 五 特殊用法

### （一）能性述补问句

能性述补问句[2]是一种特殊问句，其特殊性主要表现在"VP"所带有的可能补语上。

在普通话中，能性述补问句根据可能补语的不同，具有三种结构形式，分别是：①"V 得 CV 不 C"，如"吃得饱吃不饱""说得出说不出"；②"V 得了 V 不了"，如"吃得了吃不了""说得了说不了"；③"V 得 V 不得"，如"吃得吃不得""说得说不得"。

与普通话相比，方言里的能性述补问句主要具有两点不同。其一，用于可能补语的"能性助词"[3] 有"得[4]"和"了[5]"两类，

---

[1] 林亦、覃凤余：《广西南宁白话研究》，广西师范大学出版社 2008 年版，第 363 页。
[2] 这里仅对正反式正反问里带可能补语的情况进行分析。
[3] 辛永芬（2006：310—312）指出，能性述补结构的标记词"得"和"了"都有使动补结构表可能的功能，即"V 得 C"和"VC 了"表示"VC"实现的可能性，如果将"得"和"了"去掉，那么"VC"便不再具有能性意义。因此，"得"和"了"可称为"能性助词"。
[4] 这里包括"得"的变体"的"等，一律记作"得"。
[5] 这里包括"了"的变体"咾、唠、喽"等，一律记作"了"。

前者主要分布于北方一些方言和南方大部分方言中，后者主要分布于河南、河北、山东、山西、陕西等地的一些方言点①。其二，根据能性助词的不同，方言里的能性述补问句主要存在三种结构形式：①带"得"的能性述补问句，主要包括完整式"V 得 C – V – Neg – C"和简省式"V – Neg – V 得 C"②两类；②带"了"的能性述补问句，表示为"VC 了 – V – Neg – C"；③不带能性助词而直接构成"VC – V – Neg – C"的形式。以下分别对这三种形式的方言特征进行考察。

第一类，带"得"的能性述补问句。

带"得"的能性述补问句，根据问句的补语特征和结构特征，可进一步区分如下：

完整式："V 得 C – V – Neg – C"类 ⟶ Ⅰ式："V 得 V – Neg 得"
　　　　　　　　　　　　　　　　⟶ Ⅱ式："V 得 C – V – Neg – C"

简省式："V – Neg – V 得 C"类 ⟶ Ⅲ式："V – Neg – V 得"
　　　　　　　　　　　　　　　⟶ Ⅳ式："V – Neg – V 得 C"

其中，Ⅰ式和Ⅲ式里的"得"是充当补语。朱德熙先生将"V 得"看作"V 得得"的省略，"因为两个'得'的语音形式相同，所以可以将助词'得'略去"③。汪国胜认为，"V 得得"中的助词"得"和动词"得"功能相同，都是用于构成可能式，所以根据语

---

① 辛永芬：《浚县方言语法研究》，中华书局 2006 年版，第 193 页。
② 邵敬敏等（2010：233）指出，"V – Neg – V 得 C"问句是方言里的特殊形式，估计是仿照"V – Neg – VO"问句而形成的。这里我们将"V 得 C – V – Neg – C"称为"完整式"，将"V – Neg – V 得 C"称为"简省式"。
③ 朱德熙：《语法讲义》，商务印书馆 1982 年版，第 133 页。

用的经济原则可以进行简省合并①。

完整式与简省式在方言分布上存在一定的交叉。据现有资料，只使用简省式"V – Neg – V 得 C"的方言点主要分布于湖北境内的西南官话，浙江绍兴、诸暨的吴语②，湖南境内的湘语，广东、广西境内的粤语，湖南境内的土话中；在山东境内的胶辽官话，湖北境内的江淮官话，湖北、湖南境内的赣语，湖南、江西境内的客家话里也有部分方言点使用这一形式。只使用完整式"V 得 C – V – Neg – C"的方言点主要分布于江苏丹阳、常州、溧阳、宜兴以及浙江黄岩、宁波的吴语③，江西境内的赣语，福建境内的客家话中；在山东境内的冀鲁官话中也有部分方言点使用这一形式。两种形式都使用的方言点主要分布于四川、重庆、湖南境内的西南官话，上海、浙江杭州、金华、永康的吴语④，广西境内的平话中；在湖南境内的湘语也有部分方言点同时使用两种形式。

四种形式在方言中的具体表现如下。

首先，在Ⅰ式"V 得 V – Neg 得"和Ⅲ式"V – Neg – V 得"中，以Ⅲ式"V – Neg – V 得"最为常用。两式的宾语有两种处理方式，一是前置作为主语，二是置于补语后面，一般Ⅰ式的宾语分别位于肯定项和否定项的补语后，Ⅲ式的宾语位于否定项的补语后。以第一种处理方式最为常见。例如：

A组："V 得 V – Neg 得"式

（124）四川成都：去得去不得？｜读得（书）读不得

---

① 汪国胜：《可能式"得"字的句法不对称现象》，《语言研究》1998 年第 1 期。
② 邵敬敏等：《汉语方言疑问范畴比较研究》，暨南大学出版社 2010 年版，第 315 页。
③ 邵敬敏等：《汉语方言疑问范畴比较研究》，暨南大学出版社 2010 年版，第 315 页。
④ 邵敬敏等：《汉语方言疑问范畴比较研究》，暨南大学出版社 2010 年版，第 315 页。

(书)?（张一舟等，2001）

（125）湖南新化：以粒砖晒得晒唔得唻? 这些砖晒得晒不得？｜尔担桶崽还用得用唔得? 这担桶子还用得用不得？（邵敬敏等，2010）

（126）广西永福塘堡：这□［kʻian³³］事情讲得讲不得？｜那个人你认得认不得？（肖万萍，2005）

B 组："V – Neg – V 得"式

（127）湖北安陆：乜杯水我喝不喝得嘞? 这杯水我能不能喝？｜乜创被窝我盖不盖得勒?（盛银花，2007）

（128）湖北新洲：你病了下不下得床啊？｜这个天头不那明朗，晒不晒得谷?（高杜，2016）

（129）湖北武汉：这杯茶我喝不喝得？｜不让我看杂书，那点事看不看得咧？（赵葵欣，2012）

（130）湖北荆沙：这杯水我喝不喝得？（萧红、杨欣烨，2014）

（131）湖北阳新：喈句话我说不说得？（黄建群，2016）

（132）四川成都：去不去得？｜读不读得（书）？（张一舟等，2001）

（133）湖南新化：以粒砖晒唔晒得唻？｜尔担桶崽还用唔用得？（邵敬敏等，2010）

（134）湖南祁阳：箇的果子吃不吃得？｜吃过饭再去要不要得？（卢小群，2007）

（135）湖南安仁：渠支笔我用不用得？（周洪学，2012）

（136）湖南桂阳：只脚走唔走的啦？（邓永红，2007）

（137）广东广州：呢种果食唔食得？｜部片有啲恐怖，细蚊仔睇唔睇得？（邵敬敏等，2010）

（138）广西贺州：箇种果子喫无喫得咧？｜呢部火车坐无坐得啊？（刘宇亮，2011）

（139）广西全州文桥：这样做要不要得？（唐曼娟，2005）

在回答方式上，两类问句的肯定回答多为"V 得"，否定回答多为"V 不得"。

其次，在Ⅱ式"V 得 C – V – Neg – C"和Ⅳ式"V – Neg – V 得 C"中，以Ⅳ式"V – Neg – V 得 C"最为常用。两式的宾语多前置作为主语。例如：

A 组："V 得 C – V – Neg – C"式

（140）湖南长沙：箇本书你看得完看不完啰？（卢小群，2007）

（141）广西全州文桥：这个字你识得动识不动？（唐曼娟，2005）

（142）福建上杭：尔拿得动拿唔动啊？（邱锡凤，2007）

（143）福建永定：这山你上得去上唔去？（李小华，2014）

B 组："V – Neg – V 得 C"式

（144）四川成都：教不教得好？（张一舟等，2001）

（145）上海：侬坐勿坐得落？（邵敬敏等，2010）

（146）湖北武汉：你穿倒高跟鞋爬山，爬不爬得上去啊？（赵葵欣，2012）

（147）湖南新化：你吃唔吃得完？（罗昕如，1998）

（148）湖南长沙：箇件衣服还洗不洗得干净咧？（卢小群，2007）

（149）湖南安仁：固只题目好难唧，你做不做得出？（周洪学，2012）

（150）湖南桂阳：箇滴饭吃唔吃得进？（邓永红，2007）

（151）广东阳江：果件白衫个墨水洗无洗得去？（黄伯荣，2018）

（152）广东广州：坐得咁远听唔听得清楚？（邵敬敏等，2010）

（153）广西全州文桥：这个字你识不识得动？（唐曼娟，2005）

在回答方式上，两类问句的肯定回答多为"V 得 C"，否定回答多为"V 不 C"。

此外，在部分方言中，当可能补语为"来、成、倒"等时，整个能性述补问句用于询问是否会做某事或是否具备某种能力，相当于普通话的"会不会 VP？"。例如：

A 组："V 得 C – V – Neg – C"式

（154）重庆：你说得成说不成英语？｜这个字你写得来写不来？（李科凤，2005）

（155）江西武宁：摩托车，你骑得来骑不来？（刘纶鑫，1999）

B 组："V – Neg – V 得 C"式

（156）湖北安陆：医生写的乜个处方嗯认不认得倒欤？（盛银花，2007）

（157）湖北阳新：嗻这道题你做不做得倒？（黄群建，2016）

（158）湖北武汉：伢几大了？走不走得倒路？（赵葵欣，2012）

（159）重庆：你说不说得成英语？（李科凤，2005）

（160）四川泰兴：阿英跳唔跳得来舞？（兰玉英，2007）

第二类，带"了"的能性述补问句。

带"了"的能性述补问句，多使用于河北、河南、山西、内蒙古等地，主要涉及冀鲁官话、中原官话以及晋语。这类问句主要具有三点特征：1. 就问句形式来看，能性助词"了"只能位于可能补语之后，而不能像助词"得"一样位于动词与补语之间，即表示为"VC 了 V 不 C"，相当于普通话的"V 得 CV 不 C"。2. 就宾语位置来看，其既可位于整个能性述补结构的前面，也可位于肯定项补语与助词"了"之间，还可位于助词"了"的后面，即分别表示为"OVC 了 V 不 C""VCO 了 V 不 C""VC 了 OV 不 C"。3. 就回答方式来看，肯定回答多用"VC 了"，否定回答多用

"V 不 C"。例如：

A 组："（O）VC 了 V 不 C"式

（161）河北武邑：今天写完咾俺写不完俺？今天写得完写不完呢？｜你弄好咾俺弄不好俺？你弄得好弄不好？（张晓静，2014）

（162）河南浚县：一碗饭吃饱了［·liau］吃不饱？一碗饭吃得饱吃不饱？｜你搬上去了搬不上去？你搬得上去搬不上去？（辛永芬，2007）

（163）河南安阳：镇多东儿拿动咾拿不动？｜这会儿去，走及咾走不及？（王芳，2015）

（164）山西长治：这块石头你搬动了［lɔ⁴²］搬不动？｜这首歌儿他唱好了唱不好？（王利，2007）

（165）山西壶关：这件衣裳你洗净了［ləu］洗不净？｜这会子去城里他走动了走不动？（白云等，2012）

（166）山西汾阳：看见老看不见哩？｜讲清楚老讲不清楚？（郭利霞，2015）

B 组："VCO 了 V 不 C"式

（167）河南中牟：提住恁些东西喽提不住？（鲁冰，2017）

C 组："VC 了 OV 不 C"式

（168）河南中牟：提住喽恁些东西提不住？（鲁冰，2017）

据郭利霞考察①，在内蒙古的晋语部分方言点还能进一步省略肯定项的补语。其中，"呀"相当于能性助词"了"。例如②：

（169）内蒙古武川：一个人忙呀忙不过来？｜看呀看不见

---

① 郭利霞：《汉语方言疑问句比较研究——以晋陕蒙三地为例》，南开大学出版社 2015 年版，第 221 页。

② 例句引自郭利霞《汉语方言疑问句比较研究——以晋陕蒙三地为例》，南开大学出版社 2015 年版，第 221 页。

牌牌上的字？

（170）内蒙古托克托：认呀认不得他？｜搬呀搬不动？

此外，当可能补语为动词"了①"时，能性述补问句可以表示为"V 了$_2$了$_1$V 不了$_2$"。其中，"了$_1$"是能性助词，"了$_2$"是可能补语。例如：

（171）山西汾阳：这一碗饭吃喽喽吃不喽？（李卫锋，2019）

（172）河南浚县：你一个人干了$_2$了$_1$这活儿干不了$_2$? 你一个人干得了这活儿干不了？｜你一个人干了$_2$这活儿了$_1$干不了$_2$? ｜这活儿你一个人干了$_2$了$_1$干不了$_2$? 这活儿你一个人干得了干不了？（辛永芬，2007）

在例（172）中，第一个例句的宾语"这活儿"位于能性助词"了$_1$"的后面，第二个例句的宾语"这活儿"位于可能补语"了$_2$"与能性助词"了$_1$"之间，第三个例句的宾语"这活儿"位于整个述补结构的前面。

第三类，不带能性助词的"VC – V – Neg – C"式能性述补问句。

"VC – V – Neg – C"式能性述补问句表现为"VC – V 不 C"，多用于甘肃、河北、山东的官话方言，河南部分地区的中原官话以及河北、河南、山西、陕西、内蒙古的晋语中，与"VC 了 V 不 C"问句的分布存在交叉。当问句中带有宾语时，主要存在三种处理方式：一是将受事成分置于整个能性述补结构前充当主语或主谓谓语句的小主语，构成"OVCV 不 C"；二是将宾语置于肯定部分后面，构成"VCOV 不 C"；三是将宾语置于否定部分后面，构成"VCV 不 CO"。例如：

---

① 在方言中亦有其他变体，在此统一用"了"表示。

A 组："（O）VCV 不 C"式

（173）甘肃敦煌：扳倒扳不倒？｜打开打不开？（刘伶，1988）

（174）河北张家口：这个冻萝卜咬动咬不动？这个冻萝卜嚼得烂嚼不烂？（宗守云，2017）

（175）河南浚县：一碗饭吃饱吃不饱？（辛永芬，2007）

（176）河南中牟：你这三碗饭吃完吃不完？（鲁冰，2017）

（177）河南获嘉：就这点事儿你说清说不清？（鲁冰，2017）

B 组："VCOV 不 C"式

（178）河南中牟：提住恁些东西提不住？（鲁冰，2017）

（179）河南浚县：你吃了三碗饭吃不了？（辛永芬，2007）

（180）山西平鲁：你这铺炕睡下 5 凹个人睡不下？（郭利霞，2015）

C 组："VCV 不 CO"式

（181）陕西神木：你解下解不下这道题？（邢向东，2005）

（182）内蒙古武川：听懂听不懂我说话？（郭利霞，2015）

此外，当可能补语为"了"时，能性述补问句表示为"V 了 V 不了"。例如：

（183）河南林州：给你盛了这些饭你吃咾吃不咾？（郭江艳，2014）

（184）山西定襄：你管唠也管不唠？你管得了管不了？（范慧琴，2007）

（185）山西平遥：这碗面你吃老吃不老？这碗面你吃得下吃不下？（郭利霞，2015）

在回答方式上，肯定回答为"VC 了"，否定回答为"V 不 C"，这与第二类能性述补问句的回答方式相同。例如：

（186）山西陵川：今天已经很晚，你回圪回不圪？——回圪了。／回不圪。（柯理思，1995）

（187）山西黎城：你吃完吃不完？——吃完喽。／吃不完。（郭利霞，2015）

上两例答语中的"了"和"喽"都是能性助词。

另据钱曾怡考察①，在山东方言里，存在多种形式的能性述补问句。其中，烟台、莱州多使用"V不V得C"式，沂水、利津多使用"V得C-V不C"式，潍坊、临朐、临沂、无棣、德州多使用"VC-V不C"式。而山东大部分地区都可以使用"能不能V"问句，相当于普通话的"V得V不得？"。以济南方言为例②：

A式："V的[ti⁰] C-V不C"例如：拿的动拿不动？｜拿的了拿不了？

B式："VC-V不C"例如：拿动拿不动？｜拿了拿不了？

C式："V了-V不了"例如：拿了拿不了？｜搬了搬不了？

D式："能不能V"例如：能不能吃？｜能不能看？

上述A式、B式对应于普通话的"V得C-V不C？"。C式由动词"了"充当补语，相当于普通话的"V得了V不了？"。D式对应于普通话的"V得V不得？"。

（二）"有没有"问句③

"有没有"问句也是一种特殊问句，其特殊性主要表现在"有没有"后面的语言成分。

"有没有"后面可能出现的语言成分大体上有名词性成分（NP）、动词性成分（VP）、形容词性成分（AP）和名动性主谓结

---

① 钱曾怡：《山东方言研究》，齐鲁书社2001年版，第287—288页。
② 钱曾怡、岳立静：《济南方言的句法特点》，载徐北文、李永祥编《济南文史论丛》（初编），济南出版社2003年版，第392页。
③ "有没有"是共同语里的表达形式，文中用其统一指称普通话和方言中的这类问句。

构（NV）四类。例如①：

"有没有 NP？"：有没有人？｜有没有鸡叫的声音？
"有没有 VP？"：人数有没有增加？｜差距有没有扩大？
"有没有 AP？"：（水平）有没有这么高？｜（气候）有没有那样炎热？
"有没有 NV？"：有没有鸡叫？｜有没有人反对？

邢先生认为②，普通话中除存在上述对事物作静态断定的"有没有 VP"以外，还存在另一种用于询问人物动态行为的"有没有 VP"，其中"有"和"没有"不再是动词，而是具有纯状语性的副词。这种形式主要引进于东南沿海地区的方言，在普通话中得到迅速发展。

依据上述分析，普通话里的"有没有"问句根据不同的表义功能可分为两类：第一类是询问领有、存在意义的"有没有 NP/AP/NA"问句以及对事物或情况作静态断定的"有没有 VP"问句，这类问句倾向于询问客观事物是否具有某种性状特征；第二类是询问动态行为或事件的"有没有 VP"问句，这类问句倾向于询问动作行为的动态性进展。在上述两类问句中，"有没有"的性质并不相同。具体而言，第一类问句中的"有没有"是由动词"有、没有"构成的正反并列结构；第二类问句中的"有没有"则是由副词"有、没有"构成的正反并列结构，在问句中作状语修饰"VP"。因此，我们将第一类问句统称为"有没有 NP"问句，将第二类问句称为"有没有 VP"问句。

在方言中，也存在以上两类问句。结合现有资料，两类问句的形式特征与分布状况梳理如下。

---

① 例句引自邢福义《"有没有 VP"疑问句式》，《华中师范大学学报》（哲学社会科学版）1990 年第 1 期。

② 邢福义：《"有没有 VP"疑问句式》，《华中师范大学学报》（哲学社会科学版）1990 年第 1 期。

表 5—1　　　　　　　　　方言里的"有没有"问句

| 地域及方言归属 | | | 问句类型 | |
|---|---|---|---|---|
| | | | 有没有 NP | 有没有 VP |
| 西南官话 | | 四川成都（谢光跃, 2013） | 有没得、有不有 | |
| | | 重庆（李科凤, 2005） | 有没得 | |
| | 湖北 | 武汉（赵葵欣, 2012） | 有冇得、有□［·mə］得、有□［piou⁴²］① | |
| | | 宜都（李崇兴, 2014） | 有不有 | |
| | | 天门（卢红艳, 2009） | 有没得、有冇得 | |
| | | 长阳（宗丽, 2012） | 有没得、有不有 | |
| | | 郧县（苏俊波, 2016） | 有没得 | |
| | 湖南常德（易亚新, 2007） | | 有没得、有不有、有没有 | 有没有 |
| 江淮官话 | 湖北 | 孝感（王求是, 2014） | 有冇得、有不有 | |
| | | 安陆（盛银花, 2007） | 有不有 | |
| | | 新洲（高杜, 2016） | 有冇得 | |
| 湘语 | 湖南 | 新化（邵敬敏等, 2010） | 有冇得 | 有冇有 |
| | | 长沙（卢小群, 2007） | 有冇得、有不有 | |
| | | 益阳（卢小群, 2007） | 有冇得 | |
| 赣语 | | 江西余江（胡松柏, 2009） | 有冇有 | |
| | | 湖南安仁（周洪学, 2012） | 有冇、有不有 | |
| | | 湖北咸宁（王宏佳, 2015） | 有冇得 | |
| 吴语 | 上海（邵敬敏等, 2010） | | 有勿有 | 有勿有 |
| | 浙江 | 绍兴柯桥（盛益民, 2014） | 有弗有 | 有弗有 |
| | | 温州（郑娟曼, 2009） | 有冇 | 有冇 |
| | | 临海（游汝杰, 1993） | 有呒有 | 有呒有 |
| 闽语 | 福建福州（邵敬敏等, 2010）、建瓯（江洁, 2015）、闽侯（程若茜, 2017） | | 有无 | 有无 |
| 粤语 | 广东（邵敬敏等, 2010） | | 有冇 | 有冇 |

① 赵葵欣（2012：163）指出，"有□［·mə］得"中的"□［·mə］得"是"冇得"在语流中的音变形式，而"有□［piou⁴²］"则是"有不有"的合音音变，"有□［piou⁴²］+NP"实际上就是"有不有 NP"。

续表

| 地域及方言归属 ||| 问句类型 ||
|---|---|---|---|---|
| ||| 有没有 NP | 有没有 VP |
| 客家话 | 福建 | 永定（李小华，2014） | 有无 | 有无 |
| | | 连城（新泉）（项梦冰，1997） | 无唔无 | |
| | 广东 | 河源（练春招等，2010） | 有冇 | 有冇 |
| | | 中山（甘甲才，2003） | 有冇 | 有冇 |
| | 广西 | 恭城（李辞，2016） | 有冇有 | 有冇有 |
| | | 来宾市凤凰镇（方娜媛，2015） | | |
| | | 融安（杨针，2015） | 有唔有 | 有唔有 |
| 土话平话 | 湖南 | 东安（鲍厚星，1998） | 有不有 | |
| | | 宁远（张晓勤，1999） | 有勿有 | |
| | | 桂阳（邓永红，2007） | 有唔有 | |
| | | 溆浦（张萍，2013） | 有不有 | 有不有 |
| | 广西钟山县（邓玉荣，2005） || 有冇有 | 有冇有 |

结合表5—1，"有没有"问句的形式特征和分布状况可概括如下。

首先，在语表形式上，方言里的"有没有"问句主要具有四种表现形式：

1."有"与"没得、冇得"并列组配。"有没得""有冇得"后接"NP"类成分，"没得""冇得"是对动词"有"的否定。这类形式在四川、重庆、湖北、湖南等地均有分布，主要涉及西南官话、江淮官话、湘语、赣语。

2."有"与"不有、唔有、勿有、弗有"并列组配。其中，"不""唔""勿""弗"都是表未然意义的否定词，跟"有"分别组成"不有""唔有""勿有""弗有"的否定形式。"有不有""有唔有""有勿有""有弗有"的后面既可出现"NP"类成分，也可出现"VP"类成分。在方言分布上,"有勿有""有弗有"主要使用于上海以及浙江绍兴等地的吴语中;"有唔有"零星使用于客家话、土话中;"有不有"主要使用于四川、湖北境内的西南官话中,在湖北境内的江淮官话,湖南境内的西南官话、赣语、湘语、土话中也有部分方言点使用。其中,在使用"有冇得"或"有没得"的部分方言点,还同时存在"有不有"的形式,如四川成都,湖北武汉、长阳、孝感,湖南长沙、常德、安仁等地。

3. "冇"与"有冇"并列组配。"冇"相当于普通话的"没","有冇有"与普通话的"有没有"在形式上最为相似。"有冇有"的后面既可出现"NP"类成分,也可出现"VP"类成分。这类形式在广西分布较广,主要涉及客家话和平话。

4. "有"与"冇""无"并列组配。单音节否定词"冇"和"无"相当于普通话里表已然的双音节否定词"没有"。"有冇""有无"的后面既可出现"NP"类成分,也可出现"VP"类成分。这类形式在福建、广东分布较广,主要涉及闽语、粤语、客家话。

其次,在分布状况上,"有没有"问句呈现局部分布、不平衡分布的特征。具体而言,"有没有NP"问句和"有没有VP"问句多集中分布于南方方言。其中,"有没有NP"问句在西南官话、吴语、闽语、粤语、赣语、客家话、平话中较为常见,在江淮官话、湘语中也有小范围分布。而"有没有VP"问句的分布范围较之更小,集中分布于吴语、闽语、粤语、客家话以及部分平话、土话中。

此外,方言里的"有没有VP"问句在表义功能和答问方式上也各具特征。

在表义功能上,邢先生指出,"有没有VP"问句主要用于询问动作行为实现的情况[①]。这还可细分为三小类,一是用于询问行为实现的经验性,是否曾经发生过某种行为;二是用于询问行为实现的

---

① 邢福义:《"有没有VP"疑问句式》,《华中师范大学学报》(哲学社会科学版)1990年第1期。

已然性，是否已经发生过某种行为；三是用于询问行为实现的延续性，是否已经发生了某种行为且这种行为尚未结束。

结合现有资料，不同方言点的"有没有 VP"问句大体上都具有上述三类表义功能。以下举例说明。

第一，询问是否曾经发生过某种动作行为。

在这类问句里，可出现表曾然的动态助词"过"。例如：

（188）上海：小张有勿有来过？（钱乃荣，1997）
（189）浙江绍兴柯桥：倷爷爷诺有弗有当值过咚唻？你爷爷你有没有服侍过？（盛益民，2014）
（190）湖南溆浦：你有不有来过呢？（张萍，2013）
（191）福建福州：汝有无讲过者话？你说过这话没有？（陈泽平，2004）
（192）广东阳江：你有冇讲过？（黄伯荣，2018）
（193）广西钟山县：你有冇有去过北京？（邓玉荣，2005）

第二，询问是否已经发生过某种动作行为。

在这类问句里，可出现表过去的时间词。例如：

（194）浙江绍兴柯桥：我上外拨诺个猪肉诺有弗有吃？我昨天给你的猪肉你吃没吃？（盛益民，2014）
（195）浙江温州：渠有冇走来开会？（郑娟曼，2009）
（196）福建永定：你昨晡暗有无睡？你昨晚有没有睡觉？（李小华，2014）
（197）广东广州：佢正话有冇听电话？他刚才听电话了没有？（方小燕，1996）
（198）广东梅县：你有无去上班？（黄映琼，2014）

例（194）的"上外"、例（196）的"昨晡"和例（197）的

"正话"均是指向过去的时间词。

第三，询问是否已经发生了某种行为并且尚未结束。

在这类问句里，可出现表达持续意义的时间副词。例如：

（199）福建宁德：伊面野红，有无烧热？ 他的脸很红，是不是在发烧？｜伊固有无在困？ 他是否还在睡觉？（陈丽冰，1996）

例（199）的"固"是表达持续意义的时间副词，相当于普通话的"还"。

在答问方式上，方言里的"有没有VP"问句主要存在两种形式：一是用"有"或"有VP"作肯定回答，用"冇"或"冇VP"作否定回答，如温州方言、广州方言等；二是用"VP+表完结的助词"作肯定回答，用"冇有（VP）"作否定回答，如新化方言等。

## 六  地理分布

据现有资料，前省式"V + Neg + VO"问句与后省式"VO + Neg + V"问句具有不同的地理分布，带有鲜明的方言特色。本小节拟结合现有资料对两类问句的地理分布及分布特征进行梳理。

首先，官话方言的分布情况如下：

表5—2　官话方言"VO + Neg + V"问句与"V + Neg + VO"问句的分布情况[①]

| 地域及方言归属 || 问句类型 ||
|---|---|---|---|
| ^^ | ^^ | VO + Neg + V | V + Neg + VO |
| 东北官话 | 辽宁铁岭（云微，2014） |  | √ |
| ^^ | 黑龙江哈尔滨（金美，2003） |  | √ |

---

[①]  表格中符号说明："√"表示该方言中存在此种问句类型；"［常用］"表示该句式是文献中特别说明的常用类型；"［新］"表示该句式是文献中特别说明的新派说法。

续表

| 地域及方言归属 | | | 问句类型 | |
|---|---|---|---|---|
| | | | VO + Neg + V | V + Neg + VO |
| 北京官话 | 北京（邵敬敏等，2010） | | √ | |
| 兰银官话 | 宁夏同心（张安生，2003） | | | √ |
| 冀鲁官话 | 河北邢台（邵敬敏等，2010） | | √ | √ [常用] |
| | 河北武邑（张晓静，2014） | | √ | |
| | 山东济南、利津（钱曾怡，2001） | | | √ [新] |
| 胶辽官话 | 山东烟台、莱州、青岛等（钱曾怡，2001） | | | √ [新] |
| 中原官话 | 甘肃敦煌（刘怜，1988） | | √ | |
| | 山东枣庄、济宁、微山、巨野（钱曾怡，2001） | | | √ [新] |
| | 山西芮城（吕佳，2016）、运城（郭利霞，2015） | | √ | |
| | 陕西 | 合阳（邢向东、蔡文婷，2010） | √ [常用] | √ |
| | 河南 | 中北部（鲁冰，2017） | √ | |
| | | 中部沿黄河流域（鲁冰，2017） | √ [常用] | √ [新] |
| | | 西南部（鲁冰，2017） | | √ |
| | 安徽北部（侯超，2013） | | | √ |
| | 江苏睢宁（王健，1999） | | | √ |
| 江淮官话 | 安徽 | 枞阳、安庆、桐城（吕延、杨军，2014）、巢县（黄伯荣，1996） | | √ |
| | 江苏 | 句容（周芸，2007）、南京（张薇，2009）、扬州（黄伯荣，1996）、淮阴（李文浩，2009）、涟水（顾劲松，2010）、高邮（姚亦登，2012）、泗阳（王玉梅，2009） | | √ |
| | 湖北 | 黄冈（黄伯荣，1996）、安陆（盛银花，2007）、浠水（郭攀等，2016）、孝感（王求是，2014）、红安（季红霞，2008）、武穴（刘欢，2017）、鄂州（邵敬敏等，2010） | | √ |

续表

| 地域及方言归属 | | | 问句类型 | |
|---|---|---|---|---|
| | | | VO + Neg + V | V + Neg + VO |
| 西南官话 | 湖北 | 武汉（赵葵欣，2012）、随州（黄伯荣，1996）、天门（卢红艳，2009）、郧县（苏俊波，2016）、当阳（汪国胜，1990）、恩施（王树瑛，2017）、仙桃（陈秀，2015）、钟祥（张义，2016） | | √ |
| | | 长阳（宗丽，2012）、宜都（李崇兴，2014） | √ | √〔常用〕 |
| | | 四川成都（赵明节、杜克华，2017）、西充（王春玲，2011）、自贡（殷润林，2005）、绵阳（邵敬敏等，2010）；重庆（李科凤，2005）；贵州贵阳（邵敬敏等，2010）、遵义（胡光斌，2010）、黔东南（肖亚丽，2008）、绥阳（姚丽娟，2007）、习水（范艳，2010） | | √ |
| | 湖南 | 吉首（李启群，2002）、永顺（彭慧2019） | √ | √ |
| | | 常德（易亚新，2007） | √ | √ |
| | 广西荔浦（覃远雄，1994）、柳州（蓝利国，1999） | | | √ |

由表5—2可知，"VO + Neg + V"问句与"V + Neg + VO"问句在官话方言中基本呈现"两型各占半天"的分布特征。

具体而言，"VO + Neg + V"问句多分布于北京、天津、河北、甘肃、宁夏、山西、陕西以及河南中北部等地，主要涉及北京官话、冀鲁官话以及中原官话。"V + Neg + VO"问句多分布于东北地区、河南西南部、安徽北部及西南部、江苏、湖北、湖南、四川、重庆、贵州、广西等地，主要涉及东北官话、冀鲁官话、中原官话、江淮官话以及西南官话。由此呈现出"两型各占半边天"的特征。此外，山东方言、河南中部黄河流域各方言点的"V + Neg + VO"问句、山西芮城方言的"VO + Neg + V"问句均为新派说法。

其次，非官话方言的分布情况如下：

表5—3　　　　　非官话方言"VO + Neg + V"问句与
"V + Neg + VO"问句的分布情况

| 地域及方言归属 | | 问句类型 | |
|---|---|---|---|
| | | VO + Neg + V | V + Neg + VO |
| 晋语 | 河北 | 张北 (关彦琦, 2008) | √ | √ |
| | | 张家口 (宗守云, 2017); 涉县、磁县、永年、肥乡、成安、鸡泽、临漳、曲周、广平、武安、魏县、邯郸县 (王再超, 2016) | √ | |
| | 山西、陕西、内蒙古 | 大包片 (郭利霞, 2015) | √ [常用] | √ [新] |
| | | 五台片 (郭利霞, 2015) | √ [常用] | √ [新] |
| | | 吕梁片 (郭利霞, 2015) | √ [常用] | √ [新] |
| | | 并州片 (郭利霞, 2015) | √ [常用] | √ [新] |
| | | 邯新片 (郭利霞, 2015) | √ [常用] | √ [新] |
| | | 延志片 (郭利霞, 2015) | √ [常用] | √ [新] |
| | | 张呼片 (郭利霞, 2015) | √ [常用] | √ [新] |
| | 河南 | 济源、沁阳、焦作、修武、辉县、林州、安阳市、安阳县、温县 (鲁冰, 2017) | | √ |
| | | 博爱、获嘉、新乡市、卫辉、淇县、鹤壁 (鲁冰, 2017) | √ | √ |
| | | 孟州、武陟、新乡县、汤阴、延津 (鲁冰, 2017) | √ | |
| 徽语 | | 安徽歙县 (仇立颖, 2017) | | √ |
| 吴语 | | 浙江、上海、江苏 (邵敬敏等, 2010) | | √ |
| 赣语 | | 安徽怀宁、太湖、望江、宿松、潜山、岳西 (吕延、杨军, 2014) | | √ |
| | | 湖北咸宁 (王宏佳, 2015)、黄石 (邵敬敏等, 2007)、阳新 (黄群建, 2016) | | √ |
| | | 湖南安仁 (周洪学, 2012) | | √ |
| | | 江西 (刘纶鑫, 1999) | √ | √ [常用]① |

① 刘纶鑫 (1999: 747) 指出，江西客赣方言普遍使用"V 不 VO"，很少用或不用"VO 不 VO""VO 不 V"，前者的使用区域在95%以上，后者的使用区域在5%以下。

续表

| 地域及方言归属 | | | 问句类型 | |
|---|---|---|---|---|
| | | | VO + Neg + V | V + Neg + VO |
| 湘语 | 湖南 | 湘潭(卢小群,2007)、邵东(孙叶林,2009)、衡山(彭泽润,1999)、涟源(陈晖,1999) | | √ |
| | | 新化(邵敬敏等,2010);长沙、益阳、娄底(卢小群,2007);衡阳(彭兰玉,2002);涟源古塘(吴青峰,2006) | √ | √ |
| | 广西全州(朱海燕,2011) | | | √ |
| 闽语 | 福建 | 福州(陈泽平,1998) | | √ |
| | | 泉州、厦门(施其生,2000) | √ | |
| | 广东饶平、汕尾、海康(施其生,2000) | | | √ |
| | 海南海口、文昌(施其生,2000) | | | √ |
| 粤语 | 广东 | 广州(邵敬敏等,2010) | √ | √ [常用] |
| | | 东莞(陈晓锦,1993) | √ | √ |
| | | 阳江(黄伯荣,2018);中山、增城、茂名(邵敬敏等,2010) | | √ |
| | 广西南宁(林亦、覃凤余,2008)、北流(徐荣,2008)、钦州(黄昭艳,2011)、蒙山(韦玉丽,2011)、贺州(刘宇亮,2011)、贵港(陈曦,2017) | | | √ |
| 客家话 | 江西(刘纶鑫,1999) | | | √ | √ [常用] |
| | 福建 | 永定(李小华,2014) | | √ |
| | | 宁化(张桃,2004)、上杭(邱锡凤,2007) | √ | √ |
| | 广东 | 河源(练春招等,2010)、连平(傅雨贤,2015)、梅县(林立芳,1997) | | √ |
| | | 东莞(陈晓锦,1993) | √ | √ |
| | 广西(邵敬敏等,2010) | | | √ |

续表

| 地域及方言归属 | | | 问句类型 | |
|---|---|---|---|---|
| | | | VO + Neg + V | V + Neg + VO |
| 平话、土话 | 广西 | 横县（毕思明，2002）、全州文桥（唐昌曼，2005）、临桂义宁（周本良，2005）、阳朔（梁福根，2005） | √ | √ |
| | | 临桂两江（梁金荣，2005）、永福塘堡（肖万萍，2005）、钟山县（邓玉荣，2005）、资源延东（张桂权，2005） | | √ |
| | 湖南 | 桂阳（邓永红，2007） | | √ |
| | | 溆浦（张萍，2013） | √ | √[常用] |
| | | 东安（鲍厚星，1998） | √ | √ |

由表5—3可知，"VO + Neg + V"问句与"V + Neg + VO"问句在非官话方言中基本呈现出"一型独用一边倒"的分布特征。

具体而言，"VO + Neg + V"问句多使用于内蒙古、河北、山西、陕西、河南等地的晋语区。而"V + Neg + VO"问句多使用于安徽、浙江、江苏、上海、湖北、湖南、广东、广西、福建、海南等地，主要涉及徽语、吴语、赣语、湘语、闽语、粤语、客家话及湖南土话。此外，部分方言点虽然可同时使用两种类型，但往往以"V + Neg + VO"问句最为常用，而"VO + Neg + V"问句的使用区域及使用群体一般较为有限。由此呈现出"一型独用一边倒"的特征。

朱德熙先生曾详细讨论过"VO + Neg + V"问句与"V + Neg + VO"问句在汉语方言里的分布情况。朱先生认为，"VO + Neg + V"问句大体分布于河北、山西、河南北部一直延续到陕西、甘肃、青海的广大地区，而"V + Neg + VO"问句大体分布于西南官话、粤语、吴语、闽语、客家话以及一部分北方官话（山东话、东北话）[①]。上

---

[①] 朱德熙：《"V–neg–VO"与"VO–neg–V"两种反复问句在汉语方言里的分布》，《中国语文》1991年第5期。

述表 5—2 和表 5—3 的梳理基本符合朱先生的论断。

在表 5—2 和表 5—3 中，我们还可观察到，在多数方言点都只存在一种问句形式，但在有些方言点，两种问句形式也可同时使用。这时，共用的两种形式多呈现"两型并用常用一"的特征。产生这种兼用现象的原因主要有两点。

其一，在共同语影响下，随着"V + Neg + VO"问句的强势渗透，有些以"VO + Neg + V"问句作为本土形式的方言点逐渐开始兼用"V + Neg + VO"问句。就现有资料来看，明确论及这一问题的地域主要有内蒙古、山西、陕西北部、广东广州等地。在这些地域中，"V + Neg + VO"问句的地位有所不同。首先，在内蒙古、山西、陕西北部①，"V + Neg + VO"问句并未完全取代方言中的本土形式，尚未成为这些方言中的主流形式。据郭利霞考察，在晋陕蒙三地晋语中，"V + Neg + VO"问句的接受度越来越高，大有后来居上的可能，但是"VO + Neg + V"问句仍是这一地域的常用形式②。其次，在广东广州，"V + Neg + VO"问句基本已经取代"VO + Neg + V"问句，成为方言中的主流形式。据伍巍、陈卫强考察，"VO + Neg + V"问句是广州话的旧有形式，在现代广州话中使用频率极低，且只保留在老派用法之中③。金桂桃认为，广州方言的"V + Neg + VO"问句产生于 20 世纪 20 年代以后，主要是受汉语共同语的影响④。

其二，在周边方言影响下，"V + Neg + VO"问句与"VO + Neg + V"问句出现混用现象。以河南为例。在豫中沿黄河流域的官

---

① 郭利霞：《汉语方言疑问句比较研究——以晋陕蒙三地为例》，南开大学出版社 2015 年版，第 234 页。

② 郭利霞：《汉语方言疑问句比较研究——以晋陕蒙三地为例》，南开大学出版社 2015 年版，第 234 页。

③ 伍巍、陈卫强：《一百年来广州话反复问句演变过程初探》，《语言研究》2008 年第 3 期。

④ 金桂桃：《近两百年来广州方言正反问句的发展演变》，《语言科学》2018 年第 1 期。

话方言中，由于受到中北部地区"VO + Neg + V"问句和西南部地区"V + Neg + VO"问句的影响，两类问句在这一地区可以同时使用，其中，以"VO + Neg + V"问句为常用形式，"V + Neg + VO"问句则是后起形式①。在豫北晋语中，北部的林县、辉县、安阳、沁县、济源等地多使用"V 不 VO"问句，而南部的新乡县、孟州、武陟、延津、汤阴等地多用"VO 不 V"问句，在南北部方言的影响下，中部的博爱、获嘉、新乡市、卫辉、淇县、鹤壁等地同时存在"V 不 VO"问句和"VO 不 V"问句②。

## 第二节　简省式正反问

简省式正反问（"VP + Neg"）是由肯定项（VP）与否定词（Neg）组合构成的正反问句③。与正反式正反问不同的是，简省式正反问不以完整的正反并列结构作为疑问手段，而是以肯定项与否定词组合构成的正反并列结构作为疑问手段。因此，就语表形式来看，这类问句应是正反式正反问的下位类型，但在形成原因上，其既可以是方言里的固有形式，也可以是正反式正反问的变化形式，是方言里极具特色的疑问句类型。本节拟从句式结构、语义特征、特殊用法三个方面考察简省式正反问的方言特征，并在此基础上，结合文献资料梳理其地理分布。

---

① 鲁冰：《河南方言极性问的语言地理类型学研究》，博士学位论文，山西大学，2017年，第36—37页。
② 乔全生、鲁冰：《论豫北晋语反复疑问句的过渡性特征》，《山西大学学报》（哲学社会科学版）2016年第6期。
③ 有的学者将方言中的这类问句归为是非问，其划分依据是问句末尾否定词已经基本虚化。关于句末否定词的虚化问题，学界分析较多。本节主要以语表形式为划分依据，对于句末否定词的虚化问题不做讨论。文中引例遵循原文。

## 一 句式结构

句末否定词是"VP + Neg"问句的重要组成部分。就现有资料来看,能够进入"VP + Neg"问句的否定词在方言中具有不同的表现形式。依据否定词的特征,我们可以将其分为一般否定词、复合否定词和特殊否定词三类。结合问句的结构特点,可以进一步将"VP + Neg"问句分为"VP + 一般否定词"问句、"VP + 复合否定词"问句和"肯定词 + VP + 特殊否定词"问句三类。

第一类,"VP + 一般否定词"。

一般否定词,是指在普通话及方言中固有的且经常使用的否定词,如"不、没、没有、冇、唔、未、无、勿"等。这些否定词虽然在读音和运用上存在一定的地域差异,但古已有之且沿用至今。从词性上看,它们既可以是动词,也可以是副词,以副词为主。当"VP"以动词"有"为谓语中心构成"有 NP"结构时,"Neg"是否定动词。普通话里主要使用"没有",口语中也可用"没",例如"你有钱没(有)?"。方言中则主要使用"没""没得""冇""无"等。例如:

(200)安徽北部:你有钱没(有)?(侯超,2013)
(201)湖北仙桃:你有钱没得?(陈秀,2015)
(202)河南浚县:这儿有白糖冇?(辛永芬,2007)
(203)山西山阴:村里头这会儿还有地哩没啦?(郭利霞,2008)
(204)福建连城:尔有钱抑无?(项梦冰,1997)
(205)福建福州:汝有钱无?(陈泽平,1998)

上述各例中,"没""没得""冇""无"分别与动词"有"相对应,用于询问领有情况。

普通话里,能进入"VP + 一般否定词"问句的否定副词主要有

"不"和"没有",口语中也可使用"没"。例如:

(206) 你到底心疼我不?(曹禺《原野》)
(207) 屋子塌了没有?(《老舍剧作选》)

然而在方言中,能进入这类问句的否定副词除了"不""没(有)",还有"冇/冒""没得""无""未""勿""否""唔"等。就语音形式来看,以单音节为主,双音节否定副词只有"没有"和"没得"。就方言分布来看,官话方言倾向于使用"不""没""冇""没有""没得"等;非官话方言则主要使用"不""勿""唔""冇/冒""未""无"等。

先来看官话方言。例如:

(208) 甘肃临夏:个事情关紧啦不?这件事要紧不要紧? | 尕王家里有呢么没?小王在家不在家?(谢晓安、张淑敏,1990)
(209) 宁夏同心:上课(哩)不? | 吃饱了没?(张安生,2003)
(210) 陕西西安:你去呀不? | 你去来吗没有?(王军虎,1995)
(211) 山西芮城:你买下票啦吗没有? | 你吃啦吗没?(吕佳,2016)
(212) 河南浚县:过年嘞东西买好了冇?(辛永芬,2007)
(213) 河南郑州:作业写完没?(自拟)
(214) 安徽北部:你去唠没(有)?(侯超,2013)
(215) 山东聊城:你愿意去不?(罗福腾,1996)
(216) 山东淄川:听见了啊没[·mu]?(罗福腾,1996)
(217) 河北邯郸:去游泳欤不? | 外面下(的)(雨)嘞不? | 瞧的电视嘞没(有)?(王再超,2016)
(218) 湖北武汉:那个电影你看了冇?(赵葵欣,2012)

（219）湖北当阳：剪哒头发没有？（汪国胜，1990）

（220）湖北安陆：外头在落雨，你带了伞冇？（盛银花，2011）

（221）湖北黄冈：你吃过野猪肉冇？｜你去逛街不？（项菊，2005）

（222）四川成都：交给你的事办好没有？｜你到底在背后说别个坏话没得？（谢光跃，2012）

（223）四川西充：你看电视不［po³³］？｜米买了没得［mo³³ te³³］/没［mi³³］？（王春玲，2011）

（224）黔东南：明天你去没？｜你读过他的书没？（肖亚丽，2008）

上述各例中，较多地使用否定副词"不""冇"和"没"。其中，"不"的声母多为双唇音［p］，韵母各地有一定差异。"冇""没""没有""没得"等能够与完成体助词"了、啦、嘞、哒、过"等共现。

非官话方言中使用的否定副词主要有"不""勿""唔""冇/冒""未""无"等。不同方言里的使用情况、语音形式都有所不同。

晋语中使用最多的否定词是"不"和"没"。例如：

（225）山西山阴：你常耍哩不［pəʔ］？｜衣裳洗净了没［məʔ］？（郭利霞，2008）

（226）山西太原：外那东西中嘞不？｜灯还着的嘞没啦？（李改祥，2005）

（227）陕北：你会游泳嘞不？｜你喝水也不？｜你们西安去来来没？（邵敬敏、王鹏翔，2003）

吴语中，"VP+一般否定词"问句多以"勿"煞尾。钱乃荣指出，"勿"在现代吴语中是一个齿唇音声母，多数地方读入声，一般从俗写作"勿"，但就具体读音来看，余姚、宁波等地写作"弗"更合适，温州话则可写作"否"①。例如：

(228) 上海：侬明早去勿［vəʔ²³］？（邵敬敏等，2010）
(229) 浙江天台：尔去也弗［foʔ⁵］？你去不去？（戴昭铭，2001）
(230) 浙江温州：西餐你爱吃也否？（游汝杰，1993）

上述各例，"勿""弗""否"虽然读音、写法有异，但是都相当于普通话的"不"。

"VP+一般否定词"问句在湘语和赣语中的表现形式较为一致，多使用否定副词"不"和"冇/冒"。例如：

(231) 江西芦溪：你去看戏不？（刘纶鑫，2008）
(232) 江西丰城：买哩菜冇？（陈小荷，2012）
(233) 安徽岳西：你记得不？｜天晴着冇？（储泽祥，2009）
(234) 湖南长沙：你吃饭不［pu²⁴］？｜咯只瓜熟冒［mau²¹］？（伍云姬，2006）
(235) 湖南衡阳：你喜欢其不？｜菜热哒冇？（彭兰玉，2002）

闽语、粤语、客家话在"VP+一般否定词"问句中一般使用否定副词"未""无""唔""有"等。例如：

(236) 福建福州：伊去上班未？（陈泽平，2004）

---

① 钱乃荣：《北部吴语研究》，上海大学出版社2003年版，第90页。

（237）福建厦门：入学通知单到也未？入学通知单到了没？（李如龙，2007）

（238）福建永定：你哋房欸卖唔？你的房子卖不卖？｜你见佢拿倒东西无［mo$^{24}$］？你见他拿着东西没有？（李小华，2014）

（239）广东广州：你去过海边未？｜佢去咗北京未？他去了北京没有？（方小燕，1997）

（240）广东梅县：佢会来无［mo$^2$］？（林立芳，1997）

（241）广西梧州：你食饭冇？｜安全带扣好未？（余凯，2008）

（242）广西宾阳：渠敢去冇？他敢不敢去？｜你拿得动冇？你拿不拿得动？（邱前进，2008）

（243）江西石城：你做咃作业啊冇？你做了作业没有？（温昌衍，2016）

据现有材料，就闽语、粤语、客家话相对集中的福建、广东、广西三省来看，福建闽语、广东粤语多使用"未"；福建和广东的客家话多使用"无"；而广西粤语多使用"未"和"冇"，广西客家话则多使用"冇"。以"未"煞尾的问句也存在于浙南吴语中，如温州话中"你写好罢阿未？"①。

在大多数方言中，问句末尾可以添加特定的语气词，它们往往并不承载句子的疑问语气，而主要表达强调、缓和、催促、诧异等附加意义。因此，从成句的角度来说，这些语气词是可有可无的。但是，在吴语、湘语、赣语中，否定词后面一般都会添加语气词，构成"VP＋否定词＋语气词"的形式，甚至在使用中否定词与语气词的读音逐渐弱化、合并，置于问句末尾充当疑问标记，构成"VP＋合音词"②的形式。

---

① 游汝杰：《吴语里的反复问句》，《中国语文》1993年第2期。
② 对于这类特殊问句，我们将在本章第四节作专题考察。

第二类,"VP+复合否定词"。

复合否定词,一般由表否定意义的语素和表"曾经"意义的语素"曾"复合而成。其中,表否定意义的语素主要有"未""唔""无""冇""勿"等。"曾"在古汉语里是能够独立使用的时间副词,表示过去有过某种行为或状况;普通话里往往使用"曾"或复音词"曾经"表示这一意义。"VP+复合否定词"式,主要用于询问某一动作或行为完成与否。例如:

(244)福建上杭:天晴哩未曾?｜上杭尔去过哩唔曾?上杭你去过没有?(邱锡凤,2007)

(245)福建连城:盐买唔曾[ŋ³¹ tsʻaŋ⁵⁵]?(项梦冰,1997)

(246)广东河源:你吃饭唔曾[m⁵² tsʻɛn⁵²]?(练春招等,2010)

(247)广西玉林:你吃饭未曾?你吃饭没有?(钟武媚,2011)

(248)广西柳州:柿子熟了未曾?(蓝利国,2005)

(249)黔东南:做完作业没曾?｜你要回家没曾?(肖亚丽,2008)

上述各例中,"未""唔""没"分别与"曾"组合构成复合否定词"未曾""唔曾""没曾"。

由于否定词位于句末的特殊位置,其读音往往会有不同程度的弱化与轻化。同时,"VP+Neg"问句的句末否定词以单音节为主。在语言经济原则的影响下,"未曾""唔曾""冇曾"等复合否定词在语流中往往无法保持原有的语音形式不变,有的否定语素和"曾"组成合音形式,有的否定语素则发生弱化直至脱落。我们将前一种变化形式称为"合音式",后一种变化形式称为"脱落式"。

"合音式"在语音上基本保留否定语素的声母部分和"曾"的韵母部分,有的方言用"盲、旨、嬒、盟"等字来表示。例如:

(250) 浙江天台：佢女客讨过也𡢃？他媳妇娶了没有？（戴昭铭，2001）

(251) 福建宁化：你会使电脑盲？｜佢补考及格盲？（张桃，2004）

(252) 广东中山：衫燥盲？衣服干了没有？（甘甲才，2003）

(253) 广西宾阳：细张今日来盲？小张今日来了没有？（邱前进，2008）

(254) 广西博白：家具你都买了盟？（陈日芳，2012）

吴语中的"VP 勿曾"问句，常常把"勿曾"读成合音形式 [fəŋ] 或 [vəŋ]①。福建宁化方言中经常使用的"盲"是"唔曾"的合音②。甘甲才认为，中山客家话中的"盲"是"唔曾"的合音，这种问句与广州话中的"VP 未"问句相当③。广西宾阳④、博白⑤ 的"盲 [men²¹³]、盟 [mɛŋ¹³]"都是"未曾"的合音。这种"合音式"无论是哪个否定语素与"曾"的合音，一般都用来询问动作或行为的完成情况。

"脱落式"往往只保留"曾"的语音形式，在语流中否定语素的语音逐渐弱化并最终脱落。侯兴泉指出，广东南丰话中的"VP 曾"是由"VP 唔曾"脱落否定词而来的，并假定这一演变过程需要经历从"完全式"到"'唔'的元音脱落、剩下鼻辅音 [m̩]"到"鼻辅音 [m̩] 向 [ŋ̍] 靠拢"再到"完全脱落"四个阶段⑥。这一

---

① 游汝杰：《吴语里的反复问句》，《中国语文》1993 年第 2 期。
② 张桃：《宁化客家方言语法研究》，博士学位论文，厦门大学，2004 年，第 178 页。
③ 甘甲才：《中山客家话研究》，汕头出版社 2003 年版，第 261 页。
④ 邱前进：《广西宾阳客家方言研究》，硕士学位论文，广西大学，2008 年，第 131 页。
⑤ 陈日芳：《博白岭坪村客家话研究》，硕士学位论文，广西大学，2012 年，第 151 页。
⑥ 侯兴泉：《广东封开南丰话的三种正反问句》，《方言》2005 年第 2 期。

推测在其他方言中也同样适用。

由于否定语素的脱落，本应以否定词煞尾的问句缺少了重要的成句条件。为了使问句成立，"曾"便需要担负起成句的重任，这样"曾"便逐步由一个表"曾经"义的实义语素虚化成为一个附于问句末尾的疑问标记。因此，"VP 曾？"既可用于询问人的主观意愿，以及动作、行为是否会发生，也可用于询问动作、行为是否已经发生。例如：

（255）福建连城：好曾$^{35}$？好了没有/好了吗？｜睡醒曾$^{35}$？睡醒了没有/睡醒了吗？（项梦冰，1997）

（256）广西贺州：你中午吃开饭曾？中午你吃饭了吗？｜你想转屋曾？你打算回家吗？（刘宇亮，2011）

项梦冰认为，否定语素脱落之后的"曾"已经有点儿像疑问语气词。"曾"的实义性逐渐减弱，使得这类问句更多地类似于普通话的"吗"类是非问句[1]。例（256）中，"曾"在问句中不但能够与表完成的动态助词"开"共现，还能与表未然的动词"想"共现。

据现有资料，"VP + 复合否定词"问句多在吴语、粤语、客家话中使用，在广西、广东两地较为常见。在西江中上游，除南丰外，广西桂岭、仁义、铺门等地都使用"VP 曾"问句[2]。对比来看，三种形式中，"合音式"和"脱落式"使用较多。

第三类，"肯定词 + VP + 特殊否定词"。

特殊否定词的特殊性主要表现在三个方面：第一，它们需要与句中的"肯定词"构成正反对举的形式。例如，"无""獪""孬"分别与肯定词"有""会""好"构成"有/会/好 + VP + 无/獪/孬"

---

[1] 项梦冰：《连城客家话语法研究》，语文出版社1997年版，第398页。
[2] 侯兴泉：《广东封开南丰话的三种正反问句》，《方言》2005年第2期。

的问句格式。其中，以"有 VP 无"最常用。第二，部分否定词通过合音、省略等方式进入"VP + Neg"问句中，并最终演变成为一个带有否定意义的单纯词①，如"朆、孬"等。第三，除"无"以外，其他否定词一般只能用于该类问句中。这类问句是闽语中的主流结构和常用类型，频繁地使用加之处于句末的特殊位置，使得否定词逐渐虚化。例如：

（257）福建福州：汝有去看电影无？｜面会红朆？（陈泽平，1998）

（258）福建厦门：伊要来怀？｜明仔有去无？（甘于恩，2007）

（259）广东汕头：汝爱去啊嬤？｜汝有好去啊无？②（施其生，2000）

（260）广东潮州：我好返去学校（啊）孬？｜票有买着（啊）无？（吴芳，2013）

在福建、广东的客家话中，也使用"有 VP 无"问句。例如：

（261）福建宁化：佢有来你屋下无？他来你家了吗？（张桃，2004）

（262）福建永定：菜有熟无？｜这葡萄有甜无？（李小华，2014）

（263）广东梅县：佢今日有打电话转来无？他今天打电话回来了吗？（黄映琼，2014）

---

① 施其生：《闽南方言中性问句的类型及其变化》，载丁邦新、余霭芹主编《语言变化与汉语方言——李方桂先生纪念论文集》，中央研究院语言研究所筹备处 2000 年版，第 308 页。

② 施其生（2000）指出，问句末尾的"无"是对肯定项中"有好"的反义词"无好"的省略。

在浙南吴语区，也存在这种问句形式。据游汝杰考察，在浙江南部的温州、乐清、平阳、青田等地，"有 + VP + n 有"是表已然的正反问句；"有"的否定形式"n 有"，常读成合音 [nau]，写作"冇"；有的方言还可以在否定词前插入表选择的"也 [$a^7$]"[①]。例如，温州话中的"渠有抗你讲话也冇？他有没有跟你说话？"[②]。

综合闽语和浙南吴语的特点可以看出，两种方言不仅都有肯定词与否定词对举的问句形式，而且都可以在否定词前插入表选择的成分 [a]（闽语中多写作"阿"或"啊"，吴语中多写作"也"）。游汝杰认为，浙南吴语和闽语的这类问句应是同源关系，或者说它们的底层形式是相同的[③]。

## 二　语义特征

在普通话里，否定副词"不"和"没（有）"虽然都能进入"VP + Neg"问句，但在语义内涵上存在明显的区别。邵敬敏认为，"VP 不"问句主要用于询问主观态度，是一种未然体；"VP 没有"问句主要用于询问过去或现在已经发生了的动作行为，以及客观情况，是一种已然体[④]。由此看出，"VP 不"问句和"VP 没有"问句在语义上的区别主要体现为时体意义的不同。例如：

（264）你下班回家不？
（265）你下班回家了没有？

例（264）中，问话人通过询问希望获得听话人下班是否回家的态度或想法，时间既可指向当下，也可指向未来，可以添加表示现

---

① 游汝杰：《吴语里的反复问句》，《中国语文》1993 年第 2 期。
② 游汝杰：《吴语里的反复问句》，《中国语文》1993 年第 2 期。
③ 游汝杰：《吴语里的反复问句》，《中国语文》1993 年第 2 期。
④ 邵敬敏：《现代汉语疑问句研究》（增订本），商务印书馆 2014 年版，第 157—158 页。

在或未来的时间词，如"你今天下班回家不？""你明天下班回家不？"。例（265）中，问话人是在询问已经发生的客观情况，可以添加表过去的时间词，如"你昨天下班回家了没有？"。可见，"VP + Neg"问句的这种时体差异主要是由否定副词"不"和"没有"之间的区别而产生的。

方言中，"VP + Neg"问句在语义上也大体分为两类：1. 表未然，主要用于询问尚未发生或即将发生的动作、行为，以及人的主观意愿；2. 表已然，主要用于询问客观情况，询问动作、行为、事件是否已经发生或完成，以及某一性状是否发生变化。但是，与普通话不同的是，在有的方言中由同一否定副词构成的"VP + Neg"问句在语义上具有双重性。根据"VP + Neg"问句的语义特征，我们可以将其分为单一语义型和双重语义型两类。

第一，单一语义型。

在多数方言中，"VP + Neg"问句的形式与意义之间是一对一的关系，随着句末否定词的不同而构成具有不同语义特征的问句形式。

首先，表未然的"VP + Neg"问句在形式上较为单一，官话方言、晋语、湘语、赣语多用否定副词"不"煞尾。福建客家话也可使用"唔"。例如：

（266）去看戏唔？去看戏不？（李小华，2014）

其次，表已然的"VP + Neg"问句在形式上则较为多样。就一般否定词来说，官话方言使用"冇、没有、没、没得"等，广西的西南官话区还可使用"未"；晋语多使用"没"；湘语、赣语以及广西的粤语区多使用"冇/冒"；吴语、闽语以及广东的粤语区多使用"未"；广东、福建的客家话则多用"无"。此外，"否定语素 + 曾"的复合否定词及其"合音式"在吴语、粤语、客家话中往往构成表已然的问句，例如：广西玉林话中的"VP 未曾？"相当于普通话的

"VP 没有？"①。

在闽语中，肯定词与否定词对举是"VP + Neg"问句的主要特征。这类问句的意义主要取决于肯定词与否定词的性质。例如：福州话的"会 VP 骹?"相当于普通话中的"会不会 VP?"，主要用于询问未然的情况；闽南话的"要 VP 怀?"相当于普通话中的"要不要 VP?"，主要用于询问人的主观意愿。

而闽语、客家话中的常用形式"有 VP 无"和吴语中的"有 VP 冇"则多用于询问已然事件。"无"和"冇"相当于普通话的"没有"。

值得注意的是，"VP + 合音词"问句在湘语和赣语区的一些地方也区分未然和已然。例如：

（267）湖南湘阴：明天赶集吧？｜饭熟吗？（龙琴，2015）
（268）湖南衡山：你吃饭败？｜你吃饭卖？（彭润泽、刘娟，2006）

在湘阴方言中，"吧"是否定词"不"和语气词"啊"的合音，"吗"是否定词"冇"和语气词"啊"的合音，这两个合音词在时体上仍有区别："吧"主要用于询问未然情况，而"吗"主要用于询问已然事件。在衡山方言中，"败"读作 [pæ⁴⁴]，是否定词"不"和语气词"哎"的合音；"卖"读作 [mæ⁴⁴]，是否定词"冒"和语气词"哎"的合音。例（268）中的问句分别相当于普通话的"你吃饭不吃饭?"和"你吃饭没有?"，前一句询问人的主观意愿，后一句询问已然的客观情况。

这种现象表明，"VP + 合音词"问句并不完全等同于是非问句。"VP + 合音词"问句通常需要明确区分时体意义，是非问句则没有这样的时体限制。造成这种差异的主要原因在于"合音词"只是否

---

① 钟武娟：《粤语玉林话语法研究》，硕士学位论文，广西大学，2011 年，第 52 页。

定副词和语气词在语音上的合并，在语义上仍然保留着否定副词的意义。

第二，双重语义型。

在有的方言中，"VP + Neg" 问句的形式与意义之间是一对多的关系，由同一否定词构成的 "VP + Neg" 问句既可用于询问尚未发生的动作或行为，以及人的主观意愿，也可用于询问已经发生或完成的动作、行为，以及某一客观情况。

在豫南地区，"VP 不"问句既可用于询问未然事件，也可用于询问已然事件。在询问已然情况时需要添加体标记。例如：

（269）河南遂平：叫恁同学去不？| 看过这个电影不？看过这个电影没？（刘洋洋，2016）

"VP + M + 不？"是山西娄烦晋语中最常用的正反问句。郭校珍将问句里"M"称为"中置成分 Prt"，认为其是体标记和语气词的结合体①。例如②：

（270）他吃羊肉勒不？
（271）他吃佬羊肉哩不？
（272）他吃羊肉呀不？
（273）他吃（过）羊肉来不？

上述各例中，"勒"是进行体或惯常体标记，"哩"是实现体标

---

① 郭校珍：《山西晋语的疑问系统及其反复问句》，《语文研究》2005 年第 2 期。
② 例句引自郭校珍《山西晋语反复问句的中置成分》，载复旦大学汉语言文字学科《语言研究集刊》编委会编选《语言研究集刊》（第 3 辑），上海辞书出版社 2006 年版，第 56 页。

记,"呀"是未然体标记,"来"是经历体标记①。可见,使用不同的中置成分在娄烦方言中是区别语义的重要手段。

在上海、嘉兴、宁波、黄岩、天台、崇明等地的吴语中,"VP勿/哦?"是表未然的正反问句;如果在"VP"后加入完成体助词"勒",该句式可用于询问已然事件、客观情况②。例如:

(274)上海崇明:牛肉你吃勒勿?(游汝杰,1999)
(275)浙江宁波:诺作业做好的勒哦?你作业做好了没有啊?(阮桂君,2006)

在广西的粤语区,由同一否定副词构成的"VP + Neg"问句往往既可表未然,也可表已然。例如:

(276)广西贺州:箇件事侬刺商量无唎?这件事你们商量不商量?| 你刺昨日转着来无唎?你们昨天回没回来?(刘宇亮,2011)
(277)广西藤县:你密朝早系考四级冇?你明天早上是考四级不?| 那佢喫有药冇?那他吃药了没有?| 你睇过阿部电影冇?你看过那部电影没有?(唐一萍,2013)

在例(276)中,前一例句是对意愿或态度的询问;后一例句是对已然事件的询问,"着"是体助词。在例(277)中,唐一萍指出,广西藤县话的"VP冇[·mou]?"是表未然的正反问形式,而在动词后添加体标记"有"或"过"则可构成表已然或曾然的正反

---

① 郭校珍:《山西晋语反复问句的中置成分》,载复旦大学汉语言文字学科《语言研究集刊》编委会编选《语言研究集刊》(第3辑),上海辞书出版社2006年版,第57—61页。
② 游汝杰:《吴语里的反复问句》,《中国语文》1993年第2期。

问句①。

在贵州东南部的方言中,"VP 没?"作为常用句式,既可用于询问未然事件,也可用于询问已然事件,主要通过添加体标记来区分。例如:

(278) 明天你去没?明天你去吗?｜你上课嘎没?你上课了吗?(肖亚丽,2008)

后一句中的"嘎"是完成体标记。肖亚丽认为,虽然"VP 没"问句可以对应于普通话的"吗"类是非问句,但是二者并不完全等同,严格说来,上述例句应分别对应于普通话的"VP 不?"和"VP 没(有)?"②。

根据现有资料,双重语义型问句在官话方言与非官话方言中均有分布,其主要有两个方面的特征:第一,这类问句是方言中常用的正反问形式,句末否定词使用频率较高。例如,"VP 不?"是豫南大部分地区主要的正反问形式。在广泛地使用中,"不"的意义逐渐泛化,进而超越时体的限制,"VP 不?"既可用于询问未然事件也可用于询问已然事件。山西晋语的正反问句末尾较多地使用否定副词"不","VP 不?"既可询问主观、现在,也可询问客观、过去,"不"几乎代替了"没(有)"③。在有的方言中,句末否定词还具有多义性。例如,广西方言中,"冇"相当于普通话中的"不"和"没(有)","VP 冇?"使用频繁。第二,表已然的问句需要添加体标记来帮助问句意义的表达。在单一语义型问句中,表已然的问句中也可以添加体标记,但是由于句末否定词已经标识了问句的时态

---

① 唐一萍:《藤县话疑问句研究》,硕士学位论文,浙江师范大学,2013 年,第 14—15 页。

② 肖亚丽:《黔东南方言语法研究》,硕士学位论文,上海师范大学,2008 年,第 37 页。

③ 郭校珍:《山西晋语的疑问系统及其反复问句》,《语文研究》2005 年第 2 期。

意义，在这样的语境中使用体标记与否并不影响句义的表达。但是，在双重语义型问句中，在句末否定词语义泛化或多义性特征的影响下，问句需要借助体标记来表达时体意义。

### 三 特殊用法

从现有材料中我们看到，很多方言中都存在"VP + Neg"问句。但值得注意的是，不同方言里的"VP + Neg"问句在具体使用上存在一定的差异。

第一，"VP + Neg"问句与"VP + Neg + VP"问句。

普通话里还有一种"VP + Neg + VP"式正反问句，否定副词"不"和"没（有）"都可以出现在这种问句中。例如：

（279）你去献血不去献血？｜你去不去献血？
（280）你剪头发没（有）剪头发？｜你剪没（有）剪头发？

上述两例还可分别表示为"你去献血不？""你剪头发没（有）？"。在这里，由"不"和"没（有）"构成的正反问句在结构上是平行的。

然而，在同时使用"VP + Neg + VP"问句与"VP + Neg"问句的部分方言中，两种句式在结构上并不具有这种平行性，一般依据否定词的不同而呈现互补分布。

在河南北部和中部的部分地区，"VP + Neg + VP"问句与"VP + Neg"问句具有互补分布的特征。辛永芬指出，在豫北浚县方言里，否定词"不"用于"VP + Neg + VP"问句，构成"VP 不 VP？"；否定词"冇"用于"VP + Neg"问句，构成"VP 冇？"。"VP 不 VP？"主要用于询问意愿、事实或性质等，"VP 冇？"主要用于询问存在、领有、完成、进行、持续等情况，两类问句在语义上互补①。同属豫北的安阳方言也存在语义互补的"VP 不 VP"问句和"VP 没有"问句②。在河南中部的郑州、开封、洛阳、三门峡等地,"VP 不 VP"问句和"VP 冇/口 [miu]"问句在语义上也呈现互补关系③。

湖北当阳、长阳、宜都、荆州等地,"没有、没得"等否定副词进入"VP+Neg"问句,用于询问客观事实、已然事件,而否定副词"不"则进入"VP+Neg+VP"问句用于询问主观态度、未然事件。例如:

(281) 湖北当阳:接哒电话没有?│去不去?│打不打算去?(汪国胜,1990)

(282) 湖北长阳:你昨天休息好哒没有?│看不看电影啊?(宗丽,2012)

(283) 湖北宜都:吃哒没得啊?│吃不吃饭啊?(李崇兴,2014)

(284) 湖北荆沙:明天回家的票你买没(有)?│今天我家请客,你来不来呀?(萧红、杨欣烨,2014)

这种现象也存在于湖北安陆。安陆方言主要有"V 不 VP+语气词?"和"VP 了冇?"两类正反问句,它们各有自己的使用范围,前一类表未然态,后一类表已然态④。

广州话里的"VP 唔 VP"问句、"有冇 VP"问句和"VP 未"问句,在语义上也呈现互补关系:"VP 唔 VP?"主要用于询问主观

---

① 辛永芬:《豫北浚县方言的反复问句》,《汉语学报》2007 年第 3 期。
② 王芳:《安阳方言语法研究》,博士学位论文,华中师范大学,2015 年,第 119—122 页。
③ 刘洋洋:《驻马店方言疑问句研究》,硕士学位论文,江西师范大学,2016 年,第 49 页。
④ 盛银花:《湖北安陆方言的两种正反问句》,《方言》2011 年第 2 期。

意愿、事物性状以及事件是否会发生；"有冇 VP?" 着眼于询问动作、行为是否曾经发生过；而 "VP 未?" 则用来询问要实现或应实现的动作、行为、变化等是否已经实现①。

我们推测，造成这种互补现象的主要原因可能在于这些方言中的 "VP + Neg + VP" 问句与 "VP + Neg" 问句属于不同的历史层面。"VP + Neg" 问句并不是简单地由 "VP + Neg + VP" 问句脱落"否定项"中的"VP"得到的，而是古代汉语遗留下来的一种独立句式。

关于 "VP + Neg + VP" 问句与 "VP + Neg" 问句的关系问题，不少学者从历时角度作出过分析。较为一致的说法是，"VP + Neg + VP" 问句与 "VP + Neg" 问句之间似乎并没有直接的源流关系。"VP + Neg + VP" 问句最早出现于秦代或战国末期的云梦睡虎地秦简中，然后在文献中消失近千年，直到唐代才重新出现在唐诗、变文和禅宗语录里②。在古代及近代汉语中，该问句基本上都使用否定词"不"，"没"则鲜有出现。而对于 "VP + Neg" 问句，吴福祥指出，其最早出现于西周时期，起初使用否定词"不""否"，自西汉起开始使用"未"，南北朝时期"无"出现，唐以后 "VP 无"普遍使用；汉魏六朝时期，"VP + Neg" 问句的句尾否定词开始虚化，唐初，一部分"无"逐渐虚化，最终演变为语气词"麽"；而尚未虚化的 "VP 无"仍沿着正反问的方向发展，到元明时期逐渐被"不曾、没、没有"所代替③。从演变轨迹来看，"VP + Neg + VP" 问句与 "VP + Neg" 问句之间并没有承继关系。而在共时层面上，两种问句的否定词也有严格的区分；"VP 没有/冇"

---

① 邵敬敏等：《汉语方言疑问范畴比较研究》，暨南大学出版社 2010 年版，第 119—122 页。

② 朱德熙：《"V‑neg‑VO"与"VO‑neg‑V"两种反复问句在汉语方言里的分布》，《中国语文》1991 年第 5 期。

③ 吴福祥：《从"VP‑Neg"式反复问句的分化谈语气词"麽"的产生》，《中国语文》1997 年第 1 期。

问句中一般需要添加体标记，且无法还原成"VP 没有 VP"或"VP 冇 VP"句式。

伍巍、陈卫强在考察近百年来广州话正反问句的演变过程时指出，粤语中的"VP 未"问句是"VP 唔曾（未曾）"问句的省略形式。虽然"VP 唔曾（未曾）"问句在现代广州话中几乎已经不再使用，但在历时发展中仍能见到其踪迹①。

根据历时的发展规律和共时的方言事实，我们可以推测，这些方言中的"VP + Neg + VP"问句与"VP + Neg"问句是两种独立的问句格式，是分别对古代汉语中相应问句形式的继承与发展，最终呈现出语义上的互补关系。

第二，"VP + Neg"问句与"吗"类是非问句②。

"VP + Neg"问句与"吗"类是非问句是疑问系统中的重要组成部分，虽然分属不同的疑问类型，但两者之间存在着密切的联系。从历时角度来看，学界普遍认为现代汉语的"吗"字是非问句来源于古汉语的"VP + Neg"问句，语气词"吗"是由"VP + Neg"问句末尾否定词虚化而来的。③ 从共时角度来看，"VP + Neg"问句与"吗"字是非问句在语义功能上具有相似性，都是问话人的有疑而问，希望通过询问获得答案，但是二者询问的侧重点和回答方式有所不同。例如：

（285）你去献血吗？
（286）你去献血不？

上两例中，问话人对问题答案都没有任何主观倾向，希望通过

---

① 伍巍、陈卫强：《一百年来广州话反复问句演变过程初探》，《语言研究》2008年第3期。
② 这里讨论的"吗"类是非问句指表一般询问的语气词是非问句。
③ 关于疑问语气词"吗"的来源及"VP + Neg"问句的虚化过程，这里不作讨论。

询问获得答案。但是，二者的回答方式不同：例（285），答话人需要从"是"与"非"两方面作出回答，即"是，我打算去。""不，我不想去。"；而例（286），答话人则需要选择"正"或"反"的形式作答，即"去。""不去。"

普通话中两种问句同时存在。但是，在有些方言中则较少使用甚至没有表一般询问的是非问句，而这一语义的表达主要由正反问句，尤其是"VP + Neg"问句来承担。

山西、陕西以及河南的大部分地区都没有"吗"类是非问句，大都用正反问句来表达这类缺失的是非问句[①]。郭校珍指出，晋语里不存在"吗"类是非问句，一般用"VP + Neg"问句来表达"吗"类是非问句的意义，"VP + Neg"问句来源于古代汉语，是晋语里的固有格式[②]。

汪国胜指出，在湖北大冶方言里，是非问句不表示询问的意义，只表示猜测和求证，表询问则主要使用正反问句"VP 吧?"和"VP 吗?"[③]。

在上海方言中，正反问句"VP 勿?"更多地被用来表示一般性询问，而其是非问系统中并不存在具有这种意义的问句形式。否定词"勿"在使用过程中否定意义逐渐缺失，在口语中常读作轻声，有虚化为疑问语气词的趋势[④]。这种现象在吴语区的其他地方也有体现。

在福建闽语中，也不存在"吗"类是非问句，其表义功能主要

---

[①] 辛永芬：《豫北浚县方言的反复问句》，《汉语学报》2007 年第 3 期。
[②] 郭校珍：《山西晋语的疑问系统及其反复问句》，《语文研究》2005 年第 2 期。
[③] 汪国胜：《湖北大冶方言两种特殊的问句》，《方言》2011 年第 1 期。
[④] 邵敬敏：《现代汉语疑问句研究》（增订本），商务印书馆 2014 年版，第 423 页。

由"肯定词+VP+否定词"问句来承担。陈泽平[1]、甘于恩[2]指出，在福州话和厦门话中，用于"肯定词+VP+否定词"问句末尾的否定词正处于虚化的过程之中，应该称为"准语气词"或"类语气词"。

在广西，"VP+Neg"是常用的问句形式，但是在一些地方却没有"吗"类是非问句。例如，柳州话没有表询问的"吗"类是非问句，一般由"VP未?"式正反问来表询问。贺州、蒙山、藤县、梧州等地的粤语中也只有"VP+Neg"问句。韦玉丽认为，蒙山话的"VP冇?"和"VP冇曾/唔曾?"属于是非问句[3]。余凯也将梧州话的"VP未/冇?"归为是非问句[4]。刘宇亮[5]、唐一萍[6]则分别将贺州话的"VP无?"、藤县话的"VP冇?"归入正反问句。在这些方言中，"VP+Neg"问句代替"吗"类是非问句表达一般性询问。

"VP没?"是黔东南方言里最常用的问句形式，这种问句可以用来表达"吗"类是非问句的意义，对应于普通话的"VP不"问句和"VP没"问句[7]。同为西南官话的四川西充方言，也需要用正反问句来表达询问，其中以"VP不?"和"VP没得/没?"最为

---

[1] 陈泽平：《北京话和福州话疑问语气词的对比分析》，《中国语文》2004年第5期。

[2] 甘于恩：《闽方言疑问句比较研究》，《暨南学报》（哲学社会科学版）2007年第3期。

[3] 韦玉丽：《广西蒙山粤语研究》，硕士学位论文，广西师范大学，2011年，第512页。

[4] 余凯：《梧州话与广州话的是非问句比较》，《桂林师范高等专科学校学报》2008年第4期。

[5] 刘宇亮：《贺州"本地话"疑问句研究》，硕士学位论文，上海师范大学，2011年，第31页。

[6] 唐一萍：《藤县话疑问句研究》，硕士学位论文，浙江师范大学，2013年，第14页。

[7] 肖亚丽：《黔东南方言语法研究》，硕士学位论文，上海师范大学，2008年，第36—37页。

常用①。

从上述考察我们看到，在"吗"类是非问句缺失的方言中，"VP + Neg"问句往往处于强势地位，使用范围广，使用频率高。丁力指出，从语言视角来看，人类的隐性思维对显性思维具有概括性和支撑性，而显性思维对隐性思维则具有支配性②。在言语交际上，"吗"类是非问句的缺失会给人们的日常交际带来不便，在隐性思维的影响下需要寻找一种句式来弥补"吗"类是非问句的空缺，代其传达问话人提出疑问并希望对方做出回答的心理意愿。处于强势地位的"VP + Neg"问句，表达简洁，易于在口语中使用；具有与是非问句相类似的结构，符合显性思维对言语交际进行理性分析的结果，能够在言语交际中产生心理认同感。因此，在频繁地使用中，这类问句逐渐承担起"吗"类是非问句的表义功能。

**四　地理分布**

据现有资料，"VP + Neg"问句广泛分布于官话方言和非官话方言中，涉及大部分地域。

概括地看，在东北地区、山东胶莱河以西、陕西北部、山西、河北、河南南部、青海、甘肃临夏、黔东南地区、广西、福建等地，"VP + Neg"问句是主要的正反问类型，主要涉及各官话方言、晋语、粤语、闽语、客家话、平话等；在湖南的湘语区、江西的赣语区，浙江、江苏的吴语区以及广东等地，"VP + Neg"问句也较为常见。

具体来看，"VP + Neg"问句可以分为"VP + 一般否定词""VP + 复合否定词""肯定词 + VP + 特殊否定词"三种下位类型。三类问句及常用否定词在方言中的分布不同，如表5—4所示。

---

① 王春玲：《西充方言语法研究》，中华书局2011年版，第194页。
② 丁力：《从语言看显性思维与隐性思维的相互关系》，《汉语学报》2015年第3期。

表5—4　　　　　　　方言"VP + Neg"问句的分布情况

| 问句类型<br>方言区 | | VP + 一般<br>否定词 | VP + 复合否定词 | | | 肯定词 + VP +<br>特殊否定词 |
|---|---|---|---|---|---|---|
| | | | 完全式 | 合音式① | 脱落式<br>VP + 曾 | |
| 官话方言 | | 不、冇、没、<br>没有、没得；<br>未（广西境内<br>西南官话） | 未曾、没曾<br>（广西、黔东<br>南等地西南<br>官话） | | | |
| 晋语 | | 不、没 | | | | |
| 吴语 | | 勿（弗、否）、<br>未 | | 朆（[fəŋ]<br>或 [vəŋ]） | | 有 + VP + 也 +<br>冇（[nau]） |
| 湘语 | | 不、冇（冒） | | | | |
| 赣语 | | 不、冇（冒） | | | | |
| 闽语 | | 未 | | | | 有/会/要 +<br>VP +（啊 +）<br>无/袂/怀 |
| 粤语 | 广东 | 未 | 未曾、唔曾 | | 使用 | |
| | 广西 | 未、冇 | 未曾、冇曾、<br>唔曾 | [maŋ]、<br>[məŋ] | 使用 | |
| 客家话 | 福建 | 无、唔 | 未曾、唔曾、<br>毋曾 | [maŋ] | 使用 | 有 + VP + 无 |
| | 广东 | 无（俗写作<br>"么"） | 唔曾 | [men]、<br>[maŋ] | 使用 | 有 + VP + 无 |
| | 广西 | 冇 | | [mən]、<br>[maŋ]、<br>[mɛŋ] | 使用 | |
| 平话 | 广西 | 冇 | 未曾 | [məŋ] | 使用 | |

---

① "合音式"在各地的声母、韵母较为一致，但是声调有一定差异。表格中只记录声母、韵母的情况。

## 第三节　紧缩式正反问

紧缩式正反问（"VP + VP"）是以正反式正反问为原型问句，通过脱落否定副词而构成的特殊正反问句。这类问句仅存在于部分方言中，具有鲜明的方言特征和地域特色。本节拟从句式结构、语义特征、形成机制三个方面对紧缩式正反问进行分析，并结合现有资料，梳理这类特殊问句的地理分布。

### 一　句式结构

"VP[①]"是紧缩式正反问的重要组成部分，具有语音形式、语法性质和句法功能三个方面的特征。其一，在语音形式上，"VP"既可以是单音节词，也可以是多音节词语。其二，在语法形式上，"VP"既可以是谓词性的，也可以是非谓词性的。具体而言，谓词性的"VP"主要包含动词、形容词以及动词性短语、形容词性短语，非谓词性的"VP"主要包含介词、副词、名词等，在个别方言中还包括俗语性短语和复句。其三，在句法功能上，由各类"VP"构成的紧缩形式可以充当谓语、补语、状语等句子成分。

第一，谓语部分的紧缩形式。

因"VP"语音形式和结构形式的不同，谓语部分主要存在两种紧缩形式。

首先，当"VP"为光杆单音节词"A"时，构成"A + A"的紧缩形式。例如（表5—5）：

---

[①] 这里的"VP"表示能构成紧缩式问句的各种语言成分。

表5—5　　　　　　　　"VP"为光杆单音节词的紧缩形式

| 方言点 | "VP"的类型 | |
|---|---|---|
| | "VP"为光杆单音节动词 | "VP"为光杆单音节形容词 |
| (287) 山东招远 (许卫东，2006) | 我们去去？ | 这块布白白？ |
| (288) 江苏泗阳 (王玉梅，2008) | 你现在走走？ | 这道题难难哎？ |
| (289) 湖北安陆 (盛银花，2007) | 乜本书你还看看勒？ | 五号字小小欸？ |
| (290) 湖南邵东 (陈颖，2013) | 你明天行行叻？ | 冬瓜山的柑子甜甜？ |
| (291) 广西全州 (罗昕如、彭红亮，2012) | 小张在在？ | 这朵花香香？ |

其次，当"VP"为光杆多音节词"AB"或多音节短语"AB"时，构成"A+AB"的紧缩形式。

"VP"为多音节的动词、形容词、名词。例如：

(292) 湖北仙桃：这件事他晓晓得？（陈秀，2015）

(293) 福建连城（新泉）：迎衫裤阿$^{35}$阿糟欸？你的衣服脏不脏呢？（项梦冰，1990）

(294) 山东招远：今天端端午节？（许卫东，2005）

"VP"为多音节的短语。例如（表5—6）：

表5—6　　　　　　　　"VP"为多音节短语的紧缩形式

| "VP"的类型 | 例句 |
|---|---|
| 述宾短语 | (295) 湖南安仁：你等下打打球？｜你喜喜欢唱歌？（周洪学，2012） |
| | (296) 山东招远：他们团团结同学？（许卫东，2005） |
| 带可能补语的述补短语 | (297) 湖北仙桃：你听听得懂啊？｜奶奶咬咬得烂啊？（陈秀，2015） |
| | (298) 广西资源：仁呃猜猜倒？｜其呃话话好？（张桂权，2005） |
| 能愿短语 | (299) 广西全州：你敢敢爬树？｜我可可以参加？（罗昕如、彭红亮，2012） |
| 连谓短语 | (300) 湖南邵东：晌饭出出去吃？｜你躺躺下来看书？（陈颖，2013） |
| 兼语短语 | (301) 浙江绍兴：有有人来哼学堂里？（吴子慧，2007） |
| "有"字短语 | (302) 广西全州：你有有哥哥？（罗昕如、彭红亮，2012） |
| "是"字短语 | (303) 湖北安陆：小明是是待做作业嘞？（盛银花，2007） |

第二，补语部分的紧缩形式。

当谓语动词后面带有情态补语时，因形容词"VP"语音形式的不同，补语部分主要存在两种紧缩形式。

首先，当"VP"为单音节"A"时，补语部分构成"A + A"的紧缩形式。例如：

（304）山东招远：眼睛哭得红红？（许卫东，2005）
（305）湖北安陆：嗯打字打得快快耶？（盛银花，2007）
（306）湖南邵东：几个字写得好好？（陈颖，2013）

其次，当"VP"为多音节"AB"时，补语部分构成"A + AB"的紧缩形式。这里的"AB"以多音节词最为常见。例如：

（307）江苏泗阳：你看地扫得干干净？（孙鹏程，2018）
（308）福建长汀：人发得白白净？（李如龙、邓晓华，2009）
（309）广西全州：他讲得清清楚？（罗昕如、彭红亮，2012）

也可以是多音节的形容词性短语。例如：

（310）湖南邵东：今睚前咯只晚会开得蛮蛮成功？（陈颖，2013）

第三，状语部分的紧缩形式。

当谓语动词前面有介词短语、副词、时间名词等作状语时，因介词、副词、时间名词"VP"语音形式的不同，状语部分主要存在两种紧缩形式。

首先，当谓语动词前面带有介词短语作状语时，介词为单音节

词"A",状语部分构成"A + A"的紧缩形式;介词为多音节词"AB",状语部分构成"A + AB"的紧缩形式。例如:

(311) 山东招远:老王在在家里睡觉?|他们根根据老百姓的收入来收提留呢?(许卫东,2005)

(312) 湖北仙桃:你把把车骑起走的呀?|你跟跟我说实话的?(陈秀,2015)

(313) 湖南安仁:固只垱归归渠管?|你哇还按按照渠咯意思做?(周洪学,2012)

其次,当谓语动词前面带有副词作状语时,副词为单音节词"A",状语部分构成"A + A"的紧缩形式;副词为多音节词"AB",状语部分构成"A + AB"的紧缩形式。例如:

(314) 山东招远:他们都都来你家?|我们一一起干?(许卫东,2005)

(315) 湖南邵阳:先先喫嘎饭着?|我专专门去一道哩?(蒋协众,2013)

(316) 湖南东安:你蛮蛮想走外婆屋里去啊?|你经经常找他耍啊?(胡承玲,2018)

最后,当谓语动词前面带有时间名词作状语时,时间名词为多音节词"AB",状语部分构成"A + AB"的紧缩形式。例如:

(317) 山东招远:我们早早上走?|明明天回家?(许卫东,2005)

(318) 湖南邵阳:你还夜夜里家坐作业哩?你还在不在晚上做作业了?|你清清哩八早就去山里唱歌哩?你还会不会清晨就去山上唱歌了?(蒋协众,2013)

（319）湖南东安：你下下白日去？你是不是下午去？｜你明明年结婚？你是不是明年结婚？（胡承玲，2018）

此外，据蒋协众考察，在湖南邵阳话里，"VP"还可以是俗语性短语、成语和复句等复杂的语言成分①，这时，可以构成"A + AB"的紧缩形式。例如②：

（320）你——肚子花花肠子哩？你要不要小聪明了？
（321）你耀耀武扬威哩？你还耀武扬威不耀武扬威了？
（322）你因因为别个冇得钱就喊别个是隻叫花子哩？你会不会因为别人没有钱就管人家叫作叫花子了？

通过上述分析可知，在紧缩式正反问句中，充当谓语、补语、状语的语言成分都有两种紧缩形式：一是单音节的语言成分构成"A + A"的紧缩形式；二是多音节的语言成分构成"A + AB"的紧缩形式。

## 二 语用表现

紧缩式正反问是表达有疑而问的中性问句，主要用于询问尚未发生的动作行为或人的主观意愿。在使用紧缩式正反问的方言里，往往可以同时使用表未然的"VP 不 VP"类问句，二者的语义特征基本相同，但语用上存在一定的差异。这主要表现在两个方面。

其一，紧缩式正反问在特定语境下蕴含催促的语用意义，反映说话者急切、急躁的主观情态，希望对方迅速地作出回答或作出反应。当紧缩式正反问与"VP 不 VP"类问句同时使用时，其所表达的语用意义显得尤为突出。例如：

---

① 蒋协众：《湘语邵阳话中的重叠式反复问句及其类型学意义》，《中国语文》2013年第3期。
② 例句引自蒋协众《湘语邵阳话中的重叠式反复问句及其类型学意义》，《中国语文》2013年第3期。

(323) 他该该打嘚? 把米验得到处是的。他该不该打? 把米撒得到处都是。| 他该不该打嘚? 把米验得到处是的。(盛银花，2007)

(324) 今日你到底行行? 今天你究竟走不走? | 其行唔行唉? 她走不走?（孙叶林，2009）

据盛银花①、孙叶林②分析，在湖北安陆方言、湖南邵东方言中，紧缩式正反问和"VP 不 VP"类问句的区别主要在于语用方面，前者多反映说话者急躁的性格特征，而后者多反映说话者慢条斯理的性格特征。

其二，紧缩式正反问还可用于较为随意、自在的非正式日常交际场合中，这时，交际双方处于较为随便、自由的交际状态，说话者的语速相对较快。只有在需要着重突出疑问点或传达不耐烦的语气时，才放慢语速，使用"VP 不 VP"类问句。例如：

(325) 等刻扫³⁵扫地下? 等会儿扫不扫地? | 等刻扫唔扫地下?（项梦冰，1990）

(326) 渠等下来来唻? 他等下来不来? | 渠来不来? | 渠还来不来唻?（周洪学，2012）

据项梦冰考察，在福建连城（新泉）方言中，人们日常交往一般使用紧缩式正反问，只有在不耐烦或特别强调时才使用"VP 不 VP"类问句③。周洪学指出，湖南安仁方言的紧缩式正反问在口语交际中最为常见，但在正式场合或表达强调的语气时需要使用"VP 不 VP"类问句④。

---

① 盛银花：《安陆方言语法研究》，博士学位论文，华中师范大学，2007 年，第 109 页。
② 孙叶林：《邵东方言语法研究》，花城出版社 2009 年版，第 176 页。
③ 项梦冰：《连城（新泉）话的反复问句》，《方言》1990 年第 2 期。
④ 周洪学：《湖南安仁方言语法研究》，博士学位论文，华中师范大学，2012 年，第 155 页。

综合看来，紧缩式正反问简洁凝练，这一结构特征更符合问答双方口语交际的实际。当发问人迫切希望获知答案或语速较快时，往往会在言语表达上化繁为简。这种言语形式上的变化实际上是发问人把特殊的语用要素以一种不同寻常的形式呈现出来，而紧缩式正反问简洁的结构形式正好符合发问人的心理意图和交际状态。

### 三 形成机制

紧缩式正反问是由原型问句通过特定的紧缩方式而构成的特殊问句类型。在其形成过程中，原型问句、紧缩方式、类推机制分别扮演着重要的角色。

第一，原型问句是构成紧缩式正反问的基础条件。

紧缩式正反问以"VP + Neg + VP"问句为原型问句。原型问句对紧缩式正反问的影响主要体现在语表形式、语里意义、语用价值三个方面。

语表形式上，紧缩式正反问存在"A + A"和"A + AB"两种紧缩形式。两种形式具有不同的原型问句："A + A"源于"A + Neg + A"问句；"A + AB"源于前省式的"A + Neg + AB"问句。

刘丹青[1]将紧缩式正反问[2]的生成模式概括为：

A ⟹ A + Neg + A→AA

AB ⟹ AB + Neg + AB→A + Neg + AB→AAB

（"⟹"表示疑问操作；"→"表示意义不变的操作，即脱落。）

例如，在广西全州、兴安、灌阳三县的湘语中，单音节动词、形容词构成的问句格式"AA"来源于正反问句"A 不 A"；双音节动

---

[1] 刘丹青：《谓词重叠疑问句的语言共性及其解释》，载北京大学汉语语言学研究中心《语言学论丛》编委会编《语言学论丛》（第38辑），商务印书馆2008年版，第144—163页。

[2] 这里的"紧缩式正反问"在《谓词重叠疑问句的语言共性及其解释》（2008）中称为"谓词重叠疑问句"。

词、形容词构成的问句格式"AAB"来源于正反问句"A 不 AB"[①]。在湖南邵阳湘语中,紧缩式正反问句"A + AB"来源于"A 唔 AB"问句,是由"A 唔 AB"问句脱落否定副词"唔"而形成的[②]。

语里意义上,紧缩式正反问只能用于询问尚未发生的动作行为或人的主观意愿,一般不用于询问已经发生的动作行为或某种客观情况。造成这种语义不平衡性的原因在于,多数方言点的紧缩式正反问都只能以"VP 不 VP"类问句为原型问句,而较少以"VP 没 VP"类问句为原型问句。"VP 不 VP"类问句,在时间上指向现在或未来,是对尚未发生的动作行为或人的主观意愿进行询问;"VP 没 VP"类问句,在时间上指向过去,是对已经发生的动作行为或某种客观情况进行询问。在原型问句语义特征的影响下,紧缩式正反问主要用于询问尚未发生的动作行为或人的主观意愿。

以湖南安仁方言为例。在安仁方言里,紧缩式正反问以表示未然的"VP 不 VP"问句为原型问句,而表示已然的"VP 曼 VP"问句则无法充当其原型问句。因此,像"你吃吃饭?"这样的紧缩形式只表示"你吃不吃饭?"的意思,而不表示"你吃没吃饭?"的意思。[③]

语用价值上,紧缩式正反问是在原型问句无法满足交际需要的情况下而产生的。在口语交际中,无论是表达急切的主观情态,还是在自由、随意的交际状态下,当说话者的语速较快时往往需要以简洁紧凑的方式提出问题。在语言经济原则的作用下,原型问句的否定副词随着语流速度的加快而发生脱落,构成形式简化的紧缩式正反问,以配合说话者交际意图的有效表达。

第二,紧缩方式是构成紧缩式正反问的操作方法。

---

[①] 罗昕如、彭红亮:《广西湘语的重叠式反复问句》,《汉语学报》2012 年第 4 期。

[②] 蒋协众:《湘语邵阳话中的重叠式反复问句及其类型学意义》,《中国语文》2013 年第 3 期。

[③] 周洪学:《湖南安仁方言语法研究》,博士学位论文,华中师范大学,2012 年,第 155 页。

紧缩式正反问需要通过特定的紧缩方式才能得以形成。从现有资料中我们看出，方言里主要存在四种情况：

1. 直接省略否定词，否定词脱落之后，前项（否定词未脱落前、其前边的紧邻否定词的成分）和后项（否定词未脱落前、其后边的紧跟否定词的成分）的声、韵、调未发生改变，称为 A 类省略式。这是官话方言和非官话方言里较为常用的紧缩方式。

2. 否定词与前项合音，称为 B 类前合音式。这一紧缩方式主要使用于浙江绍兴[①]、福建福州[②]、建瓯[③]以及江西南部、福建西部的部分地区[④]，涉及吴语、闽语、客家话。

3. 否定词与后项合音，称为 C 类后合音式。这一紧缩方式现在仅见于广西横县平话[⑤]。

4. 否定词脱落之后，前项或后项的读音随之发生改变，这种变化虽然与否定词的读音并无联系，却是由否定词脱落而引起的，称为 D 类变调式。这一紧缩方式散见于湖北天门[⑥]以及湖南东安[⑦]、桂阳[⑧]等地，涉及西南官话和土话。

其中，B 类前合音式又可区分为三个小类：一是否定词的调值

---

[①] 王福堂：《绍兴方言中的两种述语重叠方式及其语义解释》，载上海市语文学会、香港中国语文学会编《吴语研究》（第 2 届国际吴方言学术研讨会论文集），上海教育出版社 2003 年版，第 235 页。

[②] 李延瑞：《福州话反复问句的特点》，《福建师范大学学报》（哲学社会科学版）1987 年第 3 期。

[③] 江洁：《建瓯方言语法专题研究》，硕士学位论文，福建师范大学，2015 年，第 60 页。

[④] 项梦冰：《客家话反复问句中的合音现象》，载北京大学中文系《语言学论丛》编委会编《语言学论丛》（第 25 辑），商务印书馆 2002 年版，第 154 页。

[⑤] 闭思明：《广西横县平话的反复问句》，《广西师范大学学报》（哲学社会科学版）2002 年第 2 期。

[⑥] 卢红艳：《天门方言疑问句研究》，硕士学位论文，华中师范大学，2009 年，第 28 页。

[⑦] 胡承玲：《湖南东安官话方言的副词重叠式反复问句》，《方言》2018 年第 1 期。

[⑧] 欧阳国亮：《桂阳方言的重叠式反复问句》，《理论语言学研究》2009 年第 3 期。

叠加于前项的声调上，表示为"$B_1$"；二是将前项的声调置换为否定词的调值以构成合音形式，表示为"$B_2$"；三是因否定词的脱落而引起前项韵尾和声调发生变化，表示为"$B_3$"。

结合以上分析可知，B、C、D 类紧缩方式的特征最为突出，现将这三类紧缩方式的操作方法具体分析如表 5—7 所示。

表 5—7　　　　　　　B、C、D 类紧缩方式的操作方法

| 紧缩方式 | 地域 | 操作方法 | 例句 |
|---|---|---|---|
| $B_1$ | 浙江绍兴<br>(王福堂, 2003) | $A^x 勿^y A \to A^{x+y} A$ | 走勿走？[33 - 5 - 52] → 走走？[335 - 52]<br>染勿染？[11 - 5 - 52] → 染染？[115 - 52] |
| $B_2$ | 福建连城（新泉）<br>(项梦冰, 1990) | A 唔 [ŋ$^{35}$] A → A$^{35}$ A | 靓唔靓？→ 靓$^{35}$靓？<br>洗唔洗？→ 洗$^{35}$洗？ |
| | | A 唔 [ŋ$^{35}$] AB → A$^{35}$ AB | 喜唔喜欢这件？→ 喜$^{35}$喜欢这件？<br>猪肉还新唔新鲜欤？→ 猪肉还新$^{35}$新鲜？ |
| | 江西于都<br>(项梦冰, 2002) | A 唔 [ŋ$^{44}$] A → Aʔ$^5$ A | 底条裤子短$^5$短？<br>[ti$^{35}$ tʻio$^{44}$ fu$^{22}$ tsʅ$^0$ tõ - ʔ$_5^{35}$ tõ$^{35}$] |
| | | A 唔 [ŋ$^{44}$] AB → Aʔ$^5$ AB | 明朝尔去$^5$去赣州？<br>[miã$^{44}$ tsɔ$^{31}$ ɲiɤ$^{42}$ çiɤ - ʔ$_5^{22}$ çiɤ$^{22}$ kɔ$^{22}$ tɕiu$^{31}$] |
| $B_3$ | 福建福州<br>(李廷瑞, 1987) | A 怀 A → A [ʊ] A<br>(前项声调、韵尾受 [ʊ] 影响发生变化；后项声母发生类化) | 比怀比？[pi$^{31}$ ʊ$^{53}$ pi$^{31}$]<br>→ 比比？[pim$^{24}$ mi$^{31}$] |
| | | A 怀 AB → A [ʊ] AB<br>(前项声调、韵尾受 [ʊ] 影响发生变化；后项声母发生类化) | 整理怀整理？[tsiŋ$^{24}$ li$^{31}$ ʊ$^{213}$ tsiŋ$^{24}$ li$^{31}$]<br>→ 整怀整理？[tsiŋ$^{31}$ ʊ$^{213}$ tsiŋ$^{24}$ li$^{31}$]<br>→ 整整理？[tsiŋ$^{21}$ ʒiŋ$^{24}$ li$^{31}$] |

续表

| 紧缩方式 | 地域 | 操作方法 | 例句 |
|---|---|---|---|
| C | 广西横县<br>(闭思明，2002) | A 冇 [mo] A → A [m] A<br>(后项声母变为 [m]) | nei$^{122}$ xɔi$^{53}$ moxɔi$^{53}$ xɔt$^{33}$ ŋao$^{21}$? 你去不去学校？→nei$^{122}$ xɔi$^{53}$ mɔi$^{53}$ xɔt$^{33}$ ŋao$^{21}$? ky$^{122}$ xik$^5$ moxik$^{21}$ fan$^{21}$? 佢吃不吃饭？→ky$^{122}$ xik$^5$ mik$^{21}$ fan$^{21}$? |
| D | 湖南桂阳<br>(欧阳国亮，2009) | A 唔 A→A$^{轻}$A | 走唔走？→走$^{44}$走？<br>吃唔吃？→吃$^{44}$吃？ |
|   |   | A 唔 AB→A$^{轻}$AB | 懂唔懂得？→懂$^{44}$懂得？<br>愿唔愿意？→愿$^{44}$愿意？ |
|   | 湖南东安<br>(胡承玲，2018) | A 不 A→AA$^{21}$ | 这朵花红红 [ɣoŋ$^{21}$ ɣoŋ$^{21}$]？ |
|   |   | A 不 AB→AA$^{21}$B | 你明明年 [min$^{33}$ min$^{21}$ ȵian$^{53}$] 结婚？ |

由表 5—7 可知，通过 B、C、D 类紧缩方式构成的紧缩式正反问，其前项或后项的语音形式虽然都发生了改变，但是这种变化或多或少地保留着原型问句否定词的某些语音成分。相比 A 类方式，这三类方式是一种不完全的脱落，在紧缩式正反问句里还能捕捉到原型问句否定词的痕迹。

需要特别说明的是，在个别方言中，紧缩式正反问还能进行二次紧缩。

在福建连城（新泉）方言①中，"A$^{35}$A" 和 "A$^{35}$AB" 是一次并合式问句，它还可以再次合音，构成二次并合式问句。不同之处在于，一次并合式采用置换声调的办法，而二次并合式采用加合声调的办法。此外，由"系$_是$"、动词"无"、副词"曾"构成的正反问句还可以在一次并合式的基础上脱落相同语素以完成进一步的紧缩。例如②（表 5—8）：

---

① 项梦冰：《连城（新泉）话的反复问句》，《方言》1990 年第 2 期。
② 例句引自项梦冰《连城（新泉）话的反复问句》，《方言》1990 年第 2 期。

表5—8　　　　　　　　二次并合式问句与二次脱落式问句

| 一次并合式 | 二次并合式 | 二次脱落式 |
|---|---|---|
| （327）尔知³⁵知得单车拿乞哪人骑去？ | 尔知³⁵ ³³得单车拿乞哪人骑去？ | |
| （328）尔係³⁵係老师？ | 尔係³⁵ ¹¹老师？ | 尔係³⁵老师？ |
| （329）无³⁵无纸票？有没有钞票？ | 无³⁵ ⁵⁵纸票？ | |
| （330）有纸票无³⁵无？ | | 有纸票无³⁵？ |
| （331）盐曾³⁵曾买？盐买了没有？ | 盐曾³⁵ ⁵⁵买？ | |
| （332）水烧曾³⁵曾？ | | 水烧曾³⁵？ |

张敏认为，通过加合声调构成的"二次并合式"实际上是把两个相同的语素缩略为一个音节，因此建议将这种方式叫作"缩音"①。

在浙江绍兴柯桥方言中，也存在这种"缩音"现象，但与连城（新泉）话略有不同。为方便表述，我们将"A+A"问句和"A+AB"问句分别表示"$A_1+A_2$"和"$A_1+A_2B$"，其缩音过程为：$A_1+A_2 \to A_1$；$A_1+A_2B \to A_1B$。在缩音过程中，$A_1$的语音形式发生变化，韵腹变为长元音，清声母的声调变为降调53，浊声母的声调变为降调31。盛益民指出，判断动词"是"、存在动词"有、来咚、来亨"、情态动词"用、肯、敢、会、要、想、好、有得"可以构成这种紧缩式正反问②。

在江苏泗阳郑楼方言中，也同样存在类似于柯桥话的"缩音"现象，就是将第一个音节拉长至两个音节的时值，且中间没有停顿③。

第三，类推机制是构成紧缩式正反问的主要动力。

紧缩式正反问在类推机制的作用下可以构成特殊的紧缩形式。

---

① 参见盛益民《吴语绍兴柯桥话参考语法》，博士学位论文，南开大学，2014年，第342页。

② 盛益民：《吴语绍兴柯桥话参考语法》，博士学位论文，南开大学，2014年，第342页。

③ 盛益民：《吴语绍兴柯桥话参考语法》，博士学位论文，南开大学，2014年，第343页。

这主要包含两种情况。

首先，在类推机制的作用下，位于状语位置的介词、副词、时间名词等非谓词性成分可以构成紧缩形式。

江苏淮阴方言的"没不没 VP"问句[①]、福建连城（新泉）方言[②]和湖南桂阳方言[③]的"曾唔曾 VP"问句，主要用于询问已经发生的动作行为或某种客观情况，"没不没"和"曾唔曾"充当状语修饰谓词性成分"VP"。在语表形式上，"没不没 VP"问句和"曾唔曾 VP"问句与前省式的正反问句相类似。因此，在格式的类推作用下，"没不没 VP"问句和"曾唔曾 VP"问句可分别构成紧缩式正反问"没没 VP"和"曾曾 VP"。在这里，江苏淮阴方言中的"没"并不表达否定意义，而仅表达已然意义，"没不没 VP"问句在语义上与"曾唔曾 VP"问句相当，都相当于普通话的"VP 没 VP"或"VP 没有"问句。

然而，并不是所有处于状语位置的语言成分都可以构成紧缩形式，只有表达疑问点的状语成分才能构成紧缩形式，而对疑问点的判断主要依据其原型问句中疑问点的位置。

其次，在类推机制的作用下，位于补语位置的可能补语有时可以构成保留否定副词的特殊紧缩形式。例如：

（333）山西五台：你爬爬不上去？你能爬上去爬不上去？｜教教不会他？能教会他教不会？（郭利霞，2010）

（334）湖北浠水：买这个牛你出出不起钱？买这个牛你出得起出不起钱？｜三大缸子水，你喝喝不了？三大缸子水，你喝得了喝不了？（郭攀，2003）

---

[①] 潘登俊：《淮阴方言中的"没没 VP"》，《中国语文》2011 年第 5 期。
[②] 项梦冰：《连城（新泉）话的反复问句》，《方言》1990 年第 2 期。
[③] 欧阳国亮：《桂阳方言的重叠式反复问句》，《理论语言学研究》2009 年第 3 期。

上述两例中，虽然问句的部分成分脱落，但是否定副词却被保留了下来，这种特殊的紧缩形式是紧缩式正反问格式类推作用下的产物。具体而言，由多音节语言成分"AB"构成的紧缩式正反问"A+AB"，其原型问句是前省式的"A+Neg+AB"问句。前省式的主要特征是省略肯定项的部分语言成分。在第一例中，原型问句是"你爬上去爬不上去"和"教会教不会他"；在第二例中，原型问句是"买这个牛你出得起钱出不起钱"和"三大缸子水，你喝得了喝不了"。两例的原型问句都是无删略的完整形式。在类推机制的作用下，这样的原型问句仿照前省式"A+Neg+AB"问句的形式特征，删略肯定项中处于同一位置的语言成分，构成具有特殊形式的紧缩式正反问。

### 四 地理分布

整体上看，紧缩式正反问在官话方言和非官话方言中均有分布，但所涉及地域较为有限。

在官话方言中，主要分布于江淮官话和西南官话。江淮官话主要涉及江西省境内的巢洪片以及湖北省境内的黄孝片；西南官话主要涉及湖北省境内的湖广片和重庆市。此外，在胶辽官话中，紧缩式正反问主要分布于山东境内，其流行地区较窄，主要集中在胶东半岛的招远、长岛等地[1]。

在非官话方言中，除粤语外，各方言分区均存在紧缩式正反问。在晋语中，主要分布于山西朔县、平鲁、代县等地的晋语五台片[2]以及陕西北部[3]。在吴语中，主要分布于旧绍兴府的绍兴、诸暨、嵊县以及旧金华府的金华和武义[4]。在赣语中，主要分布于

---

[1] 钱曾怡：《山东方言研究》，齐鲁书社2001年版，第301页。
[2] 郭利霞：《晋语五台片的重叠式反复问句》，《中国语文》2010年第1期。
[3] 邢向东：《论陕北晋语沿河方言的反复问句》，《汉语学报》2005年第3期。
[4] 游汝杰：《吴语里的反复问句》，《中国语文》1993年第2期。

湖南东南部的耒资片,如安仁①。在湘语中,主要分布于娄邵片的湖南邵阳②、邵东③以及广西北部的全州、兴安、灌阳④。在闽语中,主要分布于闽东的福州⑤以及闽北的建瓯⑥。在客家话中,主要分布于湖南耒阳⑦、江西南部以及福建西部地区⑧。在平话、土话中,主要分布于广西横县⑨、资源延东⑩、全州文桥⑪等地。

另据莫超考察,在甘肃白龙江流域舟曲县东南一带也存在紧缩式正反问,如"致朵花香子很,是是?""致事他知道知道?"等⑫。但据刘丹青进一步分析⑬,这类问句在该流域方言区内并无原型问句,即不存在"A + Neg + A"问句和"A + Neg + AB"问句,也就是说该区域的紧缩式正反问并不是典型的由脱落否定副词而构成的。

---

① 周洪学:《湖南安仁方言语法研究》,博士学位论文,华中师范大学,2012年,第153页。

② 蒋协众:《湘语邵阳话中的重叠式反复问句及其类型学意义》,《中国语文》2013年第3期。

③ 孙叶林:《邵东方言语法研究》,花城出版社2009年版,第176页。

④ 罗昕如、彭红亮:《广西湘语的重叠式反复问句》,《汉语学报》2012年第4期。

⑤ 李延瑞:《福州话反复问句的特点》,《福建师范大学学报》(哲学社会科学版)1987年第3期。

⑥ 江洁:《建瓯方言语法专题研究》,硕士学位论文,福建师范大学,2015年,第60页。

⑦ 王箕裘、钟隆林:《耒阳方言研究》,巴蜀书社2008年版,第338页。

⑧ 项梦冰:《客家话反复问句中的合音现象》,载北京大学中文系《语言学论丛》编委会编《语言学论丛》(第25辑),商务印书馆2002年版,第154页。

⑨ 闭思明:《广西横县平话的反复问句》,《广西师范大学学报》(哲学社会科学版)2002版第2期。

⑩ 张桂权:《资源延东土话的否定副词及其对句法结构的影响》,《桂林师范高等专科学校学报》2005年第3期。

⑪ 唐昌曼:《全州文桥土话研究》,广西民族出版社2005年版,第280页。

⑫ 莫超:《白龙江流域汉语方言语法研究》,博士学位论文,南京师范大学,2004年,第95页。

⑬ 刘丹青:《谓词重叠疑问句的语言共性及其解释》,载北京大学汉语语言学研究中心《语言学论丛》编委会编《语言学论丛》(第38辑),商务印书馆2008年版,第150页。

综合以上分析，根据现有资料，我们将方言里的紧缩式正反问总结如表5—9所示。

表5—9　　　　　　　　方言紧缩式正反问的分布情况

| 地域与方言归属 | | | 紧缩方式 | 原型问句 |
|---|---|---|---|---|
| 胶辽官话 | 山东招远、长岛 (钱曾怡, 2001) | | A类 | A 不 A、A 不 AB |
| 中原官话 | 江苏 | 东海 (苏晓青, 1997) 赣榆 (苏晓青, 2011) | A类 | A 不 A、A 不 AB |
| 江淮官话 | 江苏 | 淮阴 (李文浩, 2009；潘登俊, 2011) | A类 | A 不 A、A 不 AB<br>没不没 VP |
| | | 泗阳 (王玉梅, 2008) 涟水 (胡士云, 2011) | A类 | A 不 A、A 不 AB<br>A 没 A、A 没 AB |
| | 湖北 | 孝感 (王求是, 2014) 安陆 (盛银花, 2007) | A类 | A 不 A、A 不 AB |
| 西南官话 | 湖北 | 随州 (邵敬敏等, 2010) | A类 | A 不 A、A 不 AB (仅限动词) |
| | | 仙桃 (陈秀, 2015) | A类 | A 不 A、A 不 AB |
| | | 天门 (卢红艳, 2009) | D类 | A 不 A、A 不 AB |
| | 湖南东安 (胡承玲, 2018) | | D类 | A 不 A、A 不 AB |
| | 重庆 (李科凤, 2005) | | A类 | A 不 A、A 不 AB |
| 晋语 | 山西朔县、平鲁、代县等 (郭利霞, 2010) | | A类 | A 不 A、A 不 AB<br>(仅限判断动词、能愿动词、存在动词) |
| | 陕西北部 (邢向东, 2005) | | A类 | 是不是 VP |
| 吴语 | 浙江绍兴 (寿永明, 1999) | | B₁类 | A 勿 A |
| | | | A类 | A 勿 AB |
| 赣语 | 湖南安仁 (周洪学, 2012) | | A类 | A 不 A、A 不 AB |
| 湘语 | 湖南 | 邵阳县 (蒋协众, 2013) | A类 | A 唔 A、A 唔 AB |
| | | 邵东县 (陈颖, 2013) | A类 | A 恩 A、A 恩 AB |
| | 广西全州、兴安、灌阳 (罗昕如、彭红亮, 2012) | | A类 | A 不 A、A 不 AB |

续表

| 地域与方言归属 | | | 紧缩方式 | 原型问句 |
|---|---|---|---|---|
| 闽语 | 福建 | 福州（李延瑞，1987） | B₃类 | A 怀 A、A 怀 AB |
| | | 建瓯（江洁，2015） | B₂类 | A 怀 A |
| 客家话 | | 湖南耒阳（王箕裘、钟隆林，2008） | A 类 | A 唔 A、A 唔 AB |
| | | 江西于都（项梦冰，2002） | B₃类 | A 唔 A、A 唔 AB |
| | 福建 | 连城（新泉、朋口、宣和）、长汀（城关）（项梦冰，2002） | B₂类 | A 唔 A、A 唔 AB |
| | | | | 曾唔曾 VP |
| 土话、平话 | | 湖南桂阳（欧阳国亮，2009） | D 类 | A 唔 A、A 唔 AB |
| | | | | 曾唔曾 VP |
| | 广西 | 横县（闭思明，2002） | C 类 | A 冇 A、A 冇 AB |
| | | 全州文桥（唐吕曼，2005） | A 类 | A 不 A、A 不 AB |
| | | 资源延东（张桂权，2005） | A 类 | A 唔 AB（AB 为动补结构，后不可带宾语）|

## 第四节　是非式正反问

在方言里，有一种特殊的问句，其结构形式类似于句尾添加疑问语气词的是非问句，但性质上却是正反问句。我们把方言中的这种特殊问句看作"是非式正反问句"。比如湖北大冶方言里的"你喫饭吧？"和"你喫饭吗？"。为了表述方便，以下把它记为"VP + M"，"VP"表示问句的谓语部分，"M"表示句末疑问词。

### 一　句式性质

"VP + M"问句虽然形式上表现为是非问句的结构，但语义上却表现出不同于是非问的性质。这种不同可以从它与普通话和方言的对应形式、回答的方式等方面来观察。

第一，普通话的对应形式。

从跟普通话的对应形式来看，"VP + M"问句对应的是正反问句。

普通话里，是非问句主要有两种形式：一种是句尾带上表疑问的上扬语调,构成"语调是非问句";另一种是句尾添加疑问语气词,构成"语气词是非问句"。方言的"VP + M"问句与普通话的语气词是非问句结构相似,表面上看都是由表陈述的短语和疑问词两部分组成,但实际上,无论是谓语"VP"的形式,还是疑问词"M"的性质,都不相同。语气词是非问句中,"VP"在形式上既可以是肯定形式,也可以是否定形式。例如:

(335)天天有人告诉我,我不是中国人,我也会相信吗?(老舍《四世同堂》)

(336)也快到半夜了,这会该散了吧?(周立波《暴风骤雨》)

(337)二位爷,别那么说呀!我不是也快挨饿了吗?(老舍《茶馆》)

(338)咱们都是庄稼底子,都姓穷,不姓富,你们没有姓富的吧?(周立波《暴风骤雨》)

这些都是由疑问语气词"吗""吧"构成的是非问句,前两例"VP"是肯定形式,后两例"VP"是否定形式。然而"VP + M"问句,"VP"只能是肯定形式,不能是否定形式。例如(表5—10):

表5—10　　　　　"VP + M"问句的方言示例

| 方言点 | 询问主观意愿、未然事件 | 询问客观情况、已然事件 |
| --- | --- | --- |
| (339)山东微山 (殷相印,2006) | 咱去打球包? | |
| (340)河北邱县 (王再超,2016) | 你去呗? | |
| (341)江西九江 (李国敏、张林林,2000) | 你要手帕儿啵? | 老王走哩? |
| (342)江西塘南 (肖放亮,2006) | 你去上街嘥? | 你吃饭麽? |
| (343)湖北大冶 (汪国胜,2011) | 你喫饭吧? | 你喫饭吗? |
| (344)湖南衡阳 (彭兰玉,2002) | 你现在走呗? | 你吃饭嘑? |
| (345)湖南益阳 (崔振华,1998) | 你到长沙去啩? | 你到北京去过嘎? |

上述例子从结构形式上看，都是由肯定形式"VP"带上疑问词"M"构成。这些疑问词有一个共同特点，都是由否定词与语气词合音而成。具体合音形式：

否定词（Neg）+语气词（M'）→合音词（M）

山东微山：不啊→包

河北邱县：不欸→呗

江西九江：不哎→啵｜有欸→埋

江西塘南：不啦→嘌｜没啦→麽

湖北大冶：不啊→吧｜有啊→吗

湖南衡阳：不欸→呗｜冒欸→嚜

湖南益阳：不唻→嗐｜有啊→嗄

这样看来，"VP+疑问词"实际上应该表述为"VP+合音词"。这些合音词虽然与普通话的"吗""吧"一样位于句末，但是二者的性质却不相同。普通话的"吗""吧"在问句中没有实在意义，仅表疑问语气，而方言的合音词却仍保留着原有成分中的否定意义。正因为合音词中含有否定意义，所以"VP"只能是肯定形式，不能是否定形式。

根据否定词的不同，合音词可以分为两类："不"类合音词和"没（冇/冒）"类合音词。九江话的"啵"、大冶话的"吧"、衡阳话的"呗"是"不"类合音词；九江话的"埋"、大冶话的"吗"、衡阳话的"嚜"是"没"类合音词。由"不"类合音词构成的问句用于询问主观意愿、未然事件，由"没"类合音词构成的问句用于询问客观情况、已然事件，二者分工明确，不容混淆。

总之，"VP+M"问句虽然形式上表现为普通话语气词是非问句的结构，但性质上却是正反问句。换句话说，它对应的是普通话的正反问句。即（表5—11）：

表 5—11　　方言"VP + M"问句与普通话的对应形式

| 方言点 | "VP + M"问句 | 对应的普通话形式 |
| --- | --- | --- |
| 山东微山 | 咱去打球包? | 我们去不去打球? |
| 河北邱县 | 你去呗? | 你去不去? |
| 江西九江 | 你要手帕儿啵? | 你要不要手绢儿? |
|  | 老王走埋? | 老王走没走? |
| 江西塘南 | 你去上街嚟? | 你上不上街? |
|  | 你吃饭麽? | 你吃没吃饭? |
| 湖北大冶 | 你喫饭吧? | 你吃不吃饭? |
|  | 你喫饭吗? | 你吃没吃饭? |
| 湖南衡阳 | 你现在走呗? | 你现在走不走? |
|  | 你吃饭嘿? | 你吃没吃饭? |
| 湖南益阳 | 你到长沙去唦? | 你去不去长沙? |
|  | 你到北京去过嘎? | 你去没去过北京? |

第二,方言的对应形式。

从跟方言的对应形式来看,"VP + M"问句对应的也是正反问句。

首先,"VP + M"问句在疑问系统中的位置决定了它对应的是正反问句。上面说到,"M"并不是真正的疑问语气词,而是由于否定词与语气词的读音弱化、合并而产生的合音形式。如果将"VP + M"问句还原,那么应该表示为"VP + Neg + M'"。其中,肯定项(VP)与否定项(Neg)构成正反结构,表达疑问;句末语气词"M'"主要用于表达强调、催促等附加意义。如果不用语气词,"VP + Neg + M'"问句就成为"VP + Neg"的形式。

我们看到,在使用"VP + M"问句的方言中,往往同时存在"VP + Neg"或/和"VP + Neg + M'"形式的问句。例如(表5—12):

表 5—12　　　"VP + M"问句、"VP + Neg + M'"
　　　　　　　问句与"VP + Neg"问句的方言示例

| 方言点 | VP + M | VP + Neg + M' | VP + Neg |
|---|---|---|---|
| （346）山东临淄<br>（史冠新，2006） | 你吃饭啊吧？<br>你吃了饭了吗？ | 你吃饭噢不啊？<br>你吃了饭了噢没啊？ | |
| （347）江西铅山（胡松柏、林芝雅，2008） | 尔你去河口唄？ | 尔你去河口不欸？ | 清拣漂亮不？ |
| （348）湖南安仁（周洪学，2012） | 你吃咖饭买？ | 你吃咖饭曼哎？ | 你吃咖饭曼？ |
| （349）湖南长沙（伍云姬，2006） | 咯只这只瓜甜啵？ | 咯只瓜甜不罗？ | 咯只瓜甜不？ |

这些方言中，"VP + M"问句与"VP + Neg"问句、"VP + Neg + M'"问句共存并用，三种形式表达的基本意思相同。这说明，"VP + M"问句是处于正反问句的系统之中，"VP + Neg"是基础形式，"VP + Neg + M'"是拓展形式，而"VP + M"则是由"VP + Neg + M'"问句衍生出来的一种特殊形式。三种句式的关系可以表述为：

VP + Neg + M' →VP + M
↑
VP + Neg

其次，"VP + M"问句的内部组合关系决定了它对应的也是正反问句。语气词是非问句与"VP + M"问句虽然结构上相似，但内部组合关系不同。如果将语气词是非问句的语气词去掉，并带上陈述语气，便构成陈述句；如果带上上扬语调，便构成语调是非问句。也就是说，语气词是构成语气词是非问句的必要因素。例如：

（350）河南固始：那本书你看了了么？那本书你看完了吗？（李孝娴，2003）

（351）湖北安陆：嗯老儿身体还扎实吵？你老人家身体还扎实吧？（盛银花，2007）

上面两例结构上可以切分为：

那本书你看了了/么？
嗯老儿身体还扎实/吵？

"VP＋M"问句结构上却不能这样切分。因为构成合音词（M）的否定词和语气词只是音节上叠合（合音），而结构上并没有直接关系。比如，江西铅山方言"尔去河口唄？"，结构上不能切分成"尔去河口/唄？"，而应切分为"尔去河口不/欸？"。同样，湖南长沙方言"咯只瓜甜啵？"，不能切分成"咯只瓜甜/啵？"，应该切分为"咯只瓜甜不/罗？"；湖北大冶方言"你喫饭吗？"，不能切分成"你喫饭/吗？"，应该切分为"你喫饭冇/啦？"。

第三，回答的方式。

不同的回答方式是区分是非问和正反问的一个重要标准。林裕文指出，疑问句表示询问，询问的焦点就是疑问点；疑问点跟表疑问的词语或特殊格式以及答问都相联系，答问总是针对疑问点的[①]。正反问句的疑问点在正反结构，需要针对正反结构选择"正"或"反"的形式做出回答。是非问句则是对整个命题的疑问，需要针对整个命题做出肯定或否定的回答，一般用"是、对、嗯、不、没有"等，或用点头、摇头等作答。

"VP＋M"问句是由"VP＋Neg"式正反问句添加语气词后衍生出来的问句形式，其疑问点在问句隐含的正反结构。因此，在回答方式上应针对正反结构选择"正"或"反"的形式作答，而不能采用是非问句的回答方式。例如：

（352）湖北大冶：你喫饭吗？——喫了。/冇喫。（汪国胜，2011）

---

① 林裕文：《谈疑问句》，《中国语文》1985年第2期。

（353）江西铅山：尔去河口呗？——去。/不去。（胡松柏、林芝雅，2008）

再看两例：

（354）安徽宿松：鸭吃螺蛳呗？——吃啊。/不吃啊。（唐爱华，2005）

（355）江苏泗阳：吃面？——吃了。/没吃。（王玉梅，2004）

例（354）"呗"是"不欸"的合音。例（355）"面"是"没嗯"的合音。这些问句虽然表面上并未出现正反结构，但是因为合音词中保留着"不""没"的否定意义，所以也应采用正反问句的回答方式。

总之，无论是在普通话还是在方言中，"VP + M"问句都对应于正反问句；在答问方式上，它要求选择"正"或"反"的形式作答。可见，"VP + M"问句在句式性质上属于正反问句，而非是非问句。

## 二 语义特征

"VP + M"问句作为由"VP + Neg"问句发展而来的特殊形式，具有与正反问句相同的语义特征。

根据问话人对问题的答案是否带有心理倾向，可以将疑问句分为有倾向性问句和无倾向性问句。正反问句是无倾向性问句，问话人事先对问题没有任何心理倾向，希望通过询问得到回答。例如：

（356）他去学校不？——去。/不去。

（357）他去学校没有？——去了。/没有去。

语气词是非问句则不同，它既可以表示无倾向性的询问，也可以表示有倾向性的询问。以普通话的疑问语气词"吗""吧"来说。刘月华指出，"吗"字是非问有三种意义：一是说话人预先有倾向性的答案，问话是为了向对方求得证实；二是答案对问话人并不重要，或问话并不是为了求得答案，而是另有目的；三是说话人预先没有倾向性的答案，问话是为了从对方那里得到答案。① 可见，"吗"字是非问在语义上可分为有倾向性问句（表达前两种意义）和无倾向性问句（表达第三种意义）。形式上，有倾向性问句常常在句中添加"就、只、连、是"等副词表示强调，或添加否定副词；无倾向性问句不需要添加特定词语，谓语只能是肯定形式。"吧"一般表示信疑之间的语气，"吧"字是非问也是有倾向性问句。例如：

(358) 他去学校了吗？
(359) 他没去学校吗？
(360) 就他去学校了吗？
(361) 他去学校了吧？

例（358）是无倾向性的询问，与正反问相似，问话人没有任何心理倾向，因不知情而发问。例（359）、例（360）、例（361）是有倾向性的询问，问话人对问题已有一定的心理预设，希望通过询问加以证实。

"VP+M"问句包括 VP 和合音词两部分。形式上，VP 只能是肯定形式，这与带有倾向性的"吗"字是非问和"吧"字是非问不同。合音词是否定词和语气词的合并，形式上仍然可以分开。语义上，"VP+M"问句仍保留着原有的句义特征，并未随着合音形式的产生而改变句子的基本语义。因此，"VP+M"问句与正反问句一样，只能表示无倾向性的询问，问话人因确不知情而发问，希望得到对方的回答。比较湖南湘阴方言②：

---

① 刘月华：《用"吗"的是非问句和正反问句用法比较》，载中国社会科学院语言研究所现代汉语研究室编《句型和动词》，语文出版社 1987 年版，第 118 页。
② 龙琴：《湖南湘阴方言疑问句研究》，硕士学位论文，湖南师范大学，2015 年，第 10—14 页。

（362）你有捉红字啊？你没有玩红字牌吗？

（363）他六年级就搞学习搞得九点半啊？他六年级就搞学习搞到九点半吗？

（364）吃饭吗？吃饭了没有？

（365）明日赶集吧？明天赶集不赶集啊？

前两例"啊"问句分别带有否定副词"有"和语气副词"就"，表达怀疑、诧异等语义，是有倾向性问句。后两例是"VP+M"问句，"VP"是不带特定词语的肯定形式，"吗"和"吧"分别为"有啊"和"不啊"的合音。前句询问已然事件，后句询问未然事件，都是无倾向性的。

### 三 语用表现

"VP+M"问句在语用上也有着鲜明的表现。

第一，"VP+M"问句与语气词是非问句的对立。

方言里，"VP+M"问句与语气词是非问句都可以表示无倾向性的询问，但在实际运用中，两种句式往往存在分工的不同，通常由"VP+M"问句表示无倾向性的询问，语气词是非问则通过添加特定的词语来表示怀疑、诧异、猜测等有倾向性的询问。从语用目的来看，"VP+M"问句主要用于询问，目的在于求答；语气词是非问则主要用于求证。例如（表5—13）：

表5—13　　　"VP+M"问句与语气词是非问句的比较

| 方言点 | "VP+M"问句 | | 语气词是非问句 | |
|---|---|---|---|---|
| | 句子形式 | 语用目的 | 句子形式 | 语用目的 |
| （366）湖北大冶<br>（汪国胜，2011） | 你喫饭吧？<br>你喫饭吗？ | 询问 | 你老妹有考倒啊？你妹妹没考上吗？<br>畈漏个谷哈割了啵？畈里的谷子都割了吧？ | 求证 |

续表

| 方言点 | "VP + M" 问句 | | 语气词是非问句 | |
|---|---|---|---|---|
| | 句子形式 | 语用目的 | 句子形式 | 语用目的 |
| (367) 湖南衡阳<br>(彭兰玉，2002) | 你是王老师呗？<br>其高呗？他高不高？ | 询问 | 你今日不去啊？<br>你怕我不来哒吧？ | 求证 |
| (368) 浙江宁波<br>(阮桂君，2006) | 东东今年毕业嘞伐？<br>东东今年有没有毕业了啊？ | 询问 | 渠来做谷生意啊？他在做谷子生意啊？<br>钞票没啰？钞票没了吧？ | 求证 |

上述例子，"VP + M"问句与语气词是非问句的语用目的不同。在这些方言中，往往没有单纯表示询问的语气词是非问，或者很少用语气词是非问来表达无倾向性的询问。它们表达询问通常是用"VP + M"问句。

第二，"VP + M"问句与"VP + Neg""VP + Neg + M'"问句的共存。

在使用"VP + M"问句的方言里，往往可以同时使用"VP + Neg"问句和/或"VP + Neg + M'"问句。虽然"VP + M"问句是否定词与语气词合音之后形成的结果，但它并没有完全取代原有形式，而是与之共存并用，构成同义句式。例如，罗昕如从对长沙、湘潭、益阳、湘阴、衡山、衡阳、衡东、娄底、邵阳、邵东、新化等地方言正反问句的对比分析中看到，在湘语中，使用最多的形式是"VP + 否定副词 + 语气词"，其次是"VP + 合音词"，最后是"VP + 否定副词"[1]。又如，"VP + 哦"是江苏海门话常用的正反问句式。王洪钟指出，在海门话中，凡是能用"哦"表疑问的句式，都可以用"勿啦/勿呀/勿嗄"来替换，两种问句可以同时使用[2]。

---

[1] 罗昕如：《湘语与赣语比较研究》，湖南师范大学出版社2011年版，第270—271页。

[2] 王洪钟：《海门方言语法专题研究》，博士学位论文，南京师范大学，2008年，第70页。

三种问句虽然可以并存共用，表达的基本意思相同，但语气上表现出差异，在具体语境中不能完全等同，无法自由转换。这种语用上的差异主要表现在两个方面。

其一，当表达强调的语气时，一般使用"VP + Neg"或"VP + Neg + M'"句式，不用"VP + M"句式。三种问句的语气强度可以表示为：VP + M ＜ VP + Neg ＜ VP + Neg + M'。其中，"VP + Neg"单纯表疑问，但较于"VP + M"，语气要重；"VP + Neg + M'"则在疑问语气的基础上又添加了提醒、强调、催促等附加意义；"VP + M"在语气上则趋于和缓，带有商量的意味。比如，汪国胜指出，"吧"问句和"吗"问句是大冶方言里的两种高频正反问句，而"VP + Neg"和"VP + Neg + VP"问句只有在需要表示强调时才会使用，同时可以在谓语前边添加"到独究竟""究竟"之类的语气副词，以增加强调的意味。① 例如：

（369）你喫饭吧？→＊你到独喫饭吧？
（370）你喫饭不啦？→你到独喫饭不啦？
（371）你喫不喫饭啦？→你到独喫不喫饭啦？

因为"VP + M"问句在语气上较为亲切、缓和，如果在当中添加表示强调的语气副词，则会造成语义的悖逆，句子难以成立。

其二，当表达追问、逼问、催促的语气时，往往要用"VP + Neg + M'"的形式，不能使用"VP + M"的形式。例如大冶方言②：

（372）甲：你喫吗？
乙：我有喫。
甲：你喫不啦？／你喫不喫？／＊你喫吧？

---

① 汪国胜：《湖北大冶方言两种特殊的问句》，《方言》2011 年第 1 期。
② 例句引自汪国胜《湖北大冶方言两种特殊的问句》，《方言》2011 年第 1 期。

"VP 吧"不能用于对前述事实的追问,原因在于,在表追问的语境中,问话人往往迫切希望得到对方的答复,为了引起对方的注意,使用"VP + Neg + M'"问句,在表述上更加有力,更显强调,也更能体现问话人的急迫心理。

当问话人多次提出疑问而对方不作回答,或问话人对答案提出质疑时,"VP + M"问句中的否定词就会被"逼"出来,以表达问话人的不满或怀疑。例如九江方言①:

(373) 伢儿喫咩？→伢儿喫冇筛？孩子吃没吃？
(374) 屋漏倍？→屋漏不筛？屋漏不漏？

李国敏、张林林指出,在江西九江方言里,当问话人多次提问而没有得到答案时,便会使用"VP + Neg + M'"问句,带有不耐烦的情绪。②

上海话里,"VP 勿啦"是由"VP 勿"添加语气词"啦"构成的,这种问句形式较之"VP 勿"语气要重,带有追问、逼问的语气。③

## 四 地理分布

就现有文献来看,"VP + M"问句并不是孤立存在于某一方言,在官话方言和非官话方言中都有反映,地域上呈片状分布。

首先,官话方言里的分布。

官话方言里,"VP + M"问句主要分布于东北官话,中原官话兖

---

① 例句引自李国敏、张林林《九江话里的反复问句》,《江西教育学院学报》(社会科学版) 2000 年第 4 期。
② 李国敏、张林林:《九江话里的反复问句》,《江西教育学院学报》(社会科学版) 2000 年第 4 期。
③ 邵敬敏:《上海方言的话题疑问句与命题疑问句》,《华东师范大学学报》(哲学社会科学版) 2007 年第 4 期。

菏片，冀鲁官话石济片、保唐片、沧惠片，江淮官话黄孝片、洪巢片。地域上，主要涉及东北地区，河北省中部，河北省南部与山东省的交界地带，山东省中部、南部，湖北省东部，江西省北部以及江苏省北部。具体分布情况如表5—14所示：

表5—14　　　　　"VP + M" 问句的官话方言分布

| 方言区 | | | 地域分布 | 问句形式 | 合音形式 |
|---|---|---|---|---|---|
| 东北官话 | | | 东北地区① | VP 吧？ | 不 + 啊 = 吧 |
| 冀鲁官话 | 保唐片 | 河北 | 望都②、定兴③、唐山④等 | VP 唉？ | 不 + 欤 = 唉 |
| | 石济片 | 河北 | 石家庄、冀县、巨鹿⑤；邱县、馆陶⑥等 | VP 唉？ | 不 + 欤 = 唉 |
| 冀鲁官话 | 石济片 | 山东 | 临淄⑦ | VP 吧？<br>VP 吗？ | 不 + 啊 = 吧<br>没 + 啊 = 吗 |
| | 沧惠片 | 山东 | 宁津⑧ | VP 啵？⑨ | 不 + 啊 = 啵 |

---

① 康瑞琮：《东北方言中的反复问句》，《天津师范大学学报》（社会科学版）1987年第3期。

② 樊立敏：《河北望都方言语法特点研究》，硕士学位论文，河北师范大学，2014年，第54页。

③ 陈淑静、徐建中：《定兴方言》，方志出版社1997年版，第259—260页。

④ 吴继章等：《河北省志·第89卷方言志》，方志出版社2005年版，第602页。

⑤ 吴继章等：《河北省志·第89卷方言志》，方志出版社2005年版，第602页。

⑥ 王再超：《邯郸方言正反问研究》，硕士学位论文，河北师范大学，2016年，第40页。

⑦ 史冠新在《临淄方言语气词研究》（2006）中指出，临淄方言正处于山东方言东、西方言区的分界线上。根据《中国语言地图集·汉语方言卷》（第2版）（2012），其属于冀鲁官话。

⑧ 曹延杰：《宁津方言志》，中国文史出版社2003年版，第248页。

⑨ 罗福腾（1996）、钱曾怡（2001）认为，山东方言的否定副词在不同地区的读音不同，写法也随之不同。但曹延杰在《宁津方言志》（2003）中提出，宁津方言中除了"VP 啵？"之外还有"VP 不？"和"VP 不嗬？"。我们认为，"啵"是否定副词与语气词的合音。下文中的"VP 包？"问句情况相同。

续表

| 方言区 | | 地域分布 | | 问句形式 | 合音形式 |
|---|---|---|---|---|---|
| 中原官话 | 兖菏片 | 山东 | 微山①、枣庄②、巨野③ | VP 包？ | 不 + 啊 = 包 |
| 江淮官话 | 黄孝片 | 湖北 | 英山④ | VP 唄？ | 不 + 哎 = 唄 |
| | | | 黄梅⑤、武穴⑥等 | VP 啵？ | 不 + 哦 = 啵 |
| | | 江西 | 九江⑦ | VP 白/倍/啵？ | 不 + 哎 = "白" 类 |
| | | | | VP 咩/埋/么？ | 冇 + 欤 = "咩" 类 |
| | 洪巢片 | 江苏 | 泗阳⑧等 | VP 吧/啵？ | 不 + 啊 = 吧 |
| | | | | VP 面？ | 不 + 噢 = 啵 |
| | | | | | 没 + 嗯 = 面 |

需要说明的是，山东方言中，寿光、汶上、沂南等地也存在"VP 啵"问句，虽然这里的"啵"也是"不"和"啊"的合音，但已经不能拆分，"VP 啵"是主要的正反问句形式。

其次，非官话方言里的分布。

"VP + M"问句在非官话方言的吴语、湘语长益片、娄邵片，赣语吉茶片、耒资片、宜浏片、鹰弋片、大通片、怀岳片等都有分布。

---

① 殷相印：《微山方言语法研究》，博士学位论文，南京师范大学，2006 年，第 176—177 页。
② 吕俭平：《枣庄方言语法研究》，山东人民出版社 2011 年版，第 203 页。
③ 欧士博：《巨野方言句法现象考察》，硕士学位论文，山东大学，2011 年，第 50 页。
④ 项菊：《黄冈方言的"VP‑neg?"及其相关句式》，《黄冈师范学院学报》2005 年第 2 期。
⑤ 项菊：《黄冈方言的"VP‑neg?"及其相关句式》，《黄冈师范学院学报》2005 年第 2 期。
⑥ 项菊：《黄冈方言的"VP‑neg?"及其相关句式》，《黄冈师范学院学报》2005 年第 2 期。
⑦ 李国敏、张林林：《九江话里的反复问句》，《江西教育学院学报》（社会科学版）2000 年第 4 期。
⑧ 王玉梅：《泗阳方言里正反问句的几种特殊形式》，《语文学刊》2004 年第 5 期。

地域上，主要涉及上海①，江苏海门②，浙江的湖州、嘉兴、宁波、天台等地③；湖南的湘阴、益阳、长沙、湘潭、衡山、衡东、衡阳、邵东、浏阳、攸县、耒阳④，岳阳⑤，安仁⑥等地；江西的萍乡、南昌⑦以及东北部的铅山、余江⑧等地；安徽的宿松、岳西⑨以及湖北的大冶⑩。

最后，"VP+M"问句在方言中的分布呈现出两个特点。

第一，就同一方言区来看，多呈片状分布，较少零星分布。呈片状分布的方言区主要有：东北官话，山东境内的中原官话，河北境内的冀鲁官话，上海、江苏、浙江境内的吴语。

第二，就不同方言区来看，多在两省或多省交界处呈片状分布，横跨至少两种方言。根据现有文献，这种跨地域跨方言的分布主要集中在两处：一处是安徽西南部赣语区，湖北东南部江淮官话区、南部赣语区，江西北部江淮官话区、东北部赣语鹰弋片；另一处是湖南东部自北向南的湘语长益片、赣语耒资片，江西西部赣语宜浏片。

这种分布的特点是从已有的文献材料中观察到的。随着方言调查范围的扩大和问题研究的深入，关于"VP+M"问句地理分布的

---

① 邵敬敏：《上海方言的话题疑问句与命题疑问句》，《华东师范大学学报》（哲学社会科学版）2007年第4期。
② 王洪钟：《海门方言研究》，中华书局2011年版，第338页。
③ 游汝杰：《吴语里的反复问句》，《中国语文》1993年第2期。
④ 罗昕如：《湘语与赣语比较研究》，湖南师范大学出版社2011年版，第269—271页。
⑤ 伍云姬：《湖南方言的语气词》，湖南师范大学出版社2006年版，第367页。
⑥ 周洪学：《湖南安仁方言语法研究》，博士学位论文，华中师范大学，2012年，第62页。
⑦ 罗昕如：《湘语与赣语比较研究》，湖南师范大学出版社2011年版，第271页。
⑧ 胡松柏：《赣东北方言调查研究》，江西人民出版社2009年版，第500页。
⑨ 罗昕如：《湘语与赣语比较研究》，湖南师范大学出版社2011年版，第271页。
⑩ 汪国胜：《湖北大冶方言两种特殊的问句》，《方言》2011年第1期。

认识也会深化。

### 五　演变轨迹

普通话里用于是非问句的疑问语气词主要有"吗"和"吧"。对于它们的来源，赵元任先生和吕叔湘先生已经做过解释。赵先生认为，"吗"是古汉语否定词的残余"m－"与"啊"的融合，"吧"是"不"和"啊"的融合，但是"这两个助词的组成部分已经没有分开来说的可能"，不能说"你去不啊？"或"你去 m－啊？"①。吕先生②也发表了类似的看法。

前面说到，是非式正反问句只是结构上与是非问句相似，其句末合音词仍然含有否定意义，可以分裂为"否定词＋语气词"的形式，它还不是真正的疑问语气词。根据"吗""吧"的形成过程，我们认为，这种问句正处于正反问句向是非问句发展的过渡阶段。

是非式正反问句在不同方言里的发展进程并不一致，这种共时层面的差异正是其历时发展不同阶段的客观反映。我们推测，正反问句向是非问句演变的过程大体如下：

第一阶段：VP＋否定词＋语气词

第二阶段：VP＋合音词（合音词合而可分）

第三阶段：VP＋合音词（合音词合而难分，VP 只能是肯定形式）

第四阶段：VP＋疑问语气词（VP 可以是否定形式）

1. 第一阶段。作为正反问的常用形式，"VP＋否定词"往往要在末尾用上语气词，构成"VP＋否定词＋语气词"形式。这也是第二阶段"合音词"形成的基础。以湘语为例。湘语里，以否定词"不、冇/冒"煞尾的正反问句，末尾一般都会带上不同的语气词。其实，"VP＋否定词＋语气词"的问句形式在上古汉语中就已经存

---

① 赵元任：《汉语口语语法》，吕叔湘译，商务印书馆 1979 年版，第 361 页。
② 吕叔湘：《中国文法要略》，商务印书馆 2014 年版，第 401 页。

在，而且使用频率比较高①。这为合音形式的形成提供了条件。

2. 第二阶段。"VP+否定词+语气词"形式在长期的使用过程中，否定词与语气词逐渐融合，构成合音形式，形成合音词。但在这一阶段，合音词只是语音上合并，结构上仍可拆分，语义上仍然含有否定意义；谓语"VP"只能是肯定形式；"VP+合音词"问句因隐含的否定意义的不同而表现出不同的时体意义。"VP+合音词"问句与"VP+否定词"和/或"VP+否定词+语气词"问句处于共存并用的状态。

方言里的是非式正反问句就处在这一合音词"合而可分"的阶段。前面提到，否定词可以分为"不"类和"没（有/冒）"类。虽然两类否定词都可以构成"VP+否定词+语气词"问句，但"否定词+语气词"的组合能力却不相同。比较而言，"不"类否定词与语气词的组合能力更强，更易形成合音词。这种不对称性表明，是非式正反问句的内部发展并不平衡，有的发展较快，有的则相对缓慢一些。以是非式正反问句分布较为集中的湖南方言为例，见表5—15。

表5—15　　　　　　湖南方言的是非式正反问

| 方言点 \ 合音词 | "不"类 | "没（有）"类 |
|---|---|---|
| 长沙（罗昕如，2011） | 不+啦=吧<br>不+啰=啵 | |
| 衡阳（罗昕如，2011） | 不+欸=唉 | 冒+欸=嘿 |
| 衡东（罗昕如，2011） | 不+唻=拜 | 冒+唻=卖 |
| 岳阳（伍云姬，2006） | 不+啰=啵 | 冒+啊=吗 |
| 湘潭（伍云姬，2006） | 不+唻=唉 | |

---

① 伍云姬：《湖南方言的语气词》，湖南师范大学出版社2006年版，第364页。

续表

| 方言点 合音词 | "不"类 | "没（有）"类 |
|---|---|---|
| 衡山（伍云姬，2006） | 不+啊=吧<br>不+哎=败<br>不+哦=啵 | 冒+哎=卖 |
| 湘阴（龙琴，2015） | 不+啊=吧 | 冒+啊=吗 |
| 益阳（崔振华，1998） | 不+啰=啵<br>不+唻=哗 | 冇+唻=哝<br>冇+啊=嘛 |
| 湘乡（李雨梅，2007） | 不+啰=啵 | |

从表5—15中可以看出，"不"与语气词的合音能力要比"冒/冇"强，有的方言里，"冒/冇+语气词"还未构成合音形式。

3. 第三阶段。合音词的否定意义进一步弱化，使其逐步向无实在意义的疑问语气词演变，形式上"合而难分"，语义上类似于普通话的疑问语气词"吗"。但是，这时的合音词仍然不是真正的疑问语气词，"VP+合音词"也不是真正的是非问句。跟普通话的"吗"问句相比，"VP+合音词"中的"VP"只能是肯定形式，问句只能表示无倾向性的询问。以粤语为例。疑问词"嘛"在广东和广西的粤语中均有分布，是专门表示询问的疑问词，跟普通话的"吗"一样，都可用于无倾向性的询问。但是，"嘛"没有"吗"的使用范围广。"吗"问句可以通过添加特定词语构成有倾向性的询问，表示诧异、怀疑等意义；而粤语的"嘛"则没有这样的用法。例如：

(375) 普通话：你昨天没吃荔枝吗？
北流话：*你同日冇吃着荔枝嘛？（徐荣，2008）

(376) 普通话：就这么两本吗？
广州话：*就嗷两本嘛？（彭小川，2010）

赵元任先生认为，粤语的"嘛"是"唔"和"呀"结合的结果①。但是，"嘛"再难以拆分，它是作为一个整体用在问句末尾。从表达的内容看，"嘛"问句已经突破了否定词"唔"的时体限制，既可以用于询问正在发生或将要发生的事件或行为，也可以用于询问已经发生或已经完成的事件或行为。例如：

（377）王老师喺屋企嘛？王老师在家吗？｜你去过泰国嘛？（彭小川，2006）

在回答方式上，"嘛"问句与"吗"问句相似，主要用"是、对、嗯、不、没有"，或点头、摇头等作答。由此看来，"嘛"问句开始脱离了正反问句的范畴，更多地表现出是非问句的性质。

4. 第四阶段。当"VP＋合音词"问句可以表示有倾向性的询问时，合音词就彻底完成了语法化，像普通话的"吗"一样，演化成为真正的疑问语气词，"VP＋合音词"问句也因此演化成为真正的是非问句。以山东临淄方言为例。临淄方言的"吗"是"没啊"的合音。"吗"问句虽然由正反问句"VP噢没啊"演化而来，但是其疑问功能已经发生了很大的变化。史冠新指出，"吗"问句在临淄方言里较多地表示有倾向性的询问，疑问程度较低，这种现象可以看作"吗"语法化的直接后果。②例如：

（378）你真的送我回家吗？｜走了这么半天了，你不累得慌吗？（史冠新，2006）

例中"VP吗？"表示有倾向性的询问，这里的"吗"已经彻底

---

① 参见张洪年《香港粤语语法的研究》，香港中文大学出版社1972年版，第182页。

② 史冠新：《临淄方言语气词研究》，博士学位论文，山东大学，2006年，第72页。

虚化为一个疑问语气词。我们认为，造成这一情况的原因可能有两个：其一，临淄方言已经存在语气词"噢"，其疑问程度比"吗"高，使用范围比"吗"广，相当于普通话表示询问的语气词"吗"；其二，临淄方言仍然保留着"VP 噢没啊"的正反问形式，而且使用频率高，富有活力。因此，"吗"在虚化的过程中逐渐承担起新的疑问功能，用于表示有倾向性的询问。

上面我们描述了方言里正反问句向是非问句演变的大致过程，这也反映出方言发展的不平衡（不同步），有的方言发展较快，已经完成或基本完成正反问句向是非问句的演变，有的方言则发展较为缓慢，仍处于演变的过程之中。

## 第五节　副状式正反问

副状式正反问（"F + VP"）是汉语方言正反问句的特殊类型。它主要由疑问副词"F"和谓词性成分"VP"两部分组成。其中，疑问副词作状语修饰谓词性成分以构成疑问形式，因此，我们将这种问句称为"副状式正反问"。

对于副状式正反问的归属问题，学者们主要有两种观点。一是将这类问句归于是非问句。赵元任先生于1928年在《现代吴语的研究》一书中提到，苏州等地存在"阿 VP"问句，这类问句中的"阿"是与国语中"吗"功能相当的"语助词"，因此，赵先生将这种问句归为"是非问"[1]。汪平赞同赵先生的观点，认为"阿"跟普通话"吗"在功能上相接近，是位于所要问的成分前面的一个是非问标记[2]。持相同观点的还有刘丹青[3]、李小凡[4]等。二是将

---

[1] 赵元任：《现代吴语的研究》，商务印书馆2011年版，第205页。
[2] 汪平：《苏州话里表疑问的"阿、嚹、啊"》，《中国语文》1984年第5期。
[3] 刘丹青：《苏州方言的发问词与"可VP"句式》，《中国语文》1991年第1期。
[4] 李小凡：《苏州方言语法研究》，北京大学出版社1998年版，第137页。

这类问句归于正反问句。朱德熙先生在《汉语方言里的两种反复问句》①一文中指出，正反问的常见形式是"VP 不 VP"和"VP 没有"，此外还有一种"F + VP"问句，这类问句主要存在于吴语的苏州等地、西南官话的昆明等地、下江官话的安徽合肥、江苏南京等地。朱先生将"F + VP"问句看作正反问句，认为这类问句要求受话人选择正反两方面中的一方做出回答，这与是非问的回答方式不同。此外，余霭芹在朱先生观点的基础之上，提出采用"中性问句"的建议，并将"VP + Neg""VP + Neg + VP""可 VP"看作中性问的三种基本句型②。袁毓林认为，在共时层面上，苏州话的"阿VP"问句与北京话的"VP 不 VP"问句和无标记的"VP 吗"问句双重对应③。在此，我们采用朱先生的观点，将这类问句看作正反问句，根据结构特征，称为"副状式正反问"。

本节拟从疑问副词的类型、副状式正反问的句式结构、语义特征三个方面对副状式正反问的主要特征进行分析，并在此基础上，专题考察"F 是"问句、附加式问句和混合式问句，结合现有资料，梳理副状式正反问的地理分布。

## 一 疑问副词的类型

方言里的疑问副词具有不同的类型特征，根据其语音形式的不同，可以区分为"可""格""阿/还""敢""阿/咸/有（+ Neg）""得（是）""是不、是没、□[ɕʃ]"七类。下面首先对这七类疑问副词在方言中的具体表现及分布进行总结分析。④

第一类，以舌根送气清塞音声母[kʻ]开头的疑问副词，多记作"可、克"等。

这类疑问副词主要使用于安徽北部、江苏部分市县的中原官话，

---

① 朱德熙：《汉语方言里的两种反复问句》，《中国语》1985 年第 1 期。
② 余霭芹：《广东开平方言的中性问句》，《中国语文》1992 年第 4 期。
③ 袁毓林：《正反问句及相关的类型学参项》，《中国语文》1993 年第 2 期。
④ 这里仅列举部分方言点，主要说明不同方言点中疑问副词"F"的语音差异。

江苏部分市县的江淮官话以及吴语中。此外，在豫东毗邻安徽与江苏边界地区的永城、鹿邑、郸城、固始、淮滨五个方言点[①]也有使用。例如：

河南固始：可 [kʻə$^{53}$] / [kʻei$^{213}$]（李孝娴，2003）
安徽阜阳：可 [kʻei$^{51}$] / [kʻei$^{55}$]（王琴，2008）
安徽太和：可 [kʻɤ$^{212}$] / [kʻɤ$^{55}$]（王婷婷，2014）
安徽合肥：克 [kʻəʔ$^{1}$]（朱德熙，1985）
安徽霍邱：克 [kʻei$^{214}$]（姜红，2006）
安徽六安丁集：克 [kʻɤʔ$^{0}$]（刘祥柏，1997）
安徽舒城：可 [kʻəʔ]（程瑶，2010）
安徽蒙城：可 [kʻə$^{55}$] / [kʻei$^{51}$]（胡利华，2008）
安徽铜陵：可 [kʻəʔ]（游汝杰，1993）
江苏扬州：可 [kʻɤɯ$^{42}$]（刘春陶，2018）
江苏金坛：可 [kʻəʔ]（游汝杰，1993）
江苏丹阳：可 [kʻəʔ]（游汝杰，1993）
江苏盐城南部：可 [kʻõ$^{32}$]（黄伯荣，1996）
广东汕头：可 [kʻaʔ$^{2}$]（俗写作"岂"）（施其生，1990）

第二类，以舌根不送气清塞音声母 [k] 开头的疑问副词，多记作"克、格、个"等。

这类疑问副词主要使用于安徽、江苏境内的江淮官话以及云南境内的西南官话，部分吴语方言点也使用这类疑问副词。例如：

安徽合肥：克 [kəʔ$^{1}$]（朱德熙，1985）
安徽庐江南部：咯 [kəʔ$^{5}$]（陈寿义，2007）

---

① 鲁冰：《河南方言极性问的语言地理类型学研究》，博士学位论文，山西大学，2017年，第45页。

安徽枞阳：各［kəʔ］（胡承佼，2005）
安徽寿县：可［kə⁵⁵］／［kei²¹³］（杨曼，2011）
安徽怀远：可［kə²¹］／［kei⁵³］（贡贵训，2013）
河南获嘉：可［kaʔ³³］（贺魏，1991）
江西玉山：可［kəʔ］（游汝杰，1993）
江苏泰兴：个［kɤɯ⁴³］（顾黔，2016）
江苏东台：个［ko］（吴莹莹，2016）
江苏吕四：果［kɤ⁵¹］（卢今元，2007）
云南昆明：格［kə⁵³］（丁崇明，2005）
云南富源：咯［kɤ⁵³］（张微，2017）
云南鹤庆：给［ke⁵³］（黄伯荣，1996）

据丁崇明考察，云南省是目前发现的"F+VP"问句分布最广、土地面积最大、使用最为集中的地区；云南方言的"F+VP"问句形式较为单一、统一，疑问副词"格［kə］"都读上声，且大多数地方的调值都是53[①]。

第三类，零声母的疑问副词，多记作"阿"。

这类疑问副词主要分布于吴语。据游汝杰考察，"F+VP"问句在吴语中只见于除旧松江府外的苏南地区，皖南旧宣州府的铜陵和泾县以及江西玉山，在浙江吴语中未见此问句；疑问副词"F"在苏南吴语中一律读零声母，记作"阿"[②]。例如：

江苏南京：阿［aʔ⁵］（刘彦哲，2016）
江苏苏州：阿［Aʔ⁵⁵］（李小凡，1999）
江苏常熟、无锡：阿［aʔ］（游汝杰，1993）

---

[①] 丁崇明：《昆明方言语法研究》，博士学位论文，山东大学，2005年，第262页。
[②] 游汝杰：《吴语里的反复问句》，《中国语文》1993年第2期。

上海：阿（邵敬敏等，2010）

关于吴语里"阿"的来源，江蓝生[①]认为，"阿"是"可"的方言音变。游汝杰则认为，"阿"用作疑问词最早见于明末的苏州方言民歌集《山歌》，而在短篇小说集《警世通言》里，疑问词只用"可"，不用"阿"；在明代，"可 VP"主要见于官话或书面语，而"阿 VP"主要见于苏州方言口语，这可能是地方方言特征的体现[②]。

此外，还存在于：

江苏涟水：□［ɐʔ$^{34}$］｜□［xɐʔ$^{34}$］（顾劲松，2010）
广东封开南丰：阿［a$^{55}$］（侯兴泉，2005）
海南崖城：阿［ʔa$^{55}$］（刘春陶，2018）

第四类，"敢"类疑问副词。

这类疑问副词主要用于闽语。例如：

福建漳州：敢［kã$^{53}$］／［kam$^{53}$］（陈曼君，2011）
台湾：敢［kam$^{53}$］（陈曼君，2011）

"敢"用于疑问句还能表达推度询问和反诘的意义。其中，表推度询问的"敢"相当于"莫非、怕是"；表反诘的"敢"相当于"难道"。我们认为，具有上述两种语义的"敢"应属语气副词，并不表达疑问意义。

第五类，"阿/咸/有（+Neg）"类疑问副词。

这一形式由"阿、咸、有"等和否定副词"Neg"组合构成，主要存在于粤赣交界地带的客家话中，可表示为"F + Neg"。据吴

---

① 江蓝生：《疑问副词"可"探源》，《古汉语研究》1990 年第 3 期。
② 游汝杰：《吴语里的反复问句》，《中国语文》1993 年第 2 期。

碧珊等分析，广东省河源市区、龙川、和平、连平和江西省赣州的全南、龙南、定南等地使用"阿（唔）"；广东省的翁源、新丰两地使用"咸（唔）"；江西省的寻乌、安远两地使用"有（唔）"[①]。在闽东罗源话中也使用"F＋Neg"的形式。例如：

江西定南：阿唔［ak⁵m̩³¹³］｜阿嚟唔［ak⁵mei³³m̩³¹³］｜阿嚟［ak⁵mei³³］｜阿冇［ak⁵mau³¹³］（王颐，2015）

福建罗源：阿未［a²²mui³³］｜阿无［a²²mo³¹］｜阿舲［a⁴⁴me³³］（黄涛，2016）

广东翁源（坝仔、江尾）：阿唔［aˀm̩ˀ］｜阿无［aˀmou˩］｜哈婹［haˀmɛiˀ］（吴碧珊等，2016）

广东翁源（新江、瓮城、官渡、周陂、龙仙）：咸唔［ham m̩］｜咸无［ham mou］｜咸婹［ham mɛi］（吴碧珊等，2016）

广东龙川：阿唔｜□［am³¹］（"阿唔"的合音，语音变体有"暗［aŋ³¹］／［ɛn³¹］"）｜阿不｜阿（黄年丰，2017）

在来源上，"F＋Neg＋VP"问句可能由删减正反选择问的肯定项而来。吴碧珊等指出，翁源话里的"咸唔VP"问句由正反选择问"VP还［hai］唔VP"左删减而来；"阿唔VP"问句是在正反选择问"VP还［va］唔VP"的基础上，由"还［va］唔VP"演变而来[②]。黄年丰认为，龙川话的"阿＋Neg＋VP"问句应是选择问"VP＋啊＋Neg＋VP"删除左边的动词肯定项后形成的，发问词"阿"来源于选择问句中的语气词"啊"[③]。更进一步，"F＋Neg"中的"Neg"还会弱化甚至脱落。以广东龙川方言为例。黄年丰指出，由"阿唔VP"到"阿VP"主要经历三个步骤，即第一步是具

---

[①] 吴碧珊等：《广东翁源客家话正反问句研究》，《华中学术》2016年第4期。
[②] 吴碧珊等：《广东翁源客家话正反问句研究》，《华中学术》2016年第4期。
[③] 黄年丰：《龙川客家话的"F－（neg）－VP"型正反问句》，《赣南师范大学学报》2017年第4期。

有鼻化声母的否定副词"唔"与前面的"阿"合音,鼻辅音[m]向[n]过渡,发音为"暗[ɛn]",第二步是鼻音[n]弱化,第三步"唔"完全脱落,形成"阿VP"①。正是因为否定词"Neg"的弱化、虚化甚至脱落,"F(+Neg)"逐渐成为前置的疑问副词,具有标示疑问焦点的作用。

第六类,"得"类疑问副词,常表示为"得是"。

这类疑问副词主要使用于陕西境内的中原官话,涉及西安、合阳、咸阳、宝鸡、渭南等地,相当于普通话里的"是不是"。就其来源而言,兰宾汉②指出,"得"本为表"获取、取得"义的动词,后派生出助动词的用法,表"可能、能够"之义,而"得V"问句中的"得"由表可能、能够之义转而成为表疑成分,相当于"能不能";"得是"由古汉语"得V"格式中表可能、能够义的"得"与判断动词"是"结合而成,"得是"经常作为一个整体出现于谓词性成分的前面以构成疑问结构。随着使用的增多,"得是"的"功能逐渐泛化,位置逐渐灵活,意义逐渐虚化,语法化程度越来越高,最终'脱颖而出'成为专门表示疑问的副词,'是'也由判断动词变为构词成分"③。

第七类,"是不""是没"和"□[ˤʃ]"类疑问副词。

这类疑问副词主要使用于山东境内的胶辽官话登连片、青莱片。据罗福腾考察,"是不"和"是没"通行于胶东半岛地区自东海边依次向西的市县,主要有荣成、文登、威海、乳山、牟平、海阳、烟台(芝罘老派)、福山、平度等地;"□[ˤʃ]"主要见于胶东地区的蓬莱、龙口、长岛等市县④。在构成上,"是"并不表达强调意义,而是读轻声,与"不、没"紧密结合,"是不"和"是没"作

---

① 黄年丰:《龙川客家话的"F-(neg)-VP"型正反问句》,《赣南师范大学学报》2017年第4期。
② 兰宾汉:《西安方言语法调查研究》,中华书局2011年版,第338—344页。
③ 邢向东、蔡文婷:《合阳方言调查研究》,中华书局2010年版,第325页。
④ 罗福腾:《山东方言里的反复问句》,《方言》1996年第3期。

为一个整体充当副状式正反问的发问词。

除上述类型外，据邓丽君考察①，赣南的吉安市使用"咯"，赣州市区、赣县、信丰、南康等地使用"可［k'e?$^{78}$］"，于都、兴国、瑞金等地使用"几［tɕi$^{44}$］"，吉安的泰和、赣州的崇义使用"阿［a$^{213}$］"；赣中的抚州市临川县使用"咖［ka$^{35}$］"、金溪县使用"加［k'a$^{32}$］"，南昌市进贤县使用"莫"。

## 二　句式结构

通过上节分析可知，疑问副词根据语音形式的不同主要有"可""格""阿/还""敢""阿/咸/有（Neg）""得（是）""是不/是没/□［₋ʃ］"七类，分别构成"可VP""格VP""阿/还VP""敢VP""阿/咸/有（唔）VP""得（是）VP"和"是不/是没/□［₋ʃ］VP"七类问句。"F+VP"问句在结构形式上的特点主要表现在"VP"的类型和"F"的位置两个方面。以下举例说明。

### （一）"VP"的类型

在副状式正反问中，"VP"可以是动词和形容词、动词性短语和形容词性短语等多种语言成分。

第一，"VP"为光杆动词。例如：

（379）河南固始：明个你可去？（李孝娴，2003）

（380）安徽六安丁集：克吃？吃不吃？｜克吃嘞？吃不吃了？（刘祥柏，1997）

（381）江苏睢宁：可走？｜还去？（王健，1999）

（382）江苏泰兴：唱歌你个喜欢啊？（顾黔，2016）

（383）山东牟平：你自个儿走道儿是不害怕？你一个人走路害怕不害怕？（罗福腾，1981）

---

① 邓丽君：《龙川客家话的［K-VP］问句——兼论粤赣地区该句型的分布与来源》，硕士学位论文，北京师范大学，2006年，第8—10页。

(384) 广东龙川：你阿不去？你去不去？｜你阿（唔）食？你吃不吃？（黄年丰，2017）

(385) 安徽阜阳：明个儿恁可去？（王琴，2008）

第二，"VP"为"动词+助词"。例如：

(386) 安徽六安丁集：克吃掉？吃不吃了？｜克在站在勒？还在不在站着了？（刘祥柏，1997）

(387) 安徽阜阳：可闹过芒？｜可哭了唠？（王琴，2008）

(388) 河南固始：可写了？｜可说在？是不是在说？（汪化云、李倩，2013）

第三，"VP"为动词性短语。
"VP"为动宾短语。例如：

(389) 安徽阜阳：恁可相信俺？你相信不相信我？｜恁明个儿可去上海唠？你明天还去不去上海了？（王琴，2008）

(390) 安徽合肥：克抽烟？抽烟不抽烟？｜克抽烟来？抽烟没抽烟？（李慧敏，2008）

(391) 山东牟平：你是不看电影？你看不看电影？｜他是没看完这本书？他看没看完这本书？（罗福腾，1981）

(392) 江苏泰兴：老师个曾说过格呆戾？老师说没说过这件事？（刘彦哲，2016）

(393) 云南鹤庆：你给吃凉茶？你吃不吃凉茶？（邵敬敏等，2010）

(394) 广东汕头：身顶可有钱？（施其生，1990）

"VP"为偏正短语，通常是状中结构。前面的状语可由形容词、副词、介词短语充当。例如：

A 组：形容词、副词充当状语

（395）江苏苏州：唔笃阿坚决反对？（李小凡，1999）

（396）江苏东台：你以后个经常来？（吴莹莹，2016）

（397）广东龙川：渠阿（唔）常转屋下？（黄年丰，2017）

B 组：介词短语充当状语

（398）安徽怀远：你可把昨天的脏衣服洗完来？（常春凤，2016）

（399）江西玉山：你可跟他讲嗨吧？（谢旭慧，2001）

（400）江苏南通：我姆妈果赖锅里等啊？我妈在不在家里等啊？（孙秋香，2014）

（401）广东潮州：伊阿爸可在潮州过来？（吴芳，2013）

"VP"为连谓短语。例如：

（402）安徽六安丁集：克去赶集？｜克坐倒吃嘞？坐下吃了没有？（刘祥柏，1997）

（403）河南固始：可上街买菜？｜可背书包走？有没有背书包走？（汪化云、李倩，2013）

（404）江苏南京：阿去新街口看电影啊？去不去新街口看电影？｜今儿个阿回家吃饭啊？今天回不回家吃饭？（刘彦哲，2016）

（405）广东龙川：你类阿（唔）来厓屋下食饭？你们来不来我家吃饭？（黄年丰，2017）

"VP"为兼语短语。例如：

（406）安徽合肥：克叫他去？｜克有人在家？有没有人在家？（李慧敏，2008）

（407）江苏南京：姑奶奶阿喊你去吃饭？｜阿有人在家啊？（刘彦哲，2016）

(408) 广东龙川：阿（唔）喊你同学来厓类屋下食饭？叫不叫你同学来我们家吃饭？（黄年丰，2017）

(409) 云南罗平：你给请老师吃饭嘞？（余伟，2016）

"VP"为述补结构。以结果补语、趋向补语、可能补语、数量补语为例。例如：

A组：结果补语
(410) 安徽六安丁集：克看见勒？看没看见？（刘祥柏，1997）
(411) 安徽霍邱：柴火克堆好了？｜手克划烂了？（姜红，2006）
(412) 江苏南京：你阿吃饱啦？｜你阿看清啦？（刘彦哲，2016）
(413) 江苏南通：你果曾看清爽叨？（孙秋香，2014）
(414) 云南昆明：饭格煮熟了？（丁崇明，2005）

B组：趋向补语
(415) 安徽六安丁集：克爬上去？爬不爬上去？｜克分开勒？分没分开？（刘祥柏，1997）
(416) 安徽阜阳：可切开来？（王琴，2008）
(417) 云南昆明：你格搬过来了？（丁崇明，2005）

C组：可能补语
(418) 安徽蒙城：你可拿得动？（胡利华，2008）
(419) 上海：伊阿写得好？｜侬阿跑得快？（徐烈炯、邵敬敏，1999）
(420) 广东新丰：你咸买得到？你买得到买不到？（邵敬敏等，2010）
(421) 广东龙川：渠写个字你阿（唔）认得出？｜禾阿（唔）割得啦？（黄年丰，2017）
(422) 广东翁源：你嘅裤搞倒咁屙槽，阿唔洗得干净嘞？

你的裤子弄得那么脏，能不能洗干净了？（吴碧珊，2016）

D 组：数量补语

（423）云南昆明：你在这点儿格住了一年了？｜这些生字你格听写着一遍了？（丁崇明，2005）

第四，"VP"中含有能愿动词。例如：

（424）安徽合肥：克敢去？｜克能切？（李慧敏，2008）

（425）安徽蒙城：他可能吃完？｜你可能拿动？（胡利华，2008）

（426）江苏东台：你个会跳舞？｜你个应该说谢谢？（吴莹莹，2016）

（427）山东威海：那孩子是不该吃奶了？你孩子该不该吃奶了？（戚晓杰，1990）

（428）江西玉山：你明天可要去上饶？（谢晓慧，2001）

（429）广东龙川：渠阿（唔）肯撩你一齐去？他愿意不愿意和你一起去？（黄年丰，2017）

第五，"VP"为形容词和形容词性短语。

用于"F"后面的形容词一般只能是单音节或双音节的性质形容词，而不能是状态形容词或非谓形容词；用于"F"后面的形容词性短语则较为有限，仅存在于少数方言中。例如：

A 组："VP"为光杆形容词

（430）安徽六安丁集：克热？｜克糊涂勒？（刘祥柏，1997）

（431）山东威海：这朵花是不红？这朵花红不红？（戚晓杰，1990）

（432）山东牟平：这个苹果可不酸？这个苹果酸不酸？｜那个院子是不宽敞？那个院子宽敞不宽敞？（罗福腾，1981）

（433）四川攀枝花：那个芒果咯香？（邵敬敏等，2010）

（434）江苏南京：今儿打球阿累啊？｜我家小孩学习阿认真啊？（刘彦哲，2016）

B组："VP"为形容词性短语

（435）安徽六安丁集：克很烫？（刘祥柏，1997）

（436）云南昆明：他格特别满意？｜这件衣裳格肥嘚点儿了？（丁崇明，2005）

（437）云南罗平：她生呢耐过那个小娃阿又白又胖嘚？（余伟，2016）

(二)"F"的位置

作为疑问副词的"F"在问句中充当状语修饰谓词性成分"VP"。当问句中存在其他状语成分或"VP"为述补短语时，"F"与这些成分之间往往存在位次问题。

当"F+VP"问句里含有时间名词作状语时，"F"既可位于时间名词前也可位于时间名词后。例如：

（438）安徽舒城：可麻个明天开学？｜麻个可开学？（程瑶，2010）

（439）安徽阜阳：他可明儿个走？｜他明个儿可走？（王琴，2008）

（440）上海：阿三点钟走？｜三点钟阿走？（徐烈炯、邵敬敏，1999）

在部分方言点，"F"只能位于时间名词后，如江苏南京的"你明天阿去上海？"，泰兴的"你明朝个去上海？"[①]。

---

[①] 刘彦哲：《江苏境内方言"可VP"句式比较研究》，硕士学位论文，南京大学，2016年，第48页。

当"F + VP"问句里含有介词短语作状语时,"F"既可位于介词短语前也可位于介词短语后。例如:

(441) 安徽六安丁集:克比我高? | 比我克高?(刘祥柏,1997)

(442) 河南固始:可得屋里做作业? | 得屋里可做作业?(李孝娴,2003)

(443) 江苏南京:你阿在家吃饭啊? | 你在家阿吃饭啊?(刘彦哲,2016)

当"F + VP"问句含有时间副词、频率副词作状语时,多数方言的"F"只能位于状语之前。例如:

(444) 江苏泰兴:他个天天来?(顾黔,2016)
(445) 安徽舒城:可一直看下去?(程瑶,2010)
(446) 上海:阿时常来此地?(徐烈炯、邵敬敏,1999)

在部分方言点,疑问副词"F"可位于状语之后,例如:

(447) 安徽阜阳:他一向可好?(王琴,2008)
(448) 云南昆明:你降降格见着他了?(丁崇明,2005)

当"F + VP"问句含有语气副词作状语时,"F"一般位于语气词副词之后。例如:

(449) 上海:到底阿去? | 大约摸阿会去?(徐烈炯、邵敬敏,1999)

(450) 云南昆明:吃猪油到底格可以?(丁崇明,2005)
(451) 广东封开南丰:佢究竟阿熟写毛笔字嘞?(侯兴泉,2005)

当"F + VP"问句含有程度副词、范围副词、情态副词、形容词作状语时,"F"只能位于这些成分之前。例如:

(452)(程度副词)上海:阿交关聪明?(徐烈炯、邵敬敏,1999)
云南昆明:他格有点儿胖?(丁崇明,2005)
(453)(范围副词)江苏泰兴:你俫两个人个做块一起去?(顾黔,2016)
江苏南京:你们阿全去啦?(刘彦哲,2016)
(454)(情态副词)安徽阜阳:可百般装赖?(王琴,2008)
江苏苏州:倷阿板定一定去?(刘彦哲,2016)
(455)(形容词)河南固始:你俩结婚可热热闹闹地办一次?(李孝娴,2003)
安徽舒城:他可仔细数着?(程瑶,2010)

需要特别指出的是,在有的方言点,如安徽枞阳、河南固始、广东龙川等地,带有程度副词的状中短语无法进入"F + VP"问句。

当"F + VP"问句含有述补短语时,主要存在两种情况。第一,当述补短语为带结构助词"得"的情态补语,且情态补语为性质形容词时,"F"位于补语之前;当情态补语为形容词的重叠式、动词性短语等时,"F"可位于述语之前。例如:

A 组:补语为性质形容词
(456)河南固始:雪下得可大?| 小孩儿长得可俏巴?(鲁冰,2017)
(457)江苏苏州:倷讲得阿对?| 房间布置得阿漂亮?(李小凡,1999)
(458)上海:伊写得阿好?| 侬跑得阿快?(徐烈炯、邵

敬敏，1999）

（459）云南昆明：他学英语学得格好？| 这种花长得格快？（丁崇明，2005）

（460）广东封开南丰：王老师嘅篇文章写得阿好？王老师这篇文章写得好不好？（侯兴泉，2005）

B组：补语为形容词重叠式、动词性短语等

（461）安徽颍上：克扫得干干净净的？（吴晓红，2006）

（462）安徽阜阳：他可哭得直擤鼻子来？| 他哭得可直擤鼻子？（王琴，2008）

（463）安徽六安丁集：克打得他直叫唤嘞？| 打得他克直叫唤？（刘祥柏，1997）

第二，当述补短语为不带结构助词"得"的可能补语时，"F"可位于述语之后。这一现象仅存在于少数方言中。例如：

（464）安徽合肥：拿克动？拿得动拿不动？（李慧敏，2008）

（465）安徽六安丁集：站克稳当？站得稳当站不稳当？| 养克活？养得活养不活？（刘祥柏，1997）

（466）安徽舒城：挑可动？（程瑶，2010）

### 三 语义特征

副状式正反问的语义特征主要表现在两个方面，一是疑问副词的疑问功能，二是副状式正反问的时态表达。前者是各方言副状式正反问的统一特征；后者在不同方言中存在不同的表现形式。

（一）"F"的疑问功能

疑问副词是副状式正反问表达疑问的手段，在问句中具有标示疑问焦点的功能。这具体表现在三个方面。

第一，"F"是构成疑问句的必要标记，如果将问句中的"F"去掉，且不添加其他疑问手段，那么问句则无法成立。例如：

(467) 安徽阜阳：恁可愿跟俺一起吃饭？｜明个儿恁可想上街遛遛？（王琴，2008）

将上述问句中的疑问副词"可"去掉，那么问句就无法成立。如果在句末添加上升语调或"吗"类、"吧"类疑问语气词，则变为是非问句；如果变换为正反并列结构，则变为正反式正反问；如果将特定词语变换为疑问代词，则变为特指问句。由此可见，疑问副词"F"与其他疑问手段的地位相当，都是问句必不可少的成句要素。

第二，作为显示疑问焦点的标记词，问句的表义重心往往会随着"F"在句中的不同位置而发生变化。根据前文分析，"F"在问句中的位置并不是固定不变的，而是可以有规则地进行移动，这种规则与"F"所具有的疑问功能有关。一般说来，"F"后面的成分便是疑问焦点，当"F"移动时，疑问焦点也会随之改变。

以时间名词、介词短语为例。疑问副词"F"既可位于时间名词或介词短语前，也可位于时间名词或介词短语后，但是两种问句的疑问焦点不同。

当"F"位于时间名词前，疑问焦点在时间名词上；当"F"位于时间名词之后，疑问焦点主要在其后的谓词性成分上。例如：

(468) 江苏南通：你姆妈果明朝跑？｜你姆妈明朝果跑？（孙秋香，2014）

前句中，"果"位于时间名词"明朝"前，是对"是不是明天走"的询问，询问的是时间；后句中，"果"位于时间名词"明朝"后，谓词性成分"跑"前，是对"走不走"的询问，询问的是动作行为。

当"F"位于介词短语前时，疑问焦点在介词短语上，主要询问处所、时间、目的、对象等；当"F"位于介词短语后时，疑问焦点在其后的谓词性成分上。例如：

（469）云南昆明：他爹格挨你熟？｜他爹挨你格熟？（丁崇明，2005）

前句中，"格"位于介词短语"挨你"前，是对"是不是跟你熟"的询问，询问的是对象；后句中，"格"位于介词短语后，是对"跟你熟不熟"的询问，询问的是关系。

第三，因为"F"能够显示疑问焦点，且在问句中的位置不固定，所以可以将其用于区别某些歧义结构。

例如，在使用"F + VP"问句的方言中，可以根据疑问副词"F"的不同位置来区分可能补语和情态补语。

（470）安徽阜阳：怎可讲得清楚？｜怎讲得可清楚？（王琴，2008）

（471）上海：伊阿写得好？侬阿跑得快？｜伊写得阿好？侬跑得阿快？（徐烈炯、邵敬敏，1999）

（472）江苏东台：个写得好？个洗得干净？｜写得个好？洗得个干净？（吴莹莹，2016）

上述三例中，疑问副词位于述补结构前，问句的疑问焦点在整个述补结构，询问是否有能力做某事；疑问副词"F"位于补语前，问句的疑问焦点在补语上，询问某事做得怎么样。

（二）"F + VP"的时态表达

副状式正反问主要存在三种时态表达方式：一是变换语音；二是添加虚词；三是变换词形。

第一种方式，变换语音。

变换语音，是指使用具有不同语音形式的疑问副词"F"，构成表达不同时态意义的"F + VP"问句。结合现有资料，论及这种方式的文献较为有限，仅涉及河南固始及安徽蒙城、寿县、怀远四地。具体形式见表5—16。

表 5—16　　　　　　　　　副状式正反问的时态表达①

| 方言点 | "F"的类型 | 表示未然时态 F₁ | 例句 | 表示已然时态 F₂ | 例句 |
|---|---|---|---|---|---|
| 中原官话 | 河南固始（李孝娴，2003） | 可₁ [kʻɔ⁵³] | 明天你可₁去？<br>明天你去不去？ | 可₂ [kʻei²¹³] | 他可₂看了文件？<br>他看了文件没有？ |
| 中原官话 | 安徽蒙城（胡利华，2008） | 可₁ [kʻɔ⁵⁵] | 大哥可₁去北京？<br>大哥去不去北京？ | 可₂ [kʻei⁵¹] | 大哥可₂去北京？<br>大哥去北京没有？ |
| 中原官话 | 安徽寿县（杨曼，2011） | 可₁ [kɔ⁵⁵] | 夜里你一个回来可₁害怕？<br>晚上你一个人回来害怕不害怕？ | 可₂ [kei²¹³] | 夜里你一个回来可₂害怕？<br>晚上你一个人回来害怕没有？ |
| 江淮官话 | 安徽怀远（贡贵训，2013） | 可₁ [kɔ²¹] | 你明天可₁上蚌埠？<br>你明天去不去蚌埠？ | 可₂ [kei⁵³] | 张三可₂去念书？<br>张三去念书没有？ |

在表 5—16 中，"F₁ + VP"问句相当于普通话的"VP 不 VP？"，主要用于询问未然事件、主观意愿等；"F₂ + VP"问句相当于普通话的"VP 没 VP？"或"VP 没（有）？"，主要用于询问已然事件、客观情况等。从语音形式上看，表中的"F₂"均以 [ei] 为韵母。关于已然体"F₂"的来源，张敏先生推测有两种可能，一是"可曾"的合音，二是"可有"的合音，张先生倾向于后一种可能②。而"可有"应相当于普通话里的"有没有"。据李孝娴分析，固始话里并不存在相当于普通话"有没有 NP"问句的"可₁有 NP"问句，这类问句在该方言里应表示为"可₂得 NP"，而普通话里的"有没有 VP"问句在固始应表示为"可₂VP"。因此，"可₂ [kʻei]"不

---

① 表格中符号说明："F₁"表示具有未然时态的疑问副词，"F₂"表示具有已然时态的疑问副词。
② 张敏：《汉语方言反复问句的类型学研究：共时分布及历史蕴含》，博士学位论文，北京大学，1990 年。

一定是"可₁ [k'ə] 有"的合音①。汪化云、李倩则认为，固始方言里的"可₁"读作 [k'ə³⁵]，"没"读作 [mei²¹⁴]，而"可₂"可能是"可₁"与"没"的合音，其读音"[k'ei²¹⁴]"可能来源于"可₁"的声母和"没"的韵母、声调的拼合②。结合前人研究，根据"F₂"的特征，我们推测，"F₂"可能是"F₁"与具有已然意义的语素合音之后产生的新形式，而由其构成的"F₂＋VP"问句专门用于询问已经发生的动作行为或客观情况。

在这类副状式正反问中，还可以添加特定的语气词或动态助词来表达不同的时态意义。根据表达意义的不同，主要包括四种情况。

首先，在"F₁＋VP"问句末尾，可以添加"了、咾、喽"等语气词。这类问句主要用于询问是否还要继续做之前打算做或正在做的某事，相当于普通话的"还VP不VP了？"。例如：

(473) 安徽寿县：这本书你可₁ [kə⁵⁵] 看了？这本书你还看不看了？（杨曼，2011）

(474) 安徽怀远：你可₁ [kə²¹] 吃饭咾？你还吃不吃饭了？（贡贵训，2013）

(475) 安徽蒙城：恁几个可₁看电影喽？要看赶紧买票。（张芊，2012）

其次，在"F₁＋VP"问句末尾，可以添加语气词"来"。这类问句主要用于询问是否现在就开始做某事。例如：

(476) 安徽寿县：这本书你可₁ [kə⁵⁵] 看来？这本书你现在

---

① 李孝娴：《固始方言问句系统考察》，硕士学位论文，华中师范大学，2003年，第20页。
② 汪化云、李倩：《河南固始方言的"可"字句》，《方言》2013年第4期。

看不看？（杨曼，2011）

(477) 安徽怀远：你可₁[kə²¹]吃饭来？你现在吃饭不吃饭？（贡贵训，2013）

再次，在"$F_2$+VP"问句末尾，可以添加语气词"来"。这类问句主要用于询问过去已经发生的行为或事件，以及某一性状的产生或变化。例如：

(478) 安徽蒙城：恁可₂[kʻei⁵¹]去吃饭来？（胡利华，2008）

(479) 安徽寿县：你可₂[kei²¹³]烧水来？（杨曼，2011）

最后，在"$F_2$+VP"问句中，可以添加表经历态的动态助词"过"。这类问句主要用于询问曾经发生过的行为或事件。例如：

(480) 河南固始：他可₂[kʻei²¹³]问过老张？（李孝娴，2003）

(481) 安徽蒙城：大哥可₂[kʻei⁵¹]去过北京？（胡利华，2008）

第二种方式，添加虚词。

添加虚词，是指通过在问句里添加不同的动态助词或语气词构成表达不同时态意义的"F+VP"问句。具体而言，在副状式正反问句里，可以通过在未然问句中间或末尾添加特定的动态助词或语气词来构成表达已然意义的问句。

结合现有资料，这种方式多存在于安徽、江苏、云南等地，主要涉及中原官话、江淮官话、西南官话及部分吴语。具体表现形式见表5—17。

第五章 汉语方言的正反问　391

表 5—17　　　　　　　　　副状式正反问已然时态的表达

| 地域与方言归属 | | 动态助词 | 语气词 | 例句 |
|---|---|---|---|---|
| 中原官话 | 安徽阜阳（王琴，2008） | | 芒［·mã］<br>来［·lɛ］ | 他可当过兵芒/来？<br><small>他当没当过兵？</small> |
| | 安徽太和（王婷婷，2014） | | 芒［maŋ⁰］<br>唻［lɛ⁰］ | 你可看电视芒/唻？<small>你看电视了没有？</small> |
| | 安徽颍上（吴晓红，2006） | | 徕 | 克去赶集徕？<small>去赶集没有？</small>｜克来人徕？<small>来没来人？</small> |
| | 江苏睢宁（王健，1999） | | 了 | 可看电视了？<small>看电视没看电视？</small> |
| 江淮官话 | 安徽六安丁集（刘祥柏，1997） | | 勒［lɤʔ⁵⁵］ | 克吃勒？<small>吃了没有？</small>｜克红掉勒？<small>红了没有？</small> |
| | 安徽合肥（李慧敏，2008） | | 来 | 克抽烟来？<small>抽烟没抽烟？</small>｜克凉来？<small>凉了没有？</small> |
| | 安徽安庆（鲍红，2016） | 着① | | 他可去着？｜作业可写好着？ |
| | | | 的 | 你可去唱歌的？ |
| | 安徽庐江南部（陈寿义，2007） | 仔 | | 你咯看仔电影？<small>你看了电影了没有？</small> |
| | 江苏南京（刘彦哲，2016） | | 啦、嗒 | 你阿去啦/嗒？ |
| 西南官话 | 云南昆明（丁崇明，2005） | | 了 | 你格结婚了？<small>你结婚没有？</small>｜<br>你格买房子了？<small>你买没买房子？</small> |
| 吴语 | 江苏吕四（卢今元，2007） | 过 | 啦 | 你果吃过饭？<small>你吃没吃过饭？</small>｜你果吃饭啦？<small>你吃了饭没有？</small>｜你果到北京去过啦？<small>你到没到北京去过？</small> |
| | 江西玉山（游汝杰，1993） | 呒② | | 你各讲呒［m³¹］？ |

---

① 吕延、杨军（2015）指出，"着"为完成体助词，如"尔可喝着茶？<small>你喝没喝茶？</small>""渠身体可好着些了？<small>他身体好没好些了？</small>"鲍红（2016：250）则认为，"着"兼属动态助词和语气词，且安庆方言通常不说"可洗澡着""可吃饭着"，而说"澡可洗着""饭可吃着"。

② 据游汝杰（1993），"呒"既可单用，读作［m³¹］，也可与语气词"啊"结合，读合音［maʔ⁵⁵］。

在表 5—17 中，构成已然问句的词语可区分为语气词和动态助词两类。

在语气词中，安徽阜阳、太和方言里的"芒"较为特殊。这里的"芒"由否定词"没"虚化而来，但这种虚化尚未彻底，因此，"芒"应是介于否定词和语气词之间的语言成分，兼有否定词和语气词的双重功能，可用于"F + VP"问句末尾构成表已然的副状式正反问。在动态助词中，表达已然意义的"着、仔、过"主要用于谓语动词的后面，由其构成的副状式正反问主要用于询问已然事件、客观情况。如果将上述两类词语去掉，那么问句就会转变为表达未然意义。另据罗福腾分析，在胶东北部的龙口、蓬莱、长岛等地，"□［ᵴɲ］+ VP"问句的已然体形式源于在其未然体形式上添加表完成时态的助词"了"或表曾经体的助词"来"[1]。

此外，在上述安徽境内的部分方言点，表未然的"F + VP"问句末尾还可添加"唠、唻、了、勒、嘞"等语气词。"F + VP + 唠/唻/了/勒/嘞"问句主要用于询问是否还要继续做之前打算做或正在做的某事，相当于普通话的"还 VP 不 VP 了"问句。例如：

(482) 安徽阜阳：恁明个儿可去上海唠？你明天还去不去上海了？（王琴，2008）

(483) 安徽太和：周末你可去参加同学聚会唻？周末你还去不去参加同学聚会了？（王婷婷，2014）

(484) 安徽颍上：克去赶集了？还去不去赶集了？（吴晓红，2006）

(485) 安徽六安丁集：克糊涂勒？还糊涂不糊涂了？（刘祥柏，1997）

(486) 安徽庐江南部：咯在唱勒？还在不在唱了？（陈寿义，2007）

---

[1] 罗福腾：《山东方言里的反复问句》，《方言》1996 年第 3 期。

（487）安徽舒城：你可去桂林嘞？你还去不去桂林了？（程瑶，2010）

第三种方式，变换词形。

变换词形，是指利用词汇手段对疑问副词"F"进行改造。这种改造主要包括两种途径：一是通过更换未然体疑问副词的部分语素，以构成表达已然意义的疑问副词；二是通过在未然体疑问副词上添加具有已然意义的语素，以构成表达已然意义的疑问副词。

就现有资料来看，山东境内的胶辽官话多使用第一种途径进行改造；而江苏、上海境内的江淮官话和吴语，广东境内的客家话多使用第二种途径进行改造。具体表现如下。

首先，在山东境内的胶辽官话中，疑问副词"是不/可不"用于构成未然问句，如果将"是不/可不"里的语素"不"更换为表已然意义的语素"没、木、莫"等，便可构成表达已然意义疑问副词"是没、是莫、是木、可没"。而由其构成的"是没/是莫/是木/可没VP"问句主要用于询问已然事件、客观情况。例如：

（488）山东牟平：他是不/可不爱吃干饭？他爱不爱吃干饭？｜他是没/可没看完这本书？他看没看完这本书？（罗福腾，1981）

（489）山东安丘：你是不害羞？你害羞不害羞？｜你是木害羞？你害羞没害羞？（周琳，2014）

（490）山东文登：我穿这个衣裳是不/可不好看？我穿这件衣服好看不好看？｜家里的灯是没/可没关？家里的灯关没关？（丛培敏，2006）

（491）山东荣成：外边是不下雨？外边下雨不下雨？｜他是没考上大学？他考上大学没有？（王淑霞，1995）

（492）山东威海：你是不能去？你能去不能去？｜你是莫好点？你好点了没有？（戚晓杰，1990）

其次，在江苏境内的江淮官话，苏州、上海的吴语以及广东的客家话中，疑问副词"个、果、阿、阿唔、咸唔"等用于构成未然问句，如果在这些疑问副词后面添加表已然意义的"曾、唔曾"等，便可构成表达已然意义的疑问副词"个曾、果曾、阿曾、齻、阿能、阿盟"等。而由其构成的"个曾/果曾/阿曾/齻/阿能/阿盟 VP"问句主要用于询问已然事件或客观情况。例如（表5—18）：

表5—18　　　　　　　　副状式正反问的时态表达

| 地域与方言归属 | | "F"的类型 | | | |
|---|---|---|---|---|---|
| | | 未然(F$_1$) | 例句 | 已然(F$_2$) | 例句 |
| 江淮官话 | 江苏东台（吴莹莹，2016） | 个 | 你个要出去？你要不要出去？ | 个曾 | 作业个曾写好？作业写好了没有？ |
| | 江苏南通（孙秋香，2014） | 果 | 你怎过年果锅去啊？他们过年回家不回家啊？ | 果曾 | 你果曾上过香港？你去没去过香港？ |
| | 江苏泰兴（顾黔，2016） | 个 | 你个去啊？你去不去啊？ | 个曾 | 你个曾去啊？你去没去啊？ |
| | 江苏扬州（黄伯荣，1996） | 可 | 可欢喜看电影？ | 可曾 | 可曾打票？ |
| 吴语 | 江苏苏州（李小凡，1998） | 阿 | 倷今朝阿勒屋里吃饭？你今天在不在家里吃饭？ | 齻 | 俚齻出过国？他出过国没有？ |
| | 上海（徐烈炯、邵敬敏，1999） | 阿 | 侬明早阿到香港去？ | 阿曾 | 伊阿曾去过新疆？ |
| 客家话 | 广东翁源（吴碧珊等，2016） | 阿唔咸唔 | 佢今日阿唔食上班？他今天用不用上班？今夜晡佢咸唔来？今晚他来不来？ | 阿盟咸盟 | 阿盟洗乙身？洗澡了没有？你咸盟看过这本书？你看过这本书没有？ |
| | 广东龙川（黄年丰，2017） | 阿（唔） | 你阿（唔）去广州？你去不去广州？小明今晚唔来哦？小明今晚来不来？ | 阿曾阿盟阿能 | 水阿曾/阿盟/阿能沸欶啦？水开了没有？水唔曾/盟/能沸欶略？ |

在客家话里，表已然的"曾、唔曾"与"阿唔、咸唔、阿"等组合时，往往会发生部分语素的合音或脱落现象。吴碧珊等指出，"阿盟"和"咸盟"分别来源于"阿唔曾"和"咸唔曾"，其中"盟 [₋mɛn]"为"唔 [₋m]"与"曾 [₋tsʰɛn]"的合音①。据黄年丰考察，在广东龙川话中，表已然的疑问副词存在三种构成方式：第一，"阿唔曾"脱落否定词"唔"，构成表已然的疑问副词"阿曾"；第二，"阿唔曾"中的"唔曾"发生合音，构成表已然的疑问副词"阿盟、阿能"；第三，"阿"脱落而直接使用"唔曾""盟"或"能"充当表已然的疑问副词②。

通过上述分析可知，副状式正反问的时态表达主要有变换语音、添加虚词、变换词形三种方式，以添加虚词最为常见。有时，在使用变换语音、变换词形的方式时，也可以通过添加动态助词或语气词来帮助不同时态意义的表达。

需要特别指出的是，在部分方言点，"F + VP"问句只能用于询问未然事件或主观意愿，而在询问已然事件或客观情况时多使用正反式正反问或简省式正反问。例如，在安徽凤阳等县虽然也存在与合肥方言相一致的"F + VP"问句，但是这种问句只具有未然意义，当表已然意义时需要使用正反式正反问③。

### 四　特殊用法

（一）"F 是"问句

由"F 是"构成的副状式正反问存在两种类型：一是"F 是 NP"问句；二是"F 是 VP"问句。两类问句具有不同的结构形式。具体而言，在"F 是 NP"问句中，判断动词"是"与体词性成分

---

① 吴碧珊等：《广东翁源客家话正反问句研究》，《华中学术》2016 年第 4 期。
② 黄年丰：《龙川客家话的"F－(neg)－VP"型正反问句》，《赣南师范大学学报》2017 年第 4 期。
③ 李孝娴：《固始方言问句系统考察》，硕士学位论文，华中师范大学，2003 年，第 38 页。

"NP"构成"是 NP"充当问句的谓语，疑问副词"F"修饰"是 NP"，因此，"F 是 NP"问句在结构上应切分为"F/是 NP"，相当于普通话的"是不是 NP"问句。在"F 是 VP"问句中，"F 是"修饰谓词性成分"VP"，"F 是"已融合成为一个整体，共同充当疑问副词。因此，"F 是 VP"问句在结构上应切分为"F 是/VP"，相当于普通话的"是不是 VP"问句。以下分别考察两类问句的方言特征。

第一，"F 是 NP"问句。

能进入"F 是 NP"问句的体词性成分主要有名词、代词、数量词以及体词性的"的"字短语、偏正短语、联合短语等。这在不同方言里具有一致性。例如：

（493）安徽舒城：可是他？｜你可是新来的服务员？｜床上的被单可是全棉的？（程瑶，2010）

（494）上海：伊阿是侬格小囡？｜老伯阿是善卿先生？（徐烈炯、邵敬敏，1999）

（495）江苏南通：明朝果是礼拜一？｜他姨父果是中学老师？｜她格恁能做，果是女哩啊？（孙秋香，2014）

（496）云南昆明：你要的格是三斤？｜他格是你们学校的？｜你找的格是张红挨和王平？｜他格是北京人？（丁崇明，2005）

（497）广东翁源：佢哈孭①你老弟？｜今日哈孭星期六？（吴碧珊等，2016）

如果将上述例句中的疑问副词去掉，并在句末添加陈述语调，那么，"F 是 NP"问句就转换为由判断动词"是"构成的判断句。由此可见，疑问副词"F"是构成"F 是 NP"问句的疑问手段。

与此同时，在部分方言中，还存在直接由疑问副词"F"与体词性成分"NP"构成的副状式正反问。这样的"F + NP"问句实际上是

---

① 吴碧珊等（2016）指出，广东翁源话中的"孭"是"唔"和"系"的合音。

由判断动词"是"脱落之后而产生的。而"是"的脱落主要表现为两种方式，一是在语流中直接省略，二是与原型问句里的疑问副词"F"构成合音形式。据现有资料，使用第一种方式构成"F+NP"问句的方言点有江苏南通和河南固始两地；使用第二种方式构成"F+NP"问句的方言点有安徽阜阳、霍邱、怀远、六安丁集、舒城等地。

第二，"F 是 VP"问句。

"F 是 VP"问句是由疑问副词"F 是"和谓词性成分"VP"组合构成的问句形式。"F 是 VP"问句的特征主要表现在句式结构、语义内涵和回答方式三个方面。

首先，在句式结构上，"F 是"和"VP"都具有鲜明的方言特征。

"VP"主要具有三个方面的特征：1. 在语法性质上，"VP"既可以是动词性的也可以是形容词性的。2. 在结构形式上，"VP"主要包括述宾短语、述补短语、状中短语、连谓短语、兼语短语等。3. 在肯否形式上，"VP"既可以是肯定形式，也可以是否定形式。以下举例说明。

就"VP"的语法性质和结构形式举例。

A 组："VP"为动词或动词性短语，例如（表 5—19）：

表 5—19　　　　　　　　"VP"为动词或动词性短语

| 方言点 | "F+VP" | "F 是 VP" |
|---|---|---|
| （498）上海（徐烈炯、邵敬敏，1999） | 侬阿来？ | *侬阿是来？<br>侬阿是来格/勒？ |
| | 侬阿想去北京？ | 侬阿是想去北京？ |
| （499）江苏泰州（曹琪、余晓强，2013） | 衣裳洗得个干净？ | 衣裳洗得个是干净？ |
| （500）江苏东台（吴莹莹，2016） | 他个高兴得不得了？ | 他个是高兴得不得了？ |
| （501）安徽阜阳（王琴，2008） | 怹可走？ | *怹可是走？<br>怹可是走憨/蔫/唡？ |
| | 他可考上大学来？ | 他可是考上大学来？ |

续表

| 方言点 | "F + VP" | "F 是 VP" |
|---|---|---|
| (502) 安徽北部 (侯超, 2015) | *可丢咾?<br>*可病咾?<br>*可生锈咾?<br>*可吓傻咾?<br>*可就你去?<br>*可才去? | 可（是）丢咾?<br>可（是）病咾?<br>可（是）生锈咾?<br>可（是）吓傻咾?<br>可（是）就你去?<br>可（是）才去 |
| (503) 云南昆明 (丁崇明, 2005) | 你格喜欢她?<br>你格去报到了? | 你格是喜欢她?<br>你格是去报到了? |

B 组："VP" 为形容词或形容词性短语，例如（表 5—20）：

表 5—20　　　　"VP" 为形容词或形容词性短语

| 方言点 | "F + VP" | F 是 VP |
|---|---|---|
| (504) 安徽舒城 (程瑶, 2010) | 他可糊涂? | *他可是糊涂?<br>他可是糊涂唰? |
| (505) 安徽枞阳 (林玉婷, 2017) | *地高头各干干净净的?<br>*她各特别漂亮? | 地高头各是干干净净的?<br>她各是特别漂亮? |
| (506) 安徽蒙城 (张芊, 2012) | *这米可喷香?<br>*他家孩子可调皮捣蛋? | 这米可是喷香?<br>他家孩子可是调皮捣蛋? |
| (507) 安徽阜阳 (王琴, 2008) | *今天可比昨天冷丝丝?<br>*他做事可认认真真? | 今天可是比昨天冷丝丝?<br>他做事可是认认真真? |
| (508) 云南昆明 (丁崇明, 2005) | *他们家的房子格大的得很? | 他们家的房子格是大的得很? |
| (509) 广东龙川 (黄年丰, 2017) | *渠个仔阿好嘈?<br>*伊类薤菜阿（唔）嫩嫩咿啊? | 渠个仔阿昧好嘈? 你儿子是不是很调皮?<br>伊类薤菜阿昧嫩嫩咿啊? |

通过 A 组和 B 组例句可知，"F + VP"问句与"F 是 VP"问句在"VP"类别的选择上存在一定差异：1. 就动词及动词性短语来看，光杆动词进入"F 是 VP"问句往往需要在句末添加语气词；非自主动词及非自主动词性短语，以及带有"就、才"等副词的动词性短语多无法构成"F + VP"问句，而只能构成"F 是 VP"问句。2. 就形容词及形容词性短语来看，光杆形容词进入"F 是 VP"问句往往需要在句末添加语气词；状态形容词、形容词重叠式、由形容词充当中心语的状中短语、由形容词充当述语的述补短语等成分多无法进入"F + VP"问句，而只能进入"F 是 VP"问句。

就"VP"的否定形式举例。

A 组："VP"含有否定副词，例如（表 5—21）：

表 5—21　　　　　　　　　　"VP"含有否定副词

| 方言点 | "不"类 | "没"类 |
| --- | --- | --- |
| （510）安徽阜阳（王琴，2008） | 怹可是不去憨？ | 怹可是还没吃饭？ |
| （511）安徽太和（王婷婷，2014） | 你可是不打算读博咪？ | 他可是还没去上学？ |
| （512）江苏南通（孙秋香，2014） | 老大果是不吃牛肉？ | 他果是还不曾来啊？ |
| （513）江苏南京（刘彦哲，2016） | 你阿是不晓得啊？ | 你阿是没吃饭啊？ |
| （514）江苏苏州（刘彦哲，2016） | 俚阿是勿到学堂？ | 人阿是嚾到齐？ |
| （515）云南大理（苏倩，2011） | 你格是不打算吃饭了嗄？ | 今天格是不有出太阳？ |
| （516）云南沾益（山娅兰，2005） | 你格是来不成了？ | 你格是还有吃饭？ |
| （517）云南昆明（丁崇明，2005） | 今天百货大楼格是不开门了？ | 百货大楼是昨天冇开门？ |
| （518）广东翁源（吴碧珊等，2016） | 你哈婓唔去嘞？ | 你哈婓还盟洗身？ |

B 组："VP"含有否定动词，例如：

（519）安徽蒙城：里屋可是没有电灯？（胡利华，2008）
（520）江苏南通：锅里果是没得钱啊？（孙秋香，2014）

含有"不"类否定副词的"F 是 VP"问句,主要用于对可能不会发生的动作行为或可能不会抱有的主观意愿进行询问;含有"没"类否定副词的"F 是 VP"问句,主要用于对可能没有发生的客观事件进行询问。

"F 是"的主要特征是可以根据表义的需要在问句中进行移动,随着"F 是"位置的变换,问句的疑问焦点也会发生转移。

当"F 是"位于句首时,疑问焦点在主语。例如:

(521) 安徽阜阳:可是他明个儿有事?(王琴,2008)
(522) 云南大理:格是你不有见过他?(苏倩,2011)

当"F 是"位于表时间的状语前时,疑问焦点在表时间的状语。例如:

(523) 江苏南京:你阿是今儿心情不好?(刘彦哲,2016)
(524) 江苏苏州:倷阿是今朝勿上班啊?(李小凡,1998)

当"F 是"位于介词短语前时,疑问焦点在介词短语。例如:

(525) 江苏南通:南通今朝果是比昨朝热? (孙秋香,2014)
(526) 云南昆明:老王去年格是挨小周结婚了?(丁崇明,2005)

当"F 是"位于主谓谓语句的大谓语前时,疑问焦点在充当大谓语的主谓短语。例如:

(527) 江苏苏州:你阿是眼睛近视?(刘丹青,1991)
(528) 云南昆明:书柜格是你另外请人打?(丁崇明,2005)

当"F是"位于谓词或谓词性短语前时,疑问焦点在谓词或谓词性短语。例如:

(529)江苏泰兴:你个是不晓得嘎?(顾黔,2016)
(530)安徽阜阳:他明个儿可是走?(王琴,2008)
(531)广东翁源:食乙夜哈婆来打牌?(吴碧珊等,2016)
(532)广东龙川:厓个面阿昧□[faŋ³¹]红?我的脸是不是很红?(黄年丰,2017)

其次,在语义内涵上,"F是VP"问句是带有倾向性的问句,相当于普通话的"是不是VP"问句。具体而言,问话人在提出问题之前就已经对问题的答案有了一定的认识或推测,对问题的答案带有明显的主观倾向,而这种主观倾向侧重于肯定。刘丹青认为,苏州话的"F+VP"问句随着疑问副词的不同而具有不同的疑问程度。具体看来,"阿VP""嚜VP"的真值是1/2,"阿是VP"的真值是3/4;"阿、嚜"用于完全的有疑而问,"阿是"用于已有所知的再证实[①]。上文提到,否定形式的"VP"、带有"就、才"等副词的"VP"以及状态形容词等都不能进入"F+VP"问句,而只能进入"F是VP"问句。其主要原因在于,这些成分本身就带有一定的语义偏向,这种倾向性与不带语义倾向的"F+VP"问句相悖。也正因如此,"F是VP"问句在"VP"的选择范围上要比"F+VP"问句更为广泛。

在汉语共同语中还存在两种具有明显主观倾向的问句形式,即语调型是非问和诧异问"S+吗₂"。虽然"F是VP"问句与普通话的语调型是非问句、"S+吗₂"问句都带有倾向性,但是语调型是非问句和"S+吗₂"问句更多地表达发问人对心中已有猜测或判断的怀疑、诧异,甚至全然不信,这时,问话人往往带有"不可能这样""不会如此"的怀疑态度。而方言的"F是VP"问句与普通话的

---

[①] 刘丹青:《苏州方言的发问词与"可VP"句式》,《中国语文》1991年第1期。

"是不是 VP"问句一样，更多地表达发问人对心中已有猜测或判断的确定和认同，这时，问话人的心理预设往往含有"应该就是这样""确定无疑"的肯定倾向。正因为这种区别，语调型是非问和"S + 吗₂"问句还能用于表达反诘意义，而"F 是 VP"问句和"是不是 VP"问句不存在这种反问用法。

最后，在回答方式上，由于"F 是 VP"问句隐含着问话人的推测，所以可以像普通话的"是不是 VP"问句一样用"是"或"不是"进行回答，或在此基础上针对"VP"的内容进行补充。这与"F + VP"问句不同。例如：

（533）安徽北部：你可是喝茶？——是（的）。/不（是）的。

你可喝茶？——喝（茶）。/不喝（茶）。（侯超，2015）

（534）江苏泰兴：你个是不想上北京啊？——是的（，不想）。/不是的（，想）。

你个想上北京啊？——想。/不想。（顾黔，2016）

（535）江苏南京：你阿是回家啊？——是啊（，回家）。/不是。

你阿买书啊？——买。/不买。（刘彦哲，2016）

需要指出的是，在中原官话汾河片和晋语中，"敢"多以"敢是"的形式出现在问句中，主要表达猜度、反诘和深究的语气意义，这里的"敢"应是语气副词，而并非疑问副词，"敢是"问句是带有明显主观倾向的猜度问或反诘问。郭利霞指出，就目前的山西方言来看，"敢是"问句最常见的用法是表猜度，表反诘的用法则相对较少；表猜度的"敢"除大包片以外，在其他各方言片均有分布[1]。例如[2]：

---

[1] 郭利霞：《山西方言疑问句中的"敢"》，《语文研究》2011 年第 2 期。
[2] 例句引自郭利霞《山西方言疑问句中的"敢"》，《语文研究》2011 年第 2 期。

A 组:"敢"表反诘。

(536) 山西五台:我不好,你敢是好?
(537) 山西汾阳:这敢是你的?

B 组:"敢"表猜度。

(538) 山西忻州:真儿敢是星期一? 今天是星期一啊?
(539) 山西陵川:他敢是走错路啦?
(540) 山西偏关:敢是你们两个认得哩?
(541) 山西兴县:你敢是不想去?
(542) 山西离石:你敢是没啦吃饭?

上述各例中,"敢是"既可用于体词性成分前,也可用于谓词性短语前,还可用于小句及否定形式的"VP"前。郭利霞认为,反诘问是用疑问句的形式表示肯定或否定的意义,如果肯定或否定的程度减弱,就表达惊讶和诧异,再进一步发展便可构成疑信参半的猜度问[1]。

(二) 附加式问句

附加问句是"附加在某个句子'S'后面的一种表达特殊交际功能的疑问句"[2]。邵敬敏认为,这种对于"附加问"的命名,实际上是从语用角度作出的分类,而附加问句的语用意义主要是就始发句 S 的内容征求对方的意见或希望对方予以证实[3]。在第二章我们已经分析到,普通话里主要存在"X 吗/吧"和"X 不 X"两种附加问形式。在这两类附加问中,"X"主要由"对、是、行、好、成"等词充当。

在方言中,"F + VP"问句也可置于小句"S"之后构成附加问

---

[1] 郭利霞:《山西方言疑问句中的"敢"》,《语文研究》2011 年第 2 期。
[2] 邵敬敏:《"X 不 X"附加问研究》,《徐州师范学院学报》1990 年第 4 期。
[3] 邵敬敏:《"X 不 X"附加问研究》,《徐州师范学院学报》1990 年第 4 期。

句。就形式特征来看，"S"既可为肯定形式，也可为否定形式；"VP"在语音上多表现为单音节的形式，在性质上多表现为判断动词、能愿动词、心理动词以及少数形容词。表5—22举例说明。

表5—22　　　　　　　"F+VP"型附加问的方言示例

| "VP" | | 例句 |
|---|---|---|
| 普通话 | 方言 | |
| 是 | 的<br>是的 | (543) 河南固始：你三个都没有吃饭，可的？｜我说走介一步，你看，可是的？（李孝娴，2003） |
| | | (544) 安徽阜阳：恁还没吃饭，可的/可是的？（王琴，2008） |
| | 是的 | (545) 江苏泰兴：你去过李老师家，个是的啊？（李彦哲，2016） |
| | 是 | (546) 云南昆明：八月十五那天月亮出来了，格是？（丁崇明，2005） |
| 行 | 行 | (547) 河南固始：就介样决定了，可行？｜俺俩一起赶集，可斗？（李孝娴，2003） |
| | 斗 | |
| | 成 | (548) 安徽阜阳：事情业已这样，别胡想八想了，可成？（王琴，2008） |
| | 管 | (549) 安徽太和：这本书借给我看看，可管？（王婷婷，2014） |
| | 能 | (550) 江苏东台：先把作业做好，个能？（吴莹莹，2016） |
| | 得 | (551) 云南昆明：分给你一半了，格得？（丁崇明，2005） |
| | 来三 | (552) 江苏苏州：倷借点钞票拨我，阿来三？你借点钱给我，行吗？（李小凡，1999） |
| 对 | 对 | (553) 安徽阜阳：爹娘把恁养大，恁得跟老的一心，可对？（王琴，2008） |
| | 对 | (554) 江苏南京：小张是个牙医，阿对啊？（刘彦哲，2016） |
| | 合 | (555) 云南昆明：你要订5号的飞机票，格合？（丁崇明，2005） |
| 懂 | 懂 | (556) 江苏南京：闭嘴，阿懂？（刘彦哲，2016） |
| | | (557) 江苏南通：爷娘才是对你最好的人，你要跟爷娘一条心，果懂？（孙秋香，2014） |
| 要 | 要 | (558) 福建漳州：给你一篮子苹果，敢要？（李少丹，2001） |
| 应该 | 该 | (559) 安徽阜阳：恁是小辈，多干点，可该？（王琴，2008） |
| 可以 | 管 | (560) 河南固始：我介出子去，可管？（李孝娴，2003） |
| | 得 | (561) 云南大理：好吃的我不吃先□［tɕ i⁴⁴］你吃，格得了？（苏倩，2011） |

续表

| "VP" ||例句|
| 普通话 | 方言 ||
| --- | --- | --- |
| 好 | 沾 | （562）安徽阜阳：恁别总跟我怄气，可沾？（王琴，2008） |
| | 好 | （563）江苏泰兴：明朝上街买衣裳，个好？（刘彦哲，2016） |
| | 搞·① | （564）云南昆明：外首冷，你莫出去，搞·？（丁崇明，2005） |
| 知道 | 晓得 | （565）江苏东台：对长辈要有礼貌，个晓得？（吴莹莹，2016） |

就语义特征来看，在"是"类附加问中，始发句"S"多是问话人对客观情况的判断，而附加问主要用于询问对方是否赞同这一主观判断，这类问句与"F是VP"问句一样带有肯定的主观倾向。在"行"类、"好"类、"应该"类、"可以"类附加问中，始发句"S"多是问话人对客观情况提出的某种建议或希望执行的动作行为，而附加问主要用于询问对方是否同意或接受问话人的建议或动作行为。在"对"类、"懂"类、"知道"类附加问中，始发句"S"多是问话人提出的某种观点、看法或自己的判断，而附加问主要用于询问对方是否认同自己的观点、看法及判断。

（三）混合式问句

在使用"F+VP"问句的方言里，往往存在"F+VP"问句与其他问句类型混合套叠的情况。这主要表现为与语气词是非问、正反式正反问、简省式正反问、副状式正反问、选择问、疑代式特指问的混合。其中，以"F+VP"问句与疑代式特指问的混合形式最为常见，其次是与选择问、"F+VP"问句、正反式正反问的混合形式，而与语气词是非问的混合较为少见。

第一，"F+VP"与语气词是非问的混合。

能够与"F+VP"问句套用的是非问句往往带有一定倾向性。

---

① 丁崇明（2005：183）指出，"搞·[kɔ⁵³]"是"格好"的合音，可用"格好"替换，但人们常用的是"搞·"。

以河南固始方言为例①。在固始方言中,"可 VP"问句与"么"字问句混合构成"可 VP 么"问句。这一问句既可被看作正反问句,也可被看作是非问句。如果将其看作正反问句,则是不带任何主观倾向的中性问句;如果将其看作是非问句,则是带有一定主观倾向的猜测性问句。这也就是说,当"可 VP 么"问句是正反问句时,语气词"么"是问句的羡余成分;当"可 VP 么"问句是是非问句时,疑问副词"可"是问句的羡余成分。例②:

(566) 你可去美国么?
(567) 你可帮电视开开么?

例(566)是"你去过没去过美国?"和"你去过美国吗?"的融合;例(567)是"你有没有把电视打开?"和"你把电视打开了吗?"的融合。据李孝娴考察,"可 VP 么"问句存在两个疑问焦点,第一个由"F"标记,第二个由"么"形成;肯定回答针对第一个疑问点,这其实也是对第二个疑问点的回答③,如例(566)的肯定回答是"去过",例(567)的肯定回答是"开开了";两例的否定回答都是"没、没有"。

第二,"F + VP"与"F + VP"的混合。

能够构成这类混合式问句的"F + VP",往往需要含有"看、听、问""知道、晓得"等动词。相套用的两个"F + VP"问句处于不同的层次。我们按照"F + VP"问句在语流中出现的顺序将先出现的"F + VP"称为"$S_1$",后出现的"F + VP"称为

---

① 李孝娴:《固始方言问句系统考察》,硕士学位论文,华中师范大学,2003年,第22—23页。
② 例句引自李孝娴《固始方言问句系统考察》,硕士学位论文,华中师范大学,2003年,第23页。
③ 李孝娴:《固始方言问句系统考察》,硕士学位论文,华中师范大学,2003年,第23页。

"$S_2$",那么 $S_1$ 与 $S_2$ 在语义关系上主要包括两种类型,一是 $S_1$ 包含 $S_2$,二是 $S_1$ 包含于 $S_2$。

第一,$S_1$ 包含 $S_2$,即是指 $S_2$ 嵌套于 $S_1$ 之中,$S_2$ 降级为具有"F + VP"形式的主谓短语充当 $S_1$ 的宾语。例如:

(568)安徽阜阳:恁可知道他可回来芒?｜恁可问问他可走来?(王琴,2008)

(569)安徽蒙城:可知道她到底可喜欢这件衣服?｜可看大门口可有人?(胡利华,2008)

(570)安徽颍上:克知道她克去?｜克看地里克有人?(吴晓红,2004)

(571)江苏泰兴:你个晓得明朝个要落雨啊?(刘彦哲,2016)

(572)江苏吕四:你果晓得他明朝果来?(卢今元,2007)

在回答方式上,就肯定回答来看,这类问句需要针对 $S_1$ 作出回答,根据 $S_2$ 作进一步补充;就否定回答来看,需要针对 $S_1$ 作出"反项"回答。

第二,$S_1$ 包含于 $S_2$,即是指 $S_1$ 嵌套于 $S_2$ 之中,$S_1$ 降级为具有"F + VP"形式的主谓短语充当 $S_2$ 的主语。例如:

(573)安徽阜阳:明个儿可有雨恁可听来?(王琴,2008)

(574)安徽蒙城:他今天下午可来可有人知道?｜他可喝醉可有人知道?(胡利华,2008)

(575)安徽太和:明儿个可有雨你可看天气预报芒?(王婷婷,2014)

当 $S_1$ 后移至 $S_2$ 末尾,问句成立且语义不变,即变为第一种类型。在回答方式上,就肯定回答来看,这类问句需要针对 $S_2$ 作出回答，根据 S₁ 作进一步补充。就否定回答来看，需要针对 S₂ 作出"反项"回答即可。

第三，"F + VP"与正反式正反问、简省式正反问的混合。

"F + VP"与正反式正反问的混合。例如：

（576）安徽阜阳：他可喜欢不喜欢电影？（王琴，2008）
（577）安徽合肥：可拿动拿不动？（朱德熙，1985）
（578）江苏南京：你阿买不买股票？｜你阿吃不吃螃蟹了？（刘彦哲，2016）
（579）江苏扬州：可放心不放心？｜可听不曾听懂？（黄伯荣，1996）

"F + VP"与简省式正反问的混合。例如：

（580）广东封开南丰：你阿喫哈饭曾？｜佢阿去过南丰曾？（侯兴泉，2005）
（581）广东汕头：阿炳河可有来（啊）无？（施其生，1990）
（582）海南三亚崖城：你阿来谬？｜你阿买两个谬？（刘春陶，2018）

朱德熙先生在《汉语方言里的两种反复问句》① 中认为"可 VP 不 VP"问句是由"可 VP"问句和"VP 不 VP"问句糅合在一起构成的混合形式。在汉语正反问句的历时发展中，这类混合句式已有存在。蒋绍愚、曹广顺指出，"疑问副词'颇/宁/岂' + VP + Neg（+ PRT）"问句在东汉六朝时期出现；唐五代时"颇"字句仍然常用，"宁"字句和"岂"字句已较少使用，同时出现了"还 + VP +

---

① 朱德熙：《汉语方言里的两种反复问句》，《中国语》1985 年第 1 期。

Neg""还 + VP + PRT + Neg""还 + VP""还 + VP + PRT""可 + VP"等问句形式；明清时期"可 VP"问句大量使用，同时出现了少量句末加否定词"否"或"没有"的"可 + VP + 否/没有"问句，清代文献中还出现了"可 VP 不 VP"的形式①。张敏认为，当"可 + VP""还 + VP"和其他表中性问的形式混合在一起出现时，有些方言选择了两种形式中的一种作为正反问格式，随着时间的推移，选择"F + VP"问句的方言抛掉了常缀于其后的"PRT"和"Neg"，同时放弃原有的正反问类型，而有的方言则选择兼用新旧两种形式，这就进一步构成了混合问句②。

可见，这种混合问句是不同历史层面的"沉积"。首先，就"F + VP"问句与"VP + Neg + VP"问句的混合形式来看，朱德熙指出，"F + VP"问句与"VP + Neg + VP"问句属于不同的层次，二者之中必有一种产生时代较晚，而混合形式不过是这种创新形式的本地化而已；扬州话和苏州话里的"F + VP"问句显然是固有形式③。黄伯荣指出，扬州话里的正反问句本来只有"可 VP"这一类，现代扬州话里"VP 不 VP"问句的使用是由其在历史上特殊的地位受北方话影响而造成的④。据姚伟嘉考察，"还/可 VP"应是南京方言固有的正反问句，而南京话中常用的"VP 不 VP"问句则是最老派的南京方言使用者受民国时期通语的影响而开始使用的⑤。其次，就"F + VP"问句与"VP + Neg"问句的混合形式来看，多以"VP + Neg"问句为固有形式，在历史移民的影响

---

① 蒋绍愚、曹广顺：《近代汉语语法史研究综述》，商务印书馆 2005 年版，第 465—473 页。
② 张敏：《汉语方言反复问句的类型学研究：共时分布及历史蕴含》，博士学位论文，北京大学，1990 年。
③ 朱德熙：《"V – neg – VO"与"VO – neg – V"两种反复问句在汉语方言里的分布》，《中国语文》1991 年第 5 期。
④ 黄伯荣：《汉语方言语法类编》，青岛出版社 1996 年版，第 711 页。
⑤ 姚伟嘉：《南京方言反复问句使用情况调查》，《河北工程大学学报》（社会科学版）2008 年第 1 期。

下,"F + VP"问句逐渐引入,如广东封开南丰、潮州、海南三亚崖城等地。据侯兴泉推测,广东封开南丰话中的"阿 VP"问句是在宋明时期由使用"阿 VP"问句的移民引进的,这些移民人口数量众多,对当地的语言造成了较大的影响,以致"阿 VP"问句逐渐取代了南丰话原有的"VP + Neg"问句,而仅保留有"VP 曾"这一种句式,并进一步构成"阿 VP 曾"的混合形式①。施其生结合 1886 年出版的《汕头话读本》指出,"VP + Neg"问句是潮州方言里的固有形式,而"F + VP"问句是后来从漳州传入的②。

第四,"F + VP"与选择问的混合。

"F + VP"与选择问的混合主要包括两种形式。

一是选择问直接充当"F + VP"问句的"VP",疑问副词"F"附于选择项并列结构之前。例如:

(583)安徽阜阳:他可会去办公室找恁,还是在家等恁?∣恁可来还是不来?∣恁可吃鱼,还是不吃,还是(要)吃鸡?(王琴,2008)

(584)云南昆明:你格去西山玩,么是去世博园玩?∣你格去西山玩,么是不去西山玩?∣你格吃鸡,么是不吃,要吃鱼?(丁崇明,2005)

在这类混合式问句里,两个问句的疑问焦点是重合的,答语也是共同的③。

二是选择问充当"F + VP"问句的宾语,"F"与选择问之间存在谓语动词。例如:

---

① 侯兴泉:《广东封开南丰话的三种正反问句》,《方言》2005 年第 2 期。
② 施其生:《〈汕头话读本〉所见潮州方言中性问句》,《方言》2009 年第 2 期。
③ 李小凡:《苏州方言语法研究》,北京大学出版社 1998 年版,第 136 页。

（585）江苏泰兴：你个晓得他欢喜吃甜的还是咸的？（刘彦哲，2016）

（586）江苏吕四：你果晓得明朝来还是不来？（卢今元，2007）

（587）江苏南通：他果曾说是明朝跑还是后朝跑？｜你果曾想好叨到底是去还是不去？（孙秋香，2014）

在这类混合式问句里，"F+VP"问句与选择问句不在同一层次，即"F+VP"问句处于第一层次，选择问句处于第二层次。当对问句进行肯定回答时，应首先针对"F+VP"问句作答，然后再根据选择问句的内容作进一步的具体回答。

第五，"F+VP"与疑代式特指问的混合。

"F+VP"问句与疑代式特指问的混合，是各类混合式问句里最常见的形式。结合现有资料，能够与"F+VP"问句混合的疑问代词类别多样。例如（表5—23）：

表5—23　　　　"F+VP"与疑代式特指问的混合形式

| 疑问代词 ||  混合例句 |
|---|---|---|
| 普通话 | 方言 | |
| 什么 | 啥子 | （588）安徽蒙城：小红可问还买啥子？（胡利华，2008） |
| | 甚子 | （589）安徽六安丁集：克买甚子？（刘祥柏，1999） |
| | 哪样 | （590）云南昆明：你格买哪样？（丁崇明，2005） |
| | 啥 | （591）上海：侬阿做啥生意？（徐烈炯、邵敬敏，1999） |
| 谁 | 谁 | （592）江苏南京：你阿晓得昨天谁去送的？（刘彦哲，2016） |
| | 谁个 | （593）安徽阜阳：他可跟谁个讲过这事？（王琴，2008） |
| | 哪个 | （594）云南昆明：哪个格跟我去出差？（丁崇明，2005） |
| 哪里 | 哪个 | （595）安徽太和：你可去哪个？（王婷婷，2014） |
| | 哪儿 | （596）江苏南京：你阿想去哪儿玩完啊？（刘彦哲，2016） |
| | 哪搭 | （597）江苏苏州：倷朆到哪搭去？（刘丹青，1991） |
| | 哪点儿 | （598）云南昆明：哪点儿格要他？（丁崇明，2005） |

续表

| 疑问代词 | | 混合例句 |
| --- | --- | --- |
| 普通话 | 方言 | |
| 怎么 | 咋 | （599）安徽太和：你可知道这一题咋做？（王婷婷，2014） |
| 怎么样 | 咋样 | （600）安徽阜阳：恁可知道他病里咋样？（王琴，2008） |
| 多 | 多 | （601）安徽蒙城：他可走多长时间？（胡利华，2008） |
| 多少 | 多少 | （602）安徽蒙城：老李可借你多少钱？（胡利华，2008） |
| 几 | 几 | （603）江苏苏州：我阿要喊几个人帮忙？（刘丹青，1991） |

在这类问句进行回答时，如果是肯定形式，往往针对疑问代词作答；如果是否定形式，则只对"F+VP"作答。例如：

（604）江苏苏州：俚覅到哪搭去？
——（肯定）办公室。／（否定）覅。（刘丹青，1991）

上述回答方式的原因在于，如果问句的答案是肯定形式，那么就已经预设了"F+VP"问句是作出"正项"选择的，只有以此为前提，肯定回答才能成立，这样一来就需针对特指问作答。如果问句的答案是否定形式，那么就意味着选择"F+VP"问句的"反项"作为答案，这样一来也就无须针对特指问作出回答。

**五　地理分布**

根据现有资料，官话方言和非官话方言中均存在副状式正反问，地域上呈现集中、有限分布的特征。

在官话方言中，副状式正反问主要分布于胶辽官话登连片、青莱片，中原官话商阜片、信蚌片、徐淮片、汾河片、关中片、秦陇片，江淮官话洪巢片、黄孝片，西南官话云南片。具体涉及方言点如下：

胶辽官话：山东省蓬莱、烟台、海阳、平度、荣成、文登、威海、乳山、牟平、福山、龙口、长岛等地（邵敬敏等，2010：230）。

中原官话：陕西省西安（兰宾汉，2011：338）、合阳（邢向东、蔡文婷，2010：323）、咸阳（任永辉，2005）、宝鸡（任永辉，2012）、华县（杜永道，1990）等地；河南省中牟（鲁冰，2016：333）、获嘉（贺巍，1991），固始、永城、鹿邑、郸城、淮滨（鲁冰，2017：46）等地；安徽省涡阳、凤阳、阜南（王琴，2008：65），亳州、淮北、阜阳、宿州、蚌埠、淮南、霍邱、颍上、蒙城、寿县、金寨、萧县（侯超，2015）等地；江苏省睢宁（王健，1999）等地。

江淮官话：安徽省合肥、肥东、肥西、庐江、六安、枞阳、怀远、舒城、安庆、无为、芜湖、桐城、泾县、铜陵（王琴，2008：65）等地；江苏省南京、泰兴、淮安、盐城、东台、如东、泰州、南通、高邮、扬州、宝应、淮阴、泗阳、如皋、高邮、溧水等地（邵敬敏等，2010：229）。

西南官话：云南省大部分地区，如昆明、通海、个旧、会泽、蒙自、曲靖、大理、鹤庆、思茅、梁河等地（邵敬敏等，2010：230）；四川省攀枝花（邵敬敏等，2010：230）。

在非官话方言中，副状式正反问主要分布于吴语太湖片，闽语闽南片，客家话粤台片龙华小片、粤北片、宁龙片、于信片。具体涉及方言点如下：

吴语：江苏省苏州、吕四、昆山、常熟、无锡、靖江、启东、江阴、丹阳、金坛、常州、张家港、武进、吴江等地，上海市，安徽铜陵、泾县，江西玉山（邵敬敏等，2010：229）。

赣语：江西抚州市临川县、金溪县，南昌市进贤县，吉安市（邓丽君，2006：6）。

闽语：福建省漳州（施其生，2000）、罗源（黄涛，2016：189）；广东省潮州、汕头（施其生，2000）；海南省三亚崖城（刘春陶，2018）；台湾省宜兰、台中（陈曼君，2011）。

客家话：广东省河源市区、龙川、和平、连平、和平、翁源、新丰等地，江西省赣州市区、赣县、信丰、南康、于都、兴国、瑞金、泰和、崇义、大余、全南、龙南、定南、安远、会昌、上犹、寻乌、万安（邓丽君，2006：8—12）等地。

## 第六节  正反问的方言使用

汉语方言的正反问句具有类型多样的特征。就正反问的方言使用来看，多数方言中都存在不止一种正反问句。不同类型的正反问句组合搭配，构成不同方言的正反问系统。本节拟结合现已收集到的资料，对不同方言点所使用的正反问句进行梳理。

（一）在辽宁、黑龙江境内东北官话区，内蒙古境内北京官话区，天津、河北境内冀鲁官话区，山东境内冀鲁官话区和胶辽官话区，各方言点的正反问使用情况见表5—24。

表5—24　　　　　　　正反问的方言使用情况[①]

| 方言点 | 正反问句类型 | 正反式正反问 VP+Neg+VP 不 | 正反式正反问 VP+Neg+VP 没 | 简省式正反问 VP（+M）+Neg 不 | 简省式正反问 VP（+M）+Neg 没 | 紧缩式正反问 | 是非式正反问 不 | 是非式正反问 没 | 副状式正反问 |
|---|---|---|---|---|---|---|---|---|---|
| 东北官话（黄伯荣，1996） | | + | | + | + | | + | | |
| 北京官话 | 内蒙古赤峰（郑万有，1999） | | | + | + | | + | + | |

---

[①] 表格中符号说明："不""没"表示该问句分别存在由"不"类否定词和"没"类否定词构成的正反问句，前者用于询问未然事件或主观意愿，后者用于询问已然事件或客观情况。"＋"表示该方言使用该句式。"＋M"表示该句式中存在语气词。下文同。

续表

| 方言点 | | 正反问句类型 | 正反式正反问 VP+Neg+VP | | 简省式正反问 VP(+M)+Neg | | 紧缩式正反问 | 是非式正反问 | | 副状式正反问 |
|---|---|---|---|---|---|---|---|---|---|---|
| | | | 不 | 没 | 不 | 没 | | 不 | 没 | |
| 冀鲁官话 | | 天津（祁淑玲，2020） | + | + | | | | | | |
| | 河北 | 定兴（陈淑静、徐建中，1997） | | | + | + | | + | + | |
| | | 武邑（张晓静，2014） | + | + | +M | +M | | | | |
| | | 盐山（刘林，2015） | + | | + | | + | | | |
| | | 邱县、馆陶（王再超，2016） | + | | + | | + | | | |
| | 山东 | 临淄（史冠新，2006） | | | +M | +M | | + | + | |
| | | 宁津（曹延杰，2003） | + | | + | + | | + | | |
| | | 利津（杨秋泽，1990；钱曾怡，2001） | + | | +M | +M | | | | |
| | | 济南、临朐、寿光、无棣、德州、博山、章丘、寿安、淄川、临清（钱曾怡，2001） | | | +M | +M | | | | |
| | | 聊城（罗福腾，1996） | | | + | + | | | | |
| 胶辽官话 | 山东 | 莱州、青岛、胶南（钱曾怡，2001） | + | + | + | + | | | | |
| | | 诸城（钱曾怡等，2002） | | | +M | + | | | | |
| | | 平度（钱曾怡，2001） | | | | | | | | + |
| | | 蓬莱、烟台、海阳（钱曾怡，2001） | + | + | | | | | | + |
| | | 荣成、文登、威海、乳山、牟平、福山、龙口（钱曾怡，2001） | | | | | | | | + |
| | | 长岛（钱曾怡，2001） | + | | | | + | | | + |
| | | 招远（罗福腾，1996；许卫东，2005） | + | | | + | + | | | |

（二）在宁夏境内兰银官话区，甘肃、河北、山东、河南、山西、陕西、安徽、江苏境内中原官话区，各方言点的正反问使用情况见表5—25。

表 5—25　　　　　　　　　　正反问的方言使用情况

| 方言点 | | 正反问句类型 | 正反式正反问 VP+Neg+VP 不 | 没 | 简省式正反问 VP（+M）+Neg 不 | 没 | 紧缩式正反问 | 是非式正反问 不 | 没 | 副状式正反问 |
|---|---|---|---|---|---|---|---|---|---|---|
| 兰银官话 | 宁夏 | 同心① （张安生, 2003） | + | + | + | + | | | | |
| | | 银川 （高葆泰、林涛, 2012） | | | + | + | | | | |
| | 甘肃 | 文县 （莫超, 2004） | | | | + | | | | |
| | | 临夏 （谢晓安、张淑敏, 1990） | +② | + | + | + | | | | |
| | | 环县 （谭治琪, 2011） | + | | +M | +M | | | | |
| | | 礼县 （王建弢, 2015） | + | | | | | | | |
| | 河北大名 （王再超, 2016） | | | | + | + | | | | |
| | 山东 | 平邑、曲阜 （罗福腾, 1996） | | | + | | | | | |
| | | 枣庄 （吕建平, 2011） | + | + | + | + | | + | | |
| | | 巨野 （欧土博, 2011） | + | + | + | + | | + | | |
| | | 微山 （殷相印, 2006） | + | + | + | + | | + | | |
| 中原官话 | 河南 | 濮阳、永城 （刘洋洋, 2016） | + | + | + | + | | | | |
| | | 郑州、开封、义马 （刘洋洋, 2016） | + | | + | | | | | |
| | | 遂平 （刘洋洋, 2016） | + | | +③ | | | | | |
| | | 南阳 （丁全、田小枫, 2001） | + | | + | | | | | |
| | | 光山、潢川 （刘洋洋, 2016） | + | | + | +④ | | | | |
| | | 商城 （刘洋洋, 2016; 高顺全, 2017） | + | | + | | | + | + | |
| | | 浚县 （辛永芬, 2007） | + | | + | | | | | |
| | | 巩义 （梁旭, 2013） | + | | + | | | | | |
| | | 洛阳 （贺巍, 1993） | + | | | | | | | |
| | | 固始 （李孝娴, 2003） | | | | | | | | + |
| | | 中牟 （鲁冰, 2016） | + | + | | | | | | |
| | | 永城 （鲁冰, 2016） | | | + | | | | | + |
| | | 淮滨 （鲁冰, 2016） | + | | + | | | | | + |

① 据张安生（2003），同心话里存在"VP 不/没 VP"问句及其前省式，但当地更习惯于使用正反选择问句"VP 吗不/没 VP"和正反问句"VP 不/没"。

② 据谢晓安、张淑敏（1990），在甘肃临夏话中，肯定项与否定项的宾语多位于正反并列结构前。如"你你的尕娃管啦不管？"。"啦"是表达感情色彩的语气词。否定词为"没"的情况相同。

③ 据刘洋洋（2016：52），在驻马店遂平，使用"VP 不？"或"VP 呗？"表达领有、存在、经历、完成、持续等语义，很少使用或基本不使用"VP 没有？"。其中，"呗"是"不"的虚化形式。

④ 据刘洋洋（2016：55），在信阳光山、潢川、商城，"VP 没"问句后面需要添加语气词"哎、啊"等。

续表

| 方言点 | | 正反问句类型 | 正反式正反问 VP+Neg+VP 不 | | 简省式正反问 VP(+M)+Neg 不 | | 紧缩式正反问 | 是非式正反问 不 | | 副状式正反问 |
|---|---|---|---|---|---|---|---|---|---|---|
| | | | 不 | 没 | 不 | 没 | | 不 | 没 | |
| 中原官话 | 山西 | 古县（刘瑞玲，2012） | + | | +M | +M | | | | |
| | | 芮城（吕佳，2016） | + | | | | | | | |
| | 陕西 | 西安（兰宾汉，2011） | + | + | +M | +M | | | | + |
| | | 宝鸡（任永辉，2012） | + | | +M | +M | | | | + |
| | 陕西 | 咸阳（任永辉，2005） | | | +M | +M | | | | |
| | | 岐山（韩宝育，2006） | + | | +M | +M | | | | |
| | | 平利（周政，2009） | + | + | | + | | | | |
| | | 合阳（邢向东、蔡文婷，2010） | | | +M | +M | | | | + |
| | | 高陵（王咪咪，2008） | | | +M | +M | | | | |
| | 安徽北部（侯超，2013）① | | + | + | + | + | | | | + |
| | 江苏 | 睢宁（王健，1999）② | + | + | + | + | | | | |
| | | 赣榆（苏晓青，2011） | + | + | | + | + | | | |

（三）在湖北、湖南、四川、重庆、贵州、云南、广西境内西南官话区，各方言点的正反问使用情况见表5—26。

表5—26　　　　　　　正反问的方言使用情况

| 方言点 | | 正反问句类型 | 正反式正反问 VP+Neg+VP | | 简省式正反问 VP+Neg | | 紧缩式正反问 | 是非式正反问 | | 副状式正反问 |
|---|---|---|---|---|---|---|---|---|---|---|
| | | | 不 | 没 | 不 | 没 | | 不 | 没 | |
| 西南官话 | 湖北 | 武汉（赵葵欣，2012） | + | + | | + | | | | |
| | | 当阳（汪国胜，1990） | + | | | + | | | | |
| | | 仙桃（陈秀，2015） | + | | | + | + | | | |
| | | 随州（黄伯荣，1996） | + | | | + | + | | | |
| | | 天门（卢红艳，2009） | + | + | | + | | | | |
| | | 恩施（王树瑛，2017） | + | | | + | | | | |
| | | 荆门（刘海章，2017） | + | | | + | | | | |

---

① 据侯超（2013：162），皖北方言以"可VP"问句为主，"VP+Neg+VP"问句应是借用形式。其中，完整式"VO+Neg+VO"和省略式"V+Neg+VO"共存，但以省略式为主。在萧县、砀山，很少使用"可VP"问句，除使用"VP+Neg+VP"问句外，还使用"VP+Neg"问句，具体表示为"VP不"和"VP吗没（有）"。

② 据王健（1999），在江苏睢宁话中，副状式正反问是固有形式，而正反式正反问、简省式正反问应是外来形式。

续表

| 正反问句类型 方言点 |  |  | 正反式正反问 VP+Neg+VP |  | 简省式正反问 VP+Neg |  | 紧缩式正反问 | 是非式正反问 |  | 副状式正反问 |
|---|---|---|---|---|---|---|---|---|---|---|
|  |  |  | 不 | 没 | 不 | 没 |  | 不 | 没 |  |
| 西南官话 | 湖北 | 长阳（宗丽，2012） | + |  |  | + |  |  |  |  |
|  |  | 宜都（李崇兴，2014） | + |  |  | + |  |  |  |  |
|  |  | 荆沙（萧红、杨欣烨，2014） | + |  |  | + |  |  |  |  |
|  |  | 郧县（苏俊波，2016） | + |  | + | + |  |  |  |  |
|  | 湖南 | 吉首（李启群，2002） | + |  | + | + |  |  |  |  |
|  |  | 常德（易亚新，2007） | + |  |  | + |  |  |  |  |
|  |  | 永顺（彭慧，2019） | + | + |  | + |  |  |  |  |
|  | 四川 | 成都（赵明节、杜克华，2017） | + | + | + | + |  |  |  |  |
|  |  | 自贡（殷润林，2005） | + | + | + | + |  |  |  |  |
|  |  | 西充（王春玲，2011） | + | + | + | + |  |  |  |  |
|  | 重庆（李科凤，2005） |  | + |  | + | + | + |  |  |  |
|  | 贵州 | 遵义（胡光斌，2010） | + | + | + | + |  |  |  |  |
|  |  | 东南部（肖亚丽，2008）① | + |  | + |  |  |  |  |  |
|  |  | 绥阳（姚丽娟，2007） | + |  |  | + |  |  |  |  |
|  |  | 习水（范艳，2010） | + | + |  | + |  |  |  |  |
|  | 云南（丁崇明，2005） |  |  |  |  |  |  |  |  | + |
|  | 广西 | 荔浦（覃远雄，1994） | + |  | + | + |  |  |  |  |
|  |  | 柳州（蓝利国，2005） | + |  | + | + |  |  |  |  |

（四）在安徽、江苏、湖北、江西境内的江淮官话区，各方言点的正反问使用情况见表5—27。

---

① 据肖亚丽（2008：36—38），黔东南的"VP没"问句既可询问未然事件，也可询问已然事件，相当于普通话的"VP不"和"VP没"。"VP没曾"既可询问某种行为是否完成，也可询问某种行为是否将要进行。已然和未然主要通过句中的体助词来区分。"V没VP"问句主要用于询问未然事件或某种关系的选择。

表 5—27　　　　　　　　　　正反问的方言使用情况

| 方言点 | | 正反问句类型 | 正反式正反问 VP+Neg+VP | | 简省式正反问 VP+Neg（+M） | | 紧缩式正反问 | 是非式正反问 | | 副状式正反问 |
|---|---|---|---|---|---|---|---|---|---|---|
| | | | 不 | 没 | 不 | 没 | | 不 | 没 | |
| 江淮官话 | 安徽 | 枞阳（吕延、杨军，2014） | + | + | | | | | | + |
| | | 桐城、安庆城区（吕延、杨军，2014） | + | + | | + | | | | + |
| | | 巢县（黄伯荣，1996） | + | | | | | | | + |
| | | 合肥（李慧敏，2008）<br>六安丁集（刘祥柏，1997）<br>舒城（程瑶，2010）<br>怀远（贡贵训，2013）<br>庐江（陈寿义，2007）<br>无为（焦长华，1994）<br>肥东、肥西、全椒、滁州（王琴，2008） | | | | | | | | | + |
| | 江苏 | 南京（肖奚强，2002） | +① | + | | | | | | + |
| | | 镇江（孙秋香，2014） | + | | + | | | | | + |
| | | 涟水南禄（郭劲松，2010） | + | | + | + | | | | + |
| | | 泰兴（陆夏波，2012） | + | | | | | | | + |
| | | 扬州（王世华，1985） | + | | | | | | | + |
| | | 高邮（姚亦登，2012） | + | + | | | | | | + |
| | | 盐城（蔡华祥，2011） | | | | | | | | + |
| | | 东台（吴莹莹，2016）<br>泰州（陈厚才，2008） | | | | | | | | + |

---

① 据汪婷婷（2011），"VP 不 VP"和"阿/还 VP"是南京人比较常用的两种正反问句，而"VP 不 VP"问句多用于书面语中。另据姚伟嘉（2008），住在南京城北的人，处于新派南京话势力范围内，较多使用"VP 不 VP"问句，而住在南京城南的人，处于老派南京话势力范围内，更多使用"阿/还 VP+M"问句。

续表

| 方言点 | | 正反问句类型 | 正反式正反问 VP+Neg+VP | | 简省式正反问 VP+Neg(+M) | | 紧缩式正反问 | 是非式正反问 | | 副状式正反问 |
|---|---|---|---|---|---|---|---|---|---|---|
| | | | 不 | 没 | 不 | 没 | | 不 | 没 | |
| 江淮官话 | 江苏 | 如东、南通、兴化、海安、如皋（孙秋香，2014） | | | | | | | | + |
| | | 淮安、宝应（孙秋香，2014） | + | | | | | | | + |
| | | 宿迁龙河乡（孙秋香，2014） | | | | + | | | | +未然 |
| | | 淮阴（李文浩，2009） | + | | | | + | | | |
| | | 泗阳（王玉梅，2008） | + | + | | | + | + | + | |
| | 湖北 | 安陆（盛银花，2007） | + | | | + | | | | |
| | | 红安（季红霞，2008） | + | + | + | + | | | | |
| | | 浠水（郭攀、夏凤梅，2016） | + | | + | + | + | | | |
| | | 武穴（刘欢，2017） | + | + | + | + | | | | |
| | | 新洲（高杜，2016） | + | + | + | | | | | |
| | | 孝感（王求是，2014） | + | | | + | | | | |
| | 江西九江（李国敏、张林林，2000） | | | | +M | +M | | + | + | |

（五）在河北、河南、山西、陕西境内晋语区，各方言点的正反问使用情况见表5—28。

表5—28　　　　　正反问的方言使用情况

| 方言点 | | 正反问句类型 | 正反式正反问 VP+Neg+VP | | 简省式正反问 VP(+M)+Neg(+M) | | 紧缩式正反问 | 是非式正反问 | | 副状式正反问 |
|---|---|---|---|---|---|---|---|---|---|---|
| | | | 不 | 没 | 不 | 没 | | 不 | 没 | |
| 晋语 | 河北 | 张北（关彦琦，2008） | + | + | +M | +M | | | | |
| | | 涉县（王再超，2016） | + | | +M | +M | | | | |
| | | 武安、魏县（王再超，2016） | + | | | +M | | | | |
| | | 邯郸市（县）（王再超，2016） | + | | +M[①] | | | | | |

① 据王再超（2016：23—24），在邯郸市（县），通过在"VP 不"问句中添加时体助词表达已然意义。

续表

| 方言点 | | 正反问句类型 | 正反式正反问 VP+Neg+VP | | 简省式正反问 VP(+M)+Neg(+M) | | 紧缩式正反问 | 是非式正反问 | | 副状式正反问 |
|---|---|---|---|---|---|---|---|---|---|---|
| | | | 不 | 没 | 不 | 没 | | 不 | 没 | |
| 河南 | | 济源、沁阳、焦作、修武、辉县、林州（鲁冰，2017） | + | | | + | | | | |
| | | 安阳市、安阳县、温县（鲁冰，2017） | + | | | + | | | | |
| | | 博爱、新乡市、卫辉、淇县、鹤壁（鲁冰，2017） | + | | | + | | | | |
| | | 孟州、武陟、新乡县、汤阴、延津（鲁冰，2017） | + | | | + | | | | |
| | | 获嘉（贺巍，1991） | + | | | + | | | | + |
| 晋语 | 山西 | 娄烦（李会荣，2005） | + | | +M | +M | | | | |
| | | 山阴（郭利霞，2006） | + | | +M | +M | + | | | |
| | | 朔县、平鲁、代县等五台片（郭利霞，2015） | + | | +M | +M | + | | | |
| | | 武乡（史素芬，2000） | | | +M | | | | | |
| | | 五寨（孙彩萍，2007） | | | +M | +M | | | | |
| | | 孝义（田娟娟，2016） | + | | +M | +M | | | | |
| | | 兴县（高洋，2014） | +① | | +M | +M | | | | |
| | | 汾阳、太原、大同（李改祥，2005） | + | | +M | +M | | | | |
| | | 长治（李改祥，2005） | | | +M | +M | | | | |
| | | 榆社（李建校，2007） | + | + | +M | +M | | | | |
| | | 左权（白云等，2012） | + | + | +M | +M | | | | |
| | | 壶关（白云等，2012） | + | | + | + | | | | |

---

① 据高洋（2014：30—31），兴县方言基本不存在"VP 不 VP"问句，在使用这种问句时，如果单音节动词后有宾语，则宾语不跟在动词之后，而一般需要将其提至句首。

续表

| 方言点 \ 正反问句类型 | 正反式正反问 VP+Neg+VP 不 | 正反式正反问 VP+Neg+VP 没 | 简省式正反问 VP(+M)+Neg(+M) 不 | 简省式正反问 VP(+M)+Neg(+M) 没 | 紧缩式正反问 | 是非式正反问 不 | 是非式正反问 没 | 副状式正反问 |
|---|---|---|---|---|---|---|---|---|
| 晋语 山西晋源(王文卿,2007) | + | | +M | +M | | | | |
| 晋语 陕西北部(邢向东,2006) | +① | | +M | +M | +② | | | |

（六）在安徽、湖北、湖南、江西境内赣语区，安徽境内徽语区，湖南、广西境内湘语区及湖南土话，各方言点的正反问使用情况见表5—29。

表5—29　　　　　正反问的方言使用情况

| 方言点 \ 正反问句类型 | 正反式正反问 VP+Neg+VP 不 | 正反式正反问 VP+Neg+VP 没 | 简省式正反问 VP+Neg(+M) 不 | 简省式正反问 VP+Neg(+M) 没 | 紧缩式正反问 | 是非式正反问 不 | 是非式正反问 没 | 副状式正反问 |
|---|---|---|---|---|---|---|---|---|
| 赣语 安徽 怀宁、太湖、望江、潜山、岳西(吕延、杨军,2014) | + | + | + | + | | | | |
| 赣语 安徽 宿松(吕延、杨军,2014；唐爱华,2005) | + | + | +M | | | + | | |
| 赣语 湖北 大冶(汪国胜,2011) | + | + | +M | +M | | + | + | |
| 赣语 湖北 咸宁(王宏佳,2015) | + | + | | | | | | |
| 赣语 湖北 阳新(黄群建,2016) | + | + | + | + | | | | |
| 赣语 湖南 安仁(周洪学,2012) | + | | +M | +M | + | | | |
| 赣语 湖南 常宁(吴启生,1998) | + | | | +M | | | + | |
| 赣语 江西 南昌塘南(肖放亮,2006) | | | +M | +M | | + | + | |
| 赣语 江西 铅山(胡松柏、林芝雅,2008) | + | + | | +M | | + | | |
| 赣语 江西 余江(胡松柏,2009) | + | + | | +M | | + | | |
| 赣语 江西 宜丰(邵宜,2009) | + | | | +M | | | | |

---

① 据邢向东（2006：243），大多数陕北晋语沿河方言不使用"VP 不 VP"问句，只有少数方言点可以使用；目前可以确定的是吴堡话和延川话中使用这种句式，多带有强调的意味。

② 据邢向东（2006：261），在陕北晋语的"是不是 VP"问句中，"是不是"可以简略为"是是 [sʅ⁵³sʅ⁵³]"。

续表

| 方言点 | | | 正反问句类型 | 正反式正反问 VP+Neg+VP 不 | 没 | 简省式正反问 VP+Neg(+M) 不 | 没 | 紧缩式正反问 | 是非式正反问 不 | 没 | 副状式正反问 |
|---|---|---|---|---|---|---|---|---|---|---|---|
| 赣语 | 江西 | | 丰城（陈小荷，2012） | + | | + | + | | | | |
| | | | 永新（龙安隆，2016） | + | | + | + | | | | |
| | | | 都昌（曹保平，2003） | | | +M | +M | | | | |
| 徽语 | 安徽歙县（仇立颖，2017） | | | + | + | + | + | | | | |
| 湘语 | 湖南 | | 长沙（伍云姬，2006） | + | + | +M | +M | | + | | |
| | | | 衡阳（彭兰玉，2002） | + | | +M | +M | | + | + | |
| | | | 衡山（彭泽润，1999） | + | | +M | +M | | + | + | |
| | | | 湘阴（龙琴，2015） | | | +M | +M | | + | + | |
| | | | 湘潭（曾毓美，2001） | | | +M | +M | | + | + | |
| | | | 益阳（徐慧，2001） | + | + | +M | +M | | + | + | |
| | | | 邵东（孙叶林，2009；刘小娟，2014） | + | + | | + | + | | | |
| | | | 湘乡（彭兰玉，2006；李雨梅，2007） | + | + | +M | +M | | + | | |
| | | | 涟源古塘（吴青峰，2006） | + | + | +M | +M | | | | |
| | | | 娄底（卢小群，2007；刘丽华，2001） | + | | +M | +M | | | | |
| | | | 新化（罗昕如，1998；邵敬敏等，2010） | + | + | | | | | | |
| | 广西全州、兴安、灌阳（罗昕如、彭红亮，2012） | | | + | + | | + | + | | | |
| 土话 | 湖南 | | 桂阳（邓永红，2007；欧阳国亮，2009） | + | | | + | + | | | |
| | | | 溆浦（张萍，2013） | +① | | | + | | | | |
| | | | 东安（鲍厚星，1998） | + | | | + | | | | |

---

① 据张萍（2013：34），在湖南溆浦话中，否定副词"不"相当于普通话的"不"和"没（有）"。例如"你望不望新闻呢?"，对译成普通话应是"你看没看新闻呢?"。

（七）在江苏、上海、浙江、安徽、江西境内吴语区，各方言点的方言使用情况见表 5—30。

表 5—30　　　　　　　　　正反问的方言使用情况

| 方言点 | | 正反问句类型 | 正反式正反问 VP+Neg+VP | | 简省式正反问 VP（+M）+Neg | | 紧缩式正反问 | 是非式正反问 | | 副状式正反问 |
|---|---|---|---|---|---|---|---|---|---|---|
| | | | 不 | 没 | 不 | 没 | | 不 | 没 | |
| 吴语① | 江苏 | 苏州（汪平，2011） | | | | | | | | + |
| | | 昆山、吴江、常熟、无锡、靖江、启东、江阴（孙秋香，2014） | | | | | | | | + |
| | | 丹阳（游汝杰，1993） | + | | + | + | | | | + |
| | | 金坛（游汝杰，1993） | + | | + | | | | | + |
| | | 常州（游汝杰，1993） | | | + | + | | | | + |
| | | 张家港（游汝杰，1993） | | | + | | | | | + |
| | | 溧阳（游汝杰，1993） | | | + | + | | | | |
| | | 宜兴（游汝杰，1993） | | | +M | + | | | | |
| | | 海门（王洪钟，2008） | | | + | + | | + | + | |
| | 上海（游汝杰，1993；邵敬敏等，2010） | | + | | + | | | + | + | + |
| | 上海 | 崇明（游汝杰，1993） | + | | + | + | | + | + | |
| | | 松江（游汝杰，1993） | + | | | + | | | | |
| | 浙江 | 嘉兴（游汝杰，1993） | + | | + | | | + | + | |
| | | 宁波（游汝杰，1993） | + | | + | | | + | + | |
| | | 余姚（游汝杰，1993） | + | | + | + | | | | |
| | | 湖州（游汝杰，1993） | | | + | | | | | |
| | | 绍兴、诸暨、嵊县（游汝杰，1993） | + | + | | | + | | | |

① 据游汝杰（1993）考察，在上海、崇明，浙江嘉兴、湖州、宁波、天台、黄岩等地，通过在"VP勿/哦"问句中添加完成体助词"勒"，构成"VP勒勿/哦"问句询问已然情况。根据问句特征，这里我们将"VP哦"问句和"VP勒哦"问句归为是非式正反问。在浙江绍兴、诸暨、嵊县、临海四地，使用"有Neg有VP"问句询问已然情况。在浙江青田、温州、乐清、平阳四地，使用"VP（也）未"问句和"有VP（也）冇"问句询问已然情况。

续表

| 方言点 | | 正反问句类型 | 正反式正反问 VP+Neg+VP | | 简省式正反问 VP（+M）+Neg | | 紧缩式正反问 | 是非式正反问 | | 副状式正反问 |
|---|---|---|---|---|---|---|---|---|---|---|
| | | | 不 | 没 | 不 | 没 | | 不 | 没 | |
| 吴语 | 浙江 | 杭州（游汝杰, 1993） | + | | | + | | | | |
| | | 金华（游汝杰, 1993） | + | | + | + | + | | | |
| | | 东阳、永康（游汝杰, 1993） | + | | + | + | | | | |
| | | 衢州（游汝杰, 1993） | + | | + | + | | | | |
| | | 青田（游汝杰, 1993） | + | | + | + | | | | |
| | | 临海（游汝杰, 1993） | + | + | + | | | | | |
| | | 黄岩（游汝杰, 1993） | + | | + | | | + | + | |
| | | 温州、乐清（游汝杰, 1993） | + | | +M | +M | | | | |
| | | 平阳（游汝杰, 1993） | + | | + | + | | | | |
| | | 天台（戴昭铭, 2006） | | | +M | +M | | + | + | |
| | 安徽铜陵、泾县（游汝杰, 1993） | | | | | | | | | + |
| | 江西玉山（游汝杰, 1993） | | + | | | | | | | + |

（八）在福建、广东、海南、台湾境内闽语区，各方言的正反问使用情况见表5—31。

表5—31　　　　　正反问的方言使用情况

| 方言点 | | 正反问句类型 | 正反式正反问 | | 简省式正反问 | | 紧缩式正反问 | 是非式正反问 | 副状式正反问 |
|---|---|---|---|---|---|---|---|---|---|
| | | | （肯定词+）VP+否定词+VP | 肯定词+VP+否定词+VP | 肯定词+VP（+M）+否定词 | VP（+M）+否定词 | | | |
| 闽语 | 福建 | 福州（陈泽平, 1998；李延瑞, 1987） | + | + | + | + | | | |
| | | 厦门（周长楫、欧阳忆耘, 1997；施其生, 2000） | +肯① | | +M | +M | | | |
| | | 建瓯（江洁, 2015） | + | + | + | + | | | |

---

① "肯"表示该方言点使用"肯定词+VP+否定词+VP"问句。例如，"伊要来怀来？"下文同。

续表

| 方言点 | | | 正反问句类型 | 正反式正反问 (肯定词+)VP+否定词+VP | 肯定词+VP+否定词+VP | 简省式正反问 肯定词+VP(+M)+否定词 | VP(+M)+否定词 | 紧缩式正反问 | 是非式正反问 | 副状式正反问 |
|---|---|---|---|---|---|---|---|---|---|---|
| 闽语 | 福建 | | 罗源（黄涛,2016） | + | | | | | | +① |
| | | | 泉州（陈曼君,2011；施其生,2000） | +肯 | | +M | +M | | | |
| | | | 漳州（陈曼君,2011；施其生,2000） | + | | +M | +M | | | + |
| | | | 莆仙（蔡晨薇,2014） | + | | + | + | | | |
| | | | 永春（林连通、陈章太,1989） | | | + | + | | | |
| | 广东 | | 汕头（施其生,1990） | + | | +M | +M | | | + |
| | | | 汕尾（施其生,2000） | +肯 | | +M | + | | | |
| | | | 饶平（施其生,2000） | +肯 | + | +M | + | | | |
| | | | 潮州（施其生,2000） | + | + | +M | +M | | | + |
| | 海南 | | 崖城（刘春陶,2018） | + | | | | | | + |
| | | | 屯昌（钱奠香,2002） | | | | + | | | |
| | | | 黄流（邢福义,1995） | | | | + | | | |
| | | | 海口、文昌、海康（施其生,2000） | + | | | +M | | | |
| | | | 台湾（陈曼君,2011） | + | | + | + | | | + |

（九）在广东、广西境内粤语区，湖南、江西、福建、广东、广西境内客家话区以及广西境内平话区，各方言点的正反问使用情况见表5—32。

---

① 据黄涛（2016：189—191），闽东罗源方言的副状式正反问为"阿未 VP？""阿无 VP？"和"阿崬 VP？"。

表5—32　　　　　　　　　正反问的方言使用情况

| 方言点 | | 正反问句类型 | 正反式正反问 VP+Neg+VP | | 简省式正反问 VP+Neg(+M) | | 紧缩式正反问 | 是非式正反问 | | 副状式正反问 |
|---|---|---|---|---|---|---|---|---|---|---|
| | | | 不 | 没 | 不 | 没 | | 不 | 没 | |
| 粤语 | 广东 | 广州（邵敬敏等，2010） | + | +① | | + | | | | |
| | | 封开南丰（候兴泉，2005） | | | | + | | | | + |
| | | 阳江（冼文婷，2016） | + | | + | + | | | | |
| | | 开平（余霭芹，1992） | + | | +M | +M | | + | +② | |
| | | 恩平、新会（甘于恩，2002） | | | + | | | | | |
| | 广西 | 梧州（卢敏宁，2017）③ | + | | + | + | | | | |
| | | 蒙山（韦玉丽，2011） | + | + | | | | | | |
| | | 贺州（刘宇亮，2011） | + | | + | | | | | |
| | | 藤县（唐一萍，2013） | + | | + | | | | | |
| | | 玉林（钟武媚，2011；梁忠东，2010） | + | | + | + | | | | |
| | | 北流（李芷，2012） | + | + | + | + | | | | |
| | | 北海（陈晓锦、陈滔，2005） | + | | + | + | | | | |
| | | 贵港④（陈晓锦、翁泽文，2010） | + | | + | | | | | |
| | | 南宁（陈晓锦、覃凤余，2008） | + | | + | + | | | | |

① 据邵敬敏等（2010：121），广东广州话的"有冇VP"问句相当于普通话的"V没VP"问句。

② 据余霭芹（1992），广东开平话里存在"VP+否定语气词""VP+否定词"和"VP+否定词+语气词"三种问句。其中，否定语气词"吗［ma⁴⁴］"是否定词"［m²²］"和语气词"啊［a⁴⁴］"的合音；否定语气词"嘛［ma²²］"是否定词"［m²²］"和"曾"的合音。因此，"VP吗"问句和"VP嘛"问句里的"VP"只能是肯定形式，而不能是否定形式；"VP吗"问句用于询问未然事件或主观意愿，"VP嘛"问句用于询问已然事件或客观情况。我们认为，开平话里的"VP吗"问句和"VP嘛"问句应属于是非式正反问。

③ 据卢敏宁（2017），广西梧州话里表未然的问句有"VP冇VP？""VP冇？"和"VP未？"；表已然的问句有"V有（O）冇？"和"VP未？"；表曾然的问句有"V过（O）冇？"。

④ 据陈晓锦、翁泽文（2010：419），广西贵港粤语中的否定词"冇"分别相当于普通话里的"不"和"没（有）"。

续表

| 方言点 | | 正反问句类型 | 正反式正反问 VP+Neg+VP 不 | | 简省式正反问 VP+Neg(+M) 不 | | 紧缩式正反问 | 是非式正反问 不 | | 副状式正反问 |
|---|---|---|---|---|---|---|---|---|---|---|
| | | | 不 | 没 | 不 | 没 | | 不 | 没 | |
| 客家话 | 湖南 | 耒阳（王箕裴、钟隆林，2008） | + | | | | + | | | |
| | | 汝城（曾献飞，2006） | + | | | + | | | | |
| | 江西 | 石城（邵敬敏等，2010） | + | + | + | + | | | | |
| | | 南康（孙汉银，2006） | + | | | | | | | + |
| | | 定南（王颙，2015） | + | | | | | | | |
| | | 宁都（黄小平、王利民，2013） | + | + | + | + | | | | |
| | | 于都（项梦冰，2002；邓丽君，2006） | + | | | | + | | | + |
| | | 瑞金（刘泽民，2006） | + | | | | | | | + |
| | | 赣县（邓丽君，2006） | + | | | + | | | | + |
| | 福建 | 长汀（项梦冰，2002） | + | | | | + | | | |
| | | 连城（新泉）（项梦冰，1997） | + | +① | | + | + | | | |
| | | 永定（李小华，2014） | + | + | + | + | | | | |
| | | 上杭（邱锡凤，2007） | + | | | + | | | | |
| | | 宁化（张桃，2004） | + | | | + | | | | |
| | 广东 | 翁源（吴碧珊等，2016） | | | | | | | | + |
| | | 龙川（黄年丰，2017） | | | | | | | | + |
| | | 河源（练春招等，2010） | + | + | | + | | | | + |
| | 广西宾阳（邱前进，2008）、贺州（叶俐丹，2014）、融水（韦炜，2015）、来宾（方琅嫘，2015） | | + | | + | + | | | | |

① 据项梦冰（1997：397），北京话的"有没有 VP""VP（了）没有"和"VP 没 VP"，连城方言说"曾唔曾 VP""VP 唔曾 VP"和"VP 唔曾"。这里将前两种形式归为"VP+Neg+VP"问句。

续表

| 正反问句类型 方言点 | | | 正反式正反问 VP+Neg+VP | | 简省式正反问 VP+Neg(+M) | | 紧缩式正反问 | 是非式正反问 | | 副状式正反问 |
|---|---|---|---|---|---|---|---|---|---|---|
| | | | 不 | 没 | 不 | 没 | | 不 | 没 | |
| 平话土话 | 广西 | 宾阳（覃东生，2017） | | | + | + | | | | |
| | | 全州文桥（唐昌曼，2005） | + | + | | + | + | | | |
| | | 崇左江州（朱艳娥，2007） | + | | + | | | | | |
| | | 平乐（陈志娟，2012） | + | | + | | | | | |
| | | 永福塘堡（肖万萍，2005） | + | | + | + | | | | |
| | | 临桂（梁金荣，2005；周本良，2005） | + | | + | | | | | |
| | | 阳朔（梁福根，2005） | + | | + | | | | | |
| | | 横县（闭思明，2002） | + | | + | | + | | | |
| | | 资源延东（张桂权，2005） | + | | + | | | | | |

综合以上表格内容，各方言的正反问使用情况主要存在三点特征。

首先，就现有材料来看，既存在单独使用一种类型的方言点，也存在同时使用两种或两种以上类型的方言点。其中，两种问句类型的搭配使用在各方言中最为常见，方言点广泛分布。而单独使用一种问句类型的方言点则较为有限，多表现为单独使用副状式正反问，主要分布于山东境内的胶辽官话区、云南境内的西南官话区、安徽境内的江淮官话区、江苏境内的吴语区。造成不同类型共用的原因主要可以概括为两点：一是强势方言或共同语的影响，二是不同历史层次的沉积。

其次，就两种正反问类型的组合搭配来看，主要包括四种形式：

1. 正反式正反问与简省式正反问的搭配；
2. 正反式正反问与副状式正反问的搭配；
3. 简省式正反问与是非式正反问的搭配；

4. 正反式正反问与紧缩式正反问的搭配。

最后，就简省式正反问与是非式正反问、正反式正反问与紧缩式正反问的关系来看，虽然两类问句可以同时使用，但二者之间存在特定的关系，即简省式正反问是构成是非式正反问的前提条件，正反式正反问是构成紧缩式正反问的前提条件。

此外，需要特别说明两点。

第一，正反式正反问与正反选择问的区分。

正反式正反问是由肯定项与否定项直接并列构成的正反问句，而正反选择问是以连接词或语气词为连接手段，将肯定项与否定项相连接构成的一种特殊的双项选择问句。两种问句的主要区别在于是否使用词汇手段连接肯定项与否定项。

就具体的语言实际来看，正反式正反问与正反选择问之间的区分往往并不明确。这种混淆在近代汉语中就已存在。祝敏彻认为，在近代汉语里，用连词"与"或语气词"也"连接正反两项构成的问句，既可认作选择问句，也可认作正反问句[1]。另据冯春田，大约从晚唐五代开始，正反问句的肯定项与否定项之间可以出现语气词，概括说来，唐五代到宋代多使用语气词"也"（或"耶"）；金元以后多使用语气词"那"，偶尔也用"也""么（麽）"[2]。例如[3]：

（605）从城排一大阵，识也不识？（《韩擒虎话本》）
（606）问足下愿那不愿？（《董西厢》）
（607）咱们点看这果子菜蔬整齐么不整齐？（《老乞大》）

张美兰指出，在《元曲选》中，语气词"也"多用于"V不V"，构成正反问句"V也不V"；在《董解元西厢记》《老乞大》

---

[1] 祝敏彻：《汉语选择问、正反问的历史发展》，《语言研究》1995年第2期。
[2] 冯春田：《近代汉语语法研究》，山东教育出版社2000年版，第709—710页。
[3] 例句转引自冯春田《近代汉语语法研究》，山东教育出版社2000年版，第709—710页。

《朴通事》中，语气词"那"多用于"V不V"，构成正反问句"V那不V"①。张先生认为，这些语气词在元明时期的大量使用，是这一时期正反问句的一大特色，但不能据此断定元明时期的正反问句脱胎于选择问句，这一现象到清代时便已大为减少②。

就形式特征来看，上述问句应具有双重性质。一方面，在构成疑问句的手段上，这类问句通过语气词"也""那""么"等连接前后选择项。另一方面，在选择项的性质上，这类问句分别由肯定形式和否定形式充当选择项。因此，这类问句应同时具有选择问句和正反问句的特征。

刘丹青指出，"无论从共时结构形式还是历时演变来看，反复问句都是很多问句形式的中枢环节和过渡环节。它一头连着选择问句，其最松散的组合形式就完全是一种选择问句，如'V，还是 Neg－V'，中间有'V 也 Neg－V'之类半松散组合，发展到'V－Neg－V'，就看成典型的反复问句"③。由此可见，正反问与正反选择问之间是相关联的，简单地"一刀切"并不符合语言实际。

在这里，为更好地考察正反式正反问和正反选择问的区别特征，我们主要以疑问手段为依据区分两类问句。具体而言，肯定项与否定项直接并列构成的问句是正反式正反问；而由起连接作用的词汇连接肯定项与否定项构成的问句是正反选择问。此外，还存在一种特殊情况，即句中的语气词并不单纯表达选择关系，而是表达一定的时态意义，我们将其归为正反式正反问。这种情况多出现于晋语中。例如：

（608）山西平鲁：你明儿来也不来？（郭利霞，2015）

---

① 张美兰：《近代汉语语言研究》，天津教育出版社2001年版，第170—171页。
② 张美兰：《近代汉语语言研究》，天津教育出版社2001年版，第178页。
③ 刘丹青：《句类及疑问句和祈使句：〈语法调查研究手册〉节选》，《语言科学》2005年第9期。

据现有资料，多数方言点同时存在正反式正反问和正反选择问两种问句类型。但在北方官话的一些方言点，如甘肃白龙江流域、天水、民勤，新疆，宁夏固原、隆德，山西芮城、河津等地，不存在或较少使用肯定项与否定项直接并列构成的正反式正反问，而多使用由语气词作为连接手段的正反选择问。在语表形式上，问句中充当连接手段的语气词既连接肯定项和否定项的完整形式，也可以连接省略否定项宾语的形式，还可以连接由否定词充任的否定项。这类问句虽然具有选择问句的形式特征，却能够像正反问那样存在不同的形式，相当于普通话的正反问句，因此，我们认为，这类正反选择问应具有选择问和正反问的双重性质。

而在江苏苏州、海门，也不存在典型的正反式正反问。就语表形式来看，肯定项与否定项之间需要由语气词"勒"连接，因此，严格说来，这类问句也应属正反选择问句。与此同时，苏州话和海门话的这类正反选择问句在问句结构上需要将肯定项与否定项的宾语前置。

第二，"VP + M + Neg"问句里语气词"M"的性质。

在"VP + Neg"问句中，肯定项与否定项之间有时会出现语气词"M"，构成"VP + M + Neg"问句。据上述表格，这种问句在山东、山西、陕西、浙江南部、福建、广东等地均有出现，主要涉及冀鲁官话、中原官话、晋语、吴语和闽语。郭校珍指出，上述各方言中的"M"是体标记或体标记同衍音词的共现（合音），而并非语气词，可统称为"中置成分"[①]。现有资料显示，不同方言点中的"M"具有不同的性质与身份。在山西、陕西北部晋语区以及陕西境内中原官话区的部分方言点中，"M"多用于表达时态意义，由不同的"M"构成的"VP + M + Neg"问句往往具有不同的时态意义。

---

[①] 郭校珍：《山西晋语反复问句的中置成分》，载复旦大学汉语言文字学科《语言研究集刊》编委会编选《语言研究集刊》（第3辑），上海辞书出版社2006年版，第64页。

据郭校珍考察，在山西娄烦晋语中，表达时态意义的中置成分"勒"与普通话的"呢"同源，"哩"与普通话的"了$_2$"同源，"呀"本字为"也"，"来"源于近代汉语里的事态助词"来"[1]。在陕北晋语中，"VP + M + Neg"问句里的"M"为当事时助词兼语气词"嘞 [lə$^0$]、咧 [liə$^0$]、哩 [li$^0$]"和后事时助词兼语气词"也 [iɛ$^0$/ɛ$^0$/ia$^0$]"[2]。而在山东境内冀鲁官话区、浙江南部的吴语区及福建、广东的闽语区，"M"一般不表达时态意义。首先，在这些方言点，"M"只有一个，多表示为"啊 [·a]、呃 [·ə]、也[·a]"，且既可用于未然问句也可用于已然问句。例如：

（609）山东寿光：你买这本书呃啵？｜你买了那本书了呃摩？｜道上碰上二叔来呃摩？（钱曾怡，2001）

（610）浙江乐清：渠个说话你相信也否？他的话你相信不相信？｜渠走来罢也未？（游汝杰，1993）

（611）福建漳州：汝卜去啊唔？你去不去？｜伊到漳州啊未？他到了漳州没有？（施其生，2000）

其次，在表已然的问句中，"啊 [·a]、呃 [·ə]、也 [·a]"等还可以与表已然意义的助词共现。例如上述寿光方言例句中的"了""来"[3]，乐清方言例句中的"罢"[4]。

据孙锡信考察，五代时"无"用于句末常作"……也无"，二者的区别仅在于"无"是直接放在一个陈述之后构成正反问，而"也无"则是在一个陈述之后先缀以"也"，表示陈述终了，然后再

---

[1] 郭校珍：《山西晋语反复问句的中置成分》，载复旦大学汉语言文字学科《语言研究集刊》编委会编选《语言研究集刊》（第3辑），上海辞书出版社2006年版，第57—61页。

[2] 邢向东：《陕北晋语语法比较研究》，商务印书馆2006年版。

[3] 钱曾怡：《山东方言研究》，齐鲁书社2001年版，第298页。

[4] 游汝杰：《吴语里的反复问句》，《中国语文》1993年第2期。

缀以"无"构成正反问句,"也"和"无"长期连用后成为惯用形式,这与五代时期的"已不、以不"性质相同;类似的形式还有"也未""也摩""已否"[①]。徐正考认为,这种语气词的作用在于延缓语气,其应用具有一定的规律,即"已(以)"只能与"不、否"搭配,"也"只能与"无、未"搭配[②]。此外,在地域分布上也存在一定的差异。蒋绍愚、曹广顺指出,代表北方方言的《敦煌变文集》以使用"已(以)"为主,代表南方方言的《祖堂集》《唐禅师语录》等以使用"也"为主,这表现出一定的方言差异性[③]。

---

[①] 孙锡信:《近代汉语语气词——汉语语气词的历史考察》,语文出版社1999年版,第55—56页。

[②] 徐正考:《唐五代选择疑问句系统初探》,《吉林大学社会科学学报》1988年第2期。

[③] 蒋绍愚、曹广顺:《近代汉语语法史研究综述》,商务印书馆2005年版,第467页。

# 第 六 章

# 汉语方言的特指问

在现代汉语普通话中,特指问句根据形式特征可以分为两类,一是带有"谁、哪个、什么、哪里、怎么、怎样、怎么样"等疑问代词的特指问句,可称为"疑代式特指问";二是由非疑问形式末尾添加语气词"呢"构成的特指问句,可称为"简省式特指问"。在现代汉语方言中,特指问句同样存在疑代式特指问和简省式特指问两种问句类型,且具有显著的方言特征。

根据以上特征,本章拟从疑问代词的类型、疑代式特指问的句式结构、简省式特指问的句式结构和语义特征等方面对汉语方言的特指问句进行考察,并在此基础上,结合现有资料,梳理各类疑问代词的地理分布。[①]

## 第一节 疑代式特指问

疑代式特指问是以疑问代词为疑问手段构成的特指问句。本节拟从疑问代词的类型、特指问句的句式结构以及疑问代词的地理分布三个方面对疑代式特指问进行考察。

---

[①] 鉴于文献资料收集的局限性,部分方言现象还有待进一步发掘,这里仅对已收集到的语料进行梳理。

## 一 疑问代词的类型

不同的疑问代词表达不同的疑问内容,构成具有不同语义内涵的特指问句,要求作出不同的针对性回答。据第二章分析,普通话里的疑问代词,在构成方式上主要包括基础形式和复合形式两类。其中,基础形式主要有"谁、什么、哪、几、多、怎"等,复合形式则是在基础形式后面添加语素和词构成合成词或短语。在疑问内容上,疑问代词可以分为八类:1. 问人;2. 问事物;3. 问地点、处所;4. 问时间;5. 问数量;6. 问程度;7. 问方式、情状;8. 问原因、目的。

方言里的疑问代词,在构成方式上同样具有基础形式和复合形式两种类型,在疑问内容上也可分为上述八类。不同方言里的疑问代词具有不同的表现形式。

(一)询问人的疑问代词

在方言中,询问人的疑问代词根据语义内涵及要求回答的内容,大体可以分为三类,即"谁"类、"哪"类和"什么人"类,每一类疑问代词都具有特定的语表形式。

1. "谁"类

在普通话中,"谁"是辨认、指定类疑问代词,在回答内容上要求用人称代词或专有名词作纯指性回答。在方言中,也存在相当于普通话"谁"的疑问代词,可统称为"'谁'类疑问代词"。就现有文献来看,这类疑问代词在各方言中主要存在四种表现形式。

第一,与普通话的"谁"相同。具体表现如下:

(东北官话)辽宁铁岭:谁(云微,2014)
(冀鲁官话)河北武邑:谁 [sei$^{53}$] / [xei$^{53}$](张晓静,2014)| 盐山:谁(刘林,2015)
天津:谁 [sei$^{45}$](祁淑玲,2020)
山东章丘:谁 [sei$^{55}$](赵学玲,2007)| 济南:谁(陆雯雯,2008)| 宁津:谁 [sei$^{53}$](曹延杰,2003)| 临清:谁(刘亚,2007)|

莘县：谁（王宁宁，2016）

（胶辽官话）山东潍坊：谁（冯荣昌，1992）｜文登：谁（王颖，2013）｜莱州：谁（李佳怡，2012）｜龙口：谁（马志红，2007）

（兰银官话）宁夏北部：谁（林涛，2012）

（中原官话）宁夏南部：谁（林涛，2012）

甘肃天水：谁个（王曦，2011）｜宁县：谁［sei$^{35}$］、谁个［sei$^{35}$kə$^{5}$］（罗堃，2010）

山东微山：谁［sei$^{41}$］北部／［sei$^{35}$］南部（殷相印，2006）｜巨野：谁［ʂei$^{55}$］（欧士博，2011）｜济宁：谁（葛四嘉，2017）｜枣庄：谁（吕俭平，2011）｜郯城：谁个（颜峰，2003）

山西洪洞：谁［fu$^{24}$］／［fa$^{24}$］（乔全生，1986）｜新绛：谁［fu$^{35}$］（宁晨珠，2016）｜古县：谁［fɯ$^{55}$］（刘睿玲，2012）｜临晋：谁［sei$^{24}$］（陈志明，1999）｜芮城：谁（吕佳，2016）

陕西西安：谁［sei$^{24}$］（兰宾汉，2011）｜凤翔：谁［sei$^{24}$］（张永哲，2011）｜宝鸡：谁（任永辉，2012）｜商州：谁（袁鹏飞，2016）｜合阳：谁（邢向东、蔡文婷，2010）

安徽北部：谁［ʂei$^{55}$］（侯超，2013）

河南南阳：谁［ʂei$^{53}$］（任溪，2013）｜光山：谁［səi$^{35}$］、谁个［səi$^{35}$kə］（张俊，2010）｜固始：谁、谁个（李孝娴，2003）｜洛阳：谁家［sia$^{31}$］①（贺巍，1993）｜驻马店：谁（刘洋洋，2016）｜西华：谁（白净义，2016）

江苏赣榆：谁个［xei$^{324}$／ʂei$^{324}$kə$^{0}$］（苏晓青，2011）

（西南官话）湖北郧县：谁、谁个儿（苏俊波，2016）

（晋语）河北张北：谁［suei$^{31}$］（关彦琦，2008）

河南安阳：谁（王芳，2015）｜博爱：谁（仝秋红，2010）

陕西神木：谁（邢向东，2001）｜绥德：谁［ʂuei$^{33}$］（黑维强、

---

① 据贺巍（1993：21），洛阳方言询问人多使用"谁家"，合音读作［sia$^{31}$］，如果用于询问哪一家时，则不读合音。

冷永良,2013)

　　山西晋语:谁、谁们、谁家(郭利霞,2015)

　　(湘语)湖南娄底:谁个[ɣui¹³ ko³⁵](卢小群,2007)

　　广西全州:谁[zuei¹³](朱海燕,2011)

　　(赣语)湖南常宁:谁人(吴启生,2009)

　　江西宜丰:谁、谁人(邵敬敏等,2010)

　　(粤语)广西玉林:谁人[ʃui³² ȵən³⁵](梁忠东,2001)

　　根据以上归纳,结合现有资料,"谁"类疑问代词在形式和意义上各具特征。

　　在语表形式上,"谁"类疑问代词主要存在三类,一是"谁"直接用作疑问代词;二是"谁"作为疑问语素①,与"个"构成合成词"谁个";三是"谁"作为疑问语素,与名词性语素"人、家"构成合成词"谁人、谁家"。此外,在甘肃白龙江流域的迭部电尕、洛大、舟曲,询问人多使用在基础形式"谁"前加"阿"构成的"阿谁"②。

　　在语义内涵上,多数方言点的"谁"类疑问代词既可表单数也可表复数。但在有的方言点,还存在专门表示复数意义的"谁"类疑问代词。这种现象在山西、陕西晋语,天津、山东、河北境内的冀鲁官话,山东境内的胶辽官话中最为常见。例如:

　　在陕北晋语中,表示复数意义的"谁"类疑问代词可表示为"谁每[ʂei² məʔ⁰]府谷""谁每[sue² me⁰]吴堡""谁每[ʂei² mən⁰/məʔ⁰]绥德""谁些[ʂei² ɕiɯ⁰]延川""谁些[ʂei² sɛ⁰]清涧""谁每些③[ʂei² məʔ⁰ ɕiɛ⁰]神木""谁弭[ʂɿ² mi⁰]

---

　　① 根据盛益民(2020)的分析,我们将疑问代词里表疑问的语素称为"疑问语素"。下文同。

　　② 莫超:《白龙江流域汉语方言语法研究》,博士学位论文,南京师范大学,2004年,第50页。

　　③ 据邢向东(2006:70),神木话"每"后再加"些",是一种叠加形式。

佳县"等①。

（1）陕西神木：正月谁每些值班儿也嘞？（邢向东，2006）
（2）陕西绥德：今儿开会来哩些谁每？（黑维强，2013）
（3）陕西子长：谁些待那搭儿踢球嘞？（李延梅，2005）

在山西晋语中，表复数的"谁们"主要分布于"五台片的神池，吕梁片的汾阳，并州片的太原、平遥、文水、清徐"②，而大包片多数方言点的"谁们"则既可表复数也可表单数③。

在天津、山东、河北境内的冀鲁官话、山东境内的胶辽官话等地，也存在"谁们"表示复数的情况。例如：

（4）天津：谁们让老师给留下了？（祁淑玲，2020）
（5）河北盐山：谁们在说话？｜他让你告诉谁们？（刘林，2015）
（6）山东陵县：谁们这么说的？（李龙，2009）
（7）山东潍坊：这是谁们的衣裳？（冯荣昌，1992）

第二，由相当于普通话里"哪"的疑问语素与"个、人、侪"等语素构成复合形式表示"谁"。

在部分方言中，使用"哪个、边个、哪人、奈侪"等疑问代词表达辨认、指定的意义，相当于普通话的"谁"。

"哪"是表抉择意义的疑问代词，"倘若没有这个特别选择的意

---

① 邢向东：《陕北晋语语法比较研究》，商务印书馆2006年版，第67页。
② 郭利霞：《汉语方言疑问句比较研究——以晋陕蒙三地为例》，南开大学出版社2015年版，第122页。
③ 郭利霞：《汉语方言疑问句比较研究——以晋陕蒙三地为例》，南开大学出版社2015年版，第121页。

思，只是泛概的问，那么'哪个'指人实际上就等于'谁'"[1]。吕叔湘指出，在长江官话区的多数方言，以及吴语区的部分方言（太湖西及北，临近官话区）中，"哪个"完全取代了"谁"；粤语的［pin kɔ］也属于同一类型[2]。结合现有文献，这类疑问代词的地域分布较比之上述范围更加广泛，涉及方言类型更加丰富。就语表形式来看，主要存在两种类型，一是疑问语素"哪"与"个"等语素构成合成词表示"谁"，以"哪个"最为常用；二是疑问语素"哪"与"人、侪"等语素构成合成词表示"谁"，以"哪人"最为常用。

首先，"哪"与"个"构成合成词表示"谁"。其中，"哪"以［l］或［n］为声母，各地读音有异。例如：

（江淮官话）安徽安庆：哪个［ˡA²¹³ ko⁵³］（鲍红，2007）｜合肥：哪个［la²¹³ kω］（杨永成，2009）

湖北黄冈：哪个［ˡA⁵³ ko］（刘晓然，2002）｜新洲：哪个［ˡA⁵⁵ kɤ⁴⁴］（高杜，2016）｜安陆：哪个（盛银花，2007）

江苏泰州：哪个（陈厚才，2008）｜扬州：哪个［ᶜla kɤɯᵓ］（汪化云，2008）｜南京：哪个［ᶜla ko］（汪化云，2008）｜淮阴：哪个（黄伯荣，1996）

（西南官话）陕西石泉：哪个（史丰，2009）｜汉中：哪个（王鹤璇，2010）

湖北武汉：哪个［ᶜna ko（·kə）］[3]（赵葵欣，2012）｜恩施：哪个［na⁵³ kuo³⁵］（张良斌，2010）｜当阳：哪个（汪国胜，1990）｜天门：哪个（卢红艳，2009）｜长阳：哪个（宗丽，2012）｜宜都：哪个（李崇兴，2014）｜仙桃：哪个（陈秀，2015）

湖南怀化：哪个［la²² ko⁴⁵］（张学成，2009）｜永州：哪个

---

[1] 吕叔湘：《近代汉语指代词》，学林出版社1985年版，第251页。
[2] 吕叔湘：《近代汉语指代词》，学林出版社1985年版，第120页。
[3] 音标形式转引自汪化云《汉语方言代词论略》，巴蜀书社2008年版，第142页。

[nα⁵³ ko²⁴]（张晓勤，2002）| 永顺：哪个（彭慧，2019）

四川成都：哪个［˂na ko˃］（汪化云，2008）| 蓬溪：哪个（唐芹，2014）| 自贡：哪个（殷润林，2005）

重庆：哪个（李科凤，2005）

贵州贵阳：哪个［˂la ko˃］（汪化云，2008）| 绥阳：哪个（姚丽娟，2007）| 遵义：哪个（胡光斌，2010）

云南通海：哪个［nα³³ kə²¹³］（杨锦，2008）| 昆明：哪个（丁崇明，2005）| 富源：哪个（张微，2017）| 漾濞：哪个（马晓梅，2016）| 石屏：哪个（李晓静，2016）| 沾益：哪个（山娅兰，2005）

广西柳州：哪个［˂na ko˃］（汪化云，2008）

（吴语）江苏丹阳：哪个［˂lo kæʔ˃］（汪化云，2008）

浙江杭州：哪个［˂na koʔ˃］（汪化云，2008）| 金华：哪个［˂lagəʔ˃］（汪化云，2008）

（湘语）湖南长沙：哪个［lo¹¹ ko⁴⁵］／［la⁴¹ ko⁴⁵］（卢小群，2007）| 邵东：哪个［la³¹ ko³⁵⁻⁵⁵］（孙叶林，2009）| 娄底：哪个［la⁴²kω⁵］（彭逢澍，2009）| 邵阳：哪个［la⁵³ ko³⁵］（李国华，2009）| 绥宁：哪个［la²⁴kou⁵¹］（曾常红，2009）| 涟源：哪个［lα⁵¹ ko⁵⁵］（陈晖，1999）| 衡山：奈个［læ³⁴ ko⁵］（毛秉生，2009）| 衡阳：哪个［na³³ ko］（彭兰玉，2002）| 隆回：哪个［nα³¹ ke⁵⁵］（丁加勇，2009）| 新化：哪个（邵敬敏等，2010）

广西全州：哪个［la⁵⁵ kuo³⁵］（朱海燕，2011）

（赣语）安徽宿松：哪个［na⁴² ·ko］（黄晓雪，2014）

湖北咸宁：哪个［nαu²¹³ kə²¹³］（王宏佳，2015）

湖南安仁：哪个［la⁵¹ ko⁴⁴］（周洪学，2012）| 常宁：哪个（吴启生，2009）

江西南昌：哪个［lai⁴ ko²］（刘纶鑫，1999）| 湖口、星子：哪个［na³ ko⁴］（刘纶鑫，1999）| 彭泽：哪个［la³¹ ko²¹⁵］（汪高文，2006）| 萍乡：哪个［lai⁴ ko⁴］（刘纶鑫，1999）| 莲花：哪个［lai⁵ ko¹］（刘纶鑫，1999）| 吉安、永丰：哪个［la³ ko²］（刘纶鑫，

1999）｜泰和：哪个［næ¹ ko²］（刘纶鑫，1999）｜武宁：挪个［no²¹¹ ko⁴⁵］（阮绪和，2006）｜黎川：哪个［⸢tʰɛi ko⁻］①（汪化云，2008）｜芦溪：哪个［lai²¹⁴ kɔ⁴⁴］（刘纶鑫，2008）

（徽语）安徽绩溪：哪个［⸢na kɵ⁻］（汪化云，2008）｜徽城：哪个［la³⁵ ko³¹³］（仇立颖，2017）

（粤语）广东恩平：乃个［nai²¹ kua³³］（甘于恩，2002）

（平话）广西南宁：哪个［⸢na ko⁻］（汪化云，2008）｜宾阳：哪个［na³³ kø⁵⁵］（覃东生，2007）｜永福塘堡：哪个［na⁵³ ko³³］（肖万萍，2005）｜柳城：哪个［ni⁴⁴⁵ kɔ⁵⁵⁴］（凌伟峰，2008）｜横县：哪个（闭思明，1999）

（土话）湖南桂阳：哪个［la⁴⁵ ko⁴⁵］（邓永红，2007）

其次，"哪"与"人、侪"等名词性语素构成合成词表示"谁"。这种形式主要存在于客家话中，还可表示为"奈侪、俫侪、俫人"等。例如：

江西龙南：哪人［nan⁴ nin²］（刘纶鑫，1999）｜上犹、南康：哪人［næ⁴ niŋ²］（刘纶鑫，1999）｜定远：哪人［næ³ ŋin²］（刘纶鑫，1999）｜全南：哪人［nai³ nin²］（刘纶鑫，1999）｜定南：哪人［ŋai³ nin²］（刘纶鑫，1999）

四川泰兴：哪人［la³¹ ȵin¹³］、哪侪［lai³¹ sa¹³］（兰玉英，2007）

福建连城：那人［nai³⁵/nai¹¹/nai³³ ȵieŋ⁵⁵］、那侪［nai¹¹/nai³³ su³⁵］（项梦冰，1997）

广东梅县：奈侪［nai⁴ sa³］（林立芳，1997）｜龙川：哪人（邬明燕，2007）

---

① 据汪化云（2008：143），黎川话的［⸢tʰɛi］可能是泥母字"哪"变读为透母、定母的特殊音变现象。

广西贺州：哪人（叶俐丹，2014）

据林立芳分析，广东梅县客家话里的"奈侪"由表疑问的"奈"和表人的"侪"组合而成，其中，"奈"相当于普通话里的"哪"①。

此外，还存在一些特殊形式。例如：山西洪洞的中原官话使用"哪谁[na$^{24}$ fa$^{24}$]"②；广东广州的粤语使用"边个[pin$^{55}$ kɔ$^{33}$]"③；广西南宁的粤语使用"边个"④；广东中山的客家话使用"那霞[na$^{55}$ ha$^{21}$]"⑤；福建长汀的客家话使用"哪家[ne$^{31}$ ka$^{44}$]"⑥等。

在部分由"哪个"代替"谁"的方言点，还存在"哪个们""哪滴人[la$^{45}$ti$^{45}$ni$^{13}$]""哪粒人""哪几人""哪些"等形式专门用于询问复数群体。例如：

（8）湖北天门：过来的是哪个们？（卢红艳，2009）

（9）湖南桂阳：前日是哪滴人来了散？昨天是哪滴人来了？（邓永红，2007）

（10）湖南新化：你喜欢哪粒人？｜哪粒人嘅书忘咖哩？（邵敬敏等，2010）

（11）江西宜春：哪几人愿意去支边？（孙多娇，2007）

第三，由相当于普通话里"什么"的疑问语素与"人、侬"等

---

① 林立芳：《梅县方言语法论稿》，中华工商联合出版社1997年版，第85页。
② 乔全生：《洪洞话的代词》，《山西大学学报》（哲学社会科学版）1986年第2期。
③ 邵敬敏等：《汉语方言疑问范畴比较研究》，暨南大学出版社2010年版，第113页。
④ 林亦、覃凤余：《广西南宁白话研究》，广西师范大学出版社2008年版，第269页。
⑤ 甘甲才：《中山客家话代词系统》，《华南师范大学学报》（社会科学版）2003年第3期。
⑥ 汪化云：《汉语方言代词论略》，巴蜀书社2008年版，第144页。

语素构成复合形式表示"谁"。

在方言中，除了与普通话相同的疑问代词"什么人"，还存在"么人、啥人、甚人、乜人、底侬、孰人、瞒人"等疑问代词表达辨认、指定的意义，相当于普通话里的"谁"。而"么、啥、甚、乜、底、孰、瞒"等相当于普通话里的"什么"。例如：

（江淮官话）湖北武穴：么人（刘欢，2017）

（吴语）上海：啥人［saʔ⁵ ȵiŋ］（汪化云，2008）

江苏苏州：啥人［saʔ⁵ ȵin］（汪化云，2008）｜无锡：啥人［sa⁴⁴ ȵin⁴⁴］（曹晓燕，2003）

浙江天台：啥人［zɛ³⁵/za³⁵ niŋ²²⁴］（戴昭铭，2007）｜宁波：啥人［soʔ⁵ ȵiŋ］（汪化云2008）｜绍兴：啥人（吴子慧，2007）｜平湖：啥人（施玲丽，2013）

（赣语）湖南浏阳：什么人（李冬香，2009）

江西铅山：么人［moʔ⁴ ȵin²⁴］（胡松柏、林芝雅，2008）

（粤语）广西玉林：乜人［mat⁵ ŋən³⁵］（梁忠东，2001）｜北流：乜人（杨奔，2005）｜北海：乜人［mɐt⁵ jɐn²¹］（陈晓锦、陈滔，2005）｜廉州：乜人（杨奔，2006）

（闽语）福建福州：底侬［tie³³ nøyŋ⁵³］（邵敬敏等，2010）｜莆仙：底侬［tia² naŋ¹］（蔡国妹，2006）｜罗源：底侬［tøŋ²¹ nøŋ³¹］（黄涛，2016）｜仙游：底侬［ti³ nan²］（吴英华，1999）｜古田：底侬［tøyŋ³⁵］（李滨，2014）｜厦门：啥侬、甚物侬（邵敬敏等，2010）｜建瓯：孰人［su⁵⁴ neiŋ³³］（江洁，2015）

海南海口：底侬［ʔdiaŋ²］（汪化云，2008）｜黄流：底侬［ʔdiaŋ⁴²］、底侬个（罗海燕，2002）｜屯昌：底侬［ʔdiaŋ³³］（钱奠香，2002）

（客家话）江西宁都：甚人［səm³ nən²］（刘纶鑫，1999）

广东梅县：瞒人［man³ ŋin²］（林立芳，1997）

广西博白岭坪：满人［man³¹ ȵin¹³］（陈日芳，2012）

汪化云指出，闽语建瓯话的"孰"、福州话和海口话的"底"、粤语的"乜"都有"什么"的意思，"孰人""底侬""乜人"与"啥人"结构相同①。此外，粤语中还存在"乜谁"表达"谁"的意义，这应是普通话疑问代词"谁"与粤语疑问代词"乜"的叠置。

此外，在少数方言点，还存在使用疑问代词"啥个"表示"谁"的情况。例如：

（江淮官话）湖北新洲：啥个［sA⁵⁵kɤ⁴⁴］（高杜，2016）

（西南官话）湖北仙桃：啥个（陈秀，2015）

贵州习水：啥个（范艳，2010）

第四，以"何"为疑问语素构成复合形式表示"谁"，以"何个""何人"最为常见。例如：

（吴语）上海崇明：何人（张惠英，2009）

浙江诸暨：何个［ɦɑ³⁵kɑ⁴⁴］（孟守介，1994）｜温州：何呢人［ɦɑ³¹⁻²n̢i⁴¹naŋ³¹⁻²¹］（许宝华、宫田一郎，1999）｜绍兴：何谁、何（谁）家（吴子慧，2007）

江苏海门：何人（王洪钟，2011）

（湘语）湖南湘阴：何自个［o¹³tsʅ⁵⁵ko⁵⁵］（邹卉，2009）｜益阳：何至子［o¹³tsʅ⁵⁵ko¹³］（卢小群，2007）

（赣语）江西波阳、乐平、横峰、东乡、临川、南丰、宜黄、黎川：何个（刘纶鑫，1999）

（客家话）福建宁化：何人（张桃，2004）

2. "哪"类

在普通话中，"哪、哪个"是选择、指别类疑问代词，在回答内

---

① 汪化云：《汉语方言代词论略》，巴蜀书社2008年版，第146—148页。

容上要求从几个人或某一范围中确定一个人作为答案，统称为"'哪'类疑问代词"。在方言中，也存在"哪"类疑问代词，且各方言在语表形式上大体一致，少数方言点略有不同。例如：

  浙江宁波：阿里个人、阿里眼人（阮桂君，2006）
  福建福州：底蜀只（邵敬敏等，2010）｜厦门：底蜀个（邵敬敏等，2010）
  广东广州：边［pin$^{55}$］（邵敬敏等，2010）
  广西贺州：乌喇［u$^{55}$ la$^{55}$］（刘宇亮，2011）

值得注意的是，"谁"类疑问代词和"哪"类疑问代词在具体使用上存在一定的差异。这主要表现在两个方面。第一，当方言中同时存在"谁"类和"哪"类疑问代词时，"谁"类疑问代词既可表示辨认、指定的意义，有时也可表示选择、指别的意义；而"哪"类疑问代词则只能表示选择、指别的意义。第二，表示选择、指别的"哪"类疑问代词与表示辨认、指定的"哪"类疑问代词在内部构造上不同。以方言里常见的"哪个"为例。在表示选择、指别的"哪个"中，"哪"与"个"可以灵活组配，中间既可出现数词"一"，也可省略，还可单独使用"哪"；而在表示辨认、指定的"哪个"中，"哪"与"个"已经逐渐固化为一个整体，在缺失"谁"类疑问代词的方言中承担其功能。

  以广州方言为例。据邵敬敏等[①]考察，广州话里的"边"相当于普通话的"哪"，"边个"实际上是"边+量词"的组合形式，但由于广州话里不存在与普通话"谁"直接对应的单音节疑问语气词，而问人的用法使用频率较高，因此，这里的"边个"已经词汇化为

---

[①] 邵敬敏等：《汉语方言疑问范畴比较研究》，暨南大学出版社2010年版，第113页。

一个整体，两个语素之间不能添加其他成分，相当于普通话里的"谁"。然而，属于选择、指别类疑问代词的"边"，其后必须与量词或数量词组合在一起使用。

3．"什么人"类

在普通话中，"什么人"是描写、解释类疑问代词，在回答内容上要求回答某个人的职业、家事、身份等，统称为"'什么人'类疑问代词"。在方言中，这类疑问代词多是由"什么、么、啥、乜、何、底、甚毛、甚物"等表疑成分与"人、侬"等名词性成分构成的复合形式。例如：

（东北官话）辽宁铁岭：什么人、啥人（云微，2014）

（冀鲁官话）河北武邑：么儿（张晓静，2014）

（中原官话）河南固始：啥人（李孝娴，2003）｜驻马店：啥人（刘洋洋，2016）

安徽北部：啥人（侯超，2013）

（江淮官话）安徽枞阳：么人 [mo$^5$zən$^{213}$]（张韦韦，2015）

（西南官话）四川成都：啥子人 [sa$^4$tʂʅ$^3$zən$^2$]、啥人 [sa$^4$zən$^2$]（张一舟等，2001）

重庆：啥子人、啥人（李科凤，2005）

（晋语）河南安阳：啥人（王芳，2015）

（湘语）湖南邵阳：么子 [mo$^{53}$tsɿ$^{53}$] 人（李国华 2009）

（赣语）江西宜丰：什人（邵敬敏等，2010）｜彭泽：么什 [mo$^{31}$sɿ$^{215}$] 人（汪高文，2006）

（吴语）上海：啥人（邵敬敏等，2010）

江苏无锡：啥人 [sa$^{44}$ɲin$^{44}$]（曹晓燕，2003）

浙江绍兴：啥人、啥格人（吴子慧，2007）

（闽语）福建福州：甚毛侬 [sieŋ$^{35}$no$^{33}$nøyŋ$^{53}$]（邵敬敏等，2010）｜莆仙：甚物侬（蔡国妹 2006）｜仙游：什物人（吴英华 1999）｜海南黄流：乜 [mi$^{53}$] 侬（罗海琼 2002）

（粤语）广东广州：乜嘢人［mɛt⁵⁵jɛ¹³jɐn²¹］（邵敬敏等，2010）
（客家话）福建连城：是物人［ʂɿə³³mai¹¹ȵieŋ⁵⁵］（项梦冰，1997）｜宁化：什么人（张桃，2004）
广东龙川：惹人［ȵia⁵²ȵin³¹］、脉个人（邬明燕，2007）

## （二）询问事物的疑问代词

在普通话中，询问事物的疑问代词主要有"什么"和"哪个、哪些"。在疑问内容上，"什么"多用于指称性询问，要求明确回答事物的名称，也可略带解释或描述；"哪个、哪些"多用于选择性询问，要求在某一范围内作出选择性的回答。

在方言中，询问事物的疑问代词根据疑问内容的不同，也可区分为上述两类。用于指称性询问的疑问代词，在不同方言中具有不同的语表形式。用于选择性询问的疑问代词，在各方言中差异较小。本小节主要考察不同方言中用于指称性询问的疑问代词。

根据形式特征，方言里用于指称性询问的疑问代词大体上包括"什么""啥""什/甚""么""何""底""哪"七类，相当于普通话里的"什么"。

### 1."什么"类

疑问代词"什么"产生于唐代。在语音形式上，张惠英指出，"什么"在早期主要有五种语音形式：(1) 前字读如字，有［-p］韵尾，如"什么、什没"；(2) 前字变读［-m］韵尾，如"甚物、甚没"以及单用的"甚"；(3) 前字失落辅音韵尾，读开尾韵，如"是物、是没"；(4)"物、勿、没、末"这些后字读如字，有［-t］韵尾；(5)"物、勿、没、末"这些后字失落辅音尾［-t］，而读成开尾韵，如"什摩、甚摩"[①]。在书写形式上，冯春田指出，"什么"在9世纪以前写作"是勿、是物、是没"或"甚没"；约9世纪起写作"甚没"和"什没"；晚唐五代时多写作"什摩""甚摩"；到

---

[①] 张惠英：《汉语方言代词研究》，语文出版社2001年版，第50—51页。

了宋代才基本写作"什麽"或"甚麽"①。

在现代汉语方言中，"什么"类疑问代词的主要特征表现在语音形式和构造方式两个方面。

首先，在语音形式上，主要存在三种类型。

其一，"什"和"么"均不带辅音韵尾。其中，"什"还可写作"是"，"么"还可写作"懑、物、乜"等。例如：

（冀鲁官话）山东宁津：什么［ʂẽ⁵³／ʂʅ⁵³·mə］（曹延杰，2003）
（中原官话）山西洪洞：什么［ʂʅ⁵³₄₄ mu²⁰］（乔全生，1986）
（江淮官话）江苏涟水：什么子［ᶜsei niˀ·tsʅ］（汪化云，2008）
（西南官话）湖北长阳：什懑［su²⁵m̩］（宗丽，2012）
云南大理：什么［sʅ³¹ me²¹³］（苏倩，2011）
（晋语）山西兴县：什么［sʅ²¹³ mæ̃³¹］（史秀菊，2011）｜长子：什么［sʅ²⁴mʌ⁵³］（史秀菊，2011）
（客家话）福建连城：（是）物［ʂə⁰mai¹¹］、什么［ʂə¹¹muə¹¹］（项梦冰，1997）
（平话）广西钟山：是乜［ʃi³³ muø⁴⁴］（邓玉荣，2005）

其二，"什/甚"带［-ʔ］韵尾或鼻音韵尾，"么/摩/物"不带辅音韵尾。例如：

（晋语）陕西府谷：什摩［ʂəʔ⁵ mɑ²］（邢向东，2006）｜神木：什摩［ʂəʔ⁵ ma²］（邢向东，2006）｜绥德：什摩［ʂəʔ⁵ ma²］（邢向东，2006）｜佳县：什摩［ʂəʔ⁶ ma²］（邢向东，2006）｜清涧：什摩［ʂəʔ⁶ mʌ²］（邢向东，2006）｜延川：什摩［ʂəʔ⁶ mʌ²］（邢向东，2006）
（湘语）湖南湘潭：什么［ʂən⁴² mo⁴²］（曾毓美，2001）

---

① 冯春田：《近代汉语语法研究》，山东教育出版社2000年版，第181页。

广西全州：醒么 [ɕiŋ⁵⁵mo²²]（朱海燕，2011）
（闽语）福建莆仙：甚物 [ɬɒʔ⁴mui⁵³³]（蔡国妹，2006）
（客家话）江西石城：什么 [sən⁴⁵³mə]（邵敬敏等，2010）
福建宁化：什么 [səŋ¹¹mə⁴²]（张桃，2004）

其三，"么/物/乜"等带有 [-ʔ]、[-t] 等塞音韵尾。例如：

（闽语）福建厦门：甚物 [siam⁵³⁻⁵⁵miʔ⁵]（周长楫、欧阳忆耘，1997）
（粤语）广西藤县：是乜 [ʃi⁴⁴mɐt⁴]（唐一萍，2013）｜贺州：什么 [ʃi³³muot⁵]（刘宇亮，2011）
（平话）广西柳城：什么 [ɕi⁵³⁻³³mɐt⁵⁵]（凌伟峰，2008）｜罗城：什么 [ɕɛ³³mat⁵⁵]（王琼，2008）

其次，在构造方式上，主要包括基础形式和复合形式两类。其中，复合形式主要是在"什么"的后面添加无实在意义的语素"子"。这种形式在西南官话中较为常见。例如：

湖北当阳：什么子（汪国胜，1990）
湖北长阳：什懞伢儿、什懞子（宗丽，2012）
湖北钟祥：什么子（张义，2016）
云南腾冲：什么子 [ʂʅ²moˀ tsʅ]（汪化云，2008）

2. "啥"类

"啥"类疑问代词在官话方言和非官话方言均有广泛使用。在产生途径及年代上，吕叔湘先生曾指出[①]，官话区的一部分方言和吴语区的大多数方言里，和"什么"相当的疑问代词主要为 [ʂʅ]

---

[①] 吕叔湘：《近代汉语指代词》，学林出版社1985年版，第127页。

或［sɑ］，现在一般写作"啥"，其可能是"什么"的合音。另据冯春田分析，"啥"在南北方言中的形成存在不平衡性，具体而言，"啥"于明代在南方方言（特别是吴语）中产生，但在同一时期的北方方言里却尚未形成，清代时"啥"在北方方言里已较多出现①。

"啥"类疑问代词的特征主要表现在语音形式和构造方式两个方面。就语音形式来看，"啥"类疑问代词的声母可分为［s］和［ʂ］两类，多使用于官话方言、晋语、吴语中。

使用声母［s］的方言点，例如：

（中原官话）新疆乌鲁木齐：啥［saˀ］（汪化云，2008）

宁夏隆德：啥［sa$^{44}$］（杨苏平，2015）

陕西西安：啥［sa$^{55}$］（兰宾汉，2011）｜商县：啥［sa$^{55}$］（汪化云，2008）｜渭南：啥［sa$^{55}$］（汪化云，2008）

山西吉县：啥［sa$^{53}$］（史秀菊，2011）

（晋语）内蒙古集宁：啥［saˀ］（汪化云，2008）

河南博爱：啥［sa$^{13}$］（仝秋红，2010）

山西大同：啥［sa$^{54}$］（史秀菊，2011）｜应县：啥［sa$^{31}$］（史秀菊，2011）｜朔州：啥［sɑ$^{312}$］（史秀菊，2011）｜陵川：啥［sɛ$^{213}$］（史秀菊，2011）｜浑源：啥［sʌ$^{52}$］（史秀菊，2011）

（吴语）江苏苏州：啥［sɑ$^{523}$］（汪平，2011）

浙江杭州：啥［꜀sa］（汪化云，2008）｜海盐：啥［saˀ］（胡明扬，1992）

使用声母［ʂ］的方言点，例如：

---

① 冯春田：《合音式疑问代词"咋"与"啥"的一些问题》，《中国语文》2003年第3期。

（东北官话）黑龙江：啥［ʂA²⁴］（聂志平，2005）｜哈尔滨：啥［⁼ʂa］（汪化云，2008）

（兰银官话）宁夏银川：啥［ʂa⁵³］（林涛，2012）

（胶辽官话）山东寿光：啥［ʂa²¹］（汪化云，2008）

（冀鲁官话）河北石家庄：啥［⁼ʂA］（汪化云，2008）｜馆陶、邱县：啥［ʂa²¹³］（高培培，2014）

（中原官话）宁夏隆德：啥［sa⁴⁴］（杨苏平，2018）

河北大名：啥［ʂa²¹³］（高培培，2014）｜魏县：啥［ʂA³¹²］（高培培，2014）

陕西凤翔：啥［ʂa⁴⁴］（张永哲，2011）

山西浮山：啥［ʂa⁵³］（史秀菊，2011）｜洪洞：啥［ʂe⁵³］（史秀菊，2011）

河南南阳：啥［ʂa²¹］（任溪，2013）｜洛阳：啥［ʂa⁵¹²］（贺魏，1993）｜信阳：啥［⁼ʂa］（汪化云，2008）

江苏徐州：啥［ʂa⁵⁵］（汪化云，2008）

（晋语）河北邯郸市区：啥［ʂa²¹²］（高培培，2014）｜肥乡：啥［ʂɔ³²³］（高培培，2014）｜邯郸县、曲周：啥［ʂɔ²¹²］（高培培，2014）｜成安：啥［ʂɔ²¹³］（高培培，2014）｜武安：啥［ʂa⁴²⁻³⁵］（高培培，2014）｜广平、临漳：啥［ʂɔ³¹²］（高培培，2014）｜鸡泽、磁县、涉县、永年：啥［ʂɔ³¹³］（高培培，2014）

河南济源：啥［ʂaə¹³］（韩晓，2015）｜获嘉：啥［ʂa¹³］／［ʂɔ¹³］（贺魏，1988）

就构造方式来看，"啥"类疑问代词可分为基础形式和复合形式两类。其中，复合形式多表现为在"啥"后添加"子、个、格、么"等语素构成表达"什么"意义的合成词。例如（表6—1）：

表6—1　　　　　　　　　　　"啥"类疑问代词示例

| 方言区 | 地域分布 | | | 基础形式 | 复合形式 |
|---|---|---|---|---|---|
| 兰银官话 | 甘肃（王姬，2014） | | | 啥 | 啥个 |
| 中原官话 | 甘肃（王姬，2014） | | | 啥 | 啥个 |
| | 河南固始（李孝娴，2003） | | | 啥 | 啥子 |
| 西南官话 | 陕西 | 石泉（史丰，2009） | | 啥 $[ṣa^{213}]$ | 啥子 $[ṣa^{213}\,tsʅ^{21}]$、啥个 $[ṣa^{213}\,go^{21}]$、啥卵 $[ṣa^{213}\,lan^{21}]$ |
| | | 汉中（王鹤璇，2010） | | 啥 | 啥子 |
| | 湖北郧县（苏俊波，2016） | | | 啥 | 啥子 |
| | 四川 | 成都（张一舟等，2001） | | 啥 $[sa^4]$ | 啥子 $[sa^4\,tsʅ^3]$ |
| | | 奉节（汪化云，2008） | | 啥 $[ṣa^{214}]$ | 啥子 $[ṣa^{214}\,tsʅ^{42}]$ |
| | | 蓬溪（唐芹，2014） | | | 啥子 |
| | | 汉源、达县（汪化云，2008） | | | 啥子 $[sa^{ɔC}\,tsʅ]$ |
| | 重庆（李科凤，2005） | | | 啥 | 啥子 |
| | 贵州习水（范艳，2010） | | | | 啥家、啥起 |
| | 云南 | 昭通（汪化云，2008） | | | 啥子 $[sA^{213}\,tsʅ^{53}]$ |
| | | 永胜（汪化云，2008） | | | 啥子 $[sA^{42}\,tsʅ^{31}]$ |
| 吴语 | 江苏 | 无锡（曹晓燕，2003） | | 啥 $[sa^{35}]$ | 啥个 |
| | | 昆山（吴林娟，2006） | | 啥 $[sɑ^{44}]$ | 啥辂 $[sɑ^{44}\,gəʔ^5]$ |
| | | 吴江（刘丹青，1999） | | 啥 $[sɔ^{44}]$ | 啥辂 $[sɔ^{44}\,gəʔ^2]$ |
| | 上海（邵敬敏等，2010） | | | 啥 | 啥格 |
| | 浙江 | 宁波（阮桂君，2006） | | 啥 | 啥个、啥希 |
| | | 绍兴（吴子慧，2007） | | 啥 | 啥个、啥西 |
| 赣语 | 江西 | 宜春（汪化云，2008） | | | 啥吗 |
| | | 万载（刘纶鑫，1999） | | | 啥嘚 |
| | | 永丰（刘纶鑫，1999） | | | 啥个 |

据现有资料可知三点。第一，就复合形式的构成来看，可分为三类，一是"啥"与"子"等名词词缀组合；二是"啥"与"个、格、辂"等相当于普通话里结构助词"的"的语素组合，在上海、无锡、吴江、绍兴等地的方言中，"啥个/啥格/啥辂"多用作定语；三是"啥"与"么、吗、乜"等同类疑问语素组合，如江西宜春方

言里的"啥吗"、福建泰宁方言里的"啥么"以及永春方言里的"啥乜"①。第二，就复合形式的使用来看，"啥子"和"啥个"最为常用，其中"啥子"主要使用于西南官话，在部分中原官话方言点也有零星分布；"啥个/啥格"主要使用于江苏、浙江、上海三地的吴语和甘肃境内的中原官话、兰银官话，在江西境内的赣语也有零星分布。第三，就基础形式与复合形式的关系来看，在部分方言点，两种形式可以并存共用。

除上述区分之外，在中原官话汾河片还存在一种特殊的"啥"类疑问代词。例如：

山西临晋：嗦［suo³¹］（陈志明，1999）
山西芮城：索［suɤ³¹］（吕佳，2016）
山西临猗：嗦［suə³¹］（史秀菊，2011）
山西河津：瑟［sɤ³¹］（史秀菊，2011）
山西闻喜：摄［ʂɤ³¹］（史秀菊，2011）
山西新绛：摄［ʂɤ⁵³］（史秀菊，2011）

据史秀菊考察，主要使用于中原官话汾河片的"嗦、瑟、摄"都是"什么"的合音形式，在使用这些疑问代词的方言点往往也同时存在"什么"，例如临猗话的［suə³¹］、河津话的［sɤ³¹］，分别是由［sʐ²⁴muə³¹］和［sʐ²⁴mɤ³¹］的前一字声母与后一字韵母拼合而成的②。

3．"甚/什"类

在部分方言中，询问事物使用"甚/什"类疑问代词。

关于"甚"和"什"的来源，吕叔湘认为，"甚麼"最初常常

---

① "啥吗""啥么"和"啥乜"引自汪化云《汉语方言代词论略》，巴蜀书社2008年版，第155页。

② 史秀菊：《山西方言的特指疑问句（一）》，《山西大同学报》（社会科学版）2011年第5期。

只用一个"甚"字,始见于唐末,通行于宋元两代①。志村良治进一步指出,"甚"是唐末五代西北地区的常用词语,五代时期使用于吴、蜀、楚等地,宋以后使用于以汴京为国都的河南一带或更向南些,元迁都于大都后继续在各地使用②。冯春田认为,"甚"和"什"来源于"是(什)物(没)"的省缩:当"是(什)物(没)"的上一字韵母受到下一字声母的影响时,形成带有[-m]韵尾的"甚";当"是(什)物(没)"的上一字韵母没有受下一字声母的影响时,形成变式"什"③。

结合现有文献,"什"和"甚"在现代汉语方言中也有使用,但读音多有不同。其中,"什"可带[-p]、[-t]、[-ʔ]等塞音韵尾,"甚"可带[-n]、[-ŋ]的鼻音韵尾。就语表形式来看,"甚/什"类疑问代词主要存在三种类型。

第一,"什"类疑问代词多表现为"什个"和"什哩(尼、呢、里、伋、俚)"两种形式。其中,"个"和"哩(尼、呢、里、伋、俚)"都是无实在意义的语素。这种类型多存在于江苏境内的江淮官话和江西境内的赣语中。在江西境内的客家方言里也有分布。例如:

(江淮官话)江苏如东:什哩(季春红,2002)｜淮阴:什哩[səʔ⁴·li](汪化云,2008)｜盐城:什尼(蔡华祥,2011)｜镇江:什呢[səʔ⁴lɿ²¹](汪化云,2008)｜南通:什的(汪化云,2008)｜东台:什细(汪化云,2008)｜泰州:什念、什厄、什细(陈厚才,2008)

(赣语)江西南昌:什里[ɕit⁶ li⁴](刘纶鑫,1999)｜高安:什里[søl⁷ li](刘纶鑫,1999)｜上高:什里[sət⁵ li](刘纶鑫,1999)｜东乡:什个[ɕit⁷ ko⁴](刘纶鑫,1999)｜临川:什个

---

① 吕叔湘:《近代汉语指代词》,学林出版社1985年版,第125页。
② [日]志村良治:《中国中世语法史研究》,江蓝生、白维国译,中华书局1995年版,第193页。
③ 冯春田:《近代汉语语法研究》,山东教育出版社2000年版,第188—189页。

［ɕip⁷ ko⁴］（刘纶鑫，1999）｜南丰：什伙［ɕip⁶ li⁴］（刘纶鑫，1999）｜宜黄：什个［ɕit⁷ ko⁴］（刘纶鑫，1999）｜抚州：什个［sɛʔ⁵ ko⁴²］（付欣晴，2006）｜黎川：什仔［ɕiɛ˨］（汪化云，2008）｜丰城：什哩（聂国春，2004）

（客家话）江西安远：什个［sɿ³ kɿ³］（刘纶鑫，1999）｜定南：什个［sət⁷ ke³］（刘纶鑫，1999）

第二，"甚"类疑问代词多表现为直接使用基础形式"甚"以询问事物，其后无须添加其他语素。这种类型多存在于内蒙古、河北、陕北、山西等地的晋语中。例如：

内蒙古呼和浩特：甚［səŋ²⁴］（汪化云，2008）

河北张北：甚（关彦琦，2008）｜张家口：甚（宗守云，2017）

陕西府谷、佳县、绥德、吴堡：甚［ʂəŋ⁴］（邢向东，2006）｜神木：甚［ʂɤ̃⁴］（邢向东，2006）

山西原平、临县：甚［ʂəŋ⁵³］（史秀菊，2011）｜五台：甚［ʂəŋ⁵²］（史秀菊，2011）｜平遥：甚［ʂəŋ³⁵］（郭利霞，2015）｜汾阳：甚［ʂəŋ⁵⁵］（郭利霞，2015）｜忻州：甚［ɕəŋ˨］（汪化云，2008）｜定襄、兴县：甚［səŋ⁵³］（史秀菊，2011）｜长治：甚［səŋ⁴²］（史秀菊，2011）｜娄烦：甚［səŋ⁵⁴］（史秀菊，2011）

据邢向东考察，陕西府谷、神木、绥德、佳县并用疑问代词"甚"和"什摩"，但普遍表现为"甚"多"什摩"少，而吴堡只用"甚"，清涧、延川只用"什摩"[①]。陕北沿河晋语里的"甚"和"什摩"不存在直接的语音演变关系，而是反映出方言系属的不同。其中，"甚"的读音和用法直接继承了"是物"在唐五代西北方言里的演变形式"甚"，而"什摩"直接继承的是权威方言里的演变

---

① 邢向东：《陕北晋语语法比较研究》，商务印书馆2006年版，第70页。

形式，"甚"和"什摩"的并存实质上是语法里的"文白叠置"，属于不同的历史层次①。

第三，"甚"类疑问代词还可表现为以"甚"作为疑问语素构成的合成词，能够与其组配的语素有"哩、个、子"等。例如：

（晋语）山西灵石：甚哩 [səŋ⁵³ la²¹³]（许宝华、宫田一郎，1999）｜沁县：甚哩 [səŋ⁵⁵ ləʔ]（许宝华、宫田一郎，1999）｜山西榆社：甚哩 [s ẽ⁴⁵ ləʔ²]（许宝华、宫田一郎，1999）

（江淮官话）安徽合肥：甚个 [ʂəŋ²¹ kə²¹³]（杨永成，2008）

（闽语）福建福州：甚乇 [sieŋ³⁵ nɔʔ²⁴]（邵敬敏等，2010）

（客家话）福建长汀：甚子 [seŋ³¹ tɕi³²]（汪化云，2008）

江西龙南：甚个 [sən⁵ kai⁴]（刘纶鑫，1999）

4."么/乜/脉"类

广泛使用于方言里的"么"类疑问代词，来源于"什么"，是"'什么'的省缩形式，通常写作'吗'或'嘛'"②，多具有口语色彩。而"乜/脉"类疑问代词多表现为"乜嘢"和"脉个"，常见于闽语、粤语、客家话中，相当于普通话里的"什么"。具体分析如下。

在官话方言及湘语、赣语、徽语中，多使用"么"或以"么"为疑问语素构成的复合形式以及"嘛/吗"或以"嘛/吗"为疑问语素构成的复合形式。在客家话、平话、土话中，也有部分方言点使用由"吗"构成的复合形式。其中，"吗"③ 可读作"[ma]、[maʔ]"等。例如：

---

① 邢向东：《陕北晋语语法比较研究》，商务印书馆2006年版，第71—72页。
② 吕叔湘：《近代汉语指代词》，学林出版社1985年版，第127页。
③ 部分方言表示为"么"，但从语音形式上看应归属于"嘛/吗"类。

A组："么"及由"么"构成的合成词

（胶辽官话）山东牟平：么［mo¹³¹］、么个［mo¹³¹·kə］（罗福腾，1992）｜文登：么、么个（钱曾怡，2001）

（冀鲁官话）河北武邑：么儿（张晓静，2014）

山东济南：么、么个（陆雯雯，2008）｜聊城：么儿、么个（张鹤泉，1995）｜临清：么（刘亚，2007）

（中原官话）山东郯城：么、么的（颜峰，2003）

（江淮官话）安徽安庆：么［mo²¹³］、么事（鲍红，2007）｜枞阳：么［mo⁵］（张韦韦，2015）

湖北黄冈：么［mo⁵³］、么事（刘晓然，2002）｜红安：么［˪mo］、么事［˪mo ʂʅ²］（汪化云，2008）｜安陆：么事、母事、嚒［mɛ⁵¹］（盛银花，2007）｜武穴：么事、么呢（刘欢，2017）｜新洲：么事［mə⁵⁵ʂʅ⁴⁵］（高杜，2016）｜浠水：么事［mo⁴⁴ʂʅ］（汪化云，2008）｜孝感：么事［mo⁵²·ʂʅ］（王求是，2014）

（西南官话）陕西汉阴：么子（张德新，2006）

湖北武汉：么、么事（赵葵欣，2012）｜天门：么、么事（卢红艳，2009）｜钟祥：么儿、么事（张义，2016）｜恩施：么子（张良斌，2010）｜仙桃：某［mo³¹］、某丫［mo³³ia⁵⁵］、某家［mo³¹tɕia⁵⁵］、某之［mo³¹tsʅ⁵⁵］（陈秀，2015）

湖南常德：么得［˪mo·tə］（汪化云，2008）｜安乡［mo²¹·te］（汪化云，2008）

（湘语）湖南长沙、益阳：么子［mo⁴¹tsʅ⁰］（卢小群，2007）｜涟源：么子［mə⁵²·tsʅ］（陈晖，1999）｜邵阳：么子［mo⁵³tsɿ⁵³］（李国华，2009）｜韶山：么子［mo⁴²tsʅ³³］（曾毓美，2009）｜湘潭：么子［mo⁴²tsʅ³³］（曾毓美，2001）｜隆回：么个［mo³¹kɤ⁵⁵］（丁加勇，2009）｜湘阴：么里［mo⁵³li］（邹卉，2009）｜邵东：么子［mo³¹·tsʅ］、么个［mo³¹·ko］（孙叶林，2009）｜娄底：么子［mõ⁴²tsʅ³］、么子个［mõ⁴²tsʅ³kɤ³］、么子什［mõ⁴²tsʅ³ɕi⁵］（彭逢澍，2009）｜新化：么个（罗昕如，1998）

（赣语）安徽宿松：么、么事（梅光泽，2004）｜太湖弥陀：么事、么东西（孙汉康，2016）

湖南平江：么里［mo²¹ li］（朱道明，2009）｜岳阳：么哩［mo⁵² ni］（方平权，2009）｜临湘：么哩［mo¹³ li⁰］（许宝华、宫田一郎，1999）｜绥宁：么喀［mou²⁴ ko］（曾常红，2009）

江西铅山：么［moʔ⁴］（胡松柏、林芝雅，2008）｜湖口：么得［mo³tɛ］（刘纶鑫，1999）｜星子：么事［mo³sʅ⁶］（刘纶鑫，1999）｜修水：么里［mo³ di］（刘纶鑫，1999）｜乐平：么仂［mo¹lɛi²］（刘纶鑫，1999）｜横峰：么里［mɔ² li³］（刘纶鑫，1999）｜彭泽：么什［mo³¹sʅ²¹⁵］、么啦［mo³¹ la³³］（汪高文，2006）

（徽语）安徽歙县：么［mɛ⁰］、么唉［mɛ⁴⁴ɛ⁰］（仇立颖，2017）｜绩溪：么仂［mɤʔ ɔ ɤ²］（汪化云，2008）

B组："嘛/吗"及由"嘛/吗"构成的合成词

（东北官话）黑龙江：麻儿［m ʌ r²⁴］（聂志平，2005）

（冀鲁官话）河北盐山：嘛（刘林，2015）

天津：嘛［ma⁵³］（祁淑玲，2020）

山东陵县：陵县：嘛、嘛个（刘敏，2011）｜宁津：吗［ma³¹］（曹延杰，2003）｜德州：吗（钱曾怡，2001）

（中原官话）山东枣庄：嘛（吕俭平，2011）｜济宁：嘛儿（葛四嘉、史秀菊，2017）｜微山：嘛（钱曾怡，2001）

（西南官话）湖北长阳：吗伢儿［ma⁵⁵ɚ²¹²］（宗丽，2012）

湖南怀化：么子［ma²²tsʅ·］（伍云姬，2009）

（湘语）湖南衡阳：吗咯、吗子（彭兰玉，2002）｜衡山：吗咯［ma³⁴ ko³］（毛秉生，2009）

（赣语）湖南安仁：麻格［ma³¹ ke⁴⁴］（周洪学，2012）｜常宁：吗格［ma⁴⁵ke⁴］（吴启生，1998）｜浏阳：吗哩（夏剑钦，1998）

（客家话）湖南耒阳：么个［ma²¹³·kə］（王箕裘、钟隆林，2008）

江西铜鼓：吗个［mai³ ki⁴］（刘纶鑫，1999）｜井冈山：吗个

[ma³kɛ⁴]（刘纶鑫，1999）

福建上杭：么哩[mɑʔ⊃lɛiˀ]（汪化云，2008）｜武平：么哩[mɑʔ⊃li]（汪化云，2008）

（平话、土话）广西全州文桥：麻介/么个[ma³³ka]（唐昌曼，2005）

湖南桂阳：吗咯[ma⁴⁵kɤ⁴²]①（邓永红，2007）

通过以上各例可知，部分方言中既存在直接用作疑问代词的"么"或"嘛/吗"，也存在以"么"或"嘛/吗"为疑问语素构成的复合形式，二者均可用于询问事物。据现有资料，由"么"和"嘛/吗"构成的复合形式较为常用，这主要包含三类：其一，与"个、咯、格、仂"等语素构成合成词，"个、咯、格、仂"等可在方言里充当定语标记②，相当于普通话的结构助词"的"；其二，与"子、哩"等名词词缀构成合成词③；其三，在部分方言点，"么"还可与名词性语素"事"构成合成词"么事"。

在闽语、粤语、客家话中，多使用"乜""脉"或以"乜""脉"为疑问语素构成的复合形式。其中，"乜、脉"多带有塞音韵尾[-k]、[-t]、[-ʔ]。例如：

（闽语）广东潮州：乜[meʔ²]（吴芳，2013）｜澄海：乜个[mih¹kai⁵]（林伦伦，1996）｜雷州：乜物[mi²⁵mi]（汪化云，2008）

海南海口：乜[mi⁵⁵]、乜个[mi⁵⁵kai²¹]、乜物[mi⁵⁵

---

① 邓永红（2007：20）指出，"吗咯"是典型的客赣方言词，这说明桂阳六合土话受到客赣方言的影响。
② 盛益民：《汉语疑问代词的词化模式与类型特点》，《中国语文》2020年第6期。
③ 盛益民：《汉语疑问代词的词化模式与类型特点》，《中国语文》2020年第6期。

mi³³]（陈鸿迈，1991）｜黄流：乜［mi⁵³］、乜物［mi⁵³ mi²¹］（罗海燕，2002）｜屯昌：乜［mi⁵⁵］（钱奠香，2002）

（粤语）广东广州：乜［mɐt⁵⁵］、乜嘢［mɐt⁵⁵ jɛ¹³］（邵敬敏等，2010）｜恩平：乜嘢、□［mia³³］（"乜嘢"的合音）（甘于恩，2002）｜新会：乜闲嘢（甘于恩，2002）｜东莞：乜嘢［mɐk⁵ zø]（汪化云，2008）｜佛山：乜［mɐt⁵］、乜嘢［mɐt⁵ ja¹³/jɛ¹³］、咩［mɛ⁵⁵］（"乜嘢"的合音）、乜哋［mɐt⁵tei⁵⁵］、乜家［mɐt⁵ ka⁵⁵］（黄丽华，2007）

广西南宁：乜嘢［mɐt⁵jɛ²⁴］（林亦、覃凤余，2008）｜贵港：乜嘞［mak⁵ lei⁵⁵］（陈曦，2017）｜北海：乜嘢［mɐt⁵ŋɛ¹³］（陈晓锦、陈滔，2005）｜北流：乜嘢（杨奔，2005）｜藤县：乜［mɐt⁴］、乜嘢［mɐt⁴jɛ²⁴］（唐一萍，2013）

（客家话）四川泰兴：脉个［maʔ³²ke⁵³］（兰玉英，2007）

广东梅县：脉个［mak⁵ke⁴］（林立芳，1997）｜中山：乜嘢［mɐt²jia⁴¹］（甘甲才，2003）｜龙川：脉个［mak³ke⁵²］/［mak³kei³¹］/［mak⁵kei⁵²］北部；惹［ȵia⁵²］南部①（邬明燕，2007）｜连平：脉吤［mak¹ kai¹²］（傅雨贤，2015）

广西博白岭坪：脉［mai¹³］、脉样［mai¹³ iɔŋ⁴²］、脉嘢［mai¹³ȵa³⁵］（陈日芳，2012）｜博白沙河：埋西［mai²¹³si⁴⁵］（韩霂，2008）

张惠英指出，闽语、粤语和客家话里询问事物的疑问代词都源于"物"②。其中，粤语的"乜嘢"和客家话的"脉个"都源于"物个"。具体而言，广州话的"乜"读阴入［mɐt˥］，"物"读阳入［mɐt˨］，这是用改变声调的方式来区分词性和用法；而客家话"脉"

---

① 邬明燕（2007：68）指出，使用于龙川南部的"惹［ȵia⁵²］"与粤语的"嘢"有关联，应该是由表"东西"的名词发展而来的。

② 张惠英：《汉语方言代词研究》，语文出版社2001年版，第88—89页。

的辅音韵尾"［k］"是"物"和"个"连音时韵尾变化所致①。

5. "何"类

疑问代词"何"在先秦典籍中多有出现。张惠英指出，自魏晋时期起，"何物"开始结合起来作为一个疑问代词使用，表示"什么"的意义②。据现有文献，以"何"为疑问语素构成的合成词仍然存在于部分方言中，以吴语较为常见。盛益民提出，"何"在上古汉语中的核心语义是询问事物，同时也可用于询问处所、人、方式、原因等，而现在部分吴语还保留着其询问事物的用法③。例如：

（吴语）浙江诸暨：何哉［ɦia³⁵ tsəʔ⁵］(孟守介,1994)｜温州：何乜(郑娟曼,2009)｜富阳：何事［gɔ¹¹l¹¹］／［gɔ¹¹l⁵³］／［gɔ¹¹l¹¹］／［gɔ¹¹l³⁵］／［ga¹¹l³⁵］／［ga¹¹ʐɿ⁵³］④(盛益民、李旭平,2018)｜温岭：何么［ɦia³¹ɦim¹³］(阮咏梅,2012)

江苏海门：何［hɑ³⁴］／［hɦɑ²³¹］／［hɑ⁵³］、何个、何物、何物事(王洪钟,2011)｜

上海崇明：何［⁵hɦia］／［hɑ⁵］／［ʋɑ⁵］／［⁵hɑ］、何物［⁵hɦia məʔ］(张惠英,2001)

6. "底"类

"底"用作疑问词，"在古文献和今方言中都能见到"⑤。关于"底"的来源与演变，吕叔湘认为，"底"最早出现于南北朝时期的

---

① 张惠英：《汉语方言代词研究》，语文出版社2001年版，第159页。
② 张惠英：《汉语方言代词研究》，语文出版社2001年版，第36页。
③ 盛益民：《汉语疑问代词的词化模式与类型特点》，《中国语文》2020年第6期。
④ 盛益民、李旭平（2018：377）指出，浙江富平方言里表示"什么"的词，前字的本字都是"何"，但在韵母上南北存在差异，即北部的韵母为［ɔ］和［o］，南部的韵母为［a］；后字在大部分地区都是成音节的边音［l̩］。
⑤ 张惠英：《汉语方言代词研究》，语文出版社2001年版，第90页。

文献中，与疑问代词"何"的意义相当，元明以后，"底"字已不多见，但在现代闽语、吴语中仍然存在①。

在江苏境内的常州、宜兴、江阴、溧阳、金坛、丹阳等地②，询问事物多使用以疑问语素"底"为基础形式构成的合成词，相当于普通话里的"什么"。例如，江苏溧阳的"底个"③。

7. "哪"类

上述六类疑问代词，都是与"什么"相关联的疑问形式。但有的方言点，并不存在上述六类疑问代词，而是由"哪"构成合成词表示"什么"的意义。例如：

贵州贵阳：哪样（贺又宁，1988）｜遵义：哪个、哪样[na⁵³iaŋ¹²]、曩[naŋ⁵³]（"那样"的合音）（叶婧婷，2017）

云南昆明：哪样（丁崇明，2005）｜富源：哪样（张微，2017）｜腾冲：哪样（汪生宇，2014）｜通海：哪样[nɑ³³iã²¹³]（杨锦，2008）

广西宾阳：哪门[na³³mun²¹³]（覃东生，2007）｜南宁横塘：哪门[na³³mun²¹]（李若男，2013）｜永福塘堡：哪样[na⁵³iaŋ³¹]（肖万萍，2005）｜崇左江州：哪门[na³³mun³²]（朱艳娥，2007）｜富川秀水：哪个[lai²²kə⁴⁵]（邓玉荣，2005）

(三) 询问数量的疑问代词

在普通话中，询问数量的疑问代词主要有基础形式"几""多"以及复合形式"多少"，以"几"和"多少"最为常用。吕叔湘指出，用"几"询问，预期的数目一般不是很大；如果预期数目比较大则多用"多少"询问④。

---

① 吕叔湘：《近代汉语指代词》，学林出版社1985年版，第177页。
② 黄河：《西北部吴语事物疑问代词的来源》，《方言》2021年第2期。
③ 钱乃荣：《北部吴语研究》，上海大学出版社2003年版，第125页。
④ 吕叔湘：《近代汉语指代词》，学林出版社1985年版，第341页。

在方言中，多数方言点同时存在"几"类和"多少"类疑问代词，且分工明确。其中，"多少"类疑问代词主要表现为"多少""几多""好多""偌/偌多"等形式。

1. "几"类

据汪化云考察，汉语各方言普遍存在询问数量的疑问代词"几"，但各方言中"几"适用的范围并不一致[①]。具体表现为两点。

其一，在多数方言中，"几"主要用于询问主观认为大于一小于十的数目。

其二，在"除杭州以外的吴语区"[②]，用"几"所询问的数目可大可小，不限于主观认为不大或小于十的数目。

例如，在浙江绍兴方言中，"几"在询问的数目上并没有大小的限制；拿问年龄来看，北京话里使用"几岁"只适合询问小孩的年龄，如果用其询问成年人特别是上了年纪的人的年龄则被认为是不礼貌的，而绍兴话里不管对方年龄大小，都可以用"几岁"[③]。

在上海、江苏苏州、昆山、浙江温州、金华，还存在由"几"构成的合成词，询问的数目可大可小，一般没有限制，相当于普通话的"多少"。例如：

上海：几忽（邵敬敏等，2010）

江苏昆山：几化 [tɕi$^{52}$ ho$^{33}$]（钱乃荣，2003）| 苏州：几化 [tɕi$^{52}$ ho$^{1}$]（石汝杰，1999）| 吴江：几化 [tɕi$^{51}$ ho$^{423}$]（刘丹青，1999）

浙江嘉兴：几化（《浙江通志》编纂委员会，2017）| 温州：几徕 [$^{c}$ki $_{c}$liɛ]（汪化云，2008）| 金华：几两 [$^{c}$tɕi $^{c}$liaŋ]（汪化云，2008）

---

[①] 汪化云：《汉语方言代词论略》，巴蜀书社2008年版，第148页。
[②] 汪化云：《汉语方言代词论略》，巴蜀书社2008年版，第152页。
[③] 吴子慧：《绍兴方言的人称代词和疑问代词》，《浙江教育学院学报》（综合版）2007年第2期。

据张惠英分析,"几化"中"化"的本字应是表示处所、数量的"下","几下"用于询问事物的数量①。而温州话"几徕"中的"徕"、金华话"几两"中的"两"均表示复数意义②。

2. "多少"类

在方言中,疑问代词"多少"主要用于询问主观估测较大的数目或不确定的数目。吕叔湘指出,"多少"在近代汉语才发展起来,在现代北京口语里,"多少"又常说成"多儿",或只说"多"一个字③。

关于疑问代词"多少"的来源,冯春田认为,询问数量的"多少"来源于表示"多还是少"的词组"多少",大约自唐代开始用于询问数量④。例如⑤:

(12)师曰"三七是多少?"对曰:"和尚弄弟子,三七二十一。"(《祖堂集》卷三《慧忠国师》,460页)

(13)有多少声色名字?(《景德传灯录》卷二十八《漳州罗汉桂琛和尚语》,595页)

在现代汉语方言中,除普遍使用"多少"以外,部分方言点还存在以"多"为疑问语素构成的复合形式。

在山东境内的官话方言中,多数方言点都使用"多少",但在临清、郓城、金乡、微山等地使用"多些"⑥。

在河南、山西、陕西境内的晋语中,除使用"多少"以外,还能使用"多、多儿、多大、多来、多代"等。例如,河南安阳使用

---

① 张惠英:《汉语方言代词研究》,语文出版社2001年版,第32页。
② 汪化云:《汉语方言代词论略》,巴蜀书社2008年版,第152页。
③ 吕叔湘:《近代汉语指代词》,学林出版社1985年版,第345页。
④ 冯春田:《近代汉语语法研究》,山东教育出版社2000年版,第242—243页。
⑤ 例句转引自冯春田《近代汉语语法研究》,山东教育出版社2000年版,第243—244页。
⑥ 钱曾怡:《山东方言研究》,齐鲁书社2001年版,第249页。

"多儿"①；山西的平遥、汾阳、和顺、平鲁等地使用"多儿"，柳林使用"多儿"和"多代"②；陕西北部的府谷、吴堡使用"多大"和"多少"，神木、绥德、佳县使用"多大"，清涧使用"多少"，延川使用"咋多"③。

3. "几多"类

在方言中，疑问代词"几多"可用于询问主观估测较大的数目或不确定的数目。关于"几多"的来源，吕叔湘认为，"几多"大概是由"几"跟"多少"糅合而成的，产生于中古，应用不广，宋代以后开始不多见④。

在江淮官话、部分西南官话、赣语、粤语、客家话、平话中，多使用"几多"询问数量，但在不同方言点，"几"的读音略有不同。这主要包括两种情况。

其一，在江淮官话、赣语及部分西南官话、客家话中，"几"多以 [tɕ] 为声母。例如：

（江淮官话）安徽安庆：几多（鲍红，2016）

湖北新洲：几多 [tɕi⁵⁵ tuɤ²¹]（高杜，2016）

（西南官话）湖北武汉：几多 [ᶜtɕi ᴄto]（汪化云，2008）

（赣语）安徽宿松：几多 [tɕi³¹ to²²]（唐爱华，2005）

湖北阳新：几多 [tɕi²¹ to³³]（黄群建，2002）｜通山：几多 [tɕi⁴² tø²¹³]（石桂芳，2008）

江西南昌：几多 [tɕi⁴ to¹]（刘纶鑫，1999）｜抚州：几多 [tɕi³⁵ to¹¹]（付昕晴，2006）｜萍乡：几多 [tɕi³ to¹]（刘纶鑫，1999）

---

① 王芳：《安阳方言语法研究》，博士学位论文，华中师范大学，2015年，第135页。

② 郭利霞：《汉语方言疑问句比较研究——以晋陕蒙三地为例》，南开大学出版社2015年版，第147—151页。

③ 邢向东：《陕北晋语语法比较研究》，商务印书馆2006年版，第68页。

④ 吕叔湘：《近代汉语指代词》，学林出版社1985年版，第343页。

（客家话）江西上犹：几多［tçi¹ to¹］（刘纶鑫，1999）｜于都：几多［tçi³ tɤ¹］（刘纶鑫，1999）｜全南、定南：几多［tçi³ to¹］（刘纶鑫，1999）

其二，在粤语、客家话、平话中，"几"多以［k］为声母。例如：

（粤语）广东广州：几多［kei³⁵ tɔ⁵⁵］（邵敬敏等，2010）｜东莞：几多［ᶜkɐi ᶜtɔ］（汪化云，2008）

广西蒙山：几多［ki⁴⁴ tɔ⁵²］（韦玉丽，2011）｜贺州：几多［ki⁵⁵ tuo³⁴］（刘宇亮，2011）｜玉林：几多［ki²¹ to³³］（梁忠东，2001）｜昭平：几多［ki⁵⁵ tyɛ⁵²］（邓险峰，2003）｜贵港：几多［kei³⁵ tu⁵⁵］（陈曦，2017）

（客家话）江西石城：几多［ki³ tɔ¹］（刘纶鑫，1999）｜井冈山：几多［ki³ to¹］（刘纶鑫，1999）

福建连城：几多［ki⁵¹ tau³³］（项梦冰，1997）｜宁化：几多［ᶜki ᶜto］（张桃，2004）

广东中山：几多［ki⁴¹ to⁵⁵］（甘甲才，2003）｜古邑：几多［kit⁵ tɔ³³］（练春招等，2010）｜梅县：吉多［kit⁵ to¹］、吉多欸［kit⁵ to¹ e²］（林立芳，1997）

广西宾阳：［ki²¹ tɔ³⁵］（邱前进，2008）｜阳朔金宝乡：几多［ki³⁴⁷ to¹］（陈玲，2016）

（平话）广西宾阳：几多［kəi³³ tø²⁴］（覃东生，2007）｜崇左江州：几多［koi³³ tɔ⁵⁵］（朱艳娥，2007）｜柳城：几多［ki⁴⁴⁵ tɔ⁵³］（凌伟峰，2008）｜钟山：几多［ki⁴² lø³⁵］（邓玉荣，2005）｜南宁：几多［ᶜki ᶜto］（汪化云，2008）

4. "好多"类

疑问代词"好多"作为结构凝固的整体，在江淮官话、西南官话、湘语及部分平话、土话中用于询问主观估测较大的数目或不确定的数目。例如：

（江淮官话）安徽枞阳：好多（张韦韦，2015）｜安庆：好多（鲍红，2007）｜合肥：好多（杨永成，2009）

（西南官话）湖北恩施：好多（张良斌，2010）｜仙桃：好多[xau$^{31}$ to$^{55}$]（陈秀，2015）｜长阳：好多[xau$^{32}$·tuo]（宗丽，2012）｜天门：好多（卢红艳，2009）｜钟祥：好多（张义，2016）｜郧县：好多（苏俊波，2016）

四川成都：好多（张一舟等，2001）｜自贡：好多（殷润林，2005）

重庆：好多（李科凤，2005）

贵州贵阳：好多（贺又宁，1988）｜绥阳：好多（姚丽娟，2007）｜遵义：好多（胡光斌，2010）｜习水：好多（范艳，2010）

云南富源：好多（张微，2017）

广西荔浦：好多（潘大廉，2017）

（湘语）湖南长沙、湘潭、益阳、邵阳、衡山、双峰、娄底、涟源、新化、隆回、溆浦：好多（卢小群，2007）｜衡阳：好多（几）[xau$^{33}$ to$^{45}$·tɕi]（彭兰玉，2002）

广西全州：好多[xau$^{55}$tuo$^{33}$]（朱海燕，2011）

（平话）广西临桂两江：好多（梁金荣，2005）｜临桂义宁：好多[hou$^{53}$ to$^{34}$]（周本良，2005）｜永福塘堡：好多[hu$^{33}$ to$^{35}$]（肖万萍，2005）｜阳朔金宝乡：好多（陈玲，2016）

（土话）湖南桂阳：好多[hɔ$^{42}$ to$^{33}$]（邓永红，2007）｜新田：好多[xəu$^{55}$ to$^{35}$]（伍云姬，2009）

在使用"好多"的部分方言点，也可以使用合成词"好些"询问数目。例如：

(14) 安徽合肥：你家有<u>好些</u>人？（杨永成，2009）

（15）湖北长阳：你买哒<u>好些</u>苹果啊？（宗丽，2012）

（16）云南富源：这提苹果<u>好些</u>钱？（张微，2017）

5."偌/偌多"类

在闽语中，询问较大的数目或不确定的数目多使用疑问代词"偌/若"和"偌多/若夥"。不同方言的表现形式略有不同。结合现有资料，具体表现如下。

在福建，福州使用"偌夥 [nuo$^{53}$ uai$^{242}$]"①；莆仙使用"若夥 [tieu$^5$ a$^6$]"②；罗源使用"偌侈 [nyø$^{21}$ le$^{33}$]"③；厦门使用"偌 [lua$^{11}$]、偌多 [lua$^{12}$tsue$^{11}$]"④。其中，"夥、侈"是"多"的意思。另据林寒生考察，属于闽东方言的长乐、福清、永泰、古田、福安、宁德、寿宁、周宁、福鼎也使用"若、若夥"，各地读音有异，如长乐读作"若 [luoʔ$^5$]、若夥 [luoʔ$^5$ uɑi$^{343}$]"，福清读作"若 [nuo$^5$]、若夥 [nieu$^{35}$ uɑi$^{42}$]"等⑤。

在广东，汕头使用"若敪 [zioʔ$^{5-2}$ tsoi$^{31}$]"⑥；潮阳使用"若多 [ziok$^2$ tsue$^{21}$]"，揭阳使用"若多 [zioʔ$^{5-2}$ tsoi$^{11}$]"⑦。在海南，海口使用"偌 [ua$^{33}$]、偌多 [ua$^{33}$ tɔi$^{13}$]"⑧；黄流使用"偌 [ue$^{212}$]、偌

---

① 陈泽平：《福州方言的代词》，载李如龙、张双庆编《代词》，暨南大学出版社1999年版，第261页。

② 蔡国妹：《莆仙方言研究——兼论过渡性方言的特征》，博士学位论文，福建师范大学，2006年，第66页。

③ 黄涛：《闽东罗源方言描写语法》，博士学位论文，福建师范大学，2016年，第186页。

④ 周长楫、欧阳忆耘：《厦门方言研究》，福建人民出版社1997年版，第360页。

⑤ 林寒生：《闽东方言词汇语法研究》，云南大学出版社2002年版，第110页。

⑥ 施其生：《汕头方言的代词》，载李如龙、张双庆编《代词》，暨南大学出版社1999年版，第322页。

⑦ 汪化云：《汉语方言代词论略》，巴蜀书社2008年版，第151页。

⑧ 陈鸿迈：《海口方言的指示代词和疑问代词》，《中国语文》1991年第1期。

侪［ue²¹² tsoi⁴⁴］"①。

（四）询问程度的疑问代词

在普通话中，询问程度的疑问代词主要有基础形式"多"和复合形式"多么"。

在方言中，询问程度的疑问代词主要包括两类，一类与询问数量的疑问代词相关联，相当于普通话的"多、多么"；另一类与询问方式、情状的疑问代词相关联，相当于普通话的"怎么、怎么样"。本小节以第一类疑问代词为考察对象，梳理其方言特征。

不同方言里，与数量类疑问代词相关的程度类疑问代词，大体上可以分为四类：1."多"类；2."几"类；3."好"类；4."偌/若"类。

1."多"类

在方言中，询问程度的"多"类疑问代词以"多"为基础形式，在构成方式上存在两种情况，一是"多"作为疑问代词直接使用，二是"多"作为疑问语素与其他语素构成复合形式。

以甘肃境内的中原官话和兰银官话、山西境内的中原官话汾河片和晋语为例。

首先，在甘肃境内，据王姬考察，属于中原官话的51个方言点中有43个方言点使用"多"类疑问代词，其中，多数方言点直接使用"多［tuə］/［tɤ］"②，镇原县使用"多儿［tuər³¹］"，礼县使用"多么儿［tuə³¹ mɤr⁵³］"③。属于兰银官话的23个方言点均直接使用"多"询问程度④。

其次，在山西境内，据郭利霞考察，中原官话汾河片，晋语大

---

① 罗海燕：《海南黄流方言的疑问代词》，《琼州大学学报》2002年第1期。
② 各方言点声母、韵母相同，声调存在一定差异。
③ 王姬：《甘肃汉语方言疑问代词研究》，硕士学位论文，西北师范大学，2014年，第25—59页。
④ 王姬：《甘肃汉语方言疑问代词研究》，硕士学位论文，西北师范大学，2014年，第92页。

包片、邯新片、上党片及五台片靠近大包片的方言点一般都使用"多"询问程度；晋语吕梁片、并州片、五台片靠近吕梁片和并州片的地方则多使用"多少、多大、多来、多么"等询问程度①。例如，山西平遥话的"多来"，柳林话的"多代"，太原话的"多么"②。

2. "几"类

在方言中，询问程度的"几"类疑问代词以"几"为基础形式，在构成方式上存在两种情况，一是"几"作为疑问代词直接使用，二是"几"作为疑问语素与其他语素构成复合形式。

第一种形式是方言里的常用形式。例如，在安徽、湖北、江西境内的赣语区及江西境内的客家话区，在广东境内的粤语区及客家话区，广西境内的粤语区及平话区，多数方言点都直接使用"几"询问程度。

第二种形式在方言里的使用较为有限，多出现在吴语中。例如：上海话的"几忽"，上海松江话的"几化"；江苏苏州话的"几化"；浙江嘉兴话的"几化"、温州话的"几徕"③。

3. "好"类、"偌"类

与上述两类疑问代词相比，"好"类、"偌"类疑问代词分别以"好"和"偌"为基础形式，多直接使用，较少存在复合形式。"好"类疑问代词多使用于江淮官话、西南官话和湘语中；"偌"类疑问代词多使用于闽语中。

以使用较为集中的湖南湘语为例。在湖南长沙、湘潭、益阳、衡阳、邵阳、衡山、双峰、娄底、涟源、新化、溆浦等地，统一使用"好"作为询问程度的疑问代词④。

---

① 郭利霞：《汉语方言疑问句比较研究——以晋陕蒙三地为例》，南开大学出版社 2015 年版，第 152 页。

② 郭利霞：《汉语方言疑问句比较研究——以晋陕蒙三地为例》，南开大学出版社 2015 年版，第 153—154 页。

③ 邵敬敏等：《汉语方言疑问范畴比较研究》，暨南大学出版社 2010 年版，第 309—310 页。

④ 邵敬敏等：《汉语方言疑问范畴比较研究》，暨南大学出版社 2010 年版，第 305—306 页。

### (五) 询问处所的疑问代词

在普通话中，询问地点、处所的疑问代词主要有"什么地方"和"哪儿、哪里"。其中，"什么地方"是由基础形式"什么"构成的复合形式。"哪里"是由基础形式"哪"构成的复合形式。可见，询问地点、处所的疑问代词与询问事物的疑问代词相关联。

在方言中，询问地点、处所的疑问代词也与询问事物的疑问代词相关联。据前文分析，询问事物的疑问代词包括用于指称性询问的"什么"类疑问代词和用于选择性询问的"哪"类疑问代词。相应地，在"什么"类和"哪"类疑问代词的后面添加表示地点、处所意义的名词或名词性语素（表示为"X"），即可构成处所类疑问代词。在多数方言中，两类疑问代词可同时使用，而不同方言的区别性特征主要在于构成两类疑问代词的基础形式上。

1. "什么+X"类

在多数方言中，询问地点、处所的疑问代词可以由询问事物的疑问代词"什么、啥、甚/什、么、乜嘢"等与表示处所意义的名词构成形式固定的短语。其中，"什么、啥、甚/什、么、乜嘢"等是构成处所类疑问代词的基础形式，相当于普通话里的"什么"；表示处所的名词有"地方、地处、所在、场化、定方"等，相当于普通话的名词"地方"。不同方言的构成方式基本一致，以下举例说明。

表6—2　　　　　　　　"什么"类处所疑问代词示例

| 基础形式 | 方言区 | 地域分布 | 处所类疑问代词 |
| --- | --- | --- | --- |
| 什么<br>甚乜<br>是乜<br>是物 | 胶辽官话 | 山东青岛 | 什么埝儿（青岛市史志办公室，1997） |
| | 冀鲁官话 | 山东济南 | 什么地处（陆雯雯，2008） |
| | 西南官话 | 湖北长阳 | 什麽位置/去处儿/地方（宗丽，2012） |
| | 江淮官话 | 江苏南京 | 什么地方（汪化云，2008） |
| | 闽语 | 福建泉州 | 甚乜所在（陈燕玲，2004） |
| | 粤语 | 广西蒙山 | 是乜地方（韦玉丽，2011） |
| | 客家话 | 福建连城 | 是物地方（项梦冰，1997） |

续表

| 基础形式 | 方言区 | 地域分布 | | 处所类疑问代词 |
|---|---|---|---|---|
| 啥 | 东北官话 | 辽宁铁岭 | | 啥地方（云微，2014） |
| | 中原官话 | 宁夏隆德 | | 啥地方（杨苏平，2015） |
| | | 河南固始 | | 啥地点（李孝娴，2003） |
| 啥 | 西南官话 | 四川成都 | | 啥（子）地方 [sa⁴ (tʂʅ³) ti⁴ faŋ¹]（张一舟等，2001） |
| | | 重庆 | | 啥地方、啥子地方（李科凤，2005） |
| | | 贵州习水 | | 啥点儿、啥堂儿、啥堂嘎儿、啥嘎儿（范艳，2010） |
| | 晋语 | 河北邯郸 | | 啥地方儿（高培培，2014） |
| | 吴语 | 上海 | | 啥地方、啥场化（老派）、啥湖荡（老派）（邵敬敏等，2010） |
| | | 江苏苏州 | | 啥场化、啥地方（汪平，2011） |
| | | 浙江 | 宁波 | 啥地方（阮桂君，2006） |
| | | | 绍兴 | 啥埭坞、啥地方（吴子慧，2007） |
| 甚、什 | 晋语 | 山西汾阳 | | 甚地方（宋秀令，1997） |
| | 赣语 | 江西 | 南昌 | 什里□地 [ɕit⁷ li lɔŋ² tʰi⁵]（刘纶鑫，1999） |
| | | | 高安 | 什里地方 [hi¹ li³ tʰi⁵ fɔŋ¹]（刘纶鑫，1999） |
| | | | 奉新 | 什里地方 [səp⁷ li tʰi⁵ uɔŋ¹]（刘纶鑫，1999） |
| 嘛/吗 | 冀鲁官话 | 河北盐山 | | 嘛地方儿、嘛地秋儿（刘林，2015） |
| | | 天津 | | 嘛地界儿 [ma⁵³ ti⁵³ tɕiə⁰]（祁淑玲，2020） |
| 么 | 江淮官话 | 安徽枞阳 | | 么处上（张韦韦，2015） |
| | | 湖北黄冈 | | 么位子、么地方、么方向（刘晓然，2002） |
| | 赣语 | 安徽太湖弥陀 | | 么（是）场子（孙汉康，2016） |
| | | 湖北阳新 | | 么定安 [mo²¹ tʼin³³ ɣɑ̃³³]（黄群建，2016） |
| | | 江西湖口 | | 么位子 [mo³ uei⁶ tʂʅ³]（刘纶鑫，1999） |
| 吗 | 客家话 | 江西铜鼓 | | 吗个地方 [ma³ ki⁴ tʰi⁴ fɔŋ¹]（刘纶鑫，1999） |
| 乜嘢 | 粤语 | 广东广州 | | 乜嘢定方 [mɐt⁵⁵ jɛ¹³ tɛŋ²² fɔŋ⁵⁵]（邵敬敏等，2010） |

2. "哪+X" 类

询问地点、处所的"哪+X"类疑问代词，主要存在三种表现形式：一是直接使用，或带儿化后直接使用；二是与表地点、处所的名词构成结构凝固的短语；三是作为疑问语素与具有处所意义的语素构成合成词。以下举例说明。

(东北官话)辽宁铁岭：哪儿、哪块儿、哪边儿、哪旮旯儿(云微，2014)

黑龙江哈尔滨：哪疙儿(汪化云，2008)

(兰银官话)甘肃兰州：哪［na¹³］、哪些［na¹³ɕie²¹］、哪塌［na¹³tʰa²¹］(王姬，2017)

宁夏银川：哪达［na⁵³·ta］(高葆泰、林涛，1993)

新疆哈密：哪达(张洋、田云华，2017)

(胶辽官话)山东牟平：哪里［nɑ²¹³lə］、哪场儿［nɑ²¹³tɕʰiɑŋr²¹³］(罗福腾，1992)

(冀鲁官话)天津：哪哈儿［na¹³xar⁰］(祁淑玲，2020)

山东济南：哪儿、哪里(陆雯雯，2008) | 德州：哪海儿、哪溜(钱曾怡，2001) | 临清：哪垓儿、哪弯儿(钱曾怡，2001)

河北武邑：哪里、哪哈儿(张晓静，2014)

(中原官话)山东微山：哪儿、哪里、哪哈、哪来、哪湾(殷相印，2006)

山西芮城：哪［iA¹³］、哪搭［iA¹³tA⁰］、哪一块儿(吕佳，2016) | 洪洞：哪［na²⁴］、哪哪、哪里(乔全生，1986)

陕西宝鸡：哪搭(任永辉，2012)

河南固始：哪、哪嗬、哪嗨①、哪末、哪地点(李孝娴，2003) | 西华：哪儿、哪海儿、哪面儿(白净义，2016)

江苏徐州：哪下(汪化云，2008)

(西南官话)陕西汉中：哪岸、哪(个)当、哪一坨(王鹤璇，2010)

湖北武汉：哪里(赵葵欣，2012) | 当阳：哪底(汪国胜，1990) | 长阳：哪里、哪节儿、哪下儿(宗丽，2012)

湖南吉首：哪里、哪块儿、哪下儿(李启群，2002) | 永顺：哪、哪儿(彭慧，2019)

---

① 李孝娴(2003：28)指出，"哪嗬"和"哪嗨"是"哪儿"的音变。

四川成都：哪儿、哪里、哪边、哪儿跟前（张一舟等，2001）

贵州遵义：哪里、哪点儿、哪壕儿、哪塘儿、哪塘点、哪干塘儿（胡光斌，2010）

云南昆明：哪点儿（丁崇明，2005）

（江淮官话）安徽安庆：哪块、哪落里、哪落块（鲍红，2007）| 合肥：哪、哪块、哪场（子）、哪格（子）（杨永成，2009）

湖北安陆：哪儿、哪哈儿（盛银花，2007）| 黄冈：哪下儿、哪边儿、哪个位子（刘晓然，2002）

江苏南京：哪里（汪化云，2008）

（晋语）河北邯郸：哪儿、哪搭儿（高培培，2014）| 张北：哪 [lai$^{31}$]、哪里（关彦琦，2008）

山西山阴：哪、哪里、哪圪朵、哪忽栏（郭利霞，2017）

陕西神木：哪、哪里、哪搭儿（邢向东，2006）

河南安阳：哪儿、哪厢（王芳，2015）

（湘语）湖南长沙：哪里 [la$^{44}$ li]（卢小群，2007）| 湘潭：哪当 [nɒ$^{42}$tɔn$^{55}$]（卢小群，2007）| 溆浦：哪坨 [la$^{23}$tʊ$^{13}$]（卢小群，2007）| 新化：哪落 [læ$^{21}$lɔ$^{45}$]（卢小群，2007）| 隆回：哪里 [nɑ$^{31}$ni$^{31}$]、哪个档 [nɑ$^{31}$kɐ$^{55}$ta$^{35}$]（卢小群，2007）| 衡阳：哪里 [na$^{33}$ni$^{0}$]、哪当几 [na$^{33}$tan$^{24}$tɕi$^{0}$]（卢小群，2007）

（赣语）安徽岳西：哪底（储泽祥，2009）| 宿松：哪里 [na$^{42}$·li]、哪搭 [na$^{42}$·tæ]（黄晓雪，2014）

湖北阳新：哪里、哪块（黄群建，2002）

湖南常宁：哪里 [le$^{44}$li$^{4}$]（吴启生，2009）| 安仁：哪边 [la$^{51}$pi$^{44}$]、哪头 [la$^{51}$tɛ$^{35}$]（周洪学，2012）

江西莲花：哪块 [lai$^{5}$uai$^{1}$]（刘纶鑫，1999）| 永丰：哪几 [la$^{3}$tɕi]（刘纶鑫，1999）| 泰和：哪当 [læ$^{4}$tɔ̃$^{2}$]（刘纶鑫，1999）| 万载：哪里 [lai$^{4}$li$^{3}$]（刘纶鑫 1999）| 铅山：哪里、哪块（胡松柏、林芝雅，2008）

（吴语）江苏苏州：哪搭、哪面（汪平，2011）

浙江天台：哪去［no²¹⁴kʻei⁵⁵］（戴昭铭，2007）

（徽语）安徽歙县徽城：哪里［la³⁵li⁰］、哪帖［la³⁵tʰe³¹³］（仇立颖，2017）｜绩溪：哪块（汪化云，2008）

（客家话）江西定南：哪子［ŋai⁵tsɿ］（刘纶鑫，1999）｜上犹：哪只所在［næ⁴tsa⁴sɿ³tsʰe¹］（刘纶鑫，1999）｜石城：哪、哪里、哪多㘝、哪迹㘝、哪块㘝、哪在㘝（邵敬敏等，2010）

福建连城：那迹、那滴（子）、那角（子）（项梦冰，1997）

广东梅县：奈里［nai⁴le²］、奈滴［nai⁴tit⁵］（林立芳，1997）

（平话）广西横县：哪、哪呢、哪处（闲思明，1999）

在上述各例中，除单独使用的"哪"、带儿化的"哪儿"以外，"哪旮旯""哪场儿""哪地点""哪落里""哪落块""哪忽栏""哪圪朵""哪个位子""哪多㘝""哪迹㘝""哪块㘝""哪在㘝""哪只所在"等是由"哪"与表地点、处所的名词构成的固定短语；"哪里""哪岸""哪搭/达""哪面""哪落""哪处""哪呢""哪下""那迹""那滴""那角"等是由"哪"与表方位、处所的语素构成的合成词；洪洞话里的"哪哪"则是"哪"的双音节重叠，据郭利霞考察，这种形式还出现在"山西的娄烦、静乐、万荣、吉县，内蒙古的包头土右旗、乌拉特前旗、兴和、五原、托克托、临河"[①]等地。据现有文献，方言里的"哪"类疑问代词多表现为复合形式，以"哪"与表方位、处所的语素构成的合成词最为常见。其中，"哪里""哪搭/达""哪块"较常使用。

3. "底/边+X"类

在闽语中，询问地点、处所的疑问代词主要有两类，一是"底"直接用作疑问代词；二是"底"作为疑问语素，与表示地点、处所意义的语素构成合成词。其中，"底"相当于普通话的"哪"。以第

---

[①] 郭利霞：《汉语方言疑问句比较研究——以晋陕蒙三地为例》，南开大学出版社2015年版，第131页。

二类复合形式最为常见。例如：

福建福州：底呢［tie$^{24}$ nœ$^{33}$］、底（蜀）角［tie$^{24-53}$ oy$^{24}$］、底（蜀）对［tie$^{24-53}$ lo$^{21}$loy$^{213}$］、底（蜀）边［tie$^{24-53}$ lo$^{21}$βeiŋ$^{55}$］（邵敬敏等，2010）

厦门：底落［to$^{55}$loʔ$^{5}$］（邵敬敏等，2010）

泉州：底落［to$^{3}$loʔ$^{7}$］（李如龙，1999）

漳州：底落仔［ta$^{3}$loʔ$^{7}$ a$^{3}$］（李如龙，1999）

龙岩：底达、底兜（郭启熹，1999）

罗源：底喇［ta$^{21}$ la$^{53}$］（黄涛，2016）

莆仙：底、底厝、底蜀位（蔡国妹，2006）

广东潮州：底块（吴芳，2013）

汕头：地块［ti$^{31}$ ko$^{213}$］（施其生，1999）

海南海口：底处［ʔdi$^{33}$ ʔde$^{35}$/ʔdi$^{33}$ ne$^{35}$］、底里［ʔdi$^{33}$ lai$^{31}$/ʔdi$^{33}$ le$^{31}$］（陈鸿迈，1991）

屯昌：底方、底里、底带、底方带（钱奠香，2002）

在粤语中，尤其是广东境内的粤语，询问地点、处所的疑问代词也主要有两类，一是"边"直接用作疑问代词；二是"边"作为疑问语素，与表示地点、处所意义的语素构成合成词。其中，"边"相当于普通话的"哪"。例如：

广东广州：边［pin$^{55}$］、边度［pin$^{55}$ tou$^{22}$］、边处［pin$^{55}$ sy$^{33}$］（邵敬敏等，2010）| 阳江：边处［pin$^{21}$ ʃi$^{24}$］（冼文婷，2016）| 佛山：边道、边处（黄丽华，2007）

关于"底"和"边"的来源，张惠英认为，"道（底）[①]"和"边"是一对表处所的同义词，闽语用"道（底）"作疑问词，粤语

---

[①] 张惠英在《汉语方言代词研究》（2001：93）中将闽南话里询问处所的疑问词［to$^{33}$］记为"道"。

用"边"作疑问词,均用于询问处所①。盛益民指出,这些处所成分来源于复合处所疑问代词中的非表疑成分,经由疑问语素的省缩而发展成为新的疑问语素②。由此可见,询问处所的"底"和"边"是由表处所意义的名词衍化而来的。据现有资料,这类疑问代词多表现为以"底/边"为疑问语素构成的复合形式,较少单独使用,与"底/边"相组配的语素具有处所意义。与此同时,在海南屯昌方言中,询问处所的"底带"还可进一步省缩为"带 [ʔde$^{35}$]",独立充当疑问词。例如③:

(17) 伊去带知这件事? 他哪儿知道这件事?
(18) 本册放带? 这/那本书放哪儿?

4. "阿+X"类

在甘肃、宁夏、青海的官话方言、山西晋语吕梁片部分方言点、陕西中原官话关中片,还存在由"阿"与表处所意义的语素构成的疑问代词。"阿"相当于普通话的"哪"。例如:

甘肃临夏:阿塔些 [a$^{44}$ tɑ$^{31}$ ɕiɛ$^3$]、阿些里 [a$^{44}$ ɕiɛ$^3$ li$^3$](谢晓安、张淑敏,1990)
甘肃文县:阿达儿、阿块、阿里(莫超,2004)
青海西宁:阿扎、阿里、阿点里(王双成,2017)
宁夏隆德:丫达 [ia$^{21}$ ta$^{24}$](杨苏平,2015)
陕西西安:阿搭儿 [a$^{53}$·t'ar](孙立新,2002)
陕西潼关:阿搭 [ia$^{53}$ ta$^{31}$](孙立新,2002)

此外,属于晋语吕梁片的山西柳林、中阳、孝义等方言点询问

---

① 张惠英:《汉语方言代词研究》,语文出版社2001年版,第93页。
② 盛益民:《汉语疑问代词的词化模式与类型特点》,《中国语文》2020年第6期。
③ 钱奠香:《海南屯昌闽语语法研究》,云南大学出版社2002年版,第38页。

处所使用"呀",郭利霞认为,这应是"阿"滋生介音的结果①。

关于"阿"的来源,结合前人研究,主要有两种可能。第一种可能,"阿"是词缀,起初并不表示疑问意义,而在与表疑问的代词性语素的长期结合使用中逐渐带上了疑问色彩,随着表疑问的代词性语素的脱落而承担起疑问功能。例如,郭利霞认为,山西柳林等地用于指别的"阿哪"和用于询问处所的"阿哪"起初是同形的,"阿"因与"哪"长期共现而逐渐带上了疑问色彩,以至于在"哪"脱落之后"阿"也能单独用于询问处所②。第二种可能,"阿"来源于"哪"或"哈(何)",可能是"哪"或"哈(何)"脱落声母音变的结果。孙立新认为,在关中方言里,疑问代词"阿搭"的"阿"应该是"哪"字失落声母音变的结果③。郭利霞进一步考察指出,"阿"究竟源于"哪"还是源于"哈(何)",主要取决于声母和声调两个方面④。以属于关中方言的陕西户县方言为例⑤。在户县话里,相当于普通话"哪里"的疑问代词是"哈搭 [xa$^{35}$·tə]"和"阿洼 [a$^{35}$ua$^{31}$]","阿"的声调与"哈"相同,而不同于"哪",因此,"阿"当是"哈"脱落声母的结果。另据王姬考察,甘肃境内中原官话秦陇片、陇中片的部分方言点同时存在双音节的"阿"类和"哪"类疑问代词⑥。从语音形式上看,二者的声调和韵母一致,"阿"应是从"哪"脱落声母得来的,例如

---

① 郭利霞:《汉语方言疑问句比较研究——以晋陕蒙三地为例》,南开大学出版社 2015 年版,第 178 页。
② 郭利霞:《汉语方言疑问句比较研究——以晋陕蒙三地为例》,南开大学出版社 2015 年版,第 174 页。
③ 孙立新:《关中方言代词概要》,《方言》2002 年第 3 期。
④ 郭利霞:《汉语方言疑问句比较研究——以晋陕蒙三地为例》,南开大学出版社 2015 年版,第 175—176 页。
⑤ 郭利霞:《汉语方言疑问句比较研究——以晋陕蒙三地为例》,南开大学出版社 2015 年版,第 175 页。
⑥ 王姬:《甘肃汉语方言疑问代词研究》,硕士学位论文,西北师范大学,2014 年,第 77—78 页。

泾川县的"阿搭［a⁵³ ta²¹³］"和"哪搭［na⁵³ ta²¹³］"①。

5. "何+X"类

以"何"为基础形式构成的处所类疑问代词，多由"何"与表处所意义的语素或名词构成复合形式。以合成词最为常见。例如：

（湘语）湖南长沙：何至［o²⁴ tsʅ⁰］（卢小群，2007）｜辰溪：何［xai³²⁴］、何下［xai³²⁴ ɕia³²⁴］（卢小群，2007）｜益阳：何海［o¹³ xai⁴¹］（卢小群，2007）、何只地方［o²¹³ tsa⁴⁵ ti²¹ xɒ̃³⁴］（夏俐萍，2017）｜湘阴：何处（张惠英，2001）

（赣语）江西波阳、乐平：何里［ho² ti³］（刘纶鑫，1999）｜南丰：何里［ho³ li］（刘纶鑫，1999）｜丰城：何里［ɦo¹³ li］（张惠英，2001）

湖南临湘：何处（张惠英，2001）

（吴语）上海崇明：何墩（张惠英，2001）

浙江诸暨：何（勒）头［ɦɑ³⁵（ləʔ²）do³⁵］（孟守义，1994）

浙江绍兴：何里（头）、何头、何块手、何搭块、何里搭埭坞②（吴子慧，2007）

此外，上海使用"鞋里搭"③、江苏吴江使用"鞋堆［ɦo²³ tE⁵¹］"④、浙江宁波使用"阿里、阿里窠、阿窠"⑤询问处所。关于

---

① 王姬：《甘肃汉语方言疑问代词研究》，硕士学位论文，西北师范大学，2014年，第25页。

② 吴子慧（2007）指出，在绍兴方言里，"何里（头）"最常用，"何块（手）、何搭块"只存在于老派绍兴话中，"何头"一般出现在少年儿童口语中，"何里搭埭坞"一般用在比较详细的询问中。

③ 邵敬敏等：《汉语方言疑问范畴比较研究》，暨南大学出版社2010年版，第36页。

④ 刘丹青：《吴江方言的代词系统及内部差异》，载李如龙、张双庆编《代词》，暨南大学出版社1999年版，第113页。

⑤ 阮桂君：《宁波方言语法研究》，博士学位论文，华中师范大学，2006年，第147页。

"鞋"和"阿",钱乃荣指出,"鞋"是"阿"的浊音同音字,分布于杭州湾两岸的较大地域,一般与后面的"里"同用①。张惠英认为,上海话里询问处所的"鞋里"也可写作"阿里","鞋里、阿里"也就是"何里"②。邵敬敏也指出,"鞋"亦可写作"阿","阿"作为元音单独成为单韵母音节,读如[A?];发声时,元音前面往往会发成一个喉塞半元音[h],这与上海话里的"鞋"同音③。

(六) 询问时间的疑问代词

在普通话中,询问时间的疑问代词主要是由询问事物的"什么、哪"和询问数量的"几、多",与表时间的词或语素(表示为"X")构成复合形式"什么时候、哪会儿、几时、多会儿"。其中,"什么、哪、几、多"是基础形式。

在方言中,询问时间的疑问代词与普通话中的情况相似。根据基础形式的不同,大体上包括五类:1."什么+X"类;2."哪+X"类;3."阿+X"类;4."几+X"类;5."多+X"类。

表6—3 "什么/啥/甚/什/么/何/底+时间名词或时间语素"方言示例

| 基础形式 | 方言归属 | 地域分布 | 时间类疑问代词的形式 |
| --- | --- | --- | --- |
| 什么<br>甚物<br>是物 | 冀鲁官话 | 山东济南 | 什么时候 (陆雯雯, 2008) |
| | 江淮官话 | 江苏南京 | 什么时候 (汪化云, 2008) |
| | 西南官话 | 湖北长阳 | 什㘝时候 (宗丽, 2012) |
| | 晋语 | 山西平定、横山 | 什么时候 (郭利霞, 2015) |
| | 闽语 | 福建厦门 | 甚物时阵 (周长楫、欧阳忆耘, 1997) |
| | 客家话 | 江西石城 | 什么场间、什么场中 (邵敬敏等, 2010) |
| | | 福建连城 | 是物时节 (项梦冰, 1997) |

---

① 钱乃荣:《北部吴语研究》,上海大学出版社2003年版,第125页。
② 张惠英:《汉语方言代词研究》,语文出版社2001年版,第43页。
③ 邵敬敏等:《汉语方言疑问范畴比较研究》,暨南大学出版社2010年版,第36页。

续表

| 基础形式 | 方言归属 | 地域分布 | | 时间类疑问代词的形式 |
|---|---|---|---|---|
| 啥 | 兰银官话 | 宁夏银川 | | 啥时候（汪化云，2008） |
| | | 甘肃 | | 啥时候（王姬，2014） |
| | 中原官话 | 甘肃 | | 啥时间、啥时候（王姬，2014） |
| | | 山西洪洞 | | 啥时候（郭利霞，2015） |
| | | 河南固始 | | 啥时候（李孝娴，2003） |
| | 晋语 | 河北邯郸 | | 啥时候（高培培，2014） |
| | | 河南安阳 | | 啥时儿（王芳，2015） |
| | 吴语 | 上海 | | 啥辰光、啥格辰光（邵敬敏等，2010） |
| | | 江苏苏州 | | 啥辰光（汪平，2011） |
| | | 浙江宁波 | | 啥辰光（阮桂君，2006） |
| 甚/什 | 江淮官话 | 安徽合肥 | | 甚时候（杨永成，2009） |
| | 晋语 | 内蒙古呼和浩特 | | 甚时候（郭利霞，2015） |
| | | 河北张北 | | 甚时候（关彦琦，2008） |
| | | 陕西府谷、神木、佳县、吴堡 | | 甚会儿（邢向东，2006） |
| | | 山西 | 汾阳、平遥 | 甚会儿（郭利霞，2015） |
| | | | 平顺、阳城 | 甚时（郭利霞，2015） |
| | 赣语 | 江西高安 | | 什里时间（刘纶鑫，1999） |
| 么 | 冀鲁官话 | 天津 | | 嘛时候儿（祁淑玲，2020） |
| | | 山东济南 | | 么时候（陆雯雯，2008） |
| | | 河北武邑 | | 么儿时候儿（张晓静，2014） |
| | 江淮官话 | 安徽安庆 | | 么早儿、么时候（鲍红，2007） |
| | | 湖北黄冈 | | 么时、么时候、么门早儿、么早儿（刘晓然，2002） |
| | 赣语 | 湖北阳新 | | 么命盏 [mo²¹ min³³ tsæ̃²¹]（黄群建，2002） |
| | | 安徽宿松 | | 么会子、么早呢、么时候（梅光泽，2004） |
| | 湘语 | 湖南 | 长沙 | 么子时候（卢小群，2007） |
| | | | 溆浦 | 么个辰间（卢小群，2007） |
| 乜 乜嘢 脉个 | 闽语 | 福建福州 | | 乜毛辰候（邵敬敏等，2010） |
| | | 海南海口 | | 乜时候（陈鸿迈，1991） |
| | 粤语 | 广东广州 | | 乜嘢时候 [mɛt⁵⁵ jɛ¹³ si²¹ hɐu²²]（邵敬敏等，2010） |
| | 客家话 | 广东龙川 | | 脉个时候、惹时候（邬明燕，2007） |

续表

| 基础形式 | 方言归属 | 地域分布 | 时间类疑问代词的形式 |
|---|---|---|---|
| 何 | 吴语 | 上海崇明 | 何辰光（张惠英，2001） |
| | | 江苏海门 | 何辰光（王洪钟，2011） |
| | 湘语 | 湖南辰溪 | 何辰家 [xai$^{324}$dzei$^{213}$ka$^{31}$]（卢小群，2007） |
| | 赣语 | 江西波阳 | 何时（刘纶鑫，1999） |
| 底 | 闽语 | 福建 厦门、漳州 | 底时 [ti$^6$si$^2$]（李如龙，1999） |
| | | 泉州 | 底时 [ti$^4$si$^2$]（李如龙，1999） |
| | | 海南 黄流 | 底时 [ʔdi$^{44}$ti$^{21}$]、底时候 [ʔdi$^{44}$ti$^{21}$hau$^{44}$]（罗海燕，2002） |
| | | 屯昌 | 底候、底通（钱奠香，2002） |

1. "什么 + X"类

询问时间的"什么 + X"类疑问代词，以"什么、啥、甚/什、么、何、底"等为基础形式，主要存在两种构成方式：一是与时间名词结合，构成询问时间的短语；二是与表示时间的语素结合，构成询问时间的合成词。"什么 + X"类疑问代词相当于普通话里的"什么时候"，以短语形式较为常见。以下举例说明。

2. "哪 + X"类

询问时间的"哪 + X"类疑问代词以"哪"为基础形式，主要存在两种构成方式，一是在"哪"的后面添加表时间的语素构成合成词；二是在"哪""哪个""哪种"的后面添加时间名词构成形式固定的短语。这类疑问代词多使用于湖北、四川、贵州、云南的西南官话中，以"哪下""哪阵"最为常见，词尾可带儿化。例如：

  湖北天门：哪期（卢红艳，2009）｜恩施：哪时候（张良斌，2010）

  湖南怀化：哪个年间（伍云姬，2009）

  四川成都：哪阵、哪下儿（张一舟等，2001）

重庆：哪阵（儿）/阵子/哈儿、哪个时候（儿）、哪种时候（儿）(李科凤，2005)

贵州贵阳：哪岗(贺又宁1988)｜遵义：哪下儿［na⁵³xar⁵⁵］、哪分儿钟(叶婧婷，2017)｜毕节：哪阵(许宝华、宫田一郎，1999)｜绥阳：哪阵、哪个时候(姚丽娟，2007)

云南大理：哪下、哪阵、哪差、哪气、哪回、哪年子(苏倩，2011)｜富源：哪下(张微，2017)｜通海：哪下（些）、哪切（些）、哪会（些）、哪阵（些）(杨锦，2008)｜漾濞：哪下、哪阵、哪差、哪气(马晓梅，2016)｜沾益：哪下、哪阵、哪差(山娅兰，2005)

在湖南的湘语，江西的赣语、客家话以及广西的平话中，也有部分方言点使用"哪"类疑问代词。例如，湖南双峰的"哪气时基［la³¹tɕ'i³⁵ dzŋ¹³ tɕi⁵⁵］"、涟源的"哪阵唧［la⁴²ten¹¹tɕi］"、隆回的"哪会子［nɑ³¹ɣue⁵⁵tse³¹］"、遂宁的"哪下子［la²⁴xa⁰tsŋ⁰］""哪阵子［la²⁴tɕʰin³³tsŋ⁰］"[1]；江西万载的"哪刻嘚［lai⁴kʰeʔ⁵teʔ⁵］"、泰和的"哪久［læ⁴tɕiu³］"、定南的"哪久［ŋai⁵tɕiu³］"[2]；广西宾阳的"哪时［na³³ʃi²¹³］"[3]、永福塘堡的"哪阵［na⁵³tsən³⁵］"[4]。

3. "阿+X" 类

在甘肃境内的中原官话秦陇片、陇中片、河州片，多使用以"阿"为基础形式的疑问代词。以"阿会"及带儿化的"阿会儿"最为常见。例如：

---

[1] 卢小群：《湘语语法研究》，中央民族大学出版社2007年版，第148—150页。
[2] 刘纶鑫：《客赣方言比较研究》，中国社会科学出版社1999年版，第669页。
[3] 覃东生：《宾阳平话的疑问句》，载载盛益民等编《汉语方言疑问范畴研究》，中西书局2017年版，第354页。
[4] 肖万萍：《永福塘堡平话研究》，广西民族出版社2005年版，第214页。

甘肃文县：阿天、阿阵、阿会①（莫超，2008）

岷县：阿会家［a²²xuə⁵³tɕia³¹］（王姬，2017）

宕昌：阿会儿［a¹³xuər³¹］（王姬，2017）

渭源：阿会儿［a²¹xuər⁴⁴］（王姬，2017）

临夏：阿会［a³³xuei˙⁴³］（王姬，2017）

和政：阿会儿［a²¹xuər⁴⁴］、阿个时候［a⁵⁵·kɤ·ʂou］（王姬，2017）

广河：阿会儿［a⁵⁵xuər³¹］（王姬，2017）

永靖：阿会［a²¹xuei⁵³］（王姬，2017）

合作：阿会［a³³xuei˙²¹］（王姬，2017）

4."几+X"类

询问时间的"几+X"类疑问代词以"几"为基础形式，表时间意义的"X"在不同方言中形式各异。

在甘肃境内的中原官话秦陇片，如泾川、灵台、庆城、正宁、华池、康县等地，"几时"是较为常用的时间类疑问代词②。

在天津境内的冀鲁官话，山东境内的冀鲁官话、中原官话、胶辽官话中，多使用"几"后带儿化的"几儿"询问时间。例如：

（冀鲁官话）天津：几儿［tɕiər¹³］（祁淑玲，2020）

山东莘县：几儿（王宁宁，2016）

（中原官话）山东济宁：几儿（葛四嘉、史秀菊，2017）

（胶辽官话）山东莱州：几儿（李佳怡，2012）｜龙口：几跟儿（马志红，2007）｜青岛：几工儿（青岛市史志办公室，1997）｜潍坊：几儿（冯荣昌，1992）

---

① 莫超（2004：51）指出，白龙江流域的汉语方言中普遍使用"阿天、阿阵、阿会"询问时间，其分别是"哪一天、哪一阵、哪一会"的缩略形式。

② 王姬：《甘肃汉语方言疑问代词研究》，硕士学位论文，西北师范大学，2014年，第25—26页。

在湖北境内的江淮官话、赣语及武汉方言中，可使用"几+时""几+旮儿/早儿/攒/咱/命盏"等询问时间。例如：

（江淮官话）湖北安陆：几旮儿（盛银花，2007）｜新洲：几门朝［tɕi⁵⁵mən⁵⁵tsau］、几半天［tɕi⁵⁵ pan⁴⁵t'ian²¹］（高杜，2016）｜孝感：几攒［tɕi⁵³·tsan］、几么攒、几半天（王求是，2014）｜黄冈：几门早儿、几时、几么早儿、几早儿、几半天儿（刘晓然，2002）

（西南官话）湖北武汉：几时、几咱、几满、几长时间（赵葵欣，2012）

（赣语）湖北阳新：几命盏［tɕi²¹ min³³ tsæ̃²¹］、几多时［tɕi²¹ to³³ sʅ²¹²］（黄群建，2002）｜通山：几时、几命盏（石桂芳，2008）

在江西境内的赣语及客家话中，可使用"几+时"等询问时间。例如：

（赣语）江西永修：几时间［tɕi⁴sʅ³kan¹］（刘纶鑫，1999）｜修水：几时［tɕi⁴sʅ³］（刘纶鑫，1999）｜横峰：几时［tɕi³sʅ¹］（刘纶鑫，1999）｜临川：几时［tɕi³ɕi²］（刘纶鑫，1999）｜永丰：几加［tɕi³ka¹］（刘纶鑫，1999）｜新干：几时、几时该哩（宋小花，2014）｜彭泽：几时、几点（汪高文，2006）

（客家话）江西石城：几时（邵敬敏等，2010）

在上海、浙江、江苏境内的吴语中，可使用"几+时""几+辰光"等询问时间。例如：

上海：几时（邵敬敏等，2010）

浙江绍兴：几时、几时光（吴子慧，2007）｜嘉兴：几辰光

(许宝华、宫田一郎，1999)

　　江苏无锡：几时（陈祺生，1987）｜苏州：几时［tɕi⁵² zʅ¹］（石汝杰，1999）｜海门：几时（王洪钟，2011）｜吴江：几时［tɕi⁵⁵ zʅ²³⁻⁵⁵］、几辰光［tɕi⁵¹ zən²³⁻⁵⁵ kuã⁴⁴⁻⁵¹］（李如龙、张双庆，1999）

在广东境内的粤语及客家话中，多使用"几+时""几+耐""几+久"等询问时间。其中，"几时"一般用来询问时点，"几耐、几久"一般用来询问时段。例如：

　　（粤语）广东广州：几时［kei³⁵ si²¹］、几耐［kei³⁵ nɔi²²］（邵敬敏等，2010）｜阳江：几时、几久（冼文婷，2016）

　　（客家话）广东中山：几时［ki⁴¹ si²¹］（甘甲才，2003）｜梅县：吉时［kit⁵ sʅ²］、吉久［kit⁵ kiu³］（林立芳，1997）｜龙川：几时、几多点、几久（邬明燕，2007）

在广西境内的粤语多使用"几+时""几+内/耐""几+久"等询问时间，其中"几时"一般用来询问时点，"几耐、几久"一般用来询问时段；在平话中多使用"几+时"询问时间。例如：

　　（粤语）广西贵港：几时［kei³⁵ si³³］、几内［kei³⁵ nui²¹］（陈曦，2017）｜钦州：几时［kɐi²⁴ ʃi³³］、几耐［kɐi²⁴ nai⁴²］（黄昭艳，2011）｜南宁：几时、几耐（林亦、覃凤余，2008）｜贺州：几时［ki⁵⁵ ʃi³⁵］、几时候（刘宇亮，2011）｜藤县：几时、几久、几多点（唐一萍，2013）｜玉林：几时、几耐、几久（梁忠东，2001）｜北海：几耐［kei³⁵ nɔi²²］（陈晓锦、陈滔，2005）｜北流：几时（徐荣，2008）｜蒙山：几时（韦玉丽，2011）

　　（平话）广西钟县：几时［ki⁴² ʃi²¹³］（邓玉荣，2005）｜宾阳：几时（覃东生，2007）｜横塘：几时（李若男，2013）

5. "多 + X" 类

询问时间的"多 + X"类疑问代词是以"多"为基础形式构成的复合形式，大体上可分为两类，一是在"多"后添加"咱/昝、会、阵"等表时间的语素构成合成词，以"多咱/昝（儿）""多会（儿）"最为常见。冯春田认为，"多咱/昝"中的"咱/昝"来源于"早晚"的合音，"多早晚"用于询问时间大约始于元代①。二是在"多"后添加表时间的名词构成短语。以第一种形式最为常用。

在天津、河北境内的冀鲁官话，山东境内的冀鲁官话、胶辽官话、中原官话，安徽北部、河南境内的中原官话里，多使用"多咱/昝（儿）""多会儿""多阵"等"多"类疑问代词。部分方言点还使用"多早晚"或由"多"构成的短语。例如：

（冀鲁官话）天津：多昝 [tuo²¹ tsan⁰]、多会儿 [tuo¹³ xuər¹³]、多晚儿 [tuo²¹ var⁰]、多前儿 [tuo²¹ tɕʰiar⁴⁵]、多早晚儿 [tuo²¹ tsao¹³ var¹³]（祁淑玲，2020）

河北盐山：多咱、多长时间、多大会儿/子（刘林，2015）| 武邑：多昝（们）[tuo⁴⁵ tsan³¹]（张晓静，2014）

山东济南：多咱、多时截（陆雯雯，2008）| 莒南、潍坊、利津、淄川、桓台、德州：多咱（钱曾怡，2001）| 淄博：多咱（毕丽华，2005）| 宁津：多咱（曹延杰，2003）

（胶辽官话）山东牟平：多□儿 [tuo⁵¹ xair]（罗福腾，1992）| 文登：多会儿（钱曾怡，2001）| 即墨：多会儿（钱曾怡，2001）| 栖霞：多海儿（钱曾怡，2001）| 荣成：多会儿（王淑霞，1995）| 青岛：多曾、多咱（青岛市史志办公室，1997）

（中原官话）山东济宁：多咱、多大会儿（葛四嘉、史秀菊，2017）| 临沂：多咱（钱曾怡，2001）| 巨野：多会儿（欧士博，

---

① 冯春田：《近代汉语语法研究》，山东教育出版社2000年版，第255页。

2011）｜枣庄：多咱、多阵（吕家平，2011）｜微山夏镇周围及北片：多阵［tuo²¹³tsẽ］（殷相印，2006）

安徽北部：多咋（子）（侯超，2013）

河南固始：多咱（李孝娴，2003）｜光山：多咱儿（张俊，2010）｜南阳：多咱儿（王晓红，2008）｜洛阳：多咋晚儿［tuə⁵³tsan⁴¹²vɐu⁴¹²］（贺巍，1993）｜驻马店：多会儿（刘洋洋，2016）｜西华：多几儿、多咋儿、多会儿（白净义，2016）

在甘肃境内的兰银官话，山西、陕西境内的中原官话，内蒙古、河北、山西、陕西境内的晋语中，多使用"多会（儿）"，或其变化形式"多会子、多大会"等。部分方言点也使用"多咋儿、多候儿"等。例如：

（兰银官话）甘肃皋兰、榆中：多会（王姬，2017）｜凉州：多会子（王姬，2017）｜山丹：多大会（王姬，2017）｜永昌：多会子、多大会（王姬，2017）

（中原官话）宁夏隆德：多会儿［tuə²⁴xuər²］（杨苏平，2015）

山西洪洞：多会儿（郭利霞，2015）｜翼城：多哄（秦瑞，2010）｜临猗：多乎（陈志明，1999）｜霍州：多会（高晶，2015）｜新绛：多乎、多会儿（宁晨珠，2016）｜芮城：多会儿、多当会儿、多个儿时、多长（时间）（吕佳，2016）

陕西西安：多会儿［tuo²¹xur⁰］（兰宾汉，2011）｜合阳：多会（子）［to³¹xuɪ⁰（tsʅ⁰）］（邢向东、蔡文婷，2010）

（晋语）内蒙古五原：多会儿（郭利霞，2015）

河北张北：多会儿（关彦琦，2008）｜张家口：多会儿（宗守云，2017）

陕西清涧：多会儿［tɯ¹xuɐr⁴］、多咋会儿［tɯ¹tsɜ³xuɐr⁰］（邢向东，2006）｜绥德：多会儿［təŋ³ɣər⁰］、多咋儿［təŋ³tsɐr⁰］（邢向东，2006）、多咋会儿（黑维强、冷永良，2013）｜延

川：多会儿［təi¹xuər⁴］（邢向东，2006）｜子长：多候儿（李延梅，2005）

山西山阴、右玉、平定、浑源、偏关、沂州：多会儿（郭利霞，2015）

（七）询问方式、情状的疑问代词

在普通话中，询问方式的疑问代词主要有"怎么、怎样、怎么样"；询问情状的疑问代词主要有"怎样"和"怎么样"。两类疑问代词都以"怎（么）"为基础形式。

在方言中，询问方式、情状的疑问代词具有与普通话相类似的构成方式，即由同一基础形式构成语表形式相似的复合形式。在不少方言中，两类疑问代词在语表形式上是相同的。因此，本小节以询问方式的疑问代词为例，考察其方言特征。

询问方式的疑问代词形式多样，根据其基础形式的不同，大体上包括七类：1."怎"类；2."咋"类；3."哪"类；4."何"类；5."么"类；6."底"类；7."样"类。

1."怎"类

据王力考察，现代汉语的"怎么"，唐代用"争［tsəŋ］"表示，宋代开始用"怎"，同时产生了"怎生、怎么（怎末）、怎的"等形式；从语音上看，"怎么"应是"怎［tsəm］"的分音[①]。另据吕叔湘考察，"怎么"原为"作么"，"作么"就是"作什么"；从语音上看，"怎"是"作"字受"么"字的声母影响而产生的变音，即［tsak mua］→［tsam mua］；从使用上看，早期多单用"怎"，现代以使用"怎么"为主，"怎生"是"怎么生"省缩的结果[②]。冯春田则推测，"怎"应来源于"怎生"的省缩，而不是"怎"缀以词尾"生"形成"怎生"，"怎生"是"作么（勿、没）生"的

---

[①] 王力：《汉语史稿》，中华书局2015年第3版，第287页。
[②] 吕叔湘：《近代汉语指代词》，学林出版社1985年版，第304—310页。

音变省缩形式①。

在方言中，"怎"类疑问代词多表现为复合形式，除常用形式"怎么"以外，疑问语素"怎"还可与"个、呢、俚、样"等语素组合构成合成词。下面以山东、山西、福建、广东、海南为例进行说明。

在山东境内，据钱曾怡考察，莱州、即墨、莒南、沂水、寿光、济南、德州、临清、微山、临沂等地均使用"怎么"，牟平使用"怎个"②。

在山西境内的中原官话汾河片、晋语吕梁片，"怎"类疑问代词较为常用，除使用"怎么"以外，能够与"怎"搭配的语素还有"个、呢、价、着"等。例如，山西长治的"怎个 [tsəŋ$^{535}$ kə]"，洪洞的"怎么 [tsʅ$^{33}$·mə]"，阳城的"怎呢 [tsəʔ$^{12}$ȵi]"，柳林的"怎么 [tsəʔ$^{44}$ mA$^{33}$]"③。在汾阳，既存在复合形式的"怎办[tsəŋ$^{312}$ pã$^{55}$]"，也存在直接使用的"怎 [tsəŋ$^{312}$]"④。在芮城，询问方式的"作 [tsuɤ$^{31}$]"是"怎么"的合音，在其基础上还可添加无实在意义的语素构成复合形式"作个儿"⑤。此外，在陕西吴堡，多使用"作摩 [tsəʔ$^{5}$ mɑ$^{1}$]"及其复合形式"作摩价、作摩底个"⑥。

在福建、广东、海南的闽语区，多使用由疑问语素"怎"构成

---

① 冯春田：《近代汉语语法研究》，山东教育出版社2000年版，第212页。
② 钱曾怡：《山东方言研究》，齐鲁书社2001年版，第248—249页。
③ 郭利霞：《汉语方言疑问句比较研究——以晋陕蒙三地为例》，南开大学出版社2015年版，第140—141页。
④ 李卫锋：《山西汾阳方言语法研究》，中国社会科学出版社2019年版，第126页。
⑤ 吕佳：《山西芮城方言疑问句研究》，硕士学位论文，山西大学，2016年，第22页。
⑥ 邢向东：《陕北晋语语法比较研究》，商务印书馆2006年版，第68页。

的复合形式。例如，福建福州使用双音节黏附形式"怎怎［tsuoŋ³³ zuoŋ³³］"①；龙岩使用"怎范［ᶜtsi a˩ han ²］"②；泉州使用"怎样（仔）［tsiu⁵（a³）］"③；厦门使用"怎样［tsuoŋ³³ ŋuoŋ³³］"④；罗源使用"怎儿［tsiŋ⁵³ nie³¹］、怎做［tsie⁵³ o³⁵］"⑤；广东海丰的"怎生"⑥；海南屯昌的"怎做"⑦。

2. "咋"类

"咋"是一个合音形式。冯春田分析，"咋"是"怎么"的合音，明代时仅出现于由南方方言书写而成的白话资料里，且并不多见，到清代南北方言里均已较多使用⑧。

据现有资料，"咋"类疑问代词多使用于官话方言和晋语中，主要存在两种形式，一是作为单纯词直接表疑；二是作为疑问语素，与其他语素构成复合形式。就不同方言点的使用情况来看，有的方言点兼具两种形式，而有的方言点则专用一种形式，且以复合形式最为常见。以下举例说明。

在东北官话中，"咋"类疑问代词较为常见，其既可单独使用，也可作为疑问语素构成复合形式，如"咋整、咋样、咋着

---

① 陈泽平：《福州方言的代词》，载李如龙、张双庆编《代词》，暨南大学出版社1999年版，第261页。
② 郭启熹：《龙岩方言代词及其特色》，《闽西职业大学学报》1999年第1期。
③ 李如龙：《闽南方言的代词》，载李如龙、张双庆编《代词》，暨南大学出版社1999年版，第279页。
④ 邵敬敏等：《汉语方言疑问范畴比较研究》，暨南大学出版社2010年版，第102页。
⑤ 黄涛：《闽东罗源方言描写语法》，博士学位论文，福建师范大学，2016年，第185页。
⑥ 杨必胜：《广东海丰方言研究》，语文出版社1996年版，第126页。
⑦ 钱奠香：《海南屯昌闽语语法研究》，云南大学出版社2002年版，第39页。
⑧ 冯春田：《合音式疑问代词"咋"与"啥"的一些问题》，《中国语文》2003年第3期。

（儿）"等①。

在山东境内的胶辽官话、冀鲁官话、中原官话，河南境内的中原官话中，如山东的青岛、潍坊、文登、章丘、淄博、利津、淄川、巨野、微山等地，河南的开封、郑州、南阳、驻马店、固始、周口、洛阳等地，多单独使用"咋"作为询问方式的疑问代词。

在甘肃境内的兰银官话河西片及中原官话秦陇片、陇中片，陕西境内的中原官话关中片、秦陇片，多使用"咋"类疑问代词。具体来看，在甘肃，中原官话秦陇片和陇中片既可以单独使用"咋"，也可以使用由"咋"与"么、个、着、哈、家、样、们"等语素构成的复合形式，以"咋么个（儿）"较为常用②；兰银官话河西片多使用"咋""咋地""咋样""咋地个"③。在陕西，多使用"咋"和"咋么"④。

在内蒙古、山西、陕西北部、河北南部及西北部、河南北部的晋语中，多使用"咋"类疑问代词。除作为单纯词使用以外，"咋"可以与"么、介/价、的/底/地、个、着"等语素组配构成多种复合形式。例如：

河北邯郸：咋的（高培培，2014）| 张北：咋（关彦琦，2007）| 张家口：咋、咋么（宗守云，2017）

河南安阳：咋介（的）、咋（王芳，2015）

内蒙古武川：咋、咋么个（郭利霞，2015）

陕西府谷：咋［tsɑ³］、咋价（价）［tsɑ³tɕie²］、咋地个

---

① 尹世超：《东北官话的"咋"及相关词语与格式》，《语文研究》2008年第1期。
② 王姬：《甘肃汉语方言疑问代词研究》，硕士学位论文，西北师范大学，2014年，第25—55页。
③ 王姬：《甘肃汉语方言疑问代词研究》，硕士学位论文，西北师范大学，2014年，第66—71页。
④ 孙立新：《关中方言代词概要》，《方言》2002年第3期。

[tsɑ³ti⁴kəʔ⁰]（邢向东，2006）｜神木：咋［tsa³］、咋价（价）[tsa³tɕiɛ²]、咋的个［tsa³təʔ⁰kəʔ⁰］（邢向东，2006）｜清涧：咋［tsuA¹］、咋价［tsuA³tɕie³］、咋来［tsuA³lai²］、咋的个［tsuA³təʔ⁰kuəʔ⁰］（邢向东，2006）｜榆林：咋、咋价（郭利霞，2015）

山西山阴：咋［tsa³¹³］（郭利霞，2015）｜定襄：咋个［tsa²¹⁴kuæ³¹］（汪化云，2008）

在四川、重庆、云南、贵州四地的西南官话中，多使用"咋个"询问方式。部分方言点还可直接使用"咋"。例如：

四川成都：咋［tsa²］、咋个［tsa²ko⁴］（张一舟等，2001）｜自贡：咋子、咋个（殷润林，2005）
重庆：咋个、咋块、咋个法儿（李科凤，2005）
云南昆明：咋个［tsa³¹kə²¹²］（汪化云，2008）｜大理：咋（个）（苏倩，2011）｜富源：咋个（张微，2017）
贵州贵阳：咋个（贺又宁，1988）

3. "么"类

在方言中，"么"类疑问代词主要包含两类：第一类是用于询问事物，在问句中主要充当宾语和定语，相当于普通话的"什么"；第二类是用于询问方式，在问句中主要充当状语，相当于普通话的"怎么、怎样"。据前文考察，询问事物的"么"是"什么"的省缩形式，因此，"么"类疑问代词的性质与"什么"相当。而询问方式的"么"，我们推测，应是"怎么"的省缩形式，这类疑问代词的性质与"怎么"相当。

就构成方式来看，"么"类疑问代词多是以疑问语素"么/吗"为基础形式构成的合成词，较少作为单纯词直接使用。能够与"么/吗"组配的语素有"样、地/底/的［ti］、办、家/解［ka］"等。以下举例说明。

在安徽的江淮官话洪巢片及赣语区、湖北的江淮官话黄孝片及东南部的赣语大通片、湖北武汉等地，多使用"么样""么的/么底/么地""么办"等"么"类疑问代词。此外，在陕西平利部分地区，受鄂东方言影响，也使用"么"类疑问代词①。例如：

（江淮官话）安徽安庆：么样（鲍红 2007）｜枞阳：么因（张韦韦，2015）

湖北孝感：么样（王求是，2014）｜红安：么样、么办、么底（季红霞，2008）｜黄冈：么、么样、么样地（刘晓然，2002）｜新洲：么地、么办、么的、么搞（高杜，2016）

（西南官话）湖北武汉：么样（赵葵欣，2012）

（赣语）安徽宿松：么（法）、么的、么样（梅光泽，2004）｜岳西：么样（储泽祥，2009）｜太湖弥陀：么样（孙汉康，2016）

湖北通山：么行［mø⁴² ɕin²¹］（石桂芳，2008）｜咸宁：么样（王宏佳，2015）

江西湖口、星子：么样［mo³ iɔŋ⁶］（刘纶鑫，1999）

在湖南中部的湘语娄邵片，疑问语素"么/吗"可与"样、家/解、瓜"等语素组配构成多种复合形式。例如：

湖南衡阳：吗理、吗样（彭兰玉，2002）｜双峰：么家［mo⁵⁵ ka⁵⁵］（卢小群，2007）｜娄底：么解滴［mo⁴⁴ ka⁰ti⁰］、么解滴个［mo⁴⁴ ka⁰ti⁰kɤ⁰］（卢小群，2007）｜涟源：吗瓜［mɔ⁴¹ kɔ¹⁴］（卢小群，2007）｜衡山：吗样（毛秉生，2009）

此外，在海南海口、屯昌等地的闽语中，询问方式可使用疑问

---

① 周政：《平利方言调查研究》，中华书局 2009 年版，第 306 页。

代词"乜样、乜种"及其复合形式,这里的"乜"相当于普通话里的"怎么"。例如:

海南海口:乜样、乜种、个乜样、个乜种、乜个样、乜物样、乜物种(陈鸿迈,1991)

屯昌:亲乜样(钱奠香,2002)

4. "何"类

"何"是古汉语词汇的遗存。在现代汉语的部分方言中,仍可使用以疑问语素"何"为基础形式构成的复合形式来询问方式。例如:

(湘语)湖南长沙:何什 [o$^{24}$ sʅ$^{0}$](卢小群,2007)| 益阳:何咖 [o$^{13}$ ka$^{0}$](卢小群,2007)| 邵阳:何咖 [ɤo$^{42}$ ka$^{42}$](卢小群,2007)| 隆回:何嘎 [o$^{13}$ kɑ$^{31}$](卢小群,2007)| 祁阳:何馨 [ɤen$^{11}$ ɕin$^{0}$](卢小群,2007)| 湘阴:何里 [o$^{13}$ li](邹卉,2009)| 邵东:何个 [xo$^{12}$ ko$^{35}$](孙叶林,2009)

(赣语)江西波阳:何人个 [ho$^{2}$ ȵin$^{2}$ ko$^{5}$](刘纶鑫,1999)| 乐平:何样 [ho$^{2}$ iɔŋ$^{5}$](刘纶鑫,1999)| 南丰:何样 [ho$^{3}$ iɔŋ$^{5}$](刘纶鑫,1999)

湖北阳新:何 [xo$^{212}$]、是何 [sʅ$^{33}$ xo$^{212}$](黄群建,2002)

湖南岳阳:禾哩 [o$^{13}$ ni](方平权,2001)

5. "哪"类

询问方式的"哪"类疑问代词是以疑问语素"哪"为基础形式构成的复合形式。"哪"的声母既可读作 [n],也可读作 [l]。

吕叔湘指出,古汉语中存在"若为"一系,表达"怎么"的意思,川东的"朗格"、吴语的"哪能、捺享"等都属于"若为"一系①。因此，这里我们将以"啷（郎）、捼"为疑问语素构成的合成词也归入此类进行考察。以下举例说明。

在陕西南部、湖北、四川、重庆及贵州、云南部分地区的西南官话中，询问方式多使用"哪门/们""哪么""哪样""啷个""啷们"等"哪"类疑问代词。例如：

陕西汉中：哪门（王鹤璇，2010）｜石泉：懒们［lan⁵⁵ mən⁰］（史丰，2009）

湖北当阳：哪么（汪国胜，1990）｜恩施：哪门［na⁵³ mən⁵⁵］（张良斌，2010）｜仙桃：哪么［la³¹ mo³¹］（陈秀，2015）｜天门：（像）啷（搞）（卢红艳，2009）｜长阳：哪懑［la³² · mən/la³² · m̩/la³² · mu］（宗丽，2012）｜石首、公安、松滋、宣恩、兴山：哪门（汪化云，2008）

四川成都：啷个［naŋ³ ko⁴］（张一舟等，2001）｜绵阳、江油、平武、北川、安县：哪么（汪化云，2008）｜蓬溪、岳池、合川、广安、城口、蓬安、遂宁、中江：哪门［la²¹ · mən］（汪化云，2008）

重庆：啷个、啷们（李科凤，2005）

贵州遵义：哪样、嚷个、嚷子、哪样子（胡光斌，2010）

云南大理：哪行［çĩ³¹］（苏倩，2011）｜富源：哪样（张微，2017）

在上海、浙江、江苏的吴语中，多使用"哪"类疑问代词。例如，上海话的"哪能"②；浙江嘉兴话的"哪哈"③，金华话的"哪

---

① 吕叔湘：《近代汉语指代词》，学林出版社1985年版，第264—265页。
② 邵敬敏等：《汉语方言疑问范畴比较研究》，暨南大学出版社2010年版，第38页。
③ 《浙江通志》编纂委员会：《浙江通志·第97卷·方言志》，浙江人民出版社2017年版，第90页。

生[ᶜlaᶜsaŋ]"①，绍兴话的"捺介[næʔga]"②等；江苏无锡话的"哪亨[naʔ⁴xã³¹]"③，常熟话的"哪能[na²² nɛ̃⁵¹]"④，吴江话的"捺哈[nɔʔ²hɔ²¹²]"⑤，苏州话的"捺亨[naʔ²³ hã⁵²]/[nã³¹]"⑥等。

在江西、湖北境内的部分赣语方言点，也使用"哪"类疑问代词。例如，江西南昌话的"□样[lɔŋ²iɔŋ⁵]"，宜黄话的"□样[lan²ȵiɔŋ⁴]"，萍乡话的"□□[lo²t'i⁴]"⑦；湖北通山话的"哪行[nɒ⁴²ɕin²¹]"⑧。

6. "底/点"类

在部分方言中，询问方式使用以"底/点"为基础形式的复合式疑问代词。据现有文献，使用这类疑问代词的方言点并不多见，主要包括两种形式。

首先，在海南闽语中，询问方式使用疑问代词"底样"。例如：

> 海南海口：底样、底种（陈鸿迈，1991）｜黄流：底样、生底样（罗海燕，2002）

其次，在广东粤语广府片以及香港粤语中，询问方式使用"点"或以"点"为疑问语素构成的合成词"点样"。例如，广东广州话里的

---

① 汪化云：《汉语方言代词论略》，巴蜀书社2008年版，第163页。
② 吴子慧：《绍兴方言的人称代词和疑问代词》，《浙江教育学院学报》（综合版）2007年第2期。
③ 钱乃荣：《北部吴语研究》，上海大学出版社2003年版，第125页。
④ 钱乃荣：《北部吴语研究》，上海大学出版社2003年版，第125页。
⑤ 刘丹青：《吴江方言的代词系统及内部差异》，载李如龙、张双庆编《代词》，暨南大学出版社1999年版，第114页。
⑥ 石汝杰：《苏州方言的代词系统》，载李如龙、张双庆编《代词》，暨南大学出版社1999年版，第96页。
⑦ 刘纶鑫：《客赣方言比较研究》，中国社会科学出版社1999年版，第667页。
⑧ 石桂芳：《通山方言的代词》，硕士研究生，华中师范大学，2008年，第30页。

"点［tim³⁵］、点样［tim³⁵ jœŋ³⁵］"①；佛山话里的"点［tim¹³］、点样［tim¹³ jœŋ¹³］"②；香港粤语里的"点［tim³⁵］、点样［tim³⁵ jœŋ²²］"③。

关于"点"的来源，张惠英认为，"点"是"底物"的合音词④。

7."样"类

在客家话中，询问方式多使用以"样"为疑问语素构成的复合形式，"疑问词'样'与指示词'样'应属同源"⑤。例如：

江西石城：样斯、样斯道哩（邵敬敏等，2010）｜上犹：样势［jiɔŋ⁴sʅ²］（刘纶鑫，1999）｜铜鼓：样□子［iɔŋ⁴ man¹ tsʅ³］（刘纶鑫，1999）｜澡溪：样□［iɔŋ⁴ man¹］（刘纶鑫，1999）｜井冈山：样□子［iɔŋ⁴ mɔn¹ tsʅ³］（刘纶鑫，1999）

福建宁化：样法、样得、样哩、样法得、样法得哩（张桃，2004）

广东梅县：样［ŋioŋ⁴］、样欸［ŋioŋ⁴ ŋe²］、样般［ŋioŋ⁴ pan¹］（林立芳，1997）｜中山：养子［jiɔŋ³³ tsi²¹］、养缅子［jiɔŋ³³ miɛn³³ tsi²¹］（甘甲才，2003）｜龙川：样般（邬明燕，2007）

（八）询问原因的疑问代词

在普通话中，询问原因的疑问代词主要有"怎么"和"为什么"。在方言中，询问原因的疑问代词主要包括两类。

其一，询问原因的疑问代词与询问方式的疑问代词相关联。这

---

① 邵敬敏等：《汉语方言疑问范畴比较研究》，暨南大学出版社2010年版，第119页。
② 黄丽华：《佛山粤语的代词研究》，硕士学位论文，暨南大学，2007年，第37页。
③ 郭必之：《香港粤语疑问代词"点"［tim³⁵］的来源》，载林焘编《语言学论丛》（第27辑），商务印书馆2003年版，第69页。
④ 张惠英：《汉语方言代词研究》，语文出版社2001年版，第91页。
⑤ 张惠英：《汉语方言代词研究》，语文出版社2001年版，第160页。

主要有两种情况，一是用于询问方式的疑问代词也可用于询问原因，二是询问方式的疑问代词与询问原因的疑问代词具有相同的基础形式。就构成方式来看，询问原因的疑问代词是以疑问语素"怎、咋、么、何、哪、底"等为基础形式构成的复合形式。就语义内涵来看，这类疑问代词相当于普通话的"怎么"，因此，可将其统称为"怎么"类疑问代词。就方言及地域分布来看，这类疑问代词的分布与询问方式的疑问代词基本一致。

其二，询问原因的疑问代词与询问事物的疑问代词相关联。就构成方式来看，询问原因的疑问代词主要是在询问事物的"什么"类、"啥"类、"甚"类、"么"类、"哪"类疑问代词前添加"为、做、搞、干"等动词性或介词性成分构成结构凝固的短语词。就语义内涵来看，这类疑问代词相当于普通话的"为什么"，因此，可将其统称为"为什么"类疑问代词。就方言及地域分布来看，这类疑问代词的分布与询问事物的疑问代词基本一致。

多数方言点都同时存在上述两类疑问代词。下面举例说明（表6—4）。

表6—4　　　　　　　　原因类疑问代词示例

| 方言点 | 疑问代词的形式 | "怎么"类 | "为什么"类 |
|---|---|---|---|
| 东北官话 | 辽宁铁岭（云徵，2014） | 咋、怎、怎么 | 干啥、为啥 |
| 胶辽官话 | 山东潍坊（冯荣昌，1992） | 咋、怎么的、怎么着 | |
| 冀鲁官话 | 山东宁津（曹延杰，2003） | 怎么 | 为吗 |
| | 河北武邑（张晓静，2014） | 邹嘛 | 为么儿、拥因么儿 |
| 中原官话 | 宁夏隆德（杨苏平，2018） | | 因啥、为啥 |
| | 陕西西安（兰宾汉，2011） | 咋 | 为啥 |
| | 山西芮城（吕佳，2016） | 作 [tsuɤ³¹]（"怎么"的合音） | 为索 [suɤ³¹]（"索"是"什么"的合音） |
| | 安徽北部（侯超，2013） | 咋 | 为啥（子）、因为啥（子） |
| | 河南西华（白净义，2016） | 咋 | 为啥 |

续表

| 方言点 | 疑问代词的形式 | "怎么"类 | "为什么"类 |
|---|---|---|---|
| 江淮官话 | 安徽枞阳 (张韦韦, 2015) | 么 | 干么事、为么事、做么事 |
| | 湖北黄冈 (刘晓然, 2002) | 么 [mo⁵³]、么样、么样地 | 为么事、做么事 |
| 西南官话 | 湖北武汉 (赵葵欣, 2012) | 么、么样、是么、是么样 | 为么事 |
| | 四川成都 (赵明节、杜克华, 2017) | 咋个、咋（个）起 | 干/做啥（子）、为啥（子） |
| | 贵州贵阳 (贺又宁, 1988) | 咋个 | 为哪样 |
| | 云南富源 (张微, 2017) | 咋个 | 干囊子 |
| 晋语 | 陕西神木 (郭利霞, 2015) | 咋（价） | 为甚 |
| | 山西平遥 (郭利霞, 2015) | 咋地啦 | 因为甚 |
| | 河南安阳 (王芳, 2015) | 咋 | 为啥 |
| | 河南辉县 (穆亚伟, 2016) | 咋、咋式 | 为啥 |
| 吴语 | 上海 (邵敬敏等, 2010) | 哪能 | 为啥 |
| | 江苏苏州 (汪平, 2011) | 捺亨 [naʔ ha̱²⁵¹] | 作啥 |
| | 浙江绍兴柯桥 (盛益民, 2014) | 奈个 | 为啥、作啥 |
| 湘语 | 湖南湘阴 (龙琴, 2015) | 何哩 | |
| | 湖南邵东 (孙叶林, 2009) | 何个 | 为么个 |
| 赣语 | 安徽宿松 (黄晓雪, 2014) | | 做么事、为么事 |
| | 湖北通山 (石桂芳, 2008) | 哪行、么行 | 做么谜、为么呢 |
| | 江西宜丰 (邵敬敏等, 2010) | 肉 | 做什 |
| 粤语 | 广东广州 (邵敬敏等, 2010) | 点解 | 做乜、为乜嘢 |
| | 广西贵港 (陈曦, 2017) | 亮解 [liɛŋ⁴¹ koi³⁵] | 做乜嘞、做昧、为乜 |
| 闽语 | 福建福州 (邵敬敏等, 2010) | 怎讲 | 做甚毛 |
| | 福建厦门 (邵敬敏等, 2010) | | 做甚物 |
| 客家话 | 福建连城 (项梦冰, 1993) | 狭得 [haʔ⁵⁵ tai³⁵] | 做是物 |
| | 广东梅县 (林立芳, 1997) | 样 [ŋioŋ⁴]、样欸、样般 | 做脉个 |
| 平话 | 广西宾阳 (覃东生, 2017) | | 做哪门、做哪样、做物 |

## 二 句式结构

### （一）询问人的特指问

询问人的疑代式特指问，是由"谁"类、"哪"类、"什么人"类疑问代词在问句里充当主语、宾语、定语而构成的特指问句。不同方言里的情况基本一致，现就各类疑问代词举例分析如下。

第一，"谁"类疑问代词。例如：

A组：作主语

(19) 河北武邑：谁叫小红俺？（张晓静，2014）
(20) 山西芮城：谁上地去咧？（吕佳，2016）
(21) 河南安阳：谁去瞧电影嘞？（王芳，2015）
(22) 安徽合肥：哈个/哪个在唱歌？（杨永成，2009）
(23) 湖北天门：哪个看到哒？（卢红艳，2009）
(24) 湖南常宁：哪个是经理？（吴启生，2009）
(25) 浙江宁波：啥人来哭啦？（阮桂君，2006）
(26) 四川成都：哪个来了？（张一舟等，2001）
(27) 贵州习水：啥个喊你来嘞？谁让你来的？（范艳，2010）
(28) 福建福州：今旦底侬来？（邵敬敏等，2010）
(29) 福建连城：那[35]人会整收音机？谁会维修收音机？（项梦冰，1997）
(30) 广东广州：边个倒呐垃圾喺处啊？谁把垃圾倒在这儿啊？（邵敬敏等，2010）
(31) 广东梅县：瞒人系你阿爸？谁是你父亲？（林立芳，1997）
(32) 广西北流：乜人在敲门？（杨奔，2005）

B组：作宾语

(33) 安徽北部：你是谁？｜那个穿红衣裳的是谁个？（侯超，2013）

第六章　汉语方言的特指问　503

(34) 安徽安庆：外头是哪个哎？（鲍红，2007）

(35) 湖北武汉：坐倒那里的那个姑娘伢是哪个啊？（赵葵欣，2012）

(36) 湖南安仁：你是哪个？（周洪学，2012）

(37) 江西石城：你係斯哩？你是谁？｜你郎係斯哩？你们是谁？（邵敬敏等，2010）

(38) 福建福州：汝讨底侬？你找谁？（邵敬敏等，2010）

(39) 福建宁化：格个齐你一般高个系何人？那个和你一样高的是谁？（张桃，2004）

(40) 广东广州：你谂住投诉边个？你想投诉谁？（邵敬敏等，2010）

(41) 广西贺州：企喺阿堵箇是乌头？站在那边的那个人是谁？（刘宇亮，2011）

(44) 海南屯昌：汝叫□［ʔdiaŋ$^{33}$］去？（钱奠香，2002）

C 组：作定语

(45) 甘肃天水：谁个的钱包跌着吱塔？谁的钱包掉在这儿了？（王曦，2011）

(46) 河北武邑：谁的雨伞没拿走俺？（张晓静，2014）

(47) 山西平遥：这是谁的车子？｜□［ɕya$^{13}$］① 孩儿哭？（郭利霞，2015）

(48) 河南西华：谁哩钱丢咧？（白净义，2016）

(49) 河南安阳：这是谁嘞伞？（王芳，2015）

(50) 安徽北部：谁的书包丢唠？（侯超，2013）

(51) 安徽太湖弥陀：恩几哪咯手最长？你们谁的手最长？（孙汉康，2016）

(52) 湖北黄冈：借是哪个的靛笔？（刘晓然，2002）

(53) 湖北武汉：这是哪个的包啊？么放倒我桌子高头咧？

---

① 郭利霞（2015：124）指出，"□［ɕya$^{13}$］"是"谁家"的合音。

（赵葵欣，2012）

(54) 湖南安仁：固是哪个咯车？（周洪学，2012）

(55) 江西宜春：哪个咯书跌在地上？（孙多娇，2007）

(56) 浙江温州：该是乇人個书？（郑娟曼，2009）

(57) 贵州习水：啥个嘞钱落了？谁的钱掉了？（范艳，2010）

(58) 福建福州：底侬其袜只猛臭？谁的袜子这么臭？（邵敬敏等，2010）

(59) 福建连城：这系那³⁵人个竹片担杆？这是谁的竹扁担？（项梦冰，1997）

(60) 广东梅县：解系瞒人个书包？这是谁的书包？（林立芳，1997）

(61) 广西北流：乇人咯衫裤忘记拧咧？谁的衣服忘记拿了？（杨奔，2005）

上述 C 组例句中，"谁"类疑问代词作为定语时，往往需要在疑问代词后添加结构助词以构成偏正结构，如各例中"＿"标示。

第二，"哪"类疑问代词。例如：

A 组：作主语

(62) 河北武邑：哪个是恁姨俺？｜哪是小峰俺？（张晓静，2014）

(63) 山东莱州：哪/哪个是恁妈妈？（李佳怡，2012）

(64) 河南西华：□［nuo⁵⁵］哪个又调皮哩？（白净义，2016）

(65) 福建厦门：底蜀个未食饱？哪个没吃饱？（邵敬敏等，2010）

(66) 福建连城：那（一）个（人）系有功夫个？哪一个人是有武功的？（项梦冰，1997）

(67) 广东广州：你哋边位/边两位要先走？你们哪位/哪两位

要先走？（邵敬敏等，2010）

B 组：作宾语

（68）河北武邑：他俩先打哪个俺？（张晓静，2014）

（69）山东莱州：恁妈妈是哪个？（李佳怡，2012）

（70）河南安阳：这俩闺女儿都怪好嘞，你到底喜欢挪？（王芳，2015）

（71）福建福州：只几只姿娘团台中，汝中意底蜀只？这几个女孩子当中，你喜欢哪一个？（邵敬敏等，2010）

（72）福建连城：尔喜欢那（一）个（人）？你喜欢哪一个人？（项梦冰，1997）

（73）广西贺州：今晚你想请乌喇人喫饭？今晚你想请哪些人吃饭？（刘宇亮，2011）

C 组：作定语

（74）山东莱州：哪个的孩子叫王小花？（李佳怡，2012）

（75）河南西华：哪几囗［yɔ²⁴］个分数考哩高？（白净义，2016）

（76）四川成都：这是哪个茶杯的盖盖？（张一舟等，2001）

（77）福建连城：那（一）个（人）个鸡系拿来卖个？哪一个人的鸡是拿来卖的？（项梦冰，1997）

第三，"什么人"类疑问代词。例如：

A 组：作主语

（78）安徽北部：啥人去唠？（侯超，2013）

（79）安徽枞阳：么人到你家里去了？（张韦韦，2015）

（80）广东龙川：惹人咁巴闭？什么人这么大架势？（邬明燕，2007）

（81）广西南宁：乜嘢人喺哋喊噉大声？（林亦、覃凤余，2008）

B组：作宾语

（82）河南驻马店：才刚给你说话哩是啥人哎？（刘洋洋，2016）

（83）安徽北部：那小孩是你的啥人？（侯超，2013）

（84）安徽枞阳：他是你么人哉？（张韦韦，2015）

（85）上海：伊是啥人？（邵敬敏等，2010）

（86）四川成都：他们是些啥子人？｜他们是啥子人些？（张一舟等，2010）

（87）重庆：那人是啥（子）人，市长都要亲自来接？（李科凤，2005）

（88）贵州遵义：刚刚儿跟你说话的是个朗呃人哪？刚才跟你说话的是什么人？（胡光斌，2010）

（89）广东龙川：渠系你惹人？他是你什么人？（邬明燕，2007）

C组：作定语

（90）安徽枞阳：你可晓得他是么人家里的小伢小孩哦？（张韦韦，2015）

（91）四川成都：啥子人的房子这么豪华？（张一舟等，2001）

（92）福建连城：尔侪知$^{35}$知得佢系是物人个子a$^{55}$？你们知不知道他是什么人的儿子？（项梦冰，1997）

（二）询问事物的特指问

询问事物的疑代式特指问，是由"什么"类、"啥"类、"甚/什"类、"么"类、"何"类、"底"类、"哪"类疑问代词在问句里充当主语、宾语、定语而构成的特指问句。现就各类疑问代词举例分析如下。

第一，"什么"类疑问代词。

"什么"类疑问代词在问句中可充当主语、宾语、定语，以宾语、定语最为常见。例如：

A组：作主语

（93）湖北长阳：什㞎儿/什㞎伢儿有脚不会跑？（宗丽，2012）

（94）江西石城：什么放栖油镬里煎来啪啪响？什么放在油锅里煎得啪啪响？（邵敬敏等，2010）

（95）福建莆仙：甚物第一贵？（蔡国妹，2006）

（96）福建连城：是物话打醮 $a^{55}$？什么叫打醮呢？（项梦冰，1997）

B组：作宾语

（97）云南大理：你准备要做样什么？（苏倩，2011）

（98）福建厦门：甚物？你讲甚物？（邵敬敏等，2010）

（99）福建连城：尔打肯食是物？你愿意吃什么？（项梦冰，1997）

（100）广西藤县：你喫个系是乜？你吃的是什么？（唐一萍，2013）

C组：作定语

（101）湖北长阳：今天放什㞎伢儿/什㞎子电影？（宗丽，2012）

（102）江西石城：什么东西落栖屋脑上？什么东西掉在屋顶上？（邵敬敏等，2010）

（103）福建厦门：汝找甚物物件？（邵敬敏等，2010）

（104）福建连城：是物东西跌撇？什么东西丢了？（项梦冰，1997）

第二，"啥"类疑问代词。

"啥"类疑问代词的句法功能，根据其不同的语表形式，存在一定的差异。具体而言，在没有"啥子""啥个/啥格"等复合形式的方言中，基础形式"啥"能够在问句中单独构成问句，也可以自由地充当主语、宾语、定语，以作宾语、定语最为常见。例如：

A 组：作主语
（105）甘肃礼县：啥开坏聊？什么东西坏了？（王姬，2016）
（106）辽宁铁岭：啥叫叛徒名儿啊？（云微，2014）
（107）山东莘县：啥是卷心菜焉？（王宁宁，2016）
（108）山西芮城：索好吃？（吕佳，2016）

B 组：作宾语
（109）山东巨野：你在说啥？（欧士博，2011）
（110）山西吉县：你寻啥啦？（史秀菊，2011）
（111）河北永年：你买啦点儿啥？（高培培，2014）
（112）江苏苏州：今朝吃点啥？（汪平，2011）

C 组：作定语
（113）甘肃泾川：啥东西把你咬咧？（王姬，2016）
（114）河南洛阳：你买的啥书？（贺巍，1993）
（115）山西临晋：你看里兀是嗦书？你看的那是什么书？（陈志明，1999）
（116）广西贺州：嗦东西无见咧？什么东西不见了？（刘宇亮，2011）

在同时使用基础形式和复合形式的方言中，基础形式"啥"的句法功能有时会受到一定的限制。以吴语、西南官话为例。在吴语中，如江苏苏州①、无锡②、浙江绍兴③等地，复合形式"啥个、哈

---

① 石汝杰：《苏州方言的代词系统》，载李如龙、张双庆编《代词》，暨南大学出版社 1999 年版，第 96—97 页。
② 陈祺生：《无锡方言中的代词》，《无锡史志》1988 年第 4 期。
③ 吴子慧：《绍兴方言的人称代词和疑问代词》，《浙江教育学院学报》（综合版）2007 年第 2 期。

格、啥西"等可单独成句或灵活地充当主语、宾语、定语。在西南官话中，如四川成都①、重庆②等地，基础形式"啥"具有黏着性，一般不能单独成句或充当句子成分，而其复合形式"啥子"等既可单独成句，也可作主语、宾语、定语，使用灵活度强。

第三，"甚/什"类疑问代词。

"甚/什"类疑问代词在问句中可以充当主语、宾语、定语，以作宾语、定语最为常见。例如：

A 组：作主语

(117) 山西平遥：甚跌啦？（郭利霞，2015）

(118) 山西神池：甚寻不见啦？（肖建华，2006）

(119) 安徽合肥：甚跑的啦？我没看清楚。（杨永成，2009）

(120) 江西新干：什哩是可以拿过来个啊？什么是可以拿过来的啊？（宋小花，2014）

B 组：作宾语

(121) 内蒙古临河：咱们中午吃甚呀？（郭利霞，2015）

(122) 河北张北：他们俩口子又打甚嘞？（关彦琦，2008）

(123) 江苏如东：他说什哩啊？（季春红，2002）

(124) 江西丰城：你话什哩呀？（聂国春，2004）

C 组：作定语

(125) 内蒙古呼和浩特：你要甚牌子呀？（郭利霞，2015）

(126) 山西原平：甚东西寻不见咧？（史秀菊，2011）

(127) 江西宜丰：什事舞得你吃不落困不着吥？什么事弄得你吃不下睡不着啊？（邵敬敏等，2010）

---

① 张一舟等：《成都方言语法研究》，巴蜀书社 2001 年版，第 234—235 页。
② 李科凤：《重庆方言疑问句与普通话的差异》，《重庆工商大学学报》（社会科学版）2005 年第 3 期。

(128) 贵州黎平：你要甚子①东西？（许宝华、宫田一郎，1999）

第四，"么/乜/脉"类疑问代词。

在特指问句中，基础形式"么、吗/嘛、乜"以及带儿化的"么儿、嘛儿"最常单独作宾语、定语，而较少单独作主语，多不能作谓语或单独发问。甚至在有的方言中，如属于江淮官话的安徽安庆②、枞阳③，湖北黄冈④等地，属于西南官话的湖北仙桃⑤、武汉⑥等地，"么"只能作为定语。例如：

A 组：作主语

(129) 山东临清：么是上网啊？（刘亚，2007）

(130) 山东聊城：么儿是你干的？（钱曾怡，2001）

(131) 海南屯昌：乜做汝这做闷？什么让你这么忧心忡忡？（钱奠香，2002）

B 组：作宾语

(132) 河北盐山：你做嘛去俺？（刘林，2015）

(133) 山东陵县：今天中午吃点儿嘛？（刘敏，2011）

(134) 海南黄流：汝现在做乜？（罗海燕，2002）

C 组：作定语

---

① 据许宝华、宫田一郎（1999：3922），贵州黎平话中的"甚子"读作"[sen⁵³ tsʅ³¹]"。

② 鲍红：《安庆方言疑问代词体系》，《皖西学院学报》2007 年第 4 期。

③ 张韦韦：《安徽枞阳话疑问代词研究》，硕士学位论文，浙江师范大学，2015 年，第 24 页。

④ 刘晓然：《黄冈方言的疑问代词》，《湖北师范学院学报》（哲学社会科学版）2002 年第 4 期。

⑤ 陈秀：《湖北仙桃方言研究》，博士学位论文，华中师范大学，2015 年，第 187 页。

⑥ 赵葵欣：《武汉方言语法研究》，武汉大学出版社 2012 年版，第 168 页。

(135) 山东宁津：你叫吗名儿啊？（曹延杰，2003）
(136) 河北武邑：你找他有么儿事儿唵？（张晓静，2014）
(137) 安徽安庆：后朝上午是么课？（鲍红，2007）
(138) 安徽宿松：你喜欢看么书？（梅光泽，2004）
(139) 湖北武汉：么颜色？么牌子？花几多钱买的呀？（赵葵欣，2012）
(140) 湖北武穴：么东西放得桌儿上？什么东西放在桌子上？（刘欢，2017）
(141) 海南屯昌：这枚是乜书？这个是什么字？（钱奠香，2002）

此外，已经词汇化的复合形式在问句中既可以单独发问，也可以用作主语、宾语、定语。例如：

A 组：作主语
(142) 安徽宿松：么事是你学习的动力？（梅光泽，2004）
(143) 湖北武汉：么事叫痞子啊？（赵葵欣，2012）
(144) 湖南新化：么个冇得哩？（邵敬敏等，2010）
(145) 江西彭泽：现在么啦最赚钱？现在什么最赚钱？（汪高文，2006）

B 组：作宾语
(146) 安徽安庆：哭么事？我又没骂你！（鲍红，2007）
(147) 湖南湘阴：恩手里拿咯是么里？（邹卉，2009）
(148) 湖南安仁：车子上装咯是麻格？（周洪学，2012）
(149) 广东梅县：你讲兜脉个？你说些什么？（林立芳，1997）

C 组：作定语
(150) 湖北武穴：渠得武汉当么事官儿？（刘欢，2017）
(151) 湖南湘阴：么里事搞得他栏紧张啦？什么事情使他那么紧张？（邹卉，2009）

(152) 湖南新化：其得哩么个病？（邵敬敏等，2010）

(153) 广东广州：你哋餐厅有乜嘢招牌菜？你的餐厅有什么招牌菜？（邵敬敏等，2010）

第五，"何"类疑问代词。

"何"类疑问代词在问句中主要充当宾语和定语。例如：

A 组：作宾语

(154) 湖北宜都：搞蕻么伢儿/蕻儿子/蕻么侯啊？① （李崇兴，2014）

(155) 浙江诸暨：你要作何哉？（孟守介，1994）

(156) 浙江温州：你喜欢吃何乜？（郑娟曼，2009）

B 组：作定语

(157) 湖北宜都：蕻么话恁们香啊？｜蕻么东西在响啊？（李崇兴，2014）

(158) 浙江诸暨：有何哉话头要讲？有什么话要说？（孟守介，1994）

(159) 浙江温州：你的衣裳是何乜牌子个？（郑娟曼，2009）

第六类，"哪"类疑问代词。

"哪"类疑问代词在句中可用作主语、宾语和定语，以充当宾语、定语为常。例如：

A 组：作主语

(160) 广西宾阳：哪门有脚冇识行路？什么有脚不会走路？

---

① 据李崇兴（2014：208）推测，宜都话中的"蕻么"可能是中古的"何物"，"何"念 xo，因受"物"的声母 m 的影响而带上鼻音尾，变成 xum，然后又变成 xuŋ。

（覃东生，2007）

B 组：作宾语

（161）云南通海：你在整哪样？你在做什么？｜有嚷吃偿？有什么可吃的？（杨锦，2008）

（162）广西宾阳：你是做哪门□［o³³］？你是干什么的？（覃东生，2007）

C 组：作定语

（163）云南富源：你是想整哪样事情？（张微，2017）

（164）广西宾阳：你意看哪门电影？你喜欢看什么电影？（覃东生，2007）

（三）询问数量的特指问

询问数量的疑代式特指问，是由"几"类疑问代词在问句里充当定语，或由"多少"类疑问代词在问句里充当定语、主语、谓语、宾语而构成的特指问句。不同方言里的情况基本一致，现就各类疑问代词举例分析如下。

第一，"几"类疑问代词。

作定语的"几"类疑问代词，不能直接修饰名词，而需要与量词结合构成"几+量词"或"几+量词+名词"的短语形式。以"几+量词+名词"为例。

（165）甘肃临夏：这么多活，东乡五个人，南乡五个人，北原上几［tɕi⁴³］个人□［ʐa³］？（谢晓安、张淑敏，1990）

（166）陕西西安：一共来咧几［tɕi⁵³］个人？（兰宾汉，2011）

（167）山西山阴：新杰（中学）这会儿有几［tɕi⁵²］个董事？（郭利霞，2008）

（168）河南固始：你买了几［tɕi³⁵］斤苹果？（李倩，2014）

（169）安徽枞阳：这地种仔几［tɕi³³⁴］棵树？（张韦韦，2015）

（170）湖北长阳：你去过几［tɕi³²］回上海？（宗丽，2012）

（171）湖南湘阴：夜里有几［tɕi⁵³］个人吃饭？（邹卉，2009）

（172）江西石城：今朝晡辰捉到几［ki³¹］尾鱼？今天下午抓到几条鱼？（邵敬敏等，2010）

（173）福建建瓯：恁来几［kui⁵⁵］个人？（陈燕玲，2004）

（174）广东广州：我哋要买几［kei³⁵］箱水？（邵敬敏等，2010）

（175）广西宾阳：几［kei³³］文钱一斤？几块钱一斤？（覃东生，2017）

上述各例中，"＿"标示与"几"和名词连用的量词。就量词的性质来看，既可以是名量词"个、棵、尾、箱、文"等，还可以是动量词"回"等，也可以是度量衡单位"斤"等。

以"几"为疑问语素构成的合成词在问句中可直接修饰名词。例如：

（176）上海：侬有几忽铜钿？（邵敬敏等，2010）

（177）江苏苏州：唔笃个厂里有几化工人？你们厂有多少工人？（石汝杰，1999）

第二，"多少"类疑问代词。

与"几"类疑问代词相比，"多少"类疑问代词的句法功能更加多样，不仅可以作定语直接修饰名词，还可以充当主语、宾语和谓语。

首先，"多少"类疑问代词作定语可以直接修饰名词。例如：

A组:"多少"

(178) 山东济南:来了多少人?(陆雯雯,2008)

(179) 河北盐山:多少人来开会俺?(刘林,2015)

(180) 河南西华:多少儿苹果才够他吃?(白净义,2016)

(181) 山西和顺:你们班有多少 [tuɣ³¹ ʂou³⁵⁻⁴²] 人?(郭利霞,2015)

(182) 安徽歙县徽城:尔带了多少钱?(仇立颖,2017)

B组:"几多"

(183) 湖北武汉:这件衣服几多钱啊?(赵葵欣,2012)

(184) 湖北通山:尔无身着了几多衣?(石桂芳,2008)

(185) 广东广州:你这篇文章写咗几多字?(邵敬敏等,2010)

(186) 广西贺州:贺州有几多桥?(刘宇亮,2011)

(187) 福建宁化:佢昨夜边食来几多罂酒?你昨晚喝了多少瓶酒?(张桃,2004)

C组:"好多"

(188) 安徽枞阳:包里还有好多钱哦?(张韦韦,2015)

(189) 湖北恩施:你们来好多人?(张良斌,2010)

(190) 湖南邵东:你粒班上有好多学生咧?(孙叶林,2009)

(191) 四川成都:冰箱里还剩了好多菜?(谢光跃,2013)

D组:"偌、偌多"

(192) 福建福州:汝卜值偌夥钱?你要多少钱?(邵敬敏等,2010)

(193) 福建莆仙:伊来若夥工了?他来多少天了?(蔡国妹,2006)

(194) 福建泉州:教室有偌人?教室有多少人?(陈燕玲,2004)

(195) 海南海口:割偌多布?剪多少布?(陈鸿迈,1991)

其次,"多少"类疑问代词充当主语、宾语、谓语,以作主语、宾语最为常见。例如:

A 组:作主语

(196) 山西阳城:多少 [tuə²² ʂɤ³¹] 才够?(郭利霞,2015)

(197) 广东梅县:梅县咹多人过番,吉多欶去暹罗,吉多欶去美国?梅县这么多人侨居国外,多少去泰国,多少去美国?(林立芳,1997)

(198) 贵州遵义:弄多都少啦?好多才够嘛?(胡光斌,2010)

(199) 福建厦门:偌夥者有够?(邵敬敏等,2010)

B 组:作宾语

(200) 陕西绥德:还差多少 [teŋ²¹³ ʂɤ²¹³]①?(郭利霞,2015)

(201) 湖北阳新:屋欶箇存钱还有几多噢?家里的存钱还有多少?(黄群建,2002)

(202) 湖南湘阴:你哩屋里姊妹有好多啊?(龙琴,2015)

(203) 海南黄流:割偌侪?(罗海燕,2002)

C 组:作谓语

(204) 山西柳林:他今年多 [tɔ²²³] 了?(郭利霞,2015)

(205) 福建闽侯:电话号码偌夥?(程若茜,2017)

(四) 询问程度的特指问

询问程度的疑代式特指问,是由"多"类、"几"类、"好"类、"偌"类疑问代词在问句里作状语修饰形容词或表示心理活动的动词而构成的特指问句。根据疑问代词修饰成分的不同,这类疑代式特指问主要存在两种情况。

---

① 音标引自黑维强、冷永良《陕北绥德方言的疑问代词》,《宁波大学学报》(人文科学版) 2013 年第 2 期。

其一，"多"类、"几"类、"好"类、"偌"类疑问代词可作状语修饰"大、长、远、重、深、高、粗、厚、宽"等带有度量意义的单音节形容词。例如：

A 组："多"类
(206) 天津：小张多高？（祁淑玲，2020）
(207) 河南西华：一箱苹果多重儿？（白净义，2016）
(208) 山西芮城：你买这电视多大？（吕佳，2016）
(209) 安徽歙县徽城：从尔帖到牌坊群有多少远？从这儿到牌坊群有多远？（仇立颖，2017）

B 组："几"类
(210) 安徽安庆：那口井有几深？（鲍红，2007）
(211) 江西宜丰：个张床有几阔叻？这张床有多宽哪？（邵敬敏等，2010）
(212) 广东广州：你有几高？（邵敬敏等，2010）

C 组："好"类
(213) 湖北长阳：一中到实验小学有好远啊？（宗丽，2012）
(214) 重庆：这条绳子有好长？（李科凤，2005）
(215) 贵州绥阳：绥阳到遵义好远哦？（姚丽娟，2007）

D 组："偌"类
(216) 福建泉州：即搭到火车站有偌远？这里到火车站有多远？（陈燕玲，2004）
(217) 广东潮州：撮菜若重？这些菜多重？（吴芳，2013）
(218) 海南黄流：者支索偌长？这条绳子多长？（罗海燕，2002）

其二，"多"类、"几"类、"好"类、"偌"类疑问代词还可作状语修饰不带度量意义的性质形容词或表示心理活动的动词。

例如：

  A 组："多"类
（219）甘肃镇原：摘个东西有多好？（王姬，2014）
（220）河南西华：这活儿有多累？｜他有多能吃①？（白净义，2016）
（221）河南安阳：考试有多（门）难？（王芳，2015）
  B 组："几"类
（222）上海：伊到底几忽漂亮？（邵敬敏等，2010）
（223）江西石城：嘎个做生意个到底几恶柴哩吧？<sub>那个做生意的到底多狠毒呢？</sub>（邵敬敏等，2010）
（224）广东广州：你话你中意集邮，究竟有几中意啊？<sub>你说你喜欢集邮，到底有多喜欢？</sub>（邵敬敏等，2010）
  C 组："好"类
（225）陕西石泉：你说武汉夏天热，好热？（史丰，2009）
（226）贵州习水：你这个工程有好恼火唉？<sub>你这个工程有多麻烦呢？</sub>（范艳，2010）
  D 组："偌"类
（227）福建厦门：即项物件是有偌好啦？<sub>这件东西究竟多好？</sub>（周长楫、欧阳忆耘，1997）
（228）福建泉州：汝说伊有偌水？<sub>你说她有多漂亮？</sub>（陈燕玲，2004）
（229）广东汕头：伊有若欢喜？<sub>他有多高兴？</sub>（施其生，1999）

  上述两种情况存在差异。具体而言，第一种情况的疑代式特指

---

① 据白净义（2016：69），"能吃"是动作性弱化、形容词性特征明显的复合式形容词。

问既可理解为询问数量，也可理解为询问程度。吴子慧指出，程度和数量存在密切的联系，程度的区分往往是模糊的，当它精确起来时，就表现为一定的数量。[1] 因此，在答语的内容上也可区分为两类，当询问数量时，答语为明确的数量；当询问程度时，答语为对性状的描述。例如：

（230）河南西华：这棵树有多粗儿？（白净义，2016）
——一尺粗儿。（询问数量）
——碗口儿粗儿。（询问程度）

第二种情况的疑代式特指问只能理解为询问程度，而不能理解为询问数量，因此，其答语只能是对性状的描述。例如：

（231）贵州习水：把这道题做出来有好难？把这道题做出来有多难？（范艳，2010）
——很难。（询问程度）

（五）询问处所的特指问

询问处所的疑代式特指问，是由询问地点、处所的"什么+X"类、"哪+X"类、"底/边+X"类、"阿/呀+X"类、"何+X"类疑问代词在问句里充当主语、宾语、定语或与介词构成介词短语而构成的特指问句。不同方言里的情况基本一致，现就各类疑问代词举例分析如下。

第一，"什么+X"类疑问代词。

"什么+X"类复合形式，可以直接在问句中作主语、宾语、定语，还可以与介词构成介词短语。例如：

---

[1] 吴子慧：《绍兴方言的人称代词和疑问代词》，《浙江教育学院学报》（综合版）2007年第2期。

A 组：作主语

（232）上海：啥地方/啥格地方好白相？（邵敬敏等，2010）

（233）贵州习水：啥点儿是你嘞？（范艳，2010）

（234）江西石城（高田）：甚么所在有田螺？什么地方有田螺？（温昌衍，2017）

B 组：作宾语

（235）河北盐山：那是嘛地秋儿唵？（刘林，2015）

（236）安徽枞阳：你学校在么处上哦？（张韦韦，2015）

（237）安徽太湖弥陀：龙湾是么是场子哪？（孙汉康，2016）

（238）四川成都：七中是啥子地方？（赵明节、杜克华，2017）

C 组：作定语

（239）浙江绍兴柯桥：倷亨头吃啥埭户啊米？（盛益民，2014）

D 组：构成介词短语

（240）湖北阳新：钱放在么安定堆倒得？（黄群建，2016）

（241）浙江绍兴柯桥：屋里蹲亨啥埭户？（盛益民，2014）

（242）贵州习水：你这种东西是在啥堂儿买嘞？（范艳，2010）

B、C、D 组例句中，作宾语、定语及构成介词短语的处所类疑问代词除询问具体、明确的地点和处所以外，还蕴含对其所指地点或处所的描述性询问。

第二，"哪 + X"类疑问代词。

疑问代词"哪""哪 + X"均可在问句中作主语、宾语、定语，也可与介词构成介词短语。例如：

A 组：作主语

（243）新疆哈密：哪达有卖醋的呢？（张洋、田云华，

2017）

（244）山西山阴：哪里有旅馆哩？（郭利霞，2015）

（245）安徽太湖弥陀：哪里买票欤？（孙汉康，2016）

（246）湖北黄冈：哪下儿有伢猪卖？（刘晓然，2002）

（247）湖南新化：哪落/哪块地方有以种草？哪里/哪些地方有这种草？（邵敬敏等，2010）

B 组：作宾语

（248）辽宁铁岭：你把东西放哪个旮旯啦？（云微，2014）

（249）山东微山：我的针筐放哪哈了？（殷相印，2006）

（250）内蒙古武川：那瓶矿泉水你放了哪圪朵儿啦？（郭利霞，2015）

（251）安徽合肥：他在哪（块）？（杨永成，2009）

（252）湖北恩施：你想坐哪下儿啊？（张良斌，2010）

C 组：作定语

（253）山东枣庄：哪哈的羊肉汤最好喝？（吕俭平，2011）

（254）陕西榆林：老板哪搭儿的人？（郭利霞，2015）

（255）安徽歙县徽城：渠讲唉是哪帖/哪里唉方言？（仇立颖，2017）

（256）江西石城：哪在㖏个番薯粉头好卖？哪儿的番薯粉最好卖？（邵敬敏等，2010）

（257）福建连城：尔系那角个人？你是哪儿的人？（项梦冰，1997）

D 组：构成介词短语

（258）河北武邑：恁往哪里去俺？（张晓静，2014）

（259）山西平鲁：你因从哪［na²¹³］过来哩？（郭利霞，2015）

（260）陕西宝鸡：你在哪搭去呀？（任永辉，2012）

（261）安徽枞阳：这个东西是在哪块拿的？（张韦韦，2015）

（262）广东梅县：佢从奈滴调来个？<small>他从哪里调来的？</small>（林立芳，1997）

上述C组例句中，由"哪"类疑问代词作定语修饰名词时，二者之间一般需要使用结构助词，如"_"标示。而在有的方言中，当中心语是名词"人"时，定语与中心语之间也可以不使用结构助词。例如：

（263）河南固始：你是哪嗨人？（李孝娴，2003）
（264）安徽安庆：他是哪落里人？（鲍红，2007）
（265）广东梅县：你系奈里人？<small>你是哪里的人？</small>（林立芳，1997）

第三，"底/边+X"类疑问代词。

"底/边+X"类疑问代词在问句中既可充当主语、宾语、定语，也可与介词构成介词短语。例如：

A组：作主语
（266）海南海口：底处买即好個鞋？<small>哪里买这么好的鞋？</small>（陈鸿迈，1999）
（267）广东广州：边度有水卖啊？（邵敬敏等，2010）

B组：作宾语
（268）福建厦门：汝卜去底落？<small>你要去哪里？</small>（邵敬敏等，2010）
（269）广东佛州：你咿家去边道？（黄丽华，2007）

C组：作定语
（270）福建福州：汝是底呢傩？（邵敬敏等，2010）
（271）广东广州：广东边度啲小食最出名？<small>广东哪里的小吃最出名？</small>（邵敬敏等，2010）

D组：构成介词短语

(272) 广东汕头：在地块［ti$^{31}$ ko$^{213}$］报名？（施其生，1999）

(273) 广东阳江：你住在边处？（冼文婷，2016）

在莆仙闽语中，"底"可单独作为疑问代词，除与介词构成介词短语外，还能直接在问句中充当主语、宾语、定语。例如①：

(274)（作主语）底有即种花色其布？哪里有这种花色的布样？
(275)（作宾语）汝住底？你住哪儿？
(276)（作定语）即是底其产品？这是哪里的产品？

在广州粤语中，"边"单独作为疑问代词，只能在问句中充当宾语。例如：

(277) 广东广州：五一谂住去边啊？五一打算去哪儿啊？（邵敬敏等，2010）

第四，"阿/呀+X"类疑问代词。
"阿/呀+X"类疑问代词在问句中可作主语、宾语、定语或与介词构成介词短语。例如：

A组：作主语
(278) 山西柳林：呀［i A$^{33}$］有宾馆（了）？（郭利霞，2015）

(279) 陕西高陵：啊搭响炮哩？（王咪咪，2008）

---

① 例句引自蔡国妹《莆仙方言研究——兼论过渡性方言的特征》，博士学位论文，福建师范大学，2006年，第67页。

B组：作宾语

（280）甘肃临夏：□［tɕiɛ⁴⁴］的家在阿塔些呢？他的家在哪儿？（谢晓安、张淑敏，1990）

（281）陕西西安：二姐镇儿在阿搭呢些？（兰宾汉，2011）

C组：作定语

（282）山西柳林：你学的呀的话了？（郭利霞，2015）

（283）甘肃文县：你老家在阿块村子？（莫超，2004）

D组：构成介词短语

（284）陕西西安：咱到阿搭买菜籽呀嘛？（兰宾汉，2011）

（285）陕西凤翔：你冲阿搭坐车也？你从哪儿坐车？（张永哲，2011）

第五，"何+X"类疑问代词。

"何+X"类疑问代词在问句中可作主语、宾语、定语，及与介词构成介词短语。例如：

A组：作主语

（286）山西汾阳：何地安静咧？（宋秀令，1997）

（287）浙江绍兴柯桥：何里（搭块）出毛病哉？哪儿出毛病哉？（盛益民，2014）

（288）浙江宁波：脊背阿里窠疼啦？背上哪个地方疼啊？（阮桂君，2006）

B组：作宾语

（289）山西汾阳：箱则在何地咧？（宋秀令，1997）

（290）湖南益阳：尔在何只地方啊？（夏俐萍，2017）

（291）湖南辰溪：书在何？（卢小群，2007）

（292）浙江绍兴：诺来阿里啦？你在哪里啊？（阮桂君，2006）

C组：作定语

（293）山西汾阳：何地的西瓜好吃咧？（宋秀令，1997）

（294）浙江绍兴柯桥：诺是何里/啥埭户人？你是哪里人？（盛益民，2014）

D组：构成介词短语

（295）湖南湘阴：几个月没看见得，恩南家到何块去得罗？几个月没见了，您老人家到哪里去了呀？（邹卉，2009）

（296）浙江绍兴柯桥：倷爹拉何里（半边）做生活？你爸在哪儿工作？（盛益民，2014）

（六）询问时间的特指问

询问时间的疑代式特指问，是由询问时间的"什么+X"类、"哪+X"类、"阿+X"类、"几+X"类、"多+X"类疑问代词在问句里充当状语、定语或与介词构成介词短语而构成的特指问句。不同方言里的情况基本一致，现就各类疑问代词举例分析如下。

第一，"什么+X"类疑问代词。

"什么+X"类疑问代词一般既可以直接充当状语、定语，也可以与介词构成介词短语。例如：

A组：作状语

（297）陕西绥德：今年甚偺儿价打春呀？（黑维强、冷永良，2013）

（298）山西山阴：你哥哥啥时候回来？（郭利霞，2015）

（299）江西宜丰：佢什辰间正得归叻？他什么时候才能回家呢？（邵敬敏等，2010）

（300）湖南安仁：渠麻格时唧过来？（周洪学，2012）

（301）海南屯昌：伊底候乃来？他什么时候才来？（钱奠香，2002）

B组：作定语

（302）河北武邑：么儿时候儿的事儿嗫？（张晓静，2014）

（303）山西柳林：这是甚会儿的事哩？（郭利霞，2015）

（304）湖南新化：以个是么个时节嘅报纸？（邵敬敏等，2010）

C 组：与介词构成介词短语

（305）河北邯郸：他从啥时候开始头疼来？（高培培，2014）

（306）湖南岳阳：嗯还要我等到么时机罗？你还要我等到什么时候？（方平权，2009）

（307）福建福州：卖票着等遘乇毛辰候/乇候？卖票要等到什么时候？（邵敬敏等，2010）

第二，"哪 + X" 类疑问代词。

"哪 + X" 类疑问代词在问句中可作状语、定语，也可与介词构成介词短语，有时也能直接作宾语，以作状语最为常见。以作状语的 "哪 + X" 类疑问代词为例。

（308）湖北天门：电影哪期开始啊？电影什么时候开始啊？（卢红艳，2009）

（309）湖南怀化：你哪个年间来嘅？（张学成，2009）

（310）四川成都：你女儿哪阵考上大学？（张一舟等，2001）

（311）重庆：他哪阵儿结婚喃？（李科凤，2005）

第三，"阿 + X" 类疑问代词。

"阿 + X" 类疑问代词在问句中常用作状语。例如：

（312）甘肃文县：想请你吃顿饭，你阿会才有空儿？想请你吃顿饭，你什么时候才有空？（莫超，2008）

（313）甘肃临夏：你阿会有时间呢？（谢晓安、张淑敏，1990）

第四,"几+X"类疑问代词。

"几+X"类疑问代词可以在问句中作状语、定语及与介词构成介词短语,以作状语最为常见。以"几+X"类疑问代词作状语为例。

(314) 山东莱州:你几儿过来的?(李佳怡,2012)

(315) 湖北武汉:老爸,这次出差几时回呀?(赵葵欣,2012)

(316) 江西新干:明朝几时该哩去?明天什么时候去?(宋小花,2014)

(317) 江苏苏州:耐几时到苏州个?(李如龙、张双庆,1999)

(318) 浙江绍兴:几时到大街里去?(吴子慧,2007)

(319) 广东广州:你几时返屋企?你什么时候回家?|老细几耐出一次差?老板多长时间出一次差?(邵敬敏等,2010)

(320) 广西贺州:今年几时落过水?(刘宇亮,2011)

第五,"多+X"类疑问代词。

"多+X"类疑问代词在问句中既可作状语、定语,也可与介词构成介词短语,以作状语最为常见。以"多"类疑问代词作状语为例。例如:

(321) 天津:你多晚儿来?我领你上我哥那哈儿去。(祁淑玲,2020)

(322) 山东潍坊:恁多咱开学?你(你们)什么时候开学?(冯荣昌,1992)

(323) 河南固始:多咱回来的?(李孝娴,2003)

(324) 安徽颍上:俺多昝跟你说过?(侯超,2013)

(325) 陕西绥德:咱每多会儿种荞麦吻?(黑维强、冷永

良，2013）

（336）山西大同：多会儿能拿来？（杨文娟，2004）

（327）山西芮城：你多会儿毕业咧？｜你多当会儿回来？（吕佳，2016）

（七）询问方式的特指问

询问方式的疑代式特指问，是由询问方式的"怎"类、"咋"类、"么"类、"何"类、"哪"类、"底"类、"样"类疑问代词在问句里充当状语而构成的特指问句。不同方言里的情况基本一致，现就各类疑问代词举例分析如下。

A组："怎"类

（328）山东枣庄：弄么沉的箱子，恁总么扛起来的呢？（吕俭平，2011）

（329）山西长治：这句话用长治话怎个［tsəŋ$^{535}$kə］说来？（郭利霞，2015）

（330）福建福州：空调怎样装？（邵敬敏等，2010）

B组："咋"类

（331）内蒙古呼和浩特：你咋去那儿去呀？（郭利霞，2015）

（332）河南开封：恁咋去北京哩？（李双剑，2017）

（333）重庆：你看你，老把事做砸，咋个办喳？（李科凤，2005）

（334）浙江宁波：葛事体咋弄弄呢？这事情怎么办呢？（阮桂君，2006）

（335）海南海口：我咋底种叫伊？我怎么称呼他？（陈鸿迈，1991）

C组："么"类

（336）安徽安庆：这黄芽白大白菜么样烧？（鲍红，2007）

(337) 湖北红安：到学府路么样走？（季红霞，2008）

(338) 湖南涟源古塘：几吗咯学英语嘀咯？（吴青峰，2006）

(339) 海南海口：汝乜个样共伊讲？你怎么跟他说？（陈鸿迈，1991）

D组："何"类

(340) 湖南湘阴：衣服上咯圆芯要何里洗啊？衣服上的圆珠笔芯要怎么洗啊？（邹卉，2009）

(341) 湖北阳新：事情搞成咯样箇样子欸，疆你说是何？事情搞成了这个样子，现在你说怎么办？（黄群建，2002）

(342) 浙江诸暨：何哉个话话？你话话看？怎么个讲法？你说说看呢？（孟守介，1994）

E组："哪"类

(343) 陕西神木：去火车站哪么走了？（郭利霞，2015）

(344) 上海：迭只小菜哪能烧法？（邵敬敏等，2010）

(345) 贵州遵义：我郎呃跟他说唵？（胡光斌，2010）

F组："底"类

(346) 海南黄流：者只字底样读？这个字怎么读？（罗海燕，2002）

(347) 广东广州：点（样）解释呢个问题？怎么解释这个问题？（邵敬敏等，2010）

G组："样"类

(348) 江西石城：你样斯积到叮多邮票个？你怎么积存到这么多邮票的？（邵敬敏等，2010）

(349) 广东龙川：猪肉爱样般切？猪肉要怎么切？（邬明燕，2007）

(八) 询问原因的特指问

询问原因的疑代式特指问，是由询问原因的"怎么"类、"为

"什么"类疑问代词在问句里充当状语或单独发问而构成的特指问句。不同方言里的情况基本一致,现就各类疑问代词举例分析如下。

第一,"怎么"类疑问代词。

"怎么"类疑问代词既可在问句中作状语,也可单独成句,用于询问产生某种动作或行为的原因。以"怎么"类疑问代词作状语为例。

(350)辽宁铁岭:你咋不去呢?｜你怎不发言呢?(云微,2014)

(351)河北武邑:你邹嘛不去俺?(张晓静,2014)

(352)陕西宝鸡:你咋没打招呼就走啦?(任永辉,2012)

(353)河南安阳:恁昨天咋不来?(王芳,2015)

(354)湖北恩施:你们哪门还没走呕?(张良斌,2010)

(355)山西平遥:你咋地今儿就来了?(郭利霞,2015)

(356)上海:侬哪能勿去?你怎么不去?(邵敬敏等,2010)

(357)湖南湘阴:他何哩只穿两件衣服哩?(龙琴,2015)

(358)江西石城:你样斯连信否唔写封转来咧?你怎么连信都不写一封回来?(邵敬敏等,2010)

(359)广东梅县:他样般唉欢喜?他怎么这么高兴?(林立芳,1997)

(360)福建连城:尔狭得唔来?你怎么不来?(项梦冰,1993)

第二,"为什么"类疑问代词。

"为什么"类疑问代词在问句中既可作状语,也可单独成句,还可作判断动词"是"的宾语。以"为什么"类疑问代词作状语为例。

(361)山东宁津:他为吗不干活儿去啊?(曹延杰,2003)

(362)河南西华:他□[mu$^{53}$]惹你,你□[tɕiɛ$^{24}$]为啥

□［uəŋ⁵⁵］他？（白净义，2016）

（363）安徽安庆：你做么事不上班？（鲍红，2007）

（364）安徽歙县徽城：渠搞么唉/做么唉/为么唉尔么生气？她为什么这么生气？（仇立颖，2017）

（365）湖北武汉：一等奖为么事有得三等奖奖金多啊？（赵葵欣，2012）

（366）四川成都：你为啥子/干啥子/做啥子不来嘛？（赵明节、杜克华，2017）

（367）陕西神木：你为甚恼了？（郭利霞，2015）

（368）江苏苏州：倷做啥弗肯去？你为什么不愿意去？（汪平，2011）

（369）广东广州：你做乜又同洪仔打交啊？你为什么又跟洪仔打架？（邵敬敏等，2010）

（370）福建福州：汝做甚乇不去？你为什么不去？（邵敬敏等，2010）

（371）广西宾阳：你做哪门/做哪样/做物冇去？你为什么不去？（覃东生，2017）

上述两类疑问代词也可位于句首。例如：

（372）浙江绍兴柯桥：奈个诺来得介迟？怎么你来得这么晚呀？（盛益民，2014）

（373）湖北黄冈：么你借分外？你怎么这么调皮？（刘晓然，2002）

（374）山西芮城：为索我姐就行我不行？（吕佳，2016）

（375）海南海口：因乜汝无讲？为什么你不说？（陈鸿迈，1991）

### 三　地理分布

(一)"谁"类疑问代词的地理分布

方言中的"谁"类疑问代词主要存在四种表现形式。各表现形式分布于不同的方言及地域。据吕叔湘考察，指人的疑问代词，北方官话（包括北京话）用"谁"为主；其余方言多数用"哪个"或其变体[①]。结合现有文献，"谁"类疑问代词的分布具体如下。

使用"谁"的方言点较为有限，集中分布于东北地区、宁夏、甘肃、河北、山东、河南、山西、陕西以及安徽北部，主要涉及东北官话、冀鲁官话、胶辽官话、兰银官话、中原官话和晋语。此外，在西南官话、湘语、赣语、粤语中也有部分方言点使用，如湖北郧县、湖南娄底、常宁、江西宜丰、广西全州、玉林等地。

使用"哪个、哪人、奈侪"等表示"谁"的方言点，集中分布于安徽、湖北、江苏境内的江淮官话区，湖北省及云、贵、川境内的西南官话区，湖南境内的湘语区，安徽、湖北、江西境内的赣语区，广西境内的平话区，江西、四川、福建、广东、广西境内的客家话区。

使用"什么人、么人、啥人、底依、孰人、瞒人"等表示"谁"的方言点，主要分布于上海、江苏、浙江境内的吴语，广西境内的粤语，福建、海南境内的闽语中，在湖北境内的江淮官话、西南官话中也有部分方言点使用这类疑问代词。

使用"何个、何人"等表示"谁"的方言点较为有限，主要分布于浙江的吴语区以及上海崇明、江西的赣语区，在湖南的湘语区也有部分方言点使用这类疑问代词。其中，以江西赣语区使用最为集中。

(二)　事物类疑问代词的地理分布

整合现有资料，七类询问事物的疑问代词具体分布如下。

使用"什么"类疑问代词的方言点，主要分布于湖北、云南境内的官话方言、陕西北部晋语，在山东、山西、安徽、江苏、湖南、

---

[①] 吕叔湘：《近代汉语指代词》，学林出版社1985年版，第120页。

福建、江西、广西的部分地区也有使用，涉及胶辽官话、冀鲁官话、中原官话、江淮官话、西南官话、晋语、湘语、闽语、客家话、平话等多种方言。

使用"啥"类疑问代词询问事物的方言点，广泛分布于东北地区，甘肃、青海、宁夏等西北地区以及山东、河北、山西、陕西、河南、江苏、上海、浙江等地，主要涉及官话方言以及晋语、吴语，在江西境内的赣语中也部分方言点使用这类疑问代词。

使用"么"类疑问代词的方言点，存在于黑龙江、天津、河北、山东、陕西、安徽、湖北、湖南、江西、广西等地，涉及东北官话、北京官话、冀鲁官话、胶辽官话、中原官话、西南官话等官话方言及湘语、赣语、徽语、闽语、粤语、客家话、平话等非官话方言。在广东、海南境内的闽语，广东、广西境内的粤语使用"乜"系疑问代词；在广东、广西境内的客家话多使用"脉个"。

使用"甚/什"类疑问代词的方言点，主要分布于三大块区域，一是安徽、江苏的江淮官话区，二是内蒙古、河北、陕西、山西等地的晋语区，三是江西的赣语区。在江西、福建的客家话中也有零星分布。

使用"何"类疑问代词的方言点较为有限，主要分布于吴语的部分方言点中，如上海崇明，浙江诸暨、温州、温岭、富阳，江苏海门等地。此外，据张惠英考察，湖南彬州、桂阳使用"何么"询问事物，而"何么"可能就是"何物"[1]。

使用"底"类疑问代词的方言点集中于西北部吴语区，涉及常州、宜兴、江阴、溧阳、金坛、丹阳等地[2]。

使用"哪"类疑问代词的方言点零星分布于贵州和云南境内的西南官话，广西境内的平话中。

---

[1] 张惠英：《汉语方言代词研究》，语文出版社2001年版，第44页。
[2] 黄河：《西北部吴语事物疑问代词的来源》，《方言》2021年第2期。

### (三) 数量类疑问代词的地理分布

在多数方言中，询问数量的"几"类疑问代词和"多少"类疑问代词同时存在。不同形式的疑问代词在分布上具有显著的特征。结合现有文献，具体分布如下。

使用"几、多少"的方言点，主要分布于东北地区、甘肃、宁夏、新疆、内蒙古、山东、天津、河北、安徽、河南、陕西、山西、江苏等地，涵盖地域广泛，涉及晋语、徽语及多数官话方言。

使用"几、几多"的方言点，主要分布于江西境内的赣语、客家话，广东和广西境内的粤语、客家话，以及广西境内的平话中。在安徽和湖北境内的江淮官话、赣语以及福建境内的客家话中也有部分方言点使用这类疑问代词。以江西的客赣方言为例。据刘纶鑫考察，江西的湖口、星子、永修、修水、南昌、波阳、乐平、横峰、高安、奉新、上高、万载、新余、东乡、临川、南丰、宜黄、黎川、萍乡、莲花、吉安、永丰、泰和、上犹、南康、于都、龙南、全南、定南、铜鼓、澡溪、井冈山、宁都、石城等地，均使用"几多"[①]。再以广西境内的粤语、客家话、平话为例。据现有资料，北流、蒙山、贺州、玉林、昭平、贵港、廉州、钦州、藤县等粤语方言点，宾阳、平乐、贺州、荔浦、阳朔、田林等客家话方言点，宾阳、崇左、柳城、钟山、临桂等平话方言点，均使用"几多"询问数量。

使用"几、好多"的方言点，主要分布于安徽、湖北、湖南、四川、重庆、云南、贵州、广西等地，涉及江淮官话、西南官话、湘语、平话。其中，集中分布于两个地区，一是湖北以及云、贵、川三地的西南官话区，二是湖南境内的湘语区。

使用"几、偌/偌多"的方言点，主要分布于福建、广东、海南三地的闽语中，使用范围相对较小。

使用"几"或以"几"为主要语素构成的合成词的方言点，主要分布于上海、浙江、江苏三地的吴语中。在这些地方，一般只存

---

① 刘纶鑫：《客赣方言比较研究》，中国社会科学出版社1999年版，第477页。

在"几"类疑问代词。

（四）程度类疑问代词的地理分布

结合现有资料，四类询问程度的疑问代词具体分布如下。

使用"多"类疑问代词的方言点，主要分布于东北地区及甘肃、山东、河南、山西、陕西等地，涉及东北官话、中原官话、兰银官话、冀鲁官话、胶辽官话及晋语。此外，在部分吴语方言点中，也可使用"多少"询问程度，如上海、江苏海门、浙江绍兴、宁波等地。

使用"几"类疑问代词的方言点，主要分布于湖北境内的江淮官话区，安徽、湖北、江西境内的赣语区，江西境内的客家话区，上海、江苏、浙江境内的吴语区，广东、广西境内的粤语区、客家话区，广西境内的平话区。

使用"好"类疑问代词的方言点，主要分布于安徽境内的江淮官话区，陕西南部、湖北、四川、云南、重庆、贵州等地的西南官话区，湖南境内的湘语区。

使用"偌"类疑问代词的方言点，主要分布于福建、广东、海南三地的闽语中。

（五）处所类疑问代词的地理分布

根据现有资料，五类询问地点、处所的疑问代词具体分布如下。

使用"什么+X"类和"哪+X"类疑问代词的方言点分布广泛，但在陕西、山西境内的晋语区及湖南境内的湘语区较少使用"什么+X"类疑问代词，在福建和海南境内的闽语区、广东境内的粤语区和闽语区较少使用"哪+X"类疑问代词。

使用"底/边+X"类疑问代词的方言点，主要分布于福建、广东、海南三地，涉及闽语和粤语。

使用"阿+X"类疑问代词的方言点，主要分布于甘肃、青海、宁夏、山西、陕西，涉及中原官话陇中片、秦陇片、关中片，兰银官话以及晋语吕梁片。以甘肃、山西、陕西为例。在甘肃，据莫超考察，白龙江流域15个方言点均使用"阿里、阿达儿、阿个"等询问处所，相当于普通话的"哪里、哪儿、哪一个"①。王姬也指出，甘肃境内询问处所的代词形式"阿+词缀语素"广泛分布于中原官话秦陇片、陇中片、河州片②。在山西，晋语吕梁片多使用零声母的"阿"或"呀"询问处所和指别，这当是最古老的语音形式③。在陕西，关中多数方言点使用"阿搭"询问处所，相当普通话的"哪里"，而大荔等东部方言点的"阿"字读作［ᶜia］，洛川、黄陵、高陵、岐山等地还可同时使用"哪搭"④。

使用"何+X"类疑问代词的方言点较为有限，分散于湖南、江西、上海、浙江、江苏，涉及湘语、赣语及吴语。此外，在山西汾阳也使用"何地"⑤询问地点、处所。

结合上述分布可知，方言里询问处所的疑问代词，以"什么+X"类和"哪+X"类分布最为广泛，而"底/边+X"类、"阿/呀+X"类、"何+X"类仅分布于有限的特定区域。

（六）时间类疑问代词的地理分布

结合现有资料，四类询问时间的疑问代词具体分布如下。

使用"什么+X"类疑问代词的方言点分布广泛，具体分布与基础形式"什么、啥、甚/什、么、何"的地理分布基本一致。此外，使用"底+X"类疑问代词的方言点，主要分布于福建、广东、海南三地的闽语中。

与"什么+X"类疑问代词相比，"哪+时间名词或时间语素"的形式使用范围较窄，主要分布于湖北、四川、贵州、云南的西南

---

① 莫超：《白龙江流域汉语方言语法研究》，博士学位论文，南京师范大学，2004年，第51页。
② 王姬：《甘肃汉语方言疑问代词研究》，硕士学位论文，西北师范大学，2014年，第77—78页。
③ 郭利霞：《汉语方言疑问句比较研究——以晋陕蒙三地为例》，南开大学出版社2015年版，第178页。
④ 孙立新：《关中方言代词概要》，《方言》2002年第3期。
⑤ 李卫锋：《山西汾阳方言语法研究》，中国社会科学出版社2019年版，第127页。

官话中。在湖南的湘语，江西的赣语、客家话，广西的平话中也有部分方言点使用这类疑问代词。

使用"阿+X"类疑问代词的方言点，主要分布于甘肃、青海，涉及中原官话秦陇片、陇中片、河州片。

使用"几+X"类疑问代词的方言点，主要分布于山东境内的冀鲁官话、中原官话及胶辽官话，安徽境内的赣语，湖北境内的江淮官话及赣语，江西境内的赣语及客家话，上海、江苏、浙江境内的吴语，广东境内的粤语及客家话，广西境内的粤语及平话中。在甘肃境内的中原官话秦陇片也有小范围分布。

使用"多+X"类疑问代词的方言点，主要分布于辽宁，天津，河北东南部及西北部，山东，山西，陕西北部，甘肃西北部及中部，宁夏南部，内蒙古西部，安徽北部，河南西南部及东南部等地，涉及东北官话、兰银官话、中原官话、冀鲁官话、胶辽官话、晋语。郭利霞指出，晋陕蒙三地存在多种询问时间的疑问代词，其中以"多会儿"最为常用；不少方言点可同时使用"多会儿"和"什么+X"类疑问代词，具体而言，当方言点使用"甚"询问事物时，那么也存在"甚会儿""甚时（候）"等询问时间，当方言点使用"啥"询问事物时，那么也存在"啥时候"询问时间[①]。

结合上述分布可知，在方言中，分布最为广泛的是"什么+X"类疑问代词，其次是"几+X"类疑问代词，再次是"哪+X"类疑问代词和"多+X"类疑问代词。

（七）方式类疑问代词的地理分布

结合现有资料，七类询问方式的疑问代词具体分布如下。

使用"怎"类疑问代词的方言点，主要分布于山东、山西、陕西、福建、广东、海南等地，涉及官话方言、晋语、闽语。此外，在江西客赣方言中也有使用，如横峰的"怎［tsan⁵］"，高安的"怎

---

[①] 郭利霞：《汉语方言疑问句比较研究——以晋陕蒙三地为例》，南开大学出版社2015年版，第138页。

□个［tsɛn⁴n̩ koʔ⁶］"，奉新的"怎俚［tsam⁴ li］"①。

使用"咋"类疑问代词的方言点，主要分布于东北地区、新疆、甘肃、宁夏、山东、安徽北部、河南、山西、陕西、四川、云南、贵州，涉及东北官话、中原官话、冀鲁官话、胶辽官话、西南官话及晋语。此外，在河北晋语区、浙江吴语区、海南闽语区的部分方言点也有使用。以甘肃境内的中原官话和兰银官话为例。据王姬考察，在甘肃境内，属于中原官话秦陇片的32个方言点中有13个方言点使用"咋"类疑问代词；属于中原官话陇中片的14个方言点中有8个方言点使用"咋"类疑问代词②，属于兰银官话河西片的13个方言点中有11个方言点使用"咋"类疑问代词③。再以陕西境内的中原官话为例。孙立新在《关中方言代词概要》一文中考察了陕西境内中原官话的52个方言点，其中使用"咋"类疑问代词的方言点共有48个④。

使用"么"类疑问代词的方言点，主要分布于安徽的江淮官话洪巢片及赣语区、湖北的江淮官话黄孝片及东南部的赣语大通片、湖南中部的湘语娄邵片。

使用"何"类疑问代词的方言点，主要分布于湖南境内的湘语及江西境内的赣语中。此外，在湖北的赣语区也有部分方言点使用"何"类疑问代词。

使用"哪"类疑问代词的方言点，主要分布于陕西南部、湖北、四川、重庆、贵州、云南、上海、浙江、江苏以及江西，涉及西南官话、吴语、赣语。此外，在晋语大包片、五台片、并州片也有部分方言点使用"哪"类疑问代词询问方式，如山西山阴、平鲁、平

---

① 刘纶鑫：《客赣方言比较研究》，中国社会科学出版社1999年版，第667页。
② 王姬：《甘肃汉语方言疑问代词研究》，硕士学位论文，西北师范大学，2014年，第82页。
③ 王姬：《甘肃汉语方言疑问代词研究》，硕士学位论文，西北师范大学，2014年，第91页。
④ 孙立新：《关中方言代词概要》，《方言》2002年第3期。

遥、内蒙古武川等地①。

使用"底/点"类疑问代词的方言点，主要分布于福建闽语区和广东粤语区。其中，闽语以"底"为基础形式，粤语广府片和香港粤语以"点"为基础形式。

使用"样"类疑问代词的方言点，主要分布于江西、福建、广东境内的客家话中。

结合上述分布可知，在方言中，"咋"类疑问代词的分布最为广泛，其次是"怎"类疑问代词和"哪"类疑问代词，再次是"么"类疑问代词，分布较为有限的是"何"类疑问代词和"底/点"类疑问代词。

## 第二节　简省式特指问

简省式特指问是由非疑问形式加上语气词构成的特殊问句类型。就结构形式来看，简省式特指问主要包括非疑问形式和疑问语气词两部分。其中，非疑问形式是指不带疑问代词、正反并列结构、选择项并列结构的句法结构。这主要包括两类，一是由体词或体词性短语构成的结构形式，表示为"NP"；二是由谓词性短语构成的结构形式，表示为"VP"。疑问语气词是指不用于是非问句的疑问语气词，表示为"M"。就疑问功能来看，在特定语境及上下文的帮助下，"NP+M？"主要表达两种疑问意义，一是用于询问人或物的所在；二是用于询问人或物的情况、状态等。而"VP+M？"主要表达"如果 VP，那么怎么办呢？"的疑问意义。由此可见，简省式特指问是区别于是非问、正反问、选择问及疑代式特指问的特殊问句。

---

①　郭利霞：《汉语方言疑问句比较研究——以晋陕蒙三地为例》，南开大学出版社 2015 年版，第 141 页。

在普通话中，简省式特指问是由体词性或谓词性的非疑问形式加上疑问语气词"呢"构成的，可以表示为"NP 呢？"和"VP 呢？"。"NP 呢？"和"VP 呢？"具备上述三种疑问功能。在方言中，简省式特指问与普通话的情况相似，不同方言间的主要区别在于疑问语气词"M"。基于以上特征，本节拟从句式结构和语义内涵两个方面对方言里的简省式特指问进行考察。

## 一　句式结构

在方言中，简省式特指问由非疑问形式和疑问语气词两部分组成。其中，非疑问形式既可以是体词性的也可以是谓词性的，既可以由单个的名词、代词等构成，也可以由体词性的偏正短语、联合短语或谓词性的主谓短语、动宾短语构成，这在不同方言中具有一致性。而疑问语气词的语音形式在不同方言中虽有差异，但总体上根据声母的不同可以分为"[l]"系、"[n]／[ŋ]"系和零声母三类。

根据现有资料，将不同方言点的简省式特指问，按照疑问语气词的不同语音形式归纳如下。[①]

第一，由"[l]"系疑问代词构成的简省式特指问（表6—5）。

表6—5　　由"[l]"系疑问语气词构成的简省式特指问

| 方言归属 | 地域分布 | 简省式特指问 ||
|---|---|---|---|
| | | 疑问语气词 | 例句 |
| 兰银官话 | 甘肃兰州（丁一欢，2015） | 来［·lɛ］ | 妈，我的书包来？ |
| | 宁夏（林涛，2012） | 嘞［·lɛi］ | 都来嘞，小李嘞？ |
| 冀鲁官话 | 河北武邑（张晓静，2014） | 哩［li·］ | 我那帽子哩？｜他要是不来哩？ |

---

① 以下仅对标明语音形式的文献进行归纳。

第六章　汉语方言的特指问　541

续表

| 方言归属 | 地域分布 | | 简省式特指问 | |
|---|---|---|---|---|
| | | | 疑问语气词 | 例句 |
| 中原官话 | 安徽 | 涡阳（徐红梅，2002） | 来 [lɛi˩] | 恁爸爸来？ |
| | | 濉溪（郭辉，2008） | 来 [·lɛ] | 我吃面条子，你来？｜他要不说来？ |
| | 河南 | 开封（李双剑，2017） | 哩 [lɛ] | 孩儿他爷哩？ |
| | | 浚县（辛永芬，2006） | 嘞 [·lɛ] | 我嘞笔嘞？｜人要不来嘞？ |
| | 山西临猗（史秀菊，2016） | | 曩 [laŋ⁰] | 奈你书曩？ 你的书在哪儿呢？ |
| 西南官话 | 湖北 | 仙桃（陈秀，2015） | 哩 [li⁵⁵] / [li³¹] | 你赚的钱哩？｜他还来来哩？ |
| | | 武汉（吴翩翩，2009） | 咧 [·le¹] | 我的钱包咧？ |
| | | 襄阳（张晶，2016） | 唻 [lai] | 我这次算是倒霉呀，你唻？ |
| | | 长阳（宗丽，2012） | 呢 [·lie] | 我的伞呢？ |
| | | 郧县（苏俊波，2016） | 嘞 [lɤ˩] | 杯子嘞？我刚还看到的？ |
| | 湖南 | 永州（文智芳，2014） | 嘞 [lei¹¹] | 这是你的笔，那我的嘞？ |
| | | 吉首（李启群，2002） | 喃 [·lan]、唻 [·lai] | 老张喃？｜他的意思唻？ |
| 西南官话 | 贵州贵阳（徐凤云，1997） | | 呢 [le⁵⁵] | 大家都说了，你的意思呢？ |
| | 云南保靖（向军，2011） | | 来 [lai²²] | 我们崽儿落雪了，你们那崽儿来？ |
| 晋语 | 河北张北（关彦琦，2008） | | 嘞、唻 [lɛ] | 新买的车子嘞/唻？｜要是下雨嘞？ |
| | 河南安阳（王芳，2015） | | 嘞 [·lei]、嘞呀 | 你嘞衣裳嘞？｜俺嘞钱包儿嘞呀？ |
| | 山西、陕西、内蒙古①（郭利霞，2015） | | 哩 [li (ə)]、勒 [lə]、唻 [lɛe]、啦 [la] | 山西平遥：我的书包哩？山西柳林：要是下起雨勒？山西山阴：北京这两天可冷李，咱们那唻？ |
| | 陕西神木（邢向东，2002） | | 嘞 [ləʔ⁴] | 我的书包嘞？ |

---

①　据郭利霞（2015：42），晋、陕、蒙三地的简省式特指问，除中原官话和东北官话以及附近一些方言点使用语气词"呢"以外，其他方言点一般使用声母为 [l-] 的语气词。

续表

| 方言归属 | 地域分布 | | 简省式特指问 | |
|---|---|---|---|---|
| | | | 疑问语气词 | 例句 |
| 赣语 | 湖南安仁（周洪学，2012） | | 唡 [le·] | 我南等下回克，你咋唡？ |
| | 湖北 | 大冶（汪国胜，1995） | □ [le³⁵] | 你父□ [le³⁵]？｜就果 低啦 就这样吧，你说□ [le³⁵]？ |
| | | 阳新（黄群建，2016） | 唡 [lɛ³³] | 还是先回去吧，你说唡？ |
| 湘语 | 湖南 | 长沙（胡萍，2002） | 咧 [·lie] | 你妈妈咧？ |
| | | 湘阴（龙琴，2015） | 哩 [li²⁴] | 妮伢子哩？｜她有豆屋里哩？她要是没在家怎么办？ |
| | | 涟源古塘（吴青峰，2006） | 唻 [lɛ⁰]、啦 [la⁰] | 我嘀衣衫洗呱哩，你咯唻？我的衣服洗完了，你的呢？｜要是儿恩肯啦？要是他不愿意呢？ |
| | | 新化（罗昕如，1998） | 唻 [·læ] | 老四唻？ |
| | | 武冈（向柠，2006） | 咧 [liɛ⁴⁴] | 东西咧？ |
| 徽语 | 安徽歙县徽城（仇立颖，2017） | | 唻 [lɛ⁰] | 我明朝回上海，尔唻？ |
| 粤语 | 广西贺州（刘宇亮，2011） | | 咧 [lɛ³³] | 我剌明朝早就去桂林，你剌咧？｜明朝早落水咧？ |
| 闽语 | 福建 | 福州（邵敬敏等，2010） | 哩 [li⁰] | 汝其书哩？ |
| | | 闽侯（程若茜，2017） | □ [liʔ⁵] | 猪囝□ [liʔ⁵]？猪仔呢？｜如果无去□ [liʔ⁵]？如果不去呢？ |
| | 海南屯昌（钱奠香，2002） | | 喽 [lɔ³³] | 我枝笔喽？｜伊□ [ve⁵⁵] 是无去喽？他要是不去呢？ |
| 客家话 | 江西石城高田（温昌衍，2017） | | 咧 [lie²⁴] | 佢夜考倒了一百分咧？他如果考了一百分呢？ |
| | 福建 | 永定（李小华，2014） | 咧 [lɛ³³] | 细件哋东西偃会拿，大件哋咧？小件的东西我可以拿，大件的呢？ |
| | | 宁化（张桃，2004） | 咧 [ᶜlie] | 你换落来个衫裤咧？你换下来得衣服呢？｜车坏掉时咧？车要是坏了的话呢？ |
| 平话 | 广西永福塘堡（肖万萍，2005） | | 咧 [lie³⁵] | 过除年我想去打工，你咧？ |

第二，由"[n]/[ŋ]"系疑问语气词构成的简省式特指问（表6—6）。

表6—6　由"[n]/[ŋ]"系疑问语气词构成的简省式特指问

| 方言归属 | 地域分布 | | 简省式特指问 | |
|---|---|---|---|---|
| | | | 疑问语气词 | 例句 |
| 兰银官话 | 甘肃甘州（高天霞，2009） | | □ [nAŋ²] | 我的书包□[nAŋ²]？ |
| | 宁夏同心（张安生，2003） | | 哪 [·na] | 馍馍哪？ |
| 冀鲁官话 | 山东章丘（赵学玲，2007） | | 嗯 [n̩iaŋ⁰] | 我帽子嗯？ |
| 中原官话 | 河南 | 陕县（张邱林，2006） | 囔 [·naŋ] | 后来囔？｜你说囔？ |
| | | 固始（李孝娴，2003） | 呢 [ni] | 他病了，你呢？ |
| 西南官话 | 湖北 | 宜都（李崇兴，2014） | 哩 [·nie] | 我的斧头哩？｜那用完哒哩？ |
| | | 钟祥（张义，2016） | 咧 [·nie] | 我吃完哒，你咧？ |
| | 四川成都（赵明节、杜克华，2017） | | 唵 [nan⁵⁵] | 你们儿唵？｜车票订不到唵？ |
| 江淮官话 | 江苏盐城（蔡华祥，2008） | | 喃 [·nɛ̃] | 星期六不行，星期天喃？｜他不去，你去喃？ |
| | 湖北孝感（王求是，2014） | | 呢 [·ne] | 我的扁担呢？｜我不买书呢？ |
| 晋语 | 山西洪洞、蒲县、万荣、襄汾、运城、晋城等（郭利霞，2015） | | 呢 [n̩] | 山西洪洞：小李呢？山西晋城：要是不下雨呢？ |
| 吴语 | 上海（邵敬敏等，2010） | | 呢 [nəʔ]/[n̩i]/[nE]① | 三毛，老头子人呢？｜明早走勿脱呢？ |
| | 江苏 | 苏州（李小凡，1998） | 呢 [nəʔ⁵⁵] | 小张勒海看书，小王呢？ |
| | | 吕四（卢今元，2007） | 呐 [na⁴⁴]/[·nə] | 老四呐？ |
| | | 海门（王洪钟，2011） | 呐 [naʔ⁰²] | 你单叫夷来吃饭，夷特爷呐？你光叫他来吃饭，他爹呢？ |
| | 浙江 | 宁波（阮桂君，2006） | 呢 [n̩i] | 我只手机呢？我的手机呢？ |
| | | 海盐（胡明扬，1992） | 呢 [ȵi] | 人呢？｜吃饭呢？ |
| | | 绍兴柯桥（盛益民，2017） | 哩 [ni⁰]/[li⁰]② | 老二哩？ |
| 湘语 | 湖南隆回（丁家勇、罗够华，2006） | | 呢 [ne⁵⁵] | 我娘呢？｜他要去呢？ |

① 音标引自钱乃荣《上海话语法》，上海人民出版社1997年版，第215页。
② 盛益民（2017：235）指出，老派多音 [ni⁰]，新派多音 [li⁰]。

续表

| 方言归属 | 地域分布 | | 简省式特指问 | |
|---|---|---|---|---|
| | | | 疑问语气词 | 例句 |
| 赣语 | 安徽宿松（唐爱华，2005） | | 呢［·ni］、呢哝［·noŋ］ | 你一是迟到在呢？你要是迟到了呢？\| 我哩原子笔呢哝？我的圆珠笔呢？ |
| | 湖北咸宁（王宏佳，2015） | | 呢［ne⁴⁴］ | 老四呢？ |
| | 江西宜丰（邵敬敏等，2010） | | 呢［ni³³］ | 你哩娘呢？\| 去乡下呢？ |
| 粤语 | 广东广州（邓少君，1991） | | 呢［nɛ⁵⁵］ | 我顶帽呢？ |
| | 广西 | 贵港（陈曦，2017） | 呢［nɛ³³］ | 你个书包呢？你的书包呢？ |
| | | 贺州（刘宇亮，2011） | 呢［ni³⁵］ | 我剌明朝早就去桂林，你剌呢？\| 明朝早落水呢？ |
| 闽语 | 广东 | 揭阳（谢润姿，2009） | 呢［ne¹¹］ | 伊个无办法正照生做，你呢？他是没有办法才这样做，你呢？\| 我也是无去考试呢？我如果没去考试会怎么样？ |
| | | 澄海（林伦伦，1996） | □［ne²¹］ | 你着缴钱，了我□［ne²¹］？你要交钱，那我呢？ |
| | 福建厦门（周长楫、欧阳忆耘，1997） | | 呢［ne˧］ | 你的册呢？你的书呢？ |

第三，由零声母疑问语气词构成的简省式特指问（表6—7）。

表6—7　　　　由零声母疑问语气词构成的简省式特指问

| 方言归属 | 地域分布 | | 简省式特指问 | |
|---|---|---|---|---|
| | | | 疑问语气词 | 例句 |
| 西南官话 | 贵州习水（范艳，2010） | | 唉［æ⁴²］ | 我嘞书包唉？ |
| 江淮官话 | 湖北安陆（盛银花，2007） | | 欸［ɛ⁴⁴］ | 我的书欸？\| 下雨了欸？ |
| 赣语 | 江西宜春（肖放亮，2015） | | 欸［e］ | 你简哩都同意哩，老张欸？你们都同意，老张呢？ |
| 湘语 | 湖南 | 衡阳（彭兰玉，2002） | 欸［e³³］ | 我咯帽子欸？我的帽子呢？\| 今日不开会欸？ |
| | | 邵东（孙叶林，2009） | 呃［·ɛ］ | 我咯英语书呃？\| 其他唔来呃？ |

续表

| 方言归属 | 地域分布 | 简省式特指问 ||
|---|---|---|---|
| | | 疑问语气词 | 例句 |
| 客家话 | 福建 永定（李小华，2014） | 噢 [ɔ²¹] | 你吔书包噢？你的书包呢？ |
| | 连城（项梦冰，1997） | □ [e³³] | 我送拿尔个金手记□ [e³³]？我送你的金戒指呢？ |

## 二 语义特征

简省式特指问虽然并不通过疑问代词来表达疑问点，却能够根据表义的需要，在特定语境及上下文的帮助下，补充出疑问信息，具有与疑代式特指问相一致的疑问功能。据上节考察，构成简省式特指问的非疑问形式既可以是体词性的，也可以是谓词性的。当非疑问形式为体词或体词性短语时，表示为"NP + M?"；当非疑问形式为谓词性短语时，表示为"VP + M?"。二者在不同语境中的语义内涵存在差异。

（一）"NP + M?"

由体词或体词性短语构成的简省式特指问，根据其在话语中所处的位置，具有两种不同的语义内涵。这在不同方言里具有一致性，以下举例说明。

首先，当"NP + M?"位于始发句时，主要用于询问人或事物之所在，相当于"NP 在哪儿？"或"NP 到哪儿去了？"，多是在问话人找寻某人或某物未果的情形下发出的提问。例如：

A 组："NP"为名词和代词

(376) 山西长治：老四嘞？（郭校珍，2005）

(377) 湖南吉首：老张喃？（李启群，2002）

(378) 浙江绍兴柯桥：妈妈，爸爸哩？（盛益民，2017）

(379) 广东广州：佢呢？他呢？（方小燕，1996）

(380) 海南屯昌：他喽？（钱奠香，2002）

B 组:"NP"为偏正短语

(381) 河北武邑:我那帽子哩?我的帽子呢? (张晓静,2014)

(382) 陕西西安:我的杯子呢?(兰宾汉,2011)

(383) 湖北安陆:托托,嗯你的英语书欸?嗯你放到哪哈儿去了欸?(盛银花,2007)

(384) 湖南衡阳:我咯帽子欸?(彭兰玉,2002)

(385) 江西宜丰:正脚放得个块咯车积呢/时?刚才放在这里的车呢?(邵敬敏等,2010)

(386) 四川成都:我的书咹?你搞到哪儿去了?(赵明节、杜克华,2017)

其次,当"NP+M?"位于后续句时,主要用于询问状况,相当于"NP怎么样?"。随着始发句内容的不同,"NP+M?"所询问的具体内容也会有所不同。主要包括七种情况。

当始发句旨在询问方位、处所时,"NP+M?"也用于询问方位、处所。例如:

(387) 河南固始:他家住待中山路,你呢? (李孝娴,2003)

(388) 贵州遵义:你一个人在,小朱唉?(范艳,2010)

当始发句旨在询问时间时,"NP+M?"也用于询问时间。例如:

(389) 湖南新化:新闻联播七点钟开始,尔个电视剧唻?新闻联播七点开始,那个电视剧呢?(邵敬敏等,2010)

(390) 江苏苏州:小张马上来,小王呢?(李小凡,1998)

当始发句旨在询问打算、安排时,"NP+M?"也用于询问打算、安排。例如：

(391) 河北武邑：哄我还得去上班儿哩，你哩？ 晚上我还得去上班呢，你呢？（张晓静，2014）

(392) 河南浚县：我吃面条，你嘞？（辛永芬，2006）

(393) 湖北宜都：你们都走哒，我哩？（李崇兴，2014）

当始发句旨在询问身份或属性时，"NP + M？"也用于询问身份或属性。例如：

(394)（问身份）山西应县：他是学生，你哩？（郭利霞，2015）

(395)（问属性）广西贺州：嘅剌是铁箇，阿剌呢/咧？ 这些是铁的，那些呢？（刘宇亮，2011）

当始发句旨在询问数量、年龄时，"NP + M？"也用于询问数量或年龄。例如：

(396) 河南固始：他二十八了，你呢？（李孝娴，2003）

(397) 江西石城：腈肉10块钱一斤，排骨咧？（邵敬敏等，2010）

当始发句旨在询问看法时，"NP + M？"也用于询问看法。例如：

(398) 广东广州：我认为噉做几好，你嘅看法呢？ 我认为这样做挺好，你的看法呢？（邵敬敏等，2010）

(399) 广西贺州：件衫几靓，条裤呢/咧？ 这件衣服很好看啊，这条裤子怎么样？（刘宇亮，2011）

当始发句旨在询问原因、方式、情状时，"NP + M?"也用于询问原因、方式、情状。例如：

（400）（问原因）贵州遵义：你一个人哪，小乔唉？你一个人呀，小乔怎么没有一道？（胡光斌，2010）

湖北襄阳：我这次算是倒霉呀，你唻？（张晶，2016）

（401）（问方式）广西贺州：明朝早我坐车去，你呢/咧？明早我坐车去，你怎么去呢？（刘宇亮，2011）

福建永定：倻想行路转，佢大家咧？我想走路回去，他们大家呢？（李小华，2014）

（402）（问情状）山西山阴：北京这两天可冷哩，咱们那唻？（郭利霞，2015）

江苏苏州：小张生病哉，小王呢？小张生病了，小王怎么样呢？（李小凡，1998）

### （二）"VP + M?"

由谓词性短语构成的简省式特指问，根据不同的语境，具有三种不同的语义内涵。这在不同方言里的情况基本一致，以下举例说明。

首先，当"VP + M?"位于表达看法或想法的始发句之后时，常用于询问对方的看法或想法。这时，"VP + M?"中的"VP"是简单的主谓结构。其中，主语多为第二人称，谓语多为"说、看、想、觉得、认为"等"认知动词"[①]。例如：

（403）河北张家口：我不待借给他钱，你说来？我不想借给他钱，你说呢？（宗守云，2017）

---

① 邵敬敏：《现代汉语疑问句研究》（增订本），商务印书馆2014年版，第106页。

(404）河南浚县：我觉嘞这着不中，你说嘞？（辛永芬，2006）

(405）湖北大冶：我说齐他在底住一向儿梭，你看□[le³⁵]？我说让他在这儿住一段时间再说，你看呢？（汪国胜，1995）

其次，当始发句表达对某一动作、行为、事件的评价时，作为后续句的"VP+M?"常用于询问对另一动作、行为、事件的评价，相当于"VP怎么样？"。这时，始发句的主语与"VP+M?"多为简单的动宾短语，二者的动词常常相同。例如：

(406）江西石城：做车生意赚到蛮多，做饮食店咧？做运输赚了不少，做餐饮怎么样呢？（邵敬敏等，2010）

最后，"VP+M?"还可以是具有假设意义的疑问句，主要用于询问在某种假设条件下所产生的结果，相当于"如果VP，那么怎么办呢？"。这时，"VP+M?"中的"VP"表示假设条件，多由主谓短语构成。例如：

(407）安徽安庆：他不跟我说咪？他如果不跟我说，那么我应该怎么办？（鲍红，2016）

(408）湖北安陆：学校不出钱嘞？学校如果不出钱，那我们该怎么办呢？（盛银花，2007）

(409）湖南邵东：老师唔同意呃？老师不同意怎么办？（孙叶林，2009）

(410）四川成都：车票订不到唵？（赵明节、杜克华，2017）

(411）广东广州：明仔唔来呢？要是小明不来怎么办？（邵敬敏等，2010）

(412）广西贺州：大众都无同意呢/咧？如果大家都不同意，怎

么办?（刘宇亮，2011）

(413) 福建宁化：佢不肯时咧? 他要是不愿意的话，怎么办?（张桃，2004）

还可存在"如果、要是、万一"等具有"假设"义的词语，以"要是"最为常见。例如：

(414) 河北武邑：他要是不来哩?（张晓静，2014）
(415) 山西五台：要是他不在家哩?（郭利霞，2015）
(416) 陕西西安：要是他不按时来呢?（兰宾汉，2011）
(417) 湖南新化：把东西放到尔落，要是掉咖落来哩唻? 把东西放到那里，要是掉下来了呢?（邵敬敏等，2010）
(418) 安徽濉溪：明个要是下雨来?（郭辉，2008）
(419) 福建厦门：我若卜若要走去呢?（邵敬敏等，2010）

# 第七章

# 方言疑问范畴的对比考察

前文从疑问句的不同类型出发,通过跨方言比较,对方言里各类疑问句的不同特征进行了具体分析。本章拟分别从"方—方"角度、"普—方"角度对现代汉语疑问范畴进行横向对比考察。

## 第一节 官话与非官话的对比

整体看来,官话方言与非官话方言虽然都存在是非问、选择问、正反问、特指问四种问句类型,但在每类问句内部又有着诸多不同,这些差异既存在于官话方言与非官话方言之间,也存在于各方言分区内部。本节拟从不同的疑问句类型着手对官话方言与非官话方言进行横向对比考察。

### 一 是非问对比

根据疑问手段的不同,汉语方言的是非问句可分为语调型是非问句和语气词是非问句。两类是非问句在语表形式和语里意义两方面具有不同的方言特征。

(一)语调型是非问对比

语调型是非问句以特定语调作为疑问手段,是方言里常见的疑问句类型。结合现有资料来看，语调型是非问句在官话方言与非官话方言里主要呈现如下特征。

第一，就方言使用来看，部分方言点不存在或较少使用语调型是非问句。具体来看，在官话方言里，甘肃境内的中原官话秦陇片、河州片基本不使用语调型是非问句；安徽境内的江淮官话以及四川、广西境内的西南官话中，有部分方言点不使用语调型是非问句。就非官话方言来看，在湖南境内的湘语、江西境内的赣语、江苏境内的吴语、海南境内的闽语、福建境内的客家话以及广西平话、湖南土话中，有部分方言点不存在语调型是非问句。

第二，就语表形式来看，根据疑问语调的不同，主要存在升调是非问（"S+↗?"）、低平调是非问（"S+→?"）和降调是非问（"S+↘?"）三种类型。三类问句在不同方言里主要存在两个方面的特征。

首先，三类问句在方言里的分布具有不平衡性。根据现有资料，无论是在官话方言还是在非官话方言，升调是非问都是语调型是非问句里的主要类型。而低平调是非问和降调是非问则多存在于非官话方言中。具体而言，使用低平调是非问的方言点，主要分布于山西、陕西、内蒙古三地的晋语区以及广东、广西两省境内的粤语区；使用降调是非问的方言点，现有资料已提及的只有湖南衡阳①和广西玉林②两地。

其次，三类问句在方言里的使用具有一致性。这主要表现为，在使用两类或两类以上语调型是非问的方言点，多是升调是非问与低平调是非问搭配使用。

总体看来，语调型是非问句的三种类型，在方言里的使用频率可概括为：升调是非问＞低平调是非问＞降调是非问。

---

① 彭兰玉：《衡阳方言语法研究》，博士学位论文，湖南师范大学，2002年，第98页。

② 苏丽红：《玉林话的语气词》，《汉语学报》2011年第1期。

第三，就语里意义来看，升调是非问主要用于表达四种意义：①表达一般询问；②表达揣测性求证；③表达诧异、怀疑；④表达反诘语气。低平调是非问主要用于表达求证。而降调是非问主要用于表达反诘语气。以升调是非问这一常用类型为例，四种表义功能在不同方言里主要存在两个方面的特征。

首先，四种表义功能在方言里的分布具有不平衡性。在官话方言中，升调是非问可以具有多种表义功能，其中，以表达求证和表达诧异、怀疑最为常见。在部分方言点，升调是非问还可以同时具有两种或两种以上的表义功能。例如，属于胶辽官话的山东潍坊方言使用升调是非问表达一般询问，诧异、怀疑两种意义；属于冀鲁官话的河北武邑方言使用升调是非问表达揣测性求证，诧异、怀疑，反诘三种意义；属于江淮官话的江苏南通方言使用升调是非问表达揣测性求证和诧异、怀疑两种意义；属于西南官话的湖南永顺方言使用升调是非问表达一般询问，诧异、怀疑，反诘三种意义。在非官话方言中，除晋语外，多数方言点的升调是非问仅用于表达诧异、怀疑的语气意义。

其次，四种表义功能在方言里的使用具有一致性。无论是在官话方言还是在非官话方言，无论是单独具有一种表义功能还是同时具有多种表义功能，表达诧异、怀疑都是最为常见的语义类型；而表达一般询问则较为少见，在现有资料中提及具有这一表义功能的方言点有：山东潍坊、青岛、陕西西安、高陵、山西、湖南吉首、永顺、贵州毕节、四川泰兴、广西全州文桥。

总体而言，升调是非问的四种表义功能，在方言里的使用频率可概括为：表诧异、怀疑＞表揣测性求证＞表反诘＞表一般询问。

（二）语气词是非问对比

语气词是非问以疑问语气词作为疑问手段，根据疑问语气词的不同，可以分为"吗"类是非问和"吧"类是非问。"吗"类是非问，使用相当于普通话"吗"的疑问语气词，包含中性问和诧异问两种语义类型。"吧"类是非问，使用相当于普通话"吧"的疑问语气词，包含揣测求证问和建议征询问两种语义类型。就现有材料来看，语气词是非问在不同方言里主要呈现如下两点特征。

第一，就语气词是非问的整体使用来看，"吗"类是非问与"吧"类是非问存在使用不平衡性。具体而言，在官话方言和非官话方言中，基本上都存在"吧"类是非问句，但在部分方言里，尤其是在官话方言区和晋语区，却不存在"吗"类是非问句。根据现有材料，官话方言里不存在"吗"类是非问句的方言点，主要集中于甘肃白龙江流域的中原官话秦陇片、陕西境内的中原官话关中片、河南境内的中原官话郑开片以及山东境内的胶辽官话青莱片。非官话方言里不使用"吗"类是非问句的方言点，主要集中于河北、陕西、山西、内蒙古四地的晋语区、福建境内以及广东潮汕地区的闽语区。官话方言与非官话方言对比来看，官话方言不使用"吗"类是非问的方言点多于非官话方言。

第二，就"吗"类是非问的内部形式来看，中性问和诧异问也具有使用不平衡性。具体看来，在官话方言区和非官话方言区，都存在中性问缺失的情况，而较少存在诧异问缺失的情况。结合现有资料，官话方言里不存在中性问句，只存在诧异问句的方言点主要有山东章丘、淄博，河南浚县、固始，安徽枞阳、安庆，湖北安陆、孝感、武汉、长阳、恩施、洪湖、仙桃，重庆，贵州习水、遵义，广西桂林、柳州、荔浦等地，基本涉及各官话方言。非官话方言里不存在中性问句，只存在诧异问句的方言点，分散于上海、江苏、浙江境内的吴语区，湖南境内的湘语区、江西及湖北境内的赣语区、广西境内的粤语区和平话区。

结合上述两点可知，"吗"类是非问句在方言里的使用较为有限，存在不使用"吗"类是非问句或不使用中性问句的情况。这是官话方言与非官话方言的一个共性特征。

## 二 选择问对比

选择问句以选择项并列结构为疑问手段。根据连接方式的不同，汉语方言的选择问句可分为连接词选择问、语气词选择问、语调式选择问、混合式选择问和意合式选择问五类。其中，连接词选择问和语气词选择问在不同方言里的区别性特征最为显著。

(一) 连接词选择问对比

连接词选择问是以连接词作为连接手段的选择问句，是官话方言和非官话方言里的主要选择问类型。根据现有材料，官话方言与非官话方言的主要区别体现在连接词的类型、位置及组配三个方面。

第一，就连接词的类型来看，官话方言和非官话方言都存在"是"类和"还是"类连接词，不同的方言区存在不同的表现形式，尤以粤语、闽语、客家话里的连接词最为丰富。具体而言，在官话方言里，各方言点基本上统一使用"是"和"还是"作为连接词。在非官话方言里，晋语、吴语、湘语、赣语统一使用"是"和"还是"。闽语多使用"是"和"固是/故是、抑是、抑"等，此外，福建莆仙方言使用"嘞"和"哈嘞、哈"，海南屯昌方言使用"啊是还"等。广东境内的粤语区多使用"係/系"和"定係/定系、抑或"等，广西境内的粤语区多使用"是、系"和"是系、定是、咖是、之是、定"等。客家话多使用"系"和"还系、抑系、还"等。

第二，就连接词的位置来看，官话方言里"是"类和"还是"类连接词在问句里的位置较之非官话方言更加灵活。以双项选择问（前后选择项分别表示为"X"和"Y"）为例。在官话方言区，"是"类连接词和"还是"类连接词的位置灵活："是"类连接词既可位于 X 项前，也可位于 Y 项前；"还是"类连接词多位于"Y"项前，有时也可位于 X 项前。在非官话方言区，"是"类连接词和"还是"类连接词的位置固定："是"类连接词主要位于 X 项前，"还是"类连接词一般只能位于 Y 项前。

第三，就连接词的组配来看，"（是）X还是Y"① 是方言的基础形式，这在官话方言和非官话方言具有一致性。但就其他组配形式来看，官话方言与非官话方言仍存在一定差异。

从整体上看，在官话方言中，除"（是）X还是Y"以外，还有"还是X还是Y""还是X是Y""（是）X是Y""是X-Y"等组配形式。其中，"（是）X是Y"是常用的组配形式。在非官话方言中，除"（是）X还是Y"以外，还有"X是Y"和"是X-Y"两种组配形式，但二者的使用较为有限，仅存在于部分方言点。

从局部上看，在官话方言中，多数方言点都存在两种或两种以上的组配形式。例如：属于东北官话的辽宁铁岭使用"（是）X还是Y"和"（是）X是Y"。属于胶辽官话的山东龙口使用"是X还是Y""还是X是Y"和"X是Y"。属于中原官话的河南驻马店使用"是X还是Y""是X是Y"和"是X-Y"。属于西南官话的贵州遵义使用"（是）X还是Y""是X是Y""是X-Y""还是X还是Y"和"还是X-Y"。在非官话方言中，除晋语区存在"（是）X还是Y""（是）X是Y"和"是X-Y"等多种组配形式以外，其他各方言区的组配形式都较为单一。具体而言，吴语、湘语、赣语多使用"（是）X还是Y"，闽语多使用"（是）X抑是/固是Y"，广东境内的粤语多使用"X定係/抑或Y"，客家话多使用"（系）X还系/抑系Y"，而广西境内的粤语和平话除使用"（是）X定系/咖是/是系/还是Y"外，还可使用"X是Y"。

总体来看，各种组配形式在方言里的使用频率可概括为："（是）X还是Y" ＞ "（是）X是Y" ＞ "是X-Y""还是X还是Y" ＞ "还是X是Y" ＞ "还是X-Y"。

（二）语气词选择问对比

语气词选择问是以语气词作为连接手段的选择问句，存在于官

---

① 粤语、闽语、客家话中的连接词略有不同，但均相当于"是"和"还是"，因此，这里统一称作"是"和"还是"。下文同。

话方言和非官话方言的部分方言点中。结合现有材料，官话方言与非官话方言的主要区别表现在问句的方言使用、语气词的类型以及正反选择问①的结构形式三个方面。

第一，就方言的使用来看，官话方言与非官话方言存在不平衡性。具体而言，在官话方言中，使用语气词选择问的方言点涉及东北官话、兰银官话、中原官话、西南官话。其中，在甘肃、宁夏、新疆、青海、陕西、山西的中原官话区，语气词选择问是主要的选择问形式，而连接词选择问一般较少使用；在贵州、云南、四川三省的西南官话区，语气词选择问是常用的选择问形式，且可与连接词选择问同时使用。在非官话方言中，语气词选择问除在山西、陕西、内蒙古三省的晋语区经常使用以外，还存在于湘语、赣语、吴语、闽语及客家话的部分方言点中，且多与连接词选择问同时使用。由于连接词选择问的同时存在，在上述西南官话区和非官话方言区还存在同时使用语气词和连接词作为连接手段的混合式选择问。

第二，就语气词的类型来看，官话方言多使用"吗"类语气词作为连接手段，非官话方言多使用"啊"类语气词作为连接手段。在官话方言里，"吗"类语气词以 [m] 为声母，韵母略有不同，兰银官话、中原官话多记作"吗、么"，西南官话多记作"么/麽、唛、嚜、嘛"。在非官话方言里，"啊"类语气词读作零声母的 [a]，各方言点较为一致地记作"啊"。此外，在晋语中，山西和内蒙古境内的晋语区多使用"啊"类语气词，可记作"啊、啦、也、呀"等；陕西北部的晋语区以使用"吗"类语气词为主，个别方言点也可使用"啊"类语气词。

第三，就正反选择问来看，官话方言与非官话方言都存在由语气词作为连接手段的正反选择问句，表示为"X + 吗/啊 + Neg – X"。

首先，兰银官话、中原官话、西南官话的举例如下。

---

① 正反选择问是以连接词或语气词作为连接手段，连接肯定项和否定项构成的一种特殊的选择问类型。

（1）宁夏同心：能来吗不能来？｜吃饱了吗没吃饱？（张安生，2003）

（2）宁夏固原：你大舅喝酒吗不喝？｜你写作业着呢吗没写着？｜你看见咧吗没看见？（高顺斌，2014）

（3）甘肃临夏：阿达，西宁去呢么不去？｜兀个人做事麻利呢么不麻利？｜今个川里的王家说媒来了，答应呢么□[pɔ⁴⁴]答应？（谢晓安、张淑敏，1990）

（4）青海西宁：你就走呢吗就不走？｜油花香着呢吗没香着？（宋金兰，1993）

（5）陕西西安：小花今儿上学呀嘛不上？｜大姑明儿来呢嘛不来？｜张红家年时去年喂猪咧嘛没喂？（兰宾汉，2011）

（6）陕西宝鸡：交流会你去哩吗不去？｜他明个来哩吗不来？（任永辉，2012）

（7）山西芮城：你还记得吗不记得？｜你去兀儿去啦吗没去？（吕佳，2016）

（8）山西临猗：你吃啊不吃？｜你醒啦啊没醒？（吕佳，2016）

（9）山西古县：还去超市呀不去呢？（刘睿玲，2012）

（10）贵州习水：你到底走麽不走？｜明天的会要开唉不开？（范艳，2010）

（11）云南富源：你吃饭么不吃？｜脚疼么不疼？（张微，2017）

（12）四川成都：你究竟走哇不走哦？｜是他拿的哇不是？（张一舟等，2001）

其次，吴语、湘语、赣语、闽语、客家话的举例如下。

（13）江苏苏州：俚唱得灵勒勿灵？｜倷到底看过勒𠁣看过？（李小凡，1998）

(14)江苏海门：葛件衣裳净勒弗净？这件衣服洗不洗？｜葛种菜你吃过勒觍吃过？（王洪钟，2008）

(15)湖南益阳：他侬看戏阿不看戏啰？｜他看戏阿不看啰？（徐慧，2001）

(16)安徽太湖弥陀：去啊不去诶？｜挖啦不挖勒？（孙汉康，2016）

(17)福建福州：汝有去啊无去？｜汝会去啊觍去？｜汝去啊未去？（梁玉璋，2004）

(18)江西石城（高田）：你去城里啊唔去（城里）？｜你考倒呃大学啊冇/盲考倒（大学）？（温昌衍，2016）

结合上述例句，以语气词为连接手段的正反选择问主要具有两个方面的特征：

其一，就选择项的形式来看，既可以是光杆动词、形容词，也可以是动词性短语。当选择项是动宾短语时，既可以是完整形式，也可以删略宾语部分，还可以将宾语部分前置。就现有资料来看，所删略的宾语多为后选择项的宾语部分，这种现象多存在于官话方言中，如上述例（2）、例（5）、例（9）、例（11）和例（12）。宾语前置如上述例（6）、例（10）和例（14）。

其二，就选择问的构成来看，问句里可以添加不具有连接功能的语气词，这些语气词既可添加于肯定项末尾，也可添加于否定项末尾。处于肯定项末尾的语气词可以带有一定的时态意义，如固原话的"咧"[1]，芮城、临猗话的"啦"[2] 都是具有已然发生或实现意义的语气词；西安话的"呀、呢"表达未然时态，"咧"表达已然

---

[1] 高顺斌：《固原方言的反复问句》，《语文建设》2014年第5期。
[2] 吕佳：《山西芮城方言疑问句研究》，硕士学位论文，山西大学，2016年，第14页。

时态[1]；也可以不带有时态意义，如临夏话的"呢"[2]。处于否定项末尾的语气词一般与充当连接手段的语气词不同。

官话方言与非官话方言的区别性特征主要表现为：在部分官话方言和晋语中，"吗"类正反选择问的肯定项与否定项可以调换位置，即前项为否定项而后项为肯定项，表示为"Neg－X＋吗＋X"。现有资料中提及存在此类现象的方言点主要有：甘肃白龙江流域（宕昌镇、化马、武都、文县）、天水，宁夏固原、同心、隆德，陕西宝鸡、华县、富平、铜川、商州、绥德、咸阳，山西芮城，贵州遵义、绥阳、习水等地，主要涉及中原官话陇中片、秦陇片、汾河片、关中片以及西南官话西蜀片、晋语五台片。例如：

(19) 宁夏隆德：明儿他不来吗来呢？｜你没见过长城吗见过？（杨苏平，2016）

(20) 甘肃武都：图书馆不去吗去哩？｜他不来吗来哩？（莫超，2004）

(21) 陕西华县：不去北京么去北京哩？｜没去北京么去北京了？｜没语文书么有语文书？（杜永道，1990）

(22) 陕西富平：不调查么调查哩？｜没水么有水？（李虹，2003）

(23) 陕西绥德：这道题你不会么会叻？｜你妈没出去么出去览？（马晓琴，2004）

(24) 陕西宝鸡：你到底不吃吗吃哩？｜你给他没说吗说咧？（闫慧，2007）

(25) 贵州遵义：走红枫湖你不去嘿去哟？｜今天不该你值班嘿该你值班？｜你还没吃饭嘿吃了？｜他没跟你一路嘿跟你

---

[1] 兰宾汉：《西安方言语法调查研究》，中华书局2011年版，第355—356页。
[2] 谢晓安、张淑敏：《甘肃临夏方言的疑问句》，《兰州大学学报》（社会科学版）1990年第3期。

一路的？（胡光斌，2010）

（26）贵州习水：你跟我安排嘞不是那间铺麽是噢？（范艳，2010）

在结构形式上，这类倒置现象一般只存在于"吗"类正反选择问句，而连接词选择问句和正反问句都不具有这种特殊形式。就连接词选择问句而言，产生这种差异的原因主要有二。首先，"吗"类正反选择问由语气词连接选择项，具有连接功能的语气词语义虚化、音长较短、音强较弱，这使得肯定项与否定项之间连接紧密，基本上没有语音停顿。在这种形式特征下，如果将肯定项与否定项倒置，那么问句的意义依然连贯，选择关系依然明确。连接词选择问由"是"或"还是"等连接词连接选择项，各种形式的连接词往往都需要足够的音长和音强，这使得肯定项与否定项之间连接得不如语气词选择问那样紧密。在这种形式特征下，如果将肯定项与否定项倒置，那么语义的连贯性就会减弱，选择关系也就无法明确表达。其次，由"吗"类语气词构成的正反选择问句可以看作两个是非问句拼合的产物，在构成选择问之后，位于否定项末尾的"吗"类语气词就会隐藏起来。当肯定项与否定项倒置时，原本隐藏于否定项末尾的"吗"类语气词便会显现，相应地，原本肯定项末尾的"吗"类语气词便会隐藏起来。而由连接词构成的正反选择问句，其连接词具有前置性，当肯定项与否定项倒置时，正反选择问句便无法成立。

就正反问句而言，产生这种差异的主要原因在于，由"吗"类语气词构成的正反选择问句，其选择项并列结构是由前选择项、起连接作用的语气词、后选择项三部分构成的框式结构，位置固定的语气词为这种框式结构的形成提供了必要条件，而前后选择项在这一结构中则具有一定的灵活性，这就为肯定项、否定项的倒置提供了结构上的可能；而在正反问句中，正反并列结构只包含肯定项与否定项两部分，并且二者在长期的并列连接中已逐渐固化为一个整体,也就是说,肯定项与否定项的位置固定,不易调整。

在语义内涵上,肯定项与否定项的顺序颠倒,会产生特殊的表义功能和语用价值。胡光斌将这类问句称为"反正选择问句",并认为遵义方言的反正选择问并不表达单纯询问,而是带有问话人的某种主观倾向,以试探性的口吻加以询问、求证或表示赞同①。据范艳考察,在贵州习水方言里,肯定项与否定项颠倒的正反选择问是一种带有问话人否定倾向的特殊问句形式②。另据高顺斌考察,在宁夏固原方言中,"不 X 吗 X 呢"问句带有问话人肯定的主观倾向,希望得到对方肯定的回答;而"没/没有 X 吗 X 咧"问句则带有问话人否定的主观倾向,希望得到对方否定的回答③。肯定项与否定项的倒置之所以能够产生上述表义特征,主要原因在于这种现象不符合人们的一般认知规律。人们一般的认知规律是先肯定后否定,如同生活中,人们对某一事件进行评价时,总是先予以表扬或肯定,然后再通过"但是"等具有转折意义的词语引出批评或不认同。在言语交际中,当肯定与否定颠倒时便会产生强调作用,问话人希望通过这种特殊的表达方式引起对方的注意。

### 三 正反问对比

根据疑问手段的不同,汉语方言的正反问句可分为正反式正反问句、简省式正反问句和副状式正反问句三类。在正反式正反问句的基础上,部分方言点还存在紧缩式正反问句;在简省式正反问句的基础上,部分方言点还存在是非式正反问句。各类正反问句具有鲜明的方言特征。

#### (一)正反式正反问对比

正反式正反问("VP + Neg + VP")以正反并列结构作为疑问手

---

① 胡光斌:《遵义方言语法研究》,巴蜀书社2010年版,第668页。
② 范艳:《习水疑问句研究》,硕士学位论文,湖南大学,2010年,第30页。
③ 高顺斌:《固原方言的反复问句》,《语文建设》2014年第5期。

段。结合现有资料，除河南固始、山东胶东半岛地区的胶辽官话区、云南境内的西南官话区、安徽境内的江淮官话区、江苏境内的部分江淮官话区及吴语区、广东北部的部分客家话区以外，官话方言与非官话方言的多数方言点均存在正反式正反问。这些缺失正反式正反问的方言点多以副状式正反问为主要的正反问形式。正反式正反问在官话方言和非官话方言里主要呈现如下特征。

第一，在语义类型上，根据否定副词"Neg"的不同，主要存在"VP 不 VP"类问句和"VP 没 VP"类问句。其中，"VP 不 VP"类问句用于询问未然事件及主观意愿，"VP 没 VP"类问句用于询问已然事件及客观情况。但并不是所有方言点都同时存在这两类问句，具体表现为仅存在"VP 不 VP"类问句，而不存在"VP 没 VP"类问句。这种现象在官话方言和非官话方言均有体现，且分布集中。

在官话方言里，中原官话、西南官话、江淮官话均存在"VP 没 VP"类问句缺失的情况，主要集中于四个区域，一是河南境内的中原官话区，二是湖北境内的西南官话区，三是江苏境内的江淮官话区，四是广西境内的西南官话区。各分布区域大体存在三种情况。其一，在河南境内的中原官话区、湖北境内的西南官话区，如河南郑州、开封、义马、洛阳、驻马店、浚县、巩义、沁阳等地，湖北武汉、当阳、仙桃、长阳、宜都、荆沙、郧县等地，"VP 不 VP"类问句与"VP+有/没"问句搭配使用，前者用于询问未然事件及主观意愿，后者用于询问已然事件及客观情况，两类问句在语义上各司其职、分工明确。其二，在江苏境内的江淮官话区，如江苏南京、泰兴、扬州、淮安、宝应、淮阴等地，"VP 不 VP"类问句与副状式正反问搭配使用，前者用于询问未然事件及主观意愿，后者既可用于询问未然事件及主观意愿，也可用于询问已然事件及客观情况，两类问句在表义功能上部分重合。其三，在贵州东南部以及广西境内的西南官话区，如广西柳林、荔浦等地，"VP 不 VP"类问句与"VP+Neg"问句搭配使用，前者用于询问未然事件及主观意愿，后者既可用于询问未然事件及主观意愿，也可用于询问已然事件及客观情况，两类问句中以"VP＋Neg"问句为常用形式。

在非官话方言里，晋语、吴语、闽语、粤语、平话、客家话中均存在"VP没VP"类问句缺失的情况，主要集中于四个区域，一是河北、山西、陕西、河南境内的晋语区①，二是上海、浙江境内的吴语区，三是福建、广东、海南境内的闽语区，四是广西境内的粤语区、平话区以及客家话区。与官话方言不同的是，在上述四个区域，大体上都表现为"VP不VP"类问句与"VP＋Neg"问句的搭配使用。其中，"VP不VP"类问句用于询问未然事件及主观意愿，且在各地的表现形式各有不同。例如，山西、陕西多表示为"VP不VP"②，上海、宁波、余姚多表示为"VP勿VP"③，温州、乐清多表示为"VP否VP"④，绍兴柯桥多表示为"VP弗VP"⑤，泉州、汕头、汕尾多表示为"VP唔VP"⑥，广西粤语、平话、客家话多表示为"VP冇VP"。而"VP＋Neg"问句既可用于询问未然事件及主观意愿，也可用于询问已然事件及客观情况。

第二，在结构类型上，以"VP"为动宾短语"VO"为例，主要存在"V＋Neg＋VO"和"VO＋Neg＋V"两种形式。在官话方言和非官话方言里，两类问句各有不同的分布。在官话方言里，"V＋Neg＋VO"问句与"VO＋Neg＋V"问句基本上形成"平分秋色"

---

① 郭利霞（2015：239）指出，晋、陕、蒙三地的部分方言点也存在"V没V（O）"或"V没V过O"的形式，但是使用很不自由，仅在年轻人中有限使用，应是受"V不V"格式类推而来的后起类型。

② 据郭利霞（2015：241），受普通话的影响，目前晋、陕、蒙三地"VP＋Neg＋VP"问句的使用频率很高，以"VP不VP"最为常见，使用群体多为年青一代，使用地域多为县城及以上级别的城市。

③ 游汝杰：《吴语里的反复问句》，《中国语文》1993年第2期。

④ 游汝杰：《吴语里的反复问句》，《中国语文》1993年第2期。

⑤ 盛益民：《吴语绍兴柯桥话参考语法》，博士学位论文，南开大学，2014年，第333页。

⑥ 施其生：《闽南方言中性问句的类型及其变化》，载丁邦新、余霭芹主编《语言变化与汉语方言——李方桂先生纪念论文集》，中央研究院语言研究所筹备处2000年版，第309页。

的分布格局。其中，东北官话、冀鲁官话、江淮官话、西南官话以"V + Neg + VO"问句为常用形式；北京官话、中原官话以"VO + Neg + V"为常用形式。在除晋语外的非官话方言里，"V + Neg + VO"问句基本上形成"一边倒"的格局。其中，湖南长沙、新化、娄底、涟源、溆浦，江西，广东广州等地虽然同时存在"V + Neg + VO"问句和"VO + Neg + V"问句，但"V + Neg + VO"问句更为常用。在晋语中，"VO + Neg + V"问句是常用形式，而"V + Neg + VO"问句应是受共同语影响而引入的新兴形式，这与部分官话方言的情况相类似。

此外，在官话方言和非官话方言里，还存在将宾语前置于主语位置的情况。

首先，陕西、山西境内的官话区和晋语区存在宾语提前的现象。例如：

（27）陕西平利：我的要求你说了没有说喂？｜东西你买倒没买倒喂？（周政，2009）

（28）陕西西安：致个道理你明白不明白？（兰宾汉，2011）

（29）山西晋城：这个人你认不认得？（郭利霞，2015）

（30）山西长治：这个衣裳你穿不穿？（郭利霞，2015）

其次，上海、浙江境内的吴语区也存在宾语提前的现象。例如：

（31）上海：䉳种孬脚地方侬高勿高兴去？你愿不愿意去这种差劲的地方？（钱乃荣，1997）

（32）浙江绍兴柯桥：明朝春游诺去弗去？明天你去不去春游？（盛益民，2014）

（33）浙江温州：你饭吃否吃？（游汝杰，1999）

## (二) 简省式正反问对比

简省式正反问（"VP + Neg"）以肯定项与否定词的并列结构为疑问手段，是方言中常用的问句类型。官话方言和非官话方言的区别性特征主要表现在两个方面，一是否定词"Neg"的类型，二是句中语气词"M"的类型。

第一，在官话方言和非官话方言中，"VP + Neg"问句的否定词"Neg"存在一定差异。具体而言，官话方言的否定词形式较为单一，非官话方言的否定词形式更为多样。

在官话方言里，除广西、黔东南地区的西南官话以外，其他各方言区表达未然意义的否定词较为统一地使用"不"，而表达已然意义的否定词多使用"冇、没、没有"等。在黔东南的西南官话区，表未然意义的否定词多使用"没"，表已然意义的否定词多使用"没曾"。在广西的西南官话区，表未然意义的否定词多使用"未"，表已然意义的否定词多使用"未曾"。

在非官话方言里，表达未然意义的否定词，吴语使用"勿、弗、否"，晋语、湘语、赣语使用"不"，闽语使用"怀"，福建的客家话使用"唔"，广西粤语、客家话、平话多使用"冇"。而表达已然意义的否定词，晋语多使用"没"；浙江吴语，福建、广东、台湾的闽语，广东粤语多使用"未"；湘语、赣语、广西粤语和平话多使用"冇/冒"；海南闽语、广东及福建的客家话多使用"无"。此外，吴语、粤语、客家话还可使用"否定语素 + 曾"及其合音形式，如吴语里的"勿曾"及合音形式"朆［fəŋ］/［vəŋ］"，广东粤语里的"未曾、唔曾"，广西粤语里的"未曾、冇曾、唔曾"及合音形式"［maŋ］、［mɛŋ］"，福建客家话里的"未曾、唔曾、毋曾"及合音形式"［maŋ］"，广东客家话里的"唔曾"及合音形式"［men］、［maŋ］"，广西客家话及平话里的合音形式"［mən］、［maŋ］、［mɛn］、［mɛŋ］"等。

第二，在官话方言和非官话方言的部分方言点，"VP + Neg"问句中可添加特定的语气词。这一现象在非官话方言里更为常见。这些语气词的特征可以从句中位置和意义两个方面来考察。就句中位置来看，语气词既可位于肯定项与否定词之间，构成"VP + M + Neg"问句，也可位于否定词之后，构成"VP + Neg + M"问句，还可同时位于上述两处位置，构成"VP + M$_1$ + Neg + M$_2$"① 问句。前两种问句在官话方言和非官话方言里均有使用。具体来看，"VP + M + Neg"问句可使用于在山东境内的冀鲁官话区，河北、山西境内的晋语区，陕西境内的晋语区和中原官话区，浙江南部的吴语区以及福建境内的闽语区。"VP + Neg + M"问句可使用于东北官话区，河北、山东境内的冀鲁官话区，江苏、湖北、江西境内的江淮官话区，湖南境内的湘语区，安徽、湖北、江西境内的赣语区，江苏、上海、浙江境内的吴语区。第三种问句主要分布于晋语"吕梁片及并州片一些点"②。就语气词的意义来看，晋语里的"VP + M + Neg"问句和"VP + M$_1$ + Neg + M$_2$"问句、陕西中原官话里的"VP + M + Neg"问句，其中的"嘞、呀、哩、来、也"等语气词可表达时态意义；冀鲁官话、吴语、闽语里的"VP + M + Neg"问句，其中的"啊、也"等语气词基本无意义；东北官话、冀鲁官话、江淮官话、湘语、赣语、吴语里的"VP + Neg + M"问句，其中的"啊、啦、欸、哎、唻"等语气词主要表达强调、缓和、催促、诧异等语气意义。

（三）紧缩式正反问对比

作为方言里的特殊问句类型，紧缩式正反问（"VP + VP"）的分布横跨官话方言和非官话方言，以非官话方言更为常见。具体而言，在官话方言里，中原官话、胶辽官话、江淮官话及西南官话中均存在这类问句，以江淮官话和西南官话最为突出，主要涉及江苏、湖北两地。在非官话方言里，除粤语外，晋语、吴语、湘语、赣语、

---

① 位于句中的语气词"M$_1$"和位于句末的语气词"M$_2$"，既可相同也可不同。
② 郭利霞：《汉语方言疑问句比较研究——以晋陕蒙三地为例》，南开大学出版社2015年版，第213页。

闽语、客家话、平话中均存在这类问句，以湘语、客家话最为突出，主要涉及湖南、江西、福建、广西四地。

对比来看，官话方言和非官话方言的区别性特征主要表现在紧缩式正反问的构成方式上。据第五章考察，紧缩式正反问的构成方式主要有省略式、前合音式、后合音式、变调式四类。在官话方言中，紧缩式正反问的构成方式较为单一，大体上都使用省略式。而在非官话方言中，紧缩式正反问的构成方式呈现多样性，省略式、前合音式、后合音式、变调式均有使用。其中，在使用前合音式的方言中，浙江绍兴吴语使用叠加声调的方式，福建建瓯闽语、连城（新泉、朋口、宣和）及长汀（城关）客家话使用置换声调的方式，福建福州闽语、江西于都客家话则使用改变声调和韵尾的方式。

（四）是非式正反问对比

是非式正反问（"VP + M"）是在"VP + Neg"问句末尾添加语气词而衍生出来的特殊问句形式，是汉语方言特有的问句类型。结合现有文献，官话方言和非官话方言均存在是非式正反问。在官话方言里，是非式正反问主要存在于东北官话和冀鲁官话中，在北京官话、中原官话、江淮官话也有零星分布。在非官话方言里，是非式正反问集中存在于吴语、湘语、赣语中。在地域上，主要涉及东北地区、内蒙古赤峰、河北、山东、湖北、湖南、江西、上海、江苏、浙江等地。对比来看，官话方言与非官话方言的是非式正反问差别不大，主要存在两点特征。

首先，是非式正反问在结构上包含"VP"和合音词"M"两部分。其中，"合音词"源自否定词"Neg"与句末语气词的合音。根据否定词"Neg"的不同，"合音词"也可区分为"不"类和"没（有）"类。但就合音能力来看，"不"类否定词与语气词的合音能力较强，"没（有）"类否定词与语气词的合音能力相对较弱。因此，在官话方言和非官话方言中均存在"没（有）"类合音词缺失的情况。在上海、崇明、松江，浙江嘉兴、湖州、宁波、余姚、天台、黄岩等地的吴语中，还可通过在"VP 哦"问句里添加完成体助词"勒"构成表达已然意义的问句。

其次，能够与否定词"Neg"合音的语气词主要有"啊、诶/欸、哎、唻、哦/噢、啰、啦"等。在语气词的选用上，"啊、诶/欸、哎、哦/噢"在官话方言和非官话方言里均有使用，以"啊"的使用最为普遍；而"唻、啰、啦"则多在湘语、赣语中使用。在语气词与否定词的组合上，湘语、赣语部分方言点的是非式正反问可由不同的语气词与同一个否定词结合构成不同的合音形式。例如，在湖南衡山的湘语中，否定词"不"可分别与"啊、哎、喔"构成合音词"吧、败、啵"①。在湖南益阳的湘语中，否定词"不"可分别与"啰、唻"构成合音词"啵、㖿"；否定词"冇"分别与"唻、啊"构成合音词"买、嘪"②。在安徽宿松的赣语中，否定词"不"可分别与"啊、也、哦"构成合音词"吧、呗、啵"，否定词"冇"可分别与"啊、也、哦"构成合音词"嘛、嘿、末"③。在江西铅山的赣语中，否定词"不"可分别与"啊、诶、哦"构成合音词"吧、呗、啵"④。

（五）副状式正反问对比

副状式正反问（"F + VP"）以疑问副词作为疑问手段，是汉语方言特有的问句类型。就地域分布来看，这类问句主要分布于安徽、江苏、上海、云南、江西、福建、广东等地，在山东、陕西、河南等地也有一定分布。就方言分布来看，官话方言和非官话方言里都存在副状式正反问。在官话方言里，胶辽官话、中原官话、江淮官话、西南官话中存在副状式正反问。在非官话方言里，吴语、闽语、粤语、客家话中存在副状式正反问。不同方言之间的特征主要表现在疑问副词的类型和问句的语义类型两个方面。

---

① 彭泽润、刘娟：《衡山方言的语气词》，载伍云姬编《湖南方言的语气词》，湖南师范大学出版社2006年版，第99页。
② 崔振华：《益阳方言研究》，湖南教育出版社1998年版，第294页。
③ 黄晓雪：《宿松方言语法研究》，中国社会科学出版社2014年版，第179页。
④ 胡松柏、林芝雅：《铅山方言研究》，文化艺术出版社2008年版，第325页。

首先，在疑问副词的类型上，官话方言和非官话方言均呈现出多样性的特征。

在官话方言里，山东胶东半岛地区的胶辽官话区多使用"是不、是没"，蓬莱、龙口、长岛等市县使用"[ɕʃ]"。陕西中部的中原官话区多使用"得（是）"。河南、安徽、江苏境内的中原官话区多使用以舌根送气清塞音[kʻ]为声母的"可"类疑问副词，表示为"可、克"等。安徽、江苏境内的江淮官话区及云南境内的西南官话区多使用以舌根不送气清塞音[k]为声母的"格"类疑问副词，可表示为"格、克、可、个、果"等。此外，在江苏的部分方言点存在不止一个疑问副词，如南京可使用"还""阿"，高邮可使用"看""还""阿"，镇江可使用"阿""可"[1]。

在非官话方言里，江苏、上海的吴语区，广东境内"贺江中下游的南丰、桂岭、仁义、铺门一带"[2]的粤语区，海南崖城的闽语中多使用零声母的"阿"类疑问副词。福建南部的闽语区多使用"敢"，广东东部的闽语区多使用以[kʻ]为声母的"可"。江西南部的客家话多使用"可"；江西赣州市寻乌县、安远县多使用"有（唔）"；广东河源市区、龙川、和平、连平三县的客家话区，江西赣州市全南县、龙南县、定南县的客家话多使用"阿（唔）"；广东韶关市翁源县、新丰县的客家话多使用"咸（唔）"[3]。

其次，在问句的语义类型上，官话方言与非官话方言主要存在两点特征。

第一，当副状式正反问既可用于询问未然也可用于询问已然时，官话方言与非官话方言具有特定的时态表达方式。据第五章考察，副状式正反问主要存在三种表达已然时态的方式，一是使用不同语音形式的疑问副词"F"，二是在问句中添加表达已然的动态时态或

---

[1] 孙秋香：《南通话"果X"问句探索》，硕士学位论文，渤海大学，2014年，第40—41页。

[2] 侯兴泉：《广东封开南丰话的三种正反问句》，《方言》2005年第2期。

[3] 吴碧珊等：《广东翁源客家话正反问句研究》，《华中学术》2016年第4期。

语气词，三是对"F"更换或添加表达已然意义的语素。结合现有资料，在官话方言里，河南、安徽境内的中原官话多使用第一种方式，安徽境内的江淮官话以及云南境内的西南官话多使用第二种方式，山东境内的胶辽官话以及江苏境内的江淮官话多使用第三种方式。在非官话方言里，江苏、上海的吴语以及江西、广东的客家话多使用第三种方式。

第二，当副状式正反问只能用于询问未然事件及主观意愿时，需要使用"VP+Neg+VP"问句和"VP+Neg"问句表达已然的语义内涵。就现有资料来看，这一特征在官话方言和非官话方言均有体现。

在官话方言里，河南淮滨的中原官话使用"VP没[man]？"，安徽凤阳、霍邱、金寨、阜南的中原官话使用"VP没有？"①。江苏宿迁市龙河乡的江淮官话使用"VP埋？（'埋'是'没'的变音）"，江苏盱眙的江淮官话使用"VP没VP？"②。

在非官话方言里，江苏常州、丹阳的吴语使用"VP勿曾？"③。

### 四 特指问对比

根据问句的形式特征，汉语方言的特指问句可分为疑代式特指问和简省式特指问。其中，疑代式特指问在官话方言和非官话方言里呈现明显的特征。

疑代式特指问以疑问代词作为疑问手段，不同的疑问代词表达不同的疑问内容，构成具有不同语义内涵的特指问句，要求作出不同的针对性回答。对比来看，官话方言与非官话方言的差异主要体现在疑问代词的形式上。据第六章考察，疑问代词依据构成方式的不同，可以分为基础形式和复合形式两类。其中，基础形式可直接使用；复合

---

① 李孝娴：《固始方言问句系统考察》，硕士学位论文，华中师范大学，2003年，第37—38页。

② 孙秋香：《南通话"果X"问句探索》，硕士学位论文，渤海大学，2014年，第39页。

③ 游汝杰：《吴语里的反复问句》，《中国语文》1993年第2期。

形式多是由基础形式与名词或体词性语素构成的短语或合成词。

盛益民指出,方言中的疑问代词有不少承继于古汉语,产生于上古的有"谁、几、何",产生于中古的有"哪、若、底、(是)物、多少"等,产生于近代的有"什(么)、甚、啥、怎(么)、咋、多"等①。据现有资料,汉语方言的疑问代词大体上存在"谁、什么、甚/什、啥、么₁②/吗/嘛、乜₁③/脉、哪、几、多、好、偌、怎、咋、么₂④、乜₂⑤、底、边、阿、何、点、样"等基础形式。不同方言对疑问代词基础形式的选择存在一定差异。具体表现如表7—1⑥所示。

表7—1　　官话方言与非官话方言疑问代词基础形式的使用情况

| 基础形式 | 方言类型 ||||||||||||||
|---|---|---|---|---|---|---|---|---|---|---|---|---|---|---|
| | 官话方言 ||||||| 非官话方言 |||||||
| | 北京官话 | 东北官话 | 兰银官话 | 中原官话 | 冀鲁官话 | 胶辽官话 | 江淮官话 | 西南官话 | 晋语 | 徽语 | 湘语 | 赣语 | 吴语 | 闽语 | 粤语 | 客家话 | 平话 |
| 谁 | √ | √ | √ | √ | √ | √ | | | √ | | | | | | | | |
| 什么/甚物⑦ | √ | | | √ | | √ | √ | √ | √ | | | | | √ | √ | | |
| 甚 | | | | | | | | | √ | | | | | √ | | √ | |
| 什 | | | | | | | √ | | | | √ | | | | | | |
| 啥 | | √ | √ | √ | √ | √ | | √ | | | | √ | √ | | | | |

① 盛益民:《汉语疑问代词的词化模式与类型特点》,《中国语文》2020年第6期。
② "么₁",相当于普通话的"什么"。
③ "乜₁",相当于普通话的"什么"。
④ "么₂",相当于普通话的"怎么"。
⑤ "乜₂",相当于普通话的"怎么"。
⑥ 表7—1仅显示不同方言的普遍情况;对个别方言点的特殊情况不作详细讨论,这方面的内容可参见第六章。
⑦ 这类疑问代词,既可带有辅音韵尾,也可不带有辅音韵尾。还包括"是乜""是物""什摩"等形式。
⑧ "甚"的语音形式多为"[sən]"或"[səŋ]",各地语调略有不同。

续表

| 基础形式 | 方言类型 ||||||||||||||
|---|---|---|---|---|---|---|---|---|---|---|---|---|---|---|
| | 官话方言 ||||||| 非官话方言 |||||||
| | 北京官话 | 东北官话 | 兰银官话 | 中原官话 | 冀鲁官话 | 胶辽官话 | 江淮官话 | 西南官话 | 晋语 | 徽语 | 湘语 | 赣语 | 吴语 | 闽语 | 粤语 | 客家话 | 平话 |
| 么₁/吗/嘛 | √ | √ | | √ | √ | √ | √ | √ | | √ | √ | √ | | | | | √ |
| 乜₁/脉 | | | | | | | | | | | | | | √ | √ | √ | |
| 哪 | √ | √ | √ | √ | √ | √ | √ | √ | √ | | | | | | | √ | √ |
| 底 | | | | | | | | | | | | | | √ | √ | | |
| 边 | | | | | | | | | | | | | | | √ | | |
| 阿/呀 | | | √ | √ | | | | √ | | | | | | | | | |
| 几 | √ | √ | √ | √ | √ | √ | √ | √ | | | | | | | | | |
| 多 | √ | √ | √ | √ | √ | | | | | | | | | | | | |
| 多少 | √ | √ | | √ | | | | | √ | | | | | | | | |
| 好 | | | | | | | √ | √ | | √ | | | | | | | √ |
| 偌 | | | | | | | | | | | | | √ | | | | |
| 怎 | √ | | | √ | √ | | √ | | | | | | | | √ | | |
| 咋 | | √ | √ | √ | | | √ | | | | | | | | | | |
| 么₂ | | | | | | √ | | | | √ | √ | | | | | | |
| 乜₂ | | | | | | | | | | | | | √ | | | | |
| 何 | | | | | | | | | √ | √ | √ | √ | | | | | |
| 点 | | | | | | | | | | | | | | | √ | | |
| 样 | | | | | | | | | | | | | | | √ | | |

结合表7—1，官话方言与非官话方言在基础形式的选用上，主要存在三个方面的特征。

其一，就选用基础形式的一致性来看，官话方言的一致性高于非官话方言。具体而言，官话方言多选用"谁、啥、么/吗/嘛、哪、几、多、咋"等。在除晋语外的非官话方言中，各方言分区除均不选用"谁"、均选用"几"以外，在对其他基础形式的选用上具有多样性。其中，徽语多选用"么₁、哪、几、多少、何"。湘语多选用"么₁、哪、几、好、么₂、何"。赣语多选用"什、么₁、哪、几、么₂、何"。吴语多选用"啥、哪、几、何、底"。闽语多选用"甚物、乜₁、底、几、偌、乜₂、怎"。粤语多选用"乜₁、边、几、点"。客家话在不同地域多有不同的选择，但较多选用的是"脉、几、样"。平话也根据不同的地域具有多样选择，但较多选用的是"哪、几、好"。

其二，就基础形式的使用地域来看，官话方言和非官话方言的部分基础形式具有鲜明的方言特征和地域特色。多使用于官话方言和晋语的基础形式有"谁、阿/呀、咋、多"。其中，"阿、呀"主要使用于中原官话陇中片、秦陇片、关中片、兰银官话以及晋语吕梁片，涉及地域有甘肃、青海、宁夏、陕西、山西等地。多使用于非官话方言的基础形式有"甚物、乜₁/脉、底、边、偌、乜₂、何、点、样"。其中，"底"仅用于吴语和闽语，"边"和"点"仅用于粤语，"偌"仅用于闽语，"样"仅用于客家话。对比来看，非官话方言各基础形式的地域性更为突出。

其三，就基础形式表达的疑问内容来看，在除江淮官话和西南官话外的官话方言和晋语中，各基础形式多表现出"一形一义"的特征，而在除晋语外的非官话方言中，部分基础形式表现出"一形多义"的特征。具体而言，在除江淮官话、西南官话以外的官话方言和晋语中，"谁"用于询问人；"啥"和"么₁/吗/嘛"用于询问事物，由"啥"构成的复合形式可用于询问处所和时间；"哪"及其构成的复合形式主要用于询问处所；"几"用于询问数量；"多"及其复合形式用于询问数量、程度；"咋"及其复合形式用于询问方式、情状。在江淮官话、西南官话及非官话方言中，"哪"及其复合形式可用于表达多种疑问内容：①在江淮官话、西南官话、湘语、赣语、徽语、平话、客家话，由"哪"构成的复合形式可用于询问人；②在贵州和云南境内的西南官话、广西平话，由"哪"构成的复合形式可用于询问事物；③在江淮官话、西南官话、徽语、湘语、赣语、吴语、平话、客家话,"哪"及其复合形式可用于询问处所;④在西南官话、湘语、赣语、客家话、平话,由"哪"构成的复合形式可用于询问时间;⑤在西南官话、吴语、赣语,由"哪"构成的复合形式可用于询问方式、情状。"何"及其复合形式也可用于表达多种疑问内容:①在吴语、湘语、赣语,由"何"构成的复合形式可以询问人;②在吴语,"何"及其复合形式可用于询问事物;③在湘语、赣语、吴语,由"何"构成的复合形式可用于询问处所;④在湘语、赣语、徽语,由"何"构成复合形式可用于询问方式、情状。"底"及其复合形式也可用于表达多种疑问内容:①在西北部吴语,由"底"构成的复合形式可用于询问事物;②在闽语,由"底"构成的复合形式可用于询问时间、地点,也可用于询问人和事,还可以询问方式。

## 第二节 方言与共同语的对比

在汉语共同语中,根据疑问手段的不同,疑问句包含是非问、选择问、正反问和特指问四种类型。这与汉语方言相一致。但就每类问句内部的具体特征来看,方言与共同语主要表现出三个方面的区别性特征。第一,就疑问句的结构形式来看,汉语方言表达疑问的手段更为丰富,由不同的疑问手段构成的疑问句类型也更为多样。第二,就疑问句的使用来看,各类疑问句在方言里的使用比重存在差异,有的问句类型少用或不用,有的问句类型则多用甚至独用。少用或不用的类型,多由其他类型补足;多用甚至独用的类型,多可衍生出特殊形式。而共同语的各类疑问句,分工明确,使用比重相当。第三,就疑问句的语义内涵来看,方言里的疑问句主要具有两种表达语义内涵的方式,一是通过更换同一问句形式里的部分要素表达不同的语义内涵,二是使用相同的问句形式表达不同的语义内涵。而共同语里的疑问句表达语义内涵的方式单一,所表达的语义内涵也较为固定。结合上述三点特征，本节拟从不同的疑问句类型着手对方言和共同语进行对比考察。

## 一 是非问对比

汉语方言与共同语都存在语调型是非问句和语气词是非问句。对比来看，两类问句在结构形式、表义功能等方面存在一定的差异。具体表现如下。

首先，就语调型是非问来看，方言与共同语的区别主要体现在结构形式和表义功能两个方面。

在结构形式上，根据语调的不同类型，方言里的语调型是非问具有升调是非问、低平调是非问和降调是非问三种类型；共同语里的语调型是非问具有升调是非问和低平调是非问两种类型。在表义功能上，方言和共同语里的升调是非问都可用于表达诧异、怀疑，并进一步引申出反诘意义；而低平调是非问主要用于表达求证。不同之处在于，在部分方言点，升调是非问还可用于表达一般询问和揣测性求证。

其次，就语气词是非问来看，方言与共同语的区别主要体现在疑问语气词的数量、疑问语气词的意义及问句的语义类型三个方面。其中，语气词是非问在语义类型上的差异主要源于其疑问语气词的不同性质。

第一，在疑问语气词的数量上，方言里能够用于是非问句的疑问语气词往往多于共同语。具体而言，在汉语普通话中，能够用于是非问句的疑问语气词只有"吗"和"吧"两个。而在汉语方言中，能够用于是非问句的疑问语气词往往不止两个。具有这一特征的方言点主要分布于东北官话、冀鲁官话、部分中原官话、江淮官话、西南官话、徽语、湘语、赣语、吴语、粤语、客家话中。例如：

在辽宁铁岭的东北官话中，有"[mə]、[ci]、[lɔ]、[ʃɔ]、

[nɔ]"五个疑问语气词①。

在河北唐山的冀鲁官话中,有"啊、吧、呗"三个疑问语气词②。

在山西洪洞的中原官话中,有"吗、也、吧、咧"四个疑问语气词③。

在湖北安陆的江淮官话中,有"啦、啊、吵、吧、哦、嚹"六个疑问语气词④。

在四川成都的西南官话中,有"哇[ua¹]、啊[a²]、嗦[so²]、嘛[ma²]、嘎[ka³]、哈[xa³]"六个疑问语气词⑤。

在安徽歙县的徽语中,有"么、吧、哇"三个疑问语气词⑥。

在湖南衡阳的湘语中,有"啊、吧、噢"三个疑问语气词⑦。

在江西宜丰的赣语中,有"墨[mæ³³]、啊[æ³³]、吧、弄、弄吧"五个疑问语气词⑧。

在上海的吴语中,有"啊、么、嗻、嚎"四个疑问语气词⑨。

在广东广州的粤语中,有"嘛[ma³³]、咧[lɛ¹³]、嗬[hɔ³⁵]、

---

① 云微:《铁岭方言疑问范畴研究》,硕士学位论文,辽宁师范大学,2014年,第10页。
② 习丹丹:《河北唐山方言语气词研究》,硕士学位论文,河北师范大学,2016年,第55页。
③ 弯淑萍:《山西洪洞方言语气词研究》,硕士学位论文,天津师范大学,2013年,第16页。
④ 盛银花:《安陆方言语法研究》,博士学位论文,华中师范大学,2007年,第55—66、94页。
⑤ 张一舟等:《成都方言语法研究》,巴蜀书社2001年版,第341—349页。
⑥ 仇立颖:《徽语歙县方言徽城话的疑问词与疑问句》,载盛益民等编《汉语方言疑问范畴研究》,中西书局2017年版,第261—164页。
⑦ 彭兰玉:《衡阳方言语法研究》,博士学位论文,湖南师范大学,2002年,第98—99页。
⑧ 邵宜:《赣方言(宜丰话)疑问范畴比较研究》,载甘于恩编《南方语言学》(第1辑),暨南大学出版社2009年版,第118—119页。
⑨ 邵敬敏等:《汉语方言疑问范畴比较研究》,暨南大学出版社2010年版,第31—32页。

唪［kwa³³］、咧［lɛ²¹］、咩［mɛ⁵⁵］"六个疑问语气词①。

在福建永定的客家话中，有"噻［mei²¹］、啊［a²¹］、啦［la²¹］、嚯［hɔ⁵］、咩［miɔ²¹］、无［mou⁵］"六个疑问语气词②。

上述各方言点均存在三个或三个以上的疑问语气词。这些疑问语气词可分别用于表陈述的短语末尾，表达不同的语气意义，构成具有不同表义功能的语气词是非问句。

第二，在疑问语气词的功能上，共同语里的疑问语气词"吗"既可用于表达询问语气，也可用于表达诧异、怀疑甚至反诘的语气；疑问语气词"吧"既可用于表达揣测求证的语气，也可用于表达征询建议的语气。对应于普通话的疑问语气词，方言里的疑问语气词也可分为"吗"类语气词和"吧"类语气词。两类疑问语气词在语气意义的表达上较为复杂。就"吗"类语气词来看，汉语方言主要包含三种情况，一是只存在表诧异、怀疑的疑问语气词，不存在表询问的疑问语气词；二是使用同一疑问语气词同时表询问与表诧异、怀疑；三是使用不同的疑问语气词分别表询问与表诧异、怀疑。在这三种情况中，第二种情况与普通话的情况一致；而第一、第三种情况是方言的特有现象，且表示诧异、怀疑的疑问语气词还可以不止一个。就"吧"类语气词来看，汉语方言主要包含两种情况，一是使用相同的疑问语气词同时表示揣测求证和征询建议，二是使用不同的疑问语气词分别表示揣测求证和征询建议。在这两种情况中，第一种情况与普通话的情况一致，但在现有文献中并不多见；第二种情况在方言中更为常见，且表示揣测求证的疑问语气词还可以不止一个，不同的语气词在语气意义上存在一定的差异。

第三，由不同的疑问语气词构成的是非问句，具有不同的表义功能，形成不同的语义类型。在汉语普通话中，"吗"字是非问包含

---

① 彭小川：《广州话是非问句研究》，《暨南学报》（哲学社会科学版）2006年第5期。

② 李小华：《闽西永定客家方言虚词研究》，华南理工大学出版社2014年版，第301页。

中性问和诧异问两种语义类型;"吧"字是非问包含揣测求证问和建议征询问两种语义类型。在方言中,语气词是非问句虽然也包含上述四种语义类型,但在中性问和揣测求证问上,表现出不同于共同语的特征。就中性问来看,由于缺少表达一般询问的疑问语气词,部分方言点并不存在中性是非问句,这类问句在疑问系统中的空缺多由正反问句来进行填补。以河南固始的中原官话和湖南安仁的赣语为例。在固始方言中,不存在表询问的疑问语气词及其构成的中性问句,因此,需要使用正反问句"可 VP?"来弥补这类问句的缺失①。在安仁方言中,也不存在表询问的疑问语气词及其构成的中性问句,因此,需要使用"VP 不 VP?""VP 不?""VP 曼?"等正反问形式来代替②。就揣测求证问来看,当方言里存在不止一个表达揣测求证意义的疑问语气词时,由于不同的语气词存在语义差异,揣测求证问句内部还可区分为不同的小类。以湖北安陆的江淮官话和广东广州的粤语为例。在安陆方言③中,用于揣测求证问句的疑问语气词有"吵、吧、哦"。三个疑问语气词构成的是非问句具有不同的表义功能:"S+吧?"表示对不太确定的客观情况的猜测;"S+哦?"表示对某种事实或情况的推测;"S+吵?"表示对自己想法的求证。在广州方言④中,用于揣测求证问句的疑问语气词有"咧、啩、嘀"。三个疑问语气词构成的是非问句具有不同的表义功能:"S+咧?"表示对事实不出所料的求证;"S+啩?"表示对已存在的或将要发生的未知情况的揣测;"S+嘀?"表示对自己的观点寻求认同的求证。其中,"S+咧?"和"S+啩?"分别相当于普通话"S+

---

① 李孝娴:《固始方言问句系统考察》,硕士学位论文,华中师范大学,2003年,第8页。

② 周洪学:《湖南安仁方言语法研究》,博士学位论文,华中师范大学,2012年,第142—143页。

③ 盛银花:《安陆方言语法研究》,华中师范出版社2010年版,第57、66、94页。

④ 彭小川:《广州话是非问句研究》,《暨南学报》(哲学社会科学版)2006年第5期。

吧?"的部分表义功能;而"S+嚙?"相当于普通话的"S,对吧?"。上述两类特征在方言里多有体现,语气词是非问在不同方言分区的情况并不统一。这种多样性,也正是方言区别于普通话的一个重要特征。

总体来看,汉语方言与共同语的是非问句主要表现出"同中有异"的特征。这里的"异"主要体现在两个方面。其一,与普通话相比,方言里的升调是非问句具有多种表义功能。其二,与普通话相比,方言里能够用于是非问句的疑问语气词具有数量多、表义细化的特征,但在部分方言点并不存在纯粹表询问的疑问语气词。

## 二 选择问对比

选择项并列结构是构成选择问句的核心要件。就其构成要素来看,主要包含两部分,一是至少两个选择项,二是特定的连接方式。方言里的选择问句与共同语里的选择问句大体上都具备上述两个构成要素。不同之处主要在于连接方式的类型和选择问句的结构两个方面。其中,选择问句在结构形式上的不同特征主要源于其连接方式的不同性质。

首先,在连接方式上,共同语里连接选择项的方式主要表现为:使用连接词"是、还是"作为基本连接手段;使用疑问语气词"呢"及语音停顿作为辅助连接手段。与共同语相比,方言里主要存在连接词、语气词、语调三类基本连接手段。其中,连接词是方言和普通话的共有类型,但在方言里的形式更为多样;语气词和语调是方言的特有类型。三类连接方式的具体特征如下。

具有连接功能的连接词,"是"和"还是"既是方言与普通话的共有词语,也是方言里使用频率最高的词语。此外,在方言中,与"是"相当的连接词还有粤语、客家话里的"系/係"。与"还是"相当的连接词还有西南官话、江淮官话、吴语里的"还",闽语里的"固是、抑是、野是、抑",粤语里的"定、定系、定是、抑或、咖是",以及客家话里的"还就、还系、抑系"等。这些连接词多使用于非官话方言,具有鲜明的方言特征和地域特色。

具有连接功能的语气词,主要存在"吗"和"啊"两类。"吗"类语气词常见于西北官话方言和西南官话;"啊"类语气词常见于晋语、赣语、湘语、吴语、客家话,在东北官话、中原官话、闽语的部分方言点也有所使用。然而,在普通话里,语气词"吗"和"啊"都不具有连接功能,仅表语气意义。

具有连接功能的语调,主要表现为"扬—抑"的语调模式。

以上三种连接方式,就使用频率来看,最为常用的是连接词,其次是语气词,而语调的方式多在日常交际中灵活使用。就使用范围来看,部分方言点可以同时使用连接词和语气词作为连接手段,构成混合式选择问句。

其次,与普通话相比,汉语方言的选择问句具有多种结构形式。这一特征在双项选择问句和多项选择问句中均有体现。

在双项选择问句(前后选择项分别表示"X"和"Y")中,根据连接方式的不同,选择问句往往具有不同的结构形式。具体而言,主要包括三种情况。第一,当选择问句以连接词①作为连接手段时,方言与普通话共有的结构形式主要有五种:①"是 X 还是 Y";②"X 还是 Y";③"是 X 是 Y";④"X 是 Y";⑤"还是 X 还是 Y"。其中,第一、第二种形式是方言与普通话里最为常用的基本形式,第三种形式次之;第四种形式是方言里的常用形式,第五种形式使用于部分方言点,在普通话里这两种形式使用得较为有限。此外,方言中还存在"是 X - Y?""还是 X 是 Y?""还是 X - Y?"三种特有形式。在现有资料中,提及存在"是 X - Y?"的方言点有河南驻马店、湖北天门、贵州遵义、广西荔浦、山西和陕西部分地区、

---

① 方言里的连接词具有多种表现形式,但总体上可划归为"是"和"还是"两类,这里统一用"是"和"还是"表示。

浙江绍兴柯桥、广西贺州；存在"还是 X 是 Y？"的方言点有山东龙口、巨野和湖北天门；存在"还是 X - Y？"的方言点有贵州遵义。第二，当选择问句以语气词"M"作为连接方式时，选择问句的结构形式是"X + M + Y"，这是方言里的特有形式。其中，语气词"M"附于选择项"X"末尾，"X + M"与选择项"Y"之间基本不存在语音停顿。第三，当选择问句同时使用连接词和语气词作为连接方式时，选择问句主要存在三种结构形式：①"X + M + 是/还是 + Y"；②"还是/是 + X + M + 还是/是 + Y"；③"是 + X + M + Y"。这三种形式也是方言里的特有形式。

在多项选择问句中，不同的连接方式往往可以构成不同的选择问形式。以三项选择问（各选择项分别表示为"X""Y""Z"）为例。在同时使用连接词和语气词作为连接方式的方言点，三项选择问多混用两种连接方式，其结构形式具体表现为：X 项后使用语气词连接 X 项与 Y 项，Z 项前使用连接词"还是"与前两项相连接，即表示为"X + M + Y，还是 Z？"。在普通话中，由于不存在语气词这种连接方式，三项选择问多使用连接词连接各个选择项，在结构形式上与方言里由连接词构成的三项选择问类似。

总体来看，汉语方言与共同语的选择问句主要表现出两点不同：一是方言里的连接词具有不同的表现形式，呈现鲜明的地域特色；二是方言里的部分语气词具有连接功能，这类语气词既可单独使用，也可与连接词组配使用，正是这种使用上的灵活性使得方言里的选择问句呈现多种结构形式。

### 三　正反问对比

由于疑问手段的不同，汉语方言与共同语具有不同的正反问类型。在方言中，构成正反问句的疑问手段主要有两种，一是正反并列结构，二是疑问副词。据此，方言里的正反问句主要存在正反式正反问、简省式正反问和副状式正反问三种类型。但在普通话中，构成正反问句的疑问手段是正反并列结构，因此，共同语里的正反问句只存在正反式正反问和简省式正反问两种类型。这是方言与共同语在正反问句类型上的一个显著区别。由于副状式正反问的方言特有性，我们在这里主要以正反式正反问和简省式正反问为比较对象，考察方言与共同语之间的差异。

正反式正反问、简省式正反问以正反并列结构为疑问手段。方言与共同语里的正反并列结构可以分为两类：①当肯定项与否定项同时存在时，构成肯定项与否定项并列的结构形式"VP + Neg + VP"。以"VP"为动宾短语"VO"为例，存在"VO + Neg + VO""V + Neg + VO"和"VO + Neg + V"三种形式。②当否定项中仅出现否定词时，构成肯定项与否定词并列的结构形式"VP + Neg"。其中，"VP"可以是谓词或谓词性短语。简言之，方言与共同语存在"VO + Neg + VO""V + Neg + VO""VO + Neg + V"和"VP + Neg"四种共有形式。从语表形式上看，"VO + Neg + VO"是完整式，"V + Neg + VO"是前省宾语式，"VO + Neg + V"是后省宾语式，"VP + Neg"是后省动宾式。根据否定词的不同，上述四种结构形式可分别表示为"VO 不 VO""VO 没 VO""VO 不 V""VO 没 V""V 不 VO""V 没 VO""VP 不""VP 没"。

需要特别指出的是，在历时层面上，"VO + Neg + V"和"VP + Neg"并非由"VO + Neg + V"删略部分语言成分而来。张美兰指出，从正反问句历时发展的轨迹来看，这几种格式是并存的，大体上应是"先有'V 不'式，之后扩展为'V 不 V'，再扩展为'VO 不 V'，再扩展为'VO 不 VO'"①。在这里，我们仅从共时层面出发考察各类结构形式。

就共时层面来看，汉语方言和共同语在"VP + Neg + VP"问句和"VP + Neg"问句上的差异主要体现在结构形式的使用与语义内涵的表达两个方面。

首先，在结构形式的使用上，方言与共同语主要存在三点特征。

---

① 张美兰：《近代汉语语言研究》，天津教育出版社 2001 年版，第 175 页。

第一，在方言与共同语中，各类形式的使用比重不同，这主要存在两个方面的不平衡性，一是不同形式类型之间的不平衡性，二是不同否定词之间的不平衡性。在这两点上，方言与共同语具有一定的相似性。具体而言，在方言和共同语中，使用较多的形式是"V 不 VO""VP 不"和"VP 没"，其次是"VO 不 VO"和"VO 不 V"，较少使用的是"VO 没 VO""V 没 VO"和"VO 没 V"。总体来看，在由"不"类否定词构成的正反问句里，多使用"V 不 VO"和"VP 不"；在由"没"类否定词构成的正反问句里，多使用"VP 没"。

与共同语不同的是，方言里还存在一种特殊情况，即"不"类否定词构成"VP 不 VP"问句，而"没"类否定词构成"VP 没"问句，两类问句在语义上呈现互补关系。

第二，在方言与共同语中，带有可能补语的正反问句具有不同的表现形式。具体来看，共同语的能性述补问句主要表示为"V 得 C – V 不 C"。其中，当补语"C"为动词"得"时，能性述补问句表示为"V 得 – V 不得"。方言的能性述补问句主要有六种形式：① "V 得 C – V – Neg – C"；② "V – Neg – V 得 C"；③ "V 得 C – Neg"；④ "VC 了 – V – Neg – C"；⑤ "VC – V – Neg – C"；⑥ "VC（了） – Neg"。这六种形式的使用范围不同。具体而言，第一种和第二种形式的使用范围最为广泛，可使用于西南官话、湘语、吴语、粤语、客家话、平话以及部分江淮官话、赣语、土话中，而第三种形式多穿插使用于上述各类方言中，如成都、重庆、贵州境内的西南官话，广西境内的粤语、客家话、平话等；后三种形式的使用范围较为有限，主要使用于冀鲁官话、中原官话以及晋语中。此外，在部分方言点，还可以同时存在两种或两种以上的能性述补问句，但往往使用频率不同。以山西包头的晋语和湖南新化的湘语为例。在包头方言中，同时存在"VC – V – Neg – C"和"VC

（了）- Neg"两种形式，以第二种形式最为常用。例如①：

（34）拿动拿不动？
（35）拿动（嘞）不？

在新化方言中，"V 唔 V 得 C"是最常用的结构形式，当补语为单音节动词或形容词时，还可以使用"V 得 C – V 唔 C"式。例如②：

（36）你拿唔拿得动？
（37）你拿得动拿唔动？

第三，与共同语相比，方言里还存在两种特殊的正反问类型，即紧缩式正反问和是非式正反问。这两类问句的特殊性主要在于，它们是正反式正反问和简省式正反问高频使用下的产物。具体而言，紧缩式正反问和是非式正反问存在三点特征。首先，两类问句都具有原型问句。紧缩式正反问的原型问句是"VP + Neg + VP"。当"VP"为光杆双音节动词或形容词、谓词性短语等形式时，紧缩式正反问的原型问句为"VP + Neg + VP"的前省式。是非式正反问的原型问句是"VP + Neg"，且问句末尾经常带有语气词。其次，两类原型问句都是方言里的常用句式。例如，在湖南安仁方言中，"V 不 VO"问句是常用形式，在频繁地使用中，随着语流速度的加快，否定词"不"逐渐脱落，构成紧缩式正反问

---

① 例句引自郭利霞《汉语方言疑问句比较研究——以晋陕蒙三地为例》，南开大学出版社 2015 年版，第 215、219 页。
② 邵敬敏等：《汉语方言疑问范畴比较研究》，暨南大学出版社 2010 年版，第 57 页。

"VVO"①。在湖南衡阳方言中,"VP 不欸"和"VP 冇欸"是常用形式,在长期使用中,"不欸"逐渐合音为"呗","冇欸"逐渐合音为"嘞",分别构成是非式正反问"VP 呗"和"VP 嘞"②。最后,原型问句能够与紧缩式正反问和是非式正反问并存共用,且具有不同的语用特征。

其次,在语义内涵的表达上,方言和共同语的正反式正反问和简省式正反问主要表达两种语义内涵,一是询问尚未发生的动作行为及人的主观意愿;二是询问已经发生或完成的动作行为及客观情况。不同之处主要在于表达语义内涵的方式上。在共同语中,不同的语义内涵主要通过不同的否定词表达出来。具体而言,由"不"构成的两类正反问句用于询问未然事件及主观意愿,由"没"构成的两类正反问句用于询问已然事件及客观情况。在方言中,不同语义内涵的表达主要存在两种方式。其一,通过不同的否定词表达不同的语义内涵,这与共同语类似,也是方言里的常用方式;根据否定词的不同意义,多数方言点都存在"不"类否定词和"没"类否定词,部分方言点的"没"类否定词是在"不"类否定词的基础上添加已然语素"曾"构成的。此外,在有的方言点,还存在使用同一个否定词表达不同语义内涵的情况。其二,通过不同的动态助词或语气词表达不同的语义内涵,这种方式既存在于河北、山西、陕西、内蒙古等地的晋语中,也存在于上海、崇明,浙江嘉兴、湖州、宁波、天台、黄岩等地的吴语中。由这种方式构成的正反问句,具有相同的正反并列结构,不同语义内涵的表达主要靠在句中添加不同的助词来实现。

总体来看,汉语方言与共同语在正反式正反问和简省式正反问上的主要区别在于结构形式的使用和语义内涵的表达两个方面。汉

---

① 周洪学:《湖南安仁方言语法研究》,博士学位论文,华中师范大学,2012年,第143、153页。
② 彭兰玉:《衡阳方言语法研究》,博士学位论文,湖南师范大学,2002年,第69页。

语方言在上述两方面均表现出多样性的特征。

### 四 特指问对比

汉语方言和共同语的特指问句，在类型、结构、语义等方面基本相同，而主要的不同之处体现在疑代式特指问的疑问代词和简省式特指问的疑问语气词两个方面。

首先，就疑问代词来看，方言与共同语的区别主要表现在两个方面。

第一，疑问代词的基础形式不同。共同语里的疑问代词主要存在"谁、什么、哪、几、多、怎"等基础形式。而方言里的疑问代词大体上存在"谁、什么、甚/什、啥、么₁①/吗/嘛、乜₁②/脉、哪/唧、几、多、好、偌、怎、咋、么₂③、乜₂④、底、边、阿、何、点、样"等多种基础形式。在疑问内容上，方言与共同语呈现出"多对一"的特征。具体对应如下：方言里的"谁"对应于共同语里的"谁"；方言里的"什么、甚/什、啥、么₁/吗/嘛、乜₁/脉、何、底"对应于共同语里的"什么"；方言里的"哪/唧、底、边、阿/呀、何"对应于共同语里的"哪"；方言里的"几"对应于共同语里的"几"；方言里的"多、好、偌"对应于共同语里的"多"；方言里的"怎、咋、么₂、乜₂、何、点、样"对应于共同语里的"怎"。

第二，疑问代词的构成方式不同。在汉语方言与共同语里，疑问代词都存在基础形式和复合形式两种类型，且复合形式均是在基础形式后添加语素或词构成的合成词或短语。但在部分方言中，具有双音节复合形式的疑问代词还可通过合音和脱落部分语素的方式

---

① "么₁"，相当于普通话的"什么"。
② "乜₁"，相当于普通话的"什么"。
③ "么₂"，相当于普通话的"怎么"。
④ "乜₂"，相当于普通话的"怎么"。

构成单音节疑问代词。通过合音方式构成的单音节疑问代词主要存在两种情况，一是对近代汉语"啥、咋"等的继承，二是在现代汉语方言词的基础上进一步发生合音。以第二种情况为例。如河南洛阳方言的"谁家"合音读作[sia³¹]①；山西平遥方言的"□[ɕya¹³]"是"谁家"的合音②；江苏苏州方言的"捺亨"合音读作[n ã³¹]③；广东佛山方言的"咩[mɛ⁵⁵]"是"乜嘢[mɐt⁵ ja¹³/jɛ¹³]"的合音④，海康方言的"底侬"合音读作[tiang²]⑤；福建泉州方言的"若夥"合音读作[lua⁴]，漳州、厦门方言的"若夥"合音读作[lua⁶]⑥。在上述两类合音形式的基础上还可添加新的疑问语素或体词性语素构成叠加的复合形式，新的复合形式具有与原合音形式相同的疑问内容。例如，江西宜春方言询问事物的"啥吗[ɕia⁵³·ma]"是由"什么"合音之后添加疑问语素"吗"而构成的⑦；福建宁化方言询问事物的"啥么"是由"什么"合音之后添加疑问语素"么"而构成的⑧；山西芮城方言询问方式的"作[tsuɤ³¹]"是"怎么"的合音，以其为基础可构成疑问代词"作个儿"⑨。

通过脱落部分语素的方式构成的单音节疑问代词也主要存在两

---

① 贺巍：《洛阳方言研究》，社会科学文献出版社1993年版，第21页。
② 郭利霞：《汉语方言疑问句比较研究——以晋陕蒙三地为例》，南开大学出版社2015年版，第124页。
③ 石汝杰：《苏州方言的代词系统》，载李如龙、张双庆编《代词》，暨南大学出版社1999年版，第99页。
④ 黄丽华：《佛山粤语的代词研究》，硕士学位论文，暨南大学，2007年，第34页。
⑤ 李如龙：《闽南方言的代词》，载李如龙、张双庆编《代词》，暨南大学出版社1999年版，第278页。
⑥ 李如龙：《闽南方言的代词》，载李如龙、张双庆编《代词》，暨南大学出版社1999年版，第282页。
⑦ 汪化云：《汉语方言代词论略》，巴蜀书社2008年版，第155页。
⑧ 汪化云：《汉语方言代词论略》，巴蜀书社2008年版，第155页。
⑨ 吕佳：《山西芮城方言疑问句研究》，硕士学位论文，山西大学，2016年，第22页。

种情况，一是脱落非疑问语素而仅保留疑问语素，二是脱落疑问语素而保留非疑问语素。第一情况，如广东广州方言的"乜"由"乜嘢"省略而来①；广西北流方言询问处所的"□［ʃin⁵⁴］啲、□［ʃin⁵⁴］处、□［ʃin⁵⁴］旁"，其中的非疑问语素"啲、处、旁"均可省略②。第二种情况，如海南屯昌方言询问处所的"底带"，其中的疑问语素"底"可省略，而由"带［ʔde³⁵］"独立充当疑问词③。

其次，就疑问语气词来看，方言里能够用于简省式特指问的疑问语气词呈现多样性的特征。这主要表现在两个方面。第一，从语音形式上看，各疑问语气词在声母上可区分为［n］系、［l］系以及零声母三类。第二，与共同语相比，部分方言里用于简省式特指问的疑问语气词，可以与用于正反问、选择问、疑代式特指问末尾的语气词不同，也就是说，共同语里疑问语气词"呢"的语义功能在方言中可由不同的语气词共同承担。以简省式特指问和疑代式特指问为例。在安徽安庆，疑代式特指问末尾可使用语气词"啰、哦、哟"，简省式特指问使用"唻"④；在河北张家口，疑代式特指问末尾可使用语气词"嘞"，简省式特指问使用"来"⑤；在湖北大冶，疑代式特指问末尾可使用语气词"呢［n̠i³⁵］、欸［e⁰］"，简省式特指问使用"□［le³⁵］"⑥。

总体看来，方言与共同语在特指问句上的区别主要表现在两个方面，其一，方言中疑问代词的基础形式丰富，与普通话呈现"多对一"的特征，双音节复合形式的疑问代词还可通过合音或

---

① 邵敬敏等：《汉语方言疑问范畴比较研究》，暨南大学出版社2010年版，第113页。
② 李芒：《北流话研究》，广西民族出版社2012年版，第285页。
③ 钱奠香：《海南屯昌闽语语法研究》，云南大学出版社2002年版，第38页。
④ 鲍红：《安庆方言研究》，安徽教育出版社2016年版，第244—245页。
⑤ 宗守云：《张家口晋语特殊的疑问句形式及其类型学价值》，载盛益民等编《汉语方言疑问范畴研究》，中西书局2017年版，第164页。
⑥ 汪国胜：《湖北大冶话的语气词》，《方言》1995年第2期。

脱落部分语素的方式构成单音节疑问代词。其二，方言中用于简省式特指问的疑问语气词丰富，但就同一方言点来看，可用于疑代式特指问末尾的语气词更为多样，其虽然不是成句的必要因素，却能够帮助疑问信息的传达，往往伴随着特定的语气意义。

# 第 八 章
# 结　　语

## 第一节　基本认识

### 一　关于方言的是非问

在是非问句中，表达疑问的手段有两种：①疑问语调；②疑问语气词。根据疑问手段的不同，是非问句可分为语调型是非问和语气词是非问。

1. 语调型是非问

语调型是非问以特定的语调为疑问手段，由表陈述的短语和句末语调两部分构成。根据语调的不同，语调型是非问存在升调是非问、低平调是非问和降调是非问三种下位类型。三类问句具有不同的表义功能。具体而言，升调是非问主要具有三种表义功能：其一，表达一般询问；其二，表达揣测性求证；其三，表达诧异、怀疑等心理情绪或主观态度。揣测性求证可引申出寒暄问候的意义，诧异、怀疑的情绪或态度可引申出反诘意义。低平调是非问和降调是非问的表义功能单一，前者主要表达求证语气，后者主要表达反诘语气。就方言分布来看，语调型是非问广泛分布于官话方言和非官话方言，涉及大部分地域。但并不是所有方言点都存在语调型是非问。就方言使用来看，多数方言点都以升调是非问为主要形式，多表诧异、怀疑；也有少数方言点可同时使用两种，甚至三种语调型是非问。

2. 语气词是非问

语气词是非问以疑问语气词为疑问手段，由表陈述的短语和疑问语气词两部分构成。根据疑问语气词的不同，语气词是非问可分为"吗"类是非问和"吧"类是非问。两类问句各具特征。首先，"吗"类是非问句使用相当于普通话"吗"的疑问语气词，根据表义功能的不同，包含中性问和诧异问两种类型。方言里的中性问和诧异问主要存在两点特征：① 两类问句既可使用相同的疑问语气词也可使用不同的疑问语气词；② 普通话里表达诧异、怀疑的"吗"在方言中可由不同的疑问语气词共同充任。其次，"吧"类是非问句使用相当于普通话"吧"的疑问语气词，根据表义功能的不同，包含揣测求证问和建议征询问两种类型。方言里的揣测求证问句和建议征询问句主要存在三点特征：①用于揣测求证问和建议征询问的疑问语气词各不相同；②普通话里表达揣测求证的"吧"在方言中可由不同的疑问语气词共同充任，不同的语气词具有不同的疑惑程度、表义重点和时体意义；③"吧"类是非问句可用于表达附加问的意义，句末疑问语气词在语义上与普通话里附加问句所表达的语义内涵相当。就方言分布来看，"吗"类是非问句的方言分布存在一定限制。具体而言，有的方言点不存在"吗"类是非问句，有的方言点仅存在诧异问句。在不使用"吗"类是非问的方言点，一般使用正反问和升调是非问分别弥补中性问和诧异问的空缺；在不使用中性是非问的方言点，一般使用正反问来弥补问句类型的空缺。

## 二 关于方言的选择问

在选择问句中，选择项并列结构存在五种连接方式：①使用"是"类和"还是"类连接词连接选择项；②使用"吗"类语气词或"啊"类语气词连接选择项；③使用特定的语调连接选择项；④同时使用连接词和语气词连接选择项；⑤直接并列选择项。根据连接方式的不同，选择问句可分为连接词选择问、语气词选择问、语调式选择问、混合式选择问和意合式选择问。

1. 连接词选择问

连接词选择问根据连接词的不同位置可形成七种组配形式：①"是 X 还是 Y?"；②"是 X 是 Y?"；③"还是 X 还是 Y?"；④"还是 X 是 Y?"；⑤"X 还是 Y?"；⑥"X 是 Y?"；⑦"是 X - Y?"。其中，第一种形式是使用范围广泛的基础形式，X 项前的"是"往往可以省略，这与普通话的情况相同。第二种和第六种形式常用于方言中，在普通话中也可使用。第三种、第四种和第七种形式多用于方言中，后两种形式在普通话中基本不用。当在选择项末尾添加语气词时，主要表达舒缓、委婉的语气，还可表达深究、提醒、强调、犹豫不决等语气意义或不耐烦的主观情绪。

2. 语气词选择问

语气词选择问由"吗"类和"啊"类语气词连接选择项。不同的语气词具有不同的方言分布。"吗"类语气词主要分布于两块区域：一是宁夏、新疆、甘肃、青海、山西、陕西等地，这一区域的"吗"类语气词可读作"［·ma］、［mu$^3$］、［m A$^0$］"等，记作"吗、么、麼、嘛"等；二是云南、贵州、四川等地，这一区域的"吗"类语气词可读作"［mæ$^{55}$］、［mæ$^{12}$］、[mɒ$^{55}$]、[mai$^{55}$]、[me$^{33}$]、[mo$^{33}$]"等，记作"唛、麼、嚜、么"等。"啊"类语气词主要分布于内蒙古、山西、湖南、安徽、江西、浙江、福建、广东等地。两类语气词由疑问语气词发展而来，附加于前选择项末尾，具有传疑和连接选择项的双重功能。

3. 混合式选择问

混合式选择问由连接词和语气词共同连接选择项。主要存在三种混合方式：①连接词和语气词并列用于前后选择项之间；②连接词和语气词同时用于前选择项，再由连接词连接后选择项；③连接词用于前选择项，再由语气词连接后选择项。前两种方式在方言里较为常见，后一种方式在方言里使用较为有限。

4. 意合式选择问

意合式选择问通过直接并列选择项构成选择问句。根据是否带有语气词可分为两类：①不带语气词的意合式选择问，前后选择项多衔接紧密，也可稍作停顿；②带语气词的意合式选择问，语气词既可成对出现于选择项末尾，也可单独出现于后选择项末尾。部分方言里，成对出现的语气词可表达时体意义。

上述四类选择问句具有不同的方言分布。连接词选择问在方言里的分布最为广泛，涉及大部分地域。语气词选择问根据语气词的不同具有不同的方言分布，在宁夏、甘肃、新疆境内的兰银官话区以及甘肃、青海、陕西、山西境内的中原官话区，语气词选择问是主要的选择问类型，虽然也可在问句中添加连接词以强化选择关系，但这种混合形式并不常用，问句中的连接词也可有可无。混合式选择问在方言里的分布较为有限，在使用这类问句的方言点，往往同时存在语气词选择问，还可以是连接词选择问、语气词选择问和混合式选择问三者并用。意合式选择问集中分布于三处，一是山东、河南、安徽北部的中原官话区以及山东境内的冀鲁官话区；二是河北、陕西北部、山西、内蒙古境内的晋语区；三是广西境内的西南官话区、粤语区及平话区。

## 三 关于方言的正反问

在正反问句中，表达疑问的手段有两种：①正反并列结构；②疑问副词。根据疑问手段的不同，正反问句可分为正反式正反问、简省式正反问和副状式正反问。部分方言点还存在紧缩式正反问和是非式正反问两种特殊类型。

1. 正反式正反问

正反式正反问根据否定副词的不同可分为"VP 不 VP"类问句和"VP 没 VP"类问句；根据结构形式的不同可分为完整式、前省式和后省式。在同时使用"VP 不 VP"类问句和"VP 没 VP"类问句的方言里，否定副词既可使用不同的形式表达不同的意义，也可使用同一种形式表达不同的意义，还可在表未然的形式基础上添加已然语素表达不同的意义。当问句含有可能补语时，主要存在三种结构形式：①带助词"得"的"V 得 C – V – Neg – C"式和"V – Neg – V 得 C"式；②带助词"了"的"VC 了 – V – Neg – C"式；③直接联结的"VC – V – Neg – C"式。

2. 简省式正反问

简省式正反问根据否定词的不同可分为"VP + 一般否定词""VP + 复合否定词"和"肯定词 + VP + 特殊否定词"三类。其中，"复合否定词"由否定语素和表"曾经"意义的语素"曾"复合而成，还可在此基础上形成合音式和脱落式；"特殊否定词"须与肯定词构成正反对举。问句的形式与语义之间存在一对一和一对多的关系。

3. 紧缩式正反问

紧缩式正反问以"VP + Neg + VP"为原型问句，通过脱落否定副词而构成紧缩形式，多用于询问尚未发生的动作行为或人的主观意愿，在特定语境下可反映说话者急切、急躁的主观情态。在其形成过程中，原型问句、紧缩方式、类推机制扮演着重要的角色。

4. 是非式正反问

是非式正反问是"VP + Neg"问句的拓展、衍生形式，由肯定形式的"VP"和句末疑问词两部分组成，句末疑问词来源于"VP + Neg"问句末尾的否定词与语气词的合音。它虽然具有与是非问句类似的结构形式，却表现出正反问句的性质，主要存在三点特征：① 在语义上只能表示无倾向性询问；②在答语上要求选择"正"或"反"的形式作答；③ 能够与其他正反问形式并存共用，但在语用目的、语气强弱及适用范围上有所不同。

5. 副状式正反问

副状式正反问根据疑问副词的不同可分为"可 VP""格 VP""阿 VP""敢 VP""阿/咸/有（+ Neg）VP""得（是）VP""是不/是没/口 [ˢʃ] VP"七类。主要存在三点特征：①在语义上通过变换疑问副词的语音、语形以及在句中添加动态助词或语气词来表达不同的时体意义；②在形式上前四类可与是非问、正反问、选择问、特指问构成混合问句，前五类存在带有肯定倾向的"F 是 VP"问句；③疑问副词的主要功能是显示疑问焦点，与句中的其他状语在分布上存在次序问题。

上述五种正反问句在方言里主要存在三点使用上的特征。第一，在部分方言点，"VP 不 VP"类问句与"VP 没"类问句搭配使用，前者用于询问未然事件及主观意愿，后者用于询问已然事件及客观情况，两类问句在语义上各司其职、分工明确。这一现象主要存在于河南境内的中原官话区及北部晋语区、湖北境内的西南官话区。第二，在部分方言点，仅存在副状式正反问"F + VP"这一种问句类型。这一现象主要存在于河南固始、山东胶东半岛地区的胶辽官话区、云南境内的西南官话区、安徽境内的江淮官话区、江苏境内的部分江淮官话区及吴语区、广东北部的客家话区。第三，由于紧缩式正反问和是非式正反问的特殊性，在使用这两类问句的方言点往往同时使用正反式正反问和简省式正反问。

## 四 关于方言的特指问

在汉语方言中，特指问句根据形式特征可分为疑代式特指问和简省式特指问。

疑代式特指问以疑问代词作为疑问手段。方言里的疑问代词存在基础形式和复合形式两类。基础形式主要有"谁、什么、甚/什、啥、么/吗/嘛、乜/脉、哪、几、多、好、倄、怎、咋、底、边、阿、何、点、样"等。复合形式是在基础形式后添加语素或词构成的合成词或短语。

询问人的"谁"类疑问代词主要存在四种形式：①使用"谁"；②使用"哪个、哪人、奈侪"等表示"谁"；③使用"么人、啥人、乜人、底侬、孰人、瞒人"等表示"谁"；④使用"何个、何人"等表示"谁"。

询问事物的疑问代词根据基础形式的不同，主要存在七种形式：①"什么"类；②"啥"类；③"甚/什"类；④"么/乜/脉"类；⑤"何"类；⑥"底"类；⑦"哪"类。这七种形式的疑问代词均可用于指称性询问，相当于普通话里的"什么"。

询问数量的疑问代词根据询问内容的不同可分为"几"类和"多少"类。其中，"几"类疑问代词在不同方言里的形式一致；而"多少"类疑问代词则存在一定的差异，具体可分为"多少、几多、好多、偌/偌多"四类。这四类疑问代词多与"几"搭配使用，具有不同的方言分布。

询问程度的疑问代词多与询问数量的疑问代词相关联，相当于普通话里的"多、多么"，大体上分为"多"类、"几"类、"好"类和"偌"类。

询问处所的疑问代词由询问事物的"什么"类和"哪"类疑问代词后添加表处所意义的名词或语素（表示为"X"）而构成。根据基础形式的不同，主要存在五种形式：①"什么+X"类，其中"什么、啥、甚/什、么、乜嘢"等是构成处所类疑问代词的基础形式，相当于普通话里的"什么"；②"哪+X"类；③"底/边+X"类；④"阿/呀+X"类；⑤"何+X"类。

询问时间的疑问代词由询问事物的"什么"类和"哪"类疑问代词后添加表时间意义的名词或语素（表示为"X"）而构成。根据基础形式的不同，主要存在五种形式：①"什么+X"类，其中"什么、啥、甚/什、么、何、乜嘢"等是构成时间类疑问代词的基础形式，相当于普通话里的"什么"；②"哪+X"类；③"阿+X"类；④"几+X"；⑤"多+X"类。

询问方式的疑问代词根据基础形式的不同，主要存在七种形式：①"怎"类；②"咋"类；③"么"类；④"何"类；⑤"哪"类；⑥"底/点"类；⑦"样"类。

询问原因的疑问代词主要包括两类。①与询问方式的疑问代词相关联。这类疑问代词是以疑问语素"怎、咋、么、何、哪、底"

等为基础形式构成的复合形式,相当于普通话里的"怎么",其分布与询问方式的疑问代词基本一致。②与询问事物的疑问代词相关联。这类疑问代词主要是在询问事物的"什么"类、"啥"类、"甚"类、"么"类、"哪"类疑问代词前添加"为、做、搞、干"等动词性或介词性成分构成结构凝固的短语词,相当于普通话里的"为什么",其分布与询问事物的疑问代词基本一致。

简省式特指问是由非疑问形式后添加疑问语气词而构成的特殊问句类型。用于简省式特指问的疑问代词根据声母的不同可分为"［l］"系、"［n］／［ŋ］"系和零声母三类。

## 五 关于疑问句的联系

首先,在汉语方言里,不同类型的疑问句在语义上可形成互补关系。主要包括三点。

第一,"吗"类是非问句与正反问句的语义互补。例如:在山东章丘等地的冀鲁官话,河南浚县、固始等地的中原官话,湖北武汉、贵州遵义等地的西南官话,湖北大冶、湖南安仁、江西铅山等地的赣语中,"吗"类是非问句用于表示有倾向性的询问,正反问句用于表示无倾向性的询问,两类问句在语义上形成互补。

第二,"VP + Neg + VP"问句与"VP + Neg"问句的语义互补。例如:在河南北部晋语区及郑州、开封、洛阳、巩义、浚县等地的中原官话,湖北长阳、当阳、恩施、荆门、荆州、宜都等地的西南官话中,"VP不VP"类问句用于询问未然事件及主观意愿,"VP没"类问句用于询问已然事件及客观情况,两类问句在语义上各司其职。

第三,"F + VP"问句与"VP + Neg"问句的语义互补。例如:在河南淮滨及安徽凤阳、霍邱、金寨、阜南等地的中原官话,"F + VP"问句用于询问未然事件及主观意愿,"VP没"类问句用于询问已然事件及客观情况,两类问句在语义上分工明确。

其次,在汉语方言里,不同类型的疑问句在使用上存在方言差异。主要包括两点。

第一，有的问句类型在特定方言里少用或不用，缺失的类型多由其他类型补足。例如：缺失"吗"类是非问句的方言主要有陕西境内的中原官话关中片、秦陇片，河南境内的中原官话郑开片，河北、陕西、山西境内的晋语等，在这些方言点多使用正反问句和升调是非问句分别弥补中性问句和诧异问句的空缺。

第二，有的问句类型在特定方言里经常使用，常用的类型多可衍生出特殊形式。例如：湖北安陆方言里的"V不VO"问句，在频繁使用中否定副词"不"逐渐脱落，构成紧缩式正反问"VVO"。湖南长沙方言里的"VP不啦"问句，在长期使用中否定副词"不"和语气词"啦"逐渐合音，构成是非式正反问"VP吧"。

最后，在汉语方言里，疑问句内部的形义差异体现出方言发展的不同步。

以是非式正反问句为例。是非式正反问句是正反问句向是非问句发展的过渡形式。正反问句向是非问句的发展大体上可分为四个阶段：VP+否定词+语气词→VP+合音词（合音词合而可分）→VP+合音词（合音词合而难分，VP只能是肯定形式）→VP+疑问语气词（VP可以是否定形式）。不同方言的发展进程并不一致。例如：在湖北大冶方言里，"VP吧"问句和"VP吗"问句处于第二阶段，尚未完成演变而仍然具有正反问句的性质；在广东广州方言里，"VP嘛"问句处于第三阶段，基本完成演变而更多地具有是非问句的性质；在山东临淄方言里，"VP吗"问句处于第四阶段，已经完成演变而成为真正的是非问句。不同方言里的共时差异正是其历时发展不同阶段的客观反映。

## 第二节　几点思考

### 一　研究内容

汉语方言中的许多语法现象，看似复杂多样，实则在这复杂性和多样性背后隐藏着诸多共性规律。疑问范畴是重要的"语法·语义范畴",本书的研究以疑问范畴为着眼点,对比考察不同方言里的具体表现形式,探寻不同疑问形式之间的共性联系和个性差异。这种考察应是双向的,具体而言,既要定位于疑问意义,考察表达疑问意义的不同形式手段;又要定位于疑问手段,考察不同疑问手段所表达的疑问意义。因此,对汉语方言疑问范畴的比较研究,既要透过意义比较形式,又要透过形式比较意义,这两个方面的内容缺一不可。遵循这一原则,我们主要进行了三项工作:一是广泛搜集方言语料,全面整合、归纳不同方言里的疑问句类型,从共时层面对汉语方言里的各类疑问句进行整体勾勒;二是在整体感知的基础上,系统描写各类疑问句的语形、语义、语用特征,多角度探究各类疑问句的方言特色;三是根据现已收集到的资料,细致梳理各类疑问句的地域分布及方言使用情况。

除此之外,我们还可对以下内容进行更为深入、细致的考察。

第一,在是非式正反问句向语气词是非问句转变的进程中,存在合音词向疑问语气词过渡的重要环节。当合音词无法拆分,基本不具有时体限制,且只能与肯定形式相组配时,这样的合音词虽然已经具有了疑问语气词的性质,但又与真正的疑问语气词不同,因此我们将其界定为"准疑问语气词"。但这种界定只是在共时层面根据具体特征得来的。为求精准把握这类语气词的性质,我们还应该从历时层面还原其本来面貌,考察其合音过程、产生合音的条件与机制。

第二,在汉语方言中,疑问代词虽然形式多样,但不同形式之间联系密切,不少形式承继于古汉语。这一特征在非官话方言中尤为突出。对各类疑问代词的考察,应以捕捉联系、探究语源为主要的考察路径。这就需要在更广阔的空间中考察不同语言现象之间的联系。

第三,语言始终处于动态发展之中,但这一发展存在不平衡性。这种不平衡性既反映在语言内部,也反映在不同语言之间。就汉语方言来看，有的方言发展较快，在普通话、周边方言或少数民族语言的强势影响下已经逐渐脱离了本来的面貌；有的方言发展较慢，仍然较多地保留着原始风貌。因此，我们在考察各类方言事实的过程中既要把握现状，又要探究来源，搞清楚哪些是固有形式，哪些是外来形式，哪些是固有形式和外来形式混合的产物。只有这种抽丝剥茧式的考察，才能更好地了解方言的本来面貌，拟测其发展趋势。

## 二　研究方法

汪国胜先生将方言语法研究的总思路概括为"多边比较，多角考察"[①] 八个字。其中，"多边比较"主要包括"方—普"比较、"方—方"比较、"汉方言—民族语"比较以及"方—古"比较；"多角考察"主要是对方言现象分别进行语表形式、语里意义和语用价值的考察。

跨方言比较研究，就是在掌握大量单点方言语料的基础上进行多边比较、多角考察，是汉语方言语法研究的重要组成部分。通过跨方言比较，不但可以将不同的方言事实聚拢起来，把握方言语法发展的总体脉络，捕捉其共性特征与个性差异，还可以更清晰地了解所比较对象的研究现状，为单点方言的深入考察提供参考。本书是对汉语疑问范畴的跨方言比较研究，我们始终贯彻"多边比较、多角考察"的研究思路。在"多角考察"上，我们注意到纷繁复杂的方言事实总是由一条主线贯穿着。汉语的不同方言在漫长的历史发展过程中尽管形成了很多大大小小的差异，但这些差异背后仍蕴含着鲜明且稳定的共性特征。通过语表形式、语里意义、语用价值的多角度考察，对不同的方言事实进行系统的梳理与描写，尽可能客观、清晰、全面地反映方言语法的真实面貌。这样有助于我们探究不同现象之间千丝万缕的

---

① 汪国胜：《谈谈方言语法研究》，《华中师范大学学报》（人文社会科学版）2014 年第 9 期。

内在联系和共性规律。在"多边比较"上，既要在共时层面考察方言、普通话、少数民族语言之间的异同，探究方言与普通话之间、方言与方言之间、方言与少数民族语言之间的相互影响，挖掘不同现象之间的深层联系，又要从历时层面考察方言语法现象的发展过程及演变规律，进一步揭示共时差异背后的内在规律。这种兼顾共时与历时的研究视角，在跨方言比较研究中，可以帮助我们有效揭示共时现象背后的形成原因，从而更好地对复杂的方言语法现象进行辨察、分析。

# 参考文献

## 一 专著

白云、杨萌、石琦：《山西东部方言研究·左权卷》，九州出版社2012年版。

白云、杨萌、石琦：《山西东部方言研究·壶关卷》，九州出版社2012年版。

鲍红：《安庆方言研究》，安徽教育出版社2016年版。

鲍厚星：《东安土话研究》，湖南教育出版社1998年版。

鲍厚星：《长沙方言研究》，湖南教育出版社1999年版。

鲍厚星：《湘方言概要》，湖南师范大学出版社2006年版。

蔡华祥：《盐城方言研究》，中华书局2011年版。

曹广顺：《近代汉语助词》，语文出版社1995年版。

曹广顺、梁银峰、龙国富：《〈祖堂集〉语法研究》，河南大学出版社2011年版。

曹延杰：《德州方言志》，语文出版社1991年版。

曹延杰：《宁津方言志》，中国文史出版社2003年版。

陈昌来：《现代汉语句子》，华东师范大学出版社2000年版。

陈晖：《涟源方言研究》，湖南教育出版社1999年版。

陈淑静、徐建中：《定兴方言》方志出版社1997年版。

陈淑梅：《鄂东方言语法研究》，江苏教育出版社2001年版。

陈小荷：《丰城赣方言语法研究》，世界图书出版社公司北京公司2012年版。

陈晓锦：《东莞方言说略》，广东人民出版社1993年版。

陈晓锦、陈滔：《广西北海市粤方言调查研究》，中国社会科学出版社/线装书局2005年版。

陈晓锦、翁泽文：《粤语西翼考察——广西贵港粤语之个案研究》，暨南大学出版社2010年版。

陈泽平：《福州方言研究》，福建人民出版社1998年版。

储泽祥：《邵阳方言研究》，湖南教育出版社1998年版。

储泽祥：《岳西方言志》，华中师范大学出版社2009年版。

崔振华：《益阳方言研究》，湖南教育出版社1998年版。

戴昭铭：《天台方言研究》，中华书局2006年版。

邓玉荣：《富川秀水九都话研究》，广西民族出版社2005年版。

邓玉荣：《钟山县方言研究》，广西人民出版社2005年版。

刁晏斌：《〈三朝北盟会编〉语法研究》，河南大学出版社2007年版。

丁力：《现代汉语列项选择问研究》，华中师范大学出版社2003年第2版。

丁全、田小枫：《南阳方言》，中州古籍出版社2001年版。

丁声树、吕叔湘、李荣等：《现代汉语语法讲话》，商务印书馆1961年版。

董志翘、蔡镜：《中古虚词语法例释》，吉林教育出版社1994年版。

范慧琴：《定襄方言语法研究》，语文出版社2007年版。

范晓：《汉语的句子类型》，书海出版社1998年版。

方小燕：《广州方言句末语气助词》，暨南大学出版社2003年版。

房玉清：《实用汉语语法》，北京语言学院出版社1992年版。

冯春田：《近代汉语语法研究》，山东教育出版社2000年版。

冯春田：《〈聊斋俚曲〉语法研究》，河南大学2003年版。

冯桂平、曹保平：《赣语都昌方言初探》，西南交通大学出版社2012年版。

冯江鸿：《反问句的语用研究》，上海财经大学出版社2004年版。

傅惠钧：《明清汉语疑问句研究》，商务印书馆 2011 年版。

傅雨贤：《连平方言研究》，中山大学出版社 2015 年版。

付欣晴：《抚州方言研究》，文化艺术出版社 2006 年版。

甘甲才：《中山客家话研究》，汕头出版社 2003 年版。

高葆泰、林涛：《银川方言志》，语文出版社 1993 年版。

高名凯：《汉语语法论》，商务印书馆 1986 年版。

高育花：《元刊〈全相平话五种〉语法研究》，河南大学出版社 2007 年版。

顾黔：《泰兴方言研究》，中华书局 2015 年版。

郭利霞：《汉语方言疑问句比较研究——以晋陕蒙三地为例》，南开大学出版社 2015 年版。

郭攀、夏凤梅：《浠水方言研究》，华中师范大学出版社 2016 年版。

郭校珍、张宪平：《娄烦方言研究》，山西人民出版社 2005 年版。

郭校珍：《山西晋语语法专题研究》，华东师范大学出版社 2008 年版。

贺巍：《获嘉方言研究》，商务出版社 1989 年版。

贺巍：《洛阳方言研究》，社会科学文献出版社 1993 年版。

何亚南：《〈三国志〉和裴注句法专题研究》，南京师范大学出版社 2001 年版。

黑维强：《绥德方言调查研究》，北京师范大学出版社 2016 年版。

胡德明：《现代汉语反问句研究》，安徽人民出版社 2010 年版。

胡光斌：《遵义方言语法研究》，巴蜀书社 2010 年版。

胡利华：《蒙城方言研究》，合肥工业大学出版社 2011 年版。

胡明扬：《海盐方言志》，浙江人民出版社 1992 年版。

胡士云：《涟水方言研究》，中华书局 2011 年版。

胡松柏、林芝雅：《铅山方言研究》，文化艺术出版社 2008 年版。

胡松柏：《赣东北方言调查研究》，江西人民出版社 2009 年版。

黄伯荣：《陈述句、疑问句、祈使句、感叹句》，新知识出版社 1957 年版。

黄伯荣：《汉语方言语法类编》，青岛出版社1996年版。
黄群建：《阳新方言研究》，华中师范大学出版社2016年版。
黄晓雪：《宿松方言语法研究》，中国社会科学出版社2014年版。
黄昭艳：《钦州新立话研究》，西南交通大学出版社2011年版。
蒋绍愚：《近代汉语研究概况》，北京大学出版社1994年版。
蒋绍愚、曹广顺：《近代汉语语法史研究综述》，商务印书馆2005年版。
蓝小玲：《闽西客家方言》，厦门大学出版社1999年版。
兰宾汉：《西安方言语法调查研究》，中华书局2011年版。
兰玉英：《泰兴客家方言研究》，文化艺术出版社2007年版。
黎锦熙：《新著国语文法》，商务印书馆1956年第23版。
李滨：《闽东古田方言研究》，厦门大学出版社2014年版。
李崇兴：《宜都方言研究》，华中师范大学出版社2014年版。
李冬香：《岳阳柏祥方言研究》，文化艺术出版社2007年版。
李建校：《榆社方言研究》，山西人民出版社2007年版。
李连进、朱艳娥：《广西崇左江州蔗园话比较研究》，广西师范大学出版社2009年版。
李芒：《北流话研究》，广西民族出版社2012年版。
李启群：《吉首方言研究》，民族出版社2002年版。
李如龙、张双庆：《代词》，暨南大学出版社1999年版。
李如龙：《闽南方言语法研究》，福建人民出版社2007年版。
李如龙：《汉语方言学》，高等教育出版社2007年第2版。
李如龙、邓晓华：《客家方言研究》，福建人民出版社2009年版。
李泰洙：《〈老乞大〉四种版本语言研究》，语文出版社2003年版。
李卫锋：《山西汾阳方言语法研究》，中国社会科学出版社2019年版。
李维琦：《祁阳方言研究》，湖南教育出版社1998年版。
李小凡：《苏州方言语法研究》，北京大学出版社1998年版。
李小华：《闽西永定客家方言虚词研究》，华南理工大学出版社2014

年版。

李宇明、唐志东：《汉族儿童问句系统习得探微》，华中师范大学出版社 1992 年版。

李宇明：《汉语量范畴研究》，华中师范大学出版社 2000 年版。

练春招、侯小英、刘立恒：《客家古邑方言》，华南理工大学出版社 2010 年版。

梁金荣：《临桂两江平话研究》，广西民族出版社 2005 年版。

梁伟华、林亦：《广西崇左新和蔗园话研究》，广西师范大学出版社 2009 年版。

梁忠东：《玉林话研究》，西南交通大学出版社 2010 年版。

林寒生：《闽东方言词汇语法研究》，云南大学出版社 2002 年版。

林华东：《泉州方言研究》，厦门大学出版社 2008 年版。

林立芳：《梅县方言语法论稿》，中华工商联合出版社 1997 年版。

林连通：《泉州市方言志》，社会科学文献出版社 1993 年版。

林伦伦：《澄海方言研究》，汕头大学出版社 1996 年版。

林伦伦：《粤西闽语雷州话研究》，中华书局 2006 年版。

林涛：《宁夏方言概要》，宁夏人民出版社 2012 年版。

林亦、覃凤余：《广西南宁白话研究》，广西师范大学出版社 2008 年版。

刘海章：《荆楚方言研究》，华中师范大学出版社 1992 年版。

刘坚、江蓝生、白维国：《近代汉语虚词研究》，语文出版社 1992 年版。

刘开骅：《中古汉语疑问句研究》，黑龙江人民出版社 2008 年版。

刘丽华：《娄底方言研究》，中南大学出版社 2001 年版。

刘林：《河北盐山方言研究》，苏州大学出版社 2015 年版。

刘伶：《敦煌方言志》，兰州大学出版社 1988 年版。

刘纶鑫：《客赣方言比较研究》，中国社会科学出版社 1999 年版。

刘纶鑫：《江西客家方言概况》，江西人民出版社 2001 年版。

刘纶鑫：《芦溪方言研究》，文化艺术出版社 2008 年版。

刘兴策：《宜昌方言研究》，华中师范大学出版社1994年版。
刘娅琼：《现代汉语会话中的反问句研究——以否定反问句和特指反问句为例》，学林出版社2014年版。
刘月华：《实用现代汉语语法》，外语教学与研究出版社1983年版。
刘泽民：《瑞金方言研究》，文化艺术出版社2006年版。
柳士镇：《魏晋南北朝历史语法》，南京大学出版社1992年版。
龙安隆：《永新方言研究》，中国社会科学出版社2013年版。
卢甲文：《郑州方言志》，语文出版社1992年版。
卢今元：《吕四方言研究》，上海辞书出版社2007年版。
卢烈红：《〈古尊宿语要〉代词助词研究》，武汉大学出版社1998年版。
卢小群：《湘语语法研究》，中央民族大学出版社2007年版。
陆俭明：《八十年代中国语法研究》，商务印书馆1993年版。
罗福腾：《牟平方言志》，语文出版社1992年版。
罗昕如：《新化方言研究》，湖南教育出版社1998年版。
罗昕如：《湘语与赣语比较研究》，湖南师范大学出版社2011年版。
吕俭平：《枣庄方言语法研究》，山东人民出版社2011年版。
吕叔湘：《近代汉语指代词》，学林出版社1985年版。
吕叔湘：《语法学习》，复旦大学出版社2006年版。
吕叔湘：《中国文法要略》，商务印书馆2014年版。
马建忠：《马氏文通》，商务印书馆1983年版。
马庆株、谭汝为、曾晓渝：《天津方言研究与调查》，天津人民出版社2014年版。
梅祖麟：《梅祖麟语言学论文集》，商务印书馆2000年版。
明生荣：《毕节方言研究》，中国社会科学出版社2007年版。
彭泽润：《衡山方言研究》，湖南教育出版社1999年版。
齐沪扬：《语气词和语气系统》，安徽教育出版社2002年版。
祁淑玲：《天津方言语法研究》，上海交通大学出版社2020年版。
钱奠香：《海南屯昌闽语语法研究》，云南大学出版社2002年版。

钱乃荣：《当代吴语研究》，上海教育出版社1992年版。

钱乃荣：《上海话语法》，上海人民出版社1997年版。

钱乃荣：《北部吴语研究》，上海大学出版社2003年版。

钱曾怡、罗福腾：《潍坊方言志》，潍坊市新闻出版局1992年版。

钱曾怡：《山东方言研究》，齐鲁书社2001年版。

钱曾怡、曹志耘、罗福腾：《诸城方言志》，吉林人民出版社2002年版。

钱曾怡、岳立静：《济南方言的句法特点》，载徐北文、李永祥编《济南文史论丛》（初编），济南出版社2003年版。

钱曾怡：《莱州方言志》，齐鲁出版社2005年版。

乔全生：《洪洞方言研究》，中央文献出版社1999年版。

乔全生：《晋方言语法研究》，商务印书馆2000年版。

郄远春：《成都客家话研究》，中国社会科学出版社2012年版。

青岛市史志办公室：《青岛市志·方言志》，新华出版社1997年版。

阮桂君：《五峰方言研究》，华中师范大学出版社2014年版。

邵敬敏、周娟、彭小川等：《汉语方言疑问范畴比较研究》，暨南大学出版社2010年版。

邵敬敏：《现代汉语疑问句研究》（增订本），商务印书馆2014年版。

邵则遂：《天门方言研究》，华中师范大学出版社1991年版。

盛益民、陈振宇、陶寰：《汉语方言疑问范畴研究》，中西书局2017年版。

盛银花：《安陆方言语法研究》，华中师范出版社2010年版。

史素芬：《武乡方言研究》，山西人民出版社2002年版。

宋恩泉：《汶上方言志》，齐鲁书社2005年版。

苏俊波：《郧县方言研究》，华中师范大学出版社2016年版。

苏晓青：《东海方言研究》，新疆大学出版社1997年版。

苏晓青：《赣榆方言研究》，中华书局2011年版。

孙立新：《西安方言研究》，西安出版社2007年版。

孙立新：《关中方言语法研究》，中国社会科学出版社2013年版。
孙汝建：《语气和口气研究》，中国文联出版社1999年版。
孙锡信：《汉语历史语法要略》，复旦大学出版社1992年版。
孙锡信：《近代汉语语气词——汉语语气词的历史考察》，语文出版社1999年版。
孙叶林：《邵东方言语法研究》，花城出版社2009年版。
［日］太田辰夫：《中国语历史文法》，蒋绍愚、徐昌华译，北京大学出版社1987年版。
谭汝为：《天津方言文化研究》，天津人民出版社2014年版。
唐爱华：《宿松方言研究》，文化艺术出版社2005年版。
唐昌曼：《全州文桥土话研究》，广西民族出版社2005年版。
唐韵：《〈元曲选〉语法问题研究》，四川文艺出版社2002年版。
涂良军：《云南方言词汇比较研究》，云南大学出版社2001年版。
汪高文：《彭泽方言研究》，商务印书馆2019年版。
汪国胜：《大冶方言语法研究》，湖北教育出版社1994年版。
汪化云：《鄂东方言研究》，巴蜀书社2004年版。
汪化云：《汉语方言代词论略》，巴蜀书社2008年版。
汪化云：《黄孝方言语法研究》，语文出版社2016年版。
汪平：《苏州方言研究》，中华书局2011年版。
王春玲：《西充方言语法研究》，中华书局2011年版。
王定国：《黄梅方言志》，华中师范大学出版社2016年版。
王东：《河南罗山方言研究》，中国社会科学出版社2010年版。
王辅政、喜蕾：《内蒙古现代汉语方言》，民族出版社1999年版。
王海棻：《古汉语疑问词语》，浙江教育出版社1987年版。
王宏佳：《咸宁方言研究》，华中师范大学出版社2015年版。
王洪钟：《海门方言研究》，中华书局2011年版。
王箕裘、钟隆林：《耒阳方言研究》，巴蜀书社2008年版。
王利：《长治县方言研究》，山西人民出版社2007年版。
王力：《中国现代语法》，商务印书馆2011年版。

王力：《汉语史稿》，中华书局 2015 年第 3 版。

王求是：《孝感方言研究》，华中师范大学出版社 2014 年版。

王群生：《湖北荆沙方言》，武汉大学出版社 1994 年版。

王树瑛：《〈朱子语类〉问句系统研究》，社会科学文献出版社 2012 年版。

王树瑛：《恩施方言研究》，华中师范大学出版社 2017 年版。

王文卿：《晋源方言研究》，语文出版社 2007 年版。

王雪梅：《内蒙古晋语凉城话及其变异研究》，中国文史出版社 2013 年版。

王颐：《定南方言》，云南出版社/云南大学出版社 2015 年版。

魏刚强：《萍乡方言词典》，江苏教育出版社 1998 年版。

吴福祥：《敦煌变文语法研究》，岳麓书社 1996 年版。

吴福祥：《敦煌变文 12 种语法研究》，河南大学出版社 2004 年版。

吴福祥：《〈朱子语类辑略〉语法研究》，河南大学出版社 2004 年版。

吴继章、唐健雄、陈淑静：《河北省志·第 89 卷·方言志》，方志出版社 2005 年版。

吴启生：《常宁方言研究》，湖南教育出版社 1998 年版。

吴媛：《岐山方言调查研究》，中华书局 2016 年版。

吴早生：《现代汉语疑问句研究——从安徽旌德三溪话疑问句看现代汉语疑问句的功能分类》，安徽大学出版社 2017 年版。

吴子慧：《吴越文化视野中的绍兴方言研究》，浙江大学出版社 2007 年版。

伍云姬：《湖南方言的语气词》，湖南师范大学出版社 2006 年版。

伍云姬：《湖南方言的代词》，湖南师范大学出版社 2009 年版。

夏剑钦：《浏阳方言研究》，湖南教育出版社 1998 年版。

肖万萍：《永福塘堡平话研究》，广西民族出版社 2005 年版。

肖奚强：《现代汉语语法与对外汉语教学》，学林出版社 2002 年版。

项梦冰：《连城客家话语法研究》，语文出版社 1997 年版。

向熹:《简明汉语史(下)》,高等教育出版社1993年版。
辛永芬:《浚县方言语法研究》,中华书局2006年版。
邢福义:《语法问题发掘集》,湖北教育出版社1992年版。
邢福义:《汉语语法学》,东北师范大学出版社1996年版。
邢公畹:《现代汉语教程》,南开大学出版社1992年版。
邢向东、张永胜:《内蒙古西部方言语法研究》,内蒙古教育出版社1997年版。
邢向东:《神木方言研究》,中华书局2002年版。
邢向东:《陕北晋语语法比较研究》,商务印书馆2006年版。
邢向东、蔡文婷:《合阳方言调查研究》,中华书局2010年版。
邢向东、王兆富:《吴堡方言调查研究》,中华书局2014年版。
许宝华、[日]宫田一郎:《汉语方言大词典》,中华书局1999年版。
徐慧:《益阳方言语法研究》,湖南教育出版社2001年版。
徐烈炯、邵敬敏:《上海方言语法研究》,华东师范大学出版社1998年版。
杨必胜:《广东海丰方言研究》,语文出版社1996年版。
杨伯峻、何乐士:《古汉语语法及其发展》,语文出版社1992年版。
杨秋泽:《利津方言志》,语文出版社1990年版。
杨绍林:《彭州方言研究》,巴蜀书社2005年版。
杨苏平:《隆德方言研究》,中国社会科学出版社2018年版。
叶祖贵:《固始方言研究》,中国社会科学出版社2009年版。
易亚新:《常德方言语法研究》,学苑出版社2007年版。
殷树林:《现代汉语反问句研究》,黑龙江大学出版社2009年版。
俞光中、[日]植田均:《近代汉语语法研究》,学林出版社1999年版。
于克仁:《平度方言志》,语文出版社1992年版。
于天昱:《话语分析视角下的现代汉语反问句研究》,知识产权出版社2018年版。

袁家骅等：《汉语方言概要》（第二版），语文出版社2001年第2版。

曾兰燕：《独山方言研究》，世界图书出版社广东有限公司2016年版。

曾献飞：《汝城方言研究》，文化艺术出版社2006年版。

曾毓美：《韶山方言研究》，湖南师范大学出版社1999年版。

曾毓美：《湘潭方言语法研究》，湖南大学出版社2001年版。

张安生：《同心方言研究》，中华书局2006年版。

张桂权：《资源延东直话研究》，广西民族出版社2005年版。

张惠英：《汉语方言代词研究》，语文出版社2001年版。

张惠英：《崇明方言研究》，中国社会科学出版社2009年版。

张美兰：《近代汉语语言研究》，天津教育出版社2001年版。

张美兰：《〈祖堂集语法〉研究》，商务印书馆2003年版。

张树铮：《寿光方言志》，语文出版社1991年版。

张文轩、莫超：《兰州方言词典》，中国社会科学出版社2009年版。

张晓勤：《宁远平话研究》，湖南教育出版社1999年版。

张晓勤：《永州方言研究》，广西民族出版社2002年版。

张燕娣：《南昌方言研究》，文化艺术出版社/中国社会科学出版社2007年版。

张洋：《新疆汉语方言与维吾尔语比较研究》，新疆人民出版社2009年版。

张义：《钟祥方言研究》，华中师范大学出版社2016年版。

张一舟、张清源、邓英树：《成都方言语法研究》，巴蜀书社2001年版。

赵葵欣：《武汉方言语法研究》，武汉大学出版社2012年版。

赵日新：《即墨方言志》，语文出版社1991年版。

赵元任：《汉语口语语法》，吕叔湘译，商务印书馆1979年版。

赵元任：《现代吴语的研究》，商务印书2011年版。

《浙江通志》编纂委员会：《浙江通志·第97卷·方言志》，浙江人民出版社2017年版。

郑庆君:《常德方言研究》,湖南教育出版社 1999 年版。

[日]志村良治:《中国中世语法史研究》,江蓝生、白维国译,中华书局 1995 年版。

周本良:《临桂义宁话研究》,广西民族出版社 2005 年版。

周长楫、欧阳忆耘:《厦门方言研究》,福建人民出版社 1997 年版。

周政:《平利方言调查研究》,中华书局 2009 年版。

朱德熙:《语法讲义》,商务印书馆 1982 年版。

朱建颂:《武汉方言研究》,武汉出版社 1992 年版。

朱晓亚:《现代汉语句模研究》,北京大学出版社 2001 年版。

庄初升:《乐昌土话研究》,厦门大学出版社 2000 年版。

## 二 论文

白净义:《西华方言代词研究》,硕士学位论文,华中师范大学,2016 年。

鲍红:《安庆方言疑问代词体系》,《皖西学院学报》2007 年第 4 期。

鲍红:《安庆方言语气词考察》,《池州师专学报》2007 年第 4 期。

鲍霞:《山东中北部黄河流域方言语法研究》,硕士学位论文,山东大学,2013 年。

毕丽华:《山东淄博王村镇方言疑问句研究》,硕士学位论文,西北大学,2005 年。

闭思明:《广西横县平话的反复问句》,《广西师范大学学报》(哲学社会科学版)2002 年第 2 期。

蔡晨薇:《莆仙方言问句系统研究》,硕士学位论文,福建师范大学,2014 年。

蔡国妹:《莆仙方言研究——兼论过渡性方言的特征》,博士学位论文,福建师范大学,2006 年。

蔡华祥:《江苏盐城话的疑问语气词》,《汉语学报》2008 年第 1 期。

蔡镜浩:《也谈汉魏六朝的疑问代词"所"》,载廖序东编《汉语研究论集》(第 1 辑),语文出版社 1992 年版。

曹琪、余晓强：《泰州方言"个 VP"反复问句分析》，《黑龙江教育学院学报》2013 年第 7 期。

曹瑞芳：《〈论语〉疑问句的类型》，《吕梁教育学院学报》2002 年第 1 期。

曹晓燕：《无锡方言研究》，硕士学位论文，苏州大学，2003 年。

曹小云：《〈论衡〉疑问句式研究》，《安徽师范大学学报》（人文社会科学版）2000 年第 2 期。

柴晓锦：《寿光方言中的比较句和反复问句》，《潍坊教育学院学报》2008 年第 2 期。

常春凤：《安徽怀远方言的"可"及相关结构的用法》，《现代语文》（语言研究版）2016 年第 4 期。

常玉钟：《试析反问句的语用含义》，《汉语学习》1992 年第 5 期。

陈昌来：《从"有疑而问"到"无疑而问"——疑问句语法手段浅探》，《烟台师范学院学报》（哲学社会科学版）1993 年第 1 期。

陈红芹：《浚县方言语气词研究》，硕士学位论文，河南大学，2008 年。

陈鸿迈：《海口方言的指示代词和疑问代词》，《中国语文》1991 年第 1 期。

陈厚才：《泰州方言语法现象考察》，硕士学位论文，广西师范大学，2008 年。

陈辉霞：《广西临桂小江客家方言岛研究》，硕士学位论文，广西大学，2008 年。

陈建锋：《万安方言中的"阿"字疑问句》，《宜春学院学报》2014 年第 2 期。

陈静：《〈史记〉问句系统研究》，博士学位论文，福建师范大学，2009 年。

陈丽冰：《宁德方言"有无 X"疑问句式》，《宁德师专学报》（哲学社会科学版）1996 年第 4 期。

陈玲：《桂林市阳朔县金宝乡客家话研究》，硕士学位论文，广西师范大学，2016 年。

陈曼君：《闽台闽南方言的反复问句》，《方言》2011 年第 2 期。

陈妹金：《汉语假性疑问句研究》，《南京师大学报》（社会科学版）1992 年第 4 期。

陈妹金：《汉语与一些汉藏系语言疑问句疑问手段的类型共性》，《语言研究》1993 年第 1 期。

陈妹金：《求取与给予：疑问句的功能类型研究》，载邵敬敏编《语法研究与语法应用》，北京语言学院出版社 1994 年版。

陈妹金：《北京话疑问语气词的分布、功能及成因》，《中国语文》1995 年第 1 期。

陈明富、张鹏丽：《豫南罗山方言的五类疑问语气词》，《河南理工大学学报》（社会科学版）2008 年第 4 期。

陈祺生：《无锡方言中的代词》，《无锡史志》1988 年第 4 期。

陈日芳：《博白岭坪村客家话研究》，硕士学位论文，广西大学，2012 年。

陈寿义：《安徽庐江南部方言研究》，硕士学位论文，西南大学，2007 年。

陈卫强：《汉语方言反复问句研究》，《广西社会科学》2006 年第 9 期。

陈曦：《贵港话语法研究》，硕士学位论文，广西大学，2017 年。

陈秀：《湖北仙桃方言研究》，博士学位论文，华中师范大学，2015 年。

陈燕玲：《泉州方言的代词》，硕士学位论文，上海师范大学，2004 年。

陈颖：《北海白话否定词"冇"的语法特点》，《桂林师范高等专科学校学报》2010 年第 2 期。

陈颖：《湘语邵东话重叠式问句研究》，硕士学位论文，渤海大学，2013 年。

陈泽平：《福州话的否定词与反复疑问句》，《方言》1998 年第 1 期。

陈泽平：《北京话和福州话疑问语气词的对比分析》，《中国语文》2004年第5期。

陈志娟：《平乐土话语法专题研究》，硕士学位论文，广西师范大学，2012年。

陈志明：《临猗（临晋）话的代词》，《语文研究》1999年第3期。

陈志朋：《〈论语〉疑问句考察》，《山西师大学报》（社会科学版）2000年第1期。

程凯：《汉语是非疑问句的句法研究》，硕士学位论文，中国人民解放军外国语学院，2002年。

程瑶：《舒城方言语法专题研究》，硕士学位论文，广西师范大学，2010年。

储诚志：《语气词语气意义的分析问题——以"啊"为例》，《语言教学与研究》1994年第4期。

楚艳芳：《"何"的用法及其语法化过程》，《德州学院学报》2009年第1期。

丛培敏：《文登方言词汇语法研究》，硕士学位论文，四川大学，2006年。

崔容：《太原方言的语气词》，《语文研究》2002年第4期。

崔素丽：《河北曲周方言语气词研究》，硕士学位论文，浙江师范大学，2012年。

戴昭铭：《天台话的几种语法现象》，《方言》1999年第4期。

戴昭铭：《天台话的否定词和否定表达方式》，《方言》2001年第3期。

邓丽君：《龙川县客家话的"K–VP"问句——兼论粤赣地区该句型的分布与历史来源》，硕士学位论文，北京师范大学，2006年。

邓茜之：《人民调解互动回声问的多模态话语特征研究》，《重庆科技学院学报》（社会科学版）2014年第3期。

邓险峰：《昭平白话的代词》，《广西教育学院学报》2003年第6期。

邓永红：《桂阳土话语法研究》，博士学位论文，湖南师范大学，

2007年。

丁崇明：《昆明方言语法研究》，博士学位论文，山东大学，2005年。

丁崇明、荣晶：《云南方言"K-VP"问句来源及其相关问题探讨》，《云南民族大学学报》（哲学社会科学版）2009年第6期。

丁力：《从问句系统看"是不是"问句》，《中国语文》1999年第6期。

丁声树：《论〈诗经〉中的"何""曷""胡"》，载国立中央研究院历史语言研究所集刊编辑委员会编《历史语言研究所集刊（第10本）》，商务印书馆1948年版。

丁一欢：《兰州方言语气词研究》，硕士学位论文，西北师范大学，2015年。

丁治民：《东台话的疑问副词"个"》，《语文研究》2003年第3期。

董成如：《"什么"在反问句中的性质及相关问题》，《语言研究》2017年第3期。

董济娇：《莒县方言句法研究》，硕士学位论文，西北师范大学，2014年。

杜永道：《华县话反复问句的几种特殊形式》，《中国语文》1990年第3期。

段业辉：《〈世说新语〉疑问句分析》，《南京师大学报》（社会科学版）1998年第3期。

范继淹：《是非问句的句式》，《中国语文》1982年第4期。

范锐展：《南大郭村方言疑问句和疑问语气词研究》，《邢台学院学报》2012年第2期。

范艳：《贵州习水方言的疑问语气词》，《常州工学院学报》（社会科学版）2010年第5期。

范艳：《习水疑问句研究》，硕士学位论文，湖南大学，2010年。

樊德华：《河北大名方言中"V不"式反复问句中的"不"的功能浅议》，《现代语文》2016年第3期。

樊立敏：《河北望都方言语法特点研究》，硕士学位论文，河北师范大学，2014年。

樊守媚：《南阳方言语法现象研究》，硕士学位论文，信阳师范学院，2012年。

方娜嫒：《来宾市凤凰镇客家话研究》，硕士学位论文，广西师范大学，2015年。

方平权：《岳阳方言的代词》，《云梦学刊》2001年第1期。

方小燕：《广州话里的疑问语气词》，《方言》1996年第1期。

方小燕：《广州话里的反复问句形式》，载詹伯慧编《第五届国际粤方言研讨会论文集》，暨南大学出版社1997年版。

方小燕：《广州话句末语气助词对句子表述性的作用》，博士学位论文，暨南大学，2002年。

冯春田：《秦墓竹简选择问句分析》，《语文研究》1987年第1期。

冯春田：《合音式疑问代词"咋"与"啥"的一些问题》，《中国语文》2003年第3期。

冯会娟：《安阳县方言代词研究》，硕士学位论文，华中师范大学，2014年。

冯凌宇：《〈论衡〉中的特指式反问句》，《武汉大学学报》（人文科学版）2001年第4期。

冯凌宇：《〈论衡〉中的特指式询问句》，《湖北大学学报》（哲学社会科学版）2002年第4期。

冯荣昌：《潍坊方言的代词》，《语言研究》1992年第2期。

符达维：《不宜扩大反问句的范围》，《中国语文天地》1989年第6期。

傅惠钧：《〈儿女英雄传〉选择问句研究》，《北京大学学报》（哲学社会科学版）2000年第S1期。

傅惠钧：《明清汉语正反问的分布及其发展》，《古汉语研究》2004年第2期。

傅惠钧：《关于正反问历史发展的几个问题》，《古汉语研究》2006

年第 1 期。

傅玉：《现代汉语选择疑问句的形式句法研究》，《外语教学与研究》2020 年第 4 期。

付欣晴：《论赣方言临川片代词的特点》，《南昌大学学报》（人文社会科学版）2011 年第 5 期。

甘甲才：《中山客家话代词系统》，《华南师范大学学报》（社会科学版）2003 年第 3 期。

甘于恩：《广东四邑代词系统的综合考察》，《语文研究》2001 年第 2 期。

甘于恩：《广东四邑方言语法研究》，博士学位论文，暨南大学，2002 年。

甘于恩：《闽方言疑问句比较研究》，《暨南学报》（哲学社会科学版）2007 年第 3 期。

高杜：《新洲方言语法研究》，硕士学位论文，南京师范大学，2016 年。

高华：《"好不好"附加问的话语情态研究》，《深圳大学学报》2009 年第 4 期。

高华、张惟：《汉语附加问句的互动功能研究》，《语言教学与研究》2009 年第 5 期。

高晶：《霍州方言代词研究》，硕士学位论文，山西师范大学，2015 年。

高列过：《东汉佛经被动句疑问句研究》，博士学位论文，浙江大学，2003 年。

高敏：《南陵东河话疑问代词研究》，硕士学位论文，浙江师范大学，2013 年。

高培培：《邯郸方言代词研究》，硕士学位论文，河北师范大学，2014 年。

高顺斌：《固原方言的反复问句》，《语文建设》2014 年第 5 期。

高顺全、杨永龙：《商城话疑问语气词的时体意义和预期意义》，

《语言研究》2021 第 1 期。

高天霞：《论甘州方言的疑问句》，《河西学院学报》2009 年第 3 期。

高洋：《山西兴县方言疑问句研究》，硕士学位论文，山西大学，2014 年。

高一勇：《秦简"法律答问"问句类别》，《古汉语研究》1993 年第 1 期。

高育花：《〈论衡〉中的疑问代词》，《渭南师范学院学报》1998 年第 4 期。

葛丽：《河南淮滨方言研究》，硕士学位论文，广西大学，2013 年。

葛瑞芳：《山西清徐方言的疑问代词》，《黄河科技大学学报》2013 年第 4 期。

葛四嘉、史秀菊：《济宁方言的疑问句》，《济宁学院学报》，2017 年第 6 期。

贡贵训：《安徽怀远方言的反复问句》，《辽东学院学报》（社会科学版）2013 年第 4 期。

顾怀秋：《湖州方言语气词研究》，硕士学位论文，上海师范大学，2012 年。

顾劲松：《从涟水南禄话看汉语方言两类反复问句的相对共存》，《常熟理工学院学报》（哲学社会科学版）2010 年第 9 期。

顾黔：《江苏泰兴方言"个 VP"问句研究》，《语文研究》2016 年第 1 期。

关键：《〈世说新语〉的疑问句》，《鞍山师范学院学报》1987 年第 3 期。

关彦琦：《张北话疑问句研究》，硕士学位论文，河北师范大学，2008 年。

郭爱涛：《〈儒林外传〉是非疑问句和选择疑问句研究》，《学术论坛》2011 年第 4 期。

郭爱涛：《〈儒林外史〉特指疑问句研究》，《学术论坛》2012 年第 4 期。

郭必之:《香港粤语疑问代词"点"［tim$^{35}$］的来源》,载林焘编《语言学论丛》(第27辑),商务印书馆2003年版。

郭辉:《皖北濉溪方言的语气词"来"》,《方言》2008年第2期。

郭继懋:《反问句的语义和语用特点》,《中国语文》1997年第2期。

郭继懋:《反问句的意义和作用》,载邢福义编《汉语语法特点面面观》,北京语言文化出版社1999年版。

郭江艳:《林州方言特殊语法现象研究》,硕士学位论文,信阳师范学院,2014年。

郭利霞:《山阴话的正反问句》,《邵阳学院学报》(社会科学版)2006年第5期。

郭利霞:《山西山阴方言"A-A?"式选择问句》,《方言》2009年第4期。

郭利霞:《晋语五台片的重叠式反复问句》,《中国语文》2010年第1期。

郭利霞:《山西方言疑问句中的"敢"》,《语文研究》2011年第2期。

郭利霞:《山西方言的语调问句》,《语言研究》2014年第2期。

郭攀:《湖北浠水方言中的叠合式正反问》,《中国语文》2003年第3期。

郭启熹:《龙岩方言代词及其特色》,《闽西职业大学学报》1999年第1期。

郭锐:《"吗"问句的确信度和回答方式》,《世界汉语教学》2000年第2期。

郭婷婷:《现代汉语疑问句的信息结构与功能类型》,博士学位论文,武汉大学,2005年。

郭婷婷:《现代汉语"吗"问句的信息结构与功能类型》,《华中科技大学学报》(社会科学版)2005年第3期。

郭婷婷:《信息结构对"X-neg-X"正反问问标的语法制约》,《长江学术》2009年第4期。

郭熙：《河南境内中原官话中的"哩"》，《语言研究》2005 年第 3 期。

郭锡良：《先秦语气词新探（一）》，《古汉语研究》1988 年第 1 期。

郭锡良：《先秦语气词新探（二）》，《古汉语研究》1989 年第 1 期。

郭校珍：《山西晋语的疑问系统及其反复问句》，《语文研究》2005 年第 2 期。

郭校珍：《山西晋语反复问句的中置成分》，载复旦大学汉语言文字学科《语言研究集刊》编委会编选《语言研究集刊》（第 3 辑），上海辞书出版社 2006 年版。

韩宝育：《岐山话正反问句时、体与情态意义的表达》，载中国语言学会《中国语言学报》编委会编《中国语言学报》（第 12 期），商务印书馆 2006 年版。

韩霏：《博白县沙河镇客家话研究》，硕士学位论文，广西师范大学，2008 年。

韩晓：《河南济源方言代词研究》，硕士学位论文，陕西师范大学，2015 年。

郝鹏飞：《广西贺州市桂岭镇客家话研究》，硕士学位论文，广西师范大学，2014 年。

贺巍：《中和方言的代词》，《中国语文》1962 年第 1 期。

贺巍：《获嘉方言的代词》，《中国语文》1988 年第 1 期。

贺巍：《获嘉方言的疑问句——兼论反复问句两种句型的关系》，《中国语文》1991 年第 5 期。

何乐士：《〈左传〉中的"何"字》，载张之强、许嘉璐编《古汉语论集》（第 2 辑），湖南教育出版社 1988 年版。

何亚南、张爱丽：《中古汉语疑问句中"为"字的词性及来源》，《南京师范大学学报》（社会科学版）2004 年第 6 期。

何艳萍：《镇原方言语法研究》，硕士学位论文，西北师范大学，2010 年。

贺阳：《试论汉语书面语的语气系统》，《中国人民大学学报》1992

年第 5 期。

贺阳：《北京话的语气词"哈"字》，《方言》1994 年第 1 期。

贺又宁：《贵阳方言代词与普通话代词的比较》，《贵州民族学院学报》（哲学社会科学版）1988 年第 3 期。

黑维强、冷永良：《陕北绥德方言的疑问代词》，《宁波大学学报》（人文科学版）2013 年第 2 期。

侯超：《皖北中原官话语法研究》，博士学位论文，南京师范大学，2013 年。

侯超：《皖北中原官话"可"类问句的性质及归属》，《方言》2015 年第 4 期。

侯兴泉：《广东封开南丰话的三种正反问句》，《方言》2005 年第 2 期。

胡承佼：《枞阳话中的一种特殊问句格式"NP + 各 + VP"研究》，《宿州学院学报》2005 年第 5 期。

胡承佼：《"至于"反问句的考察》，《语言科学》2016 年第 4 期。

胡承玲：《湖南东安官话方言的副词重叠式反复问句》，《方言》2018 年第 1 期。

胡光斌：《遵义方言的语气词》，《贵州大学学报》（社会科学版）2002 年第 4 期。

胡利华：《安徽蒙城方言的"可"字句》，《方言》2008 年第 3 期。

胡明扬：《北京话的语气助词和叹词（上）》，《中国语文》1981 年第 5 期。

胡明扬：《北京话的语气助词和叹词（下）》，《中国语文》1981 年第 6 期。

胡明扬：《语气助词的语气意义》，《汉语学习》1988 年第 6 期。

胡明扬、顾劲松：《流水句初探》，《语言教学与研究》1989 年第 4 期。

胡明扬：《句法语义范畴的若干理论问题》，《语言研究》1991 年第 2 期。

胡明扬：《陈述语调和疑问语调的"吧"字句》，《语文建设》1993年第5期。

胡明扬：《语义语法范畴》，《汉语学习》1994年第1期。

胡萍：《长沙方言语气词研究》，《湖南经济管理干部学院学报》2002年第4期。

黄伯荣：《粤语阳江话疑问语气词——兼评阳江话语气词"麼""呢"连用说》，《粤语研究》2009年第4—5期。

黄大祥：《甘肃民勤方言的选择性问句——兼论其"X+啊+Y"句式的来源》，《方言》2016年第1期。

黄丁华：《闽南方言里的疑问代词》，《中国语文》1963年第4期。

黄国营：《"吗"字句用法初探》，《语言研究》1986年第2期。

黄河：《西北部吴语事物疑问代词的来源》，《方言》2021年第2期。

黄海维：《早期粤语中的选择问句》，载张洪年、张双庆、陈雄根编《第十届国际粤方言研讨会论文集》，中国社会科学出版社2007年版。

黄丽华：《佛山粤语的代词研究》，硕士学位论文，暨南大学，2007年。

黄娜：《南北朝译经疑问句研究》，博士学位论文，吉林大学，2013年。

黄年丰：《龙川客家方言的正反问句研究——兼论客家话正反问句的类型和特点》，博士学位论文，暨南大学，2015年。

黄年丰：《龙川客家话的选择问句》，《名作欣赏》2016年第12期。

黄年丰：《龙川客家话的"F-（neg）-VP"型正反问句》，《赣南师范大学学报》2017年第4期。

黄群建：《湖北阳新方言的代词》，《湖北师范学院学报》（哲学社会科学版）2002年第2期。

黄淑芬：《漳州方言连词"抑"的功能及其发展》，《乐山师范学院学报》2010年第10期。

黄涛：《闽东罗源方言描写语法》，博士学位论文，福建师范大学，

2016 年。

黄小平：《田林宁都客家话比较研究》，硕士学位论文，广西大学，2006 年。

黄莹、章礼霞：《汉语反问句重音的程序功能及语用推理》，《当代修辞学》2018 年第 3 期。

黄映琼：《梅县方言的"有无"句》，《长春教育学院学报》2014 年第 18 期。

黄昭艳、黄宇鸿：《钦州新立话句法特点》，《广西社会科学》2007 年第 10 期。

黄正德：《汉语正反问句的模组语法》，《中国语文》1988 年第 4 期。

季春红：《如东话"果 VP"句式的分析》，《江苏广播电视大学学报》2002 年第 2 期。

季春红：《如东方言的描写研究》，硕士学位论文，南京师范大学，2002 年。

季红霞：《红安方言语法研究》，硕士学位论文，云南师范大学，2008 年。

焦长华：《无为方言反复问句"VP 没有"的表述》，《南昌大学学报》（社会科学版）1994 年第 2 期。

姜红：《安徽霍邱话中的"克 – NP"问句》，《阜阳师范学院学报》（社会科学版）2006 年第 2 期。

江海燕：《语气词"吧"和疑问语气的传达》，《语言文字应用》2008 年第 4 期。

江洁：《建瓯方言语法专题研究》，硕士学位论文，福建师范大学，2015 年。

江蓝生：《疑问语气词"呢"的来源》，《语文研究》1986 年第 2 期。

江蓝生：《疑问副词"可"探源》，《古汉语研究》1990 年第 3 期。

蒋协众：《湘语邵阳话中的重叠式反复问句及其类型学意义》，《中国语文》2013 年第 3 期。

金桂桃：《近两百年广州话"乜"系疑问形式的发展》，《方言》

2016 年第 4 期。

金桂桃、刘畅：《19 世纪以来广州方言选择疑问句的发展》，《中国语文》2017 年第 5 期。

金桂桃：《近两百年来广州方言正反问句的发展演变》，《语言科学》2018 年第 1 期。

金立鑫：《关于疑问句中的"呢"》，《语言教学与研究》1996 年第 4 期。

金美：《哈尔滨方言中的选择问句》，《汉字文化》2003 年第 2 期。

康亮芳：《从现代汉语疑问句的构成情况看疑问句句末语气词"呢"》，《四川师范大学学报》（社会科学版）1998 年第 4 期。

康瑞琮：《东北方言中的反复问句》，《天津师范大学学报》（社会科学版）1987 年第 3 期。

柯理思：《北方官话里表示可能的动词词尾"了"》，《中国语文》1995 年第 4 期。

蓝利国：《柳州方言的句法特点》，《广西师范大学学报》（哲学社会科学版）1999 年第 2 期。

蓝利国：《柳州方言的祈使句和疑问句》，载朱方梱编《广西语言研究》，广西师范大学出版社 1999 年版。

黎时斌：《从十三经的语言材料看古代汉语疑问代词的意义》，《湘潭师范学院社会科学学报》1986 年第 3 期。

李彬：《左江土白话研究》，硕士学位论文，广西大学，2007 年。

李崇兴：《宜都话的疑问代词》，《语言研究》1989 年第 1 期。

李崇兴：《选择问记号"还是"的来历》，《语言研究》1990 年第 2 期。

李大勤：《"WP 呢？"问句疑问功能的成因试析》，《语言教学与研究》2001 年第 6 期。

李封：《宁波方言语气词研究》，硕士学位论文，浙江师范大学，2009 年。

李改祥：《山西方言的疑问句》，《山西大学学报》（哲学社会科学版）2005 年第 3 期。

李国华:《邵阳方言否定副词"嗯"与"莫"》,《邵阳学院学报》（社会科学版）2009 年第 4 期。

李国敏、张林林:《九江话里的反复问句》,《江西教育学院学报》（社会科学版）2000 年第 4 期。

李虹:《富平方言研究》,硕士学位论文,陕西师范大学,2003 年。

李慧敏:《合肥话的"K－VP?"疑问句》,《滁州学院学报》2008 年第 1 期。

李会荣:《娄烦方言疑问句研究》,硕士学位论文,华中师范大学,2005 年。

李佳怡:《莱州方言语法专题研究》,硕士学位论文,广西师范大学,2012 年。

李科凤:《重庆方言疑问句与普通话的差异》,《重庆工商大学学报》（社会科学版）2005 年第 3 期。

李龙:《山东陵县方言研究》,硕士学位论文,黑龙江大学,2009 年。

李美妍:《先秦两汉特指式反问句研究》,博士学位论文,吉林大学,2010 年。

李倩:《河南固始方言代词研究》,硕士学位论文,浙江财经大学,2014 年。

李如龙:《论汉语方言比较研究（上）——世纪之交谈汉语方言学》,《语文研究》2000 年第 2 期。

李若男:《南宁市横塘平话研究》,硕士学位论文,广西大学,2013 年。

李少丹:《漳州话与普通话疑问句的异同》,《漳州师范学院学报》（哲学社会科学版）2001 年第 2 期。

李晟宇:《"呢"字疑问句研究》,博士学位论文,华中师范大学,2004 年。

李守凤:《岑溪方言疑问语气词研究》,硕士学位论文,浙江师范大学，2016 年。

李书超：《汉语反复问句的历时研究》，博士学位论文，武汉大学，2013 年。

李思明：《〈水浒全传〉中的选择问句》，《中国语文通讯》1982 年第 5 期。

李思明：《正反选择问句中否定词发展初探》，《安庆师范学院学报》（社会科学版）1984 年第 1 期。

李思明：《〈水浒全传〉中的疑问代词》，《安庆师范学院学报》（社会科学版）1986 年第 4 期。

李思明：《〈水浒全传〉的反问句》，《安庆师范学院学报》（社会科学版）1989 年第 3 期。

李索：《〈诗经〉问句初探》，《河北师范学报》（哲学社会科学版），1987 年第 3 期。

李蔚：《湖南娄底双峰方言语气词研究》，硕士学位论文，南京大学，2014 年。

李文浩：《江苏淮阴方言的重叠式反复问句》，《中国语文》2009 年第 2 期。

李文龙、万晓卉：《新疆汉语方言中表选择的"ma"》，《伊犁师范学院学报》（社会科学版）2012 年第 3 期。

李文龙：《新疆汉语方言与普通话中选择疑问句对比研究》，《伊犁师范学院学报》（社会科学版）2014 年第 1 期。

李小凡：《当前方言语法研究需要什么样的理论框架》，《语文研究》2003 年第 2 期。

李小华：《客家方言的反复问句及其句末语气助词》，《龙岩学院学报》2014 年第 3 期。

李晓静：《云南石屏方言调查研究》，硕士学位论文，云南师范大学，2016 年。

李晓琳：《"是不是"弱问句：从真问到反问的中间环节》，《汉语学习》2013 年第 3 期。

李孝娴：《固始方言问句系统考察》，硕士学位论文，华中师范大学，2003 年。

李延梅：《晋语子长方言的代词》，《西北大学学报》（哲学社会科学版）2005 年第 2 期。

李延梅、汪沛：《陕北方言反复问句的句法形式》，《河南科技大学学报》（社会科学版）2009 年第 3 期。

李延瑞：《福州话反复问句的特点》，《福建师范大学学报》（哲学社会科学版）1987 年第 3 期。

李仪：《龙泉方言语气词研究》，硕士学位论文，浙江师范大学，2016 年。

李宇凤：《反问的回应类型与否定意义》，《中国语文》2010 年第 2 期。

李雨梅：《湖南湘乡仁厚方言的语气词研究》，硕士学位论文，湖南师范大学，2007 年。

李宇明：《"NP 呢?"句式的理解》，《汉语学习》1989 年第 3 期。

李宇明：《反问句的构成及其理解》，《殷都学刊》1990 年第 3 期。

李宇明：《疑问标记的复用及标记功能的衰变》，《中国语文》1997 年第 2 期。

李子玲、柯彼德：《新加坡潮州方言中的三种正反问句》，《语言研究》1996 年第 2 期。

梁敏、张均如：《广西平话概论》，《方言》1999 年第 1 期。

梁旭：《河南巩义方言正反问句》，《华中师范大学研究生学报》2013 年第 2 期。

梁玉璋：《福州方言的选择问句》，《闽江学院学报》2004 年第 6 期。

梁忠东：《玉林话的代词》，《玉林师范学院学报》（哲学社会科学版）2001 年第 2 期。

廖序东：《〈天问〉的疑问词和疑问句》，《徐州师范大学学报》（哲学社会科学版）1993 年第 1 期。

林华勇：《广东廉江方言语气助词的功能和类别》，《方言》2007 年第 4 期。

林华勇、吴雪钰：《广东廉江粤语句末疑问语调与语气助词的重叠关系》，《方言》2015 年第 1 期。

林伦伦：《广东闽方言语法特点的比较研究》，《汕头大学学报》（人文科学版）1993 年第 2 期。

林素娥：《19 世纪以来吴语反复问句类型的演变》，载复旦大学汉语言文字学科《语言研究集刊》编委会编《语言研究集刊》（第 13 辑），上海辞书出版社 2014 年版。

林玉婷：《枞阳方言语法研究》，硕士学位论文，广西师范大学，2017 年。

林裕文：《谈疑问句》，《中国语文》1985 年第 2 期。

凌伟峰：《广西柳城百姓话研究》，硕士学位论文，广西大学，2008 年。

刘彬、袁毓林：《反问句否定意义的形成与识解机制》，《语文研究》2017 年第 4 期。

刘彬、袁毓林：《"怎么"类特指反问句否定意义的形成与识解机制》，《语言教学与研究》2019 年第 1 期。

刘彬、袁毓林：《"哪里"类反问句否定意义的形成与识解机制》，《华中师范大学学报》（人文社会科学版）2019 年第 1 期。

刘春陶：《崖城军话疑问句"阿 + VP + 谬"的比较分析》，《语言科学》2018 年第 2 期。

刘丹青：《苏州方言的发问词与"可 VP"句式》，《中国语文》1991 年第 1 期。

刘丹青：《句类及疑问句和祈使句：〈语法调查研究手册〉节选》，《语言科学》2005 年第 9 期。

刘丹青：《谓词重叠疑问句的语言共性及其解释》，载北京大学汉语语言学研究中心《语言学论丛》编委会编《语言学论丛》（第 38 辑），商务印书馆 2008 年版。

刘道英：《"A 不 AB"谓语句与正反问句的比较研究》，《青海民族学院学报》（社会科学版）2001 年第 1 期。

刘汉银：《南康客家方言语法研究》，硕士学位论文，云南师范大学，2006 年。

刘环：《潜江方言语法研究》，硕士学位论文，广西师范大学，2010 年。

刘欢：《武穴方言语法特点研究》，硕士学位论文，南昌大学，2017 年。

刘镜芙：《〈金瓶梅词话〉中的选择问句》，《中国语文》1994 年第 6 期。

刘开骅：《中古汉语 VP + Neg 式疑问句句末否定词的虚化问题》，《南京师范大学文学院学报》2006 年第 4 期。

刘敏：《陵县方言语法研究》，硕士学位论文，西北师范大学，2011 年。

刘娜：《吴桥方言语气词研究》，硕士学位论文，河北师范大学，2011 年。

刘睿玲：《古县方言语法研究》，硕士学位论文，辽宁师范大学，2012 年。

刘胜利：《南阳方言助词研究》，硕士学位论文，山东大学，2009 年。

刘伟民：《粤语阳江话的"VP－无?"句式——兼议阳江话语气词"麼""呢"连用说》，《中国语文》2011 年第 5 期。

刘祥柏：《六安丁集话的反复问形式》，《方言》1997 年第 1 期。

刘小娟：《邵东方言疑问句的调查研究——以〈语法调查研究手册〉为纲》，硕士学位论文，湖南师范大学，2014 年。

刘晓南：《先秦语气词的历时多义现象》，《古汉语研究》1991 年第 3 期。

刘晓然：《黄冈方言的疑问代词》，《湖北师范学院学报》（哲学社会科学版）2002 年第 4 期。

刘亚：《临清方言研究》，硕士学位论文，贵州大学，2007 年。

刘娅琼、陶红印:《汉语谈话中否定反问句的事理立场功能及类型》，《中国语文》2011年第2期。

刘彦哲:《江苏境内方言"可VP"句式比较研究》，硕士学位论文，南京大学，2016年。

刘洋洋:《驻马店方言疑问句研究》，硕士学位论文，江西师范大学，2016年。

刘宇亮:《贺州"本地话"疑问句研究》，硕士学位论文，上海师范大学，2011年。

刘月华:《用"吗"的是非问句和正反问句用法比较》，载中国社会科学院语言研究所现代汉语研究室编《句型和动词》，语文出版社1987年版。

刘月华:《语调是非问句》，《语言教学与研究》1988年第2期。

刘子瑜:《敦煌变文中的选择疑问句式》，《古汉语研究》1994年第4期。

刘子瑜:《汉语反复问句的历史发展》，载郭锡良编《古汉语语法论集》，语文出版社1998年版。

龙安隆:《赣语永新方言的否定词和反复疑问句》，《井冈山大学学报》（社会科学版）2016年第1期。

龙琴:《湖南湘阴方言疑问句研究》，硕士学位论文，湖南师范大学，2015年。

鲁冰:《河南中牟方言的反复疑问句》，载刘丹青、邢向东、沈明编《方言语法论丛》（第7辑），商务印书馆2016年版。

鲁冰:《河南方言极性问的语言地理类型学研究》，博士学位论文，山西大学，2017年。

卢红艳:《天门方言疑问句研究》，硕士学位论文，华中师范大学，2009年。

卢敏宁:《论广西梧州方言正反疑问句》，《北方文学》2016年第29期。

卢敏宁:《论梧州话选择疑问句》，《山西青年》2017年第9期。

卢小群:《湘南土话代词研究》, 博士学位论文, 湖南师范大学, 2003 年。

陆俭明:《由"非疑问形式+呢"造成的疑问句》,《中国语文》1982 年第 6 期。

陆俭明:《关于现代汉语里的疑问语气词》,《中国语文》1984 年第 5 期。

陆雯雯:《济南方言的代词研究》, 硕士学位论文, 山东师范大学, 2008 年。

陆夏波:《泰兴方言的反复问句初探》,《语文知识》2012 年第 1 期。

路伟:《渭南方言的"咯是": 从疑问焦点标记到话轮转换标记》,《红河学院学报》2009 年第 6 期。

罗凤莹:《桂林话的语气词"啵"》,《桂林师范高等专科学校学报》2014 年第 2 期。

罗福腾:《牟平方言的比较句和反复问句》,《方言》1981 年第 4 期。

罗福腾:《蒲松龄〈聊斋俚曲集〉中的反复问句》,《古汉语研究》1996 年第 1 期。

罗福腾:《山东方言里的反复问句》,《方言》1996 年第 3 期。

罗桂花、廖美珍:《法庭互动中的回声问研究》,《现代外语》2012 年第 4 期。

罗海燕:《海南黄流方言的疑问代词》,《琼州大学学报》2002 年第 1 期。

罗堃:《甘肃宁县方言的语法特点》,《华中师范大学研究生学报》2010 年第 3 期。

罗昕如、彭红亮:《广西湘语的重叠式反复问句》,《汉语学报》2012 年第 4 期。

罗耀华、周晨磊:《"抑"的去语法化》,《语言教学与研究》2013 年第 4 期。

吕佳:《山西芮城方言疑问句研究》, 硕士学位论文, 山西大学, 2016 年。

吕明臣：《汉语答句的意义》，载湖北省社会科学联合会语言学信息交流中心编《语法求索》，华中师范大学出版社 1989 年版。

吕明臣、张玥：《反问句的功能和意义》，《华夏文化论坛》2012 年第 1 期。

吕叔湘：《疑问·否定·肯定》，《中国语文》1985 年第 5 期。

吕叔湘：《通过对比研究语法》，《语言教学与研究》1992 年第 2 期。

吕延、杨军：《皖西南方言的反复问句》，《汉语学报》2014 年第 4 期。

马晓梅：《漾濞方言语法研究》，硕士学位论文，云南师范大学，2016 年。

马晓琴：《陕北方言的选择问句》，《社会科学家》2004 年第 2 期。

马晓琴：《陕北方言的反复问句》，《广西大学学报》（哲学社会科学版）2004 年第 6 期。

马晓琴：《陕北晋语与山西晋语反复问句比较》，《陕西学前师范学院学报》2014 年第 6 期。

马志红：《龙口方言的疑问句研究》，硕士学位论文，山东师范大学，2007 年。

麦耘：《广州话疑问语气系统概说》，庆祝《方言》创刊 20 周年学术讨论会论文，成都，1998 年 5 月。

梅光泽：《宿松话的疑问代词"么"》，《安庆师范学院学报》（社会科学版）2004 年第 1 期。

门秀红：《应县方言语法研究》，硕士学位论文，西南师范大学，2005 年。

孟守介：《诸暨方言的代词》，《语言研究》1994 年第 1 期。

米娜：《天水县方言语法研究》，硕士学位论文，兰州大学，2012 年。

莫超：《白龙江流域汉语方言语法研究》，博士学位论文，南京师范大学，2004 年。

莫超：《甘肃汉语方言语法特点综述》，《西北成人教育学报》2009

年第 2 期。

莫艳萍:《湖南邵东方言代词研究》,硕士学位论文,湖南师范大学,2009 年。

穆亚伟:《辉县方言语气词研究》,硕士学位论文,华中师范大学,2013 年。

穆亚伟:《辉县方言语法研究》,博士学位论文,华中师范大学,2016 年。

倪兰:《特指问反问句的语用分析及其修辞意义》,《修辞学习》2003 年第 6 期。

聂国春:《丰城方言代词概要》,《新余高专学报》2004 年第 1 期。

聂志平:《黑龙江方言口语中的代词》,《齐齐哈尔师范学院学报》(哲学社会科学版)1995 年第 1 期。

宁晨珠:《新绛方言代词研究》,硕士学位论文,山西师范大学,2016 年。

欧士博:《巨野方言句法现象考察》,硕士学位论文,山东大学,2011 年。

欧阳国亮:《桂阳方言的重叠式反复问句》,《理论语言学研究》2009 年第 3 期。

潘大廉:《荔浦话语法研究》,硕士学位论文,广西大学,2017 年。

潘登俊:《淮阴方言中的"没没 VP"》,《中国语文》2011 年第 5 期。

彭兰玉:《衡阳话中的疑问句》,《古汉语研究》1995 年第 S1 期。

彭兰玉:《衡阳方言的语气词》,《方言》2003 年第 2 期。

彭兰玉:《衡阳方言语法研究》,博士学位论文,湖南师范大学,2002 年。

彭兰玉:《湘乡方言的疑问句初探》,《语言研究》2006 年第 3 期。

彭小川、林奕高:《论汉语方言语法比较研究的"效度"问题》,《语文研究》2006 年第 2 期。

彭小川:《广州话是非问句研究》,《暨南学报》(哲学社会科学版)2006 年第 5 期。

彭小川：《关于是非问句的几点思考》，《语言教学与研究》2006 年第 6 期。

彭小川、张秀琴：《粤语阳江话是非问句句末的"麽"、"呢"连用》，《中国语文》2008 年第 1 期。

彭小川、张秀琴：《再论粤语阳江话是非问句末的"麽""呢"连用》，《粤语研究》2009 年第 4—5 期。

皮婕：《恩施方言句末疑问语气词研究》，硕士学位论文，中央民族大学，2011 年。

祁峰：《从焦点理论看特指性是非问句》，《语言科学》2014 年第 5 期。

齐沪扬：《"呢"的意义分析和历史演变》，《上海师范大学学报》（哲学社会科学版）2002 年第 1 期。

齐沪扬：《论现代汉语语气系统的建立》，《汉语学习》2002 年第 2 期。

齐沪扬、胡建锋：《试论"不是……吗"反问句的疑问用法》，《上海师范大学学报》（哲学社会科学版）2010 年第 3 期。

戚晓杰：《威海方言的正反问句式》，《烟台师范学院学报》1990 年第 2 期。

钱成慧：《平阳话的疑问语气词》，硕士学位论文，首都师范大学，2000 年。

钱乃荣：《上海方言的语气助词》，《语言研究》1996 年第 1 期。

乔全生：《洪洞话的代词》，《山西大学学报》（哲学社会科学版）1986 年第 2 期。

乔全生、鲁冰：《论豫北晋语反复疑问句的过渡性特征》，《山西大学学报》（哲学社会科学版）2016 年第 6 期。

覃东生：《宾阳话语法研究》，硕士学位论文，广西大学，2007 年。

秦静：《怀庆方言语法研究》，硕士学位论文，广西师范大学，2012 年。

秦瑞：《翼城方言的代词研究》，硕士学位论文，陕西师范大学，

2010年。

覃远雄：《荔浦话里的反复问句及其否定回答》，《广西民族学院学报》（哲学社会科学版）1994年第1期。

覃远雄：《汉语方言否定词的读音》，《方言》2003年第2期。

覃远雄：《部分方言否定语素"冇/冒"所反映的读音层次》，《方言》2007年第3期。

邱前进：《广西宾阳客家方言研究》，硕士学位论文，广西大学，2008年。

邱锡凤：《上杭客家话研究》，硕士学位论文，福建师范大学，2007年。

冉永平、方晓国：《语言顺应论视角下反问句的人际语用功能研究》，《现代外语》2016年第4期。

饶长溶：《长汀方言的代词》，《中国语文》1989年第3期。

任溪：《南阳方言参考语法》，硕士学位论文，湖南师范大学，2013年。

任永辉：《咸阳方言的语法特色》，《咸阳师范学院学报》2005年第1期。

任永辉：《宝鸡方言疑问句初探》，《咸阳师范学院学报》2012年第3期。

阮桂君：《宁波方言语法研究》，博士学位论文，华中师范大学，2006年。

阮杰：《铜陵方言反复问句的句末语气词》，《语文学刊》2010年第10期。

阮绪和：《武宁话的代词》，《西北民族大学学报》（哲学社会科学版）2006年第4期。

阮咏梅：《浙江温岭方言研究》，博士学位论文，苏州大学，2012年。

山娅兰：《沾益方言语法研究》，硕士学位论文，云南师范大学，2005年。

邵敬敏：《语气词"呢"在疑问句中的作用》，《中国语文》1989年第3期。

邵敬敏：《"X不X"附加问研究》，《徐州师范大学学报》（哲学社会科学版）1990年第4期。

邵敬敏：《"回声问"的形式特点和语用特征分析》，《华东师范大学学报》（哲学社会科学版）1992年第2期。

邵敬敏：《现代汉语正反问句研究》，载南开大学汉语言文化学院编《汉语言文化研究》第四辑，天津人民出版社1994年版。

邵敬敏：《现代汉语选择问研究》，《语言教学与研究》1994年第2期。

邵敬敏：《"吧"字疑问句及其相关句式比较研究》，载《第四届国际汉语教学讨论会论文选》编辑委员会编《第四届国际汉语教育讨论会论文集》，北京语言学院出版社1995年版。

邵敬敏：《"非疑问形式+呢"疑问句研究》，载北京大学中文系《语言学论丛》编委会编《语言学论丛》（第19辑），商务印书馆1997年版。

邵敬敏：《"怎么"疑问句的语法意义及功能类型》，载中国语文杂志社编《语法研究和探索》（七），商务印书馆1997年版。

邵敬敏、朱彦：《"是不是VP"问句的肯定性倾向及其类型学意义》，《世界汉语教学》2002年第3期。

邵敬敏、王鹏翔：《陕北方言的正反是非问句——一个类型学的过渡形式研究》，《方言》2003年第1期。

邵敬敏：《"语义语法"说略》，《暨南学报》（人文科学与社会科学版）2004年第1期。

邵敬敏、赵春利：《关于语义范畴的理论思考》，《世界汉语教学》2006年第1期。

邵敬敏、周娟：《汉语方言正反问的类型学比较》，《暨南学报》（人文科学与社会科学版）2007年第2期。

邵敬敏：《上海方言的话题疑问句与命题疑问句》，《华东师范大学学报》（哲学社会科学版）2007 年第 4 期。

邵敬敏：《由"是"构成的三种附加问比较研究》，《甘肃社会科学》2008 年第 4 期。

邵敬敏：《上海方言疑问句近百年的历史演变及其特点》，载林华东编《汉语方言语法新探索》（第四届汉语方言语法国际研讨会论文集），厦门大学出版社 2010 年版。

邵敬敏：《是非问句内部类型的比较以及"疑惑"的细化》，《世界汉语教学》2012 年第 3 期。

邵敬敏：《论语气词"啊"在疑问句中的作用暨方法论的反思》，《语言科学》2012 年第 6 期。

邵敬敏：《疑问句的结构类型与反问句的转化关系研究》，《汉语学习》2013 年第 2 期。

邵宜：《赣方言（宜丰话）疑问范畴比较研究》，载甘于恩编《南方语言学》（第 1 辑），暨南大学出版社 2009 年版。

盛益民：《绍兴柯桥话疑问代词的非疑问用法》，载林华东编《汉语方言语法新探索》（第四届汉语方言语法国际研讨会论文集），厦门大学出版社 2010 年版。

盛益民：《吴语绍兴柯桥话参考语法》，博士学位论文，南开大学，2014 年。

盛益民：《词形构造、语素库藏与语义关联：汉语方言疑问代词编码方式的类型学研究》，《常熟理工学院学报》2019 年第 1 期。

盛益民：《汉语疑问代词的词化模式与类型特点》，《中国语文》2020 年第 6 期。

盛银花：《安陆方言的特殊正反问格式"有不有"》，《孝感学院学报》2007 年第 1 期。

盛银花：《安陆方言语法研究》，博士学位论文，华中师范大学，2007 年。

盛银花：《湖北安陆方言的两种正反问句》，《方言》2011 年第 2 期。

石定栩：《上海话疑问成分"哦"的语义及句法位置》，《中国语文》

2007 年第 5 期。

石桂芳:《通山方言的代词》,硕士学位论文,华中师范大学,2008 年。

石佩璇:《早期客家话文献〈客话读本〉的反复问句及其历时演变》,《方言》2018 年第 3 期。

石毓智、徐杰:《汉语史上疑问形式的类型学转变及其机制——焦点标记"是"的产生及其影响》,《中国语文》2001 年第 5 期。

施玲丽:《平湖方言疑问句研究》,《语文学刊》2013 年第 10 期。

施其生:《汕头方言的反复问句》,《中国语文》1990 年第 3 期。

施其生:《闽南方言中性问句的类型及其变化》,载丁邦新、余霭芹主编《语言变化与汉语方言——李方桂先生纪念论文集》,中央研究院语言研究所筹备处 2000 年版。

施其生:《〈汕头话读本〉所见潮州方言中性问句》,《方言》2009 年第 2 期。

史芬茹、陈绂:《言语行为视角下的现代汉语反问句研究》,《语言文字应用》2018 年第 3 期。

史丰:《石泉方言的疑问代词》,《安康学院学报》2009 年第 2 期。

史冠新:《临淄方言语气词研究》,博士学位论文,山东大学,2006 年。

史金生:《语气词"呢"在疑问句中的功能》,载陆俭明编《面临新世纪挑战的现代汉语语法研究》,山东教育出版社 2000 年版。

史素芬:《山西武乡方言的疑问句》,《语文研究》2000 年第 3 期。

史素芬:《山西武乡方言的选择问句》,《语文研究》2002 年第 2 期。

史秀菊:《山西方言的特指疑问句(一)》,《山西大同学报》(社会科学版)2011 年第 5 期。

史秀菊:《山西方言的特指疑问句(二)》,《山西大同学报》(社会科学版)2011 年第 6 期。

史秀菊:《山西方言的选择问句》,载刘丹青、李蓝、郑剑平编《方言语法论丛》(第 6 辑),商务印书馆 2015 年版。

沈开木：《反问语气怎样起否定作用》，《中国语文通讯》1985年第6期。

沈洋：《类型学视野下铜陵方言疑问句研究》，硕士学位论文，暨南大学，2020年。

寿永明：《绍兴方言的反复问句》，《绍兴文理学院学报》（哲学社会科学版）1999年第3期。

宋金兰：《甘青汉语选择问句的特点》，《民族语文》1993年第1期。

宋金兰：《论反复问句A不A产生的年代》，《青海师专学报》1996年第1期。

宋小花：《新干方言代词研究》，硕士学位论文，江西师范大学，2014年。

宋晓蓉：《〈论语〉特指式反问句初探》，《喀什师范学院学报》1996年第1期。

宋秀令：《汾阳方言的语气词》，《语文研究》1994年第1期。

宋秀令：《汾阳方言的指示代词与疑问代词》，《山西大学学报》（哲学社会科学版）1994年第1期。

苏炳社：《试谈〈左传〉中的反诘问句》，《宝鸡师范学院学报》（哲学社会科学版）1986年第4期。

苏恩希：《〈西游记〉句法研究》，博士学位论文，北京大学，2001年。

苏丽红：《玉林话的语气词》，《汉语学报》2011年第1期。

苏丽红：《玉林话的语气词（续）》，《玉林师范学院学报》2015年第4期。

苏丽红：《玉林话的是非问句》，《汉语学报》2016年第2期。

苏倩：《大理方言句式研究》，硕士学位论文，西南大学，2011年。

孙彩萍：《五寨方言表时疑问句研究》，《中北大学学报》（社会科学版）2007年第6期。

孙汉康：《安徽省太湖县弥陀话的疑问范畴研究》，硕士学位论文，华侨大学，2016年。

孙立新：《关中方言代词概要》，《方言》2002年第3期。

孙鹏程：《泗阳方言"AA""AAB"式正反问句考察》，《汉字文化》2018年第4期。

孙秋香：《南通话"果X"问句探索》，硕士学位论文，渤海大学，2014年。

孙锡信：《语气词"呢""哩"考源补述》，《湖北大学学报》（哲学社会科学版）1992年第6期。

孙锡信：《〈祖堂集〉中的疑问代词》，载上海市语文学会编《语文论丛》（第2辑），上海教育出版社1983年版。

[日]太田辰夫：《中古（魏晋南北朝）汉语的特殊疑问形式》，《中国语文》1987年第6期。

谭治琪：《环县方言初探》，硕士学位论文，西北师范大学，2011年。

唐爱华：《安徽宿松方言的语气词》，《皖西学院学报》2005年第3期。

唐昌曼：《全州文桥土话研究》，硕士学位论文，广西大学，2001年。

唐国栋、胡德明：《滁州来安南部方言"FVP"疑问句研究》，《滁州职业技术学院学报》2017年第3期。

唐芹：《蓬溪方言语法研究》，硕士学位论文，广西师范大学，2014年。

唐一萍：《藤县话疑问句研究》，硕士学位论文，浙江师范大学，2013年。

陶炼：《"是不是"问句说略》，《中国语文》1998年第2期。

陶原珂：《广州话和普通话疑问语气范畴比较》，载甘于恩编《南方语言学》（第3辑），暨南大学出版社2011年版。

田娟娟：《山西孝义方言语法研究》，硕士学位论文，延安大学，2016年。

田源、徐杰：《汉语反复问句生成机制的实例化及相关句法问题》，

《长江学术》2014 年第 4 期。

仝秋红:《博爱方言的代词系统》,硕士学位论文,安徽师范大学,2010 年。

涂光禄:《贵阳方言语气词初探》,《贵州大学学报》(社会科学版)1993 年第 1 期。

弯淑萍:《山西洪洞方言语气词研究》,硕士学位论文,天津师范大学,2013 年。

汪高文:《彭泽方言代词》,硕士学位论文,南昌大学,2006 年。

汪国胜:《当阳方言的语法特点》,《华中师范大学学报》(哲学社会科学版)1990 年第 5 期。

汪国胜:《湖北大冶话的语气词》,《方言》1995 年第 2 期。

汪国胜:《可能式"得"字的句法不对称现象》,《语言研究》1998 年第 1 期。

汪国胜:《湖北大冶方言两种特殊的问句》,《方言》2011 年第 1 期。

汪国胜:《谈谈方言语法研究》,《华中师范大学学报》(人文社会科学版)2014 年第 5 期。

汪化云、李倩:《河南固始方言的"可"字句》,《方言》2013 年第 4 期。

汪平:《苏州话里表疑问的"阿、𠲎、啊"》,《中国语文》1984 年第 5 期。

汪萍:《枞阳方言研究》,硕士学位论文,上海师范大学,2012 年。

汪生宇:《腾冲方言中的疑问句》,《语文学刊》2014 年第 9 期。

汪婷婷:《南京方言中反复问句的研究》,《文教资料》2011 年第 33 期。

王定康:《灵川县大圩镇高桥村平话研究》,硕士学位论文,广西师范大学,2007 年。

王芳:《山西屯留方言的疑问句》,《现代语文》(语言研究版)2009 年第 1 期。

王芳:《安阳方言语法研究》,博士学位论文,华中师范大学,

2015 年。

王福堂:《绍兴方言中的两种述语重叠方式及其语义解释》,载上海市语文学会、香港中国语文学会编《吴语研究》(第 5 届国际吴方言学术研讨会论文集),上海教育出版社 2003 年版。

王海棻:《古代汉语反复问句源流初探》,《语文教学通讯》1981 年第 8 期。

王海棻:《先秦疑问代词"谁"与"孰"的比较》,《中国语文》1982 年第 1 期。

王鹤璇:《汉中方言语法研究》,硕士学位论文,重庆师范大学,2010 年。

王洪钟:《海门方言语法专题研究》,博士学位论文,南京师范大学,2008 年。

王姬:《甘肃汉语方言疑问代词研究》,硕士学位论文,西北师范大学,2014 年。

王健:《睢宁的反复问句》,《镇江师专学报》(社会科学版)1999 年第 3 期。

王建弢:《礼县方言的反复问句》,《天水师范学院学报》2015 年第 1 期。

王敏红:《〈太平经〉疑问句研究》,《古汉语研究》2007 年第 3 期。

王宁宁:《莘县方言语法研究》,硕士学位论文,延安大学,2015 年。

王鹏翔:《陕北方言的疑问句》,《延安大学学报》(社会科学版)2002 年第 3 期。

王琴:《安徽阜阳方言的"可 VP"反复问句》,《方言》2008 年第 2 期。

王琴:《阜阳方言"可 VP"疑问句研究》,硕士学位论文,上海师范大学,2008 年。

王琼:《广西罗城牛鼻土拐话研究》,硕士学位论文,广西大学,2008 年。

王群生:《荆沙方言的语法特点》,《长江大学学报》(社会科学版) 1992 年第 1 期。

王世华:《扬州话里两种反复问句共存》,《中国语文》1985 年第 6 期。

王霜:《大长山方言研究》,硕士学位论文,辽宁师范大学,2004 年。

王素平:《山东方言"VP – Neg"式反复问句的类型学意义》,《菏泽学院学报》2007 年第 1 期。

王婷婷:《安徽太和方言专题研究》,硕士学位论文,南京大学,2014 年。

王文卿:《太原话的疑问句》,《语文研究》2004 年第 2 期。

王曦:《甘肃天水方言中的疑问句与疑问词及疑问语气词》,《现代语文》(语言研究版)2011 年第 1 期。

王笑湘:《〈论语〉反问句分析》,《语文研究》1985 年第 2 期。

王颖:《文登方言语法研究》,硕士学位论文,山东大学,2013 年。

王玉梅:《泗阳方言里正反问句的几种特殊形式》,《语文学刊》2004 年第 5 期。

王玉梅:《泗阳方言正反问句研究》,硕士学位论文,南京师范大学,2008 年。

王玉梅:《江苏泗阳方言正反问句的构成》,《淮阴师范学院学报》(哲学社会科学版)2009 年第 6 期。

王越:《沈阳方言语法研究》,博士学位论文,上海师范大学,2020 年。

王再超:《邯郸方言正反问研究》,硕士学位论文,河北师范大学,2016 年。

韦炜:《融水县怀宝镇客家话研究》,硕士学位论文,广西师范大学,2015 年。

韦玉丽:《广西蒙山粤语研究》,硕士学位论文,广西师范大学,2011 年。

温昌衍:《石城(高田)客家话的疑问句和疑问语气词》,《嘉应学院》(哲学社会科学版)2016年第6期。

温静:《〈搜神记〉的疑问句》,《四川职业技术学院学报》2006年第4期。

文智芳:《湖南永州方言语气词研究》,硕士学位论文,湖南师范大学,2014年。

邬明燕:《龙川方言的代词系统》,硕士学位论文,华南师范大学,2007年。

吴碧珊、黄年丰、甘于恩:《广东翁源客家话正反问句研究》,《华中学术》2016年第4期。

吴芳:《粤东闽语与福建闽南方言疑问句比较研究》,载陈景熙编《潮青学刊》(第1辑),社会科学文献出版社2013年版。

吴福祥:《从"VP – Neg"式反复问句的分化谈语气词"麽"的产生》,《中国语文》1997年第1期。

吴福祥:《南方语言正反问句的来源》,《民族语文》2008年第1期。

吴慧颖:《"VP$_1$也VP$_2$"和"VP$_1$也怎的"——关于近代汉语中的两种选择问句》,《古汉语研究》1990年第2期。

吴林娟:《昆山方言研究》,硕士学位论文,西北师范大学,2006年。

吴翩翩:《武汉方言语气词研究》,硕士学位论文,华中师范大学,2009年。

吴青峰:《涟源市古塘方言疑问句研究》,硕士学位论文,湖南师范大学,2006年。

吴青峰:《涟源古塘方言与蓝田方言疑问句比较研究》,《安徽农业大学学报》(社会科学版)2007年第4期。

吴晓红、吴芬芳:《安徽颍上话的反复问句形式》,《广西民族学院学报》(哲学社会科学版)2004年第2期。

吴晓红:《安徽颍上方言语法研究》,硕士学位论文,广西大学,2006年。

吴早生：《安徽旌德三溪话疑问句尾语气词》，《方言》2009 年第 1 期。

吴振国：《现代汉语选择问句的删除规则》，《华中师范大学学报》（哲学社会科学版）1992 年第 5 期。

吴子慧：《绍兴方言否定副词"勿"的语音变异》，《浙江教育学院学报》2004 年第 6 期。

吴子慧：《绍兴方言的人称代词和疑问代词》，《浙江教育学院学报》（综合版）2007 年第 2 期。

吴宗济：《普通话语句中的声调变化》，《中国语文》1982 年第 6 期。

伍华：《论〈祖堂集〉中以"不、否、无、摩"收尾的问句》，《中山大学学报》（社会科学版）1987 年第 4 期。

伍巍、陈卫强：《一百年来广州话反复问句演变过程初探》，《语言研究》2008 年第 3 期。

伍忠和：《荔浦方言的语法特点》，《广西师院学报》（哲学社会科学版）1998 年第 1 期。

习丹丹：《河北唐山方言语气词研究》，硕士学位论文，河北师范大学，2016 年。

冼文婷：《广东阳江话研究》，硕士学位论文，广西大学，2016 年。

萧国政：《现代汉语非特指问简答式的基本类型》，《语言学通讯》1992 年第 3—4 期。

萧国政：《现代汉语非特指问对简答式的类型选择》，《语言学通讯》1993 年第 1—2 期。

萧国政：《现代汉语非特指问简答式的技巧选择》，《语言学通讯》1993 年第 3—4 期。

萧国政：《反问句的特点和性质》，《语文教学与研究》1993 年第 8 期。

萧红、杨欣烨：《湖北荆沙方言中的否定词与反复问句》，《长江学术》2014 年第 2 期。

肖放亮：《南昌县（塘南）方言的语气词》，硕士学位论文，江西师范大学，2006 年。

肖建华：《神池方言语法探究》，硕士学位论文，华东师范大学，2006 年。

肖萍：《江西吴城方言研究》，博士学位论文，苏州大学，2006 年。

肖万萍：《桂北永福官话特色虚词考察》，博士学位论文，华中科技大学，2010 年。

肖奚强：《对〈红楼梦〉中一般疑问句系统的考察》，《南京师大学报》（社会科学版），1999 年第 6 期。

肖亚丽：《黔东南方言语法研究》，硕士学位论文，上海师范大学，2008 年。

项菊：《黄冈方言的"VP – neg?"及其相关句式》，《黄冈师范学院学报》2005 年第 2 期。

项菊：《湖北红安方言的反复问句》，《黄冈师范学院学报》2006 年第 5 期。

项菊：《英山方言的"VP – neg"及其相关句式》，载陈恩泉编《双语双方言》（九），汉学出版社 2006 年版。

项梦冰：《连城（新泉）话的反复问句》，《方言》1990 年第 2 期。

项梦冰：《连城（新泉）方言的疑问代词》，《方言》1993 年第 3 期。

项梦冰：《客家话反复问句中的合音现象》，载北京大学中文系《语言学论丛》编委会编《语言学论丛》（第 25 辑），商务印书馆 2002 年版。

向军：《保靖方言词汇和语法研究》，硕士学位论文，云南师范大学，2011 年。

谢光跃：《成都话疑问范畴研究》，硕士学位论文，上海交通大学，2013 年。

谢留文：《客家方言的一种反复问句》，《方言》1995 年第 3 期。

谢润姿：《揭阳方言的疑问句末语气词》，《长春大学学报》2009 年第 3 期。

谢晓安、张淑敏：《甘肃临夏方言的疑问句》，《兰州大学学报》（社会科学版）1990年第3期。

谢旭慧：《玉山话疑问副词"可"及其相关句式》，《上饶师范学院学报》2001年第2期。

辛永芬：《豫北浚县方言的反复问句》，《汉语学报》2007年第3期。

邢福义：《现代汉语的特指性是非问》，《语言教学与研究》1987年第4期。

邢福义：《现代汉语语法研究的两个"三角"》，《云梦学刊》1990年第1期。

邢福义：《"有没有VP"疑问句式》，《华中师范大学学报》（哲学社会科学版）1990年第1期。

邢福义：《否定形式和语境对否定度量的制约》，《世界汉语教学》1995年第3期。

邢福义：《说"句管控"》，《方言》2001年第2期。

邢向东：《神木方言的代词》，《方言》2001年第4期。

邢向东：《论加强汉语方言语法的历时比较研究》，《陕西师范大学学报》（哲学社会科学版）2002年第5期。

邢向东：《论陕北晋语沿河方言的反复问句》，《汉语学报》2005年第3期。

熊仲儒：《"呢"在疑问句中的意义》，《安徽师范大学学报》（哲学社会科学版）1999年第1期。

徐春兰：《新疆汉语方言语气词探析》，《伊犁师范学院学报》（社会科学版）2009年第2期。

徐凤云：《贵阳方言的语气助词》，载中国语言学会《中国语言学报》编委会编《中国语言学报》（第8期），北京语言出版社1997年版。

徐国莉：《临桂六塘土话研究》，硕士学位论文，广西师范大学，2007年。

徐红梅：《安徽涡阳话中常见的语气词》，《阜阳师范学院学报》（社会科学版）2002年第2期。

徐红梅：《皖北涡阳方言中的代词》，《阜阳师范学院学报》（社会科学版）2003年第4期。

徐继磊：《广丰方言代词研究》，硕士学位论文，浙江财经学院，2009年。

徐杰、张林林：《疑问程度和疑问句式》，《江西师范大学学报》（哲学社会科学版）1985年第2期。

徐杰、张媛媛：《汉语方言中"可VP"问句性质》，《汉语学报》2011年第2期。

徐杰、田源：《"A不AB"与"AB不A"两种反复问句的统一处理及相关的句法问题》，《当代语言学》2013年第4期。

徐晶凝：《语气助词"吧"的情态解释》，《北京大学学报》（哲学社会科学版）2003年第4期。

徐烈炯、邵敬敏：《"阿V"及其相关疑问句式比较研究》，《中国语文》1999年第3期。

徐荣：《广西北流粤方言语法研究》，硕士学位论文，清华大学，2008年。

徐盛桓：《疑问句探询功能的迁移》，《中国语文》1999年第1期。

徐正考：《唐五代选择疑问句系统初探》，《吉林大学社会科学学报》1988年第2期。

徐正考：《元明汉语选择问句系统述析》，载郝长海编《心路历程——吉林大学文学院纪念校庆五十周年论文集》，吉林大学出版社1996年版。

徐正考：《清代汉语选择疑问句系统》，《吉林大学社会科学学报》1996年第5期。

徐正考、黄娜：《"VP Neg"式反复问句的来源》，《汉语史学报》2012年第12辑。

许皓光：《试谈反问句语义形成的诸因素》，《辽宁大学学报》（哲学社会科学版）1985年第3期。

许卫东：《山东招远话中的AA式和AAB式正反问句》，《中国语文》

2005 年第 5 期。

许仰民:《论〈金瓶梅词话〉的疑问句及疑问词》,《信阳师范学院学报》(哲学社会科学版) 1997 年第 1 期。

姚丽娟:《绥阳方言研究》,硕士学位论文,华东师范大学,2007 年。

姚伟嘉:《南京方言反复问句使用情况调查》,《河北工程大学学报》(社会科学版) 2008 年第 1 期。

姚亦登:《江苏高邮方言的语气词》,《方言》2008 年第 3 期。

姚亦登:《江苏高邮方言的疑问句》,《渭南师范学院学报》2012 年第 3 期。

颜峰:《郯城(重坊)方言研究》,硕士学位论文,苏州大学,2003 年。

闫慧:《宝鸡方言语法初探》,硕士学位论文,陕西师范大学,2007 年。

闫亚平:《现代汉语附加问句的句法形式与语用功能》,《语文研究》2015 年第 3 期。

阎锦婷、王萍、石锋:《普通话选择问句的语调格局》,《语言文字应用》2014 年第 1 期。

阎锦婷、王萍、石锋:《普通话疑问标记复用的声学实验:以正反疑问句为例》,《语言教学与研究》2014 年第 5 期。

杨奔:《北流话的代词及其用法》,《学术交流》2005 年第 12 期。

杨奔、苏莹:《廉州话的代词》,《经济与社会发展》2006 年第 7 期。

杨锦:《通海方言语法研究》,硕士学位论文,云南师范大学,2008 年。

杨曼:《寿县方言的两类"可"问句》,《合肥学院学报》(社会科学版) 2011 年第 5 期。

杨求凤:《安徽太湖方言语法研究》,硕士学位论文,中国社会科学院,2017 年。

杨苏平:《隆德方言研究》,博士学位论文,河北大学,2015 年。

杨坦：《广西公会镇客家话常见句式研究》，硕士学位论文，云南大学，2012年。

杨彤：《湖南岳阳市城区方言疑问句研究》，硕士学位论文，湖南师范大学，2015年。

杨蔚：《武宣县三里镇客家话研究》，硕士学位论文，广西师范大学，2015年。

杨文娟：《大同方言的代词》，《邵阳学院学报》（社会科学版）2004年第1期。

杨秀明：《"有没有句"在闽南方言区的结构变异——关于新兴问句"有没有+VP"产生依据的探析》，《漳州师范学院学报》（哲学社会科学版）2003年第3期。

杨亦鸣：《睢宁话反复问句的类型》，《徐州师范学院学报》（哲学社会科学版）1989年第3期。

杨银梅：《陕西铜川方言研究》，硕士学位论文，陕西师范大学，2004年。

杨永龙：《句尾语气词"吗"的语法化过程》，《语言研究》2003年第1期。

杨永成：《合肥方言的代词》，《合肥学院学报》（社会科学版）2009年第5期。

杨针：《融安县大将镇客家话研究》，硕士学位论文，广西师范大学，2015年。

叶吉娜、首作帝：《萧山方言是非问与上海方言是非问比较研究》，《鸡西大学学报》2013年第4期。

叶建军：《〈祖堂集〉疑问句研究》，博士学位论文，上海师范大学，2008年。

叶建军、刘慧青：《"莫（不）VP–Neg?"句末Neg的虚化问题》，《温州大学学报》（社会科学版）2009年第3期。

叶俐丹：《贺州客家话疑问句的四种类型》，《钦州学院学报》2014年第6期。

叶蓉:《关于非是非问句里的"呢"》,《中国语文》1994年第6期。

殷润林:《自贡方言语法研究》,硕士学位论文,云南师范大学,2005年。

殷树林:《反问句的性质特征和定义》,《阜阳师范学院学报》(社会科学版)2006年第6期。

殷相印:《微山方言语法研究》,博士学位论文,南京师范大学,2006年。

尹世超:《说语气词"哈"和"哈"字句》,《方言》1999年第2期。

尹世超:《说否定性答句》,《中国语文》2004年第1期。

尹世超:《否定性答句否定的隐显与程度》,《汉语学习》2004年第3期。

尹世超:《东北官话的"咋"及相关词语与格式》,《语文研究》2008年第1期。

尹蔚:《株洲方言的代词》,《南华大学学报》(社会科学版)2004年第2期。

游汝杰:《吴语里的反复问句》,《中国语文》1993年第2期。

于根元:《反问句的性质和作用》,《中国语文》1984年第6期。

于天昱:《反问句在话语进程中的作用》,《广西师范大学学报》(哲学社会科学版)2018年第3期。

余霭芹:《广东开平方言的中性问句》,《中国语文》1992年第4期。

余凯:《梧州话与广州话的是非问句比较》,《桂林师范高等专科学校学报》2008年第4期。

余伟、代彦:《罗平方言正反问与是非问的类型学特征》,《柳江职业技术学院学报》2016年第5期。

余伟:《罗平方言正反问与是非问的疑问形式及标记功能》,《牡丹江大学学报》2016年第8期。

俞理明:《汉魏六朝的疑问代词"那"及其他》,《古汉语研究》1989年第3期。

俞理明：《〈太平经〉中非状语地位的否定词"不"和反复问句》，《中国语文》2001 年第 5 期。

俞理明：《从东汉文献看汉代句末否定词的词性》，《汉语史学报》2004 年第 1 期。

遇笑容、曹广顺：《中古汉语中的"VP 不"式疑问句》，《语言文字学》2003 年第 3 期。

袁从润：《安徽芜湖方言中"各吃了"语法化的共时分析》，《黄山学院学报》2006 年第 3 期。

袁梦溪、原由理枝：《现代汉语"吗"问句与"A 不 A"问句的语义差异》，《当代语言学》2019 年第 1 期。

袁鹏飞：《商州方言语法特殊性考察》，硕士学位论文，黑龙江大学，2016 年。

袁卫华：《〈五灯会元〉疑问句研究》，博士学位论文，武汉大学，2012 年。

袁鑫：《广西平乐县同安镇客家话研究》，硕士学位论文，广西师范大学，2016 年。

袁亚玲：《河津方言的语法特点》，硕士学位论文，西安外国语大学，2015 年。

袁毓林：《正反问句及相关的类型学参项》，《中国语文》1993 年第 2 期。

岳立静：《山东中西部方言反复问句 300 年来的演变——以〈醒世姻缘传〉为例》，《东岳论丛》2006 年第 3 期。

云微：《铁岭方言疑问范畴研究》，硕士学位论文，辽宁师范大学，2014 年。

曾毓美：《湘潭方言的代词》，《方言》1998 年第 1 期。

詹伯慧：《汉语方言语法研究的回顾与前瞻》，《语言教学与研究》2004 年第 2 期。

张安生：《宁夏同心话的选择性问句——兼论西北方言"X 吗 Y"句式的来历》，《方言》2003 年第 1 期。

张伯江：《疑问句功能琐议》，《中国语文》1997 年第 2 期。

张春秀：《睢宁方言反复问句的地理学考察》，《牡丹江教育学院学报》2014 年第 8 期。

张德新：《汉阴方言语法研究》，《安康学院学报》2006 年第 1 期。

张桂权：《资源延东土话的否定副词及其对句法结构的影响》，《桂林师范高等专科学校学报》2005 年第 3 期。

张海燕：《沧州方言的语法特点》，《沧州师范专科学校学报》2000 年第 1 期。

张虹：《商河方言研究》，硕士学位论文，西北师范大学，2004 年。

张洪年：《香港粤语语法的研究》，香港中文大学出版社 1972 年版。

张华文：《昆明方言常见的语气词》，《方言》1996 年第 3 期。

张华文：《昆明方言常见的语气词（二）》，《方言》1997 年第 4 期。

张晶：《襄阳话语气词研究》，硕士学位论文，广西大学，2016 年。

张俊：《河南光山话代词研究》，硕士学位论文，河南大学，2010 年。

张俊阁：《明清山东方言代词研究》，博士学位论文，山东大学，2007 年。

张莉：《河北定州方言语法特点概述》，《河北大学学报》（哲学社会科学版）1999 年第 1 期。

张良斌：《恩施方言疑问句研究》，硕士学位论文，安徽大学，2010 年。

张敏：《汉语方言反复问句的类型学研究：共时分布及历史蕴含》，博士学位论文，北京大学，1990 年。

张萍：《溆浦乡话疑问句研究》，硕士学位论文，中南大学，2013 年。

张芊：《蒙城方言"可 VP"问句研究》，硕士学位论文，河南大学，2012 年。

张邱林：《陕县方言的"嚷""哩""哩嚷"》，《语言研究》2006 年第 2 期。

张邱林:《陕县方言选择问句里的语气助词"曼"——兼论西北方言选择问句里的"曼"类助词》,《汉语学报》2009年第2期。

张盛澜:《泰州方言中的"个+X"语法现象考察》,《语文学刊》2016年第12期。

张帅、石华卫:《中国医患门诊会话中回声问的序列结构研究》,《科教文汇》2017年第23期。

张帅、龚卫东:《医患门诊会话中回声问的语用修辞功能研究》,《外语学刊》2018年第3期。

张桃:《宁化客家方言语法研究》,博士学位论文,厦门大学,2004年。

张万有:《赤峰汉语方言语法特点初探》,《昭乌达蒙族师专学报》(汉文哲学社会科学版)1999年第3期。

张薇:《南京方言中的反复问句》,《现代语文》(语言研究版)2009年第11期。

张微:《富源方言句法研究》,硕士学位论文,云南师范大学,2017年。

张韦韦:《安徽枞阳话疑问代词研究》,硕士学位论文,浙江师范大学,2015年。

张文贤、乐耀:《汉语反问句在会话交际中的信息调节功能分析》,《语言科学》2018年第2期。

张贤敏:《光山方言的语气词系统》,《现代语文》(语言研究版)2009年第6期。

张小峰:《言语交际中判断性"吧"问句的话语功能》,《南京师大学报》(社会科学版)2007年第4期。

张晓静:《河北武邑方言语法研究》,博士学位论文,福建师范大学,2014年。

张晓丽:《泰顺方言的语法特色研究》,硕士学位论文,华侨大学,2013年。

张燕娣:《南昌方言代词研究》,硕士学位论文,南昌大学,

2001年。

张洋：《哈密方言选择问句》，《新疆大学学报》（哲学·人文社会科学版）2011年第6期。

张洋、田云华：《哈密方言处所疑问代词"哪达"分析研究》，《新疆职业大学学报》2014年第3期。

张永哲：《凤翔方言代词研究》，硕士学位论文，陕西师范大学，2011年。

张玉金：《殷墟甲骨文句类问题研究》，《古汉语研究》1997年第4期。

张振兴等辑录：《中国分省区汉语方言文献目录（稿）》，中国社会科学出版社2014年版。

诏盛发：《扶绥县客家话的语气词》，《广西民族学院学报》（哲学社会科学版）1997年第4期。

赵葵欣：《武汉方言中的两种问句》，《汉语学习》1993年第6期。

赵凌云：《辉县方言的代词系统》，硕士学位论文，华中师范大学，2006年。

赵新：《论"V–neg"式反复问句的分化演变》，《湖北教育学院学报》1994年第1期。

赵学玲：《山东章丘方言的疑问句及疑问语气词》，《济南大学学报》（社会科学版）2007年第6期。

赵元任：《北京、苏州、常州语助词的研究》，《清华大学学报》（自然科学版）1926年第2期。

郑汉远：《问对结构》，《语言文字应用》2003年第3期。

郑娟曼：《温州方言的疑问句》，《浙江师范大学学报》（社会科学版）2009年第2期。

［日］志村良治、杨荣祥：《论中古汉语疑问词"底"》，《湖北民族学院学报》（哲学社会科学版）1988年第2期。

钟明立、陈炀斌：《从〈世说新语〉看六朝口语疑问句和疑问词的特点》，《九江师专学报》1993年第2期。

钟武媚：《粤语玉林话语法研究》，硕士学位论文，广西大学，2011 年。

钟兆华：《论疑问语气词"吗"的形成与发展》，《语文研究》1997 年第 1 期。

周大璞：《天门话的疑问代词》，《武汉大学人文科学学报》（语言专号）1959 年第 10 期。

周洪学：《湖南安仁方言语法研究》，博士学位论文，华中师范大学，2012 年。

周琳：《安丘方言语法研究》，硕士学位论文，贵州师范大学，2014 年。

周小兵：《问句的否定式应答》，《汉语学习》1996 年第 6 期。

周小兵：《普通话和广州话的人称疑问代词》，载陈恩泉编《双语双方言》（五），汉学出版社 1997 年版。

朱承平：《先秦汉语句尾语气词的组合及组合层次》，《中国语文》1998 年第 4 期。

朱德熙：《汉语方言里的两种反复问句》，《中国语》1985 年第 1 期。

朱德熙：《"V – neg – VO"与"VO – neg – V"两种反复问句在汉语方言里的分布》，《中国语文》1991 年第 5 期。

朱德熙：《从历史和方言看状态形容词的名词化》，《方言》1993 年第 2 期。

朱冠明：《关于"VP 不"式疑问句中"不"的虚化》，《汉语学报》2007 年第 4 期。

朱海燕：《广西全州湘语比较研究》，硕士学位论文，广西大学，2011 年。

朱琳：《泰兴话的 ADV + VP 问句》，《语言研究》2011 年第 3 期。

朱庆之：《试论汉魏六朝佛典里的特殊疑问词》，《语言研究》1990 年第 1 期。

朱惟书：《河南郸城方言的是非问语气词》，硕士学位论文，华东师范大学，2015 年。

朱艳娥:《广西崇左江州蔗园话研究》,硕士学位论文,广西大学,2007年。

祝敏彻:《汉语选择问、正反问的历史发展》,《语言研究》1995年第2期。

祝敏彻:《〈国语〉〈国策〉中的疑问句》,《湖北大学学报》(哲学社会科学版)1999年第1期。

宗丽:《长阳方言语法研究》,博士学位论文,华中科技大学,2012年。

邹飞:《临澧方言语气词研究》,硕士学位论文,华东师范大学,2006年。

# 索　引

**D**

低平调是非问　77，79，134，147—153，185，552，553，576，591

**H**

副狀式正反问　52，72，78，79，272，370，371，377，385，387，388，391，392，394—396，405，412，413，417，426，429，563，569—571，582，583，594—596

混合式选择问　72，78，194，240，241，245，246，253，265，271，555，557，593，594

**J**

简省式正反问　72，78，79，272，311，395，405，408，417，425，426，429，430，565，582，583，585，586，594—596

紧缩式正反问　72，78，79，272，334，335，339—343，345—350，430，567，568，585，586，594—596，599

**M**

"吗"类是非问　156，157，180，186—191，553，554，592

**S**

升调是非问　77，79，134，137—147，181，185，192，193，552，553，576，580，591，592

是非式正反问　72，78，79，272，351，367，424，427，429，430，568，569，585，586，594—596，599

## Y

疑代式特指问　73，78，129，405，411，435，502，506，513，516，518，519，525，528，529，539，545，571，587，589，590，596

意合式选择问　72，78，194，213，246—249，251—253，265，271，555，593，594

语气词选择问　72，78，79，194，234，235，240，246，253，265，271，555—557，561，593，594

# 后　　记

　　这本书是在我的博士学位论文基础上修改完成的。

　　当阅读完最后一个字，三年的读博时光瞬间涌上心头。习惯性地打开微信，点开"华中师范大学"的公众号，看看那熟悉的图书馆、熟悉的桂中路、熟悉的春夏秋冬。是的，对我而言，这已然成为一种习惯，一种美好的习惯。

　　这里，我要做的只有表达感谢。

　　首先，感谢我的导师汪国胜教授。回想读博期间，从论文题目的选定到论文提纲的撰写，从相关资料的搜集到研究内容的明确，从论文框架的构建到细节问题的处理，每一个环节都凝聚着老师的心血。在定题初期，面对这样一个备受学界关注的热点问题，我一直犹豫不决，因为害怕力不从心而时常倍感焦虑。汪老师看出了我的犹豫，他不断鼓励我、开导我。在老师的帮助下，我的心绪逐渐恢复平静，怀揣着一颗平常心开始了对论文提纲的构拟和文献资料的整理。在整理材料的过程中，大量纷繁复杂的方言语料扑面而来，汪老师一边鼓励我从容应对，一边指导我如何将不同的方言语料进行有效分拣、整合与梳理。在论文写作的过程中，汪老师总会在百忙之中抽出时间为我解答各种疑惑，提出了许多宝贵的意见。如今，我已毕业近两年，汪老师对我的关心与帮助也从未停止过。感谢这份润物细无声的关爱，是您让我懂得了如何坚守初心，懂得了如何坚定不移地继续前行。

　　感谢我的父母和爱人，他们的支持与帮助是我坚强的后盾。每每望着父母的脸，我总有种说不出的心痛。这是迅速衰老的面庞，一道道皱纹是常年帮我带孩子、每日为我操心留下的印记。如若不是成年累月的操劳，此时的他们应该看上去年轻许多。感谢这份毫无保留的守护，是你们的爱为我筑就了脚下的这条路，一条满是阳光，明媚、纯粹的路。

感谢我的女儿。感谢孩子对我的包容与体谅。从读博到工作，我缺席了太多孩子成长中的重要时刻。我知道，孩子心里是不开心的，当我跟她道歉时，她总是抱着我，将肉肉的小脸贴在我的脸上，安慰我说"没事的"。有时，确实很忙，孩子便静静地坐在我的身边，或画画或看书。这时的她，俨然成了一个大人，而我则变成了一个孩子。感谢这份跨越年龄界限的陪伴，在成长这件事上，你比妈妈做得好！

最后，我想对自己说，要时刻牢记邢先生的师训——"抬头是山，路在脚下"。

李曌

2021 年 7 月